西晉「儒教國家」と貴族制

渡邉義浩著

汲古書院

西晉「儒教國家」と貴族制／目　次

第三章　「儒教國家」の行き詰まり

西晋「儒教國家」と貴族制

序論　「儒教國家」と貴族制研究

本書は、西晉における國家支配の特質を、支配理念としての儒敎との關わりにおいて探究するとともに、西晉で形成された國家的身分制である貴族制のあり方を解明するものである。

中國社會を構成する様々な原理の一つとして儒敎に着目し、儒敎的な國家の支配や社會の在り方が成立した最初の時代は後漢である。かかる問題關心より、儒敎の「國敎化」を論じるなかで、かつて刊行した『後漢國家の支配と儒敎』（渡邉義浩《一九九五》）、および昨年公刊した『後漢における「儒敎國家」の成立』（渡邉義浩《二〇〇九》）では、「儒敎國家」という分析概念を設定した。同じく「儒敎國家」という分析概念によって、西晉における儒敎的な國家の支配と社會の在り方を考察するにあたって、序論では、二つの問題に關する研究動向を掲げておきたい。

一つは、儒敎の「國敎化」論と「儒敎國家」という概念についてであり、もう一つは、中國貴族制と「封建」という儒敎理念との關係についてである。前者を扱う第一節は、後漢「儒敎國家」に關するいかなる分析から、西晉「儒敎國家」の研究へと進んだのか、という自らの問題意識の表白であり、後者を扱う第二節は、西晉「儒敎國家」において、社會の支配層として君臨する貴族を國家的身分制に編成した貴族制が、儒敎といかなる關係を有しているのかを明らかにしていく。

第一節　儒教の「國教化」論と「儒教國家」の成立

はじめに

本書の中核概念の一つである「儒教國家」は、西晉で成立したものではない。日本における儒教の「國教化」論に主體的に關わる中で、渡邉義浩《一九九五》・《二〇〇九》により、後漢の章帝期における「儒教國家」の成立により儒教の「國教化」が完成した、とする假説を實證したように、「儒教國家」は後漢で成立した。本書は、後漢末にひとたび崩壞した「儒教國家」が西晉において再編されることの論證を一つの目的とする。本節は、その前提として、儒教の「國教化」論と「儒教國家」の成立に關する研究動向を整理するものである。

前漢の武帝期に董仲舒の獻策により、太學に五經博士が置かれて儒教が國教化された、という「定説」に挑み續け、ついにそれを打倒した者(一)は、福井重雅である。その研究をまとめた福井重雅《二〇〇五》については、かつてご本人の參加を得て、合評會を開催した(二)。また、渡邉自身は、それを出發點としながら、後漢における「儒教國家」の成立について、經義を考慮しながら論じた成果を渡邉義浩《二〇〇九》として公刊した。そこで、本節では、自分なりの見解をまとめた今、自らが提示した福井重雅《二〇〇五》以後の研究課題に對して、現時點において如何なることを解明し得たのか、という主觀的な確認作業とともに(三)、本書において描き出す西晉「儒教國家」の前提となる、後漢「儒教國家」の概観を掲げるものである。

合評會において、福井重雅《二〇〇五》の描き出した水準の上に、これからの課題として提示したことは、①漢代における讖緯思想の理解、②「儒教」・「國教化」という概念設定、③儒教の官學化の經學的典據、という三點であった。以下、②→③→①という順序で、儒教の「國教化」論と後漢「儒教國家」の成立について總括を試みたい。

一、董仲舒の宣揚

儒家の教說の總稱を「儒學」と呼ぶか、「儒教」と呼ぶか、という問題は、孔子を祖とする教說を「禮教」、すなわち「教え」と捉えて「儒學」という概念で表現するのか、それとも宗教と捉えて「儒教」という概念で表現するのかという、教說への本質的な理解に直結する。この問題については、すでに論じたことがあるので、(四) ここでは、漢代儒教の特徴をその宗教性に求める立場から、經學を含めた儒家の教說全體を儒教と呼ぶことにして論を進めたい。儒教という概念を用いることは福井重雅《二〇〇五》も共通である。

しかし、福井重雅〈二〇〇五〉は、國教・國教化という概念が、中國固有のものではなく、近代歐米の用語・概念であることを確認したうえで、「これらの二語を安易に使用することは、少なくとも學問的に妥當でない」とし、「儒教を一種の官學と定義し、やや耳慣れない表現ではあるが、その體制化や制度化を〝官學化〟と指稱する」とする。そして、「『國語大辭典』（小學館、一九八一年）に、「(官學)②政府で正しいとみとめた學問。江戸時代の朱子學など」（五七五頁）とある說明に一部準據して、一應、「國家・官府が吏民の支持、學習すべき對象として、何らかの形において公的に承認し、それを保護、奬勵、育成する唯一の思想・教學などの體系」と定義しておく」と規定するのである。

福井重雅《二〇〇五》の學説史整理の元となった福井重雅《二〇〇〇》では「儒教の國教化」という概念をそのまま用いており、福井重雅《二〇〇五》における「官學化」への變更は、關口順〈二〇〇〇〉の「儒教國教化」論への異議を踏まえたものと考えられる。關口順〈二〇〇〇〉は、「漢代に國教化されたはずの儒教――この認識は以上の論者のすべてが一致している――その儒教がその後の時代においては、思想史上であろうと歴史學上一般であろうと、「國教」として論じられ問題にされることの絶えて無いのは如何なる故か。いささかの奇觀と言うべきではないだろうか」と述べ、「國教化」という概念そのものに異議を唱え、國教化は「儒學の國家制度化」と考えるべきである、としている。

確かに、スリランカやビルマの上座部佛教のように憲法により、[五] あるいはローマ帝國のように皇帝の詔敕により、儒教が國教と定められたことはない。定めようとしたことはある。孔教會がその擔い手である。光緒二十四（一八九八）年、康有爲の上奏文に、始めて見出される、儒教を「國教」とする認識は、孔教會による孔教の「國教化」運動へと繼承された。[六] 民國二（一九一三）年、信仰の自由と孔教の國教化を憲法の條文に盛り込むべきか否かは、當時最大の論爭を引き起こした。復辟派を擁する孔教會と帝制化を畫策する袁世凱との關係によって、國教化案は否決されたが、中國で儒教が「國教」として論じられ問題にされたことは絶えて無い、という主張は事實誤認である。

スリランカやビルマなど大方の上座部佛教國の憲法が佛教を「國教」として明示的に規定していることに對して、國王による佛教保護の連綿とした歴史を誇り、よく整備されたサンガ（佛教出家者の修行共同體）組織を有し、佛教がもっとも繁榮していると自他ともに認めるタイ王國の憲法には、國教規定が欠けている。それは、佛教が一般タイ人の意識に上らないほどに、「タイ民族に內屬」しているからであり、こうした歴史と性質を持つタイ佛教の中にこそ、かえって「國教」の眞の姿は實現されている、という（石井米雄《一九七五》）。

孔教の國教化が求められた翌民國三（一九一四）年、袁世凱は、中國の支配者として最後となる南郊祭天を行い、國民も各家庭で天を祭る祭壇を設け、儀禮に參加するよう呼びかけた。儒教では、南郊祭天は、天子にのみ許された、自分こそが天命を受けた天子であることを內外に顯示する儀禮であった。儒教の南郊祭天が終末を迎えようとする危機感の中で、康有爲は孔教の國教化を目指し、それに失敗したのである。萬木草堂以來の康有爲の高弟梁啓超は、先生は孔教のマルティン・ルターである、と稱している。孔教會の活動は、傳統中國の儒教と切り離された近代固有の國教化運動ではない。梁啓超の意識の中では、清まで連綿と、タイの佛教と同樣、意識されずに「國教」とされてきた儒教の危機を克服すべき再生運動と位置づけられているのである。

このように、その危機を迎えるまで自覺的に意識されることもないほどに「內屬」するに至った儒教の國教化は、いつ完成したのであろうか。かかる問題については、佛教だけではなく、キリスト教とローマ帝國との關係をも想起しながら考察を行うべきである。「世界史の基本法則」の中國への無批判な適用に代表されるような、安易な西歐との對比が批判され、中國の獨自性を追求する必要性が說かれて久しい。それは正當な方法論であり、それによって擧げられた成果も大きい。しかし、その反面、比較の視座は失われていった。西歐との安易な比較は、西歐近代が人文・社會科學の基本概念を形成しているだけに嚴に愼むべきであろうが、中國を相對化し、客觀的に把握するためには、ヨーロッパやイスラム世界、あるいは佛教圈との比較の視座を持ち續けるべきである。（七）

弓削達は、ローマ帝國におけるキリスト教の國教化という問題を、兩者の關係の中に描いた。（八）すなわち、ローマ帝國とキリスト教との關係は、單にローマ帝國がキリスト教の傳播の背景であるとか、その舞台裝置であるとかいうことに止まらない。兩者の關係が、一方でキリスト教の歷史的宗教としての性格を規定し、他方でローマ帝國の國家思想や支配のあり方にも強い影響と刻印を與えた、とするのである。こうした兩者の關係が兩者を規定する、という方法論は、漢と儒教との關係を考える際にも有效である。

かかる視座から考えると、儒教の國教化をめぐる論爭が、長い間、歴史研究者と思想史研究者との間に共通の像を結び得なかったのは、漢と儒教とが關係論において考察されてこなかったことにも原因があることに氣づく。

保科季子が指摘するように、福井説が思想史研究者に受け入れられにくい理由は、思想史上における董仲舒の重要性を顧慮しないことにあろう。(九)福井重雅《二〇〇五》が、あくまでも儒教の「史的研究」に止まり、思想史研究に踏み込まないことは、漢と儒教との關係論の中で、國教化を論ずることを妨げていた。一方で、思想史研究者もまた、福井の問題提起を無視し、史料論的に董仲舒本人の著作であることが疑わしい『漢書』の天人三策を利用して、董仲舒の思想を論じてきた。論爭が深化しなかった理由は、ここにもある。

思想史上において、董仲舒の如く、後世からその虚像を宣揚された事例としては、自ら鬼神を敬遠しながら神格化された孔子は言うに及ばず、宋學における周敦頤を擧げることもできる。宋代道學の祖として周敦頤を表彰した者が朱熹であることを明らかにしたような、(一〇)董仲舒宣揚の理由を思想史的に解明する研究がなされるべきであろう。

國家と思想哲學・宗教との關係論から言えば、董仲舒は、漢という國家が、儒教の經典のうち、とくに『春秋』を尊重する中で宣揚され、その幻影が班固により『漢書』に記錄された、と考えてよい。儒者の中ではじめて國家との關係において教説を展開しようとした董仲舒の思想史上の重要性を否定すべきではないが、漢という國家が儒教を國教化する上で、董仲舒が生きた時代に果たした役割は皆無に等しいことも認めるべきである。儒教の國教化を武帝期に設定することは不可能なのである。

二、王莽の限界

董仲舒が奉じた春秋學は、漢の國家支配と最も深く關わりを持った。思想内容としての體制儒教の整備は、前漢の景帝期より始まる。『春秋公羊傳』隱公元年の「母以子貴」という義例が、景帝に用いられたのである。續く武帝も、匈奴との戰いを『春秋公羊傳』莊公四年の春秋の義である復讐の是認によって正當化した。班固が『漢書』において、春秋公羊學者である董仲舒の獻策による五經博士の設置を、武帝期に假託する理由の一つであろう。しかし、班固が說くほどには、前漢と公羊傳との結びつきは安定していなかった。武帝に續く宣帝は、匈奴の單于に「稱臣不名」の待遇を與えることを正當化する『春秋穀梁傳』を石渠閣會議で公認するが、その一方で法刑を重視する「王霸雜揉」の政治が漢家の傳統であるとして、儒者の專用を目指す皇太子（のちの元帝）をたしなめた。元帝が卽位すると、國政運用の論據として儒教を中心に据えることが試みられ、それに伴い、かえって儒教の經義の相互矛盾や現實との齟齬が顯在化した（渡邉義浩〈二〇〇七―b〉）。

福井重雅《二〇〇五》は、儒教の「官學化」の時期を四期に分けて段階的に設定しながらも、その二二〇年間におよぶ儒教の形成期にある一點だけ、儒教の轉換の時期を設けようとするのであれば、「その一線は宣帝と元帝との閒の時期に相當する」としている。その指標は、「特定の時期を假設し、それ以前を儒教が皇帝や國家によって公私ともに承認されなかった時代と見なし、それ以降を儒學が他の思想と隔絕して、皇帝以下、吏民の多數に容認されるにいたった時代と見なすこと」に置かれているが、儒教が哲學思想・宗教である以上、これのみを指標として「官學化」なり國教化なりの分岐を定めることには贊同しない。

漢と儒教との關係論から見れば、前漢元帝期は、未だ儒教の經義の展開が不十分で、漢という國家の國制を規定できてはおらず、國教化をこの時期に求めることはできない。前漢では、國政を運用する際の先例である「漢家の故事」は、法刑と竝んで用いられていた。これが後漢になると、故事と經典とが國政運用の規範として竝び用いられていくのである（渡邉義浩〈二〇〇六〉）。前漢の元帝期以降、天を祭る郊祀は、儒教の經義に基づく南北郊と、漢家の故事に從い經義にそぐわない甘泉・汾陰での祭祀との閒で右往左往していた。その混亂を解決した者が王莽である。

王莽は、周知のごとく、儒教を利用しながら前漢を簒奪するが、王莽が尊重した經典は、公羊傳や穀梁傳のごとき今文經だけではなかった。王莽による古文經の尊重(一一)、そして讖緯思想の利用が、儒教の國教化の論爭を複雜にした。

王莽期を儒教の國教化の時期とした者は、西嶋定生〈一九七〇〉であった。西嶋定生〈一九七〇〉によれば、儒教の國教化とは、第一に儒教が國家の政治理論として絕對的な地位を得て、儒家の主張する禮說によって國家の祭祀が改革されること、第二に漢帝國の支配者である皇帝の存在を儒教の教義體系の中に組入れることである、と條件づけられる。前者は、宗廟制・郊祀制などの國家祭祀が儒家思想を基準として改廢された前漢後半期から王莽期に完成し、後者は、讖緯說を取り入れ神祕主義と結合した前漢末期に求めることができる。したがって、儒教の國教化の時期は、前漢の最末期におかれ、王莽政權は、この儒教の國教化を背景に出現し、それを完成させたものと位置づけられる、としたのである(一二)。

後者の讖緯思想を重視して、光武帝による圖讖の宣布を儒教の國教化とする板野長八〈一九七五〉に對して、西嶋は國家祭祀を重視する。長安の南北郊を定めただけではなく、王莽が平帝の元始四（前四）年に建設した明堂なども、後漢の光武帝のみならず、後世の基準になったとするのである。

しかし、王莽の限界は、儒教を利用して建國した莽新が、後漢という前漢を繼承する國家に、卽座に打倒されたことにあった。前漢の簒奪に利用された儒教を、そのままでは後漢は繼承できないのである。たしかに後漢を建國した光武帝劉秀は、建武二（二六）年に郊祀を行う際、「元始の故事」として王莽の祭天儀禮を受け繼いだ。しかし、それはそのままではなく、改定を加えているのである。[一三] 王莽の時に、儒教に基づく天の祭祀が行われたことは間違いない。ただし、それは儒教の經義にのみすべて從う祭祀であったわけではない。しかも、光武帝は、王莽が前漢を簒奪するために利用した讖緯思想や儒教の經義をそのまま繼承することはなかった。讖緯書の選別と經義の整備を行うなかで、公孫述を打倒したのち、高帝の配食を行うといった壇祀を行い、天の祭祀の改定を續けた（渡邉義浩〈二〇〇八―a〉）。板野の重視する圖讖の宣布は、經義より先に整備が完了した讖緯書を公開したものと考えてよい。明帝は、さらに祭祀を改革する。王莽の元始中の提言が南北郊の祭祀に畫期的な意味を持つとする金子修一〈二〇〇六〉も、後漢における禮制の本格的な出發點は、光武帝死後の明帝期に求めている。後漢に即した經義の整備は、明帝期の改革を踏まえて、章帝期の白虎觀會議にまで持ち越される。したがって、思想内容としての體制儒教の整備は、後漢の章帝期に完成するが、このころには、儒教の國教化の主要な指標も滿たされているのである。

　儒教の國教化の總括がなされる時、かならず指摘されることは、各人によって指標が異なる、という問題である。しかし、中國學が科學であり、儒教の國教化が分析概念である以上、國教化が滿たされるべき指標を假説として掲げ、それを實證していく以外に、儒教の國教化を論證することはできない。[一四] かつて刊行した『後漢國家の支配と儒教』では、それまでの研究で提示されていた、(1)制度的な儒教一尊體制の確立、(2)儒教の公卿層への浸潤、(3)思想内容としての體制儒教の成立、という三つの指標に加えて、(4)支配の具體的な場に儒教が出現する儒教的な支配の確立と、(5)在地勢力の儒教の受容という指標を加えた。その際、新たな指標を加えることにより、從來の研究とは異なる尺度によって儒教の國教化を論じることになること、および「國教化」という概念の多樣性を鑑みて、「儒教國家」という分析概念を設定し、「儒教國家」の成立によって、儒教の國教化は完成する、と理解した。『後漢における「儒教國家」の成立』では、これを繼承しながらも⑶と⑸を合わせ、四つの指標により「儒教國家」成立の定義を行った。すなわち、「儒教國家」成立の指標は、

1　思想內容としての體制儒教の成立
2　制度的な儒教一尊體制の確立
3　儒教の中央・地方の官僚層への浸透と受容
4　儒教的支配の成立

である。かかる指標を基準とした實證については、『後漢國家の支配と儒教』および『後漢における「儒教國家」の成立』を參照いただくことにして、ここでは結論だけを掲げたい。すると、儒教の國教化は、大まかに考えて、

第一段階　前漢景帝期から石渠閣會議まで　儒教の國教化の開始
第二段階　前漢元帝期から王莽期まで　儒教の國教化の進展
第三段階　後漢光武帝期から白虎觀會議まで　「儒教國家」の成立＝儒教の國教化の完成

の三段階を經て達成された。そのなかで最も重要な畫期は、「儒教國家」が成立し、儒教の國教化の完成する後漢章帝期の白虎觀會議である。それでは、章帝期に成立した後漢「儒教國家」は、どのような特徵を持つのであろうか。

三、聖漢の神聖化

中國史上最初の「儒教國家」となった後漢は、いまだ「漢家の故事」や法刑の重視が殘るという初發的な形態を見

せながら、儒教に高い宗教性が見られるという特徴を持つ。それを支えたものが讖緯思想である。

福井重雅《二〇〇五》は、圖讖を重視する板野説を批判する中で、讖緯說を非經視する學者が少なくなかったことを論據に、讖緯思想は「後漢一代において、皇帝自身の個人的な信仰はともかく、それは一度たりとも國家的に公認された思想ではなかった。とするならば、一方では數多くの反對意見を擁しつつ、他方では〝異端邪說〟と見なされる圖讖と接合同化した儒教が、いかなる程度においても、國家の正統の思想として支持されたとは考えがたい」と述べている。しかし、讖緯思想は後漢の儒教において、決して〝異端邪說〟ではない。

後漢において圖讖に反對した學者は、その後の官歴において一生うだつが上がらなかった。讖緯が經ではないことを極言した桓譚は、光武帝の怒りを受け、圖讖を僞作した尹敏は、光武帝により沈滯させられている。後漢「儒教國家」の經義を定めた白虎觀會議でも、讖緯思想が重視された。「元始の故事」を基本とした、洛陽遷都・畿內制度・三公設置・十二州牧設置・南北郊祀・迎氣（五郊）・七廟合祀・官稷（社稷）・辟雍（明堂・靈臺）・學官・二王後・孔子子孫・樂制改革・天下之號（王朝名）という古典的國制が、今文學の經義により正統化される際に、その論據は多く緯書に置かれたのである（渡邉義浩〈二〇〇五―c〉）。

後漢を代表する儒者である鄭玄もまた、緯書の神祕性を自らの六天說の論據に置いた。詩緯の『詩含神霧』に、劉邦は赤帝赤熛怒の精に感じて生まれた感生帝である、と記載されることが、鄭玄の六天說を根底で支えたのである（渡邉義浩〈二〇〇七―c〉）。六天說とは、至高神である昊天上帝のほかに、五行を主り、歴代の王者の受命帝となる蒼帝靈威仰・赤帝赤熛怒・黃帝含樞紐・白帝白招拒・黑帝汁光紀の五帝という、六種類の天帝を想定する思想である。鄭玄は六天說に基づき、天の祭祀を二つに分け、(1)昊天（昊天上帝）を圜丘に祭り（圜丘祀天）、(2)上帝（五天帝）を南郊で祭る（南郊祭天）べきだとした。それにより、皇帝・天子という二つの稱號により表現される「天下爲公」・「天下爲家」

という、後漢の君主權を支える相矛盾した二つの正統性を感生帝說により止揚して、天子と受命者と天とを、孝を媒介に一體化しようとしたのである。『孝經』に記された天への天子の孝を讖緯思想を論據とする感生帝說で直結することが、鄭玄の六天說の特徵なのである（渡邉義浩〈二〇〇八―a〉）。後漢における儒教の宗教性の高さを理解することができよう。

その一方で、聖漢の神聖化のために、漢との關係が密接に過ぎた今文學の神祕主義は、「理」を尊重する經典解釋に押され始める。後漢から禪讓を受けた曹丕の正統性を主張するために建てられた受禪表碑は、讖緯思想を取り入れずに、皇帝卽位から天子卽位へという漢代の君主卽位を正統化する『尙書』に基づき、漢魏革命を堯舜革命に準えることにより正統化している。ここに現れた『尙書』の重視と讖緯思想の無視は、「理」へと向かう時代の風潮を大きく反映したものである（渡邉義浩〈二〇〇八―c〉）。

かかる風潮を代表するものが王肅の經學である。王肅は、昊天上帝のみを天とし五帝を人帝とした。その祭天思想は、曹魏の明帝が鄭玄の六天說に基づき圜丘と南郊とを竝設したことに反對する中から生まれた。王肅は、荊州學の流れを汲み初めて讖緯思想を否定し、經典解釋を「理」に基づいて行うことにより、鄭玄說の持つ神祕性を打破する方向を示した。これが魏晉の「新」である（加賀榮治《一九六四》）。王肅の「理」に基づく經典解釋は、讖緯を否定し、感生帝說を欠如する西晉の建國過程や國政運用に影響を與えた（本書第四章第一節）。王肅の經典解釋は、天子の天への孝を中核とする宗教的・神祕的天から、「理」に基づく天へと變貌していく、天觀念の轉換點と考えることができるのである。(一五)

こうして「儒教國家」は、依據する經義の展開によって、時代の變化に適應していく。後漢「儒教國家」の崩壞後は、曹操による儒教の相對化も試みられたが、(一六)西晉において「儒教國家」が再編されるのはそのためである。西晉「儒教國家」は、王肅の學說に依據することにより、後漢の儒教の特徵であった神祕的な宗教性を超えて、經の「理」に基づく國家の正統性を揭げ、國政の根底に經義を置くことに特徵を持つ。(一七)本書は、その成立と展開、および崩壞を扱うものである。

おわりに

「儒教國家」とは、後漢以降の中國國家が、儒教の理念に依據して支配體制を規定されることを表現するための概念である。儒教の國教化ではなく、「儒教國家」と稱する理由は、國家が儒教を身體化していることを重視するためである。滿州族の淸が儒教を必要としたように、儒教は漢「民族に內屬」しているのではなく、「國家に內屬」しているのである。

後漢の白虎觀會議では、未だ國家の現實に儒教は追從していたが、西晉「儒教國家」では、國家の統治政策が經典の典據を持つに至る。「儒教國家」は後漢に終わるものではない。むしろ、儒教によりその支配を正統化される皇帝が、儒教の敎養を持つ文人官僚と、その出身母體である在地勢力を利用した支配を行う、という傳統中國に固有な國家支配體制は、道教や佛教の隆盛後も引き繼がれていく。かかる意味において、後漢「儒教國家」の支配と儒教との關係は、傳統中國の國家支配と理念の原基となっていくのである。西晉「儒教國家」がいかにそれを繼承・發展させたかについては、第一章以下の敍述で明らかにしていこう。

《注》

（一）前漢武帝期に董仲舒の獻策により五經博士が置かれ、儒敎が國敎化されたという班固の『漢書』の偏向に起因する誤った認識は、溝口雄三・池田知久・小島毅《二〇〇七》の中では否定され、また、山川出版社の高等學校用敎科書『詳說世界史』からも削除された。

（二）合評會で提示した書評は、そこで行われた討論とともに、渡邉義浩〈二〇〇五―a〉として公表している。

（三）本節に比べて、いくぶん「客觀的」な「儒敎の國敎化」に關する研究動向の整理は、渡邉義浩《二〇〇九》の序論で行っている。そこでも觸れたが、近年、中國・臺灣・歐米でも、儒敎の國敎化に關わる論考が現れ始めた。張榮明《二〇〇一》は、その代表であり、儒敎の國敎化について、國敎とは國家宗敎の簡稱であり、國家宗敎とは、國家・政治と社會秩序のために服務し、國家という存在のために道德の具と究極的な價值の據り所を提供するものである、としている。これらについては、保科季子〈二〇〇六〉に、行き屆いた整理がある。

（四）渡邉義浩《二〇〇九》の序論。初出は、渡邉義浩《一九九五》。そののち、渡邉義浩〈二〇〇三―e〉としても公表している。

（五）スリランカは一九七二年の共和國憲法で、ビルマは一九六一年の第三次憲法改正で佛敎を國敎としている。石井米雄《一九七五》第一部第二章を參照。

（六）孔敎會による孔敎の「國敎化」運動については、鐙屋一〈一九九〇〉を參照。

（七）比較史の重要性については、三浦徹・岸本美緒・關本照夫《二〇〇四》を參照。

（八）弓削達《一九六八》。また弓削達《一九八四》も參照。

（九）保科季子〈二〇〇八〉は、これを「福井氏が同時に「國敎化」における董仲舒の影響を否定したことは、中國哲學の研究者の琴線（逆鱗？）に觸れたらしく、嚴しい批判を浴びた」と表現している。

（10）土田健次郎〈一九九六〉を代表とする諸研究を參照。

（11）黃彰建《一九八二》は、王莽が卽位の根據とした『尙書』康誥の解釋を劉歆に始まる古文說である、としている。近年、出土したという『尙書』の檢討が待たれるところである。

(一二) 同樣の考え方で、王莽政權を理解するものに、渡會顯〈一九八四〉がある。また、飯島良子〈一九九五〉は、王莽が古文經典により儒敎を國敎化したことを說き、西嶋說を補強する。

(一三) 目黑杏子〈二〇〇八〉は、光武帝が南郊設置當初には、「元始故事」を踏襲しながら、二度の改定を經て、獨自の郊祀の方式に移行させた、としている。

(一四) 「儒敎の國敎化」をいくつかの指標を揭げて檢討することは、日本以外にも見られる。甘懷眞《二〇〇三》は、儒敎の國敎化に關して、天命と敎化の觀念の三面における制度化を考察する必要があるとして、①儒家の經典が制度化されて聖經と國法になること、②天命の觀念が制度化されて國家の體制となること、③敎化の理想が制度化されて國家的禮法典が制定されることを揭げている。

(一五) 唐宋變革を契機とした天觀念の變化を「天譴」から「天理」へと捉えることについては、溝口雄三〈一九八七、八八〉を參照。

(一六) 曹操の「文學」の宣揚、ならびに何晏による玄學の宣揚による儒敎的價値の相對化については、渡邉義浩《二〇〇四》を參照。

(一七) 儒敎に基づく國家支配の三本の柱である封建・井田・學校に關して言えば、王の封建は『春秋左氏傳』僖公　傳十一年に（本書第二章第二節）、異姓への五等爵の封建は『禮記』王制篇に（本書第一章第三節）、占田・課田制も『禮記』王制篇に（本書第二章第三節）、國子學の設置は『禮記』學記篇に（本書第二章第四節）、その正統性の論據を置いている。

第二節　中國貴族制と「封建」

はじめに

中國の三世紀から九世紀に貴族制と稱すべき國家的身分制が存在し、日本の戰後歷史學において、その世界史上の位置づけが時代區分論爭の一つの焦點となったことは、周知のとおりである（渡邉義浩〈二〇〇三―a〉）。時代區分論爭の終焉の後、久しく説かれ續けた研究の細分化を克服するため、「世界史の基本法則」とは異なる視座を持つ比較史の方法が試みられている（一）。その際、中國の國家體制を表現する二つの概念である「郡縣」と「封建」が取り上げられることも多い。たとえば、水林彪〈二〇〇六〉は、中國の「封建」の本質を「共同體を基礎としこれを支配するところの、正當な暴力をなにがしかの程度において分有する族的諸勢力が、幾段階もの人的身分制的統合關係によって形成する重層的權力秩序」と把握し、それによって中國的「封建」と西歐的 féodalité、日本の中世・近世の「封建制」を包括する視座を構築し得る、と主張する。この試みは高く評價すべきであろうが、現在のところ、比較史の陷りやすい概念の過度の抽象化を免れていない。かかる状況を乘り越えるためには、中國史における「封建」論の特徴とその時代的背景が解明されねばなるまい。

後漢末から魏晉にかけては、中國貴族制の形成期であると共に、「封建」論が活發に主張された時期でもある。貴族制を內在的に理解するためには、中國の傳統思想、就中、儒教において、貴族制がいかなる理念により正統化されていたのか、を明らかにする必要があろう。本節は、中國貴族制を「封建」という理念[二]との關係の中で捉え直す試みである。

一、六朝貴族と隋唐貴族制

中國における貴族政治に最初に着目した內藤湖南〈一九二二〉は、「唐末までの中世と宋以後の近世をそれぞれ特色づけるのは、前者が貴族政治の時代であるのに對し、後者が君主獨裁政治の時代であることである。そして、貴族政治の時代においては、①君主は貴族階級の共有物であって、絕對的權力を所有することができないが、一方、貴族たちは當時の政治上の位置からはほとんど超越している。第一流の貴族はかならず天子宰相になるともかぎらず、天子が第一流の家柄を持つようになるのでもない。それら貴族は、制度として天子から領土人民をあたえられたというのではなく、②その家柄が自然に地方の名望家として永續した關係から生じたものであって、いわゆる②郡望なるものの本體がこれにあたる」と述べ、貴族の基盤を②「地方の名望家」や「郡望」、つまり鄉里社會に求める說の嚆矢となった。しかし、①「君主は貴族階級の共有物」という理解は、貴族の表象、すなわち、貴族が自ら抱き、また社會の他の人々に押しつけ共有させせようとした貴族觀念そのままの理解と言えよう。『晉書』卷九十八 王敦傳[三]に、

（元）帝 初め江東に鎭するも、威名 未だ著はれず。（王）敦 從弟の（王）導らと與に、心を同じく翼戴して、以て中興を隆にす。時人 之が語を爲りて曰く、「王と馬と、天下を共にす」と。

とあるように、「時人」と表現される貴族閒の輿論において、瑯邪の王氏が皇帝の司馬氏と「天下を共に」している、

という觀念が存在したことは否定しないが、「君主は貴族階級の共有物」という歷史的事實が實證できるわけではない。
このため、內藤の中世說を繼承しながらも、宮崎市定《一九五六》は、「三國時代から唐に至る中國の社會は、寧ろ本質的には封建制が出現すべき社會であったものが、君主權の嚴存によって貴族制という特殊な形態を採ったと考える方が眞相に近いかも知れない」と述べて、むしろ「君主權の嚴存」こそが、中國獨自の中世の政治形態である貴族制を創り出したとする。そして、內藤の重視する「地方の名望家」の「郡望」と貴族制との關係を九品官人法における鄕品と官品との對應として說明したのである。

　これをうけた谷川道雄〈一九六六〉は、宮崎の所說を「官品が鄕品によって決定されるという事實は、貴族の身分・地位がいくら王朝權力によって附與されているかに見えても、本源的にはその鄕黨社會における地位・權威によって決定されるものであり、王朝はそれの承認機關にすぎない」と意義づけ、鄕里社會から貴族制を解明しようとする自らの問題意識を鮮明にした。そして、川勝義雄との共同研究により「豪族共同體」論を展開し、矢野主稅・越智重明らと論爭を繰り廣げる中で、自らの學說を磨きあげていったのである。(四)

　しかし、谷川・川勝「豪族共同體」論に依據して、鄕里社會から隋唐時代の貴族制を分析・理論化していく研究は、多くはない。西魏宇文泰政權に淵源する胡漢融合の支配階層「關隴集團」が、北周・隋唐の政治・軍事の最高支配集團を形成し、後漢以來の傳統と格式を誇る舊北齊系「山東門閥」と對立し、『貞觀氏族譜』をめぐる軋轢など、唐初においては、これを抑壓する關係にあったことを說く、陳寅恪の「關隴集團」論への評價が、隋唐貴族制研究の中心課題として存在するためであろう。(五)

　こうした中、隋唐史研究における貴族の定義は、『貞觀氏族譜』の初奏本で第一等とされた博陵の崔民幹を含む「王・崔・盧・李・鄭」を「山東郡望」とする、柳芳の「氏族論」所載の大姓を基準とされることが多かった。(六)これに對して、Twitchett〈1979〉は、敦煌發見の「郡望表」に着目しながら、柳芳の「氏族論」に掲げられるような大貴族だけでなく、地方中小貴族をも視野に收めた貴族制研究の必要性を提唱した。これをうけた吉岡眞〈一九八一〉〈一九八二〉は、柳芳の「氏族論」所載のおよそ三十姓を「門閥」、「郡望表」から窺いうる地方中小貴族を「郡望」、これらに含まれない層を「庶姓」と規定して、隋唐における支配階層の數的分析を行っている。このように隋唐貴族制の研究において、貴族は鄉里社會より規定されることは少なく、『貞觀氏族譜』や各種「郡望表」などに掲載される身分として把握されているのである。

谷川・川勝「豪族共同體」論に代表される六朝貴族論は、鄉里社會の視座より貴族の意識を追及し、隋唐貴族制論は、君主權力により編成されることの多い身分制として貴族制を捉える。ともに中國貴族制を研究しながら兩者の捉え方が接合しない理由は、貴族の形成期を扱う六朝貴族論が、貴族の生成過程をその表象から解明せんとしたことに對し、貴族制の崩壞期を扱う隋唐貴族制論が、貴族制の改革を目指す君主による貴族制の再編に多く注目するためであろう。しかし、貴族や貴族制に對する分析視角を、鄉里社會と皇帝權力のどちらか一方に限定してはなるまい。

實は、鄉里社會から貴族を考える視座の嚆矢とされた內藤湖南は、隋唐時代については、內藤湖南〈一九二二〉の中で、「貴族政治の時代には、貴族が權力を握る習慣であるから、隋の文帝・唐の太宗の如き英主が出で、制度の上に於ては貴族の權力を認めぬ事にしても、實際の政治には尙其形式が殘って、政治は貴族との協議體となった。勿論、この協議體は代議政治ではない。唐代に於ける政治上の重要機關は三つあった。曰く尙書省、曰く中書省、曰く門下省である。……三省ともに大官は皆貴族の出身であるので、貴族は天子の命令に絕對に服從したのではない」と述べ、君主權力と貴族との對抗關係の中で、貴族政治を說明しているのである。(七) 六朝貴族論と隋唐貴族制論における二つの方法論は、元來、內藤湖南の貴族政治への分析視角の中に、ともに含まれていた。六朝貴族を君主權力との關係で、隋唐貴族制を貴族の表象から研究することも必要であろう。

もちろん、唐代の貴族制の特徴である身分的內婚制と士庶區別を六朝に遡って求める研究も行われてきた。[八] 君主權力との關係の中で、六朝貴族制も分析されているのである。仁井田陞〈一九三九〉は、身分的內婚制の顯著な事例として良賤不婚制を擧げ、それが唐律令に規定されてから、淸末に至るまで法律として存續したことを指摘した上で、六朝および唐初に特徴的な身分的內婚制として、士庶不婚制・特定士族閒のみの通婚制を擧げる。六朝の貴族にも國家的身分制としての士庶區別と貴族閒の身分的內婚制が存在したとするのである。また、池田溫〈一九六五〉は、貞觀・顯慶・開元と三回にわたって唐で編纂された氏族譜を王朝權力による氏族秩序再編成の意圖が集約的に示されたものと位置づけた上で、梁の武帝が編纂した十八州譜と北魏の孝文帝が編纂した列姓族牒の統合として、唐の氏族譜は生まれた、としている。皇帝が定めた國家的身分制を顯在化する『貞觀氏族譜』は、その源流を南北朝に持つとするのである。こうした研究が六朝貴族論の側から顧みられることが少なかった理由は、貴族と貴族制が混同されてきたことにある。

二、貴族意識と國家的身分制

かつて掲げた定義によれば、中國の三世紀から九世紀、ことに兩晉南北朝を中心に支配階層を形成した貴族は、⑴農民に對する直接的・閒接的支配者であるという階級支配者としての側面、⑵國家の高官を代々世襲するという政治的支配者としての側面、⑶「庶」に對して「士」の身分を持つという身分的優位者としての側面、⑷一般庶民が關與しえない文化を擔うという文化的優越者としての側面のほか、⑸皇帝權力に對して自律性を保持するという側面を屬性として有する。[九] かかる五つの屬性は等價値に竝立するのではなく、貴族を特徴づける(5)皇帝權力からの自律性は、(4)文化的諸價値の專有を基盤とする。文化などのイデオロギーは、マルクス主義では、有利な立場が不利な立場をだます意識操作の手段、すなわち虛僞意識と捉えられることが多かった。[一〇] しかし、ピエール＝ブルデュー《一九九〇》は、文化を經濟と同樣に資本と捉え、差異化・階層化・秩序構成といった社會構成の分析を行い、文化資本による卓越化を説き、ロジェ＝シャルチエ《一九九六》は、ひとつの共同體が世界との、他者との關係を表現するための「特別價値のない」普通のプラチック（日常的實際行動）としての文化を身體化することの必要性に着目した。儒學・史學・玄學・文學および儒教・道教・佛教の「四學三教」の兼修が尊重された兩晉南北朝の貴族で言えば、儒學・儒教が身體化されるべき根底の文化にあたり、その上で卓越性を含む多くの文化資本に通ずることにより、貴族は文化を自らの存立基盤とし得たのである。

『南齊書』卷三十三　王僧虔傳に掲げる「誡子書」[一一]に、

> 往年①史に意とすること有り、三國志を取り床頭に聚置すること、百日許り、復た業を徙り②玄に就き、自ら當るに小史に差るも、猶ほ未だ彷彿に近からず。……汝 老子の卷頭五尺許りを開き、未だ（王）輔嗣の何の道ふ所、（何）平叔の何の說く所、馬（融）・鄭（玄）何の異にする所、（老子）指（歸）・（易略）例の何の明らかにする所かを知らず。而るに便ち麈尾に盛んにし、自ら談士と呼ぶは、此れ最も險事なり。……且つ③論注の百氏・④荊州の八袠、又⑤才性四本・⑥聲無哀樂は、皆 言家の口實、客の至らば之をば設くること有るが如きものなり。汝 皆 未だ拂耳瞥目を經ず。豈に庖廚 脩らざるに、而るに大賓を延かんと欲する者有らんや。……（吾が）舍中、亦た少くして令譽を負ひ弱冠にして清級を越超する者有り。時に王家の門中、優れる者は則ち龍鳳、劣れる者も猶ほ虎豹なるがごとし。❶蔭を失ふの後、豈に龍虎の議あらんや。況んや吾れ汝の蔭爲ること能はざるをや。政は應に

各〻自ら努力すべきのみ。或いは身は❷三公を經るも、蔑爾され聞こゆること無く、布衣寒素なるも、卿相だに體を屈するもの有り。或いは父子の貴賤 殊なり、兄弟の聲名 異なる。何ぞや。體して盡く數百巻の書を讀むのみ。

とある。王僧虔は、①『三國志』などの史學を好み、②玄學を深く學び、③諸子百家に通曉し、④「荊州の八袠」と呼ばれる荊州學の成果をまとめた五經を修め、⑤「才性四本」論・⑥「聲無哀樂」論といった哲學的な議論にも精通していた。(二二)このほか、佛教にも信仰と造詣を具え、『論書』を著した書論家としてもこの時代を代表する（『南史』巻二十二 王僧虔傳）。地理學では『吳郡地理志』と『淮南記』を著し（『太平御覽』巻四十三 地部八）、「音律を解」して雅樂の整備に熱意をもやし、琴の演奏が得意であった（『南齊書』巻二十三 王儉傳）という。儒教の荊州學を身體化し、「四學三教」のうち道教を除いたすべての文化價値において卓越性を持つ王僧虔は、誡子書の中で、貴族の存立基盤は、「琅邪の王氏」という郡望が持つ❶蔭ではない。官僚としての地位である❷三公でもない。學問をして文化を身につけることこそ貴族としての存立基盤である、と觀念している。表象は人的集合體の生成に積極的な役割を果たし、共有された觀念が現實の社會を變える。また、文化資本を存立基盤とすることが觀念である以上、官職・武力や財産といった政治的・經濟的力量に基づき、皇帝が貴族を屈伏させようとしても、皇帝が貴族の秩序に介入することは難しい。(4)文化的諸價値の專有を存立基盤とする貴族は、こうして(5)皇帝權力からの自律性を持つことができたのである。

もう一例だけ掲げよう。『顏氏家訓』巻三 勉學篇に、(二三)

梁朝全盛の時、貴遊の子弟は、多く學術無し。諺に云ふに至る、「車に上り落ちざれば則ち著作（郎）、體中 何如とせば則ち祕書（郎）」と。……明經の求第には、則ち人を顧みて策に答へ、三（公）九（卿）の公讌には、則ち手を假りて詩を賦す。爾の時に當りては、亦た快士なり。離亂の後に及びては、……誠に駑材なり。……百世の小人と雖も、論語・孝經を讀むを知る者は、尚ほ人の師と爲り、千載の冠冕と雖も、書記を曉らざる者は、耕田・

養馬せざるは莫し。此を以て之を觀るに、安ぞ自ら勉めざる可けんや。若し能く常に數百巻の書を保たば、千載終に小人と爲らざるなり。

とある。傍線部について、吉川忠夫〈一九六二〉は、「士庶の際に至っては實に自から天隔す」という『宋書』巻四十二王弘傳の字句を引用した上で、士と庶を分けるのは、天――自然――ではなくして學問なのである、と解釋し、ここに顔之推の「家柄の高下がいっさいを決定した貴族社會にたいする批判」を見る。たしかに、顔之推の觀念において、「士庶區別」は(4)貴族の存立基盤である文化の有無によって行われるべきものであった。

しかし、仁井田陞〈一九三九〉が六朝隋唐に特徴的な身分的内婚制とする「士庶區別」は、皇帝權力により編成されたものであった。それは、貴族の特徴である(5)皇帝權力に對する自律性を弱體化させるためには、貴族を皇帝が再編成して、作られた特權を持つ法的存在とすることが、最も効果的であるためになされた。[一四]貴族に對峙的な皇帝權力が、國家的身分制としての貴族制を編成する。本書第一章第三節での主張を先取りすれば、貴族は文化的諸價値の専有を基盤と觀念する社會的身分であり、世襲的に高官を獨占するという屬性に代表される貴族制は、西晉における五等爵の賜與が、州大中正の制とあいまって國家的身分制として創り出したものなのである。貴族と貴族制を弁別すべき理由である。

君主權力による國家的身分制としての貴族制の形成は、三國末の咸熙元（二六四）年、蜀漢を滅ぼして晉王となった司馬昭により行われた。『晉書』巻二 文帝紀[一五]に、

（咸熙元年）秋七月、（文）帝 奏すらく、「司空の荀顗もて禮儀を定め、中護軍の賈充もて法律を正し、尚書僕射の裴秀もて官制を議し、太保の鄭沖もて總べて焉を裁せしめん」と。始めて五等爵を建つ。

とあるように、司馬昭は、西晉「儒教國家」の禮儀・法律・官制を整えさせると共に、五等爵制を施行した。その對

象は、「(裴)秀 五等の爵を議するに、騎督より已上六百餘人 皆 封ぜらる〈(裴〉秀議五等之爵、自騎督已上六百餘人皆封)」(『晉書』卷三十五 裴秀傳)とあるように六百人を超えた。實に西晉の全官僚の約一割に及ぶ。賜爵は、天子が行う國家的身分體系の秩序形成であり、そこでは⑸貴族の自律性や輿論を考慮する必要はない。そこで、司馬昭は、公—侯—伯—子—男という階層制を持つ五等爵の賜爵を通じて、爵制的な秩序により貴族と君主權力との緊密性を表現し、貴族を國家的身分制として序列化したのである。しかも、『通典』卷三十七 職官十五に、[一六]

　晉の官品。第一品は、公、諸位の公に從ふもの、開國の郡公・縣公の爵なり。第二品は、特進、驃騎・車騎・衞將軍、諸の大將軍、諸の持節都督、開國の侯・伯・子・男の爵なり。

とあるように、開國の五等爵は、郡公・縣公は第一品、侯・伯・子・男は第二品の官品とされた。したがって、越智重明〈一九六三—a〉によれば、西晉の上級士人(名家で有爵者あるいは世子)は、鄉品一品で五品起家(世子の場合は六品もある)することが多く、名家でない上級士人(侯伯子男の爵の傳襲者)は鄉品(一品ないし)二品で第七品起家することが多かったという。こうして西晉の五等爵制は、爵制的秩序による國家的身分制を形成し、州大中正の制とあいまって、世襲性を帶びた官僚制度の運用を生み出した。官位はそのままでは世襲できないが、爵位は世襲が可能だからである。世襲性を帶びた官僚制度の運用という中國貴族制の屬性は、西晉の皇帝權力の手により生み出されたものなのである。[一七] しかし、西晉の貴族は、その代償として、⑸皇帝權力に對する自律性を弱體化された。宮崎市定の說くように、「君主權が嚴存」したために、君主權力に對する自律性は、西歐中世の封建領主が持つ領主裁判權にまでは發展しなかったのである。

　こうした皇帝による貴族制の編成は、「士庶區別」にも見ることができる。中村圭爾〈一九七九〉は、六朝期に見られる「士庶區別」を網羅的に掲げた後、それを同坐の拒否や士庶不婚のような社會的差別と、力役免除の有無や税制上の差別待遇といった政治的差別に分類する。そして、社會的な差別において、現任官が士庶判定に何の意味も持たなかったことから、士庶と皇帝權力は本來は無緣のものであった、と理解する。首肯し得る見解である。注目すべきは、國家の法との關係が問われる後者の政治的差別である。

中村圭爾も重視する、沈約が奏彈した士たる東海の王氏と庶たる吳郡富陽縣の滿氏とが結んだ婚姻について檢討しよう。『文選』卷四十　彈事　奏彈王源に、（一八）

風聞するに、東海の王源、女を嫁して富陽の滿氏に與ふと。源は人品　庸陋なりと雖も、實に冑ぎ華に參ず。曾祖の雅は、位　八命に登り、祖の少卿は、內　帷幄に侍り、父の璿は、升りて儲闈に采（つか）へ、亦た淸顯に居る。源は頻りに諸府の戎禁を叨（みだり）にし、通徹に預班するに、而るに姻結の好に託し、唯だ利のみ是れ求む。①流輩を玷辱すること、斯より甚しと爲すは莫し。源は人身　遠きに在れば、輒ち媒人の劉嗣之を攝（をさ）め、臺に到して辨問す。嗣之列稱すらく、「吳郡の滿璋之、相　承けて云く、是れ高平の舊族、寵奮が胤冑たりと。家計　溫足なれば、託せられて息の鸞が爲に婚を覓む。王源　告の窮盡せるを見て、卽ち②璋之の簿閥を索め、璋之の王國の侍郞に任じ、鸞　又王慈の吳郡正閤主簿と爲るを見る。源の父子、因りて共に詳議し、判して與に婚を爲す。璋之　錢五萬を下して、以て聘禮と爲す。源　先に婦を喪はば、又　聘する所の餘直を以て妾を納る」と。其の列する所の如くんば、則ち風聞と符同す。③竊かに璋之の姓族を尋ぬるに、士庶　辨ずる莫し。滿奮　身は西朝に殞ち、胤嗣　殄沒し、武秋の後、東晉に聞ゆる無し。其の虛託爲ること、言はずして自づから顯はる。王・滿の姻を連ぬるや、寔に物聽を駭（おどろ）かす。……④宜しく寘すに明科を以てし、之を流伍より黜け、已に汚るるの族をして、永く昔辰に愧ぢ、方媾の黨をして、心を來日に革めしむべし。臣ら參議し、請ふらくは見事を以て、源が居る所の官を免じ、禁錮すること終身。輒ち下して事を視るを禁止すること故の如くせんと。

とある。南齊の永明八（四九〇）年ごろ、御史中丞の沈約が書いた奏彈文によれば、東海の王源が娘を嫁がせ結納金に五萬錢を納めさせた吳郡の滿璋之は士ではなく、その婚姻が①「流輩を玷辱」するものではないかとする風聞に基づき、媒酌人の劉嗣之を御史臺で尋問した。ここでの①「流輩」は、後出の④「流伍」と同義で士人を指す。劉嗣之は、王源が②滿璋之の「簿閥」を調べ、璋之が王國の侍郎、娘を嫁がせた鸞も吳郡正閤主簿であったことを確認したうえで、婚姻を行ったと弁明した。「簿閥」には、中村圭爾〈一九八七―a〉によれば、本人の官歷のほかに父祖の官名が記される。これに對して、沈約は、③滿璋之の「姓族」を調査し、璋之がその祖と稱する滿奮の家系が西晉で絶えていることから、滿璋之の「士庶を辨」ずることはできないとして、かかる家系と婚姻を結んだ王源を④「明科」に基づき「流伍」より除名すべきことを上奏したのである。

沈約の奏彈は、士庶區別が皇帝により判斷され、違反とされた場合には、士の身分が奪われるものであったことを證明する。この事例より士庶不婚という身分的內婚制を主張する仁井田陞〈一九三九〉は、宋の王應麟『玉海』卷五十藝文　譜牒に、(一九)

又　諸氏族譜一卷を載せて云ふに、梁の天監七年、中丞たる王僧孺の撰する所なりと。士流をして此の譜を案ぜしめ、乃ち昏姻を通ず。貞觀六年、又　高士廉らに命じ、氏族を定め明らかに禁約を加ふ。

とあることを、沈約の彈劾文と表裏の關係にあると理解する。

となれば、皇帝による貴族制の編成の一貫として、士庶區別が國家的身分制として定められる際に必要なものは、氏族譜であった。近世譜に對して古譜と總稱される唐以前の氏族譜は、多賀秋五郎によれば、名が殘るものだけで二七七部に及ぶ。(二〇)それらの中で、諸氏族の等級をつけた最も古いものは、西晉の摯虞が編纂した『族姓昭穆記』である。『晉書』卷五十一　摯虞傳に、(二一)

（摯）虞　漢末の喪亂に、譜傳　多く亡失し、其の子孫と雖も、其の先祖を言ふ能はざるを以て、族姓昭穆十巻を撰す。上疏して之を進むるに、以爲へらく、以て物を備へ用を致し、多聞の益を廣むるに足らんと。①品を定むることと法に違ふを以て、②司徒の劾する所と爲るも、③詔して之を原（ゆる）す。

とある。中村圭爾〈一九八七—a〉は、①「品を定」める、とある諸氏族の等級が、鄕品決定の最高機關である②司徒に彈劾されていることから、『族姓昭穆記』による等級づけは鄕品と深く關わる、と述べている。そのとおりであろう。それ以上にここでは、③詔により、西晉の武帝が司徒の彈劾から摯虞を守っていることに着目したい。司徒が總括する鄕品として表現された貴族の自律的秩序に對抗して、皇帝が摯虞の『族姓昭穆記』を通じて貴族の等級を定めようとした、と理解し得るためである。五等爵制により序列を持つ國家的身分制として貴族制を成立させた西晉の武帝は、こうして貴族の等級をも君主權力のもとに收斂しようとしたのである。

吳郡富陽縣の滿氏が士と稱する虛僞を暴き、士庶區別を國家的身分制として編成させようとしていた沈約は、尙書令として梁の武帝に上言して、『通典』巻三　食貨三に[22]、

冑胤を識らざるは、衣冠と謂ふに非ず、凡そ諸の此の流は、其の祖を知ること罕なり。高曾を假稱するも、巧僞に非ざるは莫し。諸（これ）を文籍に質さば、姦事　立ちどころに露はる。覆（かく）せるを懲し詐れるを矯め、益を爲すこと實に弘からん。……若し譜注・通籍に卑雜なるもの有らば、則ち其の巧謬を條し、在所に下して罰を科せんことを。

（武）帝　是を以て譜・籍に留意し、御史中丞の王僧孺に詔して、百家譜を改定せしむ。

と述べている。士庶區別が詐稱されるだけではなく、貴族の世系も僞造されているので、氏族譜の僞りを暴くべしとするのである。梁の武帝は、沈約の上言を受け、『十八州譜』を編纂させた。『南史』巻五十九　王僧孺傳に[23]、

（武帝）因りて（王）僧孺に詔して百家譜を改定せしむ。始め晉の太元中、員外散騎侍郎の平陽の賈弼、篤く簿狀を

好み、乃ち廣く衆家を集め、大いに羣族を捜め、撰する所十八州一百一十六郡、合はせて七百一十二巻なり。凡そ諸の大品は、略ぼ遺闕無く、藏して祕閣に在り、副は左戶に在り。弼の子たる太宰參軍の匪之・匪之の子たる長水校尉の深に及びて、世〻其の業を傳ふ。太保の王弘・領軍將軍の劉湛は、竝びに其の書を好む。弘は日ごとに千客に對するも、①一人の諱も犯さず。湛は選曹と爲り、始めて百家を撰して以て②銓序を助くるも、而るに寡略なるに傷ふ。齊の衞將軍たる王儉は、復た去取を加へ、繁省の衷を得たり。僧孺の撰は、范陽の張ら九族を通じて、以て鴈門の解ら九姓に代ふ。其の東南の諸族は別に一部を爲り、百家の數に在らず。……十八州譜七百一十巻を集め、百家譜集抄は十五巻、東南譜集抄は十巻なり。

とある。梁の武帝が王僧孺に編纂させた『十八州譜』は、その由來の説明より分かるように、人事の選考に際して、①父祖の諱を犯さないためにも、②門地の調査のためにも用いられたのであろう。しかし、それ以上に重要なことは、皇帝の命令により貴族の氏族譜が集成されたことに現れる、皇帝權力による貴族制再編への意欲である。[一四]『十八州譜』は、西晉の摯虞の『族姓昭穆記』のように、貴族の等級が記載されたか否かは、明記されない。[一五]また、沈約の上言を契機とするという點で、貴族層の意思の反映も考慮すべきであろう。しかし、皇帝によって集大成された、という行爲そのものが、國家的身分制として貴族制を編成しようとする皇帝の支配意思を示すと言えよう。

北魏における「姓族分定」では、貴族の等級はさらに明確に位置づけられる。『魏書』巻一百一十三 官氏志に、[一六]

太和十九年、詔して曰く、「代人の諸胄は、先に姓族無し。功賢の胤と雖も、混然として未だ分かたず。故に官達せる者の位は公卿を極むるも、其の功の衰へたるものの親は、仍ほ猥任に居る。比りに姓族を制定せんと欲するも、事 多く未だ就らず。且に宜しく甄擢し、時に隨ひ漸く銓ばんとす。其の①穆・陸・賀・劉・樓・于・嵇・尉の八姓は、皆 太祖より已降、勳は當世に著はれ、位は王公に盡く。……原と朔土より出で、②舊の部落大人爲り

> て、皇始より已來、三世官を有すること給事より已上に在り、及び州刺史・鎭大將、及び品の王・公に登りたる者をば姓と爲す。若し③本 大人に非ざるも、而るに皇始より已來、職官三世 尚書より已上、及び品の王・公に登りて中閒に官緒を降りざれば、亦た姓と爲す。諸の④部落大人の後にして、皇始より已來、官は前列に及ばざるも、而るに三世 中散監より已上と爲り、外は太守・子都と爲り、品の子・男に登りたる者有らば族と爲す。若し本⑤大人に非ざるも、而るに皇始より已來、三世 令より已上、外は副將・子都・太守と爲り、品の侯より已上に登りたる者有らば、亦た族と爲す。……」と。

とあるように、北魏の孝文帝は、太和十九（四九五）年、北族に對する「姓族分定」を行った。ここでは、①穆・陸・賀・劉・樓・于・嵆・尉が、皇帝と婚姻關係を結び得る「八姓」として筆頭に位置づけられたほか、②舊部族長で、給事・州刺史・鎮大將以上の官か王・公の爵を持つ者が「姓」、③部族長でなく、尚書以上の官か王・公の爵を持つ者が「姓」、④舊部族長の子孫で、中散監・太守・子都以上の官か子・男の爵を持つ者が「族」、⑤部族長でなく、令・副將・子都・太守以上の官か侯以上の爵を持つ者が「族」と、それぞれ定められた[一七]。鮮卑族の貴族は、こうして「姓族分定」により、國家的身分制としての貴族制に編成されたのである。

孝文帝はまた、漢族に對しても、『新唐書』巻一百九十九 儒學 柳沖傳[一八]に、

> 郡姓なる者は、中國士人の差第閥閲を以て、之が制と爲す。凡そ三世に三公たる者有るをば①膏粱と曰ひ、令・僕たる者有るをば②華腴と曰ひ、尚書・領・護より而上たる者をば③甲姓と爲し、九卿 若しくは方伯たる者をば④乙姓と爲し、散騎常侍・大中大夫たる者をば⑤丙姓と爲し、吏部正員郎をば⑥丁姓と爲す。凡そ入るを得る者は、之を四姓と謂ふ。

とあるように、「姓族分定」を行い、漢人の貴族を①膏粱・②華腴・③甲姓・④乙姓・⑤丙姓・⑥丁姓の六つの身分に

編成した。本來、貴族としての意識を持つ漢人貴族は、こうして北魏の皇帝權力のもとで、國家的身分制である貴族制に編成されたのである。

こうして皇帝權力により國家的身分制として編成された貴族制を表現する氏族譜の完成型が、唐で編纂される『貞觀氏族譜』である。しかし、本來、貴族は、文化資本による序列化と貴族による國政の獨占をあるべき「貴族制」と考える存在であった。一方、皇帝權力は、血緣に象徵される皇帝權力との近接性により、國家的身分制として貴族制を編成したい。あるべき貴族制が兩者で異なるため、貴族の屬性の(5)皇帝權力への自律性が、最も對峙性を帶び、貴族の特徵となったのである。皇帝・貴族の雙方の對峙性を顯在化させる、こうした政策の正統性を示す理念として掲げられたもの、それが「封建」である。

三、「封建」の時代

西晉において州大中正の制と相俟って貴族制を編成した五等爵制は、「封建」の復權の機運の中で、[二九]定められた制度であった。『三國志』卷十五 司馬朗傳[三〇]に、

（司馬）朗 以爲へらく、天下土崩の勢は、秦 五等の制を滅し、而して郡國に蒐狩習戰の備へ無きが故に由る。今①五等は未だ復た行ふ可からずと雖も、州郡をして竝びに兵を置き、外は四夷に備へ、內は不軌を威せしむ可きは、策に於て長と爲すと。又 以爲へらく、②宜しく井田を復すべしと。……今 大亂の後を承け、民人 分散し、土業に主無きは、皆 公田と爲し、宜しく此の時に及びて之を復すべし。議 未だ施行せられずと雖も、然れども州郡兵を領するは、朗の本意なり。

とある。司馬懿の兄である司馬朗は、秦が崩壊させた周の古制である五等爵制を②井田制と共に復興すべきことを主張している。ただ時期尚早であるため、①現實に行われている州牧制を權誼の策として肯定する。かかる司馬朗の主張が、甥の司馬昭の五等爵制施行に影響を與えたと考えられよう。

しかし、五等爵制施行の當初、多くの臣下が爵位を世襲することに批判的な議論もあった。『晉書』卷四十八 段灼傳(三一)に、

> 今に於ける國家の大計は、異姓をして裂土專封の邑無く、同姓をして竝びに連城の地を據有せしむるにあり。……大晉の諸王は二十餘人、而るに公・侯・伯・子・男は五百餘國。其の國 皆 小なりと言はんと欲するや。……臣 故に五等は便ならざると曰ふなり。……臣 以爲へらく、諸侯の伯・子・男の名號は皆 宜しく之を改易し、封爵の制をして、祿奉禮秩、竝びに天下の諸侯の例と同じくせしむべし。

とある。段灼は、すべての「封建」を否定するわけではない。同姓の諸王は肯定し、異姓の五等諸侯を批判するのである(三二)。漢の官學であった『春秋公羊傳』は、「劉氏に非ざれば王たり得」ない漢の原則に適合し、異姓の臣下の封建を否定していた（本書第二章第二節）。こうした經義も背景にしながら、段灼は、異姓の封建を危險視したのである。しかし武帝は、國家的身分制としての貴族制を編成した五等爵制を改めることはなかった。

危機は、五等爵制よりも、諸王の「封建」より起きた。八王の亂である。亂の最中、成都王穎のもとにいた陸機は、臣下の五等諸侯にも實封を與え、地方行政を建て直すことを建議する。『文選』卷五十四 論四 五等論(三三)に、

> 五等の制は、黃唐より始まり、郡縣の治は、秦漢より創まる。……夫れ先王は帝業の至重にして、天下の至曠なるを知る。曠ければ以て偏制す可からず、重ければ以て獨任す可からず。重きに任ずるには力を借りるを必とし、曠きを制するには人に因るに終はる。①故に官を設け職を分かつは、其の任を輕くする所以なり。五長を竝建す

るは、其の制を弘むる所以なり。是に於てか、其の封疆の典を立て、其の親疎の宜に財ち、萬國をして相維なりて、以て盤石の固を成し、②宗庶雜居して、維城の業を定めしむ。……故に③諸侯食土の實を享け、萬國世及の祚を受く。

とある。陸機の封建論は、第一に五等の諸侯を置くべき理由を國家權力の分權化のためではなく、君主の①任務を輕くする一方で、その制を廣める、言い換えれば、君主の權力を分權化する一方で、國家全體の權力を隅々まで廣められることに求めている。これは、秦の始皇帝やその丞相の李斯が、諸侯を置くと支配の一元化の妨げになると認識したことと大きく異なる。[三四]かかる「封建」の意義付けの相違は、戰國の分裂を統一することを第一の目的とした法家と、漢の統一の中で「封建」を復權させた儒教の背景となった時代性に起因しよう。同時に、國家權力の再編を目指しているという點で、「封建」という譯語を當てられている西歐中世の feudalism とも大きく原理を異にすることも留意すべきである。[三五]

第二に、②異姓の五等諸侯の封建を是認することは、陸機の封建論の特徴である。異姓の封建について、陸機は、『詩經』大雅 板の「宗子は維れ城（宗子維城）」を典據とする。しかし、鄭箋が「宗子とは、王の適子を謂ふ（宗子、謂王之適子）」と述べるように、このままでは、異姓の諸侯の封建を正統化することはできない。そこで陸機は、②「宗庶雜居して、維城の業を定めしむ」と、『詩經』の字句を展開して、「宗庶」がともに諸侯となるべきことを主張する。『周禮』夏官 都司馬の鄭注に、「庶子は、卿・大夫・士の子なり（庶子、卿・大夫・士之子）」とあり、鄭玄は「適子」と對になる「庶子」を「卿・大夫・士の子」、すなわち異姓をも含む臣下と理解しているのである。こうして陸機は、異姓の封建を正統化した。

第三に陸機は、③「食土の實」すなわち實封を諸侯が、「世及」すなわち世襲すべきことを主張する。李善注の指摘のように、「世及」は、『禮記』禮運に、「大人は世及して以て禮と爲す（大人世及以爲禮）」とあり、「大人は、諸侯の謂なり（大人、諸侯之謂）」とある鄭玄注により、諸侯の世襲は正統化される。

それでは、陸機は、なぜ異姓の五等諸侯に實封を與えることが必要と考えたのであろうか。それは、『文選』巻五十四 論四 五等論の結論部分に、[三六]

> 且つ要して之を言ふに、五等の君は、己の爲に治を思ひ、①郡縣の長は、利の爲に物を圖る。……是の故に百姓を侵して以て己を利する者は、在位の憚らざる所、實事を損ひて以て名を養ふ者は、官長の夙夜する所なり。……五等は則ち然らず。②國は己の土爲り、衆は皆 我が民なり、民 安ければ己は其の利を受け、國 傷るれば家は其の病に嬰（かか）るを知る。故に前人は以て後に垂れんと欲し、後嗣は其の堂構を思ふ。

とあるように、秦漢以來の「郡縣」では、①郡縣の長が利をあげることのみを考え、地方統治を荒廢させるためである。これに對して、②五等諸侯に實封を與えれば、諸侯は自らの利だけではなく、子孫に傳えるためにも懸命に統治する。かかる主張を行わなければならないほど、陸機が「五等論」を著した時期の西晉は、八王の亂により地方の統治が崩壞していた。そして、こうした國家の中央集權的支配の危機は、八王の亂の時期に止まらず、兩晉南北朝を通じて恆常的に起きていた。

そうした中で、兩晉南北朝は、「封建」の時代となった。國家的身分制としての貴族制を正統化した「封建」の論理は、兩晉南北朝の政治體制に多く見られるのである。

すでに掲げたように、司馬朗は、五等爵制の復興を主張しながらも、それに代わる州牧制を容認していた。石井仁〈一九九二〉〈一九九六〉《二〇〇〇》によれば、後漢末の中平五（一八八）年、靈帝は西園軍を創設すると共に、牧伯制（＝州牧）を施行した。後者の前身である州刺史は、監察官に過ぎなかったが、靈帝は、後漢中期以降の社會の分權化に對して、州單位の廣域的な行政ブロックをつくって地方統制を強化するため州牧を設置し、動亂の擴大に齒どめをかけようとしたのである。その際、州牧の權威を高めるために、九卿とおなじ秩中二千石、および列侯の爵位が無條件で授與されたことには注目したい。牧伯という別稱と共に、州牧およびその流れを汲む都督制が、「封建」の復權の中で設置されたことを窺い得るためである。

州牧だけではない。『三國志』巻二十　武文世王公傳注引『魏氏春秋』に曹冏の「封建論」を載せるが、その中で曹冏[三七]は、

　　且つ今の州牧・郡守は、古の方伯・諸侯にして、皆 千里の土を跨有し、軍武の任を兼ね、或いは國を比（つら）ねること數人、或いは兄弟 竝據す。而るに宗室の子弟、曾て一人も其の閒に閒廁して、與に相 維持するもの無し。幹を彊くし枝を弱め、萬一の虞れに備ふる所以に非ざるなり。

とあるように、「州牧」を「方伯」に、「郡守」を「諸侯」に準えている。曹冏の「封建論」の全體の主張は、皇帝の同姓を諸侯に封建すべきことにあり、異姓の臣下が「國を比」ね、「兄弟が竝據」して州牧・郡守となっていることを批判するものである。しかし、窪添慶文〈一九七四〉が明らかにしたように、西晉末以降南北朝に至るまで、本貫ないし居住地において宗族を中核として強い支配力・影響力を有する者が多數、本籍地の太守・縣令に任用されていく。陸機が異姓の五等諸侯の「封建」により地方行政の再編を主張したことは、かかる西晉末以降の現實の先取りと考えてもよい。「封建」という理念の復權は、郡守・縣令の本籍地任用にも見られるのである。

それでは、こうした州牧や太守の「封建」は、國家權力の地方分權化を示すものなのであろうか。石井仁〈二〇〇五〉〈二〇〇九〉によれば、州牧から發展した都督制に對する從來の研究は、軍事制度の側面に焦點が當てられ、地方分權制度の典型とされてきた。しかし、都督の本源的な任務・權限は「乏軍興」の律を援用して、政府高官の代名詞である

秩二千石以下の官民を殺すことにある。都督制の本質は、後漢以來の社會變動に對應し、ヒトの直接把握を企圖した統治體制であった。都督制もまた、中央集權もしくは中央政府による地方統制のための制度という側面を持つ、というのである。

しかし、かかる皇帝の支配意思は、社會の現實をそのまま反映するものではない。むしろ、社會の現實が支配意思に反するものであるが故に、皇帝權力は支配意思を實現するため、臣下の獻策を選擇しながら、諸制度構築の努力を續けるものなのであろう。陸機の「五等論」の直前、專制を振るう齊王司馬冏を誡める書簡の中で、王豹は、牧伯と五等爵を組み合わせる、次のような支配體制を提案している。『晉書』卷八十九 忠義 王豹傳に、[三八]

（王）豹 牋を（齊王）冏に致して曰く、「……昔 武王 紂を伐ち、諸侯を封建して二伯と爲す。①陝より以東は、周公 之を主り、陝より以西は、召公 之を主る。……今 誠に能く周の法を尊用し、成都（王穎）を以て北州伯と爲し、河北の王侯を統べしめ、明公は南州伯と爲りて、以て南土の官長を攝めよ。……今 若し豹の此の策に從ひて、皆 王侯をして國に之かしむれば、北は成都に與へ、河を分かちて伯と爲し、成都は鄴に在り、明公は宛に都し、方千里を寬みて、②以て圻內の侯・伯・子・男と與に、小大 相 率ゐ、好を結び盟を要め、同に皇家を奬けん。貢御の法は、一に周典の如くせん。……」と。

とある。八王の亂の最中、齊王冏と竝ぶ力を持ち鄴に鎭していた成都王穎を北州伯に任ずると共に、齊王冏は宛縣に赴き南州伯となって南北に二分し、惠帝を輔弼すべしとするのである。これは、西周のはじめ①陝を境に周公と召公が二伯として天下を治めたことを記す『春秋公羊傳』隱公五年を典據とする「分陝」という政治體制に範を採った主張である。[三九] ここで注目すべきは、南州伯となる齊王冏の支配下に、②侯・伯・子・男という五等諸侯が領土を支配しながら、盟を結んで南州伯と共に天子を支える、とする部分である。これは、まさしく分權的な「封建」社會を目指す政策である。社會の分權化をそのまま容認し、先秦の政治體制を復古しようとする主張も、陸機の「五等論」の直前に述べられていたのである。しかし、王豹は、長沙王乂に「骨肉を離間」させようとしている小人をなぜ殺さないのか、と詰め寄られた齊王冏によって殺害された。君主の支配意思としては、臣下に土地を與える代わりに貢を出させる、という西歐中世の如き政治體制は、許容し難いものなのであろう。

しかし、川本芳昭〈一九七九〉によれば、姓族分定を行う前の北魏の五等爵制は、實封を伴っていた。分權化への社會の壓力は、大きかったのである。しかも、『魏書』卷一百十三 官氏志の天賜元年九月條に、[四〇]

　五等の爵を減じて、始めて分かちて四と爲す。……王は第一品、公は第二品、侯は第三品、子は第四品なり。

とあるように、爵位と官品は連動し、さらには世襲的に將軍號が與えられていた。九品中正制度の鄕品を規定することにより、國家的身分制としての貴族制を創りあげた西晉の五等爵制に比べて、さらに露骨に北魏の五等爵制は、高い爵位を世襲する者に、高い官職を與えていたのである。西歐「封建」制への傾斜をここに見ることができよう。かかる爵制について、北魏における漢人貴族を代表する崔浩は、『魏書』卷三十五 崔浩傳に、[四一]

　（崔）浩 乃ち書を著はすこと二十餘篇、上は太初を推し、下は秦漢 變弊の迹を盡くす。大旨は先づ五等を復するを以て本と爲す。

とあるように、秦漢の「郡縣」制を否定して、五等爵の「封建」の復活を主張していた。漢人貴族にとっても、五等爵制により自らの地位が世襲されることは、歡迎すべきことだったのである。

やがて、孝文帝の爵制改革により、こうした官品＝爵位の原則、および將軍號の世襲は廢止される（川本芳昭〈一九七九〉）。皇帝權力は、漢人・北族の貴族を自らの秩序のもとに編成したいという支配意思を持つ。それを顯在化させる姓族分定の前段階として、孝文帝は爵制を改革し、皇帝權力の伸張を目指したのである。

漢人貴族は本來的な存立基盤を文化に置きながらも、北族貴族は皇帝との姻戚關係を存立基盤としながらも、世襲を可能とする五等爵の「封建」により自らの地位が子孫に繼承されることを歡迎した。一方、皇帝權力は、貴族の持つ自律性を打倒するため、五等爵制の施行により、自らとの近接性を基準に、國家的身分制としての貴族制を再編することを目指したが、それも「封建」により正統化された。すなわち、貴族と皇帝が互いに「封建」の優位性を承認する中で、爵位の世襲性に依據する貴族制の編成が進んだのである。西歐との比較で言えば、「封建」という理念の存在により、貴族は土地の所有を基盤として世襲性を維持するために領主裁判權を持つ方向には進まず、皇帝權力もまた武力により貴族の大土地所有を禁止することはなかった。宮崎市定のいう君主權力の嚴存による貴族制の生成には、「封建」の理念が介在していたのである。

　ところが、唐の氏族志は、「封建」された爵位を貴族の基準とはしなくなる。池田溫〈一九六五〉によれば、唐では『貞觀氏族志』・『姓氏錄』・『大唐姓族系錄』という三つの氏族志が編纂されたが、いずれも散佚した。このうち池田が復原した『姓氏錄』では、貴族の等級は、唐の官品を基準とする。特等の皇室の下に、第一等の貴族が置かれ、その基準は、原則として一品官とされた。ただし、外戚・二王後・贈台司・左右僕射は、一品官ではないが皇帝との近接性が高いために、第一等の基準となった。以下、第二等は二品官と三品官の宰相、第三等は正三品、第四等は從三品と、第八等の從五品まで、すべて唐の官品が貴族の等級の基準とされたのである[四二]。兩晉南北朝時代に尊重されていた、世襲性を持つ五等の爵位は、唐の貴族の等級とは關わりを持たない。唐の皇帝權力は、唐という國家權力の官僚を構成することを基準とする貴族制の編成に成功したのである。

　從來、唐の貴族制の皇帝權力への從屬性の高さは、九品中正制度の科擧への移行により說明されてきた。それに加えて、爵から官へと貴族制の等級を定める基準が移行したことも原因と考えられよう。六朝貴族の特徴であった皇帝權力からの自律性を唐の貴族はいっそう喪失していく。

この結果、五等爵制を正統化していた「封建」の時代も終わりを告げる。『舊唐書』卷七十二 李百藥傳(四三)に、

> 朝廷 議して、將に諸侯を封建せんとす。(李)百藥 封建論を上りて曰く、「……①陸士衡は、方に規規然として云ふ、『嗣王は其の九鼎を委(す)て、凶族は其の大邑に據る。天下は晏然として、治を以て亂を待つ』と。①何ぞ斯の言の謬まれるや。……②内外の羣官は、選ばれるに朝廷よりし、士・庶を擢して以て之を任ず。……總して之を言ふに、爵 世及に非ざれば、賢を用ひるの路 斯れ廣し。民 定主無くんば、下に附すの情 固からず。此れ乃ち愚・智の辨ずる所、安んぞ惑ふ可けんや。……」と。太宗 竟に其の議に從ふ。

とある。李百藥は、①陸機のそれをはじめとする「封建論」に次々と駁論を加え、②唐の内外官が朝廷によって士庶の區別なく選ばれることを高く評價して「封建」を否定し、「郡縣」を主張した。太宗は、李百藥の議に從い、「封建」は否定される。こうして西歐中世的な「封建制」への傾斜は、宮崎市定《一九五六》の言う「君主權の嚴存」、すなわち太宗の個別人身的支配への意思の前に否定され、隋唐古代帝國が再編されるのである。

ただし、「封建」への潮流が一朝にして消滅するわけではない。藩鎮に代表される「封建」的要素は、殘存し續けた。中唐の柳宗元が「封建論」において「郡縣」を主張したのはそのためである(四四)。柳宗元の說く「郡縣」は、やがて北宋において實現する。

唐の貴族の世襲性が失われていくのは、九品中正制度が科擧へと代わったためだけではない。世襲を原則とする爵位の「封建」に基づく貴族制が終焉を迎えたからである。「封建」の時代は、兩晉南北朝で終わり、隋唐は「封建」を否定していく。内藤湖南のように、これを同じく「貴族政治」の時代として把握することは、果たして有効であろうか。それを考えるためには、「封建」と共に主張される「井田」(四五)の展開を検討することが必要である。

おわりに

中國の貴族制は、官僚制でも封建制でもなく、身分制として皇帝權力により組織された。したがって、貴族制が優位な時代を貴族制「社會」の時代と呼ぶことは難しい。初奏本の『貞觀氏族譜』と山東門閥のように、皇帝が規定しようとする貴族制と表象として觀念される貴族とは異なり、表象から生まれた士庶區別も、それを法により維持するものは皇帝權力なのである。貴族制が、社會を規定しないのは、本來、貴族が文化資本の占有者であることを存立基盤としているにも拘らず、貴族制はそれを基準には定められず、皇帝權力との近接性により規定されているためであろう。社會的身分としての表象の中から形成された貴族と、國家的身分制としての貴族制とを分離して考えることが、貴族制研究を進展させるのではないか。

國家的身分制としての貴族制は、五等爵制や士庶區別により皇帝が作り上げた國家制度である。したがって、貴族制は、皇帝權力による變容を被ることになる。南朝で言えば、梁の武帝の天監の改革、北朝で言えば、北魏の孝文帝の姓族詳定、唐で言えば、太宗による『貞觀氏族志』の編纂は、その代表的事例である。始めて貴族制が成立した西晉の五等爵制以來、兩晉南北朝の貴族制は「封建」という理念によって正統化されてきた。「封建」が、社會の分權化に對して、君主權力を分權化して、國家權力全體としての分權化を防ぐ理念として、相應しい內容を備えていたからである。ところが、唐代の貴族制は、世襲を可能とする爵位を貴族としての基準から外し、「封建」の理念を明確に否定した。その一方で、儒教が掲げる封建・井田・學校という統治政策の三本柱のうち、官人永業田などに「封建」的要素を殘しながらも、井田により「郡縣」を推進していく。

中國史上、「封建」論が盛んな時期は、魏晉・明末・清末である。これらの時期は、秦・宋・清で形成された三つの「郡縣」的な專制政治の衰退期とも言えよう。宋の「郡縣」の限界の中で明末の「封建」論は地方行政の立て直しを主張し、清の「郡縣」の限界の中で清末の「封建」論は、地方自治を主張した。(四六)したがって、三つの「封建」論の中では、兩晉南北朝の貴族制への正統化が、西歐における「封建」の用例に最も近かった。すなわち、兩晉南北朝時代は、中國社會の分權化が大きく進展した時期であり、かかる社會の分權化動向の中で出現した政治體制が中國貴族制なのである。しかし、土地の分與が貴族制では否定されるように、こうした中國獨自の「封建」のあり方は、「中世」という世界史の時代區分の指標とはなるまい。そもそも、封建―郡縣という理念によって語られてきた中國の政治體制を世界史上にどのように位置づけていけばよいのか。それは今後の課題とせざるを得ないが、時代區分論爭が伏流化して久しい中、研究の細分化を克服していくためにも、比較史の視座を意識的に持ち續けていくことにしたい。

《注》

（一）比較史の方法論については、伊原弘・小島毅《二〇〇一》、三浦徹・岸本美緒・關本照夫《二〇〇四》などを參照。

（二）池田溫〈二〇〇五〉がその使用例の少なさを指摘するように、貴族および貴族制という概念は、當時普遍的に使用された用語ではない。これに對して、「封建」は「郡縣」との對比の中で、中國の政治體制を表現する理念として、當該時代だけではなく、近代まで用いられていく。

（三）（元）帝初鎮江東、威名未著。（王）敦與從弟（王）導等、同心翼戴、以隆中興。時人爲之語曰、王與馬、共天下（『晉書』列傳六十八 王敦傳）。なお、「王馬 天下を共にす」については、田余慶《一九八九》を參照。

（四）谷川・川勝「豪族共同體」論への考えは、渡邉義浩〈二〇〇三―ａ〉で述べた。それ以降の貴族制研究への總括としては、門地あるいは家格・家柄の內實をめぐる問題に焦點をあてた、川合安〈二〇〇七〉が注目される。

（五）陳寅恪《一九四三》。これに對して、『貞觀氏族譜』において、唐室を差し置いて第一等に据えられた崔民幹が、本來であれば陳寅恪が說く「關隴集團」に含まれるべきことの指摘から、「關隴集團」を中心とする唐代政治史に見直しを求めるものに、山下將司〈二〇〇二〉がある。なお、『貞觀氏族志』自體に關しては、竹田龍兒〈一九五二〉、胡族の通婚關係については、長部悅弘〈一九九〇〉、北朝・隋唐における支配者層の推移については、吉岡眞〈一九九九〉を參照。

（六）たとえば、愛宕元〈一九八七〉では、『新唐書』卷一百九十九　儒學　柳沖傳中の柳芳の「氏族論」に基づき、「當時の貴族は、その本貫により、南朝系の僑姓と吳姓、北朝系の虜姓という五分類がなされ、それぞれに大姓と目せられる名族が確定していた。すなわち、僑姓の王・謝・袁・蕭四姓、吳姓の朱・張・顧・陸四姓、山東郡望の王・崔・盧・李・鄭五姓、關中郡姓の韋・裴・柳・薛・楊・杜六姓、虜姓の元（拓跋）・長孫・宇文・于（勿忸于）・陸（步六孤）・源（禿髮）・竇（紇豆陵）七姓がそれである」と貴族を定義している。

（七）かかる內藤湖南の視座が、岡崎文夫・內藤乾吉を經て、宮崎市定・礪波護の門下省、とりわけ給事中の重視へと繫がり、濱口重國・中村裕一により批判されていることについては、川合安〈一九九九〉を參照。

（八）逆に、六朝貴族論が重視する貴族本來のあり方から、隋唐貴族制を分析しようとする研究もある。渡邊孝〈一九九三〉は、貴族の原點が東漢魏晉以來の禮敎の傳統にあるため、文學を旨とする科擧（進士）の浮華を厭い、自己の原點たる禮敎に戾ることを先銳に主張することが、李德裕・鄭覃ら李黨の領袖の第一義的な立脚點に他ならない、と牛李の黨爭を展望している。

（九）渡邉義浩〈二〇〇三―ａ〉。なお、(5)の皇帝權力に對する貴族の自律性とは、具體的には、家系を重んじる名族主義や閉鎖的な通婚圈を形成する人的結合、貴族である者と他者とを峻別する仲間意識などをいう。これを岡崎文夫《一九三二》は、「士族のあいだにはある統制が存在して、かれらを一階級たらしめている。……階級間には相互に階級意識があった」と表現し、森三樹三郎〈一九五四〉は、「國家的秩序の中にある官職ではなく、家柄や教養といった事實を基にした私的秩序であった」と表現している。

（一〇）かかる虛僞認識からの脫却の試みについては、小笠原博毅〈一九九七〉を參照。

（一一）往年有意於①史、取三國志聚置床頭、百日許、復徙業就②玄、自當小差於史、猶未近彷彿。……汝開老子巻頭五尺許、未知（王）輔嗣何所道、（何）平叔何所說、馬（融）・鄭（玄）何所異、（老子）指（歸）・（易略）例何所明。而便盛於麈尾、自呼談士、此最險事。……且③論注百氏・④荊州八袠、又⑤才性四本・⑥聲無哀樂、皆言家口實、如客至之有設也。汝皆未經拂耳瞥目。豈有庖廚不脩、而欲延大賓者哉。……（吾）舍中、亦有少負令譽弱冠越超清級者。于時王家門中、優者則龍鳳、劣者猶虎豹。❶失蔭之後、豈龍虎之議。況吾不能爲汝蔭。政應各自努力耳。或有❷身經三公、蔑爾無聞、布衣寒素、卿相屈體。或父子貴賤殊、兄弟聲名異。何也。體盡讀數百巻書耳（『南齊書』巻三十三　王僧虔傳）。安田二郎〈一九八〇〉に從い、（　）を補った。なお、安田は、南朝切っての「甲族」にありながら、門蔭に依存したあり方から「讀書」に基礎づけられたあり方への轉換を諄々と子供たちにさとす王僧虔の「誡子書」は、劉宋朝中末期、明帝卽位當初に勃發する晉安王子勛の大反亂に、衝擊を受けまた激發された門閥貴族の新たな認識を示すもので、門閥貴族層の自己改革の必要性を最も早く表明したものである、としている。

（一二）荊州學については、加賀榮治《一九六四》、「才性四本」論については、岡村繁〈一九六二〉、「聲無哀樂」論については、堀池信夫〈一九八一〉を參照。

（一三）梁朝全盛之時、貴遊子弟、多無學術。至於諺云、上車不落則著作（郎）、體中何如則祕書（郎）。……明經求第、則顧人答策、三（公）九（卿）公讌、則假手賦詩。當爾之時、亦快士也。及離亂之後、……誠駑材也。……雖百世小人、知讀論語・孝經者、尚爲人師、雖千載冠冕、不曉書記者、莫不耕田・養馬。以此觀之、安可不自勉耶。若能常保數百巻書、千載終不爲小人也（『顏氏家訓』巻二　勉學篇）。周法高《一九六〇》の解釋に從い（　）を附した。また、周法高によれば、「體中何如」は、「當時の尺牘の習語」であるという。なお、『顏氏家訓』の版本については、尤雅姿《二〇〇五》を參照。

（一四）ルイ一四世とその宰相リシュリューが、一六六〇年代の貴族資格審査「貴族改め」を行うことによって、中世以來の貴族の自生的な社會集團としての性格を弱め、國王によって作られ特權を與えられた法的存在としての性格を強めさせたことは、中國貴族制の分析にも參考となろう。阿河雄二郎〈二〇〇〇〉、デシモン〈二〇〇四〉を參照。

(一五)（咸熙元年）秋七月、（文）帝奏、司空荀顗定禮儀、中護軍賈充正法律、尚書僕射裴秀議官制、太保鄭沖總而裁焉。始建五等爵（『晉書』卷二　文帝紀）。

(一六)晉官品。第一品、公、諸位從公、開國郡公・縣公爵。第二品、特進、驃騎・車騎・衞將軍、諸大將軍、諸持節都督、開國侯・伯・子・男爵（『通典』卷三十七　職官十五）。

(一七)西晉以降、陳までの爵制の展開については、楊光輝《一九九九》を參照。

(一八)風聞、東海王源、嫁女與富陽滿氏。源雖人品庸陋、冑實參華。曾祖雅、位登八命、祖少卿、內侍帷幄、父璿、升采儲闈、亦居清顯。源頻叨諸府戎禁、預班通徹、而託姻結好、唯利是求。①玷辱流輩、莫斯爲甚。源人身在遠、輒攝媒人劉嗣之、到臺辨問。嗣之列稱、吳郡滿璋之、相承云、是高平舊族、寵奮胤冑。家計溫足、見託爲息鸞覓婚。王源見告窮盡、即②索璋之簿閥、見璋之任王國侍郎、鸞又爲王慈吳郡正閤主簿。源父子、因共詳議、判與爲婚。璋之下錢五萬、以爲聘禮。源先喪婦、又以所聘餘直納妾。如其所列、則與風聞符同。③窮尋璋之姓族、士庶莫辨。滿奮身殞西朝、胤嗣殄沒、武秋之後、無聞東晉。其爲虛託、不言自顯。王・滿連姻、寔駭物聽。……④宜寘以明科、黜之流伍、使已汚之族、永愧於昔辰、方媾之黨、革心於來日。臣等參議、請以見事、免源所居官、禁錮終身。輒下禁止視事如故（『文選』卷四十　彈事　奏彈王源）。

(一九)又載諸氏族譜一卷云、梁天監七年、中丞王僧孺所撰。俾士流案此譜、乃通昏姻。貞觀六年、又命高士廉等、定氏族明加禁約（『玉海』卷五十　藝文　譜牒）。

(二〇)多賀秋五郎〈一九五九〉。このほか氏族譜については、矢野主税〈一九五七〉、黎子耀〈一九八二〉、陳光貽〈一九八四〉、李傳印〈二〇〇四〉も參照。

(二一)（摯）虞以漢末喪亂、譜傳多亡失、雖其子孫、不能言其先祖、撰族姓昭穆十卷。上疏進之、以爲、足以備物致用、廣多聞之益。以①定品違法、②爲司徒所劾、③詔原之（『晉書』卷五十一　摯虞傳）。なお、このほかに摯虞が著した『文章流別集』は、中國における最初の總集として畫期的な試みとされる。その文學史上の意義については、興膳宏〈一九七四〉を、そこで摯虞が四言詩を正統としたことについては、矢田博士〈二〇〇七〉を參照。

(三二) 不識冑胤、非謂衣冠、凡諸此流、罕知其祖。假稱高曾、莫非巧僞。質諸文籍、姦事立露、懲覆矯詐、爲益實弘。……若譜注・通籍有卑雜、則條其巧謬、下在所科罰。(武)帝以是留意譜・籍、詔御史中丞王僧孺、改定百家譜(『通典』卷三 食貨三)。なお、沈約の上奏のうち、戶籍に關わる部分は、池田溫《一九七九》、中村圭爾〈一九九二〉を參照。

(三三) (武帝)因詔(王)僧孺改定百家譜。始晉太元中、員外散騎侍郎平陽賈弼、篤好簿狀、乃廣集衆家、大搜羣族、所撰十八州一百一十六郡、合七百一十二卷。凡諸大品、略無遺闕、藏在祕閣、副在左戶。及弼子太宰參軍匪之・匪之子長水校尉深、世傳其業。太保王弘・領軍將軍劉湛、竝好其書。弘日對千客、①不犯一人之諱。湛爲選曹、始撰百家以②助銓序、而傷於寡略。齊衞將軍王儉、復加去取、得繁省之衷。僧孺之撰、通范陽張等九族、以代鴈門解等九姓。其東南諸族別爲一部、不在百家之數焉。……集十八州譜七百一十卷、百家譜集抄十五卷、東南譜集抄十卷(『南史』卷五十九 王僧孺傳)。

(三四) 梁の武帝の天監の官制改革が貴族制再編の意圖を持つことについては、宮崎市定《一九五六》を參照。

(三五) 川合安〈二〇〇五〉は、この『南史』王僧孺傳の史料が、宮崎市定など從來の研究において、官僚の履歴を編纂して姓譜を造ったと解釋され、これが門閥の上下を判斷し序列を定める際の根據とされた、と理解されていることを批判している。

(三六) 太和十九年、詔曰、代人諸冑、先無姓族。雖功賢之胤、混然未分。故官達者位極公卿、其功衰之親、仍居猥任。比欲制定姓族、事多未就。且宜甄擢、隨時漸銓。其①穆・陸・賀・劉・樓・于・嵆・尉八姓、皆太祖已降、勳著當世、位盡王公。……原出朔土、②舊爲部落大人、而自皇始已來、有三世官在給事已上、及州刺史・鎭大將、及品登王・公者爲姓。若③本非大人、而皇始已來、職官三世尚書已上、及品登王・公而中間不降官緒、亦爲姓。諸④部落大人之後、而皇始已來、官不及前列、而有三世爲中散監已上、外爲太守・子都、品登子・男者爲族。若本⑤非大人、而皇始已來、三世有令已上、外爲副將・子都・太守、品登侯已上者、亦爲族。……(『魏書』卷一百一十三 官氏志)。なお、『魏書』官氏志の史料的性格については、松下憲一〈二〇〇七〉を參照。

(三七) 川本芳昭〈一九八二〉は、この史料の續きに、五服の制に基づく規定が見られることに着目し、孝文帝による姓族分定は、二つの範疇卽ち漢民族的な親族概念と身分制の原理に基づいて行われ、それまで北族社會に存續してきた部族、或いは氏族が上からの力によって解體されたことを示す、と意義づけている。

（二八）郡姓者、以中國士人差第閥閱、爲之制。凡三世有三公者曰①膏粱、有令・僕者曰②華腴、尙書・領・護而上者爲③甲姓、九卿若方伯者爲④乙姓、散騎常侍・大中大夫者爲⑤丙姓、吏部正員郎爲⑥丁姓。凡得入者、謂之四姓（『新唐書』巻一百九十九 儒學 柳沖傳）。

（二九）後漢「儒敎國家」の崩壊、それに伴う社會の分權化傾向の中で、儒教は「封建」の解釋を展開した。後漢の官學であった今文系經學、就中、『春秋公羊傳』では、その勢力を抑制していた同姓諸侯を、『春秋左氏傳』を典據に積極的に活用しようとしたのである。かかる經義の展開により可能となった「封建」に關する議論が後漢末より盛行する樣子は、本書第二章第二節を參照。

（三〇）（司馬）朗以爲、天下土崩之勢、由秦滅五等之制、而郡國無蒐狩習戰之備故也。①今雖五等未可復行、可令州郡竝置兵、外備四夷、內威不軌、於策爲長。又以爲、②宜復井田。……今承大亂之後、民人分散、土業無主、皆爲公田、宜及此時復之。議雖未施行、然州郡領兵、朗本意也（『三國志』巻十五 司馬朗傳）。

（三一）於今國家大計、使異姓無裂土專封之邑、同姓竝據有連城之地。……大晉諸王二十餘人、而公・侯・伯・子・男五百餘國。欲言其國皆小乎。……臣故曰五等不便也。……臣以爲、諸侯伯・子・男名號皆宜改易之、使封爵之制、祿奉禮秩、竝同天下諸侯之例（『晉書』巻四十八 段灼傳）。

（三二）衞瓘の九品中正制度への批判、劉毅の「上品に寒門なく、下品に勢族なし」という批判も、これと同樣の文脈で捉えられることは、本書第一章第三節を參照。

（三三）五等之制、始於黃唐、郡縣之治、創自秦漢。……夫先王知帝業至重、天下至曠。曠不可以偏制、重不可以獨任。任重必於借力、制曠終乎因人。①故設官分職、所以輕其任也。竝建五長、所以弘其制也。於是乎、立其封疆之典、財其親疎之宜、使萬國相維、以成盤石之固、②宗庶雜居、而定維城之業。……故③諸侯享食土之實、萬國受世及之祚矣（『文選』巻五十四 論四 五等論）。

（三四）『史記』巻六 秦始皇本紀に、兩者の議論は見られる。薄井俊二〈一九九七〉も參照。

（三五）本田濟〈一九五五〉は、魏晉期に封建論が盛んになったことから、「時代そのものが、中世的な、feudal な型に移行していることを看取し得る」としている。これを受けて、川合安〈一九九五〉は、魏晉の封建論と沈約の「郡縣論」とを比較し、これらをともに分權の主張であるとし、「魏晉—南朝は、この意味において、一貫して「中世」貴族制の時代と把握しうる」と述べている。これに對して、辻正博〈二〇〇八〉は、本書第二章第二節を踏まえたうえで、中國中世における宗室諸王の封建と出鎭は、單に「封建諸侯の割據」なのではなく、したがって、これを以て「封建制」の表象と見なすことはやはり難しい、としている。

（三六）且要而言之、五等之君、爲己思治、①郡縣之長、爲利圖物。……是故侵百姓以利己者、在位所不憚、損實事以養名者、官長所夙夜也。……五等則不然。②知國爲己土、衆皆我民、民安己受其利、國傷家嬰其病。故前人欲以垂後、後嗣思其堂構（『文選』巻五十四　論四　五等論）。

（三七）且今之州牧・郡守、古之方伯・諸侯、皆跨有千里之土、兼軍武之任、或比國數人、或兄弟竝據。而宗室子弟、曾無一人閒廁其閒、與相維持。非所以彊幹弱枝、備萬一之虞也（『三國志』巻二十　武文世王公傳注引『魏氏春秋』）。

（三八）（王）豹致牋於（齊王）冏曰、……昔武王伐紂、封建諸侯爲二伯。自陝以東、周公主之、自陝以西、召公主之。……今誠能尊用周法、以成都（王穎）爲北州伯、統河北之王侯、明公爲南州伯、以攝南土之官長。……今若從豹此策、皆遣王侯之國、北與成都、分河爲伯、成都在鄴、明公都宛、寬方千里、以與圻內侯・伯・子・男、小大相率、結好要盟、同奬皇家。貢御之法、一如周典。……（『晉書』巻八十九　忠義　王豹傳）。

（三九）かかる「分陝」政治の主張が、西晉末から東晉にかけて盛んであったことについては、趙立新《二〇〇九》を參照。

（四〇）減五等之爵、始分爲四。……王第一品、公第二品、侯第三品、子第四品（『魏書』巻一百十三　官氏志）。

（四一）（崔）浩乃著書二十餘篇、上推太初、下盡秦漢變弊之迹、大旨先以復五等爲本（『魏書』巻三十五　崔浩傳）。なお、川本芳昭〈一九九一〉は、崔浩の五等爵の尊重に周の尊重と魏晉への批判を見る。

（四二）もちろん唐代に爵位がなかったわけではない。爵位ではなく官品が基準とされたことを重視すべきなのである。爵位と官品の先後については、閻步克《二〇〇九》を參照。

（四三）朝廷議、將封建諸侯、（李）百藥上封建論曰、……①陸士衡、方規規然云、嗣王委其九鼎、凶族據其大邑。天下晏然、以治待亂。

①何斯言之謬也。……②內外羣官、選自朝廷、擢士・庶以任之。……總而言之、爵非世及、用賢之路斯廣。民無定主、附下之情不固。此乃愚・智所辨、安可惑哉……。太宗竟從其議（『舊唐書』卷七十二 李百藥傳）。

（四四）清田研三〈一九四二〉は、「封建」を「聖人の意に非ず、勢なり」と斷ずる柳宗元の「封建論」を歷代の封建論の中で最も高く評價する。また、馮天瑜《二〇〇六》は、唐代の封建論として、李百藥・柳宗元のほか、魏征・顏師古・馬周の封建論を扱っている。

（四五）司馬朗の主張でも「封建」と共に復興すべきとされていた「井田」の思想的系譜については、本書第二章第三節を參照。

（四六）林文孝〈二〇〇六〉によれば、明末の封建論は、その對象として宗室の比重が低下し、王朝の存續を必ずしも目的とせず、地方行政の問題が前面に現れ、『周禮』の理念にもとづく統治體制が提起され、一部の論者が世襲を除外することに特徵があるという。また、清末の「封建論」が、西歐近代の理解に道を開き、康有爲らの立憲運動に繋がることは、增淵龍夫《一九八三》、地方自治の主張へと繋がることは、溝口雄三《一九八九》を參照。

第一章　貴族制の成立

第一章は、西晉における貴族制の成立を論證していく。いかなる政治過程のなかから、どのような經緯で貴族制が成立したのか、さらには、貴族制の成立に伴なう人閒觀の展開を追究する。第一節では、西晉を建國する司馬氏の擡頭過程を追い、司馬氏が唯一無二の公權力である皇帝として卽位していくうえで、五等爵制が大きな役割を果たしたことを解明する。第二節では、司馬氏の婚姻關係を調査し、皇帝としての司馬炎が婚姻關係により國家的身分制としての貴族制を視覺化しようとしていたことを論ずる。第三節では、皇弟司馬攸の擁立をめぐる動きのなかで、諒闇制の問題を論じ、司馬炎が皇帝權力確立のため、司馬攸の後繼を斷固として拒否した姿を描く。第四節では、州大中正の制だけではなく、それに五等爵制が加わることにより、高位を代々世襲するという屬性を持つ中國貴族制が成立したことを明らかにする。第五節では、そうした貴族制の成立に伴い、人閒は生まれながらにして異なるという人閒觀が成立したことを論じていく。

第一節　司馬氏の擡頭と西晉の建國

はじめに

　西晉を建國した司馬氏の天下は血塗られていた。曹魏の簒奪に向けて皇帝の廢立・殺害を行い、抵抗勢力を武力で捩じ伏せた。それにも拘らず、司馬氏には多くの支持が集まり[一]、その權力を正統化し[二]、敵國孫呉の丞相張悌ですら、その政治を評價した。『三國志』巻四十八 孫晧傳注引『襄陽記』[三]に、

> 曹操 功は中夏を蓋ひ、威は四海に震ふと雖も、詐を崇び術に杖り、征伐して已むこと無し。民 其の威を畏れて、其の德に懷かざるなり。……司馬懿父子は、自ら其の柄を握るや、累ねて大功有り、其の煩苛を除きて其の平惠を布き、之が謀主と爲りて其の疾を救ふ。民心 之に歸すること、亦た已に久し。故に淮南 三たび叛くも、而るに腹心は擾れず、曹髦の死するも、四方は動ぜず。

と張悌の司馬氏への評價を傳える。『襄陽（耆舊）記』は、初の蜀漢正統論を唱えた習鑿齒の著書であるから、曹操を貶めて司馬懿父子を評價した張悌の言葉を故意に強調した可能性もある[四]。しかし、「淮南 三たび叛」いても、司馬氏の政權が磐石であり、皇帝「曹髦の」弑殺による「死」に、多くの「名士」が動じなかったことは事實である。

　司馬氏はいかなる政策を推進することにより、本來自己と同輩であった「名士」から推戴され、魏晉革命を起こす

ことができたのであろうか。本節は、司馬氏擡頭の政治過程を追うことにより、その建國に向けた施策を検討するものである。

一、司馬懿の擡頭

河内の司馬氏は、後漢中期の司馬鈞（左馮翊）、その子の司馬量（豫章太守）、その子の司馬儁（潁川太守）、その子であり司馬懿の父である司馬防（京兆尹）と、代々郡國の行政長官を輩出してきた「世々二千石」の家である（『晉書』巻一 宣帝紀）。また、司馬懿の孫であり西晉の建國者である司馬炎が、「吾は本 諸生の家、禮を傳へ來たること久し（吾本諸生家、傳禮來久）」（『晉書』巻二十 禮志中）と述べるように、儒教を代々傳えてきた家でもある。そして、司馬懿の夫人である張春華は、同じく河内郡の出身であり、張春華の母方の家も、山濤を出す同じく河内の山氏であるという、河内郡を範圍に婚姻關係を結んでいる豪族の家でもあった[五]。

司馬防には、朗（伯達）・懿（仲達）・孚（叔達）・馗（季達）・恂（顯達）・進（惠達）・通（雅達）・敏（幼達）という八人の子があり、いずれも優れているという意味で「八達」と稱されているので（『晉書』巻三十七 宗室 安平獻王孚傳）、司馬懿は、婚姻關係や名聲を河内郡に持つ郡レベルの「名士」であると考えてよい[六]。防の次男である司馬懿が、やがて司馬氏の領袖となるのは、兄の司馬朗が建安二十二（二一七）年に四十七歳で卒したためで、ちなみに父の司馬防は建安二十四（二一九）年まで健在であった[七]。

司馬懿は、幼いころ同郡の楊俊より「非常の器」であるとの評價を受け、續いてすでに曹操に仕えていた兄の司馬朗を通じて、崔琰の評價を受けた（『晉書』巻一 宣帝紀）。崔琰は、曹魏の「名士」のなかで、荀彧を中心とする「潁川グループ」に次ぐ位置を占める「北海グループ」の一員であり、その評價を受けた司馬懿は、郡を超えた全國レベルの「名士」となった。さらに、「潁川グループ」の中心である荀彧より推擧を受け（『三國志』巻十 荀彧傳注引『彧別傳』）、曹操に辟召されて司空府の幕僚となった。『晉書』巻一 宣帝紀は、病氣を理由に辟召を拒絶して曹操に疑われた話をまことしやかに傳えるが、福原啓郎《一九九五》が說くように、それは潤色と考えるべきであろう。曹操が丞相となるに及び、丞相府の文學掾、東曹屬、主簿、司馬と轉じ、張魯降伏後に蜀漢への征討を進言しているが、曹操はそれに從っておらず、司馬懿が曹操に重用されていたとは言い難い[九]。潁川・北海という曹魏の二大「名士」グループから評價を得ている「名士」本流の司馬懿に見合った地位や役割を曹操は與えておらず、『晉書』が潤色するほどではないにせよ[一〇]、司馬懿は曹操に警戒されていたと考えてよい。

建安二十二（二一七）年、曹丕が魏の王太子となり、太子中庶子を拜命した司馬懿は、陳羣・吳質・朱鑠とともに「四友」と呼ばれるようになる（『晉書』巻一 宣帝紀）。曹丕の立王太子を支援したためであろう。曹丕が王太子となるにあたっては、曹植との間に後繼者爭いがあり、「文學」を價値基準の中心とする曹植側に對して、崔琰など儒教を根底に置く「名士」は、嫡長子である曹丕を支援した[一一]。司馬懿が曹丕を支持した記錄は殘っていないが、曹丕は少しでも曹植に肩入れした「名士」には報復をしているので、司馬懿も陳羣も曹丕を支援したと考えてよい。

曹丕は、「名士」の支持を受けて王太子になり魏王に就き、延康元（二二〇）年に、儒教理念を掲げて後漢の禪讓を受けた。このため文帝曹丕は、「名士」層に借りがあり、腹心の文學者吳質とともに、陳羣・司馬懿を「四友」として尊重せざるを得なかった。文帝は、陳羣の獻策を入れ、「孝」を價値基準の根底に置く九品中正制度を創設したほか、漢代では行われていた皇太后の父母への追封を止めるなど、國家權力の「公」的な運用に務めた[一二]。

この間、司馬懿は、尙書、尙書右僕射、尙書左僕射、撫軍大將軍・錄尙書事と、尙書系統の官職を順調に出世し、尙書僕射、尙書令、鎭軍大將軍・錄尙書事と、司馬懿とセットで上司として昇進していた陳羣を追いかけ、追いついている。文帝は出鎭の際、行臺には陳羣、許昌の後臺には司馬懿を置き、蕭何に準えて信任したという（『晉書』卷一 宣帝紀）。

それでは、文帝と陳羣・司馬懿との閒に何の矛盾もなかったのかと言えば、そうではない。文帝は、陳羣が漢魏禪讓の際、華歆とならんで喜色を見せなかったことを恨んでいたという（『三國志』卷十三 華歆傳注引華嶠『譜敍』）。そうした君主權力からの自律性を持つ陳羣・司馬懿は、尙書臺で「名士」の價値基準に基づく人事を推進した。それは、必ずしも文帝の意向に沿うものではなかったのである。『三國志』卷十二 鮑勛傳[一三]に、

　黃初四年、尙書令の陳羣・僕射の司馬宣王 竝びに勛を擧げて宮正と爲す。宮正は卽ち御史中丞なり。（文）帝 已を得ずして之を用ふ。

とあるように、文帝は陳羣・司馬懿がともに推擧した鮑勛を御史中丞に「已を得ず」就けている。擧兵直後の曹操を支えた鮑信の子である鮑勛は、剛直で面諫をも辭さず、文帝に嫌われていたのである。黃初六（二二五）年に、文帝は、些細な罪の彈劾を見送ったことを理由に、「（鮑）勛は鹿を指して馬と作す。廷尉に收付せよ（（鮑）勛指鹿作馬、收付廷尉）」と詔を出し、鍾繇・華歆・陳羣・辛毗・衞臻・高柔ら錚々たる「名士」の助命嘆願にも拘らず、鮑勛を誅殺している[一四]。

また、司馬懿を初めて評價した楊俊も嫌われていた。後繼者爭いの際に、曹植の方が優れていると曹操に上言したためである。文帝はそれを根に持ち、黃初三（二二二）年、宛の市場が繁盛していないことを理由に南陽太守の楊俊を逮捕した。尙書僕射の司馬懿は、散騎常侍の王象・荀緯とともに命乞いをしたが、救えなかった（『三國志』卷二十三 楊俊傳）。このとき文帝は、助命を請う王象に、『三國志』卷二十三 楊俊傳注引『魏略』[一五]に、

我　楊俊と卿とが本末なるを知る。今　卿に聽すは、是れ我を無するなり。卿　寧ろ俊を無せんか、我を無せんか。

と述べている。すなわち、「名士」間の横のつながりが、君臣の秩序を無にすることを嚴しく否定しているのである。このようなせめぎ合いを見せながら、司馬懿と陳羣は文帝に仕え、臨終の際には曹眞・曹休とともに顧命の臣となった。

文帝を嗣いだ明帝は、皇帝權力の強化を目指し、「名士」の自律的秩序に對抗しようとした。そうした明帝の意向を汲んだ文帝の寵臣吳質は、『三國志』卷二十一　王粲傳附吳質傳注引『質別傳』（一六）に、

太和四年、（吳質）入りて侍中と爲る。時に司空の陳羣　錄尙書事たり。（明）帝　初めて萬機を親しくす。質　以へらく、輔弼の大臣は、安危の本なりと。帝に對して盛んに稱すらく、驃騎將軍の司馬懿は、忠智至公、社稷の臣なり。陳羣は、從容の士、國相の才に非ざれば、重任に處るも事を親しくせずと。帝　甚だ之を納れ、明日、切詔有りて以て羣を督責す。而るに天下は以へらく、司空は長文に如かず、卽ち羣が言　實無きなりと。

とあるように、陳羣を攻擊したが、「天下」と表現される「名士」層の輿論は陳羣を支持したので、明帝も陳羣を罷免することができなかった。また、陳羣を攻擊した吳質が、一方で司馬懿を讃えていることは興味深い。のちに司馬師に吳質の娘を娶らせているように、司馬懿と吳質の關係は良好であった。皇帝との對峙性を陳羣に擔わせながら、司馬懿はその陰で着々と勢力を擴大しているのである。

荀彧の子である荀惲は、後繼者爭いの際に、曹丕が禮を曲げて荀彧に遜っているにも拘らず、曹植と善く、また曹丕の親友夏侯尙と不和であった。そのため、文帝は深く荀惲を怨み、その官は虎賁中郎將に止まった。その影響であろうか。惲の弟の顗も、陳羣の姉の子にも拘らず、官は中郎に止まっていた。司馬懿は、惲の子である㝢に、師・昭の妹を娶らせ（『三國志』卷十　荀彧傳附荀惲傳）、輔政に就いた後には、荀顗を拔擢して散騎侍郎としている（『晉書』卷三

十九　荀顗傳）。こうして司馬懿は、崔琰・荀彧―陳羣の流れを繼承していき[一七]、「名士」の糾合を目指したのである。

また、司馬懿は、「名士」のみに止まらず、新たなる才能の發掘にも努めた。幼くして父をなくし、汝南郡で牛飼いをしていた鄧艾は、陳羣の祖父である陳寔の碑文を讀み志を立て、農業關係の下吏となると、高い山や廣い沼地を見ては軍營の設置場所を考え、同僚から笑われていた。しかし、磨きをかけた才能を司馬懿は見逃さず、鄧艾を評價して尚書郎に拔擢している（『三國志』卷二十八　鄧艾傳）。このような地道な努力を重ねながら[一八]、司馬懿は「名士」に止まらず自己の勢力を擴大していったのである。

　このため司馬懿は、陳羣が卒すると、「名士」の中心となった。續いて司馬懿は、軍事權の掌握を實現していく。すでに文帝の時、司馬懿は撫軍大將軍となっていたが、その領する兵はわずか五千に過ぎなかった。明帝の太和元（二二七）年に、督荊・豫二州諸軍事を加えられ、都督となることにより初めて方面軍司令官としての資格を得[一九]、諸葛亮に呼應して反亂を起こした孟達を斬る。太和四（二三〇）年には、大將軍・大都督となり、曹眞と共に蜀に侵攻して敗退したものの、翌年、諸葛亮が天水郡に侵入すると、長安に駐屯して都督雍・梁二州諸軍事となった。このとき明帝は、「西方に事有り、君に非ずんば付す可き者莫し（西方有事、非君莫可付者）」と言い（『晉書』卷一　宣帝紀）、司馬懿に諸葛亮との戰いを委ねた。曹操の時には、曹氏および準宗室の夏侯氏がほぼ獨占していた軍事權が、「名士」に渡っていくのである[二〇]。それとともに、曹氏の君主權力も衰退し始めた。

　諸葛亮との戰いで司馬懿は、蜀漢の兵糧が盡きることを待つ持久戰を取り續けた。孟達を利用した二方面作戰を防がれた諸葛亮は、益州からのみ攻めあがるので輸送が滯りがちとなり、持久戰に難があった[二一]。蜀漢の弱點を見拔いた見事な戰略である。諸葛亮の陣沒後の遼東の公孫氏との戰いでは、遼隧で待ち受ける公孫淵の裏をかいて、その本據地である襄平城を陥落させ、公孫氏を滅亡させた。引きあげる司馬懿が白屋に至ったところで、重大な知らせが屆いた。明帝が危篤となったのである。臨終に間に合った司馬懿に、明帝は、曹爽とともに後事を託す（『晉書』巻一 宣帝紀）。司馬懿六十一歳のことであった。

二、正始の政變

諸葛亮が陣沒した青龍二（二三四）年、義父の司馬懿を「魏の純臣」ではないと知った夏侯徽は鴆殺された（『晉書』巻三十一 后妃 景懷夏侯皇后傳）。明帝の青龍三（二三五）年、すなわち司馬懿の諫止を聞かず、明帝が大規模な宮殿を造營し始めた年、金徳で白をシンボルカラーとする「馬」が「曹」を打倒する、という讖緯がすでに語られていた（一二）。青龍四（二三六）年には、「白」鹿が捕らえられる。これを周公旦の故事と結びつけ瑞祥とした明帝であったが（『晉書』巻一 宣帝紀）、不安だったのであろう。景初年間（二三七〜二三九年）には、陳矯に、「司馬公は忠正なり。社稷の臣と謂ふ可きか」と尋ねている。陳矯は、「朝廷の望なり。社稷は未だ知らざるなり」と答えたという（一三）。ちなみに、司馬懿に明帝の危篤を使者が告げた場所も「白」屋である。

こうした状況のなか、明帝の遺言により司馬懿とともに幼帝の曹芳を輔佐した曹爽は、司馬懿を中心とする「名士」勢力が、君主權力をも凌ぐほどの力を持つに至った現狀の打開を圖る。曹爽は、何晏・夏侯玄・丁謐らを行政の中心である尙書系統の官などに就け、中央集權的な政治を目指した（一四）。曹氏の君主權力の再興を目指す曹爽は、夏侯玄の獻策により、九品中正制度の改正を試みている。『三國志』巻九 夏侯玄傳に（一五）、

夫れ才を官し人を用ふるは、國の柄なり。故に銓衡をば臺閣に専らにするは、上の分なり。孝行は閭巷に存し、優劣をば之を郷人に任ぬるは、下の敍なり。夫れ教を清くし選を審らかにせんと欲すれば、其の分敍を明らかに

し、相渉らしめざるに在るのみ。……州郡の中正、品もて官才を度りてより之來、年載有り、緬緬紛紛として、未だ整齊を聞かざるは、豈に分敍參錯し、各〻其の要の由る所を失ひしに非ざるや。……奚ぞ必ずしも中正をして銓衡の機を下に干めて、機柄を執る者をして委仗する所を上に有らしめ、上下交〻侵して、以て紛錯を生ぜしめんや。

とあるように、夏侯玄は、九品中正制度により人事權が中正に移行したことを批判し、人事權を皇帝に直屬する尙書（臺閣）に回收することを目指したのである。「名士」の既得權を著しく損なう改革案である。これに對して、司馬懿は州大中正の制を提唱して「名士」の支持を束ねていく。『太平御覽』卷二百六十五 職官部 中正に、[二六]

晉の宣帝（司馬懿）の九品を除し、州に大中正を置くの議に曰く、「九品の狀を案ずるに、諸〻の中正 既より未だ人才を料究する能はず。以爲へらく、九制（ママ）を除し、州に大中正を置く可し」と。

とあるように、司馬懿は郡中正が才能を見極められず九品中正制度が混亂しているという現狀認識を共有しながらも、夏侯玄の案のように人事權を尙書に回收するのではなく、州に大中正を設置することを提案したのである。

州大中正については從來の研究で、司馬懿が「當時の勢家に重權を與え、人心を收攬しよう」としたもので、[二七]上級士人層の「司馬氏との一體感の強化―司馬氏の推戴に連な」[二八]り、「鄕品裁定の權力が中央へ集中され、同時に貴族化されるようになった」[二九]とされている。ほぼ首肯し得るが、司馬氏との一體感の強化が推戴に繫がるかどうかは、議論の餘地がある。また、郡を單位として「輩」を定められない場合があることも、州大中正提唱の背景となった。『晉書』卷四十四 鄭袤傳附鄭默傳に、[三〇]

初め（武）帝 貴公子を以て品に當つらるに、鄕里 敢へて與に輩と爲すもの莫く、之を州內に求む。是に于て十二郡の中正 僉 共に（鄭）默を擧ぐ。

とある。のちの武帝司馬炎は、鄕品を受けるときに、河内郡の中では名聲が等しい「輩」とし得る「名士」がいなかった。そこで、司州に屬する十二郡の中正が集まって、河南郡の鄭默を輩にしたというのである。こうした郡を超えた名聲の評價、あるいは郡ごとに異なる基準の調整のためにも、州大中正は必要であった(三二)。

矢野主稅によれば、中正の職を統括していた司徒には、曹爽輔政期までは司馬氏と特別な關係を持つ者は就いていなかったが、曹爽を打倒して司馬氏が權力を握ると、鄭沖・鍾會・何曾といった司馬氏の關係者を配置して、周到に中正制度全般を掌握したという(三三)。

こうした州大中正の制を提唱することにより、曹爽への對立軸を明確に打ち出しながらも、司馬懿はなお機を窺っていた。正始元（二四〇）年に、司馬懿は、曹爽により太傅とされ錄尚書事を奪われたが、持節・統兵都督諸軍事であることは以前と同じで、軍の指揮權は有していた。事實、正始二（二四一）年には、兵を率いて孫吳の朱然を樊城に退けている（『三國志』卷四 三少帝 齊王芳紀）。こうした司馬懿の軍事的成功に對抗するため、正始五（二四四）年に、曹爽は、再三にわたる司馬懿の諫止を聞かず、征蜀を行って大敗した。すると、正始八（二四七）年には、『晉書』卷一 宣帝紀(三四)に、

曹爽 何晏・鄧颺・丁謐の謀を用ひて、（郭）太后を永寧宮に遷し、朝政を專擅す。兄弟 幷びに禁兵を典り、多く親黨を樹て、屢〻制度を改む。（宣）帝 禁ずる能はず、是に於て爽と隙有り。五月、帝 疾と稱して政事に與らず。

とあるように、曹爽は、郭皇太后を追い、禁軍を一族で把握して、專制の度合いを強めた。司馬懿は無理には對決せず、引退を表明する。翌年には、劉放と孫資がこれに續き、衞臻・何曾も官を辭している（『三國志』卷四 三少帝 齊王芳紀・『晉書』卷三十三 何曾傳）。

曹爽は、こうした司馬懿の與黨の行動に警戒を深めるべきであった。しかし、曹爽側の李勝が司馬懿の病狀を偵察

に行って欺かれ、病狀惡化を報告すると、曹爽は無警戒に都を離れた。皇帝の曹芳が明帝の高平陵へと墓參するための外出に、曹爽は兄弟とともにお供として隨ったのである。司馬懿は、この隙を見逃さなかった。郭皇太后に曹爽兄弟の解任を上奏し、許可されると皇太后の令により、洛陽城内のすべての城門を閉鎖、禁軍の指揮權を掌握した。さらに皇帝を迎えるため、洛水のほとりに布陣し、曹爽を彈劾する上奏文を奉った。曹爽の腹心である桓範は決戰を主張したが、免官のみに止めるという甘言に負けた曹爽は、戰わずして降伏、司馬懿はわずか一日の無血クーデタにより、政權を奪取した。正始の政變である。結局、曹爽との約束は反故にされ、曹爽・何晏らは誅殺、司馬懿の權力は確立した（『三國志』卷九 曹眞傳附曹爽傳）。以後も、反司馬氏勢力の排除は續き、司馬氏への權力集中が進むのである。

伊藤敏雄は、正始の政變を含めて六回の衝突における反司馬氏勢力などをまとめている(三四)。これに據りながら、彼らの「名士」としての存立基盤である名聲・文化の狀況を附したものが、卷末の表一「反司馬氏勢力」・表二「司馬氏の與黨」・表三「曹爽の幕僚」である。なお、六回の衝突とは、以下のA〜Fである。

A. 正始十（二四九）年正月、司馬懿による正始の政變。曹爽政權を打倒。
B. 嘉平三（二五一）年五月、太尉王淩らが皇帝曹芳の廢位を謀り、敗れて自殺。
C. 嘉平六（二五四）年二月、夏侯玄・李豐らが、司馬師誅殺を企てたとして伏誅。
D. 嘉平六（二五四）年秋、　鎭北將軍の許允、罪を受けて憤死。
E. 正元二（二五五）年正月、鎭東將軍の毌丘儉・揚州刺史の文欽の反亂。
F. 甘露二（二五七）年五月、征東大將軍の諸葛誕の反亂。

伊藤敏雄〈一九八六〉は、曹爽政權を地方の族的勢力とは無緣で京師・宮廷を存立の場とすると特徴づけ、これを打倒した司馬氏の支配の確立とともに門閥化が決定的になったとする。さらに、表一と表二の比較により、彼らの名聲・

文化を比べてみると、表一の「反司馬氏勢力」には、玄學を創設した④何晏と⑫夏侯玄を筆頭とし、儒教を蔑ろにして行われた「名士」間の私的な交際である「浮華」として明帝から彈壓された⑤鄧颺・⑥李勝・18諸葛誕が含まれるなど、當時の先端的な文化であった玄學を身につけている者が多い。また、何晏も秀でていた文學の才能を⑧畢軌・⑬李豐にも認めることができる。つまり、曹操が「名士」に對抗するなかで宣揚した文學と、曹爽が何晏・夏侯玄を尊重して人事の基準に据えた玄學という、曹魏的諸價値を名聲の基盤としている者が多いのである[二五]。

これに對して、表二の「司馬氏の與黨」には、後漢の大儒盧植の子である⑤盧毓、鄭玄に對して體系的な批判を行い、西晉儒教の經義をつくりあげた4王肅を筆頭に、高堂隆と郊祀の議論を交わした②蔣濟のほか、儒教を文化の中心に置く者が多い[二六]。むろん、司馬師が玄學を學び、夏侯玄・何晏と竝稱されたように、文學・玄學を完全に排除しているわけではない。しかし、司馬氏による儒教の尊重は、表三「曹爽の幕僚」に示した免官の後に用いた曹爽の幕僚の中に、鄭學を繼承する⑥王基、孝を稱される①裴秀・②王沈が含まれることに明らかである[二七]。また、表三からは、もと曹爽の幕僚であった者も、父祖が高官であったり、儒教を尊重していれば、司馬懿に許されていることが分かる。「はじめに」でも觸れた張悌の言葉の續きで言えば、「賢に任じ能を使ひ、各〻其の心を盡せしむ」となろうし、本紀に據れば、「(宣)帝 内は忌むも外は寛」となろう[二八]。司馬懿は、「寛」を掲げ、儒教を尊重する「名士」を廣く用いようとしたのである。

こうして司馬懿は、州大中正の制により儒教を尊重する「名士」の支持を集め、正始の政變を勝ち拔いて權力の座に就いた。さらにそれを磐石なものとするため、司馬懿は屯田制に目を向けていく。屯田制は、曹操が獻帝を擁立した建安元(一九六)年に、許縣で開始された。漢の屯田が軍屯だけであったことに對し、曹操は一般民衆に土地を與える民屯をも行い、そこからの收入を財政基盤とした。正始の政變で權力を握った司馬懿は、民屯を管轄している典農部系統の官職に、一族や腹心の者をつけて、曹魏の財政基盤を横取りしようとしたのである（西嶋定生〈一九五六〉）。かつて曹爽政權下において、何晏は洛陽の典農部屯田の桑田數百頃を分割しようとした。また、典農部を統括する大司農の桓範は、正始の政變の際に、その兵力を用いて司馬氏と戰おうとした（『三國志』巻九 曹眞傳附曹爽傳）。司馬懿は、こうした動きに對抗して、民屯を支配しようとしたのである。しかし、魏末晉初に民屯が廢止されたように、それは圓滑には進まなかった[三九]。司馬懿に拔擢されていた鄧艾は、民屯に拘らず、司馬懿の支配下の軍屯を擴大し、それを司馬氏の財政的な基盤とすることを獻策した。『三國志』巻二十八 鄧艾傳に[四〇]、

　陳・蔡の閒は、土 下く田 良し。許昌の左右の諸〻の稻田を省き、水を幷はせて東下せしむ可し。淮北をして二萬人を屯せしめ、淮南は三萬人、十に二をば分ち休むるも、常に四萬人有り、且つ田くり且つ守る。水 豊かなれば常收 西に三倍し、計るに衆費を除くも、歲ごとに五百萬斛を完ふして以て軍資と爲す。

とあるように、曹魏の民屯を象徴する許昌の屯田を廢止して、淮北・淮南の軍屯を充實させようとしたのである。司馬懿はこれに從い、淮水流域に財政的・軍事的基盤を持つことができた。のちに壽春で起こる毌丘儉や諸葛誕の反亂を司馬氏が簡單に平定できたのは、鄧艾の軍屯政策を司馬懿が採用していたためなのである。

　以上のように、曹氏の君主權力の再建を計った曹爽政權に對して、司馬懿は州大中正の制により「名士」の既得權を維持し、「名士」を糾合する切り札の政策とした。これによって儒教を尊重する「名士」を自派に取り込むことにより、文學・玄學といった曹魏的諸價値を尊重する曹爽政權を正始の政變で打倒した。そののち、民屯の奪取には失敗したものの、軍屯の充實を行い、その經濟的・軍事的な基盤を確立したのである。

三、五等爵制の施行

司馬懿への抵抗がまったく無かったわけではない。B王淩の亂はその一つである。10王淩は王允の甥にあたり、司馬懿の兄である司馬朗と交友關係にあった。司馬懿より七歳年長の曹魏の舊臣である。王淩は曹爽に見込まれて、大將軍長史に就いたことがあり、それへの報復を恐れたのであろうか。曹彪を擁立して、皇帝の曹芳もろとも司馬懿を亡き者にしようと謀ったという。しかし、計畫は密告され、王淩は處刑された（『三國志』巻二十八 王淩傳）。曹彪の擁立計畫を理由に、司馬懿は曹魏の宗室を鄴に集めて監視下に置き、外部との通行を遮斷した（『晉書』巻一 宣帝紀）。曹魏の朝廷は、完全に司馬懿に制壓されたのである。

嘉平三（二五一）年、司馬懿が卒すると、長子の司馬師が撫軍大將軍・錄尙書事として、父の地位を繼承した。正始の政變の前、司馬師は曹爽打倒のため「陰かに死士三千人を養」っていたように（『晉書』巻二 景帝紀）、司馬懿より急進的に權力の擴張を目指した。曹爽政權の中心でありながら生き延びた⑫夏侯玄を除くため、⑬李豐を陷れ、司馬師暗殺の陰謀を無理やり自白させて、C夏侯玄と李豐を處刑する（『三國志』巻九 夏侯尙傳附夏侯玄傳）。さらに、その陰謀に皇帝の曹芳が係わったと言い立て、郭皇太后を脅かして皇帝を廢位させた[四一]。皇帝の廢立をも恣にする司馬師の專斷に、E壽春に駐屯していた鎭東將軍の毌丘儉が立ちあがる。16毌丘儉は、明帝の恩寵を受けていたのである。かつて曹爽に厚遇された17文欽も加わった反亂に對して、司馬師は自ら軍を率いてこれを平定した。しかし、戰いの最中に病が悪化し、自らも死去したのである（『晉書』巻二 景帝紀）。

司馬師の死後、兄の地位を弟の司馬昭が繼ごうとする。ところが、新皇帝の曹髦は、司馬師のもとに驅けつけた司馬昭に、そのまま許昌に止まるように命じ、尚書の傅嘏に軍を率いて洛陽に歸らせようとした。司馬昭と軍とを切り離そうとしたのである。しかし、傅嘏は皇帝を裏切り、司馬昭側についた。司馬昭は、皇帝の命令を無視して洛陽に歸還、皇帝を脅かし、兄と同じ大將軍・侍中・都督中外諸軍事・錄尚書事に任命された[四二]。こうした司馬昭の專横に對し、F諸葛誕が壽春で反抗する。18諸葛誕が孫吳に援助を求めたため、司馬昭は孫吳とも戰いながら、諸葛誕を平定、殺害した。BからF（表二）まで續いた司馬氏への抵抗は、こうしてすべて平定されたのである。

ここに至り、皇帝の曹髦は、『三國志』卷四 三少帝 高貴鄉公髦紀注引『漢晉春秋』[四三]に、

乃ち侍中の王沈・尚書の王經・散騎常侍の王業を召し、謂ひて曰く、「司馬昭の心は、路人も知る所なり。吾 坐して廢辱を受くる能はず、今日 當に卿らと與に自ら出でて之を討つべし」と。

と側近に司馬昭打倒の決意を打ち明けた。王經は自重を求めたが、曹髦の決意は固く、王沈・王業は司馬昭に密告した。そこで、曹髦は自ら劍を拔き、司馬昭がいる大將軍府をめざす。立ちはだかる者は賈充である。賈充は、皇帝にひるむ部下達に、「〈司馬〉公 汝らを畜養するは、今日の事の爲なり。夫れ何をか疑はん（〈司馬〉公畜養汝等、爲今日之事也。夫何疑）」と督勵し、曹髦を殺害させたのである（『三國志』卷四 三少帝 高貴鄉公髦紀注引『晉紀』）。

前代未聞の皇帝殺害に對して、陳羣の子である尚書左僕射の陳泰は、賈充の處刑を主張する。『三國志』卷二十二 陳羣傳附陳泰傳注引干寶『晉紀』[四四]に、

高貴鄉公の殺さるるや、司馬文王 朝臣を會して其の故を謀る。太常の陳泰 至らず。其の舅の荀顗をして之を召さしむ。顗 至り、告ぐるに可否を以てす。泰曰く、「世の論者、泰を以て舅に方ぶるも、今 舅は泰に如かざるなり」と。子弟・內外 咸 共に之に逼り、垂涕して入る。王 之を曲室に待ち、謂ひて曰く、「玄伯、卿 何を以てか我を處せん」と。對へて曰く、「賈充を誅して以て天下に謝せん」と。文王曰く、「我が爲に更に其の次を思へ」

と。泰曰く、「泰が言　惟だ此より進むを有するのみ、其の次を知らず」と。文王　乃ち更に言はず。

とある。陳羣の子である陳泰は、皇帝の弑殺に抗議して參內すらしなかった。舅の荀顗を使って、やっと陳泰を呼び出した司馬昭は、賈充の處刑を主張する陳泰に、その次の手段を考えてくれと述べる。しかし、陳泰は、それ以上（司馬昭を處刑すること）はあっても、その次は知らない、と嚴しく皇帝弑殺の責任を糾彈した。結局、司馬昭は、直接皇帝に手をかけた成濟を處刑して事をおさめたが、ここでは、權力者の司馬昭に、正面から正論を主張した陳泰の存在感に注目したい。

陳泰から見れば、父の陳羣の後繼者が司馬懿なのである。その子の司馬昭が皇帝を弑殺するのであれば、臣下として服從する必要はない。司馬氏が曹魏を滅ぼして西晉を建國するためには、こうした司馬氏のかつての同僚「名士」に對して、どのように君主權力を確立すればよいのか、という問題が殘っていたのである。

司馬昭は、郭皇太后から、曹髦は不孝であり、君主である資格はないとの詔を仰ぎ、自己の行爲を正當化した。(四五)「名士」の價値基準の中心である儒教の根底にある「孝」に背くものは、皇帝でも殺害できるとしたのである。ただし、これによって司馬昭の罪が消えることはない。曹髦の親不孝は、郭皇太后に對するものであり、曹髦が司馬昭に殺害される理由にはならないからである。やがて司馬氏に媚びる杜預が、『春秋左氏傳』を論據に、君主が無道なときには殺害してもかまわないとの「君無道」の義例を立て、司馬昭の皇帝殺害を儒教により正當化する（本書第二章第五節參照）。司馬氏は、「名士」の價値基準の中心である儒教の「孝」や『春秋左氏傳』を惡用して、自分の皇帝弑殺を正當化させたのである。こうした儒教に違和感を持つ、阮籍や嵆康のような、司馬氏に批判的な「名士」が現れるのは當然であった。(四六)

阮籍や嵆康に對する思想彈壓の尖兵となり、嵆康を死に追い込んだ告發者が鍾會である。(四七)鍾會は、「潁川グループ」

の中心である荀氏・陳氏・鍾氏のうち、曹魏の太傅に至った鍾繇の末子である。したがって、陳泰のように、司馬氏に對して堂々とした態度を取ることもできたはずである。事實、司馬昭に父の諱である「繇」と同音の「遙」の字を使われ、侮辱された鍾會は、昭の父の諱である「懿」の字を使って言い返している。(四八) 父の鍾繇は、司馬昭の父である司馬懿とあくまでも同格である、という鍾會の誇りを見ることができる逸話である。

それでも、鍾會は司馬氏のための思想彈壓者となり、司馬氏に盡くした。司馬懿が陳羣に引き立てられたように、自分も司馬昭に引き立てられようとしたのであろうか。諸葛誕の亂の際には、喪中にもかかわらず、いち早く司馬昭のもとにかけつけ、反亂の鎭壓に活躍した。こうして鍾會は、司馬昭の信頼を得て、當時の人々から「子房（張良）」に準えられたのである（『三國志』巻二十八　鍾會傳）。

そのころ蜀漢は、姜維の度重なる北伐により國力を消耗していた。司馬昭は鍾會とともに地形を調査し、蜀漢征伐を計畫した。景元三（二六二）年、鍾會は鎭西將軍・都督關中諸軍事に任命されると、十數萬の兵力を率いて蜀に侵攻した。しかし、姜維が立て籠もる劍閣を落とすことはできず、その間に、鄧艾が間道より緜竹を陥れ、劉禪を降伏させた。仕方なく姜維が鍾會に降伏すると、鍾會は蜀漢の官僚たちを受け入れ、姜維ときわめて親密になった（『三國志』巻二十八　鍾會傳）。

一方、鄧艾は、成都で劉禪を許すと、孫呉の討伐にむけ專斷權を振った。鍾會は、これを「反逆の疑いがある」と讒言、鄧艾を逮捕して護送車で都に送った。この結果、鍾會は自ら率いてきた十數萬の軍勢に加えて、鄧艾配下の軍、舊蜀漢軍を手中におさめることになったのである。このとき、鍾會の司馬昭と同格であるという意識が野望に變わった。もともと鍾氏は、「潁川グループ」の中心として司馬氏より格上であったし、舊蜀臣の姜維も、鍾會に協力してくれるという。自ら大軍を率いて長安を取れば、曹魏の首都洛陽で、鍾會に呼應する者もあろう。「事 成らば、天下を得る可し。成らざれば、退きて蜀漢を保ち、劉備と作るを失はざるなり（事成、可得天下。不成、退保蜀漢、失作劉備也）」と考えた鍾會は、曹魏に、具體的には司馬昭に對して、反亂を起こしたのである（『三國志』巻二十八 鍾會傳）。

司馬昭は、この反亂を予期して備えていた。自ら十萬あまりの軍を率いると長安に出鎮、これにより鍾會の配下に屬していた胡烈たちの軍が暴動を起こし、姜維もろとも鍾會を殺害した。これよりさき、西曹屬の邵悌は、司馬昭に對して、鍾會を蜀漢討伐に派遣することの危險性を說いていた。司馬昭もまた、反亂を予測しながら、鍾會を派遣している（『三國志』巻二十八 鍾會傳）。それは、自分の力を曹魏のもとの父の同僚たちに見せつけるためであろう。かつては司馬氏より格上であった鍾氏であっても、背けば命はない。鍾會の失敗を見せつけたのち、司馬昭は、咸熙元（二六四）年三月、蜀漢討伐の功績により、晉王となった。そして、『晉書』巻二 文帝紀(四九)に、

（咸熙元年）秋七月、（文）帝 奏すらく、司空の荀顗もて禮儀を定め、中護軍の賈充もて法律を正し、尙書僕射の裴秀もて官制を議し、太保の鄭沖もて總べて焉を裁せしめんと。始めて五等爵を建つ。

とあるように、來るべき西晉「儒教國家」の禮儀・法律・官制を整えさせると共に、五等爵制を施行した。五等爵制は、「封建」の復權の氣運のなかで、曹魏より周制の理念に基づいて實施されていたもので、曹魏の五等爵が宗室だけに附與するものであったことに對して、西晉の五等爵は、異姓に與えられる點を特徴とする。(五〇)このときには、騎督より以上六百余人が公―侯―伯―子―男の五等爵にそれぞれ封建された（『晉書』巻三十五 裴秀傳）。騎督は魏晉ともに五品官であるから（『通典』巻三十六 職官十八）、五等爵を受けた者は、西晉の國子學に子弟を入學させることができる官品五品以上にあたる。(五一)越智重明〈一九六三―a〉によれば、西晉の上級士人（「名家」で有「爵」者あるいは世子）は、鄕品一品で五品起家（世子の場合は六品もある）し、「名家」でない上級士人で侯伯子男の「爵」の傳襲者は、鄕品（一品ないし）二品で第七品起家になっているという。すなわち、司馬昭は五等爵の封建により、公―侯―伯―子―男という階

層制を持つ、國家的な秩序としての身分制である貴族制を形成したのである。

昭を嗣いだ司馬炎は、五等爵とは別に、西晉の建國とともに民爵を賜與しており、のちの士庶區別を爵制的に表現する。[五二]そしてなによりも、五等爵に含まれない王、皇帝となる司馬氏が、凡百の他姓とは異なる唯一無二の公權力であることを爵制により示すことを通じて、司馬氏の皇帝としての地位の絶對性を宣言したのである。

咸熙二（二六五）年、禪讓の準備を終えたことを待つように司馬昭は薨去した。昭の子である司馬炎は、曹魏を滅ぼし西晉を樹立する。さらに咸寧八（二八〇）年、孫吳を滅ぼして中國を統一、三國時代に幕を下ろしたのである。

おわりに

司馬氏は、曹魏の中で自己の勢力を擴大し、魏晉革命を起こすまでに、二つの大きな政策を實施した。第一は、州大中正の設置であり、第二は、五等爵制の施行である。

州大中正の制は、曹氏の皇帝權力を再建するために「名士」の既得權を侵害した曹爽政權への反發を束ね、司馬氏が「名士」層の利益代表者として、曹氏の皇帝權力に對抗する手段として編み出された。ゆえに、州大中正の設置は、司馬氏の權力が唯一無二の公權力として、あまたの私權力の上に屹立することを可能にするものではなかった。司馬炎が鄭默と齊名とされ、ともに鄕品を附與されたように、司馬氏の權力を「名士」の中の第一人者に止めるものであった。

そこで、司馬昭は、併蜀の論功行賞を契機として、五等爵制を施行した。五等爵制は、授爵者の鄕品を二品以上に保障し、また公―侯―伯―子―男という階層制により、國家的な秩序としての身分制である貴族制を形成し、民爵を附與される庶との間に身分制的な內婚制である士庶區別を形成していく。それとともに、司馬氏は五等爵を超えた天子として、あまたの貴族、そして廣範な庶の上に屹立する皇帝として正統化されたのである。

《注》

（一）もちろん司馬氏の簒奪に抵抗し、追い込まれ、殺害された者も多かった。追い詰められた阮籍の抵抗については、渡邉義浩〈二〇〇二―a〉、殺害された嵆康については、本書第四章第二節を參照。

（二）王肅による司馬氏の正統化については、本書第四章第一節、杜預による司馬氏の正統化については、本書第二章第五節・第三章第二節を參照。

（三）曹操雖功蓋中夏、威震四海、崇詐杖術、征伐無已。民畏其威、而不懷其德也。……司馬懿父子、自握其柄、累有大功、除其煩苛而布其平惠、爲之謀主而救其疾。民心歸之、亦已久矣。故淮南三叛、而腹心不擾、曹髦之死、四方不動（『三國志』卷四十八　孫晧傳注引『襄陽記』）。

（四）『三國志』卷四　三少帝　齊王芳紀注引習鑿齒『漢晉春秋』にも、司馬氏を評價する議論が揭載されている。なお、習鑿齒の蜀漢正統論については、田中靖彥〈二〇〇五〉を參照。

（五）司馬氏の婚姻關係については、石井仁・渡邉義浩〈二〇〇六〉、本書第一章第二節を參照。

（六）三國時代の知識人層を「名士」と呼稱すること、および三國政權ごとの君主との關係については、渡邉義浩《二〇〇四》を參照。

（七）司馬氏の傳記的な事跡については、方北辰《一九九〇》、福原啓郎《一九九五》、胡志佳《二〇〇五》を參照。

（八）渡邉義浩《二〇〇四》の附圖四參照。なお、「北海グループ」という名稱については、川勝義雄《一九八二》を參照。

（九）司馬懿と曹操との關係については、周一良〈一九八一―a〉も參照。

（一〇）『晉書』卷一 宣帝紀では、曹操は曹丕に、「司馬懿は人臣に非ざるなり。必ずや汝の家事に預らん（司馬懿非人臣也。必預汝家事）」と言った、とされている。

（一一）曹操の後繼者爭いが、儒教と「文學」との路線爭いとしての性格をも帶びていたことについては、渡邉義浩〈一九九五〉を參照。

（一二）九品中正制度が價値基準の根底に「孝」を置くことについては、渡邉義浩〈二〇〇二―b〉を參照。また、文帝が、皇帝權力の「私」的基盤の強化のためではなく、國家權力の「公」的運營に務めたことについては、渡邉義浩〈二〇〇三―b〉を參照。

（一三）黄初四年、尙書令陳羣・僕射司馬宣王竝擧鮑勛爲宮正。宮正卽御史中丞也。（文）帝不得已而用之（『三國志』卷十二 鮑勛傳）。

（一四）『三國志』卷十二 鮑勛傳。佐藤達郎〈一九九三〉は、これを鮑勛を支持した陳羣を中心とする名族層と、曹操以來の名族抑制の方針をとろうとする文帝との閒の對立、乖離と捉えている。しかし、文帝期は陳羣・司馬懿の勢力が伸長したように、「名士」の勢力は抑制されていない。渡邉義浩〈二〇〇三―b〉は、それまで「公」の政治を貫いてきた文帝が死去の二十日前になって「私」への傾斜を見せたと理解する。

（一五）我知楊俊與卿本末耳。今聽卿、是無我也。卿寧無俊邪、無我邪（『三國志』卷二十三 楊俊傳注引『魏略』）。

（一六）太和四年、（吳質）入爲侍中。時司空陳羣錄尙書事。（明）帝初親萬機。質以、輔弼大臣、安危之本。對帝盛稱、驃騎將軍司馬懿、忠智至公、社稷之臣也。陳羣、從容之士、非國相之才、處重任而不親事。帝甚納之、明日、有切詔以督責羣。而天下以、司空不如長文、卽羣言無實也（『三國志』卷二十一 王粲傳附吳質傳注引『質別傳』）。

（一七）司馬懿は荀彧を「司馬宣王 常に稱すらく、書傳の遠事、吾 耳目の從ふ所によりて聞見するに、百數十年の閒に逮ぶに、賢才なること未だ荀令君に及ぶ者有らざるなり（司馬宣王常稱、書傳遠事、吾自耳目所從聞見、逮百數十年閒、賢才未有及荀令君者也）」（『三國志』卷十 荀彧傳注引『魏氏春秋』）と顯彰している。

（一八）司馬懿はこのほか、軍事的才能に秀でる南陽の州泰を拔擢し（『三國志』卷二十八 鄧艾傳附州泰傳）、長安の鐵賣りであった石苞を拔擢している（『三國志』卷四 三少帝 高貴鄉公髦紀注引『世語』）。

（一九）都督については、石井仁〈一九九二—a〉・〈二〇〇五〉・〈二〇〇九〉を參照。

（二〇）森本淳〈二〇〇一〉は、本來便宜的に過ぎなかった曹氏・夏侯氏以外からの都督就任が、次第に官僚の昇進過程の一部に組み込まれ、中央軍が曹氏の政權基盤としての「私的」な軍隊という性格を持ち得なくなった、としている。

（二一）やがて諸葛亮が屯田制などにより、これを解決していくことを含め、諸葛亮の北伐については、渡邉義浩〈一九八九〉を參照。

（二二）『三國志』卷三 明帝紀 注引『魏氏春秋』に、「是の歲（青龍三年）、張掖郡刪丹縣の金山の玄川 溢涌し、寶石の圖を負ひ、狀は靈龜を象どるあり。……石馬七有り、其の一は仙人 之に騎り、其の一は羈絆たり、其の五は形有るも善く成らず。……馬は中より四面に布列し、色 皆 蒼白たり。其の南に五字有り、曰く、上上三天王と。又 曰く、述大金、大いに曹を討ち、金は但だ之を取る。金は中に立ち、大金馬一匹 中に在りて、大吉開壽、此の馬は甲寅述水と」（是歲、張掖郡刪丹縣金山玄川溢涌、寶石負圖、狀象靈龜。……有石馬七、其一仙人騎之、其一羈絆、其五有形而不善成。……馬自中布列四面、色皆蒼白。其南有五字、曰、上上三天王。又曰、述大金、大討曹、金但取之。金立中、大金馬一匹在中、大吉開壽、此馬甲寅述水）」とある。

（二三）（明）帝憂社稷、問矯、司馬公忠正。可謂社稷之臣乎。矯曰、朝廷之望。社稷未知也（『三國志』卷二十二 陳矯傳 注引『世語』）。

（二四）曹爽政權の人的構成や構成員の思想內容については、渡邉義浩〈二〇〇一—c〉を參照。

（二五）夫官才用人、國之柄也。故銓衡專於臺閣、上之分也。孝行存乎閭巷、優劣任之鄉人、下之敘也。夫欲清敎審選、在明其分敘、不使相涉而已。……自州郡中正、品度官才之來、有年載矣、緬緬紛紛、未聞整齊、豈非分敘參錯、各失其要之所由哉。……奚必使中正干銓衡之機於下、而執機柄者有所委仗於上、上下交侵、以生紛錯哉（『三國志』卷九 夏侯玄傳）。

（二六）晉宣帝（司馬懿）除九品、州置大中正議曰、案九品之狀、諸中正既未能料究人才。以爲、可除九（制）〔品？〕、州置大中正（『太平御覽』卷二百六十五 職官部 中正）。「九制」は「九品」につくるべきであろうか。いずれにせよ、何らかの誤脫が考えられる。

（二七）岡崎文夫《一九三二》。宮川尚志《一九五六》もこれに贊同する。

（二八）越智重明《一九八二》。なお、中國における九品中正研究については、胡舒雲《二〇〇三》に總括がある。

(二九) 宮崎市定《一九五六》。このほか、矢野主税〈一九六一〉は、州大中正が郡中正を統制し、さらに司徒がそれを統制する體制が確立したことを制度永續の理由に擧げる。

(三〇) 初(武)帝以貴公子當品、鄉里莫敢與爲輩、求之州內。于是十二郡中正僉共擧(鄭)默(『晉書』卷四十四 鄭袤傳附鄭默傳)。

(三一) この間の事情について、『晉書』卷四十五 劉毅傳には、「州都なる者を置くは、州里の清議、咸 歸服する所を取り、將に以て異同を鎭め、言議を一にせんとすればなり(置州都者、取州里清議、咸所歸服、將以鎭異同、一言議)」とある。

(三二) 矢野主税〈一九六四―a〉。なお、司徒と九品中正との關係については、張旭華〈一九九一〉も參照。

(三三) 曹爽用何晏・鄧颺・丁謐之謀、遷(郭)太后於永寧宮、專擅朝政。兄弟幷典禁兵、多樹親黨、屢改制度。(宣)帝不能禁、於是與爽有隙。五月、帝稱疾不與政事(『晉書』卷一 宣帝紀)。

(三四) これに對して、葭森健介〈一九八六〉は、曹爽政權が中央偏重の偏向を持ちながらも、全國的な輿論を踏まえた名望家政權の樹立を目指し、貴族制社會に向かって、一歩踏み出した政權である、としている。また、曹爽集團に沛國譙の出身者や曹室と個人的關係の強い者が多いことから、これを「譙沛集團」と括る萬繩楠〈一九六四〉も參照。

(三五) 文學・玄學といった曹魏的諸價値を深化させ、貴族の規範の一つとなった嵇康については、本書第四章第二節を參照。

(三六) 王肅の經學的特徵と荊州學との係わりについては、加賀榮治《一九六四》を參照。また、高堂隆と蔣濟の議論の經學的位置づけについては、藤川正數《一九六〇》を參照。

(三七) 陳寅恪〈一九五六〉は、司馬氏は儒家の豪族であり、曹氏は非儒家の寒族であるとし、司馬氏と曹氏の爭いを儒法鬪爭史として捉える。また、劉顯叔〈一九七八〉は、曹爽派を當時の名士を多く含む士大夫階級、司馬氏派を儒學大族と分類している。そのほかの諸說については、伊藤敏雄〈一九八六〉、胡志佳《二〇〇五》を參照。

(三八) 『三國志』卷四十八 孫晧傳注引干寶『晉紀』に、「任賢使能、各盡其心」とあり、『晉書』卷一 宣帝紀に、「帝內忌而外寬」とある。

(三九) 民屯の奪取に失敗した司馬氏は、のちに屯田制を廢止し、西晉では占田・課田制という土地政策を展開した。これについては、本書第二章第三節を參照。

（四〇）陳・蔡之間、土下田良。可省許昌左右諸稻田、幷水東下。令淮北屯二萬人、淮南三萬人、十二分休、常有四萬人、且田且守。水豐常收三倍於西、計除衆費、歲完五百萬斛以爲軍資（『三國志』卷二十八 鄧艾傳）。

（四一）皇帝曹芳の廢位に郭皇太后を利用し、「孝」を押し立ててそれを正當化したことについては、渡邉義浩〈二〇〇二―b〉を參照。

（四二）『晉書』卷二 文帝紀。司馬昭に皇帝曹髦の命令を無視するよう獻策した者は鍾會であり、鍾會は曹髦の對司馬昭政策を立てた危險人物として嵇康を讒言している。本書第三章第一節を參照。

（四三）乃召侍中王沈・尙書王經・散騎常侍王業、謂曰、司馬昭之心、路人所知也。吾不能坐受廢辱、今日當與卿等自出討之（『三國志』卷四 三少帝 高貴鄕公髦紀注引『漢晉春秋』）。

（四四）高貴鄕公之殺、司馬文王會朝臣謀其故。太常陳泰不至。使其舅荀顗召之。顗至、告以可否。泰曰、世之論者、以泰方於舅、今舅不如泰也。子弟・內外咸共逼之、垂涕而入。王待之曲室、謂曰、玄伯、卿何以處我。對曰、誅賈充以謝天下。文王曰、爲我更思其次。泰曰、泰言惟有進於此、不知其次。文王乃不更言（『三國志』卷二十二 陳羣傳附陳泰傳注引干寶『晉紀』）。

（四五）『三國志』卷四 三少帝 高貴鄕公髦紀。渡邉義浩〈二〇〇二―b〉も參照。

（四六）渡邉義浩〈二〇〇二―a〉・本書第四章第二節を參照。

（四七）鍾會については、大上正美〈一九八九―a〉を參照。

（四八）「晉の文帝 二陳と車を共にし、過りて鍾會を喚びて同に載せんとし、卽ち車を駛せて委てて去る。出る比ほひ、已に遠し。既に至り、因りて之を嘲りて曰く、人と行を期し、何を以てか遲遲たる。卿を望むも遙遙として至らずと。會 答へて曰く、矯然として懿實なれば、何ぞ必ずしも羣を同じうせんと。帝 復た會に問ふ、皐繇は何如なる人ぞと。答へて曰く、上は堯・舜に及ばず、下は周・孔に逮ばざるも、亦た一時の懿士なりと」（晉文帝與二陳共車、過喚鍾會同載、卽駛車委去。比出、已遠。既至、因嘲之曰、與人期行、何以遲遲。望卿遙遙不至。會答曰、矯然懿實、何必同羣。帝復問會、皐繇何如人。答曰、上不及堯・舜、下不逮周・孔、亦一時之懿士）」（『世說新語』排調 第二十五）。

（四九）（咸熙元年）秋七月、（文）帝奏、司空荀顗定禮儀、中護軍賈充正法律、尙書僕射裴秀議官制、太保鄭沖總而裁焉。始建五等爵（『晉書』卷二 文帝紀）。

（五〇）曹魏から西晉にかけての「封建」の復權の氣運については、本書第二章第二節を、曹魏の五等爵については、守屋美都雄〈一九六二〉を、西晉の五等爵については、本書第一章第三節を參照。

（五一）西晉の國子學が、官品五品以上の貴族の子弟が學ぶ場として、そうした制限のない太學と竝立して設置されたことについては、本書第二章第四節を參照。

（五二）士庶區別については、中村圭爾〈一九七九〉を參照。

第二節　西晉司馬氏婚姻考

はじめに

中國の貴族制における屬性の一つに身分的內婚制がある。仁井田陞は、沈約の王源への彈劾文を論據に、南朝において士（貴族）と庶（平民）にはそれぞれ內婚制が存在し、敦煌で發見された「天下姓望氏族譜」に現れるように、唐代にも身分的內婚制は繼承された、としている。[一] こうした身分的內婚制へと發展していく事實上の通婚範圍の限定は、どのように形成されたのであろうか。

安田二郎〈一九九八〉は、司馬炎の後宮擴張策を分析し、三世紀中國の王朝體制の特質の一端を後宮の身分的內婚制的擴充に見出した。そして、かかる政策の原因は、該時期の君主なりその母胎の王族なりが、諸他の有力勢族名家（そのリーダー）と基本的に異なる存在ではなく、數いる同輩中の第一人者（プリムス・インテル・パーレス）に留まったことにある、と主張する。さらに、こうした君權の弱體性と現存する官僚體制の機能的不備とを直接的な個人的關係に依據して補完する措置に、私的性格を強く帶有する直接的個人的な人的結合關係に基づく王朝秩序形成のバイアスを、「封建制」なる範疇に屬せしむることにより、該時期中國史を世界史の枠組の中に位置づけることができる、とするのである。

當該時代を規定し得るほどの秩序を帝室の婚姻政策に見るのであれば、その分析對象は後宮のみに止めるべきではない。貴族制の枠組み全體のなかで、婚姻關係が果たした役割を考えるべきである。[二] 本節はその一環として、帝室である司馬氏の婚姻關係を公主・諸王へと擴げて檢討する。それを「封建制」のメルクマークと考え得るか否かの問題をも含めて、司馬氏の婚姻政策が果たした役割について考察していきたい。

一、西晉成立以前の司馬氏

西晉を建國した司馬氏の祖先は、楚の殷王司馬卬の後裔で、卬の八世孫が後漢の征西將軍の鈞、鈞の子が豫章太守の量、量の子が潁川太守の儁、儁の子が京兆尹の防である（『晉書』巻一　宣帝紀）。防には、「司馬芳碑」も殘されているが、[三] これらの間の司馬氏の婚姻關係は不明である。

西晉の基礎を築いた司馬懿は、司馬防の次子にあたる。司馬懿の婚姻相手は、司馬懿と同じ河內郡を出身地とする張春華である。彼女の父の張汪は、曹魏に仕えたが、粟邑縣令に至ったに過ぎない（『晉書』巻三十一　后妃　宣穆張皇后傳）。母はのちに山濤を出す同じく河內郡の山氏の出身である。山氏は山濤に至っても「小族」と戲れられた家であり、山濤の父の山曜も冤句縣令に至ったに過ぎない。[四] 鈞以來、世々二千石の官僚を輩出してきた司馬氏と比べるとやや劣るが、張春華も豪族の出身と考えてよい。司馬懿の婚姻は、後漢に多く見られる同郡の豪族同士の婚姻である。[五] 司馬懿には師・昭・榦・南陽公主を生んだ嫡妻の張春華のほか、亮・伷・京・駿を生んだ伏太妃、肜を生んだ張夫人、倫を生んだ柏夫人があったが（『晉書』巻三十八　宣五王傳）、いずれの夫人も出自は不明で、嫡妻以外の家柄に考慮が拂われた形跡はない。

崔琰の評價を受けて「名士」となり、荀彧の推擧により曹魏政權に參入した司馬懿は、長子の司馬師には當初、夏侯尚の娘である夏侯徽を娶らせていた。夏侯徽は、兄が夏侯玄、母が曹操の娘の德陽公主であった（『晉書』卷三十一 后妃 景懷夏侯皇后傳）。夏侯氏は、曹氏の準宗室と考えてよく、司馬懿が當初、曹室に接近しようとしていたことを窺い得る。しかし、司馬懿の地位は、やがて曹魏の臣下に止まらなくなる。諸葛亮が陣沒した靑龍二（二三四）年、早くもその野望を感じ、義父の司馬懿を「魏の純臣」ではないと知った夏侯徽は鴆殺された（『晉書』卷三十一 后妃 景懷夏侯皇后傳）。代わって司馬懿は、「文學」により文帝曹丕の寵臣となり、陳羣・司馬懿・朱鑠とともに文帝の「四友」と稱された呉質の娘を一時司馬師に娶らせた（『晉書』卷一 宣帝紀）。曹操から始まる「文學」の宣揚に對應して、いち早く新しい文化を身につけようとした動きと理解できよう。[六] しかし、すでに「文學」好きの文帝も崩御しており、その必要性は高くなかったようである。やがて、これも黜け、泰山郡の羊衜の娘である羊徽瑜を娶らせた（『晉書』卷三十一 后妃上 景獻羊皇后傳）。泰山の羊氏は、「世々二千石」の家柄であり、羊徽瑜の外祖父は蔡邕である。儒教を中心とした文化的價値を存立基盤とする「名士」を結集し、玄學を宣揚する曹爽政權に對抗した司馬懿の政治的立場をそのまま表現する婚姻關係と言えよう。[七] このように司馬師の婚姻相手の轉變には、曹魏における司馬懿の位置が反映している。すなわち、はじめは曹室との關わりを求め、次いで「文學」への對抗を考慮し、最終的には「諸生の家」である司馬氏と同質の儒教を存立基盤の根底に置く「名士」との結束を重視していくのである。

司馬懿は、師の弟である司馬昭には、王肅の娘である王元姬を娶らせている（『晉書』卷三十一 后妃上 文明王皇后傳）。周知のとおり、王肅は漢の鄭玄に對抗して多くの經典に注を附した經學者であり、その父王朗は、曹魏を代表する「名士」として司徒にまで登り詰めている。王肅は、『孔子家語』により、準宗室殺害となる司馬師の夏侯玄殺害、皇帝の廢立となる司馬昭の曹芳廢位を正當化した。[八] また、司馬炎が西晉を建國し、「儒教國家」の再編を試みると、その禮說は具體的な政策に反映されていく。(九) なお、昭の異母弟の肜には、王基の娘である王粲を娶らせている。王基は、王肅と厳しく論爭をした鄭玄學の繼承者である。(一〇) 司馬氏は、王肅說を「儒教國家」再編の中心的な學說としながら、鄭玄說にも目配りをしている。そうした狀況を窺い得る婚姻關係である。

さらに、昭の弟の榦は滿寵の娘を娶り、異母弟の伷は諸葛誕の娘を娶っている。(一一) このように司馬氏は、司馬懿の同郡の豪族同士の婚姻から、師・昭の世代には、郡を超えた「名士」との婚姻關係を持つに至った。なかでも、王肅のような國家政策を正當化する理念を提供し得る相手と結ぶことにより、勢力擴大の手段としてはもとより、國家理念の創出にまで婚姻關係を利用しているのである。

かかる傾向は、その子女の婚姻にも看取し得る。司馬懿の娘である高陽公主は杜預に尙している。杜預は『春秋左氏經傳集解』を著して、皇帝殺害である司馬昭の高貴鄕公曹髦殺害を正當化している。(一二) さらに杜預は、司馬師の妻である羊徽瑜の同母弟である羊祜の方針を繼承して孫吳を征服、西晉の中國統一に寄與することになる。また、司馬懿のもう一人の娘は、荀霬に嫁いでいる。荀霬は、曹操を支えやがて訣別した曹魏の「名士」の中心、荀彧の子である。荀彧―陳羣（荀彧の娘婿）の系譜を繼いで、「名士」の糾合を圖り、曹氏に對抗した司馬懿には、大きな意味を持つ婚姻關係と言えよう。

司馬師の娘と司馬昭の娘の京兆長公主が前後して嫁いだ甄德も、魏晉革命において大きな役割を果たした。司馬昭は、皇帝の曹芳を廢位した時も、續いて卽位した曹髦を殺害した時にも、郭皇太后より詔を仰いで事態を收拾している。(一三) その際に、甄德はもと郭氏の出身であるため、司馬氏と郭皇太后を結ぶ從順な架け橋となったのである（『三國志』卷五　文昭甄皇后傳）。また、司馬昭の娘である常山公主が尙した王濟は、太原の王氏の出身であり、祖父の王昶は曹魏の司空、父の王渾は杜預とともに孫吳の征服に活躍し、司徒・錄尙書事に至っている。なお、羊祜・杜預・王渾といった孫吴征討派が、すべて司馬氏との婚姻關係を有している點は、蜀漢を征討した鍾會が反亂を起こしたことを鑑みると、留意すべきである。

以上のように司馬氏は、自己の勢力擴大過程において積極的に婚姻關係を利用した。その結果、司馬懿の婚姻が後漢代に多く見られた同郡の豪族同士の婚姻であったことに對して、司馬師・司馬昭期のそれは、郡を超えた「名士」との婚姻となった。中でも、昭の義父である王肅、および懿の娘婿である杜預という二人の有力な經學者と婚姻關係を結び、『孔子家語』、『春秋左氏經傳集解』により、司馬氏の權力を正統化させたことは、「儒教國家」の再編を目指す司馬氏の婚姻關係を特徴づける。ただし、これらの婚姻關係は、司馬氏が君主となってから結んだものではなく、あくまでも同輩者同士の婚姻であった。これに對して、西晉を建國した司馬炎の婚姻は、どのような特徴を有しているのであろうか。

二、武帝司馬炎の後宮制度

王肅の娘である王元姬と司馬昭の子が、武帝司馬炎である。皇帝に卽位すると武帝は、楊炳の娘である楊豔を皇后に立てた（『晉書』卷三十一 后妃上 武元楊皇后傳）。「弘農の楊氏」を稱する隋との關係なのか、現行の唐修『晉書』は、楊炳が後漢の「四世三公」である弘農の楊氏の家系と、どう繫がるのかを明記しない。そのため、王伊同も矢野主稅も、楊炳の家を「四世三公」の楊震の家系とは別系と位置づけている。(一四) しかし、洛陽から出土した「楊駿殘碑」により、楊炳・楊駿の兄弟は、楊衆の孫で、楊震の五世孫にあたることが分かるのである（石井仁・渡邉義浩〈二〇〇六〉）。

すなわち、武帝が皇后とした楊豔の父である楊炳、楊豔の薨去後に皇后とした楊芷の父である楊駿は、從來言われていたような弘農の楊氏の別系などではなく、楊震以來「四世三公」を輩出した弘農の楊氏の本流出身なのである。後漢では、汝南の袁氏と弘農の楊氏が、ともに「四世三公」の家柄として尊重されていた。もともと楊氏は、一族の宦官と協力して勢力を擴大した袁氏に比べて、その清白に高い評價があった。後漢末に袁氏の本流である袁術と袁紹が滅んでいた西晉において、弘農の楊氏は最も傳統ある清なる家であった。(一五) それを皇后に据えることにより、武帝は、後宮にヒエラルキーを形成していくのである。

武帝は、「三夫人・九嬪」といった後宮の女性を、貴族の家から迎えている。『晉書』巻三十一 后妃上 武元楊皇后傳に、(一六)

泰始中、(武)帝 愽く良家より選びて以て後宮を充たさんとし、先づ書を下して天下の嫁娶を禁ず。宦者をして使車に乘り、騶騎を給し、州郡に馳傳して、選に充つ者を召さしめ、(楊皇)后をして揀擇せしむ。后は性 妒にして、惟だ潔白の長大なるを取り、其の端正美麗なる者は竝びに留められず。時に卞藩の女 美色有り、帝 掩扇して后に謂ひて曰く、「卞氏の女 佳し」と。后曰く、「藩は三世 后族たり、其の女 枉ぐるに卑位を以てす可からず」と。帝 乃ち止む。司徒の李胤・鎭軍大將軍の胡奮・廷尉の諸葛沖・太僕の臧權・侍中の馮蓀・祕書郎の左思 及び世族の子女、竝びに三夫人・九嬪の列に充つ。司・冀・兗・豫の四州の二千石の將吏の家もて、良人より以下を補ふ。名家・盛族の子女、多く衣を敗り貌を瘁して以て之を避く。

とあるように、『晉書』では、司徒以下の高官の娘を三夫人・九嬪に充てたことが述べられる。これに對して、安田二郎〈一九九八〉は、詳細な考證により『晉書』の史料批判を行い、娘を入内させた時には、李胤以下の官職はけっして高位ではなく、娘が三夫人・九嬪となることにより、父兄が高官に出世していることを實證した。

それは、楊皇后の「(卞) 藩は三世 后族たり、其の女 卑位を以て枉ぐる可からず」という言葉にも明らかである。

琅邪の卞氏は倡家の出身であったが、曹操の妾から正妻となった武宣卞皇后（文帝曹丕の母）、高貴鄉公の皇后（卞隆の子）、陳留王の皇后（卞琳の子）と三世にわたって皇后を輩出した家柄となっていた（『三國志』巻五　武宣卞皇后傳）。そうした家の娘を妾のような「卑位」に就けることはできない、と楊皇后も武帝も考えたのである。かと言って、かつての卞氏がそうであったような倡家、あるいは兵戸である士家からではなく、「良家」より選んではいるが、弘農の楊氏や司馬氏と竝ぶような家から、妾を選んだわけではないのである。

それでは、武帝はなぜ三夫人や九嬪の父兄を高官に拔擢したのであろうか。安田二郎〈一九九八〉は、これを孫晧の後宮擴大政策と係わらせながら、「皇太子衷の不慧が明らかとなり、後嗣としての適格性に多大な危惧をいだかざるを得ないにも拘らず、拔本的解決策たる「廢立」をなし得ないとすれば、王朝の將來を見通した然るべき「身後の計」は不可欠であって、天下有力家族の子女を納宮することを通して、個別的に結合を固めてその支援を期待する、と同時に、皇太子衷と血氣を同じくする多數の親弟を獲得し、將來の新皇帝の藩屏たらしめる――これが、天下の嫁娶を一時的に停止させて公卿以下盛族良家を對象とする采女策に踏み切った武帝の意圖にほかなるまい」と述べている。

武帝が、皇太子司馬衷の不慧を補うため弟を增やし、藩屏として王に封建することを目指して、多くの妾を納宮させたことは間違いない。武帝は、十名前後の公主のほか、二十六名の男子を生ませ、惠帝・懷帝以外に、十六名を王としている（『晉書』巻六十四　武十三王傳）。しかし、妾とした家が、けっして「天下有力家族」とは言えず、武帝の拔擢を俟ってはじめて高位に就き得たことは、安田自身が論證しており、安田の議論は自家撞着を起こしていると言わざるを得ない。

むろん、「天下有力家族」とは言えないにしても、武帝に三夫人の家と結びつきたい動機はあった。[一七]貴嬪の胡芳は、鎭軍大將軍となる胡奮の娘であるが、胡奮の父胡遵は司馬懿の遼東遠征で別働隊を指揮し（『三國志』巻八　公孫度傳附公孫淵傳）、弟の胡烈は平蜀後の鍾會の亂の際、鍾會に從わず亂の平定に力を盡くしている（『三國志』卷二十八 鍾會傳）。夫人の諸葛婉は、廷尉となる諸葛沖の娘であるが、沖の父諸葛緒は、蜀漢を征討中、鍾會によって失脚させられている（『三國志』卷二十八 鍾會傳）。貴人の李暉は、司徒となる李胤の娘であるが、李胤は蜀漢の平定時に、西中郎將・督關中諸軍事として關中を固めていた（『晉書』卷四十四 李胤傳）。すなわち、三夫人は、いずれも蜀漢の征討、および鍾會の亂の平定に係わりがあった家から選ばれているのである。孫吳征討派がいずれも司馬氏と婚姻關係にあったことを考えると、三夫人は器量により選ばれたのではなく、軍事的に司馬氏に忠誠を盡くした家を褒賞するために選ばれていることが分かるのである。

そうした事情を踏まえたうえで、なお三夫人・九嬪以下の後宮制度は、司馬氏が特定の家と「個別的に結合を固めてその支援を期待する」ために設けられたと考えることはできない。武帝の後宮制度は、周代の後宮制度として儒教經典が規定していたモデルを實現しようとしたものだからである。『禮記』昏義[一八]に、

> 古者(いにしへ) 天子の后は六宮を立つ。三夫人・九嬪・二十七世婦・八十一御妻、以て天下の內治を聽き、以て婦順を明章す。故に天下 內和らぎて家理まる。天子は六官を立つ。三公・九卿・二十七大夫・八十一元士、以て天下の外治を聽き、以て天下の男敎を明章す。故に外和らぎて國治まる。故に曰く、「天子は男敎を聽き、后は女順を聽く。天子は陽道を理め、后は陰德を治む。天子は外治を聽き、后は內職を聽く。敎順成俗し、外內和順し、國家理治す。此を之れ盛德と謂ふ」と。

と「三夫人・九嬪」以下の敍述があり、武帝の後宮が『禮記』に傳えられる周の後宮制度を模範としていることが分かる[一九]。また、九嬪の一つの修儀となった左芬は、容色に優れず寵愛はされなかった[二〇]。しかし、兄の左思と同樣、文才に秀で、事あるごとに武帝の求めに應じて、賦・頌・誄をつくった（『晉書』卷三十一 后妃上 左貴嬪傳）。このような容

姿の美しさよりも賢才の女性を皇后が皇帝に勸めるべきとする思想は、『毛詩』國風 關雎の詩序に見られるもので、[21]武帝の後宮制度が儒教の規範に從っていることを傍證する。

『禮記』では、天子が率いる「三公・九卿」以下の六官と、皇后が從える「三夫人・九嬪」以下の六宮とを、對稱的に描いている。武帝が、「三夫人・九嬪」の父兄を、三公の司徒や九卿の廷尉・太僕に拔擢したのは、かかる對稱性を官僚制度の中に具現化しようとしたためであろう。司馬氏に軍事的忠誠を盡くした將官の家を後宮のヒエラルキーと呼應させ、官僚制度の中に位置づけていく。李胤以下の拔擢には、自らが形成した秩序を國家の官制に反映させようとする武帝の意志が存在したのである。

『禮記』ではまた、后の地位を天子に匹敵するものとしている。皇后の地位を皇帝と對偶させることは、外戚の正統化に繫がる。こうした后の地位の高さは、『白虎通』嫁娶に、[22]「天子の妃 之を后と謂ふは何ぞ。后なる者は、君なり。天子の妃は至尊、天下 之を尊ぶ、故に之を后と謂ふなり」とあるように、後漢「儒教國家」で承認されたものであった。これにより後漢では、皇后の嫡妻權を據り所に、外戚が權力を掌握したのである（渡邉義浩〈一九九〇〉）。それまでは、たとえ儒家であっても、『荀子』君子篇に、[23]「天子に妻無し。人として匹無きを告ぐるなり」とあるように、人として匹敵する者のいない天子には、妻は存在しないとされていた。保科季子〈二〇〇二〉は、「始皇帝の「皇后」が一切史乘に見えず、息子たちも嫡庶の別を論じられない。このことは、少なくとも始皇帝が創始した皇帝支配體制の中に、皇帝の嫡妻たる「皇后」など想定されていなかったことを暗示しているのではないか」としている。首肯し得る見解である。「儒教國家」の再編を目指す武帝は、後漢「儒教國家」で定まった皇后の尊重を繼承しているのである。[24]

武帝の外祖父である王肅もまた、『孔子家語』卷一 大昏解[25]に、

孔子對へて曰く、「古の政を爲すは、人を愛するを大と爲す。人を愛する所以は、禮を大と爲す。禮を治むる所以

は、敬を大と爲す。敬の至りは、大昏を大と爲す。大昏は至れり。大昏 旣に至れり。冕して親迎す。親迎なる者は之を敬するなり。是の故に君子は敬を興して親しむことを爲す。敬を捨つれば則ち是れ親しむことを遺つる。親しまず敬はざれば尊からず。愛と敬とは、其れ政の本か」と。（哀）公曰く、「寡人 願はくは言ふこと有らん。然れども冕して親迎するは、已だ重からずや」と。孔子 愀然として色を作して對へて曰く、「二姓の好を合して、以て先聖の後を繼ぎ、以て天下・宗廟・社稷の主と爲る。君 何ぞ已だ重しと謂ふか」と。

と『禮記』哀公問を踏襲して、天子は冠をかぶって親迎すべきほど、后を尊重しなければならないと主張している。

皇后を尊重するため武帝は、『晉書』巻三 武帝紀に、（二六）

（泰始十年閏正月）丁亥、詔して曰く、「嫡庶の別は、上下を辨じ、貴賤を明らかにする所以なり。而れども近世より以來、多く皆 內寵をば、妃后の職に登し、尊卑の序を亂す。今より以後、皆 妾媵を登用して以て嫡正と爲すを得ず」と。

との詔を出している。「近世」とは曹魏を指し、曹操が倡家の卞氏を、文帝が賤人の郭氏を、明帝が車工の娘毛氏を、それぞれ內寵により微賤から立后した事實を踏まえながら、武帝は、嫡庶の別を守り、「妾媵」を登用しないことを天下に宣言しているのである。安田二郎〈一九九八〉は、この詔を「三夫人九嬪以下の「妾媵」が將來にわたって正后に登用されることなどは、斷じてあり得ないこと、端的に言って、皇后楊氏の地位にはいささかの變動もあり得ないことを、天下に宣明することにあったとこそ理解し得る」とする。政治過程論としては、その通りであろう。しかし、惠帝の不慧という具體的な政治狀況の如何に拘らず、原理原則として、皇后の地位は不動にして犯すべからざるものであった。それは、皇帝と皇后とを對偶として理解する儒敎的皇后觀としては當然のことで、皇后の地位を蔑ろにした曹魏が、その皇帝位をも奪われたのは當然のこと、と武帝が從う儒敎的皇后觀の論理は展開し得る。とすれば、皇帝を頂點とするヒエラルキーが不變不動でなければならないように、皇后を頂點とする後宮のヒエラルキーも動かすことはできない。楊駿をはじめ「三楊」が、のちに外戚として權力を掌握したことも、皇帝に匹敵し得る皇后の地位をその背景としていたのである。

以上のように、武帝は、皇帝・皇后を頂點とするヒエラルキーを對偶として構築しようとしていた。後宮の「三夫人・九賓」の序列とあわせて、その父兄を「三公・九卿」に拔擢した理由は、貴族の官僚としての地位の高下は、皇帝により編成される國家的な秩序と等しくあるべきだとの思いの發露に求めることができる。自らとの婚姻關係により、貴族の地位を定めていく。こうした帝室との婚姻關係により貴族の官僚としての地位の高下を規定しようとする方向性は、武帝の子女の婚姻にも見られるのであろうか。

三、身分的內婚制と貴族制

王肅の『孔子家語』大昏解は、『禮記』を踏襲しながらも、後宮の制度には觸れない。その代わり、妻と竝んで子の重要性を強く說いている。『孔子家語』巻一 大昏解[二七]に、

> 孔子 遂に言ひて曰く、「昔 三代の明王 必ず妻子を敬するや、蓋し道有り。妻なる者は、親の主なり。子なる者は、親の後なり。敢へて敬せざらんや。是の故に君子は敬せざるは無し。敬なる者は、身を敬するをば大と爲す。身なる者は、親の支なり。敢へて敬せざらんや。其の身を敬せざるは、是れ其の親を傷つく。其の親を傷つくは、是れ其の本を傷つくるなり。其の本を傷つくれば、則ち支 之に從ひて亡ぶ。三者は百姓の象なり。身 以て身に及ぼし、子 以て子に及ぼし、妃 以て妃に及ぼす。君 能く此の三者を修むれば、則ち大化 天下に愾れり。昔者

大王の道や、此くの如くにして國家 順へり。

とあるように、王肅は、妻は親を祭る主であるから尊重すべきと、妻の宗廟祭祀における重要性を確認しながら(二八)、子を尊重すべきことを併せて說いているのである。それでは、武帝は、子である諸王と公主に、どのような婚姻關係を結ばせたのであろうか（以下典據は、表四「司馬氏の婚姻關係」を參照、（官・爵）は最高官と爵位を示す）。

武帝の諸子の中で婚姻關係が記載される者は、惠帝と成都王の穎である。惠帝は、賈充（太尉・魯郡公）の娘賈南風を娶り、そののち羊玄之（尚書右僕射・興晉公）の娘羊獻容を娶っている。成都王の穎は、樂廣（尚書令・—）の娘を娶っている。また、公主は五人（うち滎陽公主は直前に薨去）の婚姻相手が判明する。すなわち、滎陽長公主は華恆（驃騎將軍・苑陵縣公）、武安公主は溫裕（左光祿大夫・?、父は溫羨〈大陵縣公〉）、襄城公主は王敦（丞相・武昌郡公）、繁昌公主は衞宣（?・?、父は衞瓘〈蘭陵郡公〉）、滎陽公主は盧諶（司空從事中郎・?、父は盧志〈武強侯〉）に尚している。諸王と公主の重視ぶりを理解できよう。

二で檢討した「三夫人・九嬪」以下の妾媵の父兄の爵位が、李胤の廣陸侯を最高位とすることに對して、諸王と公主の婚姻相手、あるいはその父兄は、郡公・縣公の爵位を持つ者が多數を占める(二九)。公主の尚した嫁ぎ先も、諸王の妃の實家も、當時の一流貴族ばかりである。むろん、婚姻關係が判明するものは、武帝の多くの子女の一部に過ぎない。かかる傾向を婚姻關係の判明しないその他の子女にも類推することは許されるであろうか。

それを傍證するため、さらに檢討對象を擴げよう。武帝の孫の遹（愍懷太子）は、王衍（太尉・武陵侯）の娘王惠風を娶り、同じく孫の鄴（愍帝）は、荀輯（衞尉・濟北郡公）の娘を娶っている。武帝の弟である攸（齊王）は、惠帝と同じく賈充（太尉・魯郡公）の娘である賈荃を、武帝と同世代の顒（河間王）は繆胤（太僕・?）の妹を、越（東海王）は裴盾（徐州刺史、?、伯父は裴秀〈鉅鹿郡公〉）の妹を、荂（趙王倫の世子）は劉琨（太尉・廣武侯）の妹を、覲（瑯邪王伷の世子）

は夏侯荘（淮南太守・淸明亭侯）の子を娶っている。このように武帝の子女以外にも、諸王や公主とほぼ同様の傾向を見ることができる。武帝は、自分の子女である諸王や公主の婚姻相手に、當時の一流貴族を選んでいたと考えてよい。

續いて、司馬氏の姻戚相互閒の婚姻關係を調べてみよう。圖一「司馬氏の姻戚の婚姻關係（後漢末～東晉）」の中で、1西晉時代（實線で表記）に複數の婚姻關係を持つ家は、⑵⑷太原の王氏・⑶⑷弘農の楊氏・⑶琅邪の王氏・⑶河東の衞氏・⑶范陽の盧氏・⑶中山の劉氏・⑶河東の裴氏であり、2西晉時代を含み複數の婚姻關係を持つ家は、⑵⑷泰山の羊氏・⑵△琅邪の諸葛氏・⑶太原の溫氏・⑷南陽の樂氏であり、3複數の婚姻關係を持つ家は、⑴⑷潁川の荀氏・⑵⑶沛國の夏侯氏・⑵東海の王氏であり、4單數の婚姻關係しか持たない家は、⑴京兆の杜氏・△遼東の李氏・△長樂の馮氏・△天水の趙氏・⑶平原の華氏・⑶⑷河東の賈氏・⑷琅邪の孫氏・⑷北地の傅氏であり、5婚姻關係を持たない家は、⑴河內の張氏・⑵濟陰の吳氏・⑵中山の甄氏・⑵河內の楊氏・⑵山陽の滿氏・⑵東萊の王氏・△安定の胡氏・△齊國の左氏・⑶東海の繆氏である（⑴は司馬懿・⑵は昭・師・⑶は武帝・⑷は惠帝期の姻戚を示し、△は武帝の妾媵を示す）。

もちろんこれも限られたデータに過ぎないが、一定の傾向を把握することはできる。

第一に、二で檢討した△武帝の妾媵は、父兄の爵位が劣るだけではなく、相互の婚姻關係からも排除されている。唯一、複數の婚姻關係を持つ琅邪の諸葛氏は、すでに琅邪王の伷と婚姻關係があり、妾媵としては例外に屬する。それ以外は、△遼東の李氏と△長樂の馮氏は、彼ら同士の婚姻であるし、△天水の趙氏は、武元楊皇后の母方の實家より皇后のお聲掛かりで入內したもので、妾媵であることにより皇后家と婚姻關係を結べたわけではない。すなわち、武帝の妾媵は、皇后や諸王・公主の姻戚とは、婚姻關係の持てない、より下層の貴族から選ばれたことが分かる。

第二に、1西晉時代だけで複數の婚姻關係を持つ家には、太原の王氏・弘農の楊氏・琅邪の王氏・范陽の盧氏・河東の裴氏といった南北朝まで續く一流貴族が多く含まれる。[三〇] 彼らは太原の王氏を除きすべて(3)武帝期の姻戚である。武帝が皇后や諸王・公主の姻戚とした家は、こののち閉鎖的な婚姻圏を形成していく一流貴族なのである。また、彼らが相互に婚姻關係を結んでいることも重要である。すでに西晉期においてその閉鎖的な婚姻圏は形成され始めており、それが武帝の婚姻政策と大きな關連性を有していることが分かるためである。[三一]

第三に、(1)司馬懿の姻戚、(2)師・昭の姻戚は、王肅の出た東海の王氏を除いて、複數の婚姻關係を有していない。司馬懿、司馬師・司馬昭のときの婚姻が、閉鎖的な通婚圏を持つ貴族制の秩序を形成するために結ばれたものではないことを確認できよう。

以上のように、司馬氏の姻戚を検討すると、大別して、①帝室を中心に閉鎖的な通婚圏を形成していこうとする一流貴族のグループ、その下に位置する②司馬昭までの姻戚や、武帝の妾媵を出すような少し劣る貴族のグループ、という二つのグループに分類することができる。ここにさらに、注（二）所掲中村論文が南朝を對象に明らかにした③貴族でありながら寒門と稱されるグループが、續くのであろう。そして①～③とは、やがて「天隔」とも稱されるほどの距離感を持って、士庶區別[三二]により國家的な身分として士との婚姻を禁止される④庶が廣範に存在する。このような婚姻に基づく階層的秩序の存在を指摘し得る。注（一）所掲仁井田論文が着目した身分的內婚制は、西晉武帝の婚姻政策を機に形成されていくのである。

むろん西晉時代は、身分的內婚制と呼び得るような閉鎖的な婚姻圏は未だ完成しておらず、形成期であるため、①～③の位置づけは流動的であった。例えば、司馬懿の妻張春華の實家で、小族と戲れられるなど③に屬したであろう河內の山氏は、やがて①に屬する河東の衞氏と婚姻關係を持つに至る。山濤の活躍もあって、貴族として一流の地位を築いたのであろう。また、琅邪の諸葛氏のように、(2)師・昭の姻戚でありながら、△武帝の妾媵を出している家もあった。劉宋の後宮では、正后は由緒正しい名族から迎えられ、三夫人以下の妾媵は、軍戸・營戸等の「廄皁」から採るとの峻別が嚴守され、晉のように採擇が冠冕に及ぶことはなかったという。[三三] 士庶區別が成立している劉宋では、三夫人以下の妾媵の一族が貴族化することを拒否したのである。貴族制の形成期である西晉と、既成の貴族制を守ろうとする劉宋との違いをここに見ることができよう。

石母田正〈一九六二〉は、身分と階級について、階級とは特定の歴史的社會の生産關係、その時代の主要な生産手段にたいする所有關係によって規定された社會集團であり、身分とは階級關係が政治的または國家的な秩序として固定された階層的秩序であると定義する。皇帝により國家的な秩序として形成された身分制が貴族制であるならば、西晉の武帝が行った婚姻という秩序により、國家の官僚としての高下を定めようとする行爲は、貴族制の形成へと繋がるものと考えられる。ただし、功臣である公爵の家でありながら、鄭氏・何氏・石氏などに帝室との婚姻關係が確認されないように、婚姻關係だけで國家的な秩序である貴族制を規定することは不可能である。五等爵制、そして從來最も注目されてきた九品中正制度が、貴族制の成立には大きく係わるのであろう。

貴族が儒教と卓越的諸文化とを專有することを存立基盤とするのであれば、[三四] 西晉より形成され始めた身分制的な內婚制は、文化の專有性を維持する裝置として有用であった。本來、社會的秩序としての通婚圏は、貴族の間で有していたものであった。[三五] 主として西晉期に貴族によって作られた氏譜には、必ず婚姻の記事が記入されていたという。[三六] しかし、身分制的な內婚制、國家的な秩序としての內婚制は、自然發生的に成立したものではなく、[三七] 西晉の武帝の婚姻政策を機に形成されていったのである。西晉の皇帝權力は婚姻政策により、當時の社會的な秩序を身分的な內婚制として國家により編成し直し、階層的な身分制度である貴族制を形成しようとしたのである。

おわりに

司馬氏は、曹魏の時代には、數多くの同輩と竝ぶ「名士」の一員であった。司馬懿から司馬師・司馬昭にかけての婚姻には、それが如實に表れている。しかし、武帝司馬炎は、同輩者の中の第一人者に甘んじることはなかった。積極的な婚姻政策によって、自らを頂點とする婚姻關係の國家的秩序を作りあげ、階層的な身分制度である貴族制へと反映させることを試みたのである。貴族制は、個人的な主從關係や莊園の領主的支配を指標とする封建制の亞種ではない。周制を模範とする國制的秩序として構築される身分制度である。その構造を理解するためには、「封建」の復權とともに現れた五等爵、及び從來の貴族制研究の中心であった九品中正制度の解明が必要であるが、それらについては次節で論じたい。

《注》

（一）身分的內婚制については、仁井田陞〈一九三九〉・〈一九五八〉・《一九四二》を參照。また、唐代の婚姻關係については、前田愛子〈一九八四〉を參照。

（二）中村圭爾〈一九八〇〉・〈一九八七—c〉は、甲族と庶人層との中間の社會的身分をもつ諸族の婚姻を墓誌を利用して解明したものである。なお、築山治三郎〈一九八一〉も參照。

（三）路遠〈一九九八〉は、司馬芳碑を東晉の司馬準が北魏に降伏したのち、四三〇～四五〇年の閒に建てられた碑であるとし、井波陵一《二〇〇五》は、三國時代の立碑としているが、いずれにせよ碑陽の殘存部分から司馬芳（司馬防）の婚姻關係を見ることはできない。

（四）山濤については、大上正美〈一九九二〉、徐高阮〈一九六九〉を參照。

（五）後漢における豪族の婚姻關係については、矢野主稅〈一九七六〉、劉增貴〈一九七八〉〈一九九〇〉を參照。

（六）曹魏における「文學」の政治的宣揚、ならびに「文學」的才能によって文帝の寵愛を受けた「單家」出身の吳質が、鄉里社會より「士名」を得られなかったことについては、渡邉義浩〈一九九五〉を參照。

（七）曹爽政權が玄學を宣揚して君主權力の強化を圖ったことについては、渡邉義浩〈二〇〇一―c〉を參照。

（八）王肅が司馬氏の行爲を正當化したことについては、渡邉義浩〈二〇〇二―a〉、本書第四章第一節を參照。

（九）西晉が「儒敎國家」にとって重要な井田・學校・封建の三施策を次々と具體化したことについては、本書第二章第二節・第二章第三節・第二章第四節を參照。前二者に、王肅との係わりが認められ、封建に關しても『孔子家語』に「五等爵」の重要性が述べられている。なお、王肅の禮說にすべて從っていた、と考えられることの多かった西晉において、大射禮が鄭玄說に、鄉飮酒禮が王肅說に依って行われていたことについては、木島史雄〈一九九六〉を參照。

（一〇）王肅と王基との論爭については、加賀榮治《一九六四》を參照。

（一一）司馬懿の弟馗の子である泰は、楊俊の孫を娶っている。楊俊は、はじめて司馬懿を高く評價した河内郡の「名士」である。これら司馬氏の婚姻關係の典據については、表四「司馬氏の婚姻關係」を參照。

（一二）本書第二章第五節。なお、本書第三章第二節も參照。

（一三）司馬昭による皇帝の廢位・殺害が郭皇太后の詔に揭げられた「孝」を媒介として正當化されたことについては、渡邉義浩〈二〇〇二―b〉を參照。

（一四）王伊同《一九四三》、矢野主稅《一九七一》。また、矢野主稅〈一九六四―a〉は、司馬氏の婚姻關係を詳細に論じているが、楊氏を主流と見なさない點では同じである。なお、竹田龍兒〈一九五八〉も、楊炳・楊駿の家系を「如何なる系統に屬するものなるか不明である」としている。

（一五）閻愛民《二〇〇五》は、曹魏の皇后家が微賤の出身者も多いことに對して、兩晉の皇后家がみな高門大族の出身であることを數値的な分析により示している。

（一六）泰始中、（武）帝博選良家以充後宮、先下書禁天下嫁娶。使宦者乘使車、給騶騎、馳傳州郡、召充選者、使（楊皇）后揀擇。后性妒、惟取潔白長大、其端正美麗者竝不見留。時卞藩女有美色、帝掩扇謂后曰、卞氏女佳。后曰、藩三世后族、其女不可枉以卑位。帝乃止。司徒李胤・鎭軍大將軍胡奮・廷尉諸葛沖・太僕臧權・侍中馮蓀・祕書郎左思及世族子女、竝充三夫人・九嬪之列。司・冀・兗・豫四州二千石將吏家、補良人以下。名家・盛族子女、多敗衣瘁貌以避之（『晉書』卷三十一 后妃上 武元楊皇后傳）。

（一七）胡芳を「三夫人」の筆頭である「貴嬪」とするなど、表四「司馬氏の婚姻關係」にまとめた史料は、安田二郎〈一九九八〉に多くを依據している。そのほか、胡志佳《二〇〇五》を參考とした。胡志佳《二〇〇五》は、安田二郎〈一九九八〉より詳細であるが、文帝の娘常山公主を武帝の娘とし、惠帝の娘潁川公主・弘農公主を武帝の娘とするなど、誤りも見られる。

（一八）古者天子后立六宮。三夫人・九嬪・二十七世婦・八十一御妻、以聽天下之內治、以明章婦順。故天下內和而家理。天子立六官。三公・九卿・二十七大夫・八十一元士、以聽天下之外治、以明章天下之男敎。故外和而國治。故曰、天子聽男敎、后聽女順。天子理陽道、后治陰德。天子聽外治、后聽內職。敎順成俗、外內和順、國家理治、此之謂盛德（『禮記』昏義）。

（一九）『周禮』にも、九嬪・世婦などの言葉は見えるが、「三夫人・九嬪・二十七世婦・八十一御妻」と竝稱されない。したがって、『晉書』卷三十一 后妃列傳 序に、「周の禮に、天子は一后・三夫人・九嬪・二十七世婦・八十一御妻を立てて、以て王者の內政を聽く。故に婚義に曰く、『天子の后と與にするは、日の月と與にし、陰の陽と與にするが如し』と」と（周禮、天子立一后・三夫人・九嬪・二十七世婦・八十一御妻、以聽王者內政。故婚義曰、天子之與后、如日之與月、陰之與陽）」とある「周禮」を許嘉璐《二〇〇四》のように、『周禮』と譯するのは、のちに「婚（昏）義」という『禮記』の篇名を引用することから分かるように誤りである。中華書局點校本の如く「周の禮」と讀むべきである。

（二〇）左芬は、一九三〇年にその墓誌が發見されている。福原啓郎〈一九九三〉を參照。

（二一）『毛詩正義』卷一 國風 關雎の詩序に、「關雎は、后妃の德なり。……淑女を得て以て君子に配するを樂しむ。憂は賢を進むるに在り。其の色に淫せず、窈窕を哀み、賢才を思ひて、善を傷るの心無し。是れ關雎の義なり（關雎、后妃之德也。……樂得淑女以配君子。憂在進賢。不淫其色、哀窈窕、思賢才、而無傷善之心焉、是關雎之義也）」とある。また、關雎の經學的解釋の變遷の背後にある、儒教的皇后論の展開については、保科季子〈二〇〇二〉を參照。

（二二）天子之妃謂之后何。后者、君也。天子妃至尊、天下尊之、故謂之后也（『白虎通』嫁娶）。

（二三）天子無妻。告人無匹也（『荀子』君子篇）。

（二四）甘露五（二六〇）年、司馬氏の策謀により、曹魏の文帝期に止められていた太后の稱詔が「如先代故事」として復活されている。下倉涉〈一九九六〉を參照。

（二五）孔子對曰、古之爲政、愛人爲大。所以愛人、禮爲大。所以治禮、敬爲大。敬之至矣、大昏爲大。大昏至矣。大昏既至。冕而親迎。親迎者敬之也。是故君子興敬爲親。捨敬則是遺親也。弗親弗敬弗尊也。愛與敬、其政之本與。（哀）公曰、寡人願有言也。然冕而親迎、不已重乎。孔子愀然作色而對曰、合二姓之好、以繼先聖之後、以爲天下・宗廟・社稷之主。君何謂已重乎（『孔子家語』卷一 大昏解）。

（二六）（泰始十年閏正月）丁亥、詔曰、嫡庶之別、所以辨上下、明貴賤。而近世以來、多皆內寵、登妃后之職、亂尊卑之序。自今以後、皆不得登用妾媵以爲嫡正（『晉書』卷三 武帝紀）。

（二七）孔子遂言曰、昔三代明王必敬妻子也、蓋有道焉。妻也者、親之主也。子也者、親之後也。敢不敬與。是故君子無不敬。敬也者、敬身爲大。身也者、親之支也。敢不敬與。不敬其身、是傷其親。傷其親、是傷其本也。傷其本、則支從之而亡。三者百姓之象也。身以及身、子以及子、妃以及妃。君能修此三者、則大化愾乎天下矣。昔者大王之道也、如此國家順矣（『孔子家語』卷一 大昏解）。

（二八）『白虎通』王者不臣に、「妻なる者は己と一體にして、恭しく宗廟を承け、其の歡心を得んと欲す。上は先祖を承け、下は萬世に繼ぎ、無窮に傳ふ。故に臣とせざるなり（妻者與己一體、恭承宗廟、欲得其歡心。上承先祖、下繼萬世、傳于無窮。故不臣也）」とあり、後漢「儒教國家」においてすでに、嫡妻を尊重する理由を宗廟祭祀に求めている。渡邉義浩〈一九九〇〉を參照。

（二九）西晉における五等爵については、本書第一章第三節を參照。

（三〇）太原の王氏については、守屋美都雄《一九五一》を、琅邪の王氏については、籥華榮《一九九五》・王大良《一九九九》を參照。太原・琅邪の兩王氏を扱った稻田尹〈一九六八～八〇〉もある。弘農の楊氏については、竹田龍兒〈一九五八〉を參照。河東の裴氏については、矢野主稅〈一九六四—b〉、周征松《二〇〇〇》、西江《二〇〇二》を參照。

（三一）李金河《二〇〇五》は、西晉時代の貴族が皇帝との婚姻關係により擡頭していることから、西晉の時に門閥政治はすでに確立していたが、皇帝權力は依然として貴族を凌駕しており、貴族はなお皇帝權力に依存していた、と評している。

（三二）士庶區別については、中村圭爾〈一九七九〉を參照。

（三三）『宋書』卷四十一　后妃傳の「史臣曰」。安田二郎〈一九九八〉も參照。

（三四）貴族の定義については、渡邉義浩〈二〇〇三—a〉を參照。

（三五）司馬懿が河内郡の豪族同士で婚姻關係を結び、司馬師・司馬昭が自分と同等な「名士」との婚姻を求めたように、後漢から三國時代にかけて、社會的な秩序としての婚姻圈は成立していた。

（三六）氏譜における婚姻の記事については、矢野主稅〈一九五七〉・〈一九六二〉を參照。

（三七）中村圭爾〈一九八〇〉は、南朝における通婚集團の階層的構成からうかがえる社會的身分秩序と、官僚社會における地位が對應するあり方に關して、社會的身分秩序の構成に規定されて官僚社會における階層秩序が構成される、としている。これに對して西晉では、皇帝權力の主導により、社會的な通婚圈が身分制的な內婚制へと編成され、それが官僚制度における階層秩序に反映したと考えられるのである。

第三節　西晉における五等爵制と貴族制の成立

はじめに

中國において、天子を頂點とする國家的秩序構造に、國家の構成員が階層的身分として位置づけられるとき、この身分形成を促す制度が爵制である。漢代では、皇帝により、支配階層だけではなく、廣範な一般庶民にも第八級の公乘を上限とする賜爵が行われ、それは前後漢を通じて約九十回に及んだ。西嶋定生《一九六一》は、①皇帝による個別人身的な人民支配が成立する場として二十等爵制を捉え、皇帝と庶民とは單に支配と被支配という關係ではなく、爵位によって秩序を形成している。②賜爵による社會的身分の形成は、里內における齒位秩序と一致することにより實現し、自律的秩序形成機能を喪失していた里制の編成を爵制的秩序で包攝し、個別人身的支配を正當化する、と主張した。

②に對して、增淵龍夫〈一九六二〉は、國家の民爵授與の意圖自體の中には、賜爵による齒位秩序確立＝里の秩序形成の意圖までは含まれていなかったのではないかとし、里の自律的秩序機能の喪失を前提として國家權力による他律的な秩序形成を考える議論は、動きのとれない構造論である、と批判した。また、籾山明〈一九九一〉は、民爵賜與の機能は、受爵者を皇帝への奉仕者として認定する點にあり、軍事負擔の義務を促す社會構造を形成することがその目

的であった、として、增淵とは異なる立場から、賜爵により社會的身分が形成されるとする西嶋説を批判した。[一]

增淵や籾山に衝かれた西嶋説の弱點、同時にその魅力は、國家的身分制をあえて社會的身分に讀み替えようとしたところにある。むろん、西嶋はその弱點を自覺していたからこそ、初縣というモデルケースを設定したのであろう。爵制は本來、國家的秩序の表現であり、賜爵により形成されるものは國家的身分制である。それが里內における社會的身分を規定し得たと考えにくいことは、增淵の指摘どおりである。國家的身分制は、社會的秩序とは必ずしも等しくない。

しかし、增淵や籾山の批判によっても、漢代において①爵制的秩序により國家的身分制が形成されていたことは否定されない。二十等の上に位置する天子と王という爵位は、劉氏に非ざれば就くことのできない地位であり、その卓越性が爵制により表現されている。また二十等の下に賜爵の對象外と位置づけられた奴隸と賤民は、爵制の外に置かれるという形で國家的身分が爵制により表現されている。そして、二十等の中では第八級の公乘を上限とする民爵とそれ以上の官爵とが嚴密に區別されることにより、官僚制度もまた爵制により國家的身分制として表現されていたのである。

こうした漢代の賜爵による國家的身分制に、大きな變容を迫るものが、西晉における五等爵の制定である。西晉は民爵賜與を繼續していたにも拘らず、異なる爵制的秩序である五等爵を竝行して制定することにより、いかなる國家的身分制を表現しようとしたのであろうか。[二]

兩晉南北朝を特徵づける身分制に貴族制がある。これまで貴族制は、國家的身分制としてよりも、社會的身分として研究されることが多かった。宮崎市定の『九品官人法の研究』をどう捉えるのかに焦點を据えた谷川道雄〈一九六六〉の總括が、貴族制研究の方向性を定めたためである。[三]谷川は、官品が鄉品によって決定されるという事實は、貴族の身分・地位が、いくら王朝權力によって附與されているかに見えても、本源的にはその鄕黨社會における地位・權威によって決定されるものであり、王朝はそれの承認機關にすぎないことを示す。當時の支配層は、國家權力の存在によって始めて成立し得ているという意味で官僚的であるのか、それとも支配層は、國家權力の存在を前提とせずそれ自身として支配層であるが、ただその存在形態において官僚的性格を帶びるのか、という二側面に貴族制の研究視角を限定し、後者の立場から「豪族共同體」論を提唱して、鄕黨社會の側から中國貴族制の特徵を解明しようとした。さらに、中村圭爾は、鄕品の制定により、階層的形態をとる鄕里社會の身分秩序が成立し、そうした社會的身分秩序の構成に規定されて、官僚社會における階層秩序が構成される、とするのである。(四)

たしかに、兩晉南北朝の貴族が持つ皇帝權力からの自律性に繼承される、三國時代の「名士」の自律的秩序は、君主權力とは別の「場」で形成され、維持されていた。貴族は、自己の專有する文化的諸價値を存立基盤とし、皇帝の附與する官僚としての地位を第一義的な存立基盤とはしないのである（渡邉義浩〈二〇〇三─a〉）。しかし、そうした社會的身分としての貴族ではなく、世襲的に高官を獨占するという屬性に代表される國家的身分制としての貴族制のすべてを、共同體あるいは鄕里社會のみから說明することだけでよいのであろうか。

宮崎市定《一九五六》は、魏で制定された九品官人法は、本來の覘いは純官僚的な性質のもので、個人の才德により人材を拔擢する制度であったが、漢代以來、社會に勢力を持ちつつあった貴族主義は、忽ちにしてこの制度を貴族的なものに變質させた、と說き、この結果、官僚を輩出する家の特定化が進んで、門地二品といわれる貴族層が成立した、としている。これに對して、川合安は、宮崎が論據とした『宋書』卷六十　范泰傳の讀み直しから、宮崎の說くような「門地二品」は南朝に成立していないことを實證した。(五)となれば、漢代以來、社會に勢力のあった貴族主義が九品官人法を變質させ、貴族制を成立させた、という社會の貴族主義にのみ貴族制の成立理由を求める宮崎の貴族制形成論それ自體にも、再檢討を加える必要があろう。漢を受け繼ぎ、九品中正制度を創設した曹魏では、いまだ貴族制の成立は見られないのである。(六)

本節は、國家的身分制としての貴族制との係わりの中で、西晉における五等爵制の意義を論ずるものである。

一、漢魏の爵制

漢代における爵制は二十等爵制と呼ばれているが、これは正確な呼稱ではない（西嶋定生《一九六一》）。①公士・②上造・③簪裊・④不更・⑤大夫・⑥官大夫・⑦公大夫・⑧公乘、⑨五大夫・⑩左庶長・⑪右庶長・⑫左更・⑬中更・⑭右更・⑮少上造・⑯大上造・⑰駟車庶長・⑱大庶長・⑲關內侯・⑳徹侯（列侯）の二十等爵を列擧するものは、『漢書』卷十九上 百官公卿表上であるが、(七)その徹侯の記事の續きには、諸侯王が記載されている。さらに『史記』卷六十 三王世家には、劉邦が諸侯王と列侯（徹侯）の二等の爵位を定めた、とある。となれば、諸侯王もまた爵位であり、それは列侯の上に置かれる第二十一級の爵位と考えてよい。

さらに後漢では、天子もまた爵稱と規定された。『白虎通』爵(八)に、

天子なる者は、爵稱なり。爵 天子と稱する所以は何ぞや。王者は天を父とし地を母とし、天の子爲ればなり。……鉤命訣に曰く、「天子は、爵稱なり」と。……爵に五等有りて、以て五行に法る。……王制に曰く、「王者の祿爵を制するや、凡そ五等なり。公・侯・伯・子・男を謂ふ」と。此れ周制に據るなり。

とある。『白虎通』は、後漢の章帝期に開かれた白虎觀會議の結果を班固がまとめたもので、後漢國家の實際を幾分かの理想を含めて正統化するために著された。(九)したがって、現實に行われている後漢の爵制的秩序を正統化するため、

爵の規定に無理が生じている。天子を爵稱とするのであれば、『孟子』萬章章句下に、(一〇)

北宮錡 問ひて曰く、「周室 爵祿を班するや、之を如何」と。孟子曰く、「……天子一位、公一位、侯一位、伯一位、子・男は同に一位、凡そ五等なり」と。

とある、周の五等爵を「天子・公・侯・伯・子男」とする『孟子』の解釋を援用すればよい。『白虎通』が引用する『禮記』王制では、許愼が、『禮記注疏』卷四 曲禮 正義に引く『五經異議』(一一)に、

許愼 謹みて案ずるに、「春秋左氏に云ふ、『夷狄に施ひるに天子と稱し、諸夏に施ひるに天王と稱し、京師に施ひるに王と稱す』と。天子の爵稱に非ざること、古の周禮の義と同じなるを知る」と。

と述べるように、天子を爵稱としない解釋の方に整合性がある。しかし、『白虎通』は、『禮記』王制を否定せず、なおかつ天子を爵稱として、後漢の爵制的秩序に合致させるため、緯書を利用した。(一二)すなわち、『孝經鈎命訣』の「天子は、爵稱なり」という文章を引用して、天子が爵稱であることを述べ、『禮記』王制の記事も生かして、五等爵を「公・侯・伯・子・男」と規定するのである。

こうした『白虎通』の論理操作に現れるように、後漢にとって天子を爵稱とすることは重要であった。それは、天子が爵稱であることにより、天子を頂點とする一つの爵制的秩序の中に、天子も官僚も庶民も含まれるためである。さらに、奴隷や賤民も賜爵しないという形で秩序に組み込むことにより、(一三)すべての人々を國家的身分制の中に位置づけていることが、西嶋の明らかにした個別人身的支配という國家意思を表現する漢代の爵制の特徴なのである。

曹魏では、守屋美都雄〈一九六二〉によれば、建安二十(二一五)年より獨自の爵制が形成され、黃初三(二二二)年ごろに宗室に五等爵が施行された。その結果、曹魏の爵制は、曹魏爵と官爵と民爵の二十一等爵より成る。曹魏爵は九等で、公・侯・伯・子・男の五等爵、列侯を分割した縣侯・鄉侯・亭侯、關內侯であり、官爵は⑱名號侯・⑰關中

侯・⑯關外侯・⑮五大夫の四等であり、民爵は公乘・公大夫・官大夫・大夫・不更・簪裊・上造・公士の八等であった、と守屋はする。[一四]

一つの爵制的秩序に天子から奴隷までが整然と位置づけられた漢の爵制に比べて、複雑な爵制である。しかも、後漢末の混亂した民爵を繼承したためか、[一五]曹魏の民爵の記録はなく、五等爵も公・侯の事例が確認されるのみである。守屋美都雄〈一九六二〉は、伯・子・男の具體例は見當たらないが、推論することは可能である、としているが、果たしてそうであろうか。『晉書』卷二十 禮志中に、「漢魏の故事に、五等諸侯の制無し（漢魏故事、無五等諸侯之制）」とある。故事とは、尙書臺に保管された王朝の先例であり、後漢では經典と竝んで政策の典範とされていた（渡邉義浩〈二〇〇六〉）。それに「五等諸侯の制」がなかったとする記事のある以上、具體例がない限り、曹魏の爵制に、伯・子・男が置かれたと推論することは難しい。

以上のように、曹魏の爵制は、漢から西晉へと爵制が展開する過渡期にあたるため、新しく導入された五等爵も公・侯しか機能しない不完全なものであった。それではなぜ、中途半端な形であっても五等爵制を施行したのであろうか。

第一に、政治的な理由が擧げられる。『三國志』卷十四 董昭傳に、[一六]

（董）昭 建議すらく、「宜しく古の建封たる五等を脩むべし」と。太祖曰く、「五等を建設せし者は、聖人なり。又人臣の制する所に非ず。吾 何を以てか之に堪へん」と。……後に太祖 遂に魏公・魏王の號を受く。皆 昭の創むる所なり。

とあるように、曹操は後漢より禪讓を受けるにあたって、魏公に就任している。公の爵位を用いるためには、周の五等爵制を復興する必要があったのである。

第二に、そして本質的には、曹魏の爵制改革の背景には、後漢末から三國にかけての「封建」の復權の風潮があった（本書第二章第二節）。秦の始めた郡縣制では、社會の分權化傾向に對處し切れなくなっていたのである。むろん、郡縣制を延命させるために、郡の上位區畫である州に州牧を置き、強力な軍政支配を行わせることにより、社會の分權化および治安の惡化に對應しようとする動きも進んでいた。都督の出現もこの延長上に考えることができよう[一七]。その一方で、周の五等爵制を復興して、諸侯を封建することにより、社會の分權化に順應しようとする動きも強かったのである。『三國志』卷十五 司馬朗傳[一八]に、

（司馬）朗 以爲へらく、天下土崩の勢は、秦 五等の制を滅して、而して郡國に蒐狩習戰の備へ無きが故に由るなり。今 五等は未だ復た行ふ可からずと雖も、州郡をして竝びに兵を置き、外は四夷に備へ、內は不軌を威せしむ可きは、策に於て長と爲すと。又 以爲へらく、宜しく井田を復すべしと。……今 大亂の後を承け、民人は分散し、土業に主無きは、皆 公田と爲し、宜しく此の時に及びて之を復すべし。議 未だ施行せられずと雖も、然れども州郡 兵を領するは、朗の本意なり。

とある。司馬懿の兄である司馬朗は、秦が崩壞させた周の古制である五等爵制を井田制と共に復興すべきことを理想としている[一九]。ただし、今はまだ五等爵制を復興するには時期尚早であるため、それに代わるものとして、州郡に兵を置くべきことを主張する。すなわち、現實に進展している州牧制を、理想の古制である五等爵制を施行するまでの權誼の策、と考えているのである。司馬朗は、五等爵制が儒教の理想である周の古制であるために實現を目指していることはもとより、州に兵を常駐しないと對應できないほど分權化、そして階層化している社會の狀況に對應する實效的な手段として、五等爵制の復興を目標に掲げているのである。かかる司馬朗の主張が、甥の司馬昭の五等爵制施行に影響を與えた、と考えることは許されよう。

しかし、曹魏では、五等爵による封建を宗室に限定していた。したがって賜與の範圍は狹く、伯・子・男までは必

要としなかったのであろう。しかも、曹丕と曹植の後繼者爭いが尾を引いた曹魏では、宗室抑制策を取っていたので（本書第二章第二節）、五等爵制が全面的に展開されることはなかったのである。

以上のように、漢の二十等爵制は、個別人身的支配という支配理念の爵制的表現であった。そこでは、天子も官僚も庶民も奴隷も、すべて天子を頂點とする一つの爵制的秩序により國家的身分制に編成される。增淵龍夫〈一九六二〉が述べるように、實際の社會においては、かかる理念はさまざまな形で現實への適應を許らざるを得なかったが、國家の支配意思として、これが放棄されることはなかった。後漢末まで營々と續けられた九十回に及ぶ民爵賜與は、それを雄弁に物語る。しかし、漢の滅亡とともに、個別人身的支配の理念は、社會の階層分化に變容を餘儀なくされていく。したがって、爵制的秩序もまた變容を被り、周制を模範とした封建・五等爵の復權が唱えられていく。そうした中で形成された曹魏の爵制は、漢の二十等爵と五等爵とに曹魏獨自の爵位を加えた複雜なものとなった。それは、漢から晉へと展開していく爵制的秩序の過渡期を表現するものなのである。

二、西晉の五等爵制

父の司馬懿・兄の司馬師の覇權を繼承した司馬昭は、咸熙元（二六四）年三月、蜀漢を滅ぼした功績により、晉王となった（本書第一章第一節を參照）。そして、司馬昭は、『晉書』卷二 文帝紀に、[20]

（咸熙元年）秋七月、（文）帝 奏すらく、「司空の荀顗もて禮儀を定め、中護軍の賈充もて法律を正し、尙書僕射の裴秀もて官制を議し、太保の鄭沖もて總べて焉を裁せしめん」と。始めて五等爵を建つ。

とあるように、來るべき西晉「儒教國家」[21]の禮儀・法律・官制を整えさせると共に、五等爵制を施行したのである。

漢の二十等爵制、曹魏の新設した爵位には、いずれも經學的な典據はない。「儒教國家」の復興を目指す司馬昭が、義父の王肅も尊重した『禮記』王制を典據とする五等爵制を採用したのは、當然とも言えよう。

越智重明〈一九六二—a〉によれば、西晉の五等爵制の第一の特徴は、異姓に與えられることである。曹魏の五等爵は、同姓の宗室が對象であった。第二の特徴は、封爵の繼承が有利なことである。漢では子がないと封國は除かれたが、西晉では最初に嫡出長子、次に嫡出長孫、次に嫡妻長子の兄弟が選定される。さらに自分の爵位が上がると、元の爵位を次子に嗣がせることも可能であった。第三に、諸侯が相を直臣とすることである。西晉の封王と五等諸侯は、皇帝自選の相をその直臣、皇帝の陪臣にし得た。これらの特徴は、周の古制に近いが、武帝には周の封建制度再現の意圖はなかった、という。[二二]

それは、諸侯の封國からの收入が少なく、周の封建制度と大きく異なるためである。『晉書』卷十四　地理志上によれば、五等爵制の封邑は、郡公が一萬戶、縣公が千八百戶・七十五里、大國侯が千六百戶・七十里、次國侯が千四百戶・六十五里、大國伯が千二百戶・六十里、次國伯が千戶・五十五里、大國子が八百戶・五十里、次國子が六百戶・四十五里、大國男が四百戶・四十里、次國男が二百戶・二十五里に過ぎなかった。[二三] 司馬昭は、西歐中世のような封建國家を目指したわけではないのである。[二四]

それでは、司馬昭は何を目指して五等爵制という封建制を施行したのであろうか。『晉書』卷三十五　裴秀傳に、[二五]

（裴）秀　五等の爵を議するに、騎督より已上六百餘人　皆　封ぜらる。

とある。騎督という武官が基準とされたのは、前年に行われた蜀漢征討への論功行賞としての役割が五等爵制に含まれていたためであろう。『通典』卷三十六　職官十八によれば、騎督は、魏晉ともに五品官である。同じく、『通典』卷四十八　禮八によれば、五品官は周制では大夫にあたる。[二六]『禮記』王制に、[二七]

天子の三公の田は、公・侯に視へ、天子の卿は、伯に視へ、天子の大夫は、子・男に視へ、天子の元士は、附庸に視ふ。

とあるように、天子の大夫は、五等爵でいうと子・男に相當するものであった。大夫はまた、『禮記』曲禮に、「禮は庶人に下らず、刑は大夫に上らず（禮不下庶人、刑不上大夫）」とあるように、禮的秩序により規定される存在であり、刑には處されない。實際、司馬昭の子で西晉を建國した武帝司馬炎は、尙書の胡威に政治が「寬」治に過ぎると指摘されると、「尙書郎より以下、吾 假借する所無し」と述べ、六品官である尙書郎以下に對しては、杖刑を行う意向を示している。(二八) 逆に言えば、五品官以上の者は、刑の對象とはされていないのである。すなわち、五等爵は『禮記』王制に基づき、五品官以上に賜爵され、受爵者は『禮記』曲禮にいう刑の對象とならない禮的秩序に屬する者と位置づけられたのである。司馬昭は、國家權力を分權化するために、五等爵制という封建制を施行したのではなく、五品官以上の者六百餘人に、周の卿・大夫に擬えて五等爵を賜與することにより、新たな爵制的秩序を形成しようとしたのである。

そのため、『南齊書』卷九 禮志上に、(二九)

晉の初め 太學生は三千人、旣に猥雜なるもの多し。惠帝の時 其の涇渭を辯ぜんと欲す。故に元康三年 始めて國子學を立て、官品第五以上は國學に入るを得。……斯れ是に晉の世 其の士庶を殊にし、其の貴賤を異にするのみ。然れども貴賤・士庶、皆 須らく敎へ成るべし。故に國學・太學 兩つながらに之を存するなり。

とあるように、西晉の國子學には、五品官以上の子弟のみが入學を許可された。その入學資格制限は、すでに猥雜であった太學の「涇渭」を分けるために設けられた。刑の對象とすべき者と禮的秩序に生きる者とでは、受けるべき敎育が異なるのである。「渭」水とは淸、「涇」水とは濁の象徵であり、「貴賤」「士庶」と言い換えられている。淸なる

「士」である「貴」と、濁なる「庶」である「賤」と、その雙方に教化を行うために「國學・太學」の二學は竝置された、と曹思文は述べている。中村圭爾〈一九七九〉は、これを晉代の國學と太學のあいだに「士庶區別」があったのではなく、晉代の國學と太學の差を、南齊の曹思文が「士庶區別」と理解した、と考えるべきであろうとする。果たしてそうであろうか。

『周禮』小司徒の鄭玄注に、「貴は、卿・大夫爲るを謂ふ」とあるように、周制の卿・大夫にあたる五品官以上は、「貴」と呼ぶことができる。[二〇] 後漢末の鄭玄の段階で、彼らはすでに「貴」と規定されていた。また、『禮記』曲禮を踏まえて西晉の武帝は、六品官以下の者を刑の對象とすべき「庶」と位置づけていた。となれば、南齊に下らなくとも、五品官と六品官を境界に、五品官以上を「貴」「士」、六品官以下を「賤」「庶」とする認識は成立していたと考えてよい。[二一] だからこそ、司馬昭は五品官以上の「貴」「士」に五等爵を賜與して、爵制的秩序により「貴」「士」であることを國家的身分制の中で表現したのである。こうした「貴」「士」の國家的身分制への秩序づけを貴族制の構築と稱することにしよう。本來、三國時代の「名士」から成長した貴族は、「文化」の專有を存立基盤に置き、皇帝權力に對して自律性を保持していた（渡邉義浩〈二〇〇三―a〉）。これに對して皇帝權力は、自らの秩序に基づき國家的身分制としての貴族制を構築して、貴族をその中に位置づけて自律性を奪い、あるいは自己の一族や姻族を貴族制に參入させることを目指した。北魏の姓族分定や唐の氏族志編纂は、そうした試みの一つである。[二二]

それでは、司馬昭は、五等爵の賜與を通じて、公―侯―伯―子―男という階層制を持つ爵制的な秩序により、貴族制に何を表現しようとしたのであろうか。司馬昭が五等爵制を施行した咸熙元（二六四）年から西晉の武帝期までの受爵者をまとめた表五「西晉の五等爵」により、五等爵を受けた者を具體的に檢討していこう。

五等爵の最高位である郡公を受爵した樂陵郡公の石苞と、高平郡公の陳騫は、ともに曹魏最後の皇帝曹奐に、曹魏の曆數が盡き天命は晉にあることを說いて、禪讓に追い込んだ者である（『晉書』卷三十三 石苞傳）。鉅鹿郡公の裴秀は、博陵公の王沈・朗陵公の何曾とともに、司馬炎を勸進して皇帝に卽位させた功績を持つ（『晉書』卷三十三 何曾傳）。菑陽郡公の衞瓘は、子の衞宣が武帝の娘繁昌公主を尙しており、魯郡公の賈充は、娘の賈荃を武帝の弟である齊王攸に、賈南風を武帝の子である惠帝に嫁がせている。武帝は、惠帝には本來、衞瓘の娘を娶らせようと考えており（『晉書』卷三十一 后妃傳上）、蜀漢征討後の鍾會の亂を平定した衞瓘、大都督として孫吳を滅ぼした賈充は、武帝にとって最も信賴し得る臣下であった。また、京陵公の王渾は、子の王濟が司馬昭の娘常山公主を娶るとともに、孫吳の平定に大功を擧げ、壽光公の鄭沖は、前述のように、西晉「儒教國家」の形成に向けた禮儀・法律・官制の整備を總覽している。

これら武帝司馬炎と深く結びついた臣下が、いずれも咸熙元（二六四）年の賜爵では侯に止まっている中で、司馬昭の咸熙元年の賜爵で縣公を受爵した臣下が、廣安公の甄德と臨淸公の郭建である。二人はともに曹魏の明帝の郭皇后の一族であり、正始の政變から始まる司馬氏の勢力擴大を正當化することに力のあった郭皇太后と司馬氏を結びつけることに大きな功績があった。司馬昭はこれを評價して二人を公としたのであろう。また、臨淮公の荀顗は、荀彧の子で姊は陳羣に嫁いでおり、荀彧─陳羣の後繼者として「名士」の支持を束ねるために司馬懿が拔擢した者であった（本書第一章第一節）。

續いて、侯を檢討すると、鉅平侯の羊祜と濟北侯の荀勖は、機密を掌り佐命の勳功があった。ともに郡公を賜爵されたが、羊祜が固辭したため、荀勖もそれに從った（『晉書』卷三十四 羊祜傳）。武帝の意向としては、郡公に位置づけるべき功績だったのであろう。その羊祜が準備した孫吳討伐を推進した者が、武帝に決斷を迫った廣武侯の張華と軍を率いて孫吳を滅ぼした當陽侯の杜預である。杜預は、『春秋左氏經傳集解』を著して、司馬氏の權力を正統化している（本書第二章第五節・第三章第二節）。襄陽侯の王濬・安豐侯の王戎・成武侯の周浚も孫吳討伐に活躍し、廣陸侯の李胤は蜀漢討伐に、密陸侯の鄭袤は毌丘儉の亂の平定に活躍した。また、臨晉侯の楊駿は、武帝の武悼楊皇后の父であり、大梁侯の盧欽の父である盧毓は、正始の政變で司馬懿に與し、何晏の後任の吏部尚書となっている[三三]。

このように、公・侯の受爵者に、西晉建國の功臣や蜀漢・孫吳の平定に高い功績を擧げた臣下、そして司馬氏と婚姻關係を持つ臣下が多いことに對して（本書第一章第二節を參照）、子爵の受爵者は、曹魏の功臣の子弟が多いことを特徵とする。祖先の項目に示したように、彼らの祖先は、曹魏の三公・九卿クラスの高官が多い。『三國志』卷二十四 王觀傳[三四]に、

　咸熙中、五等を開建するに、（王）觀 動を前朝に著すを以て、改めて（王）悝を膠東子に封ず。

とあるように、彼らは父や祖父が曹魏の功臣であることを理由として、子爵を賜っている。宮崎市定《一九五六》は、これを本領安堵の御墨付に外ならぬとし、越智重明〈一九六三—a〉は、曹魏の列侯の爵よりも上位の新爵を與えた、と主張する[三五]。しかし、子爵を受爵した曹魏の功臣の子孫は、祖先と同じように三公・九卿クラスにまで出世できたわけではなく、また同じく曹魏の功臣の子孫でも、盧欽・武陔・任愷（以上、侯爵）、華表（伯爵）など、司馬氏に協力することにより、子爵より高い爵位を咸熙元（二六四）年に受爵した者もある。すなわち、單に曹魏での地位を世襲させる本領安堵ではなく、司馬昭が五等爵制により作り上げる新たなる貴族制の秩序の中に位置づけ直されているのである。公・侯には、西晉建國の功臣や婚姻關係を有する者が竝び、子爵を受けた曹魏の功臣の子孫は、西晉の貴族制においては、比較的低位に位置づけられたのである。つまり、司馬昭は、公—侯—伯—子—男という階層制を持つ五等爵の賜爵を通じて、爵制的な秩序により、貴族と君主權力との緊密性を表現して、貴族を國家的身分制として序列化したのである。こうして形成された國家的身分制を貴族制と稱することにしよう。司馬昭は貴族制の形成により、「名士」以來、文化の專有による名聲という君主權力から自律性を持つ場に存立基盤を置いてきた貴族を、君主權力との

距離により序列化し、その自律性を剝奪しようとしたのである。

それではなぜ、司馬昭は、蜀漢を滅ぼし、晉王となった咸熙元（二六四）年に、五等爵制を施行して、貴族制を形成する必要があったのであろうか。『晉書』巻三十三 何曾傳[二六]に、

> 文帝（司馬昭）晉王と爲り、（何）曾は高柔・鄭沖と與に倶に三公爲り。將に入見せんとし、曾 獨り拜を致し敬を盡くすも、二人は猶ほ揖するのみ。

と傳える。晉王となった司馬昭に對して、何曾は拜禮をして敬を盡くしたが、高柔と鄭沖は會釋するだけであった、という。高柔と鄭沖には、司馬昭を君主として拜する必要も、必然性もなかったとされるのである。それは、『晉書』巻三十三 王祥傳[二七]に、

> 文帝 晉王と爲るに及び、（王）祥 荀顗と與に謁に往く。顗 祥に謂ひて曰く、「相王は尊重たり。何侯（何曾）既已に敬を盡くせり。今 便ち當に拜すべきなり」と。祥曰く、「相國は誠に尊貴爲り。然れども是れ魏の宰相なり。吾らは魏の三公なり。公王 相去ること一階のみ。班列 大同なり。安んぞ天子の三司にして、輒ち人を拜する者有らんや。魏朝の望を損ひ、晉王の德を虧く。君子 人を愛するに禮を以てす。吾爲さざるなり」と。入るに及び、顗は遂に拜す。而るに祥は獨り長揖す。帝（晉王）曰く、「今日 方に君が顧らるるの重きを知る」と。

とある、王祥の態度に明確に傳えられている。王祥は、曹魏の三公である自分が、同じく曹魏の相國である晉王司馬昭に拜禮する必要はないとし、會釋するだけであった。晉王司馬昭も、拜禮を強要することはできず、王祥に「名士」の支持が集まる理由を知った、と後漢末以來の「名士」の君主に對する自律性に脱帽せざるを得なかった。王祥は、司馬昭が皇帝の曹髦を弑殺した時にも、聲を上げて哭くことにより、暗に司馬昭を批判している（『晉書』巻三十三 王祥傳）。ここでも、司馬昭に拜禮しなかったにも拘らず、王祥は咸熙元（二六四）年には睢陵侯、翌泰始元（二六五）年に

は睢陵公を賜爵されている。公を受爵した貴族のなかで、唯一王祥だけに司馬氏への功績や婚姻關係を認めることができない。(三八) 司馬氏が、この不拜を重く見たことを理解できよう。また、後世に繼承される琅邪の王氏の貴族としての自律性をここに見ることもできよう。こうした君主權力と「名士」・貴族の自律性とのせめぎあいを背景に、司馬昭は五等爵制を施行して、爵制的秩序により貴族を序列化して貴族制を形成することを目指したのである。

曹魏のなかで「名士」の支持を束ねて勢力を擴大した司馬氏には、他の「名士」との同一性という君主權力を確立していく上での弱點があった。『晉書』卷四十四 鄭袤傳附鄭默傳に、(三九)

　初め（武）帝 貴公子を以て品に當つるに、鄕里 敢へて與に輩と爲すもの莫く、之を州內に求む。是に于て十二郡の中正 僉 共に（鄭）默を擧ぐ。

とある。のちの武帝司馬炎は、鄕品を受けるときに、河內郡の中では名聲が等しい「輩」となし得る「名士」がいなかったので、司州に屬する十二郡の中正が集まって、河南郡の鄭默を輩にしたというのである。こうした郡を超えた名聲の調整をも名目に、司馬懿は「名士」の既得權を守る州大中正の制を提唱、「名士」の支持を束ねて權力を確立した。しかし、州大中正の設置は、司馬氏の權力が唯一無二の公權力として、あまたの私權力の上に屹立することを可能にするものではなかった。司馬炎が鄭默と齊名とされ、ともに鄕品を附與されたように、司馬氏の權力を「名士」の中の第一人者に止めるものであった。

九品中正制度において、皇太子や諸王が起家する官は、貴族に比べて高いが、その官は皇帝家以外が就けない官ではない。これでは、司馬氏も士人層に含まれ、司馬氏の地位は卓越化しない。これに對して、爵制では、天子や王に貴族が就くことはできない。君主權力により貴族を序列化した爵制的秩序はまた、天子である司馬氏の地位を唯一無二の公權力に推しあげるものでもあった。漢代の二十等爵制と同樣、西晉の爵制も天子を含めた國家的身分制を表現するものであったのである。

こうして司馬昭は、晉王となっても拜禮されなかった咸熙元（二六四）年、五品官以上の臣下に五等爵を賜爵することを通じて、爵制的秩序により貴族を序列化すると共に、自己の貴族との差別化を行ったのである。州大中正が鄕品に呼應した官品を定める皇帝の下での官僚任用制度であるとすれば、賜爵は、天子が行う國家的身分體系の秩序形成である。そこでは、貴族の自律性や輿論を考慮する必要はない。さらに、五等爵とは別に、西晉の建國とともに民爵も賜與された。これによって、西晉には、二つの爵制的秩序が竝立することになった。一つは、貴族が序列化される五等爵の秩序で、刑の對象とならず國子學で子弟が學ぶ士の身分により構成される。もう一つは、刑の對象とされ、太學で子弟が學ぶ庶の身分の秩序である。そして、五等爵にも民爵にも含まれない天子・王である司馬氏は、凡百の他姓とは異なる唯一無二の公權力であることを爵制的秩序により表現し、皇帝としての地位の絶對性を宣言したのである。

三、五等爵制と貴族制

司馬昭が爵制的秩序により、貴族を序列化した五等爵制は、これまで貴族制を形成する最も大きな要因とされてきた九品中正制度と、どのような關係にあったのであろうか。『通典』巻三十七 職官十五に、(四〇)

晉の官品。第一品は、公、諸位の公に從ふもの、開國の郡公・縣公の爵なり。第二品は、特進、驃騎・車騎・衞將軍、諸の大將軍、諸の持節都督、開國の侯・伯・子・男の爵なり。

とあるように、開國の五等爵は、郡公・縣公は第一品、侯・伯・子・男は第二品の官品とされた。宮崎市定《一九五六》

が明らかにしたように、九品中正制度では、官品から原則として四等下がった鄕品より起家する。したがって、『宋書』卷五十八　謝弘微傳[四一]に、

晉の世、名家の身に國封有る者は、起家するに多く員外散騎侍郎に拜せらる。(謝)弘微も亦た員外散騎に拜せらる。

とあるように、建昌縣侯を襲爵した謝弘微が、第五品の員外散騎侍郎に起家しているように、五等爵を賜爵されたものは、五品起家であることが多かった。越智重明〈一九六三―a〉によれば、西晉の上級士人(名家で有爵者あるいは世子)は、鄕品一品で五品起家(世子の場合は六品もある)することが多く、名家でない上級士人(侯伯子男の爵の傳襲者)は鄕品(一品ないし)二品で第七品起家することが多かったという[四二]。宮崎市定《一九五六》は、こうした事例は、「本人に爵があっての場合であるから、そう頻繁には起る心配はなかった」としているが、果たしてそうであろうか。

咸熙元(二六四)年に、司馬昭によって五等爵を賜爵された者は、六百人余にのぼる(『晉書』卷三十五　裴秀傳)。『通典』卷三十七　職官十八によれば、晉の內外文武官は、六千八百三十六人であるというから、受爵者六百人余は約一割に及ぶ。それがこぞって、一品・二品の官品を持ち、五～七品起家をするのであるから、まさに「上品に寒門無」しの狀況が生じよう。これを宮崎市定《一九五六》の言うような、例外的事象として捨象することはできないのである。しかも、官位はそのままでは世襲できないが、爵位は世襲が可能である。加えて、前述のように、西晉の五等爵制は封爵の繼承が有利に規定されていた。このため、五等爵の賜爵によって皇帝が形成した爵制的秩序に基づく國家的身分制は、州大中正の制とあいまって、世襲性を帶びた官僚制度の運用という中國貴族制の屬性の一つを生み出したのである。

こうして、本來は「名士」の自律的秩序の表現であった人物評價を「狀」として、孝という儒敎的價値基準を根底

に置いて運營されてきたはずの九品中正制度は[四三]、大きな變容を強いられた。曹魏には聞かれなかった九品中正を廢止すべきとする議論が現れるのは、このためであろう。『晉書』巻三十六 衞瓘傳[四四]に、

> （衞）瓘 以へらく、魏 九品を立つるは、是れ權時の制にして、經通の道に非ざれば、宜しく古の鄕擧里選に復すべしと。太尉の（司馬）亮らと與に上疏して曰く、「……魏氏 顚覆の運を承け、喪亂の後に起ち、人士 流移して、考詳するに地無し、故に九品の制を立つ。粗ぼ且に一時の選用の本爲るのみ。其の始めて造るや、鄕邑の清議、爵位に拘らず、褒貶の加ふる所、勸勵と爲すに足り、猶ほ鄕論の餘風有り。中閒に漸く染まり、遂に資を計りて品を定め、天下をして觀望せしめ、唯だ位に居るを以て貴と爲し、人は德を弃てて道業を忽せにし、多少を錐刀の末に爭ひ、風俗を傷損し、其の弊 細からず。……盡く中正九品の制を除き、善を擧げ才を進むるは、各〻鄕論に由らしめよ。然らば則ち下は其の上を敬ひ、人は其の敎に安んじ、俗は政と倶に清く、化は法と竝びに濟らん。……」と。

とある。この上奏文は司空の衞瓘と太尉の司馬亮・司徒の魏舒とが、日蝕に際して、三公の地位を辭そうとしたが、武帝は許さなかった、という記事の後に繫けられている（『晉書』巻三十六 衞瓘傳）。三人の三公在任中の日蝕は、太康七（二八六）年の正月一回だけである（『晉書』巻十二 天文志中）。武帝は、このとき日蝕という天譴に對して、公卿に封事を上るよう詔を出しているので（『晉書』巻三 武帝紀）、衞瓘の九品中正制度の廢止を求める上奏文は、これに應えたものと考えられる。

衞瓘の九品中正への批判は、制度が開始された當初は「鄕邑の清議、爵位に拘らず」「鄕論の餘風」があったが、それが「資を計りて品を定め」るようになったため、「唯だ位に居るを以て貴と爲」す風潮が蔓延していることにある。逆から言えば、「鄕邑の清議」が「爵位」によって定まることになったため、「鄕論の餘風」がなくなったこと、つま

り五等爵制の施行により、爵位によって一品・二品の官品を持ち、五〜七品起家をする者が六百人以上にのぼったため、九品中正制度の本來の姿が崩壊したことを批判しているのである。

宮崎市定《一九五六》は、「中正の下す郷品」は「原來は個人の才徳であるべきであったのが、何時の間にかそれが貴族主義に置きかえられた」。「この傾向を指摘したものに、晉書卷三十六衛瓘傳に見える彼の有名な議論の一節があるが、今は便宜上、通典卷十四に引かれた文章による」として、「計資定品」の部分を「計官資以定品格」としている『通典』の地の文を引用する。具體的には、『通典』卷十四　選擧二に、[四五]

> 時に於て風敎　頽失して典制無しと雖も、然れども時に清議有りて、尙ほ能く俗を勸む。陳壽は喪に居り、女奴をして藥を丸めしめ、積年　沉廢せらる。郗詵は篤孝なるも、假葬　常と違ふを以て、品一等を降さる。其の懲勸を爲すや是の如し。其の後、中正の任　久しく、愛憎　己に由り、而して九品の法　漸く弊る。遂に官資を計りて以て品格を定め、天下　惟だ位に居る者を以て貴しと爲す。

とある文章を引用し、最後の文から、「なお最後の一句、計官資以定品格とは、父祖の官位に比例して、それに相當する郷品を子弟に與えたという意味であろう。そこで既得權が固定し、ただ在位者を尊重する結果に陷ったのである。併し前述の如く、九品官人法は當初から、任子制的に運營されたのであって、ただ時代が下るに從っていよいよそれが甚しくなったのであろう」と述べ、『晉書』では「資」の部分を『通典』を使うことにより「官資」に變え、「父祖の官位」と譯しているのである。

しかし、『晉書』と『通典』を比べれば明らかなように、衛瓘の上奏文を踏まえる『通典』の文章は、「遂に官資を計りて以て品格を定め、天下　惟だ位に居る者を以て貴しと爲す」のみに過ぎず、しかも『通典』は字句を改めている。どんな便宜があろうとも、『通典』の文により衛瓘の主張を理解することはできない。『晉書』に傳えられた衛瓘の上奏の文脈に沿って讀めば、「資を計りて品を定め」の資は、宮崎自らが「資には二様の意味があって、門資、資蔭など言うときの資はその家柄によって自然に本人についてまわる資格のことで、門第、姓第、或いは單に第と言うものに同じい。これは言わば先天的な資格である。然るに資にはまた本人がその個人の經歴によって後天的に取得した資格を意味する場合がある」と述べる前者の「先天的な資格」の意味で、(四六) 衞瓘の上奏文において具體的には爵位を指す。(四七) すなわち、衞瓘は、五等爵を得た貴族及びその子弟により高官を獨占される九品中正制度は、廢止すべきと主張しているのである。

これに對して、「上品に寒門無く、下品に勢族無し」という有名な字句の含まれる劉毅の九品中正制度批判は、五等爵制には觸れない。宮崎市定《一九五六》の整理によれば、劉毅は、(1)貴族主義の弊、(2)州都の弊、(3)實才無視の弊、(4)無責任の弊、(5)能力の限界を越ゆるの弊、(6)虛名の弊、(7)品狀不當の弊、(8)實事を得ざるの弊という、八損を擧げて九品中正の廢止を求めている。すでに宮崎市定《一九五六》が指摘しているように、これは劉毅が尙書左僕射であった時の上奏で、「八損の批難は一言にして言えば、中正の內申は吏部の人事を妨害するばかりで、一向役に立たないという苦情」である。劉毅には、ここまでしか言えなかったのであろう。劉毅の上奏は、武帝が孫吳を平定した太康元（二八〇）年の直後に行われたと考えられ、太康七（二八六）年の衞瓘の上奏の前である。衞瓘の上奏の後であれば、尙書左僕射という官職からの「苦情」を越えて、五等爵制の弊害という九品中正制度にとっての根本的な障害を批判し得たかもしれない。『晉書』卷四十五 劉毅傳には、劉毅が五等爵を受爵した記事はない。それどころか、文帝の相國掾に辟召されながら長年應じなかったため、魏に忠である、と讒言されて、あわてて辟召に應じた記事もある。そうした中で、尙書左僕射までたどり着いた劉毅には、有力者すべてを敵にまわす五等爵制の批判は、できなかったと考えてよい。

もう少し下の地位の者であれば、失うものを恐れず、正論を述べることもできよう。議郎の段灼は、同姓諸王の封建を支持しながら、二度にわたって五等爵制を批判し、その廢止を主張している[四八]。一度目の上奏文を省みられなかった段灼は、自分が「微」であり、官界で「孤」であることから、郷里に歸ることを決め、その上で二度目の上奏をした。時期は武帝卽位直後の創業期である。『晉書』卷四十八 段灼傳[四九]に、

　其の二に曰く、……今 臺閣の選擧は、耳目を塗塞し、九品の訪人は、唯だ中正に問ふのみ。故に上品に據る者は、公侯の子孫に非ざれば、則ち當塗の昆弟なり。……其の五に曰く、……今に於ける國家の大計は、異姓をして專封の邑を裂土せしむる無く、同姓をして竝びに連城の地を據有せしむるにあり。……大晉の諸王は二十餘人、而るに公・侯・伯・子・男は五百餘國。其の國 皆 小なりと言はんと欲するや。……臣 故に五等は便ならざると曰ふなり。……臣 以爲へらく、諸侯の伯・子・男の名號は皆 宜しく之を改易し、封爵の制をして、祿奉禮秩、竝びに天下の諸侯の例と同じくせしむべし。

とある。劉毅の「上品に寒門無く、下品に勢族無し」という言葉を抑壓を恐れず、はっきり言うと、「上品に據る者は、公侯の子孫に非ざれば、則ち當塗の昆弟なり」となるのである。五等爵を受爵した「公侯の子孫」でも、賜爵されるであろう「當塗の昆弟」でもない者を才能に應じて登用し、西晉の官僚制度を充實させるためには、五等爵制を廢止すべきである。さらに五等爵制の弊害は、官僚登用の問題に止まらない。異姓の封建は、國家にとって危險なのである。こうした段灼の二度目の上奏文を「異」とした武帝は、郷里に引退しようとしていた段灼を明威將軍・魏興太守にした（『晉書』卷四十八 段灼傳）。この程度の地位の者が正論を述べることは許された。影響が少ないからである。

衞瓘は、菑陽郡公であり、上奏の際には司空であった。言わば、五等爵制の恩惠を最も受ける立場にある。それがあえて五等爵の受爵者に有利な九品中正制度の廢止を主張したのは、ひとえに危機感の故であった。この上奏のあと、

衞瓘は醉いに託して帝の牀を撫し、「此の座 惜しむ可し」と武帝に告げた（『晉書』卷三十六 衞瓘傳）。惠帝の不慧が誰の目にも明らかになっていたのである。古の鄕擧里選にはあった鄕論に現れる貴族の自律性を守るとともに、官僚制度を充實させて國家を守らなければならない。

『晉書』卷三十六 衞瓘傳は、「武帝 之を善しとするも、而るに卒に改むる能はず（武帝善之、而卒不能改）」と傳える。武帝は、衞瓘の九品中正廢止の上奏を良策と思いながらも、それを廢止することはできなかった。不慧の皇太子司馬衷を抱える武帝には、それはすでに不可能となっていたのである。

おわりに

西晉の五等爵制は、爵制的秩序による國家的身分制を形成し、州大中正の制とあいまって、世襲性を帶びた官僚制度の運用を生み出した。官位はそのままでは世襲できないが、爵位は世襲が可能だからである。世襲性を帶びた官僚制度の運用という中國貴族制の屬性は、宮崎市定《一九五六》が說くような社會の貴族主義からだけではなく、西晉の皇帝權力の手により生み出されたものなのである。州大中正の制だけでは、鄕品を中正官が決定でき、皇帝はそれに介入しにくいため、貴族の自律性に基づき、貴族の理想とする「貴族制」を形成されてしまう。これに對して、賜爵は皇帝の專權事項であるため、皇帝が定めた秩序に基づいて國家的身分制として貴族制を形成できるのである。つまり、貴族は文化的諸價値の專有を存立基盤とする社會的身分であり、君主權力からの自律性を持つものであるが、世襲的に高官を獨占するという屬性に代表される貴族制は、西晉における五等爵の賜與が、州大中正の制とあいまって國家的身分制として創り出したものなのである。

しかし、それは「名士」以來の皇帝權力に對する自律性を持つ貴族には、あるべき「貴族制」とは、異なるものであった。漢と同樣に、國家的身分制と社會的秩序とは等しくないのである。もちろん、五等爵制による貴族制の成立に伴って、九品中正制度が世襲性を帶びて運用されることにより、貴族の觀念に、生得的にその地位を世襲できるとの屬性が加わったことは間違いない。ただ本來、貴族は、社會における存立基盤を儒教を中心とする文化的諸價値の專有に置いている存在であり、世襲可能な爵位によって運用される皇帝主導の國家的身分制としての貴族制に、滿足した者ばかりではなかったのである。それが、九品中正制度に對する批判となって現れ、貴族の自律性が反映されている鄕論を尊重すべきであるとの主張になっているのである。

國家的身分制としての貴族制を主導する皇帝と、皇帝からの自律性を保持しようとする貴族とが、いかなるせめぎあいを見せていくのか。西晉で成立した貴族制の展開については、五等爵制のその後と共に今後の課題としておきたい。

《注》

（一）漢代における爵制の學說史整理としては、大櫛敦弘〈二〇〇一〉、二年律令により、民爵賜與の成立過程を論じたものに、楯身智志〈二〇〇六〉がある。

（二）西嶋定生〈一九八三〉・尾形勇〈一九七〇〉によれば、漢の爵制的秩序が崩壞した後には、良賤制が新たなる秩序として形成されるという。本節は、それを踏まえた上で、西晉の五等爵制が、良の內部に新たなる爵制的秩序を形成することに着目し、それと貴族制との關係を考察するものである。なお、西晉以降、南朝まで民爵賜與が行われたことについては、戶川貴行〈二〇〇二〉

を參照。

（三）谷川道雄・川勝義雄の「豪族共同體」論を含め、從來の貴族制研究の總括については、渡邉義浩〈二〇〇三―a〉および本書序論第二章を參照。

（四）中村圭爾《一九八七》に收錄された諸研究、ことに〈一九八七―b〉を參照。

（五）直接的に宮崎說を批判した川合安〈二〇〇五〉、南朝における貴族制の身分的固定性の弱さを論じた川合安〈二〇〇四〉のほか、研究動向として川合安〈一九九九〉・〈二〇〇七〉も參照。

（六）曹魏を含めた三國時代の知識人層を貴族への變貌を果たす「名士」と捉えること、および貴族を①農民に對する直接的・間接的支配者であるという階級支配者としての側面、②國家の高官を代々世襲するという政治的特權官僚としての側面、③「庶」に對して「士」の身分を持つという身分的優位者としての側面、④一般庶民が關與し得ない文化を擔うという文化的優越者としての側面のほか、⑤皇帝權力に對して自律性を保持するという側面を屬性として持つ存在、なかでも⑤を特徵とする支配階層、と定義することについては、渡邉義浩《二〇〇四》を參照。

（七）⑧公乘までの八級を民爵とし、⑨五大夫以上と弁別すべきことを傳えるものは、『續漢書』志二十八　百官五　劉昭注引劉劭『爵制』である。また、⑨五大夫以上の爵は、秩六百石以上の官に就いてはじめて與えられるが、秩六百石以上の者が、位は大夫にあたり、爵五大夫と秩六百石という尺度が、爵制と官制とを結び付ける唯一の接點であったとする、福井重雅〈一九八八〉も參照。さらに、「孫家寨漢簡」の中に、軍功により賜爵する規定があることについては、柳春藩《一九八四》を參照。

（八）天子者、爵稱也。爵所以稱天子何。王者父天母地、爲天之子。……鉤命訣曰、天子、爵稱也。……爵有五等、以法五行。……王制曰、王者之制祿爵、凡五等。謂公・侯・伯・子・男。此據周制（『白虎通』爵）。なお、『禮記』王制に、「王者之制祿爵、公・侯・伯・子・男、凡五等」とあるように、『白虎通』の『禮記』王制の引用は、語順と字句に異同がある。

（九）章帝期の白虎觀會議に後漢「儒教國家」の完成を求めること、および『白虎通』に描かれた後漢儒教の特徵については、渡邉義浩《二〇〇五》、ことに渡邉義浩〈二〇〇五―c〉を參照。

（一〇）北宮錡問曰、周室班爵祿也、如之何。孟子曰、……天子一位、公一位、侯一位、伯一位、子・男同一位、凡五等也（『孟子』萬章章句下）。なお、『孟子』は、漢代では諸子に過ぎず、また『禮記』王制の記事を無視し得ないため、引用されなかったのであろう。

（一一）許愼謹案、春秋左氏云、施於夷狄稱天子、施於諸夏稱天王、施於京師稱王。知天子非爵稱、同古周禮義」（『禮記注疏』卷四　曲禮　正義）。なお、許愼とその學問については、田中麻紗巳〈一九七六〉を、ここに引用される「周禮」については、田中麻紗巳〈一九九三〉を參照。

（一二）後漢末になると、何休が、「天子なる者は、爵稱なり（天子者、爵稱也）」（『春秋公羊傳解詁』成公八年）と明確に述べるように、緯書だけではなく公羊學でも、天子は爵稱であることが明言されるに至る。また、鄭玄も『駁五經異議』で天子を爵稱と規定している（『禮記注疏』曲禮　正義）。

（一三）このほか、二十等の下、奴隷・賤民の上に、「士伍」が置かれる。秦進才〈一九八四〉によれば、士伍は大部分が奪爵者によって占められていたという。士伍もまた、單なる無爵者ではなく「ゼロ位の爵」として皇帝を頂點とする爵制的秩序の中に包含されているのである。

（一四）守屋美都雄〈一九六二〉も指摘するように、名號侯から五大夫までだけに、第十八級から第十五級という級數の記録が残っている（『三國志』卷一　武帝紀注引『魏書』）。

（一五）後漢末における民爵の混亂については、王粲の「爵論」（『藝文類聚』卷五十一　封爵部　總載封爵、『太平御覽』卷一百九十八　封建部一　爵）に記述がある。衞廣來《二〇〇二》は、後漢末における民爵の混亂を西晉における五等爵施行の背景としている。なお、後漢末の長沙市文物考古研究所・中國文物研究所《二〇〇六》、および孫吳の長沙市文物考古研究所・中國文物研究所・北京大學歷史學系走馬樓簡牘整理組《二〇〇三》に見える民爵は、すべて公乘であり、あとは士伍である。伊藤敏雄〈二〇〇四〉、高敏〈二〇〇八〉を參照。

（一六）（董）昭建議、宜脩古建封五等。太祖曰、建設五等者、聖人也。又非人臣所制。吾何以堪之。……後太祖遂受魏公・魏王之號。

皆昭所創（『三國志』卷十四 董昭傳）。

（一七）州牧については、石井仁〈一九九二―b〉、都督については、石井仁〈一九九二―a〉・〈二〇〇三〉・〈二〇〇五〉を參照。

（一八）（司馬）朗以爲、天下土崩之勢、由秦滅五等之制、而郡國無蒐狩習戰之備故也。今雖五等未可復行、可令州郡並置兵。外備四夷、內威不軌、於策爲長。又以爲、宜復井田。……今承大亂之後、民人分散、土業無主、皆爲公田、宜及此時復之。議雖未施行、然州郡領兵、朗本意也（『三國志』卷十五 司馬朗傳）。

（一九）崔寔も同様に、周の井田制と共に五等爵制を復興すべきことを說いている（『後漢書』列傳四十二 崔駰附崔寔傳）。井田制を復興しようとする試みの中から、西晉の占田・課田制が出現することについては、本書第二章第三節を參照。

（二〇）（咸熙元年）秋七月、（文）帝奏、司空荀顗定禮儀、中護軍賈充正法律、尙書僕射裴秀議官制、太保鄭沖總而裁焉。始建五等爵（『晉書』卷二 文帝紀）。なお、『三國志』卷四 三少帝 陳留王奐紀には、「夏五月庚申、相國たる晉王 奏すらく、「五等爵を復す」」と（夏五月庚申、相國晉王奏、復五等爵）」とあるように、『晉書』の七月とは異なり、五月に五等爵の設置の記事が繫けられている。なお、咸熙元（二六四）年は、曹魏の末年であるが、實權はすでに曹魏の皇帝にはないので、本節では咸熙元年に司馬昭の施行した五等爵から、西晉の五等爵制と呼稱する。

（二一）「儒敎國家」という概念については、渡邉義浩《一九九五》《二〇〇九》を參照。また、西晉が封建・井田・學校という儒敎の理想とする三種の政策を推進したことについては、本書第二章第二節・第三節・第四節を參照。

（二二）越智重明〈一九六三―a〉。また、楊光輝《一九九九》は、司馬昭の五等爵の特徵を①五等が大國・次國に分けられ十に細分化され、②封地と戶の基準が示され、③食租の稅率が三分の一に定められたことにあるとし、越智と同樣、西晉の五等爵制は西周の封建制とは明確に異なる、と理解する。なお諸侯の秩俸については、藤家禮之助〈一九六八〉・伊藤敏雄〈一九八四〉・渡邊信一郎〈一九九五〉を參照。

（二三）次國男を二百戶・二十五里とすることだけは、『太平御覽』卷一百九十九 封建部二 所引の『魏志』による。また、咸寧三（二七七）年には、五等による封邑の分類は止められ、大國・次國・小國の三種にまとめられた（『晉書』卷十四 地理志上）。周國林

〈一九九三〉によれば、西晉の封邑は時期と共に邑數が增加し、ことに惠帝期には濫封されていくという。表五「西晉の五等爵」からも、太康元（二八〇）年の孫呉平定に對する賜爵の邑數が大きいことを確認できる。

(二四) 本田濟〈一九五五〉は、魏晉期に封建論が盛んになったことから、「時代そのものが、中世的な、feudal な型に移行していることを看取し得る」としている。これを受けて、川合安〈一九九五〉は、魏晉の封建論と沈約の「郡縣論」とを比較し、これらをともに分權の主張であるとし、「魏晉―南朝は、この意味において、一貫して「中世」貴族制の時代と把握しうる」と述べている。

(二五) （裴）秀議五等之爵、自騎督已上六百餘人皆封（『晉書』卷三十五　裴秀傳）。

(二六) 楊光輝〈一九九〇〉は、『通典』卷四十八　禮八以外の史料をも援用して、一・二品が諸侯、三品が上大夫、四・五品が大夫、六品が上士、七品が中士、八・九品が下士に當たる、としている。

(二七) 天子之三公之田、視公・侯、天子之卿、視伯、天子之大夫、視子・男、天子之元士、視附庸（『禮記』王制）。

(二八) 尙書郎以下、吾無所假借（『晉書』卷九十　良吏　胡威傳）。なお、杖刑を行わないなど、後漢「儒教國家」で盛行した「寬」治については、渡邉義浩〈一九九四〉・〈二〇〇一―b〉を參照。

(二九) 晉初太學生三千人、既多猥雜。惠帝時欲辯其涇渭。故元康三年始立國子學、官品第五以上得入國學。……斯是晉世殊其士庶、異其貴賤耳。然貴賤・士庶、皆須教成。故國學・太學兩存之也（『南齊書』卷九　禮志上）。

(三〇) 貴、謂爲卿・大夫（『周禮』小司徒鄭玄注）。また、鄭玄は續けて、「賤は、占會販賣する者を謂ふ（賤、謂占會販賣者）」と賤の定義を限定する。『周禮正義』同條は、ここでは九賦を論ずるために賤の意味を限定しているだけで、鄭玄は他の注釋では賤を士としている、とする。從うべきであり、鄭玄は卿・大夫を貴、士を庶と考えていると言えよう。また、毛漢光《一九六六》は、五品官以上を「士庶區別」の士としている。なお、越智重明〈一九八二〉によれば、南朝になると、次門身分の極官が第五品となるので、貴は第三品以上、通貴は第四品以上になる、という。

(三一) この間の事情について、宮崎市定《一九五六》は、貴族制度の發達と共に、五品と六品、大夫と士の間に引かれた官僚線が薄れて、六品起家を常とする門地二品なる特權階級が成立し、この階級が士と通稱されるようになった、と「士庶區別」を展望している。

（三二）北魏の孝文帝の姓族分定が、國家が家格をランク付け、この家格のランクが各家門の子孫の出身を規定するものであったことについては、池田溫〈一九六五〉を參照。また、唐の『貞觀氏族志』については、池田論文のほか、竹田龍兒〈一九五二〉を參照。あるいは、本來「名士」層が專有していた人物評價に對して、曹魏の文帝が二十四賢を定め、明帝がそれに「狀」を附したことも、同じ文脈より考えることができる。永田拓治〈二〇〇九〉を參照。

（三三）楊駿については、石井仁・渡邉義浩〈二〇〇六〉、盧毓と何晏については、渡邉義浩〈二〇〇一―c〉を參照。

（三四）咸煕中、開建五等、以（王）觀著勳前朝、改封（王）悝膠東子（『三國志』卷二十四 王觀傳）。

（三五）なお、越智重明〈一九六三―a〉は、魏の列侯にすべて子爵が與えられただけでなく、その次子にも二等・三等下がった爵が賜與されていることに着目し、王朝が代わると爵は引き繼がれないことが普通であるが、西晉の爵制では前朝の爵位が溫存され降格されないことが特徴である、としている。

（三六）文帝（司馬昭）爲晉王、（何）曾與高柔・鄭沖倶爲三公。將入見、曾獨致拜盡敬、二人猶揖而已（『晉書』卷三十三 何曾傳）。錢大昕『二十二史考異』卷二十一 晉書四が指摘するように、高柔は景元四（二六三）年に卒しており、そのとき司馬昭は未だ晉王ではない。司馬昭が晉王であったときの太尉は王祥、司空は荀顗であるから、注（三七）の記述が正しい。ただ、司馬昭と曹魏の高官となっていた「名士」との關係を傳える史料とは言えよう。

（三七）及武〔文〕帝爲晉王、（王）祥與荀顗往謁。顗謂祥曰、相王尊重。何侯（何曾）既已盡敬。今便當拜也。祥曰、相國誠爲尊貴。然是魏之宰相。吾等魏之三公。公王相去一階而已。班例〔列〕大同。安有天子三司、而輒拜人者。損魏朝之望、虧晉王之德。君子愛人以禮。吾不爲也。及入、顗遂拜。而祥獨長揖。帝（晉王）曰、今日方知君見顧之重矣（『晉書』卷三十三 王祥傳）。「武帝」は、『晉書斠注』や中華書局標點本の校勘記が述べるように、「文帝」の誤りである。また、「班例」も中華書局標點本の校勘記の通り「班列」である。なお、小林聰〈二〇〇二〉は、かかる王祥の態度に、三公が「人君と體を同じ」くするという觀念を見ることができる、としている。

（三八）　王祥の事例により、政權と密着した人々だけが門閥を形成したとする矢野主税《一九七六》の「寄生官僚論」では、貴族制を説明しきれないことが分かる。王祥の事例には、國家的身分制である貴族制に組み込もうとする皇帝權力と、自己の社會的身分の存立基盤である名聲を守ろうとする貴族との間のせめぎあいを見ることができる。

（三九）　初（武）帝以貴公子當品、鄕里莫敢與爲輩、求之州內。于是十二郡中正僉共擧（鄭）默（『晉書』巻四十四　鄭袤傳附鄭默傳）。

（四〇）　晉官品。第一品、公、諸位從公、開國郡公・縣公爵。第二品、特進、驃騎・車騎・衞將軍、諸大將軍、諸持節都督、開國侯・伯・子・男爵（『通典』巻三十七　職官十五）。なお、閻步克《二〇〇二》は、魏官品を檢討して、魏の官品では封爵と中正品とが無關係であることを明らかにしている。

（四一）　晉世、名家身有國封者、起家多拜員外散騎侍郞。（謝）弘微亦拜員外散騎（『宋書』巻五十八　謝弘微傳）。

（四二）　越智重明〈一九六三―a〉。また、陳長琦〈一九九五〉は、襲爵者の起家十七例を檢討して、爵一品者は、九例中五品起家が六例・六品が二例・七品が一例、爵二品者三例は、六品起家が三例、爵三品者五例は、七品起家が五例であることを實證している。越智論文とほぼ同樣の結論と言えよう。

（四三）　九品中正制度が「孝」を根底において運用されてきたことについては、渡邉義浩〈二〇〇二―b〉を參照。また、九品という概念の背景に「性三品說」があることについては、本書第一章第四節を參照。

（四四）　（衞）瓘以、魏立九品、是權時之制、非經通之道、宜復古鄕擧里選。與太尉（司馬）亮等上疏曰、……魏氏承顚覆之運、起喪亂之後、人士流移、考詳無地、故立九品之制。粗且爲一時選用之本耳。其始造也、鄕邑淸議、不拘爵位、褒貶所加、足爲勸勵、猶有鄕論餘風。中閒漸染、遂計資定品、使天下觀望、唯以居位爲貴、人弃德而忽道業、爭多少於錐刀之末、傷損風俗、其弊不細。……盡除中正九品之制、使擧善進才、各由鄕論。然則下敬其上、人安其敎、俗與政俱淸、化與法竝濟。……（『晉書』巻三十六　衞瓘傳）。

（四五）　於時雖風敎頹失而無典制、然時有淸議、尙能勸俗。陳壽居喪、使女奴丸藥、積年沈廢。郤詵篤孝、以假葬違常、降品一等。其爲懲勸也如是。其後、中正任久、愛憎由己、而九品之法漸弊。遂計官資以定品格、天下惟以居位者爲貴（『通典』巻十四　選擧二）。

（四六）　宮崎市定《一九五六》。また、福原啓郎〈二〇〇二〉は、「資」を「資（官資や門資）」と譯出している。なお、中村圭爾〈一九八七—a〉は、西晉ころになると、品や狀よりもさらに重要な基準として、資なるものが存在し、機能している。資とは、昇進經路であり、かつ官位序列である、と述べているが、衞瓘の上奏文の資は、資を計って品を定めるものであり、中村の議論には該當しない。張旭華〈二〇〇四〉は、資の意味を①世資・門資、②任官資格・資歷、③中正品第である、としている。

（四七）　楊光輝〈一九九〇〉は、門資とは先世の爵祿である、との『晉書』王沈傳と、寒素とは、世祚の資が無いことである、との『晉書』李重傳を引き、世資とは封爵のことである、としたうえで、『晉書』の中の「寒素」と傳えられる二六名を調べ、一名を除き父祖の爵位が無いことを明らかにしている。すなわち本節同樣、楊光輝も、資を爵位と理解しているのである。

（四八）　川合安〈一九九五〉に、段灼の上奏文の訓讀が掲げられる。魏晉期に、同姓諸王の封建を支持する一方で、異姓諸侯の封建を批判する見解が多かったことは、本書第二章第二節を參照。

（四九）　其二曰、……今臺閣選擧、塗塞耳目、九品訪人、唯問中正。故據上品者、非公侯之子孫、則當塗之昆弟也。……其五曰、……於今國家大計、使異姓無裂土專封之邑、同姓竝據有連城之地。……大晉諸王二十餘人、而公・侯・伯・子・男五百餘國。欲言其國皆小乎。……臣故曰五等不便也。……臣以爲、諸侯伯・子・男名號皆宜改易之、使封爵之制、祿奉禮秩、竝同天下諸侯之例（『晉書』卷四十八　段灼傳）。

第四節　九品中正制度と性三品說

はじめに

漢の末年に陳羣が獻策した九品中正制度は、官僚およびその候補者を九品に分ける官僚登用制度である。なぜ、人を九「品」に分類するのか。西晉の孫楚は、「九品は漢氏に本無し。班固 漢書を著し、往代の賢智を序して、以て九條と爲す。此れ蓋し鬼錄の次第を記すのみ。而して陳群（ママ）は之に依りて、以て生人を品す」と述べ[一]、陳羣の九品を班固の『漢書』を繼承したものと理解する。岡崎文夫〈一九三二〉はこれを受け、百官を九等に分かつことよりも先に、人物を九等に次第する法がまず存し、それが擴張されて官階にまで應用されることになった、としたのである。

これに對して、宮崎市定《一九五六》は、岡崎の言う百官を九等に分かつこと、すなわち官品の制定と、人物を九等に次第する法、すなわち中正による鄕品の評定とは、兩者が同時に成立した。ただし、官職に九品があることを前提として、これに應ずるように鄕品が九品という形をとった、とする。矢野主稅〈一九六一〉〈一九六三〉は、官人を九品に分けた後に、任官希望者の鄕品を定めるとして、宮崎說をさらに先鋭的に主張した。

一方、堀敏一〈一九六八〉は、岡崎說を是とし、鄕品の先行に士人の輿論の反映を想定し、貴族制の基盤を豪族の支配する鄕黨社會に求めた。中村圭爾〈一九八四〉は、鄕里社會における鄕品の意味を考え、鄕品を鄕里社會本來の價値觀として存在する禮制に基づく人物評價であるとし、それは鄕里社會の身分の表現として機能し、身分秩序を成立させた、とする。

　こうした鄕品をめぐる議論のなかで、なぜ九「品」なのかという問題は、なおざりにされてきた。陳羣が基づいたと孫楚が傳える班固の『漢書』古今人表の九段階の分類は、單に歴史上の人物を竝べただけではない。そこには、儒敎において、人間とはいかなる存在であるかを考える性説の展開の中で生まれた性三品説が認められる（二）。

　本節は、九品中正制度と性三品説との係わりを考察するものである。

一、性三品説の展開

　孔子の言行錄『論語』の中には、のちに性三品説の論據となる三つの言葉が殘されている。しかし、子貢が、「夫子の性と天道とを言ふは、得て聞く可からざるなり（夫子之言性與天道、不可得而聞也）」（『論語』公冶長篇）と述べるように、孔子は人間の性を概括的に論ずることはなかった。

　今日、性に關する最古の議論が殘る書は『孟子』である。告子篇上によれば、當時すでに(1)人の性には善も不善もない（告子の説）、(2)性は善も不善もなすことができる、(3)人は生まれながら善者も不善者もある、という三つの説があった。それらに對して、孟子は性善説を唱えたのである。『孟子』告子篇上に（三）、

　乃ち其の情の若きは、則ち以て善を爲す可し。乃ち所謂 善なり。夫の不善を爲すが若きは、才の罪に非ざるなり。惻隱の心は、人 皆 之有り。羞惡の心は、人 皆 之有り。恭敬の心は、人 皆 之有り。是非の心は、人 皆 之有り。惻隱の心は仁なり。羞惡の心は義なり。恭敬の心は禮なり。是非の心は智なり。仁義禮智は、外より我を鑠

するに非ざるなり。我 之を固有するなり。

とある。孟子は、人間であれば誰にも四つの端緒が生得的に具わるという四端說を基に、人間の性は善であり、それは本來、心に有しているものとしたのである。

これに對して、性とは人間に生得的に具わる自然の性質であり、性の內容は、「利欲」や「疾惡」であるとした者が荀子である。そのため、『荀子』性惡篇[四]に、

人の性は惡にして、其の善なる者は僞なり。今 人の性は、生れながらにして利を好むこと有り。是に順ふが故に爭奪生じて辭讓亡ぶ。生れながらにして疾み惡むこと有り。是に順ふが故に殘賊生じて忠信亡ぶ。生れながらにして耳目の欲の聲色を好むこと有り。是に順ふが故に淫亂生じて禮義文理亡ぶ。然らば則ち人の性に從ひ、人の情に順へば、必ず爭奪に出で、犯分亂理に合ひて暴に歸す。故に必ず將に師法の化・禮義の道有り、然る後に辭讓に出で、文理に合ひて治に歸さんとす。此を用て之を觀る、然らば則ち人の性の惡なること明らかなり。其の善なる者は僞なり。

とあるように、荀子は、利欲や疾惡という性により發生する闘爭を「師法の化・禮義の道」により治めることを主張したのである。

孟子の性善說と荀子の性惡說は、性を「仁義禮智」という善、「利欲」や「疾惡」という惡と捉える點では對照的であるが、それぞれ建前としては、すべての人々が同一の性を有している、と考えるところに共通性がある。かかる同一性を否定するものが、性三品說である。それは董仲舒學派により、はじめて主張された[五]。『春秋繁露』深察名號篇[六]に、

性を名づくるは、上を以てせず、下を以てせず、其の中を以て之を名づく。性は繭の如く、卵の如し。卵は覆を待ちて雛と爲り、繭は繰を待ちて絲と爲り、性は敎を待ちて善と爲る、此を之れ眞と謂ふ。天は民を生み、性は

> 善質有るも、而るに未だ善となる能はず、是に于て之が爲に王を立てて以て之を善とす、此れ天意なり。民 受けて未だ善の性を天に能くせず、而して退きて成性の敎へを王に受く。王は天意を承け、民の性を成すを以て任と爲す者なり。

とある。董仲舒學派は、人間の性を實際には上・中・下の三種類に分け、そのうえで上（聖人）と下（小人）の性は議論せず、ただ中民の性だけを扱っている。中民の性は、繭や卵のようなもので、教えによって始めて善となる。そのため、天は王を立て中民を教化させる、と説くのである。

孟子や荀子は、理想の善を實現するための學習・修養の主體を、民衆をも含めた個人と考えていた。これに對して、『春秋繁露』では、教化の主體は王に收斂され、しかも王へ中民の教化を命じたものが天とされている。「天人三策」と同質の天による王（君主權力）の正統化をここに見ることができよう(七)。『春秋繁露』において、人間の性は上・中・下の三種に分けられ、中民だけが教化の對象となり得る善から惡までの可能性を持つ存在であるという、性三品説の基本が形成されたのである。

董仲舒の獻策により太學に五經博士が置かれたという董仲舒を顯彰する虛構が、班固の『漢書』にのみ記されたように(八)、董仲舒學派の説は劉向・劉歆を經由して班彪・班固父子に傳えられた。王充は、班彪に師事したとされる(九)。こうした學統の中から、王充の性三品説は生まれた。王充は從來の性説を七説列擧し、それらの內容を吟味しながら批判する(一〇)。そして、『論衡』本性篇に(一一)、

> 孟子より以下、劉子政に至るまで、鴻儒博生、聞見多し。然り而るに情性を論じて、竟に定是無し。唯だ世碩・公孫尼子の徒のみ、頗る其の正を得たり。……余 固(ゆゑ)に以(おも)へらく、孟軻 人の性をば善と言ふ者は、中人より以上の者なり、孫卿 人の性をば惡と言ふ者は、中人より以下の者なり、揚雄 人の性をば善惡混すと言ふ者は、中人

なり。經に反するが若きも道に合すれば、則ち以て教と爲す可きも、性の理を盡くすは、則ち未だしなり。

とあるように、七説の中で正しいものは、性善の人も性惡の人もいるとする世碩・公孫尼子の說であるとし、孟子の性善は上智、荀子の性惡は下愚、揚雄の性に善惡が混ざるという說は中人のことである、と自分の性についての理解を述べている。

また、王充は、從來の性說のうち告子を批判する議論の中で、『論衡』本性篇に、(一二)

人の善なるは固より善、惡なるも亦た固より惡なり。初めに天然の姿を稟け、純壹の質を受く。故に生れながらにして兆見はれ、善惡察す可し。善惡を分つ無く、推移す可き者は、中人を謂ふなり。善ならず惡ならず、敎へを須ちて成る者なり。故に孔子曰く、①「中人より以上は、以て上を語ぐ可きなり、中人より以下は、以て上を語ぐ可からざるなり」と。告子の決水の喩を以てせし者は、徒だ中人を謂ふのみ、極善極惡を指さざるなり。孔子曰く、②a「性 相近きなり、習ひ 相遠きなり」と。夫れ中人の性は、習ふ所に在り、善に習へば善と爲り、惡に習へば惡と爲るなり。極善極惡に至りては、復た習ひに在るに非ず。故に孔子曰く、②b「惟だ上智と下愚とのみは移らず」と。性に善と不善有りて、聖化賢敎も、復た移易する能はざるなり。

と、①は『論語』雍也篇、②a・②bは『論語』陽貨篇（②aと②bは續きの文）という『論語』の文章を引用している。これに③『論語』季氏篇の、(一三)「孔子曰く、『生まれながらにして之を知る者は、上なり。學びて之を知る者は、次なり。困みて之を學ぶは、又 其の次なり。困みて學ばざるは、民 斯れを下と爲す』と」を加えると性三品說の論據として このの ち引用されていく『論語』の典據がすべて揃うことになる。王充の議論は、諸說の批判という點においては、漢の性三品說を代表する充實したものではあるが、『論語』の引用は二箇所に止まっている。

これに對して、『漢書』卷二十 古今人表八には、(一四)

孔子曰く、(1)「聖と仁との若きは、則ち吾れ豈に敢へてせんや」と。又曰く、(2)「何ぞ仁を事とせん、必ずや聖か。(3)未だ知らず、焉んぞ仁なるを得ん。」(3)生まれながらにして之を知る者は、上なり。學びて之を知る者は、次なり。困みて之を學ぶは、又其の次なり。困みて學ばざるは、民斯れを下と爲す」と。又曰く、「①中人より以上は、以て上を語ぐ可きなり。②惟だ上智と下愚とのみは移らず」と。傳に曰く、「譬へば堯・舜、禹・稷・卨は之と與に善を爲せば則ち行はれ、鮌・讙兜は與に惡を爲さんと欲すれば則ち誅せらるるが如し。與に善を爲す可くも、與に惡を爲す可からず、是れをば上智と謂ふ。桀・紂、龍逢・比干は之と與に善を爲さんと欲すれば則ち誅せられ、于莘・崇侯は之と與に惡を爲せば則ち行はる。與に惡を爲す可くも、與に善を爲す可からず、是れをば下愚と謂ふ。齊の桓公は、管仲之に相たれば則ち霸、豎貂之に輔たれば則ち亂。與に善を爲す可く、與に惡を爲す可し、是れをば中人と謂ふ」と。茲に因りて以て九等の序を列し、經傳を究極し、繼世相次ぎて、古今の略要を總備すと云ふ。

とある。班固が著した『漢書』古今人表は、①～③を含む『論語』の六章を典據に擧げながら(1)は述而篇、(2)は雍也篇、(3)は公冶長篇)、すべての人間を上智・下愚・中人の三つに分類する。さらにそれを上上・上中・上下、中上・中中・中下、下上・下中・下下の合計九段階に分類した上で、歴史上の人物をこの九段階の枠に入れ、一覧表としている。性三品説として高い完成度を持つ著述と言えよう。

こうして董仲舒學派が生み出した性三品說は、王充・班固によって展開され、後漢末の荀悅に繼承された。獻帝の命により『漢書』を元に紀傳體の『漢紀』を著した荀悅の性三品說は、その內容からも班固の繼承であることが理解できる。(一五)『申鑒』雜言篇下(一六)に、

或ひと天命・人事を問ふ。曰く、「三品有り。上下は移らず、其の中は則ち人事焉に存するのみ。命は相近く、

事は相遠し。則ち吉凶 殊なれり。故に曰く、『理を窮め性を盡くして、以て命に至る』と。孟子は性善を稱し、荀卿は性惡を稱す。公孫子曰く、『性に善惡無し』と。揚雄曰く、『人の性は善惡 渾る』と。劉向曰く、『性情は相應じ、性は獨り善ならず、情は獨り惡ならず』と」と。曰く、「其の理を問ふ」と。曰く、「性善なれば則ち四凶無く、性惡なれば則ち三仁人無し。善惡無ければ、文王の敎へは一なれば、則ち周公・管・蔡無し。性善にして情惡なれば、是れ桀・紂は性無く、而して堯・舜は情無きなり。性は善惡 皆渾れば、是れ上智は惠を懷き而るに下愚は善を挾むや、理また、未だ究めざるなり。惟だ向の言のみ然りと爲す」と。

とあるように、荀悅は孟子の性善説・荀子の性惡説・公孫（尼）子の性に善惡無しとする説・揚雄の性は善惡が混ざるとの説・劉向の性が善で情が惡なのではなく混ざっているとの説を掲げた後、劉向の説を正しいとする。(一七) 注（一〇）に掲げた王充の諸説の總括と微妙に異なり、また公孫尼子の性を是とする王充と結論も異なることが理解できよう。その上で、荀悅は、『申鑒』雜言篇下に、(一八)

或ひと曰く、「善惡 皆 性なるや、則ち法敎 何ぞ施さん」と。曰く、「性は善と雖も、敎へを待ちて成る。性は惡と雖も、法を待ちて消ゆ。唯だ上智下愚は移らず。其の次は善惡交も爭ふ。是に於て敎へもて其の善を扶け、法もて其の惡を抑へ、之を九品に施すを得れば、敎へに從ふ者は半ば、刑を畏るる者は四分の三、其の移らざるの大數は、九分の一なり。一分の中、又 微かに移る者有り。然らば則ち法敎の民を化すや、之を盡くすに幾し。法敎の失に及ぶや、其の亂を爲すこと亦た之の如し。

と述べ、班固の性三品を九等に分ける説を繼承する。荀悅によれば、九品に分かたれる人間のうち、九品の半ば、すなわち五品までは、敎＝禮の對象とされ、刑罰の對象外である。また、殘りの四分の三、つまり六品以下は、刑罰の對象とされる。(一九) 九分の一は下愚で敎・刑の對象外であるが、その中から少しだけだが移る者もある、とする。西晉の五等爵制でも、五品官までが賜爵の對象となり、刑罰の對象外とされていく。西晉の國子學に入學を許される者もまた、五品官までの子弟であった（本書第二章第四節）。性三品説のなかで、九品官制や九品中正制度が運用されていることの傍證となろう。また、荀悅が九等に分かつに際し、九品と「品」の字を使用していることにも留意したい。

以上のように、孟子の性善説から始まった人間とはいかなる存在であるかを考える性説は、董仲舒學派の『春秋繁露』で生まれた性三品説が班固『漢書』・王充『論衡』に受け繼がれ、後漢末には荀悅の人間を九品に分かつ性三品説へと展開したのである。それでは、かかる性三品説は、いかなる政治過程の中で、九品中正制度へと反映したのであろうか。

二、唯才主義と才性四本論

「はじめに」で掲げた『孫楚集』の逸文が、「又 魏武は部次を胥臆より拔き、才を收むるに階次を問はず。豈に九品に賴り、而る後に人を得るか（又魏武拔部次於胥臆、收才不問階次、豈賴九品而後得人）」（『太平御覽』卷二百六十五 職官部六十三）と續くように、曹魏の基礎を築いた武帝曹操は、「階次を問はず」に「才を收」めた。いわゆる「唯才主義」である。その際、曹操は、『三國志』卷一 武帝紀に[一〇]、

> （建安）十五年春、令を下して曰く、……若し必ず廉士にして而る後に用ふ可くんば、則ち齊桓は其れ何を以てか世に霸たる。今 天下に褐を被り玉を懷きて渭濱に釣る者 有ること無きを得るか。又 嫂を盜み金を受けて未だ無知に遇はざる者 無きを得るか。二・三子、其れ我を佐けて仄陋を明揚せよ。唯だ才 是れ擧げよ。吾 得て之を用ひん。

とあり、『三國志』巻一 武帝紀 注引『魏書』(二一)に、

若しくは文俗の吏にして、高才異質なるもの、或いは將守と爲るに堪ふるも、汙辱の名、笑はるの行ひを負ふもの、或いは不仁不孝にして治國用兵の術有るもの、其れ各〻知る所を擧げ、遺す所有る勿かれ。

とあるように、仁・孝といった性と才とを對照的に捉えた。これは、直接的には、郷里における孝・廉な者を官僚として登用していた後漢の官僚登用制度である郷擧里選への批判である。が、本質的には、性が善良な者は、官僚としての才能も優れている、とする儒教への異議の申し立てであった。人間として優れていることと、官僚として國家の役に立つこととは、同じではない。かかる「唯才主義」を掲げて、曹操は荀彧ら「名士」の持つ儒教的價値觀を搖さぶったのである。

荀彧が曹操に殺害されるようなせめぎあいを經ながらも、曹丕と曹植の後繼者爭いに乘じて勢力を盛り返した「名士」は、嫡長子相續という春秋の義を押し立てて、曹丕を全面的に支持した(二二)。その結果、曹丕が後繼者となり、漢魏革命により曹魏を建國しようとする時、荀彧の娘婿であった陳羣の獻策したものが、九品中正制度なのである。

後漢末において、性三品説を受け繼いでいた荀悅は、荀彧の從兄にあたり、ともに侍中として獻帝に仕えていた。陳羣は荀彧の娘婿にあたり、彧の死後「潁川グループ」が共有していた「寬」治から「猛」政への政治理念の展開の中で、肉刑の復活を試み、それを通じて培った知識をもとに「新律十八篇」の編纂者の一人となっている。荀悅もまた、『申鑒』時事篇に、弛緩した後漢の「寬」治を「猛」政により建て直すための具體策として、肉刑の復活を主張している(渡邉義浩〈二〇〇一―b〉)。兩者の學問的な繫がりは明らかである。となれば、人物の德性により生じた名聲によって官僚就官希望者を九品に分けて郷品を與える、という陳羣が提唱した九品中正制度は、九「品」という基準を設けていることに端的に表れるように、荀悅の性三品説の影響を受けていると考えてよい。すると、郷品は性に、す

なわち人としてのあり方に基づいて附與されていたことが導かれる。

　こうして九品中正制度が、「孝」を文化的價値の根底として運用されていたことの理由が明らかとなる。魏晉期における郷品の「貶議」の事例は、ほとんどが禮制の違反を理由とするものであり、就中、喪服禮を踏み外した不孝の事例が多い（渡邉義浩〈二〇〇二―b〉）。郷品の「品」は本來、性三品說に基づき、人としていかなる存在であるか、を基準としているため、高品であればあるほど、性善、すなわち孟子のいう「仁義禮智」、さらにはその根底に置かれる「孝」に近づかなければならない。東晉の司馬睿の勸進に努めながら母に不孝であった溫嶠が、高い郷品を得られなかった理由である（渡邉義浩〈二〇〇二―b〉を參照）。孝を踏み外した者は、いかに政治的な功績があろうが、高い郷品は附與されないのである。

　こうした郷品のあり方から考えると、宮崎市定《一九五六》のように、官職に九品があることを前提として、これに應ずるように郷品が九品という形をとった、と理解できないことが分かる。性三品說は、郷品に反映すべき人としてのあり方を考えるもので、官品として表現される官僚としての地位の高下を規定するものではないからである[一三]。

　それでは曹操が提起した孝廉や仁義といった性が善である者は、必ず官僚として能力が高いのか、という問題は、九品中正制度に反映していないのであろうか。『三國志』卷二十一　傅嘏傳[一四]に、

　方今　九州の民、爰に京城に及ぶまで、未だ六鄉の擧有らず、其の選才の職は、吏部に專任す。品狀を案ずれば則ち實才は未だ必ずしも當たらず、薄伐に任ずれば則ち德行は未だ敍を爲さず、此の如きは則ち殿最の課、未だ人才を盡くさず。

とあるように、明帝の景初年間（二三七～二三九年）に、劉劭の「都官考課」を批判する議論の中で、傅嘏は「實才」と「德行」を對照的なものとして扱っている。曹操の問題提起が生かされていると言えよう。そして、「品狀」では實才

が、「薄伐」では德行が得られない、としているのであるから、品狀は德行を、薄伐は實才を記したものと考えてよい。中村圭爾によれば、薄伐とは「簿伐」あるいは「簿世」のことであり、父祖の官名のほかに本人の官歷が記され、官人としてどの程度の適應性があるか現實的に判斷できるものであるという。(二五)首肯し得る見解である。

品と狀に關しては、『三國志』卷二十三 常林傳注引『魏略』(二六)に、

先時 國家 始めて九品を制し、各〻諸郡をして中正を選置し、公卿より以下、郎吏に至るまで、功德材行の任ずる所を差敍せしむ。(吉)茂の同郡の護羌校尉たる王琰、前に數〻郡守と爲り、名 淸白爲らず。而して琰の子たる嘉 諸縣を仕歷し、亦た復た通人と爲る。嘉 時に還りて散騎郎と爲り、馮翊郡 嘉を移して中正と爲す。嘉 茂を敍すに上第に在りと雖も、而るに狀は甚だ下し、云ふ、「德 優れるも能 少なし」と。茂 慍りて曰く、「痛しきかな、我 汝が父子の冠幘もて人を劫すを效(なら)はんや」と。

とある。ここでの上第とは鄕品が高いことを指すので、鄕品は高くても狀の低い場合のあったことが分かる。狀の內容である「德 優れるも能 少なし」は、全體として低い評價であるが、德が優れていることは否定されていない。それが鄕品が上第である所以なのであろう。すなわち、狀には才能と德行の雙方を記載するが、品は德によって規定されるのである。これは、品が性三品說に基づき成立した理念であるため、人間の本來的なあり方、すなわち德行によって判斷すべきものであったことを端的に示す。(二七)先に揭げた傅嘏傳の記述は、狀よりもさらに明確に才能を表記してある簿伐に對して、才能と德行が書かれている狀と德行により定まる品とを「品狀」と併せて表現して德行を示すものとしたのであろう。つまり、九品中正制度下においては、性三品說に基づき、德行など人間としての本來的なあり方を基準に判斷される品と、官僚としての才能を記す狀さらに簿伐という二つの基準により人事が行われたと考えることができるのである。

「上品に寒門無く、下品に勢族無し」という言葉で有名な劉毅の「中正八損」の議にも、『晉書』巻四十五　劉毅傳[二八]に、

品を以て人を取れば、或いは才能の長ずる所に非ず、狀を以て人を取れば、則ち本品の限る所と爲る。

とあるように、品を基準とすれば才能がついてこず、狀を基準とすると品が滿たされず高官に拔擢できないことが嘆かれている。

それでは、性＝品と才＝狀・簿伐という二つの基準のうち、どちらが優先されたのであろうか。『三國志』巻二十二　盧毓傳[二九]に、

（盧）毓　人及び選擧に於けるや、先づ性行を擧げ、而る後に才を言ふ。黄門の李豐　嘗て以て毓に問ふ。毓曰く、「才は善を爲す所以なり。故に大才は大善を成し、小才は小善を成す。今　之を才有ると稱するも而るに善を爲す能はざれば、是の才　器に中らざるなり」と。

とあり、吏部尙書の盧毓が、性を優先して才を後回しにしていたことが傳えられる。こうした盧毓の人事基準を嫌い、盧毓を吏部尙書から追って、何晏を吏部尙書に任命した者が曹爽であった（渡邉義浩〈二〇〇一―c〉を參照）。司馬懿に對抗して曹室の再建を目指した曹爽は、夏侯玄に九品中正制度の改革策を提案させ、人事を吏部尙書に一元化することにより、君主權力の強化を目指した。『三國志』巻九　夏侯玄傳[三〇]に、

夫れ才を官し人を用ふるは、國の柄なり。故に銓衡をば臺閣に專らにするは、上の分なり。孝行は閭巷に存し、優劣をば之を鄕人に任ぬるは、下の敍なり。夫れ敎を淸くし選を審らかにせんと欲すれば、其の分敍を明らかにし、相　涉らしめざるに在るのみ。

とあるように、夏侯玄は「才を官」するものは國家であり、臺閣、具體的には吏部尙書の何晏が人事を管掌すべきであり、「孝行」は鄕人、すなわち中正官が鄕品として定めればよいとしている。すなわち、ともに中正官が掌握してい

る性＝品と才＝狀のうち、後者を中心に人事を吏部尚書が運用し、中正官の權限を限定しようとしたのである[三一]。

こうした政治鬪爭を背景としながら展開されていた議論が「才性四本論」である。實用的な才能を「才」とし、人間の道德的な素質を「性」として、兩者の關係を論じる「才性四本論」は、「名士」が自らの人物評價を見直す中から生まれた哲學的な議論である（渡邉義浩〈二〇〇三―c〉を參照）。そこでは、才と性の關係は、「同」・「異」・「合」・「離」の四つの立場から論じられる。「同」論は、才と性とを同一概念の異稱とする。後漢の孝廉と同樣な考え方である。「異」論は、才と性とを本來別物とする。曹操の唯才主義と同質である。「合」論はもともと別物の才と性が合致するようになるとし、「離」論は才と性とが乖離した方向を取るとする。前二者それぞれの發展型と考えてよい。

前掲のように、性を優先する盧毓に、人事基準を確認した者は李豐であった。李豐は曹爽派で「異」論を説く。すなわち、曹操の唯才主義を繼承しているのである[三二]。これに對して、「同」・「合」論者の傅嘏・鍾會は、司馬氏派の人物であった。才性四本論は、この後も、淸談の重要な話題の一つとして繼承されていく（吉川忠夫〈一九七〇〉）。それは、「異」「離」論が才を優先する非貴族主義的な、「同」「合」論が、後述のように、やがて家柄を表すことになる性＝品を重視する、官僚制度の運用をそれぞれ正當化するものであったためであろう。それは、貴族にとって論議できて當然な重要な話題だったのである。

夏侯玄の改革策に對して、司馬懿は州大中正の制を提唱し、既得權を守ることで「名士」の支持を集め、正始の政變により曹爽一派を打倒した（本書第一章第一節）。才性四本論で言えば、「同」「合」の立場が勝利を収めたのである。これによって、性＝品を定める鄕品によって、官才が定まることになった。鄕品によって官品が規定され、そこに吏部尚書や皇帝權力が介入できないという意味において、「名士」の自律性がここに實現したと言えよう。

しかし、西晉の基礎を築いた司馬昭は、そうした「名士」の自律性が西晉の貴族に繼承されることを嫌った。五品官以上の臣下に五等爵を賜與することを通じて、爵制的秩序により貴族を序列化すると共に、自己と貴族との差別化を行ったのである。この結果、『晉書』巻三十六 衛瓘傳[三三]に、

(衛)瓘 以へらく、魏 九品を立つるは、是れ權時の制にして、經通の道に非ざれば、宜しく古の郷擧里選に復すべしと。……其の始めて造るや、郷邑の清議、爵位に拘らず、褒貶の加ふる所、勸勵と爲すに足り、猶ほ郷論の餘風有り。中間に漸く染まり、遂に資を計りて品を定め、天下をして觀望せしめ、唯だ位に居るを以て貴と爲す。人は徳を弃てて道業を忽せにし、多少を錐刀の末に爭ひ、風俗を傷損し、其の弊 細からず。

とあるように、九品中正制度は、「資を計りて品を定め」るようになった。ここでの「資」とは爵位を指す。また、爵位は官位とは異なり世襲が可能である。品は資、すなわち爵位を世襲し得る貴族の家柄によって定まることになったのである。こうして五等爵の賜與によって形成された爵制的秩序に基づく國家的身分制は、州大中正の制とあいまって、世襲性を帶びた官僚制度の運用という中國貴族制の最も顯著な特徴を生み出したのである。

このように西晉において家柄によって品が定まる貴族制が成立すると、性は品として表現されるため、性は家柄となる。すなわち生まれながらにして人間としての本質が定まってしまうことになったのである。これは後漢末に荀悅が性三品説を繼承した時とは異なる社會狀況であり、この現實に對應することが哲學に求められていく。こうして梁の皇侃の性三品説が展開されるのである。

三、九品中正制度と皇侃の性三品説

梁の皇侃は、呉郡の出身で會稽の賀瑒に師事して、三禮・論語に長じ、員外散騎侍郎・國子助敎となって、大同十

（五四五）年に五十八歳で卒した（『梁書』巻四十八 皇侃傳）。その著書『論語義疏』は、中國では南宋ごろに散佚したが、日本には寫本が傳存し、大正十二（一九二三）年に、大阪の懷德堂より武內義雄の校勘記とともに出版された[三四]。喬秀岩《二〇〇一》によれば、『論語義疏』の特徵は「通」にあり、廣く異說を記錄し、一つの說に拘ることなく、異說を竝存して詳細な分析を加えた。また、理の貫通を追求し、その思考は非常に精密犀利であるという。

皇侃は、これまでの性三品說でも論據とされてきた①雍也、②季氏、③陽貨の三篇において、性三品說を展開する。雍也篇では、師の賀瑒の說を踏襲しながら、人の賢愚の「品識」を九品に分けている（『論語義疏』雍也篇）。松村巧は、ここに人物を九品に品別する南朝貴族社會の現實との深い結びつきをみるが[三五]、九品に分けることだけであれば、貴族制成立以前の荀悅の性三品說において、それはすでに行われている。季氏篇では、生知である一品の上智と移らない九品の下愚を除いた、殘りの七品と學との關係を述べるが、性三品說としての新しみは無い。陽貨篇には[三六]、

> 性なる者は人の稟くる所にして以て生ずるなり、習なる者は生まれて而る後に儀有りて、常に行習する所の事を謂ふなり。人 倶に天地の氣を稟けて以て生まる。復た厚薄 殊なること有ると雖も、而れども同じく是れ氣に稟く。故に相 近しと曰ふなり。……若し生の始めに有らば、便ち天地・陰陽・氛氳の氣に稟く。氣に淸濁有り。若し稟くるに淳淸なる者を得れば則ち聖人と爲り、若し淳濁なる者を得れば則ち愚人と爲る。愚人の淳濁は、澄ますと雖も亦た淸まず、聖人の淳淸は、之を攪すも濁らず。故に上聖は昏亂の世に遇ふも、其の眞を撓む能はず、下愚は重堯疊舜に値ふも、其の惡を變ずる能はず。故に云ふ、「唯だ上智と下愚とは移らざるなり」と。而して上智より以下、下愚より以上、二者の中閒、顏・閔より以下、一善より以上は、其の中も亦た淸多く濁少なく、或いは濁多く淸少なく、或いは半ば淸 半ば濁なり。之を澄ませば則ち淸く、之を攪せば則ち濁る。此の如きの徒以て世の變改に隨ふ。若し善に遇はば則ち淸升し、惡に逢はば則ち滓淪す。所以に別に云ふ、「性は相近く、習ひ

は相遠し」と。

とあり、ここに皇侃の性三品説の特徴が現れている。性が三品、さらには九品に分かれる理由は、人間がこの世に生まれる時、誰しもが天地から受ける氣の清濁・厚薄に依る。純粋の清氣を受ければ聖人となり、純粋の濁氣を受ければ愚人となり、清濁混ざった氣を受けると中人になるという。すなわち、生まれにより、氣の清濁の多少があらかじめ決まっており、それによって人間の性の善惡は定まってしまう、とするのである。

こうした氣に基づく宿命論は、王充にも見られる。すでに掲げた『論衡』本性篇で、「人の善なるは固より善、惡なるも亦た固より惡なり。初めに天然の姿を稟け、純壹の質を受く。故に生れながらにして兆 見はれ、善惡 察す可し」と述べるように、王充もまた、人は生まれながらにして善惡が定まっていると考えていた。『論衡』命義篇に、(三七)

凡そ人の命を受くる、父母 氣を施すの時に在りて、已に吉凶を得るなり。夫れ性と命とは異なり、或いは性は善なるも命は凶、或いは性は惡なるも命は吉なり。操行の善惡なる者は性なり、禍福の吉凶なる者は命なり。

とあるように、王充も性の善惡は人が生まれる時に父母から授かる「氣」によるとしている。しかし、森三樹三郎《一九七一》も指摘するように、王充は性が三品のいずれになるのかは、全くの偶然であり、それはひとえに無心の天のなせるわざとしていた。そこに家系や氣の清濁を親から受け繼ぐという考えはないのである。これに對して、皇侃は生まれながらの「氣」により人の性が九品に分かれると考えている。王充には無かった生まれながらの「氣」の「清濁」を問題としているところに、現實が強く反映している。

皇侃の仕えた梁の武帝は、天監七（五〇八）年に、大規模な官制改革を行った。宮崎市定《一九五六》によれば、それは官の清濁によって九品官制の六品以上を流內十八班に再編成したものである。各班の筆頭官には當時一流の清官が竝び、貴族にとっては官位が上がっても濁官に就くことは、榮轉とは考えられないような官の配列となっていた。個人の履歷は直ちに家の履歷であり、もし昇進を急ぐあまり、濁官につくと家格の清濁に傷がついて、子孫までもが迷惑を被るものであった、という。すなわち、家格という生まれの清濁を最も重要視する官制改革だったのである。皇侃が、生まれた時の氣の清濁により、性の九品が定まると說いた社會條件がここにある。

こうして性三品說は、生まれながらにして高位高官を獨占する貴族の世襲性を正統化する理念となった。こののち、唐代に編纂された『五經正義』では、性三品說の經學的根據はさらに擴大して『尙書』堯典、『禮記』中庸などにも及ぶ。しかし、唐は漢の如き儒教一尊の時代ではないため、かかる貴族のみを正統化する硬直した人間觀では、それ以外の人々を滿足させられなかった。性三品說を繼承する韓愈が、佛教・道教を氣にかける所以である。(三八)とりわけ、佛教の平等性は、差別を基底におく儒教にとって脅威であった。(三九)『韓昌黎文集』原性篇に、(四〇)

性なる者は、生まるると倶に生ずるなり。情なる者は、物に接して生ずるなり。性の品に三有り、而して其の爲性なる所以の者は五なり。……今の言ふ者は、佛老を雜へて言ふなり。佛老を雜へて言ふ者は、奚ぞ言ひて異ならざらん。

とあるように、韓愈は自ら性三品說を主張しながら、韓愈以外の性三品說は佛教・老子を加味していると批判する。加味しなければならないほど、性三品說が追い詰められていたと考えてもよい。北宋の邢昺『論語正義』は、それでも皇侃を踏襲して性三品說を述べた。しかし、南宋の朱熹によって集大成される宋學の展開において、性說は理との係わりの中で再檢討され、性三品說は放棄されるに至る。性三品說を必要とする貴族制は、唐代で終焉を迎えていたのである。

おわりに

思想は時代と適合することにより現實を規定し、現實は思想形成の前提條件となる。董仲舒學派が『春秋繁露』で創設した性三品說は、班固の『漢書』と王充の『論衡』を經、後漢末の荀悅に至って人を九品に區別する思想へと展開し、陳羣の獻策による九品中正制度を成立させた。性三品說の持つ差別性は、人間を階層化していく貴族制へと向かう現實と適合したのである。西晉で施行された五等爵制と結合した九品中正制度は、淸官（上品）に貴族を濁官（下品）に寒門を世襲的に就官させることになった。貴族に生まれるか、寒門に生まれるかにより、官の淸濁、それを規定する鄕品の上下、鄕品により表現される性の善惡が定まることになったのである。王充の影響を受けながらも、梁の皇侃は、淸の氣からは善性が生まれ、濁の氣からは惡性が導かれるとの宿命論的主張を特徵とする九品から成る性三品說を主張した。貴族制の世襲性が性三品說の中の宿命論的要素を助長したのである。九品中正制度が廢止されても、貴族制の殘存していた唐代には、性三品說は繼承された。しかし、貴族制が崩壞した宋代には、性三品說は完全に崩壞し、理と結びついた性說が語られることになるのである。

《注》

（一）九品漢氏本無。班固著漢書、序往代賢智、以爲九條。此蓋記鬼錄次第耳。而陳群（ママ）依之、以品生人（『太平御覽』卷二百六十五職官部六十三）。

（二）性說の展開の中から性三品說が生まれる過程については、森三樹三郎《一九七一》、張岱年《一九八二》第二部分「人生論」を參照。

（三）乃若其情、則可以爲善矣。乃所謂善也。若夫爲不善、非才之罪也。惻隱之心、人皆有之。羞惡之心、人皆有之。恭敬之心、人皆有之。是非之心、人皆有之。惻隱之心仁也。羞惡之心義也。恭敬之心禮也。是非之心智也。仁義禮智、非由外鑠我也。我固有之也（『孟子』告子篇上）。また、大濱晧〈一九五九〉も參照。

（四）人之性惡、其善者僞也。今人之性、生而有好利焉。順是故爭奪生而辭讓亡焉。生而有疾惡焉。順是故殘賊生而忠信亡焉。生而有耳目之欲好聲色焉。順是故淫亂生而禮義文理亡焉。然則從人之性、順人之情、必出於爭奪、合於犯分亂理而歸於暴。故必將有師法之化・禮義之道、然後出於辭讓、合於文理而歸於治。用此觀之、然則人之性惡明矣。其善者僞也（『荀子』性惡篇）。

（五）『春秋繁露』を董仲舒その人だけではなく、その後學や亞流なども含む董仲舒學派の思想を表したものと考えることについては、池田知久〈一九九四〉を參照。

（六）名性、不以上、不以下、以其中名之。性如繭、如卵。卵待覆而爲雛、繭待繰而爲絲、性待敎而爲善、此之謂眞。天生民、性有善質、而未能善、于是爲之立王以善之、此天意也。民受未能善之性于天、而退受成性之敎於王。王承天意、以成民之性爲任者也（『春秋繁露』深察名號篇）。なお、鍾肇鵬《二〇〇五》を參照した。

（七）『漢書』董仲舒傳に記載される「天人三策」に、皇帝の主體性や能動性を支持し、天子の權力を保障する「王權神授說」のような實效的理論を見ることについては、池田知久〈一九九四〉を參照。

（八）『漢書』董仲舒傳に含まれる史料的偏向については、福井重雅《二〇〇五》を參照。したがって、前漢武帝期に儒敎の國敎化を求め得ないことは、渡邉義浩《二〇〇五》、本書序論第一節を參照。

（九）王充の生涯については、大久保隆郎〈一九八三～八五〉を參照。

（一〇）第一は性善の人も性惡の人もいるとする世碩・公孫尼子の說、第二は孟子の性善說、第三は性に善惡はないとする告子の說、第四は荀子の性惡說、第五は人間は禮義の性を持つとする陸賈の說、第六は人間の性は天の陽氣より、情は天の陰氣より生じたとする董仲舒の說、第七は性は生得的なもので身體の內にあって外に現れない狀態、情は物に接した後のもので外に現れた狀態とする劉向の說である（『論衡』本性篇）。

（一一）　自孟子以下、至劉子政、鴻儒博生、聞見多矣。然而論情性、竟無定是。唯世碩・（儒）公孫尼子之徒、頗得其正。……余固以、孟軻言人性善者、中人以上者也、孫卿言人性惡者、中人以下者也、揚雄言人性善惡混者、中人也。若反經合道、則可以爲敎、盡性之理、則未也（『論衡』本性篇）。なお、黃暉《一九九〇》により、「儒公孫尼子」を「公孫尼子」に改めた。

（一二）　人善固善、惡亦固惡。初稟天然之姿、受純壹之質。故生而兆見、善惡可察。無分於善惡、可推移者、謂中人也。不善不惡、須敎成者也。故孔子曰、①中人以上、可以語上也、中人以下、不可以語上也。告子之以決水喩者、徒謂中人、不指極善極惡也。孔子曰、②a性相近也、習相遠也。夫中人之性、在所習焉、習善而爲善、習惡而爲惡也。至於極善極惡、非復在習。故孔子曰、②b惟上智與下愚不移。性有善不善、聖化賢敎、不能復移易也（『論衡』本性篇）。

（一三）　孔子曰、生而知之者、上也。學而知之者、次也。困而學之、又其次也。困而不學、民斯爲下矣（『論語』季氏篇）。

（一四）　孔子曰、⑴若聖與仁、則吾豈敢。又曰、⑵何事於仁、必也聖乎。⑶未知、焉得仁。③生而知之者、上也。學而知之者、次也。困而學之、又其次也。困而不學、民斯爲下矣。又曰、①中人以上、可以語上也。②唯上智與下愚不移。傳曰、譬如堯・舜、禹・稷・卨與之爲善則行、鮌・讙兜欲與爲惡則誅。可與爲善、不可與爲惡、是謂上智。桀・紂、龍逢・比干欲與之爲善則誅、于莘・崇侯與之爲惡則行。可與爲惡、不可與爲善、是謂下愚。齊桓公、管仲相之則霸、豎貂輔之則亂。可與爲善、可與爲惡、是謂中人。因茲以列九等之序、究極經傳、繼世相次、總備古今之略要云（『漢書』卷二十　古今人表八）。

（一五）　王充の思想は、蔡邕が初めて吳で『論衡』を入手し談論の助けとし、王朗が『論衡』を得ると異人から異書を得たと言われたように（『後漢書』列傳三十九　王充傳注所引袁山松『後漢書』）、後漢ではあまり廣まらなかった。森三樹三郎《一九七一》も、荀悦は『論衡』を見る機會を得なかった、としている。

（一六）　或問天命・人事。曰、有三品焉。上下不移、其中則人事存焉爾。命相近也、事相遠也。則吉凶殊矣。故曰、窮理盡性、以至於命。孟子稱性善、荀卿稱性惡。公孫子曰、性無善惡。揚雄曰、人之性善惡渾。劉向曰、性情相應、性不獨善、情不獨惡。曰、問其理。曰、性善則無四凶、性惡則無三仁人。無善惡、文王之敎一也、則無周公・管・蔡。性善情惡、是桀・紂無性、而堯・舜無情也。性善惡皆渾、是上智懷惠而下愚挾善也、理也、未究矣。惟向言爲然（『申鑒』雜言篇下）。

（一七）渡邊東一郎〈二〇〇五〉は、荀悅は劉向の性情相應說を繼承し、性それ自體には善惡はなく、行動の善惡は生まれつきの性によって限定されない。それ故に、中人は上下に品階を移ることができ、だからこそ敎化と法令が必要なのだとした、としている。

（一八）或曰、善惡皆性也、則法敎何施。曰、性雖善、待敎而成。性雖惡、待法而消。唯上智下愚不移。其次善惡交爭。於是敎扶其善、法抑其惡、得施之九品、從敎者半、畏刑者四分之三、其不移大數、九分之一也。一分之中、又有微移者矣。然則法敎之於化民也、幾盡之矣。及法敎之失也、其爲亂亦如之（『申鑒』雜言篇下）。

（一九）前漢の董仲舒學派は、上の性を持つ統治者が、中の性を持つ者には敎えを用いて對處すべきことを唱える一方、下の性を持つ者には刑罰を行使することを承認する（『春秋繁露』五行相勝篇）。後漢の王符も同樣に、性三品說に基づいて、下愚極惡の者に對する刑罰の適用を主張している（『潛夫論』述赦篇）。

（二〇）（建安）十五年春、下令曰、……若必廉士而後可用、則齊桓其何以霸世。今天下得無有被褐懷玉而釣于渭濱者乎。又得無盜嫂受金而未遇無知者乎。二・三子、其佐我明揚仄陋。唯才是擧。吾得而用之（『三國志』卷一　武帝紀）。

（二一）若文俗之吏、高才異質、或堪爲將守、負汙辱之名、見笑之行、或不仁不孝而有治國用兵之術、其各擧所知、勿有所遺（『三國志』卷一　武帝紀　注引『魏書』）。

（二二）曹操と「名士」のせめぎあい、ならびに曹丕・曹植の後繼者爭いについては、渡邉義浩〈一九九五〉を參照。

（二三）梁の武帝の天監七（五〇八）年に官制改革が行われ、九品の官制が廢止されて十八「班」官制に官品の名稱が變更された際にも、鄕品という名稱は變わらなかった。これは「品」という槪念が、官品よりも鄕品を表現するために用いられていたことを示している。

（二四）方今九州之民、爰及京城、未有六鄕之擧、其選才之職、專任吏部。案品狀則實才未必當、任薄伐則德行未爲敍、如此則殿最之課、未盡人才（『三國志』卷二十一　傅嘏傳）。

（二五）中村圭爾〈一九八七―c〉。また、中村論文は、大庭脩〈一九五三〉に描かれた漢代の事例を根據として、簿伐に功績・能否が記されている可能性も指摘している。なお、魏晉期の人物評價が才と性により行われたことを山濤の『山公啓事』より指摘する葭森健介〈一九八七〉も參照。

（二六）先時國家始制九品、各使諸郡選置中正、差敍自公卿以下、至于郎吏、功德材行所任。（吉）茂同郡護羌校尉王琰、前數爲郡守、不名爲淸白。而琰子嘉仕歷諸縣、亦復爲通人。嘉時還爲散騎郎、馮翊郡移嘉爲中正。嘉敍茂雖在上第、而狀甚下、云、德優能少。茂慍曰、痛乎、我效汝父子冠幘劫人邪（『三國志』卷二十三 常林傳注引『魏略』）。

（二七）「名士」の人物評價の形成に大きな役割を果たした郭泰に關して、『後漢書』列傳五十八 郭太傳注引謝承『後漢書』に、「泰の名づくる所、人品 乃ち定まる（泰之所名、人品乃定）」とあり、郭泰の人物評價が、「人品」を定めると認識されている。人物評價における「品」が「人」の本來的なあり方に基づいていることが分かる。

（二八）以品取人、或非才能之所長、以狀取人、則爲本品之所限（『晉書』卷四十五 劉毅傳）。

（二九）（盧）毓於人及選擧、先擧性行、而後言才。黄門李豐嘗以問毓。毓曰、才所以爲善也。故大才成大善、小才成小善。今稱之有才而不能爲善、是才不中器也（『三國志』卷二十二 盧毓傳）。

（三〇）夫官才用人、國之柄也。故銓衡專於臺閣、上之分也。孝行存乎閭巷、優劣任之鄉人、下之敍也。夫欲淸敎審選、在明其分敍、不使相涉而已（『三國志』卷九 夏侯玄傳）。

（三一）何晏の『論語集解』雍也篇に、「王曰く、『上とは、上知の知る所を謂ふなり。兩つながら中人を擧ぐるは、其の上とす可く下とす可きを以てなり』と（王曰、上、謂上知之所知也。兩擧中人、以其可上可下）」とある。何晏の集解で引用する王とは、司馬昭の義父の王肅である。となれば、曹爽側の何晏も、司馬氏側の王肅も、性三品說を繼承していた。すなわち、品＝性＝人間の本來的なあり方という理解は、兩者に共有されていたのである。

（三二）岡村繁〈一九六二〉。また、「異」を發展させた「離」論を說く王廣も反司馬氏の立場を取っていた。

（三三）（衛）瓘以、魏立九品、是權時之制、非經通之道、宜復古鄉擧里選。……其始造也、鄉邑淸議、不拘爵位、褒貶所加、足爲勸勵、猶有鄕論餘風。中閒漸染、遂計資定品、使天下觀望、唯以居位爲貴。人弃德而忽道業、爭多少於錐刀之末、傷損風俗、其弊不細（『晉書』巻三十六 衞瓘傳）。

（三四）武内義雄《一九七八》。本節は、武内義雄《一九七八》に収める『論語義疏』に依った。

（三五）松村巧〈一九八一〉。なお、松村は上智と下愚を除いた七品の者の賢愚や善惡の性質は、外からの働きかけによって變わるとする皇侃の教學論や人閒觀に、儒學の修得によって政官界に進出しようとする寒人層の立場と、儒學による教學によって寒人層を統治權力の中に吸收しようとする皇帝側の立場との雙方の思想的反映を見ることができる、としている。また、內藤幹治〈一九八三〉は、皇侃の性説を、告子の性無善無不善説を繼承し、性三分説を展開して、道佛二家の説を引用しながら、玄言をもって儒學を擴大しようと努めたものである、としている。

（三六）性者人所稟以生也、習者謂生而後有儀、常所行習之事也。人俱稟天地之氣以生。雖復厚薄有殊、而同是稟氣、故曰相近也。……若有生之始、便稟天地・陰陽・氛氳之氣。氣有清濁。若稟得淳淸者則爲聖人、若得淳濁者則爲愚人。愚人淳濁、雖澄亦不淸、聖人淳淸、攪之不濁。故上聖遇昏亂之世、不能撓其眞、下愚値重堯疊舜、不能變其惡。故云、唯上智與下愚不移也。而上智以下、下愚以上、二者中閒、顏・閔以下、一善以上、其中亦多淸少濁、或多濁少淸、或半淸半濁。澄之則淸、攪之則濁、如此之徒以隨世變改。若遇善則淸升、逢惡則滓淪。所以別云、性相近、習相遠也（『論語義疏』陽貨篇）。

（三七）凡人受命、在父母施氣之時、已得吉凶矣。夫性與命異、或性善而命凶、或性惡而命吉。操行善惡者性也、禍福吉凶者命也（『論衡』命義篇）。また、吉田照子〈一九八八〉は、性と命を明確に分ける王充の性説は、孔子の合理主義を忠實に受け繼いだものであるとしている。

（三八）末岡實〈一九九〇〉は、韓愈が、性三品説に基づき、學問の必要性を説くことは、門閥貴族に對する寒門の自己主張であるとし、韓愈の説の特徵を情もまた三品に分ける性情三品説にあると指摘している。また、宋學における韓愈の性三品説の捉え方については、吉田公平〈一九八八〉を參照。

（三九）森三樹三郎《一九七一》は、佛敎が持つ輪廻の思想が六朝の士大夫に天來の福音として受け取られ、從來の儒家が解決できなかった徳と福の矛盾の問題に、明快な回答を準備した。過現未の三世を設定することにより、徳と福との矛盾は清算され、性と命との離反は解消された、と指摘している。

(四〇)　性也者、與生俱生也。情也者、接於物而生也。性之品有三、而其所以爲性者五。……今之言者、雜佛老而言也。雜佛老而言也者、奚言而不異（『韓昌黎文集』原性篇）。なお、馬其昶《一九八七》を參照した。

第五節　陸機の「封建」論と貴族制

はじめに

中國思想史において、國家の統治方法は、「郡縣」—「封建」という概念により議論されてきた。[一] 史上初めて郡縣制を施行した秦に代わった前漢は、郡縣と封建を併用する郡國制を採用し、呉楚七國の亂を平定した後には事實上の「郡縣」支配を實現した。莽新による簒奪を乘り越えた後漢においても郡國制は踏襲された。しかし、諸侯はその存在を儒教により認められてはいたものの、自立的な政治權力の行使は抑制された。前漢以來の諸侯の勢力削減策は、『春秋公羊傳』を中心とする今文系經學の理論に基づき、白虎觀會議で正統化されていたのである。[二] ゆえに後漢時代、諸侯王の權力行使は、東平憲王の劉蒼を例外として、行われなかった。

後漢「儒教國家」の衰退を機に、後漢末から提唱された「封建」論は、『春秋左氏傳』を典據に同姓諸侯を皇帝の藩屛として積極的に活用しようとするものであった。かかる議論は、歷史的には、漢魏交替期より本格的に進展する社會の分權化に對應して、皇帝權力の分權化により、國家權力全體としての集權化を目指す思考と位置づけられる（本書第二章第二節）。

西晉「儒教國家」は、「井田」「學校」と竝ぶ儒教の理想的な統治政策として、同姓諸王の「封建」を行い、王に都督・將軍の軍事的機能を併せ持たせ、皇帝權力を分權化した（本書第二章第一節）。しかし、王には諸侯への禮遇を、諸侯には尊王を求めていた『春秋左氏傳』の理念と乖離する西晉の「封王の制」は、武帝の死後、八王の亂を惹起する。八王の亂の最中、成都王穎の參軍事であった陸機は、聖王の經國の義は「封建」に在ると考え、「五等諸侯論」を著した。その中で、陸機は、すでに限界を露呈していた皇族の封建ではなく、地方行政の立て直しの具體的な方策として、五等爵を持つ貴族に封土を實效支配させることを主張する。

西晉における五等爵制は、爵制的秩序による國家的身分制を形成し、九品中正制度と相俟って、世襲性を帯びた官僚制度の運用という中國貴族制の屬性を生み出した。しかし、本來的に皇帝からの自律性を有する貴族の中には、五等爵制という皇帝が定めた秩序に基づく國家的身分制としての貴族制に對して、必ずしも肯定的ではない者も多かった（本書第一章第三節）。そうした中、敗亡した孫吳の出身でありながら、「文學」という文化的價値により、西晉の貴族層へ參入し得た陸機は、なぜ貴族に實封を與える「封建」論を主張したのであろうか。本節は、後漢末から魏晉期における「封建」論の系譜の中に陸機の「五等諸侯論」を位置づけることで、その特徴を明らかにし、陸機が「五等諸侯論」を著した思想史的・歷史的背景を考察するものである。

一、「封建」論の系譜

後漢末より盛んとなる「封建」論の系譜の最初に位置づけるべきは、曹操が擁立した獻帝の御覽に附し、漢復興の方途を指し示すために、建安五（二〇〇）年に『漢紀』を完成させた荀悅の議論である。荀悅は、『漢紀』巻五 孝惠皇帝紀[三]に、荀悦曰く、「諸侯の制は由來する所尙し。易に曰く、『先王 萬國を建て、諸侯を親しむ』と。孔子 春秋を作りて後世の法と爲し、❸世卿を譏るも、②世侯を改めず。……諸侯を封建し、各〻其の位を世〻にせしめ、民に親しむこと子の如くし、②國を愛すること家の如くせしめんと欲す。是に於て爲に賢なる卿・大夫を置き、考績黜陟し、①分土有りて分民無からしめ、而して王者 其の一統を總べて以て其の政を御す。……」と。

と述べて、②同姓諸侯の封建による①國家權力の強化を主張している。從來、中國史研究では、國家權力が專制的であることが、無媒介に皇帝權力が專制的であることの證明とされてきた。(四) しかし、皇帝權力は、國家權力を構成する最大ではあるが、一つの要素に過ぎない。②同姓諸侯を封建し、①「分土」すれば、皇帝が直接支配する地域は減少するため、皇帝權力は弱體化する。しかし、皇帝と②同姓諸侯とは血縁で結ばれているため、②同姓諸侯が支配をしても①「分民」することにはならない。すなわち、①「王者」は「一統を總べて以て其の政を御」することができる、と荀悦は説くのである。

これは、秦の始皇帝やその丞相の李斯が、諸侯を置くと支配の一元化の妨げになる、と認識したこととは大きく異なる。(五) かかる「封建」の意義付けの相違は、戰國の分裂を統一することを第一の目的とした法家と、漢の統一の中で「封建」を復權させた儒敎のそれぞれの背景となった時代性の違いに起因しよう。また、「封建」という譯語を當てられている西歐中世の feudalism とも、國家權力の強化を目指す點において、大きく原理を異にすることにも留意すべきである。國家權力は、諸侯という權力體が、分權化傾向を持つ社會に「封建」という形によって直接派遣されることで、かえって強化されるのである。(六)

これに對して、荀悦が❸「世卿を譏」ると言っているのは、直接的には『春秋公羊傳』（隱公三年・宣公十年）に、「世卿を譏る。世卿は禮に非ざるなり（譏世卿、世卿非禮）」とあることを典據とする。これを踏まえた上で、後漢末におけ

る州牧の權力の強さを鑑みて、『申鑒』時事篇では、(七)

❸州牧は其の權 重きを秉り、勢は古に異なる。❶幹を強くし枝を弱くする所以に非ざるなり。

と述べている。荀悅は、異姓の諸侯に準えるべき❸州牧が權力を握ることを、❶「幹を強くし枝を弱くする」ことに反する、すなわち君主權力のみならず、國家權力そのものの分權化を招く、と考えていた。②同姓諸侯を封建することで君主權力を分權化して①國家權力を強化する一方で、❸異姓諸侯の封建を君主權力を分權化するばかりか國家權力を弱體化させるものと否定する荀悅の「封建」論は、後漢・曹魏の「封建」論を代表する議論である。

荀悅の「封建」論が、後漢・曹魏の基調となったことに對して、西晉の「封建」論の先驅となるものが、司馬朗の「封建」論である。丞相主簿の職にあった建安十三（二〇八）年から二十二（二一七）年の閒、司馬朗は、上奏文の中で、『三國志』卷十五 司馬朗傳に、(八)

丞相主簿の（司馬）朗 以爲へらく、③天下土崩の勢は、秦 五等の制を滅して、而して郡國に蒐狩習戰の備へ無きが故に由るなり。今 ③五等は未だ復た行ふ可からずと雖も、州郡をして竝びに兵を置き、外は四夷に備へ、內は不軌を威せしむ可きは、策に於て長と爲すと。又 以爲へらく、④宜しく井田を復すべしと。……今 大亂の後を承け、民人は分散し、土業に主無きは、皆 公田と爲し、宜しく此の時に及びて之を復すべし。議 未だ施行せられずと雖も、然れども州郡 兵を領するは、朗の本意なり。

とあるように、③五等爵制と④井田制の復興を理想とすべきことを主張する。③周の封建制度であった五等爵制（②同姓・③異姓の諸侯を併置）が秦に滅ぼされたため、天下は崩壊の危機を迎えている。したがって、五等爵制を復興すべきだが時期尚早なので、とりあえず州郡に兵を置くべきである。その際、これも周で行われていた井田制を併せて復興すべきである、としたのである。この主張は、卽座に實行されることはなかったが、甥の司馬昭による五等爵制の施行、その子の西晉の武帝司馬炎による占田・課田制の實施に大きな影響を與えていく（本書第二章第三節）。

文帝曹丕が曹魏を建國しても、「封建」を求める主張は續いた。しかし、曹植との後繼者爭いを經て卽位した文帝は、諸王を大規模に封建して國政に參與させる、という政策は取らなかった。その子明帝の時、後繼者爭いの當事者であった曹植は、太和五（二三一）年、「求通親親表」の中で、②同姓諸王の封建と優遇を求めた。『三國志』卷十九　陳思王植傳[九]に、

昔　周公　管・蔡の咸（やは）らがざるを弔み、廣く②懿親を封じて以て王室に藩屛とす。傳に曰く、「周の宗盟、異姓を後と爲す」と。誠に骨肉の恩、爽（たが）へども離れず、親親の義、實に敦固に在り。未だ義にして其の君を後にし、仁にして其の親を遺す者有らざるなり。

とある。曹植が主張する②同姓諸王優遇の典據は、『春秋左氏傳』に求められる。「昔　周公」から「藩屛とす」までが、僖公　傳二十四年、「傳に曰く」以下は、隱公　傳十一年である。漢を正統化していた『春秋公羊傳』に代わって擡頭する『春秋左氏傳』に基づく封建の主張は、こののち、西晉における段灼の「封建」論の典據とされていく。

また、明帝を支えた高堂隆は、②同姓諸王の封建に加えて⑤諸王の軍事力保持を主張した。景初年間（二三七～二三九年）、高堂隆は、臨終時の上奏で、「②諸王を選び、國に君として⑤兵を典り、往往棊跱して、皇畿を鎭撫し、帝室を翼亮せしむ可し（可②選諸王、使君國⑤典兵、往往棊跱、鎭撫皇畿、翼亮帝室）」（『三國志』卷二十五　高堂隆傳）と述べている。封建された諸王が、封國の統治を行うだけではなく、軍事力を掌握した結果、西晉では八王の亂が惹き起こされた。かかる危險な遺言を高堂隆が殘したのは、司馬氏の擡頭を危惧していたためであった。

したがって、曹氏一族である曹冏が、正始四（二四三）年に主張した「封建」論は、②同姓諸王の重用だけではなく、❸異姓から權力を奪取することをも主張している。『三國志』卷二十　武文世王公傳注引『魏氏春秋』[一〇]に、

臣聞くならく、古の王者は、②必ず同姓を建てて以て親を親しむを明らかにし、③必ず異姓を樹てて以て賢を賢とするを明らかにすと。故に⑴傳に曰く、「勳を庸ひ親を親しみ、近きを昵み賢を尊ぶ」と。⑵書に曰く、「克く俊徳を明らかにして、以て九族を親しむ」と。⑶詩に云ふ、「徳を懷へば維れ寧く、宗子は維れ城」と。是に由り之を觀るに、賢に非ざれば與に功を興す無く、親に非ざれば與に治を輔くる無し。……②子弟は空虛の地に王たりて、君に不使の民有り。宗室は閭閻に竄れ、邦國の政を聞かず。權は匹夫に均しく、勢は凡庶に齊し。內に深根不拔の固め無く、外に盤石宗盟の助け無し。社稷を安んじ、萬世の業を爲す所以に非ざるなり。且つ❸今の州牧・郡守は、古の方伯・諸侯にして、皆 千里の土を跨有し、軍武の任を兼ね、或いは國を比ねること數人、或いは兄弟 竝據す。而るに宗室の子弟、曾て一人も其の間に間廁して、與に相 維持するもの無し。❶幹を彊くし枝を弱め、萬一の虞れに備ふる所以に非ざるなり。

とある。『文選』巻五十二 論二にも「六代論」として收錄される曹冏の「封建」論は、⑴『春秋左氏傳』僖公 傳二十四年、⑵『尙書』堯典、⑶『詩經』大雅 板を典據として踏まえる堂々たる文章である。ただし、その內容は、これまでの「封建」論、中でも荀悅のそれを大きく出るものではない。②同姓諸侯の重用を主張する一方で、③異姓を併用する必要性をも指摘しながらも、結局は❸異姓の州牧・郡守・諸侯は、❶君主權力を分權化して國家權力を弱體化させると說く。曹冏の「封建」論は、優れた文章と內容を兼ね備えた曹室再建政策であったが、すでに司馬氏政權は確立されていた。したがって、この政策が用いられて曹室の權力が回復することはなく、やがて曹魏は滅亡する。

曹魏が滅亡する二年前、蜀漢を滅ぼした司馬昭は、五品官の騎督以上の六百人余りを五等諸侯に封建した。國家的身分制としての貴族制の成立である（本書第一章第三節を參照）。しかし、あまりに多く出現した異姓の五等諸侯による高官の獨占に對して、段灼は、西晉成立後の創業期に上奏して、『晉書』巻四十八 段灼傳に、（一）

今 臺閣の選擧は、耳目を塗塞し、九品の訪人は、唯だ中正に問ふのみ。故に上品に據る者は、公侯の子孫に非ざれば、則ち當塗の昆弟なり。……其の五に曰く、……今に於ける國家の大計は、❸異姓をして裂土專封の邑無く、②同姓をして竝びに連城の地を據有せしむるにあり。……大晉の諸王は二十餘人、而るに公・侯・伯・子・男は五百餘國。其の國 皆 小なりと言はんと欲するや。則ち漢祖の起こるや、倶に尺土の地無し、況んや國有る者をや。……❸臣 故に五等は便ならざると曰ふなり。……臣 以爲へらく、❸諸侯の伯・子・男の名號は皆 宜しく之を改易し、封爵の制をして、祿奉禮秩、竝びに天下の諸侯の例と同じくせしむべし。

と述べている。「上品に據る者は、公侯の子孫に非ざれば、則ち當塗の昆弟なり」という文言で、五等爵制施行による貴族の高官獨占を批判する段灼は、その解決法として❸異姓の五等諸侯の廢止を提案する。そして、②同姓諸王の封建は肯定し、さらなる封國の擴大を訴える。その一方で、❸異姓の五等諸侯は、高官の獨占に加えて五百國を超えるその封國の存在そのものが、西晉にとって危險であるとするのである。五等諸侯の實封化を主張する陸機の「五等諸侯論」と正反對の主張と位置づけられよう。

②同姓諸王の權力擴大を主張する段灼の議論を受けて、孫吳の平定（咸寧四〈二八〇〉年）後に上疏した劉頌は、②同姓諸王に⑤軍事權を持たせ、⑥封土と領民の世襲的支配を行わせることを主張する。『晉書』卷四十六 劉頌傳[二]に、

……夫れ聖明は世及せず、後嗣は必ずしも賢ならざるは、此れ天理の常なり。……夫れ武王は聖主なり、成王は賢嗣なるも、然れども❶武王 成王の賢を恃（たの）まずして封建を廣むる者は、無窮を慮經すればなり。……宜しく大勳の籍、及び陛下の聖明の時を承け、土宇を開啓して、②同姓をして必ず王とせしめ、久安を萬載に建て、長世を無窮に垂るべし。……今 諸王の裂土、皆 古の諸侯を兼ぬるに、君は其の爵を賤み、臣は其の位を恥ぢ、志を安ずること有る莫し。其の故は何ぞや。⑥法 郡縣に同じく、成國の制無きが故なり。今の建置、宜しく率ね舊章に由

り、一に古典の如くせしむべし。……⑤宜しく諸王をして國容少なくして軍容多からしむべし。……⑥境內の政に至りては、官人の才を用ふるは、內史・國相の天子に命ぜらるるに非ざるよりは、其の餘の衆職、及び死生の斷、穀帛・資實・慶賞・刑威、封爵に非ざる者は、悉く之を專らにするを得しめん。……❶天下は至大にして、萬事は至衆なるも、人君は至少なること、天日に同じ。故に垂聽して周覽するを得る所に非ず。是を以て聖王の化は、要を執るのみ。務を下に委ねて事 自ら嬰（めぐら）すを以てせざるなり。職を分かちて既に定まらば、焉に與かる所無し。日昃の勤を憚りて、逸豫の虞を牽くに非ず。誠に政體の宜しく然かるを以て、事勢 之を致すなり。

とある。劉頌の「封建」論の最大の特徴は、❶君主は賢である必要はなく、すべての政治に精通する必要もない、として君主權力の弱體化を容認することにある。「後嗣は必ずしも賢ならざるは、此れ天理の常なり」と表現されるように、かかる主張は、皇太子司馬衷（のちの惠帝）の不慧を背景としている。そのうえで、君主を恃まずに國家權力を維持する方法として、②同姓諸王を必ず封建すべきことを說き、さらに諸王は⑤軍備を充實すべきことを論ずる。そのためには、⑥「郡縣」の太守と同じような專斷權のない狀況に置かれている諸王に、⑥封國內の人事・財政・賞罰などの權限すべてを委讓し、自己の封國內の一元的な支配を行わせるべきであるとする。これは、君主權力のみならず、國家權力のそのものの分權化を目指す主張であり、ここには、西歐中世的な feudalism への傾斜を見ることができよう。皇太子の不慧と貴族の強大さに對して、同姓諸王の封國支配により對抗しようとする劉頌の「封建」論は、皇帝權力のみならず、國家權力の分權化までをも主張する點において、後漢・曹魏の「封建」論とは一線を畫する、西晉固有の「封建」論であると言えよう。

　武帝司馬炎は、皇太子司馬衷の不慧を補うため、咸寧三（二七七）年八月の封王の制の改制により、「親疏」を基點とする封王體制の全體的な見直し、および封王帶任の方面軍都督と封國との一致・近接化を期する封王就國を行い、太康十（二八九）年十一月には、皇太子司馬衷の同母弟を優遇して、衷を基點とした「親親」體制の確立を目指した。[一三]こうして宗室諸王は、司馬衷の藩屏として期待されるとともに、八王の亂を起こし得るに足る實力を蓄えることとなり、武帝の死後、八王の亂を起こすのである。

八王の亂は、いわゆる「三王起義」を畫期に、外戚と諸王の抗争から、諸王の抗争の背後にある寒門と異民族の上昇運動へと、前期と後期とでその性格を大きく變えていく（本書第三章第一節）。「三王起義」の後、齊王冏が權力を掌握した永寧二（三〇二）年、冏の主簿であった王豹は、⑦同姓諸王による「分陝」と⑧五等諸侯の封國との連合を支配の理想と考えて上牋する。『晉書』巻八十九 忠義 王豹傳に、[一四]

> （王）豹 牋を（齊王）冏に致して曰く、「……昔 武王 紂を伐ち、諸侯を封建して二伯と爲す。⑦陝より以東は、周公 之を主り、陝より以西は、召公 之を主る。……今 誠に能く周の法を尊用し、成都（王穎）を以て北州伯と爲し、河北の王侯を統べしめ、明公は南州伯と爲りて、以て南土の官長を攝めよ。……今 若し豹の此の策に從ひて、皆 王侯をして國に之かしむれば、北は成都に與へ、河を分かちて伯と爲し、成都は鄴に在り、明公は宛に都し、方千里を寬みて、⑧以て圻內の侯・伯・子・男と與に、小大 相 率ゐ、好を結び盟を要め、同に皇家を獎けん。貢御の法は、一に周典の如くせん。……」と。

とある。王豹の「封建」論の中核に置かれるものは、⑦「分陝」の思想である。[一五]「分陝」とは、宣王の中興以前に、①陝を境に周公と召公が二伯として天下を治めたという『春秋公羊傳』隱公五年を典據とする天下二分の主張である。周王が空位であった「共和」の時期にそれが行われたことからも分かるように、❶君主權力の弱體を前提とする思想である。かかる意味において、王豹の「封建」論は、劉頌のそれを繼承するものと考えてよい。劉頌の「封建」論に比べて、さらなる西歐中世的な feudalism への傾斜を見ることができるのは、⑧二伯が侯・伯・子・男と盟約を結ぶとしている點である。ここでは、五等の③異姓諸侯は、⑥封國を實效支配していることが前提とされている。

しかし、君主の支配意思としては、臣下に土地を與える代わりに貢を出させる、という西歐中世の如き政治體制は、許容し難いものなのであろう。王豹は、齊王冏のために上奏した「封建」論であったにも拘らず、長沙王乂に「骨肉を離間」させようとしている小人をなぜ殺さないのか、と詰め寄られた齊王冏によって殺害された。陸機の「五等諸侯論」は、この王豹の「封建」論とほぼ同時期に、成都王穎のために著されたものである。

以上、檢討してきた「封建」論の系譜を整理しておこう。後漢末・曹魏期の「封建」論は、②同姓諸侯の封建による①國家權力の強化を目的とするもので、そのためには、同姓諸侯の⑤軍事力保有を許容する主張もあった。その際、❸異姓諸侯の封建は、❶國家權力の弱體化を招くものとして、すべての「封建」論で反對されていた。

これに對して、西晉期の「封建」論は、②同姓諸王の封建の強化が必要とされ、同姓諸王による⑤・⑥封土と領民の世襲的支配（封國化）、さらには⑦「分陝」までもが提案された。その背景には惠帝の不慧があり、❶君主權力の弱體を前提としたうえで、①國家權力を保持していくため、同姓諸王の權力伸張が求められた。一方、❸異姓の五等諸侯は當初、その廢止すら主張されたが、八王の亂の後期に出された王豹の「封建」論では、その⑥封國化が前提とされるに至った。しかし、主張の中心は⑦「分陝」にあり、異姓の五等諸侯は、王豹の「封建」論の主要な對象ではなかった。それでは、陸機の「五等諸侯論」は、かかる「封建」論の系譜の中で、いかなる特徵を持つのであろうか。

二、「五等諸侯論」の特徵

八王の亂の後期、永寧二（三〇二）年に、成都王穎のもとで著した陸機の「五等封建論」は、「封建」論の視座を同姓

諸王の處遇から地方統治の問題へと廣げた點に、第一の特徴がある。『文選』巻五十四　論四　五等諸侯論[一六]に、

　夫れ國を體ち野を經むるは、先王の愼む所。①制を創め基を垂るるは、後葉を隆んにせんと思へばなり。然れども經略は同じからず、世を長くするは術を異にす。五等の制は、黄・唐に始まり、郡縣の治は、秦・漢より創まる。

とあるように、陸機は、これまで對峙的に把握されてきた「封建」―「郡縣」という理念を、それがともに「國をいくつかに分けて世を治める」制度、一言でいえば地方行政制度としては同じである、と主張する。五等諸侯の「封建」も、官僚を派遣する「郡縣」も、その目的である①「後葉を隆んに」する、すなわち國家權力を長く持續するための制度であることでは共通である。ただ、その「術」、すなわち手段が異なるとするのである。

　したがって、五等の諸侯を置くことも、國家權力を分權化するためではなく、「天子の制」を廣めるためとなる。『文選』巻五十四　論四　五等諸侯論[一七]に、

　夫れ先王は、帝業の至重にして、天下の至曠なるを知る。曠ければ以て偏制す可からず、重ければ以て獨任す可からず。重きに任ずるには力を借りるを必とし、曠きを制するには人に因るを終とす。①故に官を設け職を分かつは、其の任を輕くする所以なり。五長を竝建するは、其の制を弘むる所以なり。

とあるように、五等諸侯を置くべき理由を國家權力の分權化のためではなく、君主の①「其の任を輕くする」一方で、「其の制を」廣める、言い換えれば、君主の權力を分權化する一方で、國家全體の權力を隅々まで廣めることに求めている。陸機の「封建」論に先立ち、後漢末の荀悅の「封建」論は、君主權力の分權化による國家權力の集權化を主張していた。これに對して、西晉の劉頌や王豹は、國家權力の分權をも主張して、西歐中世的な feudalism への傾斜を見せていた。陸機の「五等諸侯論」は、君主權力を分權化する點では荀悅の流れを汲みながらも、同姓諸侯ではなく、

五等諸侯という異姓諸侯を地方の權力體とすることで、國家權力の分權化を防ごうとする新たな方向性を打ち出すことによって、「封建」論を地方統治の問題として提示し直しているのである。

したがって、「五等諸侯論」の第二の特徴は、②同姓諸侯ではなく、③異姓の五等諸侯の封建を積極的に主張することにある。『文選』卷五十四　論四　五等諸侯論に、[一八]

> 是に於てか、其の封疆の典を立て、其の親疎の宜に財ち、萬國をして相 維なりて、以て盤石の固を成し、②宗・③庶　雜居して、維城の業を定めしむ。

とあるように、陸機は、「宗」（②同姓諸侯）だけではなく、「庶」（③異姓諸侯）をも封建すべしと主張している。從來の「封建」論は、❸異姓諸侯への封建を君主權力を弱體化するものとして否定してきた。唯一、③異姓の五等諸侯を容認する王豹も、その「封建」論の中心は二人の②同姓諸王の「分陝」に置かれる。陸機の「封建」論は、①國家權力を隅々に行き渡らせるために地方統治の擔い手を、②同姓だけではなく③異姓諸侯の封建に求めるのである。從來の「封建」論にはなかった新たな展開だけに、この主張には、論據が必要となる。

陸機は、異姓諸侯の封建を正統化するために、『詩經』大雅　板の「宗子は維れ城（宗子維城）」を論據として利用する。ただし、鄭箋に、「宗子とは、王の適子を謂ふ（宗子、謂王之適子）」とあるように、このままでは、異姓諸侯の封建を正統化できない。すでに見た曹冏の「六代論」では、これを典據に同姓諸侯の封建を主張していた。そこで陸機は、②「宗・庶　雜居して、維城の業を定めしむ」と、『詩經』の字句を展開して、「宗」と「庶」がともに諸侯となるべきである、と主張する。『周禮』夏官　都司馬の鄭注に、「庶子は、卿・大夫・士の子なり（庶子、卿・大夫・士之子）」とあるように、鄭玄は、「適子」と對になる「庶子」を「卿・大夫・士の子」、すなわち異姓をも含む臣下の子と解釋している。これを踏まえることで陸機は、異姓諸侯の封建を正統化したのである。

そして、陸機は、③五等諸侯を含め、すべての諸侯は實封を世襲すべしと主張する。「五等諸侯論」の第三の特徴である。『文選』巻五十四　論四　五等諸侯論（一九）に、

是を以て天下に分かつに厚樂を以てして、己 之と憂ひを同じくするを得。天下に饗するに豊利を以てして、我 之と害を共にするを得。利 博ければ則ち恩は篤く、樂 遠ければ則ち憂ひは深し。故に⑧諸侯 食土の實を享け、萬國 世及の祚を受く。

とあるように、陸機は、⑧「食土の實」を「世及」、すなわち實封を諸侯が世襲すべきことを主張する。これまでも、同姓諸王に、⑥封國内の人事・財政・賞罰などの専斷權を與えることは劉頌が、⑧五等の③異姓諸侯の⑥封國化は王豹が主張していた。しかし、その典據が經典によって示されることはなかった。「五等諸侯論」は、李善注の指摘のように、「世及」を、『禮記』禮運の、「大人は世及して以て禮と爲す（大人世及以爲禮）」に、「大人は、諸侯の謂なり（大人、諸侯之謂）」と付けられた鄭玄注によって解釋することで、異姓諸侯の世襲を正統化したのである。

陸機が、諸侯による實封の世襲を求める理由は、國家の滅亡原因が君主にあっても、諸侯はそれを救うことができる、と考えるためである。これが「五等諸侯論」の第四の特徴である。『文選』巻五十四　論四　五等諸侯論（二〇）に、

❾周の競はざるは、自て來たる有り。國の令主に乏しきこと、十有餘世なり。然れども片言 王に勤むれば、諸侯は必ず應じ、一朝 振矜すれば、遠國 先づ叛す。故に彊晉は其の隧を請ふの圖を收め、暴楚は其の鼎を觀るの志を頓む。豈に劉・項の能く關を闚ひ、勝・廣の敢て澤に號ばんや。②③借使 秦人 周制に因循せば、則ち無道なりと雖も、與に弊を共にする有り。覆滅の禍、豈に曩日に在らんや。……周の衰へしときに在りて、❾難は王室に興り、命を放にする者は七臣、位を干す者は三子。嗣王は其の九鼎を委て、凶族は其の天邑に據り、鉦鼙は闉宇に震ひ、鋒鏑は絳闕に流る。然れども禍は畿甸に止り、害は覃及せず。天下は晏然として、治を以て亂を待つ。

是を以て宣王は②共和に興り、襄・惠は②晉・②鄭に振るふ。豈に二漢の階闥 暫く擾れて、四海 已に沸き、孽臣 朝に入りて、九服 夕べに亂るるが若くならんや。

とあるように、陸機は、❾周の滅亡理由を國家が名君に惠まれなかったことに求める。かかる理解は、惠帝の不慧を原因に八王の亂が起きている、という當時の政治狀況に對して説得的であった。そして、こうした場合においても、もし②③諸侯を封建する周の「封建」制を採っていれば、秦ですら國家の崩壞はなかった。また、兩漢のように天下が大亂することはなく、都の周邊の動亂ですんだはずだ、と主張して、陸機は、諸侯を封建する有效性を主張するのである。

ただし、これは唐の李百藥に嚴しく批判されているように[二二]、事實に誤認があり、また論理としても、具體例として擧げる「共和」の際の②召公・周公、襄王の時の②晉、および惠王の時の②鄭は、すべて②同姓（姫姓）の諸侯であるため、異姓である五等諸侯の封建を正統化できていない。異姓諸侯の封建を正統化し得る先例を發見できなかったのであろう。具體的にも論理的にもかなり苦しい主張が展開されている。

以上のように、「五等諸侯論」の特徴は、第一に、「封建」論を同姓諸王の待遇から地方統治の問題へと廣げたところに、第二に、同姓諸侯だけではなく、異姓の五等諸侯の封建を積極的に主張し、第三に、諸侯は實封を世襲すべきとし、第四に、國家の滅亡原因は君主にあるが、封建された「五等諸侯」はそれを救うことができるとしたことにある。それでは、陸機はなぜそれほどまでにして、異姓の五等諸侯の封建に拘ったのであろうか。「五等諸侯論」の結論部分で、陸機は、地方統治のうえで「郡縣」よりも五等諸侯の「封建」が優れている理由を次のように述べている。

『文選』巻五十四 論四 五等諸侯論に[二三]、

且つ要して之を言ふに、五等の君は、己の爲に治を思ひ、❿郡縣の長は、利の爲に物を圖る。……是の故に百姓を侵して以て己を利する者は、在位の憚らざる所、實事を損ひて以て名を養ふ者は、官長の夙夜する所なり。……③五等は則ち然らず。國は己の土爲り、衆は皆 我が民なり、民 安ければ己は其の利を受け、國 傷るれば家は其の病に嬰る(かか)を知る。故に前人は以て後に垂れんと欲し、後嗣は其の堂構を思ふ。……然らば則ち⑪八代の制は、幾ど一理を以て貫く可し。秦漢の典は、殆ど一言を以て蔽ふ可し。

とある。❿郡縣の長は、利のために、百姓を損なっても自分を利するように、實際の政治を損なっても名聲を得ようとする。このため、郡縣制は地方統治を荒廢させる。これに對して、③五等諸侯に實封を與えれば、諸侯は自らの利だけではなく、子孫に傳えるためにも懸命に統治を行う。過去の歷史を見ても、⑪「八代」(五帝・三王)の制は、五等の制である。結論部において、陸機は、②同姓諸侯の封建の重要性を言及せず、もっぱら③異姓の五等諸侯を「封建」することが、「郡縣」制による地方統治よりも優れていると主張する。

八王の亂により地方統治が崩壞している今こそ、五等諸侯に封建されている貴族の力を使うべきなのである。それでは、陸機が異姓の五等諸侯の封建により、君主權力の弱體にも拘らず國家權力の分權化を防ぎ得ると考えた、歷史的背景はどこにあるのであろうか。

三、八王の亂と貴族制の堅持

陸機が同姓諸王ではなく、五等諸侯の封建を重視した第一の理由は、皇帝および同姓諸王への絶望がある。「五等諸侯論」においても、周の滅亡原因を王室に求めていたように、陸機は、國家の存亡を君主の用人の是非に依るとする。西晉に出仕する以前に著した「辯亡論」において、すでに陸機は、孫吳の滅亡を暗愚な君主の人材登用の誤りに求めている（本書第三章第五節）。そして、惠帝のような君主の不慧に際して、國家を滅亡させないためには、『文選』巻五十三　陸士衡　論三　辯亡論[二三]に、

（孫權）誠を推し士を信じ、人の我をば欺くを恤へず。能を量り器に授け、權の我に逼るを患へず。執鞭　鞠躬して、以て陸公の威を重んじ、悉く武衞を委ねて、以て周瑜の師を濟ふ。

とあるように、孫權が行ったような、心の底から士を信頼して、欺かれることを心配せず、能力をはかり器量に應じてすべての權力を委ね、その權力が自分に匹敵することを恐れないほどの人材登用を推進する必要がある、とする。これほどまでの君主の信頼を受けたため、蜀漢を破った祖父陸遜も曹魏を破った周瑜も力を振るい得た。すなわち、陸機は、君主が臣下を信頼し權力を委ねることこそ、國家が隆盛する祕訣と考えていた。臣下に權力を委讓して疑わないことの具體的な現れとして、五等諸侯の實封化を行い、君主の權力を臣下を信頼して委ねるべきだとするのである。異姓諸侯の封建を主張しながら、國家權力の分權化に向かわない理由は、君主の信頼と臣下の忠義に置かれているのである。

異姓諸侯より先に、皇帝との血縁による結びつきによって、國家を守るべき同姓諸王が後景に押しやられ、異姓の五等諸侯に焦點が當てられている理由は、八王の亂において、汝南王亮・趙王倫などの諸王による爵位の濫授で、國家的身分制としての貴族制が破壞されたことへの陸機の失望がある。『晉書』巻五十九　趙王倫傳[二四]に、

（趙王倫）孫秀を侍中・中書監・驃騎將軍・儀同三司と爲し、張林ら諸黨も、皆　卿・將に登り、竝びに大封に列せらる。其の餘の同謀の者も、咸　階を超え次を越ゆること、勝げて紀す可からず。(1)奴卒・厮役に至るも、亦た加ふるに爵位を以てす。朝會する每に、貂蟬　坐に盈つ。時人　之が諺を爲りて曰く、「(2)貂　足らず、狗尾　續く」と。

とあるように、趙王倫は、自己の腹心で寒門出身の孫秀を侍中・中書監・驃騎將軍・儀同三司に任命したほか、その朋黨をみな公卿や將軍に就けた。その濫授は、(1)「奴卒・厮役」までもが爵位を加えられ、高官の冠の飾りである(2)貂の尾が足りず狗の尾で代用される、と稱されるほどであった。五等爵制によって形成された國家的身分制としての西晉の貴族制は、同姓諸王による爵位の濫授により崩壊していたのである。

これが、五等諸侯の封建を主張した第二の理由に繫がる。陸機は、五等諸侯の封建により、崩壊した貴族制を再編しようと考えていた。趙王倫に爵位を濫授された者は、「貂の尾」すら不足したのであるから、爵位に應じた封地を得ることがほとんどなかったと考えてよい。これに對して、八王の亂の以前に五等爵を得ていた貴族は、名目上とはいえ封地が定められていた。したがって、五等諸侯が現在有している封地を實封化すれば、八王の亂以降の濫授で高い爵位を獲得した俄か貴族は一掃される。

ただし、陸機自身は、五等諸侯ではなかった。司馬昭による五等爵の賜與は、蜀漢の平定を機に行われたため、舊孫吳の臣下で五等爵を持つ者は少なかった。「五等諸侯論」を讀んだ成都王穎は、陸機が五等諸侯に成りたがっていると思ったのであろう。長沙王乂の討伐を指揮させるため、陸機を後將軍・河北大都督に拔擢した成都王穎は、『晉書』卷五十四 陸機傳(二五)に、

(成都王)穎 機に謂ひて曰く、「若し功 成り事 定まらば、當に爵は(1)郡公と爲し、位は台司を以てすべし。將軍之を勉めよ」と。機曰く、「昔 齊桓は夷吾に任じて以て九合の功を建て、(2)燕惠は樂毅を疑ひて以て垂成の業を失ふ。今日の事は、公に在りて機には在らざるなり」と。穎の左長史たる盧志、心に機が寵を害み、穎に言ひて曰く、「陸機は自らをば管・樂に比ひ、君を闇主に擬す。古より將を命じ師を遣るに、未だ臣の其の君を陵ぎて以て事を濟す可き者は有らざるなり」と。穎 默然たり。

とあるように、戰勝の曉には陸機を⑴「郡公」に封建することを約束して送り出す。陸機は、持論である、國家の興亡は君主の用人にあることを⑵燕の惠王が樂毅を信じなかったことから敗れた事例を出して説明する。その揚げ足をとって、中原出身の貴族である盧志は讒言を行い、のちに陸機が誅殺される遠因を作り出した。こうした中原貴族への江東出身者としての反發、それが第三の理由へと繫がる。

　陸機が、五等諸侯の封建を主張した第三の理由は、崩壞していた地方統治を再建するために地方の力、具體的には、舊孫吳支配地域の力を發揮すべきだと考えていたことにある。西晉の舊孫吳地域への支配は、『晉書』卷三 武帝紀 太康元年三月の條に、[二六]

> 其の牧守より已下、皆 吳の置く所に因り、其の苛政を除き、之に簡易を示す。吳人 大いに悅ぶ。

とあるように、吳の地方官をそのまま採用することも多かった[二七]。例えば、丹陽郡秣陵縣出身の陶璜は、父の陶基が交州刺史であった。吳が滅亡したとき、陶璜も同じく交州刺史であったが、西晉はこれを交代させず、陶璜は、前後三十年にわたって交州を支配した。のち、子の威・淑、淑の子の綏も交州刺史となったので、四代にわたって五人の交州刺史を出したことになる（『晉書』卷五十七 陶璜傳）。陸機自身もまた、陸雲とともに、淮南に鎭した吳王司馬晏の郎中令となって赴任している。西晉は、南人（舊孫吳臣下）を南方統治に利用していたのである。

　交州で陶璜が卒した際、西晉は吳郡吳縣出身の吾彥を後任とした。『晉書』卷五十七 吾彥傳に、[二八]

> 交州刺史の陶璜 卒す。（吾）彥を以て南中都督・交州刺史と爲す。陸機兄弟に重餉す。機 將に之を受けんとす。雲曰く、「彥は本 微賤なるに、先公の拔く所と爲る。而るに詔に答ふるに善からず。安んぞ之を受く可けんや」と。機 乃ち止む。此に因りて每に之を毀る。

とある。吾彥は、陸機の父（先公）陸抗の拔擢を受けながら、吳の滅亡原因を西晉の武帝に問われた時に、天時であって人事ではない、と答え、呉を支え續けた陸抗を評價する張華に窘められている。ゆえに、交州刺史となるにあたって、南人の中心である陸機兄弟に「重餉」を贈ったのであろう。陸機の南土に持つ規制力を憚ったのである。このように、南人は、中央の高官となっている陸機・陸雲のような南人の口利きにより官位を得ようとし、また得たのちも、その規制力に敬意を拂って、陸機を頂點とする南人貴族の社會を形成しようとしていた。これを利用すれば、南土の地方統治を建て直すことは可能である。

しかも、洛陽を中心に、鄴・許昌・長安の三鎮で繰り廣げられた八王の亂に巻き込まれなかった南方は、經濟的に豊かであった。『晉書』巻一百　陳敏傳に、[一九]

　趙王倫　簒逆するに及び、三王　義兵を起こし、屯すること久しくして散ぜず、(1)京師の倉廩　空虛たり。(陳)敏　建議して曰く、「(2)南方の米穀、皆　積むこと數十年、時に將に腐敗せんと欲す。而るに漕運して以て中州を濟はざれば、患を救ひ急に周(ゆきとど)く所以に非ざるなり」と。朝廷　之に從ひ、敏を以て合肥の度支と爲し、廣陵の度支に遷ぜしむ。

とあるように、(1)京師の穀倉が空であることに對して、南方では(2)米穀が腐るほど余っていた。のちに、陳敏が西晉に反亂を起こし得たのは、この食糧と漕運のための人員とを掌握していたためである。

陸機が「五等諸侯論」を著した時期の西晉は、八王の亂により地方統治が崩壊していた。地方行政制度として陸機が「封建」論を主張したのはこのためであり、八王の亂による統治の崩壊に對する具體的な提言であった。陸機の主張どおり、五等諸侯をそれぞれの出身地に封建すれば、その規制力により地方統治は回復していた可能性もある。事實、魏晉南北朝においては、郡縣の太守・縣令に本貫地任用が行われており、[三〇]先に掲げた交州刺史の陶氏の事例のように、それが累世にわたる場合も多かった。郡縣制すら「封建」的に運用されていたのである。「五等諸侯」封建の主張は、時宜にかなった提言であった。

また、成都王穎が陸機を抜擢して軍隊の指揮を委ねた理由には、兵糧・人員の豊富な南土への期待も含まれていたと考えてよい。それほどまでの規制力があれば、混亂する中原を見捨てて江東に歸り、その安定に努めるという選擇肢も存在した。『晉書』卷五十四 陸機傳に、（二二）

> 時に中國 多難にして、顧榮・戴若思ら、咸 機に勸めて吳に還らしめんとす。機 其の才望を負（たの）みて、世の難を匡さんことを志す、故に從はず。

とあるように、陸機とともに上洛していた顧榮たちは、陸機にも吳に歸ることを勸めた。ちなみに、陸機の死後に起きた陳敏の亂を平定した者が顧榮である。陸機は、「志」のために歸らなかった。第四の理由と關わる。

陸機が、五等諸侯の封建を主張した第四の理由は、陸機の貴族としての「志」を實現するためである。趙王倫のもと專權を振るった寒門出身の孫秀は、合族により貴族の一員に潛り込むとともに、中原貴族の潘岳を私怨により殺害している。陸機は、文學において竝稱されながらも、孫權の王號すら認めない潘岳とは對立關係にあった（本書第三章第五節）。それでも、貴族の潘岳が寒門の孫秀に殺害されたことは衝擊だったであろう。貴族として、かかる社會を匡さなければならない。

舊孫吳地域の出身者でありながら、文學により張華の推挽を受けて貴族の一員となり、賈謐の「二十四友」に數えられた陸機には、文學を存立基盤に南人への差別を乘り越え貴族になったという自負があった。また、必ずしも君主に信頼されない中、國を守った祖父の陸遜・父の陸抗、國難に殉じた兄二人、かれらを祖先に持つ陸氏一族としての誇りもあった。このため、陸機は、「五等諸侯論」という時宜にかなった地方統治政策を成都王穎に提案し、その抜擢に應えて軍を率い、長沙王乂と戰ったのである。七里澗の戰いで大敗し、讒言を受けて成都王穎に誅殺されたが、陸機は最後まで南人として得た貴族としての「志」を守るために戰っていた、と考えてよいであろう。

おわりに

陸機の「五等諸侯論」の特徴は、地方統治のために五等諸侯を封建し、實封を世襲させて、貴族としての規制力により國家の滅亡を防がせようとした點にある。同姓諸王の封建を重視する後漢末・曹魏期の「封建」論とは異なり、貴族の力量を高く評價するのである。

諸王による寒門への爵位の濫授に對抗して、封土を持ち、地方行政官たり得る資質を持つ貴族のみに五等の爵位を限定的に封建すべきことを説く陸機の「五等諸侯論」は、孫秀ら寒門の擡頭の中で、制度としての貴族制を護持するための主張である。それはまた、文學の才能により南人でありながら得た貴族としての「志」を守るための主張でもあった。

こののち「封建」論は、唐の太宗によって否定されるが、「封建」への潮流が一朝にして消滅するわけではない。藩鎭に代表される「封建」的要素は、殘存し續けた。中唐の柳宗元の「封建論」には、陸機の「五等諸侯論」の影響が見られるというが、それについては今後の課題としておきたい。

《注》

（一）中國史全體における「封建」論の俯瞰には、淸田研三〈一九四二〉、馮天瑜《二〇〇六》がある。

（二）『白虎通』における諸侯の位置づけについては、日原利國〈一九六七〉を參照。

（三）荀悦曰、諸侯之制、所由來尚矣。易曰、先王建萬國、親諸侯。孔子作春秋爲後世法、❸譏世卿、②不改世侯。……封建諸侯、各世其位、欲使親民如子、②愛國如家。於是爲置賢卿・大夫、考績黜陟、①使有分土而無分民、而王者總其一統以御其政。……（『漢紀』巻五　孝惠皇帝紀）。

（四）國家權力と皇帝權力との弁別の必要性と「封建」論との關係については、本書序章第二節を參照。

（五）『史記』巻六　秦始皇本紀に、兩者の議論は見られる。薄井俊二〈一九九七〉も參照。

（六）本田濟〈一九五五〉は、魏晉期に封建論が盛んになったことから、時代そのものが、中世的な、feudal な型に移行していることを看取し得る、という。これを受けて、川合安〈一九九五〉は、魏晉の封建論と沈約の「郡縣論」を比較し、これらをともに分權の主張であるとし、魏晉—南朝は、この意味において、一貫して「中世」貴族制の時代と把握しうる、としている。これに對して、辻正博〈二〇〇八〉は、本書第二章第二節を踏まえたうえで、中國中世における宗室諸王の封建と出鎭は、單なる「封建諸侯の割據」なのではない。したがって、これを以て「封建制」の表象と見なすことはやはり難しい、と述べている。

（七）❸州牧秉其權重、勢異於古。❶非所以強幹弱枝也（『申鑒』時事篇）。

（八）丞相主簿（司馬）朗以爲、③天下土崩之勢、由秦滅五等之制、而郡國無蒐狩習戰之備故也。今③雖五等未可復行、可令州郡竝置兵、外備四夷、內威不軌、於策爲長。又以爲、④宜復井田。……今承大亂之後、民人分散、土業無主、皆爲公田、宜及此時復之。議雖未施行、然州郡領兵、朗本意也（『三國志』巻十五　司馬朗傳）。

（九）昔周公弔管・蔡之不咸、廣②封懿親以藩屛王室。傳曰、周之宗盟、異姓爲後。誠骨肉之恩、爽而不離、親親之義、實在敦固。未有義而後其君、仁而遺其親者也（『三國志』巻十九　陳思王植傳）。

（一〇）臣聞、古之王者、②必建同姓以明親親、③必樹異姓以明賢賢。故(1)傳曰、庸勳親親、昵近尊賢。(2)書曰、克明峻德、以親九族。(3)詩云、懷德維寧、宗子維城。由是觀之、非賢無與興功、非親無與輔治。……②子弟王空虛之地、君有不使之民。宗室竄於閭閻、不聞邦國之政。權均匹夫、勢齊凡庶。內無深根不拔之固、外無盤石宗盟之助。非所以安社稷、爲萬世之業也。且❸今之州牧・郡守、古之方伯・諸侯、皆跨有千里之土、兼軍武之任、或比國數人、或兄弟竝據。而宗室子弟、曾無一人閒廁其閒、與相維持。❶非所以彊幹弱枝、備萬一之虞也（『三國志』卷二十　武文世王公傳注引『魏氏春秋』）。

（一一）　今臺閣選擧、塗塞耳目、九品訪人、唯問中正。故據上品者、非公侯之子孫、則當塗之昆弟也。……其五曰、……於今國家大計、❸使異姓無裂土專封之邑、②同姓竝據有連城之地。……大晉諸王二十餘人、而公・侯・伯・子・男五百餘國。欲言其國皆小乎。則漢祖之起、俱無尺土之地、況有國者哉。……❸臣故曰五等不便也。……臣以爲、❸諸侯伯・子・男名號皆宜改易之、使封爵之制、祿奉禮秩、竝同天下諸侯之例（『晉書』卷四十八　段灼傳）。

（一二）　夫聖明不世及、後嗣不必賢、此天理之常也。……夫武王聖主也、成王賢嗣也、然❶武王不恃成王之賢而廣封建者、慮經無窮也。……宜承大勳之籍、及陛下盛明之時、開啓土宇、②使同姓必王、建久安於萬載、垂長世於無窮。……今諸王裂土、皆兼於古之諸侯、而君賤其爵、臣恥其位、莫有安志。其故何也。⑥法同郡縣、無成國之制故也。今之建置、宜使率由舊章、一如古典。……⑤宜令諸王國容少而軍容多。……⑥至境內之政、官人用才、自非內史・國相命於天子、其餘衆職、及死生之斷、穀帛・資實・慶賞・刑威、非封爵者、悉得專之。……❶天下至大、萬事至衆、人君至少、同於天日。故非垂聽所得周覽。是以聖王之化、執要而已。委務於下而不以事自嬰也。分職既定、無所與焉。非憚日昃之勤、而牽於逸豫之虞。誠以政體宜然、事勢致之也（『晉書』卷四十六　劉頌傳）。

（一三）　武帝の諸王政策については、安田二郎〈一九七六〉を參照。

（一四）　（王）豹致牋於（齊王）冏曰、……昔武王伐紂、封建諸侯爲二伯。⑦自陝以東、周公主之、自陝以西、召公主之。……今誠能尊用周法、以成都（王穎）爲北州伯、統河北之王侯、明公爲南州伯、以攝南土之官長。……今若從豹此策、皆遣王侯之國、北與成都、分河爲伯、成都在鄴、明公都宛、寬方千里、⑧以與圻內侯・伯・子・男、小大相率、結好要盟、同奬皇家。貢御之法、一如周典。……（『晉書』卷八十九　忠義　王豹傳）。

（一五）　かかる「分陝」政治の主張が、西晉末から東晉にかけて盛んであったことについては、趙立新《二〇〇九》を參照。

（一六）　夫體國經野、先王所愼。①創制垂基、思隆後葉。然而經略不同、長世異術。五等之制、始於黃・唐、郡縣之治、創自秦・漢（『文選』巻五十四　論四　五等諸侯論）。

（一七）夫先王、知帝業至重、天下至曠。曠不可以偏制、重不可以獨任。任重必於借力、制曠終乎因人。①故設官分職、所以輕其任也。竝建五長、所以弘其制也（『文選』巻五十四　論四　五等諸侯論）。

（一八）於是乎、立其封疆之典、財其親疎之宜、使萬國相維、以成盤石之固、②宗・③庶雜居、而定維城之業（『文選』巻五十四　論四　五等諸侯論）。

（一九）是以分天下以厚樂、而己得與之同憂。饗天下以豐利、而我得與之共害。利博則恩篤、樂遠則憂深。故⑧諸侯享食土之實、萬國受世及之祚矣（『文選』巻五十四　論四　五等諸侯論）。

（二〇）❾周之不競、有自來矣。國乏令主、十有餘世。然片言勤王、諸侯必應、一朝振矜、遠國先叛。故彊晉收其請隧之圖、暴楚頓其觀鼎之志。豈劉・項之能闚關、勝・廣之敢號澤哉。②③借使秦人因循周制、雖則無道、有與共弊。覆滅之禍、豈在曩日。……在周之衰、❾難興王室、放命者七臣、干位者三子。嗣王委其九鼎、凶族據其天邑、鉦鼙震於閫宇、鋒鏑流乎絳闕。然禍止畿甸、害不覃及。天下晏然、以治待亂。是以宣王興於②共和、襄・惠振於②晉・②鄭。豈若二漢階闥蹔擾、而四海已沸、孽臣朝入、而九服夕亂哉（『文選』巻五十四　論四　五等諸侯論）。

（二一）唐の李百藥が、陸機ら「封建」論に駁論を加え、「封建」を否定し「郡縣」を主張したことを太宗が受け入れたことについては、本書序論第二節を參照。

（二二）且要而言之、五等之君、爲己思治、❿郡縣之長、爲利圖物。……是故侵百姓以利己者、在位所不憚、損實事以養名者、官長所夙夜也。……③五等則不然。知國爲己土、衆皆我民、民安己受其利、國傷家嬰其病。故前人欲以垂後、後嗣思其堂構。……然則⑪八代之制、幾可以一理貫。秦漢之典、殆可以一言蔽矣（『文選』巻五十四　論四　五等諸侯論）。

（二三）（孫權）推誠信士、不恤人之我欺。量能授器、不患權之我逼。執鞭鞠躬、以重陸公之威、悉委武衞、以濟周瑜之師（『文選』巻五十三　陸士衡　論三　辯亡論）。

（二四）（趙王倫）孫秀爲侍中・中書監・驃騎將軍・儀同三司、張林等諸黨、皆登卿・將、竝列大封。其餘同謀者、咸超階越次、不可勝紀。[1]至於奴卒・厮役、亦加以爵位。毎朝會、貂蟬盈坐。時人爲之諺曰、[2]貂不足、狗尾續（『晋書』巻五十九 趙王倫傳）。

（二五）（成都王）穎謂機曰、若功成事定、當爵爲[1]郡公、位以台司。將軍勉之矣。機曰、昔齊桓任夷吾以建九合之功、[2]燕惠疑樂毅以失垂成之業。今日之事、在公不在機也。穎左長史盧志、心害機寵、言於穎曰、陸機自比管・樂、擬君闇主。自古命將遣師、未有臣陵其君而可以濟事者也。穎默然（『晋書』巻五十四 陸機傳）。

（二六）其牧守已下、皆因呉所置、除其苛政、示之簡易。呉人大悅（『晋書』巻三 武帝紀）。

（二七）西晋の舊孫呉地域への支配については、大川富士夫〈一九七二〉、佐藤利行《一九九五》を參照。

（二八）交州刺史陶璜卒。以（吾）彥爲南中都督・交州刺史。重餉陸機兄弟。機將受之。雲曰、彥本微賤、爲先公所拔。而答詔不善。安可受之。機乃止。因此毎毀之（『晋書』巻五十七 吾彥傳）。

（二九）及趙王倫簒逆、三王起義兵、久屯不散、[1]京師倉廩空虛。（陳）敏建議曰、[2]南方米穀、皆積數十年、時將欲腐敗。而不漕運以濟中州、非所以救患周急也。朝廷從之、以敏爲合肥度支、遷廣陵度支（『晋書』巻一百 陳敏傳）。

（三〇）魏晋南北朝における本貫地任用については、窪添慶文〈一九七四〉を參照。

（三一）時中國多難、顧榮・戴若思等、咸勸機還呉。機負其才望、而志匡世難、故不從（『晋書』巻五十四 陸機傳）。

第二章　「儒教國家」の再編

第二章は、西晉「儒教國家」の具體像を解明する。第一節では、後漢「儒教國家」との比較において、西晉「儒教國家」が「理」を尊重することを指摘する。さらに、國政の根底に經義が置かれ、それは泰始律令にまで及ぶことを明らかにする。第二節では、西晉「儒教國家」の封建が、『春秋左氏傳』を典據とし、後漢「儒教國家」では抑制されていた同姓諸侯を積極的に活用するものであることを論ずる。第三節では、西晉の占田・課田制が、儒教の理想である「井田」の系譜の中から『禮記』を典據に構築されることを明らかにする。第四節では、西晉「儒教國家」の學校が、漢代以來の太學に加え、『周禮』地官 師氏および『禮記』學記の鄭玄注を典據に國子學を併設すること、そして入學制限により國子學を貴族の再生產機關としていることを指摘する。第五節では、杜預の『春秋左氏經傳集解』が、周公の義例により司馬昭の君主弑殺を正當化していることを論じていく。

第一節　西晉「儒敎國家」の形成

はじめに

中國史上、最初に儒敎を根底に据えた支配を行った「儒敎國家」は後漢であった。(一) しかし、後漢は儒敎がその與政を正當化する外戚・宦官の專横の中で崩壞した。後漢の「寬」治が衰退していく樣を見た曹操は、「猛」政を展開、儒敎經義に基づく法刑の重視を行いながら、さらに「文學」の宣揚により儒敎の價値を相對化しようとした。かかる政治姿勢は、曹爽政權下で何晏により受け繼がれ、玄學に基づく專制も試みられた。(二)

こうした曹魏による儒敎への挑戰に對する反發を束ねて國家を樹立した西晉は、「儒敎國家」の再編を目指した。また西晉では、州大中正の制と五等爵制により、國家的身分制としての貴族制が成立した（本書第一章第三節）。かかる國家的身分制を有する西晉は、いかなる儒敎との關係により國家を再編したのであろうか。本節は、西晉で形成された「儒敎國家」の特徵を論ずるものである。

一、魏晉革命の正統性

西晉を建國する司馬氏の權力は、司馬懿が州大中正の制により「名士」の支持を集め、司馬師が毌丘儉の亂を平定することにより強化された。さらに、司馬昭は蜀漢を滅ぼし、五等爵制を施行して國家的身分制としての貴族制を形成し、曹氏を禪讓へと追い込む權力を確立した（本書第一章第一節）。これを受けた司馬炎は、泰始元（二六五）年冬十二月壬戌（一三日）、曹奐より禪讓されて皇帝として卽位し（『三國志』巻四 陳留王奐紀）、四日後の丙寅（一七日）、南郊で祭天し天子として卽位した。（三）『晉書』巻三 武帝紀（四）に、

泰始元年冬十二月丙寅、壇を南郊に設く。百僚の在位し、及び匈奴の南單于・四夷の會する者 數萬人なり。柴燎し、上帝に告類して曰く、「皇帝たる臣炎、敢て玄牡を用て、皇皇后帝に明告す。魏帝 皇運に稽協し、天の明命を紹ぎて以て炎に命ず。①昔者 唐堯、大道を熙隆し、虞舜に禪位す。舜 又 以て禹に禪る。徳を邁め訓を垂れ、多く年載を歴たり。②漢の徳 既に衰ふるに曁び、太祖の武皇帝、亂を撥め時を濟ひ、劉氏を扶翼し、又 用て命を漢より受く。粵（ああ） 魏室在るも、世を仍ね（かさね）て故多く、顚墜に幾き（ちかき）も、寔に有晉の匡拯の徳に賴りて、用て厥の肆祀を獲保し、艱難を弘濟するは、此れ則ち晉の魏に大造有るなり。誕（まこと）に惟れ四方、祇順せざるは罔く、梁岷を廓清し、揚越を包懷す。八紘 軌を同じくし、③祥瑞 屢しば臻る。天人 協應して、服さざるを思ふ無し。肆予（いま） 三后に憲章して、用て大命を茲に集む。炎 維徳を嗣がず、辭して命を獲ず。是に於て羣公・卿士、百辟・庶僚、黎獻・陪隸より、百蠻の君長に曁ぶまで、僉曰く、『皇天 下を鑒、人の瘼を求む。既に成命有れば、固より克讓して距違を得る所に非ず。天序は以て統無かる可からず、人神は以て主を曠くす可からず』と。炎 皇運を虔奉し、天威を

寅畏す。敬みて元辰を簡び、壇に升りて禪を受け、上帝に告類して、永く衆望に答へん」と。

とある。司馬炎の告代祭天文の中で、魏晉革命の正統性として掲げられるものは、第一に①堯→舜→禹の禪讓に②漢→魏→晉の禪讓を準えること、第二に③祥瑞がしばしば現れたことである。

第一に、禪讓を五行相生說、なかでも五帝のそれにより正統化することについては、すでに曹魏の文帝のときに、『禮記』禮運の「天下爲公」という理念に基づき、漢魏革命を堯舜革命に準えて正統化することが行われていた（五）。曹魏が舜の後裔で土德を繼承するのであれば、その禪讓を受ける西晉は、禹の後裔で金德の國家となる。張掖郡より報告された「靈命瑞圖」を金德の證とするように（六）、西晉が金德であるとの主張は行われたが、晉室が禹の後裔であるとの工作は行われていない。明帝期に高堂隆の議により舜の後裔たることを主張した曹魏との違いをここに見ることができる。また、國家の創始者に特異な出生を想定する感生帝說も西晉では唱えられていない。最末期に、西晉と同じ金德を主張した孫吳では、感生帝說に通ずる說話により、孫堅の出生を神祕化している（七）。曹魏や孫吳に比べて、西晉はその正統性を神祕主義に求めていないことが分かるのである。

第二に、天の神祕性を背景とする天人相關說に基づく、即位を促す瑞祥については、その少なさが注目される。告代祭天文だけではない。父の司馬昭を晉王に推した鄭沖、實は阮籍が執筆した勸進文には、瑞祥も緯書も引用されない（八）。曹魏の告代祭天文もまた、瑞祥は少なく、緯書は引用されていない。しかし、曹魏の臣下の勸進文には、多くの瑞祥と緯書が掲げられていた（渡邉義浩〈二〇〇四—b〉）。告代祭天文だけではなく、臣下の勸進文にも瑞祥が少なく緯書が引用されないという西晉の正統性の特徵は、曹魏より見られる、漢を正統化していた宗敎的な讖緯思想から脫却して、「理」へと向かおうとする時代風潮を繼承し、發展させたものと考えられる。

後漢末、荊州牧の劉表の下、宋忠・司馬徽を中心に發達した反鄭玄的な經學である荊州學の流れを受けた王肅は、明確に緯書を否定した（本書第四章第一節）。王肅は、司馬炎の外祖父にあたる。王肅の經學を官學とした西晉は、泰始三（二六七）年、「星氣讖緯之學」を禁止している。[九]鄭玄の說との違いが顯著に現れる天の祭祀についても、西晉は王肅に從うのである。

魏晉革命の翌泰始二（二六六）年正月、郊祀制度の改定の詔が出されたことに伴う群臣の議により、曹魏の明帝期より用いられていた鄭玄說に代わって、王肅說が採用された。『宋書』卷十六　禮志三[一〇]に、

> 時に羣臣 又 議すらく、「五帝は、卽ち天なり。五氣 時に異なる、故に其の號を殊にす。名は五有りと雖も、其の實は一神なり。明堂・南郊は、宜しく五帝の坐を除くべし。五郊は五精の號を改め、皆 同じく昊天上帝と稱し、各〻一坐を設くるのみ。北郊は又 先后の配祀を除かん」と。帝 悉く之に從ふ。二月丁丑、宣皇帝を郊祀して以て天に配し、文皇帝を明堂に宗祀して以て上帝に配す。是年十一月、有司 又 議奏すらく、「古者 丘・郊 異ならず。宜しく圓丘・方澤を南北郊に幷せ、更めて壇兆を脩治せん。其の二至の祀は、二郊に合せん」と。帝 又 之に從ふ。一に宣帝の用ひる所の王肅の議の如くするなり。是月庚寅冬至、帝 親しく圓丘を南郊に祠す。是より後、圓丘・方澤 別に立てずして今に至る。

とある。武帝は、宣帝司馬懿が用いた王肅の議に從って、五帝と昊天上帝をともに天とする鄭玄の六天說を破棄し、明堂と南郊より五帝の坐を除いた。また、圓丘と南郊、方澤と北郊を別々のものとする鄭玄說も破棄して、圓丘・方澤を南北郊に倂せた。鄭玄の六天說は、王者の生まれる理由を五天帝に求める感生帝說の必要性と、『周禮』を中心とする經典の體系化の中で主張された。その論據は神祕的な緯書に求められ、皇帝權力に神祕的な正統性が與えられた（渡邉義浩〈二〇〇七－c〉）。これに對して、王肅は、感生帝說を否定することにより鄭玄を批判し、あくまでも「理」に基づいて經典を解釋しようとした（本書第四章第一節）。武帝は、外祖父でもある王肅の學說に基づき郊祀制度を改革

することにより、漢を支えていた神祕的な儒教ではなく、「理」に基づく經典解釋により、西晉の正統化を目指したのである。

以上のように、西晉の武帝司馬炎の卽位の正統性は、五行相生說に基づき、堯→舜→禹の禪讓に漢→魏→晉の禪讓を準えることにより主張された。これに對して、天の神祕性を背景とする天人相關說に基づく、卽位を促す瑞祥は控えめであり、緯書は利用されていない。かかる宗教性からの脫却と「理」への方向性の思想史的背景には、宗教性の高い鄭玄說を批判する王肅說の尊重があったのである。

二、泰始律令と『禮記』

武帝は「至孝」の皇帝であった[一一]。自らを儒教で律するだけではない。「諸生の家」の出身と稱する武帝[一二]は、儒教を根本に据えて國家を統治しようとした。中國における國家の支配意思は律令として表現される。武帝が泰始四（二六八）年に公布した泰始律令は、律法典と令法典とが、ともに體系的な法典として相對するようになったという點において、中國の法史上、畫期的な意義を持つ[一三]。それとともに、儒教の經義を律令の根本に置く點において、西晉「儒教國家」を象徵する法であった。

『晉書』卷三十　刑法志によれば、戰國魏の李悝の法刑六篇が商鞅により傳えられたとされる秦律は、睡虎地秦簡の「秦律十八種」が行政法規であるように、律と令とが未分化であった[一四]。前漢では、蕭何が三篇を加えて律九章を作ったが、張家山漢律には、儒教の經義が律の根本に置かれることは見られない[一五]。これらに對して、最初の「儒教國家」となった後漢では、白虎觀會議の開かれた章帝期に、陳寵が律令の根本を儒教に求むべしとの提言を行っている。『晉書』

卷三十　刑法志に、[一六]

宜しく三公・廷尉をして律令の經に應じ義に合ひ施行す可き者を集平し、大辟は二百、耐罪・贖罪は二千八百、合はせて三千と爲し、禮と相應ぜしむべし。

とあるように、陳寵は、律令を經義に合うものだけとし、『禮記』中庸に定められる三千條にまで、律令の條項を減少させるべきことを主張したのである。しかし、その實現よりも先に、陳寵が罪に觸れて失脚すると、律令を經義に合わせることはそのまま沙汰止みとなった。後漢「儒教國家」では、儒教の經義は、未だ律令の根本に置かれることはなかったのである。

天地の祭祀を鄭玄説に基づいて改めた曹魏の明帝は、律令につけられた諸儒の章句のうち、ただ鄭玄の章句のみを用いるべきことを詔により定める一方で、陳羣らに命じて新律十八篇を編纂させた。これに對して、西晉の武帝は、魏律は詳細に過ぎ、また鄭玄の章句だけを用いることには偏りがあるとして、賈充に命じて律令を改定することとし、魏律ではなく漢律を元として泰始律令を作成させた、と『晉書』卷三十　刑法志は傳える。それに對して、堀敏一〈一九八〇〉は、これらは建前であるとし、晉律二十篇の篇目を魏律十八篇に比べると、晉律が魏律を直接受け繼いでいることが分かるとする。それでも、鄭玄の章句を排し、漢からの繼承を唱える「建前」に、王肅説を中心とした「儒教國家」の再編を目指す西晉における泰始律令の位置づけを見ることができよう。

泰始律令はすでに散逸し、その全體像を把握することは難しいが、賈充との對立に端を發した庾純の不孝問題によって、律令の適用とその根本原理である禮、および當時の國政のあり方を具體的に考えることができる。[一七]河南尹の庾純は、賈充と不和であり、賈充が司空を拜命した際の酒宴の席で口論となり、『晉書』卷五十　庾純傳に、[一八]

（賈）充曰く、「父　老いたれど歸へりて供養せず、將た何をか言ふや」と。（庾）純　因りて怒を發して曰く、「賈充、天下兇兇たるは、爾一人に由る」と。充曰く、「充 二世を輔佐し、巴蜀を蕩平す。何の罪有りて天下 之が爲に兇兇たる」と。純曰く、「高貴鄕公 何こにか在る」と。衆坐 因りて罷む。

とあるように、父が老いているのに在官したままで、供養しないことを非難された。これに對して庾純が、賈充の、延いては司馬昭の高貴鄕公殺害を罵倒したため、この問題は、單なる二人の對立を超えて、西晉が律令と禮とをどのように捉えるのか、という大きな問題へと發展した。『晉書』卷五十 庾純傳に、(一九)

八十なる者は、一子 政に從はしめず。九十なる者は、其の家 政に從はしめず。新令も亦た之の如し。

とあるように、父母が八十歳以上の時には、子のうちの一人が在官せずに家に居り、供養に侍さなければならないと、新令（泰始令）では規定されていた。ここで「新令も亦た」と述べられているのは、「八十なる者は、一子 政に從はしめず。九十なる者は、其の家 政に從はしめず」という前文が、『禮記』王制の文言をそのまま典據としているためである。ここに、西晉の泰始律令が、『禮記』という儒教經典の經義を律令の根本に置いていた實例を求めることができる。(二〇) 秦より繼承した律令が經典に典據を持たないことを陳寵に難ぜられた後漢「儒教國家」との違いを見ることができよう。(二一) 中國史上、初めて「儒教國家」を形成した後漢が、その支配意思の律令に經典の典據を持ち得なかったほど原初的であることに對して、西晉「儒教國家」は、儒教に依據する律令を有していたのである。

庾純は六人兄弟であり、うち三人は供養に侍しており、庾純が官に在ることは令に違背しておらず、賈充が庾純を親不孝と罵ることは酒席の上での惡口に過ぎない。しかし庾純は、高貴鄕公殺害への罵倒により誅殺されることを恐れ、八十歳の親を養うために去官を求めなかったことを理由に自ら彈劾を行い、詔により罷免された。ところが、庾純の免官だけでは、事態は收束しなかった。武帝は、庾純が養老のために去官を求めなかったことの是非を禮典に基づいて議論させたのである。『晉書』卷五十 庾純傳に、(二二)

太傅の何曾・太尉の荀顗・驃騎將軍たる齊王の攸　議して曰く、「……按ずるに純の父は年八十一、兄弟は六人、三人　家に在り、侍養を廢せず。純　供養を求めざるは、其の禮・律に於て未だ違有らざるなり。司空公（賈充）純の位　卿尹に備はるを以て、其の人に加(まさ)ること有らんと望む。而るに純　醉に荒(おぼ)れて、其の忿怒を肆にす。臣　以爲へらく、純　遠くは孝至の行を布かずして、近くは常人の失に習ふ、應に譏貶に在るべしと」と。

とあるように、太傅の何曾・太尉の荀顗・齊王の司馬攸の議は、庾純は禮や律令には違反していないが、賈充が卿尹の地位にある庾純に人より優れた德を求めたことに對して、酒に醉って怒りを表したことは、至孝ではないので貶めるべし、とするものであった。さらに、司馬氏に媚びる石苞に至っては、『晉書』巻五十　庾純傳に、(二三)

司徒の石苞　議すらく、「純は官を榮とし親を忘れ、格言を聞くを惡む。不忠・不孝なれば、宜しく除名して爵土を削るべし」と。

と主張し、不孝に加えて、高貴鄕公殺害への罵倒を踏まえて庾純を「不忠」でもあるとして、庾純の除名を主張したのである。(二四)いずれの議も、ことに石苞の議は、令に違背していない庾純に對して、令の合理的な運用を曲げてまで罪に陷れようとするものである。正面きって問題にできない高貴鄕公殺害への罵倒を、不孝の問題にすり替えて解決しようとする國家權力の濫用と言い換えてもよい。

こうしたなか、司徒西曹掾の劉斌は、太傅の何曾・太尉の荀顗・齊王の司馬攸の議に對して、『晉書』巻五十　庾純傳に、(二五)

司徒西曹掾の劉斌　議して以爲(い)へらく、「……近ごろ遼東太守の孫和・廣漢太守の鄧良　皆　老母有り。良は兄弟無くも、之に遠郡を授け、辛苦して自ら歸らんとするも、皆　聽されず。且つ純は近く京尹と爲り、父は界內に在り、時に自ら啓(とど)まりて定省するを得。獨り禮法の外に於て其の貶黜に處すは、斌　愚　以爲へらく、理に非ざるなりと。

禮に、年八十なるは、一子 政に從はしめずと。純に二弟有りて家に在り、禮に違ふと爲さず。又 令に、年九十なるは、乃ち悉く歸るを聽すと。今 純の父は實に未だ九十ならず、令を犯すと爲さず。宰相を罵辱するは、宜しく放斥を加へて、以て國典を明らかにすべし。……」と。

と述べた。劉斌は、他の事例と比べても去官の許される可能性のない庾純が、令に違反していないにも拘らず、禮法の外で貶められることは「理」ではないと主張し、宰相への侮辱はこの問題とは別に扱うべし、としたのである。さらに、河南功曹史の龐札らは、石苞の議に對して、『晉書』巻五十 庾純傳に、(二六)

河南功曹史の龐札ら表して曰く、「……兄の侍中たる(庾)峻は、家の嫡長なれば、往に比りに自ら表して、歸りて供養せんことを求むるも、詔喩して聽さず。國體の法同じく、兄弟に異無し。而るに尹が供養を求めざるを虛責すること斯の如し。臣懼るるに、假飾の名を長ぜしめて、忠誠の實を損はれんことを。夫れ禮なる者は、國家を經め、社稷を定むる所以なり。故に陶唐の隆なるは、古典に順考すればなり、周成の美なるは、舊章に率由すればなり。伏して惟へらく、陛下 聖德欽明にして、禮を敦くし教を崇び、四嶽に疇諮して、以て典制を詳かにすと。尹 犯違を以て黜を受くるも、而るに由る所の者は醉ゐなり。公 教義を以て見責するも、而るに因る所の者は忿なり。忿を積みて以て義を立て、醉ひに由りて以て罪を得。禮律 復た斷を爲さず、文の致して以て法と成さんと欲す。是を以て愚臣 敢て死亡の誅を冒して、盛明の世に伸べざるを恥づ。惟だ哀察を蒙らん」と。

と述べ、すでに兄の庾俊が去官を許されていないことを擧げるとともに、賈充は教義に基づき庾純を責めているが、その實は私憤であるとする。劉斌と同じように、禮に基づく令の「理」にかなった運用を求める態度と考えてよい。君主權力におもねる石苞が、令を歪曲して庾純を除名しようとする恣意性に對抗して、『禮記』という經典の指し示す「理」に基づいて、問題に對處しようとしたのである。

これらの議を受けた武帝は詔を下し、西晉の官僚の進退が典禮に基づくべきことを宣言する。『晉書』巻五十 庾純傳(二七)に、

> 帝 復た詔を下して曰く、「中世より以來、多く貴重には意に順ひ、賤者には情を生ずるが爲に、故に(張)釋之・(于)定國をして名を前世に揚ぐるを得しむ。今 議して庾純を責むるに、溫克を惟はず、酒に醉ひて沈湎すと。此れ人を責むるに齊聖を以てするなり。疑ふらくは賈公も亦た醉ひしならん。若し其の醉はずんば、終に百客の中に於て責むるに官を去り供養せざるを以てせざるなり。大晉 聖人の典禮に依りて、臣子の出處の宜を制す。若し八十なる有らば、皆 當に歸養すべきこと、亦た獨り純のみならざるなり。古人云ふ、『醉の言に由はば、童羖を出さしめん』と。明らけし醉ひたるを責めざるは、度を失ふを恐るればなり。純を免ずる所以の者は、當に將來の醉戒と爲すべきなればのみ。齊王・劉掾が議 當れり」と。復た純を以て國子祭酒と爲し、散騎常侍を加ふ。

とあるように、武帝は、すでに庾純を免官していたため、齊王の司馬攸らの議を正しいとしながらも、實質的には司徒西曹掾の劉斌の議に從い、庾純を國子祭酒に任命した。すなわち、武帝は、令と禮に違反していない庾純に對して、恣意的に令を曲げて高貴鄕公殺害への罵倒の罪を問うことはなかったのである。その際、武帝が、「大晉は聖人の典禮に依」り、「臣子の出處の宜」を規定する、と宣言したことは、西晉「儒教國家」の經義に基づく支配を象徴する。

西晉「儒教國家」は、國家の支配意思を表現する泰始律令の根本に儒教經典を置いた。しかも、たとえ西晉にとって最大のタブーである高貴鄕公の殺害に關わる事案であっても、令が恣意的に運用されようとした場合には、經典の「理」に基づいて皇帝權力である武帝自らがそれを阻止した。暴力や神祕性などに代わって、儒教の禮を典據とする律令の「理」に基づく運用により、國家權力の正統性を維持しようとしたのである。

三、經の「理」と君主權力

泰始律令に經典の根據を持つ西晉では、國家支配のための多くの政策もまた、經義に典據を有していた。儒教に基づく國家支配の三本の柱である封建・井田・學校に關して言えば、王の封建は『春秋左氏傳』僖公 傳十一年に、異姓への五等爵の封建は『禮記』王制に、占田・課田制も『禮記』王制に、國子學の設置は『禮記』學記に、その正統性の論據を置いていた。[二八] 多くの政策に明確な經典の典據を持つことは、西晉「儒教國家」の特徴である。もちろん、儒教の浸透とそれへの依據が進展した結果と考えてよい。

武帝期における儒教の尊重については、『晉書』卷七十五 荀崧傳[二九]に、

> 世祖武皇帝 運に應じ登禪し、儒を崇び學を興す。明堂を經始し、辟雍を營建し、朔を告げ政を班ち、鄉飲大射す。西閣東序に、河圖・祕書の禁籍あり。臺省に宗廟・太府・金墉の故事有り。太學に石經の古文・先儒の典訓有り。賈・馬・鄭・杜・服・孔・王・何・顏・尹の徒、章句・傳注・衆家の學ありて、博士十九人を置く。九州の中、師徒 相 傳へて、學士 林の如し。猶ほ張華・劉寔を選び太常の官に居らしめて、以て儒教を重んず。

とあり、東晉元帝期の荀崧が、西晉の武帝による儒教の尊重策を贊美している。[三〇] そこでは、「賈・馬・鄭・杜・服・孔・王・何・顏・尹」の章句が併存したように回顧されているが、むろんその學説は、王肅説へと收斂されていった。その過程については、一九三一年に洛陽縣城外から出土した「大晉龍興皇帝三臨辟雍皇太子又再莅之盛德隆熙之頌」碑（以下、辟雍碑と略稱）により明らかとなる。[三一] 咸寧四（二七八）年十月二十日に立てられた辟雍碑は、泰始三（二六七）年十月に、はじめて西晉が鄉飲酒禮と鄉射禮を行い、馬融・鄭玄・王肅説を竝用したと記す。しかし、木島史雄（一九九

六〉によれば、辟雍碑の碑陰に刻まれる禮生は、鄭玄説に基づき大射禮を行う集團と王肅説に基づき郷飲酒禮を行う集團とに分かれ、馬融説のそれは記されず、やがて西晉の末年までには、王肅説の獨占になっていくという。

國家の政策が經義を典據とし、儒教尊重策が推進されれば、國政を運用する官僚には、儒教の理解が必須となる。したがって、西晉の政權樞要官への就官者は、儒教を價値の中心におく公・侯の爵位を持つ貴族と、封建された司馬氏の諸王により構成された[三二]。同姓諸王を封建するだけではなく國政に參與させたのは、君主權力の強化により國家權力の集權性を維持しようとしたためである（本書第二章第二節）。

かかる諸王の封建による中央集權化政策の背景には、武帝を最も惱ませた皇太子司馬衷の不慧問題があった。加えて、武帝には司馬攸という賢弟がおり、祖父の司馬懿に目をかけられ、男子のいない司馬師の養子とされていた。父の司馬昭には、兄の司馬師の霸權を繼承したという負い目があり、自分の後は兄の後嗣である司馬攸に讓るというのが、かねてからの司馬昭の考えであったという（『晉書』卷三 武帝紀）。しかしながら、何曾・裴秀・山濤・賈充らの反對と説得により司馬昭が翻意し、武帝は後繼者となって西晉を建國し得た。ところが、武帝の後繼者である皇太子司馬衷の不慧が知れ渡ってくると、弟の司馬攸を後繼者に望む聲が高まってきたのである（本書第三章第二節）。

こうしたなかで、武帝は、司馬衷の生母である楊元皇后（楊豔）に[三三]、皇太子の廢嫡を打診する。しかし、『晉書』卷三十一 武元楊皇后傳に[三四]、

（武）帝 以へらく、皇太子 大統を奉ずるに堪へずと。密かに以て（武元楊皇）后に語る。后曰く、「『嫡を立つるは長を以てし賢を以てせず』と。豈に動す可けんや」と。

とあるように、楊元皇后が、『春秋公羊傳』隱公元年の「嫡を立つるは長を以てし賢を以てせず」を典據に、皇太子の廢立を拒否すると、武帝はこれを覆すことができなかった。儒教の經典からは、皇太子を廢嫡する「理」を導くこと

ができないためである。また、貴族の推す司馬攸を立てないことを通じて君主權力を強化する目的もあって、武帝は、司馬衷後繼に向けて突き進んだ。『晉書』卷二十四 職官志に、[二五]

> 咸寧三年、衞將軍の楊珧 中書監の荀勖と與に、齊王の攸 時望有り、惠帝の後難有らんを懼るるを以て、因りて故の司空たる裴秀の五等の封建を立てし旨を追ひ、從容として共に時宜を武帝に陳べて、以爲へらく、「古者 侯を建てしは、王室を藩衞する所以なり。今 吳寇 未だ殄きず、方岳の任 大なり。而るに諸王 帥と爲り、封國を都督するも、既に各〻其の統內を臣とせざるは、事に於て重いに宜に非ず。又 異姓の諸將 邊に居らば、宜しく親戚を以て參ずべし。而して諸の王公の皆 京都に在るは、扞城の義、萬世の固に非ず」と。帝 初め未だ之を察せざりしも、是に於て詔を下して其の制を議せしむ。

とあるように、咸寧三（二七七）年より、司馬攸を含めた同族の諸王を西晉の藩屛として出鎭させることの議を開始する。八王の亂をひきおこす宗王の出鎭である。[二六] 武帝がこれを遂行したのは、この主張が經典の「理」に基づいているためである。楊珧の上奏文にみえる「扞城の義」とは、『詩經』國風 周南 兔罝を典據とする。「公侯の干城」につけられた毛傳は、「干は、扞なり」とし、鄭箋は、「干なり、城なり。皆 以て難を禦ぐなり。……諸侯 以て國守に任ず可く、其の民を扞城し、折衝して難を未然に禦ぐ」とする。[二七]『詩經』に依れば、諸侯は、國守となって王室とその民を守るため出鎭すべきなのである。

かかる經の「理」を掲げながら、武帝は司馬衷のため、そして君主權力確立のために、貴族の支持する司馬攸を京師より放逐しようとした。これに對して、司馬衷の不慧を知る貴族の多くは、羊祜を中心に司馬攸の擁立を模索し續けた。しかし、それを根據づける經の「理」はなかった（本書第三章第二節）。こうしたなか、武帝は斷固として、司馬衷の後繼を守った。經の指し示す「理」は、君主權力の恣意的な行使を否定することはなかったのである。司馬衷の保護者であり、かつ司馬攸の保護者でもあった賈充が、太康三（二八二）年の四月に病死すると、十二月、武帝は貴族の意向を無視して、いやがる司馬攸を強引に歸藩させ、皇太子衷の後繼を確定した。かかる武帝の行動を貴族が認めざるを得なかったのは、自らの國家的身分制をも規定している經の「理」により、それが正當化されていたためなのである。

經の「理」は、こうして西晉の命運を不慧の惠帝司馬衷に委ねた。多くの貴族の予想どおり、政治は混亂して八王の亂が勃發する。亂の最中、趙王の司馬倫は帝室内で革命を起こし、惠帝を廢位して皇帝となった。これに對して、齊王の司馬冏・成都王の司馬穎・河間王の司馬顒が擧兵する。その際、成都王司馬穎の謀主となった盧志は、皇帝司馬倫の打倒を次のように勸めている。『晉書』巻四十四 盧欽傳附盧志傳[三八]に、

趙王は無道にして、肆に簒逆を行ひ、四海の人神、憤怒せざるは莫し。今 殿下は三軍を總率し、期に應じて電發すれば、子來の衆は、召さずして自づから至らん。凶逆を掃夷するに、必ず征有りて戰無し。

とある。司馬倫がたとえ皇帝になったとしても、無道であれば、君主を弑殺しても構わない[三九]。經の「理」は、君主權力の恣意的な行使だけではなく、その打倒をも正當化したのである。

西晉「儒教國家」は、泰始律令に加えて、多くの政策や國政の運用に儒教經典の根據を有していた。そのため、たとえそれが、國家權力全體のためにならない君主權力だけの強化であるにしても、皇太子を守る經の「理」がある以上、儒教を價値基準の根底に置く貴族たちは、皇太子の廢嫡を主張し續けることはできなかった。ここに、經の「理」に從う西晉「儒教國家」の一つの限界を見ることができよう。このほか、儒教そのものに含まれる差別性は、貴族制を背景に性三品説を生まれながらにして人は平等ではないとする思想に展開させた（本書第一章第四節）。また、胡族との雜居は、儒教の持つ華夷思想を先鋭化させ、江統の「徙戎論」を生み出した（本書第三章第三節）。性三品説の展開や

華夷思想の先鋭化に見られるような、儒教の人間觀に基づく身分制や差別性にも、八王の亂や永嘉の亂の原因を求めることができるが、これらについては、第三章で論ずることにしたい。

おわりに

武帝により形成された西晉「儒教國家」は、注（一）に掲げた後漢「儒教國家」の定義を滿たした上で、第一に經の「理」を尊重すること、第二に國政の根底に經義を置くことに特徴を持つ。緯書や天人相關說により宗教性を強く持つ漢代の儒教を集大成した鄭玄の經學を批判した王肅の學說に依據することにより、神祕的な宗教性を超えて經の「理」に基づく國家の正統性を掲げたのである。そのうえで、泰始律令をはじめ、國政の諸政策の典據を經義に求め、國政の運用も經義に基づいて遂行された。しかし、經の「理」は、皇帝權力の專制を必ずしも抑制するものではない。むしろ、經に依據した君主權力の暴走を防ぐ術は、以前にも增して少なくなっていたのである。

《注》

（一）後漢において、⑴思想內容としての體制儒教の成立、⑵制度的な儒教一尊體制の確立、⑶儒教の中央・地方の官僚層への浸透と受容、⑷儒教的支配の成立という四點を要件とする「儒教國家」が成立したことについては、本書序論第一節を參照。

（二）曹魏における「猛」政の展開、「文學」の宣揚、および何晏の玄學に基づく中央集權化政策については、渡邉義浩《二〇〇四》を參照。

（三）漢代以降の中國古代の君主が、皇帝卽位と天子卽位の二段階卽位を行ったことについては、渡邉義浩〈二〇〇七—d〉を參照。

（四）泰始元年冬十二月丙寅、設壇于南郊。百僚在位、及匈奴南單于・四夷會者數萬人。柴燎、告類于上帝曰、皇帝臣炎、敢用玄牡、明告于皇皇后帝。魏帝稽協皇運、紹天明命以命炎。①昔者唐堯、熙隆大道、禪位虞舜。舜又以禪禹。邁德垂訓、多歷年載。②曁漢德既衰、太祖武皇帝、撥亂濟時、扶翼劉氏、又用受命于漢。粤在魏室、仍世多故、幾於顚墜、寔賴有晉匡拯之德、用獲保厥肆祀、弘濟于艱難、此則晉之有大造于魏也。誕惟四方、罔不祇順、廓淸梁岷、包懷揚越。八紘同軌、③祥瑞屢臻。天人協應、無思不服。肆予憲章三后、用集大命于茲。炎維德不嗣、辭不獲命。於是羣公・卿士、百辟・庶僚、黎獻・陪隸、曁于百蠻君長、僉曰、皇天鑒下、求人之瘼。既有成命、固非克讓所得距違。天序不可以無統、人神不可以曠主。炎虔奉皇運、寅畏天威。敬簡元辰、升壇受禪、告類上帝、永答衆望（『晉書』卷三 武帝紀）。

（五）『禮記』禮運の「天下爲公」と漢魏革命の正統化については、渡邉義浩〈二〇〇三—b〉を參照。

（六）『晉書』卷三 武帝紀 泰始三年夏四月の條。『三國志』卷三 明帝紀注引『魏氏春秋』も參照。

（七）孫晧期における孫堅の出生の神祕化については、渡邉義浩〈二〇〇七—a〉を參照。

（八）『晉書』卷二 文帝紀。また、勸進文の文章に禪讓という虛妄劇を冷たく凝視する阮籍の表現者としての醒めた眼があることについては、大上正美〈一九八二〉を參照。

（九）『晉書』卷三 武帝紀 泰始二年十二月の條。安居香山〈一九六一〉も參照。

（一〇）時羣臣又議、五帝、卽天也。五氣時異、故殊其號。雖名有五、其實一神。明堂・南郊、宜除五帝之坐。五郊改五精之號、皆同稱昊天上帝、各設一坐而已。北郊又除先后配祀。帝悉從之。二月丁丑、郊祀宣皇帝以配天、宗祀文皇帝於明堂以配上帝。是年十一月、有司又議奏、古者丘・郊不異。宜幷圓丘・方澤於南北郊、更脩治壇兆。其二至之祀、合於二郊。帝又從之。一如宣帝所用王肅議也。是月庚寅冬至、帝親祠圓丘於南郊。自是後、圓丘・方澤不別立至今矣（『宋書』卷十六 禮志三）。なお、郊祀については、小島毅〈一九八九〉を參照。

（一一）司馬氏の「孝」の尊重については、渡邉義浩〈二〇〇二—b〉を參照。

（一二）『晉書』卷二十 禮志 中に、「吾は本 諸生の家、禮を傳へ來たること久し（吾本諸生家、傳禮來久）」とある。また、司馬氏の家系については、本書第一章第二節を參照。

（一三）堀敏一〈一九八〇〉。また、泰始律令成立までの律令の展開については、冨谷至〈二〇〇〇、〇一〉を參照。

（一四）堀敏一〈一九八〇〉。また、籾山明〈一九九三〉、江村治樹〈二〇〇〇〉も參照。

（一五）冨谷至《二〇〇六》、飯尾秀幸〈二〇〇三～一〇〉を參照。

（一六）宜令三公・廷尉集平律令應經合義可施行者、大辟二百、耐罪・贖罪二千八百、合爲三千、與禮相應（『晉書』卷三十 刑法志）。

（一七）庾純の事例を嚴禮主義という視座から捉えたものに、神矢法子〈一九八六〉がある。なお、潁川の庾氏については、多田狷介〈一九七五〉〈一九七六〉を參照。

（一八）（賈）充曰、父老不歸供養、將何言也。（庾）純因發怒曰、賈充、天下兇兇、由爾一人。充曰、充輔佐二世、蕩平巴蜀。有何罪而天下爲之兇兇。純曰、高貴鄕公何在。衆坐因罷（『晉書』卷五十 庾純傳）。なお、高貴鄕公の殺害を司馬氏が「孝」の濫用により正當化したことは、渡邉義浩〈二〇〇二―b〉を參照。

（一九）八十者、一子不從政。九十者、其家不從政。新令亦如之（『晉書』卷五十 庾純傳）。

（二〇）祝總斌〈一九八五〉は、庾純の事例も含めて、禮典の理念が泰始律令の條文に反映していることを指摘する。祝總斌〈一九八三〉も參照。

（二一）「黃帝四經」の一つに擬定される『經法』第一 道法に、「道は法を生ず」とあり、法の淵源が道にあることを黃老思想の立場から斷言している。澤田多喜男《二〇〇六》を參照。

（二二）太傅何曾・太尉荀顗・驃騎將軍齊王攸議曰、……按純父年八十一、兄弟六人、三人在家、不廢侍養。純不求供養、其於禮・律未有違也。司空公（賈充）以純備位卿尹、望其有加於人。而純荒醉、肆其忿怒。臣以爲、純不遠布孝至之行、而近習常人之失、應在譏貶（『晉書』卷五十 庾純傳）。

（二三）司徒石苞議、純榮官忘親、惡聞格言。不忠・不孝、宜除名削爵土（『晉書』卷五十 庾純傳）。

（二四）除名については、中村圭爾〈一九七四〉を參照。なお、神矢法子〈一九八六〉は、太傅の何曾・太尉の荀顗・齊王の司馬攸および石苞の議を嚴禮主義的意見と捉えるが、この議論は、神矢論文では省略されている高貴鄉公殺害への罵倒を踏まえて考察すべきであろう。

（二五）司徒西曹掾劉斌議以爲、……近遼東太守孫和・廣漢太守鄧良皆有老母。良無兄弟、授之遠郡、辛苦自歸、皆不見聽。且純近爲京尹、父在界內、時得自啓定省。獨於禮法外處其貶黜、斌愚以爲、非理也。禮、年八十、一子不從政。純有二弟在家、不爲違禮。又令、年九十、乃聽悉歸。今純父實未九十、不爲犯令。罵辱宰相、宜加放斥、以明國典。……（『晉書』卷五十　庾純傳）。

（二六）河南功曹史龐札等表曰、……兄侍中（庾）峻、家之嫡長、往比自表、求歸供養、詔喩不聽。國體法同、兄弟無異。而虛責尹不求供養如斯。臣懼、長假飾之名、而損忠誠之實也。夫禮者、所以經國家、定社稷也。故陶唐之隆、順考古典、周成之美、率由舊章。伏惟、陛下聖德欽明、敦禮崇敎、疇諮四嶽、以詳典制。尹以犯違受黜、而所由者醉。公以敎義見責、而所因者忿。積忿以立義、由醉以得罪。禮律不復爲斷、文致欲以成法。是以愚臣敢冒死亡之誅、而恥不伸於盛明之世。惟蒙哀察（『晉書』卷五十　庾純傳）。

（二七）帝復下詔曰、自中世以來、多爲貴重順意、賤者生情、故令（張）釋之・（于）定國得揚名於前世。今議責庾純、不惟溫克、醉酒沈湎。此責人以齊聖也。疑賈公亦醉。若其不醉、終不於百客之中責以不去官供養也。大晉依聖人典禮、制臣子出處之宜。若有八十、皆當歸養、亦不獨純也。古人云、由醉之言、俾出童羖。明不責醉、恐失度也。所以免純者、當爲將來之醉戒耳。齊王・劉掾議當矣。復以純爲國子祭酒、加散騎常侍（『晉書』卷五十　庾純傳）。なお、「齊聖」は『詩經』小雅　小宛を、「古人云」は『詩經』小雅　賓之初筵を典據とする。

（二八）王の封建については、本書第二章第二節を、五等爵については、本書第一章第三節を、占田・課田制については、本書第二章第三節を、國子學については、本書第二章第四節を參照。

（二九）世祖武皇帝應運登禪、崇儒興學。經始明堂、營建辟雍、告朔班政、鄉飮大射。西閣東序、河圖・祕書禁籍。臺省有宗廟・太府・金墉故事。太學有石經古文・先儒典訓。賈・馬・鄭・杜・服・孔・王・何・顏・尹之徒、章句・傳注・衆家之學、置博士十九人。

九州之中、師徒相傳、學士如林。猶選張華・劉寔居太常之官、以重儒教（『晉書』巻七十五 荀崧傳）。

（三〇）柳春新〈二〇〇六〉は、武帝の政治方針について「仁儉」「以孝治天下」といった儒教の尊重のほかに、儒教と道教（玄學）を兼ね備え、相互に補完することにあった、としている。たしかに、武帝が詔の中で『老子』や「無爲」を引用することはあるが、儒教と道教（玄學）とで相互に補完するようなほど、道教（玄學）を尊重したわけではない。そもそも玄學が、儒教を基底に置くことについては、渡邉義浩〈二〇〇一―c〉を參照。

（三一）辟雍碑については、余嘉錫〈一九六三〉、および井波隆一《二〇〇五》の「大晉龍興辟雍碑」に全文・釋讀が掲げられる。辟雍禮の擔い手が、馬・鄭・王から鄭・王、そして西晉の終わりまでには王學の獨占となることについては、木島史雄〈一九九六〉を參照。また、福原啓郎〈一九九八〉は辟雍碑に、禮教政策による目に見える形での權威創出と暗愚な皇太子の箔づけという、西晉と武帝の二重の意圖を想定している。

（三二）西晉の樞要官に儒教官僚が多いことは、本書第一章第一節・第三節を參照。諸王については、竹園卓夫〈二〇〇四〉〈二〇〇五〉を參照。また、福原啓郎《一九九五》にも言及されている。

（三三）楊駿の家系については、石井仁・渡邉義浩〈二〇〇六〉を參照。

（三四）（武）帝以、皇太子不堪奉大統。密以語（武元楊皇）后。后曰、立嫡以長不以賢。豈可動乎（『晉書』巻三十一 武元楊皇后傳）。

（三五）咸寧三年、衞將軍楊珧與中書監荀勖、以齊王攸有時望、懼惠帝有後難、因追故司空裴秀立五等封建之旨、從容共陳時宜於武帝、以爲、古者建侯、所以藩衞王室。今吳寇未殄、方岳任大。而諸王爲帥、都督封國、既各不臣其統內、於事重非宜。又異姓諸將居邊、宜參以親戚。而諸王公皆在京都、非扞城之義、萬世之固。帝初未之察、於是下詔議其制（『晉書』巻二十四 職官志）。なお、職官志と荀勖傳の記述の矛盾より、唐長孺〈一九八三〉は、唐修『晉書』が舊文を節合する際に當を失して荀勖を加えたものと理解する。

（三六）陳長琦《一九九二》は、諸王の參政・分封・出鎭が八王の亂をもたらしたとしている。

（三七）干也、城也。皆以禦難也。……諸侯可任以國守、扞城其民、折衝禦難於未然（『毛詩注疏』巻一 國風 周南 兔罝）。

(三八)　趙王無道、肆行簒逆、四海人神、莫不憤怒。今殿下總率三軍、應期電發、子來之衆、不召自至。掃夷凶逆、必有征無戰（『晉書』卷四十四　盧欽傳附盧志傳）。

(三九)　『春秋左氏經傳集解』宣公四年の注・『春秋釋例』書弑例　第十五において、杜預が無道な君主の弑殺を正當化したことについては、本書第二章第五節を參照。

第二節　「封建」の復權

はじめに

六國を平定して中國を初めて統一した秦の始皇帝は、封建制をすべて否定して全國に郡縣制を施行した。前漢の高祖劉邦は、封建制と郡縣制とを併用する郡國制を施行したが、景帝期の吳楚七國の亂を最後に諸王の勢力は衰え、武帝期には事實上の郡縣制へと移行した。前漢を簒奪した王莽さえも、安漢公と稱し王を名乘らなかったことは、そこに周公を理想とする立場が現れるとしても、「劉氏に非ざれば王たるを得ず」という漢家の傳統が根強く存在したためと考えてよい。[一]

これに對して、魏晉期に入ると「封建」が多く主張されるに至る。本田濟は、後漢の國體論が君主權を絶對化せんとする「強幹弱枝」の方向にむかっていたことに對して、魏晉期に封建論が盛んになった理由を「その對策を、中央集權の方向に求めずして、斯かる周代の子弟封建の形に求めんと夢みるところに、時代そのものが、中世的な、feudalな型に移行していることを看取し得る」と魏晉を中世とする時代區分に求めた。[二] 川合安〈一九九五〉はこれを受け、魏晉の封建論と沈約の「郡縣論」とを比較する中で、「前者が理想を追求し、後者が危機意識に基づき切實な議論を展開しているという違いはあったが、ともに分權の主張であり、貴族層の自負を背景としていた點では變わりがない。魏晉―南朝は、この意味において、一貫して「中世」貴族制の時代と把握しうる」と理解するのである。

本來、「封建」は「井田」「學校」とならぶ儒教の理想的な統治手段の一つであった。[三] 後漢「儒教國家」における儒教のいかなる展開が、かかる「封建」の復權を生み出し、西晉における諸王の封建へとつながったのであろうか。また、「封建」は、從來捉えられてきたような國家權力の分權化と理解することができるのであろうか。

一、後漢「儒教國家」における諸侯の位置

中國を統治する方法として、郡縣制と封建制のいずれが優れているのか、という議論は秦・前漢時代にも存在するが、それらの議論と儒教との關わりは少ない。[四] 中國國家の原基である後漢「儒教國家」において、封建制と諸侯は、その位置を儒教により規定されることになった。後漢を建國した光武帝劉秀は、建武二（二六）年、功臣を諸侯に封建した。その間の經緯は、『後漢書』本紀一上 光武帝紀上に、[五]

（建武二年 春正月）庚辰、功臣を封じ 皆 列侯と爲す。大國は四縣、餘は各〻差有り。……博士の丁恭 議して曰く、「古の帝王は諸侯を封ずること百里に過ぎず。故に以て侯を建つるに利（よろ）し、法を雷に取れりと。幹を強くし枝を弱くするは、治を爲す所以なり。今 ①諸侯を四縣に封ずるは、法制に合はず」と。帝曰く、「古の國を亡ふは、皆無道なるを以てす。未だ嘗て功臣の地 多くして滅亡せし者を聞かざるなり」と。乃ち謁者を遣はして卽（ただ）ちに印綬を授け、策して曰く、「上に在りて驕らざれば、高くとも危ふからず。節を制し度を謹めば、滿つれども溢れず。之を敬しみ之を戒めよ。爾の子孫に傳へ、②長（とこしへ）に漢の藩と爲れ」と。

とある。光武帝が功臣を封建した「四縣」という食邑は、けっして小さい領地ではない。石井仁《二〇〇〇》は、列侯

の封邑が複數縣にまたがることは殊禮であり、功臣鄧禹の封邑が一萬戶とされたことは、前漢の功臣である蕭何が一萬戶に封ぜられたことに準えられたと理解する。首肯し得る見解である。前漢に準えられた功臣の食邑の多さに對して、今文の公羊嚴氏春秋を學んでいた儒者の丁恭は、[六]①「諸侯を四縣に封ずるは、法制に合はず」と批判する。丁恭の典據は、『逸禮』王度記の「諸侯の封は百里に過ぎず、雷の百里を震はすに象る」である。[七]『逸禮』王度記は散逸したが、[八]後述のように、この逸文は、『白虎通』封公侯に引用されており、封侯の問題が白虎觀會議において議論されたことを予測し得る。

丁恭の反對にもかかわらず、光武帝は功臣を封建した。策文の最後を締める②「長に漢の藩と爲れ」の典據は、『詩經』大雅の「四國 于(ここ)に藩す」である。[九]これが、最大で「四縣」という際の「四」の根據にもなったと考えられる。

このように、前漢に倣って功臣を最大で四縣を食む諸侯に封建した光武帝も、その食邑の過大を諫めた今文學者の丁恭も、いずれも儒教の經典を典據に議論を展開している。換言すれば、功臣の封建そのものを儒教は肯定しており、その食邑の多寡など封侯の內容が儒教の經義に基づく議論の對象となっているのである。

續いて皇子の封建を檢討しよう。光武帝は建武十五（三九）年、竇融・李通ら功臣の奏議を受けて、諸皇子を公に封建した。功臣達の奏議は、『後漢書』本紀一下 光武帝紀下に、[一〇]

> 古者 諸侯を封建して、以て京師に藩屏たらしむ。……故に詩に云ふ、「大いに爾が宇を啓き、周室の輔と爲れ」と。……宜しく盛夏の吉時に因り、號位を定めて、以て藩輔を廣め、親親を明らかにし、宗廟を尊び、社稷を重んじ、古に應(かな)ひ舊に合はせ、衆心を厭塞すべし。

とある。ここでも、封建の正當性を支える典據は『詩經』である。[一一]やがて、皇子は公から王へと格上げされるが（『後漢書』本紀一下 光武帝紀下）、皇子を諸公に封建する際にも、儒教經義はその正當性を支えたのである。

光武帝による功臣の封建は、未だ天下を統一していない建武二（二六）年に行われた。功臣には、大きな食邑を與えざるを得まい。後漢の支配が安定し、建國の功臣も世を去った章帝期に、後漢「儒教國家」の經義を定めた白虎觀會議は開かれた。そこでは諸侯は、どのように規定されたのであろうか。

白虎觀會議では、君臣關係、就中、諸侯にまつわる規定が詳細多岐にわたり、最も重要視されていた。諸侯は、「王者は諸侯を純臣とせざるは何ぞや。之を尊重すればなり（王者不純臣諸侯何。尊重之）」（『白虎通』王者不臣）と、一應、天子の純臣ではないと位置づけられ、その地位は尊重されている。しかし、『白虎通』瑞贄に、[一二]

諸侯は受くる所の珪と璧とを執りて、天子に朝す。過ち無き者は、復た其の珪を得て、以て其の邦に歸る。過ち有る者は、其の珪を留む。能く行ひを正す者は、復た其の珪を還す。三年、珪 復（かへ）らざれば、少しく絀くるに爵を以てし、六年、珪 復らざれば、少しく絀くるに地を以てし、九年、珪 復らざれば、地 畢く削らる。

とあるように、諸侯は天子の考課を受け、治政の業績が悪ければ、領土を削減されると規定されていた。これを日原利國は、諸侯の地位は封建君主の名ありてその實なきもの、と評している。[一三]ここに、國家權力を分有する西歐型封建制を見ることはできない。

さらに、前述したように、光武帝が功臣を四縣に封じた際、その廣きを批判した丁恭の奏議の典據は、『白虎通』に引用されている。『白虎通』封公侯に、[一四]

禮の王度記に曰く、「子男は三卿、一卿は天子に命ぜらる。諸侯の封は百里に過ぎず、雷震の百里に象り、潤す所の雨に同じきなり」と。

とある。諸侯の食邑の多さを批判する丁恭の論據となった『逸禮』王度記は、食邑の廣さを論じるほかに、諸侯の三卿のうち一卿は天子から任命を受けるべきことを主張している。[一五]これは、諸侯の國相が中央から任命されていた漢の諸侯政策を追認するものと考えてよい。日原利國はこれを、白虎通國家の諸侯は事實上、郡縣制下の地方長官である、と評している。[一六] このように、『白虎通』は、諸侯の存在は尊重するものの、その自立的な政治權力の行使を抑制する規定を有しているのである。

それでは、『白虎通』における諸侯の地位を根底で規定する經典は、何であろうか。日原利國〈一九六二〉は、これを今文學說、主として公羊と『禮記』王制からの演繹である、と理解する。その通りであろう。そしてその中でも、『春秋公羊傳』が中心であったことは、『白虎通』封公侯に、[一七]

故に春秋公羊傳に曰く、「世卿を譏る。世卿は禮に非ざるなり」と。

とあるように、『白虎通』が、公羊傳（隱公三年・宣公十年）の「世卿を譏る」という文言を援用していることに明確に現れている。今文を正統とする『白虎通』は、公羊傳に基づき、「諸侯を純臣とせず」という見解を是認しながらも、天子による諸侯の考課や卿の任命、世卿への批判などを竝べ立て、諸侯の權力を制約しているのである。

以上のように、後漢「儒敎國家」において、諸侯はその存在を儒敎により認められてはいたが、自立的な政治權力の行使は抑制されていた。前漢以來の諸侯の勢力削減策は、春秋公羊傳を中心とする今文系經學の理論に基づき、白虎觀會議で正當化されていたのである。ゆえに後漢時代、諸侯王の權力行使は東平憲王の劉蒼を例外としてみられない。劉蒼の輔政も明帝期だけで、章帝期の白虎觀會議以前のことであった。[一八] 外戚・宦官に國政を私物化されても、獻帝が曹操の壓迫を受けても、それを抑止する諸侯王は出現しなかったのである。これでは、『詩經』大雅に說かれる天子の藩屛としての諸侯の存在意義は果たされない。こうした中で、後漢末の儒者たちは、どのように儒敎の經義を展開して現實に對處しようとしたのであろうか。

二、「封建」論の擡頭

曹操が獻帝を壓迫しながら、後漢の實權を次第に掌握していく中、獻帝のお側に仕え、獻帝を圍んで談論していた三人の儒者の現實への對應は分かれた。

孔融は、曹操を挑發した。曹丕が袁煕の妻を奪った時、武王が紂王を討った時にも妲己を周公に下賜したと言いますし、と述べ、經義を捏造してまで曹操を侮蔑、漢簒奪に挑み續け、やがて刑場の露と消えた。荀彧は、曹操との歩みを最後に斷念した。曹操の魏公就任に對し、義・忠貞といった儒教の德目を掲げて抵抗し、自殺を強いられた（渡邉義浩〈一九九五〉）。荀悦は、自らの思いを著述に綴った。『漢紀』『申鑒』である。獻帝の御覽に附し、漢復興への方途を說いた『漢紀』の中で、荀悦は「封建」の復權を唱える。『漢紀』卷五 孝惠皇帝紀に、(一九)

荀悦曰く、「諸侯の制は、由來する所尙し。易に曰く、『先王 萬國を建て、諸侯を親しむ』と。孔子 春秋を作りて、後世の法と爲し、①世卿を譏るも、世侯を改めず。昔者 聖王の天下を有つは、自らの爲にする所以に非ずして、民の爲にする所以なり。其の權利を專らにするを得ずして、天下と之を同にし、唯だ義のみにして、私する所無し。諸侯を封建し、各〻其の位を世〻にせしめ、民に親しむこと子の如くし、國を愛すること家の如くせしめんと欲す。是に於て爲に賢卿大夫を置き、考績黜陟し、②分土有りて分民無からしめ、而して③王者 其の一統を摠べて、以て其の政を御す。……漢 興るや、周・秦の弊を承け、故に兼ねて之を用ふ。六王七國の難 作るは、誠に之を強大に失するにして、諸侯 治國の咎には非ず。其の後 遂に皆 郡縣もて民を治めて、諸侯の權を絕てり。當時の制にして、未だ必ずしも百王の法にはあらざるなり……」と。

とある。荀悦の議論で注目すべきは、①「世卿を譏るも、世侯を改めず」と世卿と世侯を分け、前者を否定し後者を肯定していることである。一で掲げた『白虎通』にも引用される『春秋公羊傳』（隱公三年・宣公十年）に、「世卿を譏る。世卿は禮に非ざるなり」とあるように、世卿はよく使う言葉であるが、「世侯」という言葉は經典に典據がない。荀悦が『春秋公羊傳』（隱公三年・宣公十年）を元に「世侯を改めず」という文言を加え、自己の主張を示したものと考えてよい。皇子を封建する際の典據となっていた『詩經』大雅 板の「价人は維れ藩、大師は維れ垣。大邦は維れ屛、大宗は維れ翰（价人維藩、大師維垣。大邦維屛、大宗維翰）」に附された毛萇の傳には、「王 當に公卿諸侯及び宗室の貴き者を用ひて、藩屛と爲す（王當用公卿諸侯及宗室之貴者、爲藩屛）」とあり、ともに「藩屛」となるべきものとして「公卿諸侯」と「宗室貴者」を擧げている。前者は荀悦の論にいう「世卿」、後者は「世侯」にあたるが、ともに諸侯になり得るとされているのである。荀悦は、これを延用したのであろう。それでは、荀悦が、「世卿」すなわち異姓の公卿と、「世侯」すなわち同姓の諸侯とを分け、孔子は「世卿」を譏ったが「世侯」は改めなかった、と主張する歴史的な背景は、いかなるものであったのだろうか。

　荀悦は、『漢紀』巻二十八　孝哀帝紀上に、「今の州牧、號して萬里と爲し、郡國を總べ、威は尊く勢は重し。古の牧伯と、號を同じくして勢を異にす（今之州牧、號爲萬里、總郡國、威尊勢重。與古之牧伯、同號異勢）」と述べ、州牧が郡國を支配下に置くことを批判している。石井仁〈一九九二〉によれば、州牧は、刺史を起源とする官職であるが、劉焉の發議による牧伯制の施行により、州の最高長官としての「州刺史」に「持節」して一定地域の軍事を監督・指導する「督軍」の權限を保有する臨時の敕使「監軍使者」と「將軍」を有機的に結合し、當該州における軍政支配を恆常化する權力を持つに至っていた。かかる制度の成立により、事實上、中國內地の軍鎮化が完成するため、州牧は國家權力を分權化するものと位置づけられる。ゆえに、荀悦は、『申鑒』巻二　時事に、「州牧は其の權 重きを秉り、勢は古に異なる。幹を強くし枝を弱くする所以に非ざるなり。而して民を治むの實に益無し（州牧秉其權重、勢異於古。非所以強幹弱枝也。而無益治民之實）」と述べ、「幹を強くし枝を弱くする」ことができない、つまり、州牧の設置により國家權力が分權化してしまうと批判しているのである。これが、「世卿」すなわち、公卿として諸侯に封建された者として荀悅が州牧に準える異姓諸侯を譏る理由である。異姓諸侯の封建は、國家權力の分權化を招くため、實施すべきではないのである。

それではなぜ、同姓諸侯の封建は肯定し得るのであろうか。荀悅は、②「分土有りて分民無からし」むと述べ、封建制は「分土」はするが「分民」はしないと理解する。そして③「王者」は「一統を摠べて以て其の政を御す」ことができると認識している。同姓諸侯が封建されても、それは「土」を分けて統治を委ねるだけであって、「民」を分けるわけではない。(一〇)換言すれば、異姓諸侯のように、國家權力を分權化することはないので、王者の一統は搖るがないのである。同姓諸侯は血緣により結ばれているので、皇帝の分身として統治を行う。「國」を愛すること「家」の如く支配ができるのである。「家」とは、ここでは「漢家」すなわち皇帝家の劉氏一族を指す。つまり、皇帝權力の分權化により、土地を分有して統治を行うが、國家權力は分權化させない。これが同姓諸侯の「世侯」を改めない理由である。

從來の中國史研究は、國家權力と皇帝權力とを弁別して考える、という視角に乏しかった。國家權力が專制的であることが、無媒介に皇帝權力が專制的であることの證明とされてきた感がある。(一一)皇帝權力は、國家權力を構成する最大の、しかし一つの要素に過ぎない。異姓の諸侯に準えられている州牧を封建し、それが後漢末の群雄の如く自立していけば、漢という國家權力の支配は、その封地に屆かなくなる。すなわち、國家權力は分權化してしまう。この時代は西歐型の封建制への傾斜が認められるように、社會全體としては分權化傾向にある。村塢の形成はその典型である。(一二)しかし、國家權力が分權化されることに對して、皇帝權力は抵抗を續けていく。同姓諸侯の封建により社會全體の分權化に對處することは、分權化傾向への皇帝による切り崩しの一つの手段と考えてよい。(一三)荀悅の封建論は、同姓諸侯の封建により皇帝權力を分權化して、離れていこうとする地方を強力に引き止めることで、國家權力そのものの分權化を防ごうとしているのである。

荀悅の主張は、後漢末に現實化することなく、漢は簒奪された。曹魏を建國した曹丕は、曹植との後繼爭いの故にか、同姓諸侯を嚴しく監視した。その最大の被害者である曹植は、曹丕の死後、同姓諸侯の厚遇を求めて次のように主張する。『三國志』卷十九　陳思王植傳(一四)に、

> 臣　聞くならく、天　其の高きを稱する者は、覆はざるもの無きを以てなり。地　其の廣きを稱する者は、載せざるもの無きを以てなり。日月　其の明を稱する者は、照らさざるもの無きを以てなり。江海　其の大を稱する者は、容れざるもの無きを以てなりと。故に孔子曰く、「大なるかな、堯の君爲るや。惟れ天を大なりと爲す。惟れ堯之に則る」と。夫れ天德の萬物に於けるや、弘廣と謂ふ可し。蓋し堯の敎へ爲る、親を先にして疎を後にし、近きより遠きに及ぼす。其の傳に曰く、「克く峻德を明らかにして、以て九族に親しみ、九族　既に睦じくして、百姓を平章す」と。周の文王に及び亦た厥の化を崇ぶ。其の詩に曰く、「寡妻に刑り、兄弟に至りて、以て家邦を御む」と。是を以て雍雍穆穆たるをば、風人　之を詠ず。昔　周公　管・蔡の咸らがざるを弔み、廣く懿親を封じて以て王室に藩屛とす。傳に曰く、「周の宗盟、異姓を後と爲す」と。誠に骨肉の恩は、爽へども離れず、親親の義は、實に敦固に在り。未だ義にして其の君を後にし、仁にして其の親を遺す者有らざるなり。

とある。文はさらに續くが、曹植の主張は、「昔　周公」以下に言われている同姓諸侯の優遇にある。その論據となっている經典は、『春秋左氏傳』である。「昔　周公」から「王室に藩屛とす」までは、僖公　傳二十四年を、「傳に曰く」

と明記する部分は、隱公傳十一年を、それぞれ典據としている。

後者の『春秋左氏傳』隱公傳十一年は、「滕侯・薛侯、來朝して長を爭ふ。……公は羽父をして薛侯に請はしめて曰く、『……周の宗盟、異姓を後とす。……』と」というもので、諸侯の封建と直接關係のある文章ではない。いわば斷章引句である。左傳の諸侯觀をここに見ることはできない。これに對して、前者の『春秋左氏傳』僖公傳二十四年は、左傳における諸侯の規定を考え得る長文の典據である。

鄭と滑との紛爭を調停しようとした周の惠王に對し、かねてから惠王の非禮に憤っていた鄭の文公は、調停を拒否して使者を捕らえてしまう。これに怒り、狄の軍に頼って鄭討伐を企てる惠王に、富辰は次のように諫言する。『春秋左氏傳』僖公傳二十四年に、[二五]

不可なり。臣之を聞く、「大上は德を以て民を撫し、其の次は親を親しみて以て相及ぼす」と。昔周公二叔の咸(やは)らがざるを弔む。故に親戚を封建して、以て周室に藩屏たらしむ。……召の穆公周德の類(よ)からざるを思ひ、故に宗族を成周に糾合して、詩を作りて曰く、「常棣の華、鄂として韡韡たらざらんや。凡そ今の人、兄弟に如くは莫し」と。其の四章に曰く、「兄弟牆に鬩(せめ)げども、外其の侮を禦ぐ」と。是の如くなれば則ち兄弟は小忿有りと雖も、懿親を廢てず。今天子小忿を忍ばずして、以て鄭の親を棄てんとす。其れ之を若何せん。勳を庸(もち)ひ親を親しみ、近を暱(した)しみ賢を尊ぶは、德の大なる者なり。……今や周の德既に衰ふるに、是に於てか又周・召を渝(か)へて、以て諸姦に從はば、乃ち不可なること無からんや。民未だ禍を忘れざるに、王又之を興さば、其れ文武を若何せん。

とある。近藤則之によれば、この記事ののち、左傳には周王に關する記事がにわかに減少するが、それまでの閒、周と鄭との關係は、一方的に周王の鄭に對する非禮・不正ばかりが強調されているという。[二六]中華の同姓諸侯である鄭に周が攻擊を加えることとは、周の封建制を王自らが否定することになる。周王は、藩屛として依るべき諸侯への非禮、果ては夷狄を使った同姓諸侯への攻擊により、王としての權威を實質的に失墜した。左傳はそう傳えるのである。

後漢時代の『白虎通』にみられた公羊傳の諸侯への規定が、その勢力擴大を可能な限り抑えようとしたことに對して、左傳における同姓諸侯への規定は、これを皇帝の藩屛として積極的に評價するものであると言えよう。近藤則之〈一九九二〉は、左傳は諸侯の封建制における役割を極めて重視し、諸侯の反目を招かぬように常々これを禮遇することが王に要求される一方で、諸侯には藩屛としての尊王が求められる、としている。

同姓諸侯を藩屛として皇帝權力を分權化するとともに、同姓諸侯に尊王を要求して國家權力としての中央集權は維持していこうとする。公羊傳から左傳へと尊重すべき經典を展開する中で、儒教は皇帝權力と諸侯との關係の變化に適應しようとしているのである。

曹植が左傳を典據として求めた同姓諸侯のあり方は、國家の藩屛として皇帝權力を分有し得る力を持つものである。しかし、曹魏の現實は、それとは全く乖離していた。太和六（二三二）年、曹魏における諸王の待遇はやや改善される。だが、それは太和五（二三一）年に出された曹植の「求通親親表」の實現というよりも、司馬氏の擡頭への對抗という側面が強く[二七]、曹植が求める型での同姓諸侯への皇帝權力の分與は行われなかった。

正始四（二四三）年、曹室の一族である曹冏がまた「六國論」を著し、州牧にではなく、宗室に權力を附與すべきことを主張する（『三國志』卷二十　曹冏傳注引『魏氏春秋』）。しかし、正始十（二四九）年には、司馬懿による正始の政變によって、曹魏の權力は司馬氏の掌中に握られ、曹魏における諸王への權力附與は實現しなかったのである。

三、西晉における諸王封建の正當性

曹植の「求通親親表」は、西晉へと受け繼がれた。『晉書』巻四十八 段灼傳[二八]に、

是の故に唐堯は九族に親睦するを以て先と爲し、周文は寡妻に刑(のっと)るを以て急と爲す。明王・聖主は親を先にして疏を後にし、近きより遠きに及ぼさざるは莫し。臣 以爲へらく、太宰・司徒・衞將軍の三王は、宜しく洛中に留めて鎭守せしめ、其の餘の諸王の自ら州征に任ずるに足る者は、年十五以上なれば悉く之を國に遣はすべし。爲に中郎傅相の才 文武を兼ぬるものを選びて、以て之を輔佐せしめ、其の國に於て兵馬を繕修し、恩信を廣布するを聽さば、必ずや下を撫すること猶ほ子のごとく、國を愛すること家の如く、君臣の分 定まり、百世 遷らず、城を連ねて地を開き、晉・魯・衞と爲らん。所謂 盤石の宗、天下 其の強きに服せん。……閒者(さきごろ)、故無くして又天下を瓜分し、五等の諸侯を立つ。……權時の宜に似たるも、經久の制には非ず。將に遂に改めざれば、此れ亦た煩擾の人、亂に漸(すす)むの 階(いとぐち) なり。

とある。堯が九族と親睦したこと、周の文王が自分の妻の模範となったことを述べる部分は、引用順もその内容も曹植の「求通親親表」の踏襲である。さらに、「先親後疏、自近及遠」の八字句は、曹植の「求通親親表」とほぼ同一である。この八字句の典據は經典にはない。となれば、前の二句も、たまたま同じ經典から引用したのではなく、段灼がやがて『文選』にも收錄される曹植の文章を踏まえていると考えてよい。西晉の段灼は曹植の「求通親親表」を典範としながら、同姓諸侯の封建を強く求め、異姓の五等諸侯を排除するよう主張しているのである[二九]。

こうした「封建」の復權の氣運に應えて[三〇]、西晉の武帝は同姓諸王を封建した。西晉の諸王の封建は、二つの時期に

分けて考えることができる。第一は、武帝司馬炎が建國と共に行った泰始元（二六五）年の封建から咸寧三（二七七）年までの時期である。段灼の上奏でも、洛陽に留めるべきとしている太宰の司馬孚（安平王）・司徒の司馬望（義陽王）・衞將軍の司馬攸（齊王）の三王は朝廷で高官となった。これを含めて司馬氏の一族から二十七名が同姓諸王として封建されたのである。[三一]この時期の特徴は、封王の封地と任地とが一致しておらず、また封王もほとんど就國していないことにある。皇帝權力を分權化して國家權力を集權化しようとする後漢以來の封建論の制度化を「封王の制」と呼ぶのであれば、その實は未だ備わっていない。

第二は、咸寧三（二七七）年の國替え以降であり、太康十（二八九）年の國替えは、この時期の傾向に拍車を掛けた。前者の國替えに關しては、『資治通鑑』巻八十　晉紀二に、「諸王の都督と爲る者、各〻其の國を徙して相　近からしむ」とあるように、封王の任地と封地とを一致させることを目的としている。[三二]後者の國替えは、『資治通鑑』巻八十二　晉紀四に、「楊駿　汝南王の亮を忌み、之を排出す」とあるように、八王の亂へと連なる外戚と諸王との對立關係を契機とするものである。[三三]

いずれにせよ、國替えによって封王の封地と任地とが一致し、都督・四征將軍などの軍號を受けることは、都督・將軍の軍事的機能と封國のそれとが合體して、封王が封地において大きな軍事力を掌握することを招く。[三四]これは軍事力として物理的に顯在化する皇帝權力を分權して、同姓諸侯に分有させたと評してよい。ここに、皇帝權力を分權化して國家權力の中央集權化を目指す「封王の制」は實現したのである。

こうした「封王の制」の實を擧げる契機の一つとなった上奏が劉頌の封建論である。長文の上奏であるため、行論と關わる部分だけを抜粋する。『晉書』巻四十六　劉頌傳[三五]に、

土宇を開啓して、以て百世を支ふに、咸屬を封建し、咸　出だして藩に之かしむは、夫れ豈に懷はざらんや、公理

> の然らしむるなり。……宜しく同姓諸王の年二十より以上の人才高き者を取り、分けて吳・蜀に王とすべし。……臣 陳ぶる所の封建、今 大義は已に擧ぐるも、然れども餘衆の事、儻いは採るに足りて、以て成制に參ずること有らば、故に皆 本事を幷列す。……今 諸王の裂土、皆 古の諸侯を兼ぬるに、而るに君は其の爵を賤み、臣は其の位を恥ぢ、志を安ずること有る莫し、其の故は何ぞや。法 郡縣に同じく、成國の制無きが故なり。今の建置、宜しく率ね舊章に由り、一に古典の如くせしむべし。……宜しく諸王をして國容少なくして軍容多からしむべし。……境內の政に至りては、人を官にし才を用ふるは、內史・國相の天子に命ぜらるるに非ざるよりは、其の餘の衆職、及び死生の斷、穀帛・資實・慶賞・刑威、封爵に非ざる者をば、悉に之を專らにするを得しめん。

とある。同姓諸王の封建を支持する劉頌の封建論は、すでに行われている西晉の封建が諸王にもその臣下にも愛着を持たれていないと指摘する。それは、封國の實態が郡縣と變わらないためで、古典に基づき諸王に權力を持たせるべきであるとする。具體的には、封國の軍備を充實すること、及び封國內の人事・財政・賞罰などに諸王の專斷權を認めるべきことが主張される。

こうした封建論を背景として、西晉の「封王の制」は、諸王が都督・將軍の軍事的機能を併せ持ち、皇帝權力を分權化し得るものとして實現したのである。しかし、周知のとおり、皇帝權力を分權化し、西晉という國家權力の中央集權化を推進するはずであった諸王は、武帝の死後に八王の亂を起こし、結果としては國家權力を分權化してしまう（本書第三章第一節）。なぜ、後漢末から西晉までの封建論が目指した、國家權力の中央集權を守るための手段としての皇帝權力の分權化が、國家權力そのものの分權化へと突き進んでしまったのであろうか。

諸王の中で、都督・將軍號を帶びて地方に出鎭することを免れ、また朝臣の多くもそれを願っている者がいた。齊王の司馬攸、武帝司馬炎の十歳違いの同母弟である。祖父の司馬懿が大器と囑望し、娘しかいなかった長子司馬師の後嗣と定め、父の司馬昭も特別に目をかけ、自らの太子に冊立しようとしたほどの弟である。[二六] 太康三（二八二）年十二月、武帝は、司空として洛陽で武帝を輔佐していた齊王の司馬攸を、大司馬・都督青州諸軍事に任命して、封國である齊國に歸藩するように命じた。武帝の皇太子である司馬衷は暗愚であった。ゆえに咸寧元（二七五）年、傳染病が洛陽で流行り、武帝が重篤となった際には、朝臣の期待は司馬攸に集まった。これが司馬炎の司馬攸に対する不信の遠因であるという。加えて、司馬衷と司馬攸の二人に娘を嫁がせている賈充が太康三（二八二）年四月に死去したことは、直接的な契機となった。

朝臣はあげて司馬攸の歸藩に反對した。呉平定の功臣である王渾・宗室の扶風王司馬駿・光祿大夫特進の李憙・武帝の寵臣である羊琇・駙馬の甄徳など反對論を唱えた朝臣は多數にのぼる。だが、完全に逆效果であった。司馬攸を恐れる武帝は、王渾・司馬駿・李憙の諫言には耳をかさず、羊琇・甄徳を左遷して、司馬攸に策命を下し、齊國に向かわせた。司馬攸は、憤怒のため病氣となり、洛陽の東郊にある母の文明皇后の御陵を守ることを願い出た。むろん退けられ、急かされた出立の二日後に司馬攸は薨去した。

この間、駙馬の甄徳が同じく駙馬の王濟とともに、妻の公主に司馬攸を留めるよう懇請させたことがある。武帝は、怒りを露にし、『晉書』巻四十二 王渾傳附王濟傳に、[二七]

兄弟は至親なり。今 齊王を出だすは、自づから是れ朕の家事なり。而るに甄徳・王濟は連なりて婦を遣はし、生に來りて人を哭せしむるか。

と述べたという。武帝の意識では、封建は「朕の家事」なのである。『世說新語』方正篇注所引『晉諸公贊』では、「家事」は「家計」につくる。いずれにせよ、國家權力のためではなく、皇帝權力のために封建を利用しているのである。ここで行われている封建は、十全なる信賴關係に基づく「封王の制」ではなく、實弟への不信に基づく追放に過ぎない。『春秋左氏傳』は封建した諸侯が叛かぬように、王には諸侯への禮遇を、諸侯には尊王を求めていた。そのいずれをも欠くことになった西晉の「封王の制」において、諸王は、國家權力の集權化に努めず、自己の權力の強化に努めた。武帝が死去して暗愚な惠帝が即位してからは、その傾向に拍車が掛かった。こうして西晉の「封王の制」は、本來の目的であった國家權力の集權化ではなく、分權化を促進することになったのである。その結果が八王の亂であった。

東晉の袁宏の「封建」論は、もはや同姓諸王の封建を主張しない。(三八) 以後、「封建」には別の解釋が施されることになり、やがて再び中國の政治形態に關わる議論に登場することになる。(三九)

おわりに

後漢「儒教國家」の崩壞、それに伴う社會の分權化傾向の中で、儒教は「封建」の解釋を展開した。後漢の官學であった今文系經學、就中、春秋公羊傳では、その勢力を抑制していた同姓諸侯を、春秋左氏傳を典據に積極的に活用しようとしたのである。すなわち、同姓諸侯に軍事力と地方行政の裁量權を大幅に認め、皇帝權力を分權化することにより、國家權力の集權化に努めようとしたのである。それは、異姓の州牧が國家權力を分權化していくことへの對抗策でもあった。

西晉の「封王の制」は、かかる「封建」の復權が生み出した統治手段であった。しかし、血縁を媒介とした信頼と忠誠とで結ばれるべき皇帝と諸侯とが、相互不信に陥った時、「封王の制」は瓦解した。諸王は、國家權力そのものを分權化していく存在へと變わり果て、惠帝の暗愚と相俟って八王の亂を惹起した。「封建」が新たな解釋を附與され、再び復權を果たすには、大きな社會變動と儒教の革新とが必要なのであった。

《注》

（一）『史記』巻五十七 絳侯周勃世家に、「（周）亞夫曰く、『高皇帝 約すらく、劉氏に非ざれば王たるを得ず、功有るに非ざれば侯たるを得ず。約の如くせずんば、天下 共に之を擊て』と（〈周〉亞夫曰、高皇帝約、非劉氏不得王、非有功不得侯。不如約、天下共擊之）」とある。なお、呉楚七國の亂を契機とする郡國制から事實上の郡縣制への移行については、稻葉一郎〈一九七六〉を參照。

（二）本田濟〈一九五五〉。また、當該時代を中世と捉える立場からの時代區分論爭の整理としては、谷川道雄〈一九八五〉を參照。

（三）『孟子』滕文公上に、「夫れ祿を世〻にするは、滕 固より之を行へり。詩に云ふ、『我が公田に雨ふり、遂に我が私に及べ』と。惟だ助のみ公田有りと爲す。此に由りて之を觀れば、周と雖も亦た助するなり。庠序學校を設け爲りて以て之に敎ふ。庠とは養なり、校とは敎なり、序とは射なり。夏に校と曰ひ、殷に序と曰ひ、周に庠と曰ふ。學は則ち三代 之を共にす。皆 人倫を明らかにする所以なり。人倫 上に明らかにして、小民 下に親しむ。王者 起る有らば、必ず來りて法を取らん。是れ王者の師と爲るなり（夫世祿、滕固行之矣。詩云、雨我公田、遂及我私。惟助爲有公田。由此觀之、雖周亦助也。設爲庠序學校以敎之。庠者養也、校者敎也、序者射也。夏曰校、殷曰序、周曰庠。學則三代共之。皆所以明人倫也。人倫明於上、小民親於下。有王者起、必來取法。是爲王者師也）」とある。中國人の歷史認識の中で、儒家の理想の制度であった「封建」が、西歐との接觸の中で否定すべき中世の指標へと變化する過程については、溝口雄三〈一九八九〉を參照。

（四）秦の封建・郡縣論、および儒家との關わりについては、薄井俊二〈一九九七〉を參照。また、前漢における賈誼の分國論や鼂錯の諸侯領削減策にも儒敎との關わりが見られないことについては、鎌田重雄〈一九六二〉、淺野哲弘〈一九九二〉〈一九九三〉

を參照。

（五）（建武二年春正月）庚辰、封功臣皆爲列侯。大國四縣、餘各有差。……博士丁恭議曰、古帝王封諸侯不過百里。故利以建侯、取法於雷。強幹弱枝、所以爲治也。今①封諸侯四縣、不合法制。帝曰、古之亡國、皆以無道。未嘗聞功臣地多而滅亡者。乃遣謁者卽授印綬、策曰、在上不驕、高而不危。制節謹度、滿而不溢。敬之戒之、傳爾子孫、②長爲漢藩（『後漢書』本紀一 光武帝紀上）。

（六）丁恭の學問傾向については、『後漢書』列傳六十九下 儒林 丁恭傳に記載がある。なお、今文が後漢の官學であること、古文は王莽の正統化に大きく關與したため、後漢では官學の地位につけなかったことについては、渡邉義浩《一九九五》第一章 白虎通を參照。

（七）『後漢書』の李賢注は、丁恭の上奏の典據を二つに分け、「古の帝王～百里に過ぎず」までの典據を『史記』卷十七 漢興以來諸侯年表の「武王・成・康所封數百、而同姓五十、地不過百里」に、「以て侯～取れり」までの典據を『易經』の屯卦の「磐桓。利居貞。利建侯」と震卦の「震驚百里、不喪匕鬯」に求めている。しかし、李道平《一九九四》も屯卦の解釋に引用する『逸禮』の「諸侯封不過百里、象雷震百里」を丁恭の上奏の典據とすべきである。

（八）散逸した『逸禮』と現行『儀禮』との關係については、池田末利《一九七七》の解説を參照。

（九）『詩經』大雅 崧高に、「四國于蕃」とあるが、これは現行の『毛詩』である。王先謙《一九八七》によれば、今文の『韓詩』では「四國于藩」につくる。「藩」の字を同じくする後者が典據である。

（一〇）古者封建諸侯、以藩屛京師。……故詩云、大啓爾宇、爲周室輔。……宜因盛夏吉時、定號位、以廣藩輔、明親親、尊宗廟、重社稷、應古合舊、厭塞衆心（『後漢書』本紀一下 光武帝紀下）。

（一一）「詩に云ふ」と明記される『詩經』魯頌 閟宮のほか、「諸侯を～藩屛たらしむ」は、大雅 板の「价人維藩、大師維垣。大邦維屛、大宗維翰」を典據とする。このほか、「宜しく～藩輔を廣め」は、『禮記』月令の「天子孟夏、迎夏於南郊、還、乃封諸侯、行爵出祿」を典據とする。

（一二）諸侯執所受珪與璧、朝于天子。無過者、復得其珪、以歸其邦。有過者、留其珪。能正行者、復還其珪。三年珪不復、少絀以爵、

六年珪不復、少絀以地、九年珪不復、而地畢削（『白虎通』瑞贄）。なお、『白虎通』は、陳立、吳則虞《一九九四》を底本とする。

（一三）日原利國〈一九六七〉。また、南部英彦〈二〇〇一〉は、諸侯の僭越を抑制しようとしながら、親族の諸侯の過失を宥免する規定を保持することを『白虎通』の國家構想の矛盾と捉えている。なお、『白虎通』の持つ思想史的意義については、池田秀三〈一九九五〉を參照。

（一四）禮王度記曰、子男三卿、一卿命於天子。諸侯封不過百里、象雷震百里、所潤雨同也（『白虎通』封公侯）。

（一五）本文に引用した文章の前には、「諸侯に三卿有る者は、三事を分ければなり。五大夫なる者は天子より下れり。王制に曰く、大國は三卿、皆 天子に命ぜらる。下大夫五人・上士二十七人なり。次國は三卿、二卿は天子に命ぜられ、一卿は其の君に命ぜらる。小國は二卿、皆 其の君に命ぜらる。大夫は悉く同じと（諸侯有三卿者、分三事也。五大夫者下天子。王制曰、大國三卿、皆命於天子。下大夫五人・上士二十七人。次國三卿、二卿命於天子、一卿命於其君。小國二卿、皆命於其君。大夫悉同）」（『白虎通』封公侯）とあり、今文の『禮記』王制を引用して、諸侯の卿を天子が任命する記述がある。ただし『禮記』では、大國・次國・小國のうち、小國の卿は天子が任命することになっておらず、これでは諸侯の獨立性が高まってしまう。ゆえに、『逸禮』の王度記を引用して、小國でも卿を天子が任命すべきことを『白虎通』は規定しているのである。

（一六）日原利國〈一九六二〉。また、南部英彦〈一九九九〉は、左傳が白虎觀會議で採用されなかった理由を、親屬の優遇や父子兄弟の相互容認を支持し得なかったことに求めている。

（一七）故春秋公羊傳曰、譏世卿。世卿非禮也（『白虎通』封公侯）。

（一八）『後漢書』列傳三十二 光武十王 東平憲王蒼傳。東平憲王蒼は、章帝期も皇帝に尊重され、政治に關する意見書を奉り、白虎觀會議が行われた建初四（七九）年の四年後の建初八（八三）年まで存命したが、明帝期の永平五（六二）年には、輔政の際に就いていた驃騎将軍を帶びたままではあるが、東平國に歸國している。なお、後漢の諸侯王の具體像については、小嶋茂稔〈二〇〇二〉がある。

（一九）荀悅曰、諸侯之制、所由來尚矣。易曰、先王建萬國、親諸侯。孔子作春秋、爲後世法、①譏世卿、不改世侯。昔者聖王之有天下、非所以自爲、所以爲民也。不得專其權利、與天下同之、唯義而已、無所私焉。封建諸侯、各世其位、欲使親民如子、愛國如家。於是爲置賢卿大夫、考績黜陟、②使有分土而無分民、而③王者摠其一統、以御其政。……漢興、承周・秦之弊、故兼而用之。六王七國之難作者、誠失之於強大、非諸侯治國之咎。其後遂皆郡縣治民、而絕諸侯之權矣。當時之制、未必百王之法也。……(『漢紀』卷五 孝惠皇帝紀)。

(一〇)『漢書』卷二十八下 地理志下に、「古に分土有りて、分民亡し(古有分土、亡分民)」とあり、顏師古は、「分土有りとは、封疆を立つるを謂ふなり。分民無しとは、往來を通じて厥の居を常にせざるを謂ふなり(有分土者、謂立封疆也。無分民者、謂通往來不常厥居也)」と注をつけている。荀悦の主張は、これを字句の典據とする可能性もあるが、その內容は、顏師古の注とは異なる。

(一一)たとえば、ビザンツ帝國の研究において、國家權力と皇帝權力をきちんと區別することにより、大きく研究が進展したことについては、井上浩一〈一九八九〉を參照。

(一二)石井仁〈二〇〇三〉は、在地豪族を中心に村塢に再生產の場が移行していることを追いつつ、曹操に代表される公權力が、そうした新たな社會の枠組みに對して支配體制を構築していく一事例として、都督による村塢統治に着目している。

(一三)宮崎市定《一九五六》は、「三國時代から唐に至る中國の社會は、寧ろ本質的には封建制が出現すべき社會であったものが、君主權の嚴存によって貴族制という特殊な形態を採ったと考える方が眞相に近いかも知れない」と述べている。宮崎の「君主權が嚴存して、絕えず貴族制を切崩」そうとしていた、という視角は重要である。

(一四)臣聞、天稱其高者、以無不覆。地稱其廣者、以無不載。日月稱其明者、以無不照。江海稱其大者、以無不容。故孔子曰、大哉、堯之爲君。惟天爲大。惟堯則之。夫天德之於萬物、可謂弘廣矣。蓋堯之爲敎、先親後疎、自近及遠。其傳曰、克明峻德、以親九族、九族既睦、平章百姓。及周之文王亦崇厥化。其詩曰、刑于寡妻、至于兄弟、以御于家邦。是以雍雍穆穆、風人詠之。昔周公弔管・蔡之不咸、廣封懿親以藩屛王室。傳曰、周之宗盟、異姓爲後。誠骨肉之恩、爽而不離、親親之義、實在敦固。未有義而後其君、仁而遺其親者也(『三國志』卷十九 陳思王植傳)。なお、曹植のこの上奏文は、『文選』卷三十七 表にも、「求通親親表」

として收錄される。李善注は、『春秋左氏傳』僖公 傳二十四年を引用し、左傳の「二叔」について、「馬融曰く、二叔とは、管・蔡なり」と、說明している。

（二五）不可。臣聞之、大上以德撫民、其次親親以相及也。昔周公弔二叔之不咸。故封建親戚、以蕃屛周。……召穆公思周德之不類、故糾合宗族于成周、而作詩曰、常棣之華、鄂不韡韡。凡今之人、莫如兄弟。其四章曰、兄弟鬩于牆、外禦其侮。如是則兄弟雖有小忿、不廢懿親。今天子不忍小忿、以棄鄭親。其若之何。庸勳親親、暱近尊賢、德之大者也。……今周德既衰、於是乎又渝周・召、以從諸姦、無乃不可乎。民未忘禍、王又興之、其若文武何（『春秋左氏傳』僖公 傳二十四年）。

（二六）近藤則之〈一九九二〉。なお、左傳における相續については、谷田孝之〈一九七一〉も參照。

（二七）司馬氏の擡頭とこれに對抗した諸王の待遇改善については、渡邉義浩〈二〇〇三―b〉を參照。

（二八）是故唐堯以親睦九族爲先、周文以刑于寡妻爲急。明王・聖主莫不先親後疏、自近及遠。臣以爲、太宰・司徒・衞將軍三王、宜留洛中鎭守、其餘諸王自州征足任者、年十五以上悉遣之國。爲選中郎傅相才兼文武、以輔佐之、聽於其國繕修兵馬、廣布恩信、必撫下猶子、愛國如家、君臣分定、百世不遷、連城開地、爲晉・魯・衞。所謂盤石之宗、天下服其強矣。……閒者、無故又瓜分天下、立五等諸侯。……似權時之宜、非經久之制、將遂不改、此亦煩擾之人、漸亂之階也（『晉書』卷四十八 段灼傳）。

（二九）西晉における五等爵制の施行とその封建については、本書第一章第三節を參照。

（三〇）『續漢書』志二十八 百官五の劉昭注に、「晉 太康の初に、武帝 亦た其の然るを疑ひて、乃ち詔して曰く、『上古 中代に及び、或いは州牧を置き、或いは刺史を置き、監御史を置く。皆 綱紀を總べて、政を賦めず、治民の事、之を諸侯・郡守に任す。昔 漢の末に、四海 分崩し、因りて以て吳・蜀 自ら擅なり。是れより刺史、內は民事を親しみ、外は兵馬を領す。此れ一時の宜なるのみ。今 宗廟の靈、士大夫の力に賴り、江表 平定して、天下 之を合して一と爲す。當に干戈を韜戢し、天下と與に休息すべし。諸州 事無き者は、其の兵を罷め、刺史の分職すること、皆 漢氏の故事の如くせよ。出でて詔條を頒ち、入りて事を京城に奏せ。二千石は治民の重きを專らにし、監司は上に淸峻す、此れ經久の體なり。其れ便ち州牧を省け』と。晉の武帝、又 其の弊を見る。其の言有りと雖も、其の事を卒へず、後嗣 纘繼して、牧鎭 愈〻重く、地に據りて分爭して、竟に天下を覆す（晉太康之初、武帝亦疑其然、乃詔曰、上古及中代、或置州牧、或置刺史、置監御史。皆總綱紀、而不賦政。治民之事、任之諸侯・郡守。昔漢末、四海分崩、因以吳・蜀自擅。自是刺史、內親民事、外領兵馬、此一時之宜爾。今賴宗廟之靈、士大夫之力、江表平定、天下合之爲一。當韜戢干戈、與天下休息。諸州無事者、罷其兵、刺史分職、皆如漢氏故事。出頒詔條、入奏事京城。二千石專治民之重、監司淸峻於上、此經久之體也。其便省州牧。晉武帝、又見其弊矣。雖有其言、不卒其事、後嗣纘繼、牧鎭愈重、據地分爭、竟覆天下)」とあり、西晉の武帝が州牧の弊害を認識し、それを廢止しようと試みたことを傳えている。西晉武帝の封建制が、後漢末から曹魏にかけて主張されてきた異姓の州牧の排除と同姓諸侯の封建という文脈の中で行われたことを理解できよう。

（三一） 福原啓郎《一九九五》は、西晉の武帝に封建された二十七名の諸王の特徵を、司馬懿―司馬師・司馬昭と司馬孚―司馬望の二房が繁榮していると分析する。なお、西晉における諸王については、唐長孺〈一九八一〉、周國林〈一九九三〉、張興成〈二〇〇一〉がある。

（三二） 扶風王の司馬亮が汝南王・都督豫州諸軍事・鎭南將軍に、琅邪王の司馬倫が趙王・督鄴城諸軍事・平北將軍に、渤海王の司馬輔が太原王・督幷州諸軍事に、東莞王の司馬伷が琅邪王（すでに假節・都督徐州諸軍事・鎭東大將軍）に、汝陰王の司馬駿が扶風王（すでに使持節・都督涼揚諸軍事・征西大將軍）に、太原王の司馬顒が河閒王に、汝南王の司馬柬が南陽王に、それぞれ國替えされた。越智重明〈一九六三―b〉を參照。

（三三） 汝南王司馬亮が、假黃鉞・侍中・大司馬・大都督・督豫州諸軍事に任命されたほか、南陽王の司馬柬が、秦王・都督關中諸軍事・鎭西將軍・西戎校尉に、始平王の司馬瑋が楚王・都督荊州諸軍事・平南將軍に、濮陽王の司馬允が淮南王・都督揚州諸軍事・鎭東大將軍に、司馬乂が長沙王に、司馬穎が成都王に國替えされた。越智重明〈一九六三―b〉を參照。

（三四） 都督が後漢末の軍閥內の實戰的な指揮系統に基づく私設の監軍職を起源とし、曹操の覇權確立の過程で監督の權限を擴大・強化させ、牧伯制によって定着を見た軍鎭による郡縣支配體制を取り込んで地方長官としての地位を獲得したものであることについては、石井仁〈一九九二―a〉を參照。また、漢代では征討・軍政司令官であった四征將軍が、三國時代以降の都督にその座を讓り、權威の象徵となっていたことについては、石井仁〈一九九三〉を參照。

（三五）開啓土宇、以支百世、封建戚屬、咸出之藩、夫豈不懷、公理然也。……宜取同姓諸王年二十以上人才高者、分王吳・蜀。……臣所陳封建、今大義已擧、然餘衆事、儻有足採、以參成制、故皆幷列本事。……今諸王裂土、皆兼於古之諸侯、而君賤其爵、臣恥其位、莫有安志、其故何也。法同郡縣、無成國之制故也。今之建置、宜使率由舊章、一如古典。……宜令諸王國容少而軍容多。……至於境內之政、官人用才、自非內史・國相命於天子、其餘衆職及死生之斷、穀帛・資實・慶賞・刑威、非封爵者、悉得專之（『晉書』卷四十六　劉頌傳）。

（三六）安田二郎〈一九九五〉は、司馬攸は、司馬炎への家臣團の忠誠を確認するために、司馬昭によって後繼者に擬せられたダミーであったが、それを知らぬ司馬炎は攸をライバル視していったと理解する。なお、これに對する見解については、本書第三章第二節を參照。

（三七）兄弟至親。今出齊王、自是朕家事。而甄德・王濟連遣婦、來生哭人（『晉書』卷四十二　王渾傳附王濟傳）。

（三八）『後漢紀』卷七　光武帝紀七。錢穆〈一九五五〉は、袁宏の封建論を明末の封建論の先驅として高く評價している。

（三九）明末の封建論が地方自治論へと展開していく過程については、溝口雄三〈一九八九〉のほか、增淵龍夫〈一九六九〉がある。また、佐藤愼一〈一九八八〉は、中國の統治形態のカテゴリーが「郡縣—封建」から拔け出していく過程を描いている。

第三節　「井田」の系譜

はじめに

「井田」は、儒教の掲げる理想的な土地制度である。西晉時代に行われた土地制度である占田・課田制は、北魏・隋唐の均田制の先驅として注目されながらも、それを後世へと傳える史料がほとんど殘存しないため、その內容が確定されていない。本節は、そうした議論に屋上屋を重ねるのではなく、その思想史的な背景を「井田」の系譜に探ることを通じて、從來の研究で提出されている諸說の中から、思想史的に相應しい說を探ることを目的とする。

一、占田・課田をめぐる諸研究

伊藤敏雄によれば、占田・課田をめぐる從來の諸研究は、四說に整理される(一)。伊藤敏雄〈一九八二—a〉の整理に從い、それぞれをA說・B1說・B2說・B3說と呼稱すると、これら四說は、使用する史料により、さらにA說・B1說とB2說・B3說との二つに大別できる。前者は一般に「戶調之式」と呼ばれる史料を、後者はそれに加えて「晉故事」の逸文を使用していることが多いためである。占田・課田制の理解に向けて、兩者に共通する「戶調之式」を

掲げることから始めよう。『晉書』巻二十六 食貨志[二]に、

①又 戸調の式を制す。丁男の戸は、歳ごとに絹三匹・緜三斤を輸す。女 及び次丁男の戸を爲す者は半ばをば輸す。其の諸〻の邊郡 或いは三分の二、遠き者は三分の一。夷人の賨布を輸するは、戸ごとに一匹、遠き者は或いは一丈。

②男子一人は占田七十畝、女子は三十畝。其の外 丁男は課田五十畝、丁女は二十畝、次丁男は之に半ばす、女は則ち課せず。

③男女の年十六已上より六十に至るをば正丁と爲す。十五已下より十三に至る、六十一已上より六十五に至るをば次丁と爲す。十二已下・六十六已上をば老・小と爲し、事とせず。

④遠夷の課田せざる者は義米を輸すること、戸ごとに三斛、遠き者は五斗、極めて遠き者は算錢を輸すること、人ごとに二十八文。

⑤其の官品第一より第九に至るは、各〻貴賤を以て占田す。品第一なる者は五十頃を占し、第二品は四十五頃、第三品は四十頃、第四品は三十五頃、第五品は三十頃、第六品は二十五頃、第七品は二十頃、第八品は十五頃、第九品は十頃なり。

⑥而して又 各〻品の高卑を以て其の親屬を蔭せしむ。多き者は九族に及び、少なき者は三世。宗室・國賓・先賢の後 及び士人の子孫も亦た之の如し。

⑦而して又 人を蔭して以て衣食客 及び佃客と爲すを得。品第六已上は衣食客三人を得、第七・第八品は二人、第九品 及び擧輦・跡禽・前驅・由基・強弩・司馬・羽林郎・殿中冗從武賁・殿中武賁・持椎斧武騎武賁・持鈒冗從武賁・命中武賁・武騎は一人。其の應に佃客を有すべき者にして、官品第一・第二なる者は佃客 五十戸を過ぐ

ること無く、第三品は十戸、第四品は七戸、第五品は五戸、第六品は三戸、第七品は二戸、第八品・第九品は一戸。

とある。堀敏一によれば、この記事は、①戸調、②占田・課田、③正丁・次丁・老小の年齢、④課田の對象外の夷人の税負擔、⑤官人の占田、⑥官人の親屬などの課役免除、⑦官人の客の課役免除よりなる。(三) Ａ説（伊藤敏雄〈一九八二ａ〉分類、以下同）は、この史料を論據に、占田と課田とが、それぞれ異なる農民戸を對象とした制度である、とする點に共通性がある。例えば、宮崎市定は、④の「遠夷」を衍字とした上で、課田を魏の民屯田を引き繼いだ田制とし、その農民は國家の小作人であり、課田は均田制の露田・口分田へと展開する。これに對して、占田は、舊郡縣民への限田制であり、均田制の桑田・永業田へと展開する田制、と理解したのである。(四)

一方で、Ｂ１説は、同じくこの史料を論據としながらも、占田と課田とは、同一の農民戸を對象とした制度である、と理解する。占田と課田とを同一の農民戸を對象とする田制、と考えることはＢ説に共通する特徴である。Ｂ説の中でも、Ｂ１説は、占田と課田とは同一戸内の異なる民を對象とする、と理解するところにＢ２・Ｂ３説との違いがある。例えば、岡崎文夫は、占田・課田をともに曹魏の屯田の系譜を引くものとし、男女一對に占田百畝を給することを原則とし、課田は「課税される田」の意で、戸内の丁次男に支給され、丁次女に支給される不課田は義米として三斛を輸す、と解している。(五)

Ａ説とＢ１説は、吉田虎雄が「晉故事」の逸文を取り上げる以前の研究が多く、(六) その理解は、「晉故事」の逸文にみられる税制と抵觸する。近年の研究が必ず踏まえる「晉故事」の逸文も掲げておこう。『初學記』巻二十七 寶器 絹に、(七)

⑴晉故事に、凡そ民丁は、課田 夫ごとに五十畝、租四斛・絹三疋・綿三斤を收む。

⑵凡そ諸侯に屬するものは、皆 租穀を減ずること畝ごとに一升、減ずる所を計りて以て諸侯に絹を増すこと戸ご

> とに一疋、其の絹を以て諸侯の秩と爲す。又 民租を分くること戶ごとに二斛、以て諸侯の奉と爲す。其の餘租及び舊の調たる絹 戶ごとに三疋・綿三斤は、盡く公の賦と爲し、九品 相通じて、皆 官に輸入すること、自ら舊制の如し。

とある。近年の研究は、これを踏まえたうえで、占田と課田とは同一の民を對象とし、課田は占田に包含されるとするB2說、課田を占田の外に設定するB3說を取るものが多い。

B2說を取る堀敏一は、占田制は、一夫婦一〇〇畝の保有限度を示すもので、その土地は課稅對象とはならず、課田制は、占田の限度內で一夫あたり五〇畝の耕作を課し、租稅を收取する土地、と理解する[八]。自らはB3說を取る伊藤敏雄は、B2說を占田に對する課稅がないとすれば、廣大な官人占田はどう理解するのか、と批判した上で、占田を私的土地占有狀態を戶主に申告させ、その土地占有を一定限度公認したものとし、每畝四升程度の田租の負課を想定する。また、課田は、占田地のほかに、基本的には公有地である田土の耕作を戶主・非戶主にかかわらず戶內の全丁男・丁女・丁次男に課し、それに基づいて課稅する土地、と理解するのである[九]。

伊藤敏雄〈一九八二—b〉ののち、南朝の租稅體系への痕跡を探るという方法論により、占田・課田の理解に新たな地平を開いたものが渡邊信一郎である[一〇]。渡邊信一郎〈一九九五〉は、占田制を百姓・官人の占有限度を規定するとともに、全國的な土地保有狀態を把握し、これに一〇分の一稅をかけ、一律每畝三斗の田稅を收取したもの、とする（ただし、諸侯國に屬する農民は、すべて租を每畝一斗減らし、諸侯國に與える）。また、課田制については、丁男戶主を基準として、(1)內郡一般規定（丁男が戶主である場合、課田五〇畝が耕作奬勵され、戶調として租四斛・絹三匹・綿三斤が賦課される）、(2)諸侯國との分割規定（諸侯國に屬する農民からは、課田に對する戶調の租四斛の中から二斛、絹三匹の中から一匹を分割して諸侯の秩祿にあて、殘りを國家に納入する）、(3)邊郡規定（邊郡の中には內郡の三分の二、遠郡では三分の一の戶調が賦課されるところもある）、⑷夷人規定（課田される夷人は、調として賨布を戸ごとに一匹、遠方の夷人はこれを一丈とする場合もある。課田されない夷人は、義米を戸ごとに三斛納入し、遠方の夷人はこれを五斗とし、極遠の夷人は人頭二十八錢を納入）が存在した、とするのである。

きわめて整然とした理解であるが、渡邊信一郎〈一九九五〉の結論は「晉故事」の字句をかなり改めることにより導かれている。[一一]やはり檢討史料が零細であることは否めない。占田・課田制が背景としている哲學・思想面から制度の理解を深められないであろうか。

山田勝芳は、鄭玄によって『周禮』が「禮の經」に高められ、學官に立てられた魏晉から、王安石の新法に關わって『周禮』の眞僞が論議され、その地位が動搖し始めた宋代に至る時代を「『周禮』の時代」と捉える一環として占田・課田制の思想史的背景を考察した。[一二]占田制は、一品五〇頃から平民一夫婦一頃に至る、理念的にそうであるべき、身分に應じた均となっており、平民段階では一律平均となる。『周禮』及び均の理念の展開を踏まえれば、占田制は官品に對應した均田の理念を實現したものであり、事實上の均田制はここに始まる。また、課田制は、丁男が五〇畝を耕作できるという前提に立って、その勞働力に對應した均等な田租四斛を徵したもの、と理解するのである。

しかし、周知のとおり、西晉時代に正統とされたものは、鄭玄の經學ではなく王肅の經學である（本書第四章第一節）。鄭玄の經學では「禮の經」として尊重された『周禮』であるが、王肅は『周禮』を經學の中心には置かない。鄭王の爭いとして著名な天に關する理解でも、鄭玄の六天說に對して、昊天上帝に天帝を統一する王肅の主張の論據は、『禮記』王制に置かれる。[一三]小島毅〈一九八九〉は、天に關する王肅說は、『周禮』大司樂條の輕視の上に成り立つ、とこれを評している。西晉が受禪したのち、泰始二（二六六）年に改定された郊祀制度も、王肅の議論に基づいて行われた（『宋書』巻十六　禮志三）。山田勝芳〈一九八五—a〉のように、西晉を「『周禮』の時代」に含めることはできないのである。

こうした西晉期の思想狀況を考慮した時、西晉で施行された占田・課田制の思想史的背景を『周禮』に求める山田勝芳〈一九八五—a〉には從うことができない。井田の系譜を追うことにより、占田・課田制の思想史的背景を明らかにしていこう。(一四)

二、井田思想の展開

周代に井田制が行われたか否かについては、古來より議論がある。(一五)しかし、行論の關心は、實態としての井田制にはなく、文獻により傳えられた井田制の內容・解釋（以下、井田思想）にある。

井田思想の最古の記錄は『孟子』にみえる。加藤繁によれば、滕文公篇に記載される井田の內容は、稅法と耕地分配法の二項に集約される。(一六)就中、『孟子』滕文公上に、(一七)

方里にして井す。井は九百畝、其の中公田爲り。八家は皆百畝を私し、同に公田を養ふ。公事畢はりて、然る後敢へて私事を治む。

とあるように、耕地分配法の中に「公田」のあることが『孟子』の井田思想の特徵である。かかる『孟子』の主張は、『詩經』小雅大田に、「我が公田に雨ふりて、遂に我が私に及べ」とあることを踏まえた考證に基づく。加藤繁《一九一六》が述べるように、井田に關する記事を持つ『國語』にも『春秋左氏傳』にも、公田の存在は認められない。公田こそ、『孟子』の井田思想の特徵であると言えよう。

戰國中期に著された『孟子』に次ぐ、井田思想の體系的著作は、戰國末期の編纂とされることの多い『周禮』である。(一八)『周禮』の井田思想には、公田がない。『孟子』が著された時期と社會背景が異なるためであろう。堀敏一は、これを農民の共同性から土地の公平な分配へと關心が移行した、と意義づけている。(一九) それでは『周禮』の井田思想の特徴は、どこにあるのだろうか。『周禮』地官 大司徒(二〇)に、

> 凡そ都鄙を造るに、其の地域を制して之を封溝し、其の室數を以て之を制す。不易の地は、家ごとに百畮。一易の地は、家ごとに二百畮。再易の地は、家ごとに三百畮。

とある。「室數」に關しては、『周禮』地官 小司徒(二一)に、

> 乃ち土地を均しくして、以て其の人民を稽へて、周く其の數を知る。上地は家ごとに七人、任ず可き者は、家ごとに三人。中地は家ごとに六人、任ず可き者は、二家ごとに五人。下地は家ごとに五人、任ず可き者は、家ごとに二人。

とある。このように『周禮』の井田では、「一易」「再易」といった田土の肥瘠によって支給する面積を變え、田土の配分は、家口數および力役を出す人數を考慮して決められている。『孟子』にみられた公田が無くなり、耕地分配法は『孟子』に比べて複雑となり、土地の肥瘠や家口數に應じた割當が問題とされるに至っているのである。

前漢前期に著された『韓詩外傳』・『春秋穀梁傳』にも、井田に關する記載がある。これら二著の井田思想は、公田があるなど『孟子』の影響を受けながらも、公田には宅地を設けるべきだ、とする新たな主張を含む。井田思想が後に著される書籍ほど整備されていく過程を見ることができよう。(二二)

續いて井田思想の政策化を検討しよう。最初の主張者とされている者は、董仲舒である。『漢書』巻二十四上 食貨志上(二三)に、

> 秦に至りては則ち然らず。商鞅の法を用ひ、帝王の制を改め、井田を除き、民 賣買するを得。富者は田 仟伯を連ね、貧者は立錐の地亡し。……古の井田の法は卒(には)かに行ひ難きと雖も、宜しく少しく古に近くし、民の名田を

　限りて、以て不足を澹し、幷兼の路を塞ぐべし。

とある。ここでは、いにしえの井田は、にわかに復活できないので、限田を行うべきことが主張されている。ただし、『漢書』に傳わる董仲舒の主張が、本人の主張であるか否かについては問題が殘る。(一四)福井重雅〈一九九七〉によれば、『漢書』に記載される董仲舒の主張は、董仲舒の弟子や後學の言說をまとめた『董仲舒書』に依るという。いずれにせよ、『漢書』食貨志に引用される董仲舒の言說は、哀帝の限田策・王莽の王田制と續く井田の政策面での系譜の嚆矢となるものである。

　董仲舒の言說が具體化されなかったことに對し、限田策として政策化されたものが、哀帝期の師丹の主張である。限田策と共に掲げると、『漢書』卷二十四上 食貨志上に、(一五)

　哀帝 卽位し、師丹 輔政す。建言すらく、「古の聖王は井田を設けざるは莫く、然る後に治 乃ち平らかなる可し。孝文皇帝……故に民田及び奴婢の爲に限を爲さず。今 ……宜しく略ぼ限を爲すべし」と。天子 其の議を丞相の孔光・大司空の何武に下す。奏請すらく、「諸侯王・列侯の皆 名田を國中に得るもの、列侯の長安に在るもの、公主の縣道に名田するもの、及び關內侯・吏民の名田は皆 三十頃を過ぐること毋かれ。諸侯王の奴婢は二百人、列侯・公主は百人、關內侯・吏民は三十人とす。期は三年を盡くし、犯す者は官に沒入す」と。

とある。儒教が理想とする井田思想は、ここに始めて政策として具體化された。しかし、外戚の丁傅や寵臣の董賢の反對により、限田策は施行されなかった。ここでは、井田が「名田」の所有を三十頃に限る、という限田の形を取ったこと、諸侯王から吏民まで、すべての人々の土地所有を制限しようと試みたことの二點を確認しておきたい。

　哀帝の限田策に續く井田の系譜上に、王莽の王田制がある。古來より王莽の王田制は、『周禮』の影響下にあるとされてきた。(一六)しかし、宇野精一《一九四九》によれば、王田は『周禮』によったものとはいえず、少なくとも『周禮』に

のみよったものではない、という。『漢書』巻九十九中 王莽傳中[二七]に、

秦……聖制を壞して、井田を廢す。……予 前に大麓に在り、始めて天下の公田をして口井せしむ、時に則ち嘉禾の祥有り。……今 天下の田を更名して王田と曰ひ、奴婢を私屬と曰ひ、皆 賣買するを得ず。其の男口 八に盈たずして、田 一井を過ぐる者は、餘田を分ちて九族・鄰里・鄉黨に予へよ。故より田無く、今 當に田を受くる者は、制度の如くせよ。

とある。井田の系譜の中で、王莽の王田制を考えると、第一の特徴は『孟子』の井田思想を繼承する「公田」の存在にある。大麓とは、舜が試練に耐え、堯から禪讓を受ける契機となった土地である。堯の子孫たる漢家より受禪する王莽には、重要な土地である。その場所で、公田を井田思想に基づき分配したところ、瑞祥があったという。王莽は、そうした天の支持を正統性の據り所として、王田制を施行し、田無き者には田を與えよ、との命を下したのである。その際、「制度の如くせよ」という文言が附加されている點には留意をしたい。堀敏一〈一九七五〉は、この規定は前漢以來の公田の賦與のそれをひきついだものである、とする。首肯し得る見解である。王莽の王田制は、前漢の公田政策を『孟子』の井田思想に基づき繼承しながら、無田者への土地の附與を促進しようとしているのである。董仲舒の言說と同じく、田の所有を制限するだけの限田に止まっていた哀帝期の限田策に比べると、より現實的な政策であると言えよう。第二の特徴は、「八」家・「一井」といった『孟子』の井田に關する文言の使用にある。『孟子』は九百畝の土地を百畝の公田を殘して八家で均分するとしていた。しかし、王田制は井田の中に公田を設けるという考えは取らない。『孟子』の文言を使用しながらも、その井田思想は現實に合わせて變更されている。以上二つの特徴に、前漢の公田政策を背景とした『孟子』の井田思想の王莽的展開を見ることができるのである。

後漢に入ってからも、井田の主張は續いた。後漢末になると、西晉の占田・課田制の先驅となる思想へとそれは成

熟する。曹操の覇權確立に力を盡くした荀彧の從兄にあたる荀悅は、口數に應じた占田を主張している。『漢紀』巻八孝文皇帝紀下（二八）に、

> 孝武の時、董仲舒嘗て言へらく、「宜しく民の占田を限るべし」と。哀帝の時に至りて、乃ち民の占田を限り、三十頃を過ぐるを得ず。……宜しく口數を以て占田し、爲に科限を立つべし。

とある。ここでは、董仲舒の言說や限田策で使われていた「名田」という語彙が「占田」へと言い換えられている。また、その內容も、口數によって占田の面積を定めるものとなっている。これらのことから堀敏一〈一九七五〉は、荀悅の言說を西晉の占田の先驅、と位置づけている。また、荀彧が推擧した仲長統は、『後漢書』列傳三十九 仲長統傳所引『昌言』損益（二九）に、

> 今者土は廣く民は稀にして、中地未だ墾せず。然りと雖も、猶ほ當に限るに大家を以てし、過制すること勿からしむべし。其の地に草有る者は、盡く官田と曰ひ、力農事に堪ふれば、乃ち之を受くるを聽す。若し其の自取するを聽さば、後必ず姦と爲らん。

と述べ、「大家」の田土の所有を制限する一方で、未開墾地の授田を提唱している。前者は占田の、後者は課田の思想史的背景と言えよう。

しかし、これらの主張はそのまま曹魏の政策には反映しなかった。曹魏の土地政策は、屯田制である。その特徴となる民屯田の耕作者は、民閒から強制徵募されたものが多く、「分田の術」により收穫の五割ないし六割が國家の收入とされた（三〇）。屯田制の經營形態は、豪族の大土地所有と大差なく、皇帝がそれに倣って國有地の大經營を行うものであった（三一）。しかも、屯田民に對する支配は、一般民に對する郡縣制とは別の典農中郎將などの典農官によって行われた（三二）。すべての民の田を等しくしようとする井田の理想を皇帝自らが逸脫する制度とも言えよう。

においては亞流に過ぎない。

三、占田・課田制と身分制

曹魏政權下において、司馬氏は儒教の體現者として振る舞うことにより、儒教的價値基準を持つ「名士」の支持を集めようとしていた（本書第一章第一節）。曹魏の屯田制は、儒教の理想とする「井田」ではなかったため、司馬懿の兄である司馬朗は、井田の復活を獻策している。『三國志』巻十五　司馬朗傳[二三]に、

（司馬）朗 以爲へらく、天下土崩の勢は、秦 五等の制を滅し、而して郡國に蒐狩習戰の備へ無きが故に由る。今五等は未だ復た行ふ可からずと雖も、州郡をして竝びに兵を置き、外は四夷に備へ、內は不軌を威せしむ可きは、策に於て長と爲すと。又 以爲へらく、宜しく井田を復すべしと。……今 大亂の後を承け、民人は分散し、土業に主無きは、皆 公田と爲し、宜しく此の時に及びて之を復すべし。議 未だ施行せられずと雖も、然れども州郡兵を領するは、朗の本意なり。

とある。しかし、屯田制が施行されている曹魏において、司馬朗の獻策は實現しなかった。そこで、司馬氏は權力の確立過程で、宗族やその黨與を典農官に補任し、典農部屯田を支配下に置き、自らの經濟的・軍事的基盤としていった（竹園卓夫〈一九七一〉）。そしてついに司馬昭は、蜀漢を滅ぼし鍾會の亂を平定して權力を確立すると、咸熙元（二六四）年に屯田制を廢止した。『三國志』巻四　陳留王奐紀[二四]に、

是の歲、屯田官を罷めて以て政役を均しくし、諸〻の典農は皆 太守と爲し、都尉は皆 令長と爲す。

とある。「政役を均しく」については、その內容及び方法について議論もあるが[二五]、典農官を守令とし、舊屯田民が郡縣

民と負擔を同じくするようになった、と考える點ではいずれの說も共通している。一部の民だけと特殊な關係を國家が結ぶという、井田の系譜としては亞流に屬する曹魏の屯田制は終わり、民のすべてを對象として土地制度を施行する準備が整ったのである。そののち、施行された土地制度が、占田・課田制であった。それでは、占田・課田制は、司馬朗の井田思想を反映したものと考えられるであろうか。

　司馬朗の井田思想は、五等爵とともに井田を復興しようとする點に特徵がある。五等爵とは、周代の諸侯が王から與えられた公・侯・伯・子・男の爵位のことで、竹内康浩によれば、周代には制度としての五等爵は存在しないが、その基礎となる事實はあったという。[三六] むろん、『孟子』『禮記』『春秋』などが周代の實在の制度として五等爵を理想化していることは、井田と同樣である。井田と諸侯とを關わらせる發想は、限田策にも見られたが、限田策では諸侯と吏民の名田はそれぞれ等しく三十頃であり、[三七] 諸侯を五等に分けることもなかった。それでは、井田と五等爵とを結びつけることは司馬朗の獨創か、というとそうではない。早くは『漢書』卷六十七 梅福傳に、[三八]

　秦は亡道爲りて、仲尼の迹を削り、周公の軌を滅ぼし、井田を壞し、五等を除き、禮は廢せられ樂は崩され、王道 通ぜず。

とあり、秦の暴政のため井田制と五等爵が共に破壞されたことが述べられている。しかし、ここでは、井田と五等爵を一體として復興しようという考えは、未だ現れていない。

　後漢後期になるとようやく、崔寔が『政論』の中で、五等爵と井田の復活を主張している。『後漢書』列傳四十二 崔駰傳附崔寔傳に、[三九]

　亡秦の俗を盪(すす)ぎ、先聖の風に遵ひ、苟全の政を弃て、稽古の蹤を蹈み、五等の爵を復し、井田の制を立て、然る後に稷・契を選びて佐と爲し、伊・呂を輔と爲せば、樂作(おこ)りて鳳皇儀(いた)り、石を擊ちて百獸舞はん。

とある。ここでは井田は五等爵と一體とされ、この二つを復興することが「先聖の風に遵」うことである、と認識されている。こうした井田と五等爵を一體とする考え方は、何を典據とするのであろうか。『禮記』王制（四〇）に、

> 王者の祿爵を制するは、公・侯・伯・子・男、凡そ五等。諸侯の上大夫卿・下大夫・上士・中士・下士、凡そ五等。天子の田は方千里、公・侯の田は方百里、伯は七十里、子・男は五十里。五十里なる能はざる者は、天子に合せずして、諸侯に附し、附庸と曰ふ。天子の三公の田は公・侯に視へ、天子の卿は伯に視へ、天子の大夫は子・男に視へ、天子の元士は附庸に視ふ。農田を制すること百畝。百畝の分、上農夫は九人を食ひ、其の次は八人を食ひ、其の次は七人を食ひ、其の次は六人を食ひ、下農夫は五人を食ふ。庶人の官に在る者は、其の祿 是れを以て差と爲すなり。諸侯の下士は、上農夫に視ふ。祿は以て其の耕に代ふるに足るなり。中士は下士に倍し、上士は中士に倍し、下大夫は上士に倍し、卿は大夫の祿を四にし、君は卿の祿を十にす。次國の卿は、大夫の祿を三にし、君は卿の祿を十にす。小國の卿は、大夫の祿に倍し、君は卿の祿を十にす。

とある。ここには、周の制度として五等爵が掲げられるだけではなく、「農田を制すること百畝」という記載がある。「井田」の文言こそ冠さないものの、『孟子』から始まる井田思想の表現であることは言を俟たない（四一）。井田と五等爵を一體として理想的な周制と考える經學的典據は、『禮記』王制にあるのである。じつは『周禮』にも、諸侯と井田との關連を述べる部分はある（四二）。しかし、それは井田と五等爵を一體化する記述ではない。周知のとおり、後漢の官學は今文學であった。後漢「儒教國家」の經典解釋を定めた白虎觀會議の議論をまとめた『白虎通』爵 第一でも、五等爵は『禮記』を典據に規定されている（四三）。古文の『周禮』ではなく、今文の『禮記』が崔寔の言説の典據としては相應しい。

司馬朗の井田思想の特徴は、五等爵と一緒に井田を復興することにあった。その主張は、『禮記』王制を典據とすると考えてよい。司馬昭は、屯田制を廢止した咸熙元（二六四）年、尚書左僕射の裴秀の建議を受け入れて、五等爵を施

行している。(四四)占田・課田制が五等爵と一體化された司馬朗の井田思想を、換言すれば、『禮記』王制を思想史的背景とすることが承認されよう。西晉で採用された王肅の經學が『周禮』よりも『禮記』を尊重するという西晉全般の思想動向とも、かかる理解は合致している。

ここで一で掲げた史料に戻ろう。「戸調之式」には⑤~⑦、「晉故事」には⑵と、いずれも諸侯の規定がある。占田・課田制は、諸侯の存在を包含した制度なのである。(四五)思想史的には、占田・課田制は、『禮記』を典據とする五等爵と井田を周の理想的な制度として復原しようとする思想的營爲の中から生み出された制度であると言えよう。

かかる思想史的理解より、從來の占田・課田制の諸研究を檢討してみると、A說(占田と課田とは異なる農民戸を對象)は、制度の本質にそぐわない。『禮記』の井田思想は五等爵という身分制は內包しても、民に對しては均一に同じ條件を課すためである。同樣の理由により、B1說(同一戸內の異なる民を對象)も首肯し得ない。以上である。B2說(課田を占田に包含)とB3說(課田は占田の外)のいずれが正しいのかを思想史的背景から考えることは止めておきたい。

むしろ、思想史的には、なぜ司馬朗は五等爵と一體の井田思想を選んだのか、という問題の方が重要である。二で檢討したように、後漢末には五等爵と無關係な井田思想も存在していたし、曹魏は亞流とも呼ぶべき屯田制を採用していた。そこには、五等爵という身分制により表現されている現實の社會關係とは何か、という問題が橫たわる。具體的には、「戸調之式」⑤~⑦・「晉故事」⑵に規定される諸侯が、なぜ五等爵ではなく九品なのか、という問題である。西晉において五等爵制と州大中正の制とが相俟って國家的身分制としての貴族制が形成されたことは(本書第一章第三節)、井田思想の西晉的展開である占田・課田制にも反映しているのである。

おわりに

西晉の占田・課田制は、周の井田を傳える文獻の中では、『禮記』王制篇の影響を強く受けて成立した制度であった。それは、多くの井田の系譜の中で、『禮記』にのみ井田と五等爵との一體性が表現されており、貴族制の進展に合わせ身分による土地所有の階層化を國家主導で行わんとしていた西晉の政策に、最も適した解釋が可能な經典であったためである。

『孟子』を王莽の理想に合わせて展開した王田制、井田思想としては亞流に屬する曹魏の屯田制、『禮記』を貴族制の現實とすり合わせた西晉の占田・課田制というように、中國の土地政策は、一貫した經典の解釋に基づいて構想されたのではなく、その時々の社會情勢に最も適合した經典の解釋により行われていた。北魏以降の均田制は、山田勝芳〈一九八四〉の說くように『周禮』との關わりで考察すべきであろうが、それは今後の課題としておきたい。

《注》

（一）　伊藤敏雄〈一九八二—a〉。伊藤敏雄〈一九八二—a〉の後の研究としては、楠山修作〈一九八六〉〈一九九八〉（ともにA說を主張）、張學鋒〈二〇〇〇〉（課田を徵收規定とする）がある。これらを踏まえた、八〇年代以降の研究の整理として、丹喬二〈二〇〇五〉、伊藤敏雄〈二〇〇八〉がある。一方、中國における研究動向の整理としては、周國林〈一九八八〉、劉安志〈一九九三〉がある。劉安志〈一九九三〉は、占田に關する理解を①授田說・②限田說・③稅制說・④土地限額申報登記制度說に、課田に關する理解を①授田説・②督課耕田説・③課税督課耕田説・④税制説・⑤課佃説・⑥經營管理方法説・⑦田賦定額課征制度説に分けて整理している。

（二）①又制戸調之式。丁男之戸、歳輸絹三匹・緜三斤。女及次丁男爲戸者半輸。其諸邊郡或三分之二、遠者三分之一。夷人輸賨布、戸一匹、遠者或一丈。②男子一人占田七十畝、女子三十畝。其外丁男課田五十畝、丁女二十畝、次丁男半之、女則不課。③男女年十六已上至六十爲正丁。十五已下至十三、六十一已上至六十五爲次丁。十二已下・六十六已上爲老・小、不事。④遠夷不課田者輸義米、戸三斛、遠者五斗、極遠者輸算錢、人二十八文。⑤其官品第一至于第九、各以貴賤占田。品第一者占五十頃、第二品四十五頃、第三品四十頃、第四品三十五頃、第五品三十頃、第六品二十五頃、第七品二十頃、第八品十五頃、第九品十頃。⑥而又各以品之高卑蔭其親屬。多者及九族、少者三世。宗室・國賓・先賢之後及士人子孫亦如之。⑦而又得蔭人以爲衣食客及佃客。品第六已上得衣食客三人、第七・第八品二人、第九品及舉輦・跡禽・前驅・由基・強弩・司馬・羽林郎・殿中冗從武賁・殿中武賁・持椎斧武騎武賁・持鈒冗從武賁・命中武賁・武騎一人。其應有佃客者、官品第一・第二者佃客無過五十戸、第三品十戸、第四品七戸、第五品五戸、第六品三戸、第七品二戸、第八品・第九品一戸（『晉書』卷二十六　食貨志）。なお丸番號は渡邉が附した。

（三）堀敏一〈一九七四〉。なお、堀敏一は、①～⑦全體を「戸調之式」とは考えず、②以下は別だとする曾我部靜雄〈一九六三〉の説に從っている。

（四）宮崎市定〈一九三五〉。このほか、A説には、西嶋定生〈一九五六〉、越智重明〈一九六三―c〉、米田賢治郎〈一九六四〉などがある。それぞれの内容については、伊藤敏雄〈一九八二―a〉を參照。

（五）岡崎文夫〈一九三二〉。このほか、B1説には、玉井是博〈一九二二〉、加藤繁《一九四四》、范文瀾《一九七八》などがある。それぞれの内容については、伊藤敏雄〈一九八二―a〉を參照。

（六）吉田虎雄《一九四三》。吉田虎雄《一九四三》を踏まえてB1説を取るものに、曾我部靜雄《一九五三》、鈴木俊〈一九五五〉などがある。それぞれの内容については、伊藤敏雄〈一九八二―a〉を參照。

（七）⑴晉故事、凡民丁、課田夫五十畝、收租四斛・絹三疋・綿三斤。⑵凡屬諸侯、皆減租穀畝一〔斗〕〔升〕、計所減以增諸侯絹戸

一疋、以其絹爲諸侯秩。又分民租戶二斛、以爲〔諸〕侯奉。其餘租及舊調絹（二）戶三疋・綿三斤、（書）〔盡〕爲公賦、九品相通、皆輸入於官、自如舊制（『初學記』巻二十七 寶器 絹）。なお、堀敏一〈一九七四〉に従って、（ ）を省き、〔 〕を補った。

（八）　堀敏一〈一九七四〉。このほか、B2説には、天野元之助〈一九五七〉、西村元佑〈一九五八〉、草野靖〈一九五八〉、唐長孺〈一九五五―b〉などがある。それぞれの内容については、伊藤敏雄〈一九八二―a〉を參照。

（九）　伊藤敏雄〈一九八二―b〉。このほか、B3説には、吉田虎雄《一九四三》、藤家禮之助〈一九六六〉などがある。それぞれの内容については、伊藤敏雄〈一九八二―a〉を參照。

（一〇）　渡邊信一郎〈一九九五〉。また、戶調制の起源を漢の賦斂に求める渡邊信一郎〈二〇〇一〉も參照。

（一一）　渡邊信一郎〈一九九五〉は、『初學記』巻二十七 寶器 絹 所引の「晉故事」を次のように改めている。⑴晉故事、凡民丁、課田夫五十畝、收租四斛・絹三疋・綿三斤。⑵凡屬諸侯、皆減租穀畝一斗、計所減以增諸侯〔□。分民〕絹戶一疋、以其絹爲諸侯秩。又分民租戶二斛、以爲侯奉。其餘租及舊調絹二（戶三）疋・綿三斤、（書）〔盡〕爲公賦、九品相通、皆輸入於官、自如舊制。渡邊信一郎〈一九九五〉に従い（ ）を省き、〔 〕を補った。

（一二）　山田勝芳〈一九八五―a〉。このほか、『周禮』の成立までを扱った山田勝芳〈一九八四〉、王莽期を中心とした山田勝芳〈一九八五―b〉がある。これらの論文で展開された主張は、山田勝芳《二〇〇一》に、啓蒙書としての配慮を加えたうえで、まとめられている。

（一三）　小島毅〈一九八九〉。また、間嶋潤一〈一九八七〉、木島史雄〈一九九六〉も參照。

（一四）　占田・課田の思想史的背景については、山田勝芳〈一九八五―a〉のほか、堀敏一〈一九七五〉がある。堀敏一〈一九七五〉は、占田・課田制の經學的な背景を探るものではないが、具體的な土地制度の展開を詳細に論じて有用である。また、黎虎〈一九八五〉は、占田・課田制の起源に關する中國の研究を①前代の田制と無關係・②曹魏の屯田制の發展・③漢代の限田・名田の發展の三説に分類し、自らは③説を取る。なお、武建國〈一九九二〉にも有益な記載がある。

（一五）　井田制の研究動向については、小竹文夫〈一九六一〉、李慶東〈一九八九〉を參照。

と理解している。

（一六）加藤繁《一九一六》。なお、加藤繁《一九一六》は、税制について、周代の税制である徹法は、収穫に対する十分の一税である、

（一七）方里而井。井九百畝、其中爲公田。八家皆私百畝、同養公田。公事畢、然後敢治私事（『孟子』滕文公上）。

（一八）『周禮』の制作年代に關する論争史は、宇野精一《一九四九》に詳しい。宇野精一《一九四九》は、戰國末期成立説を取っている。なお、金春峯《一九九三》も參照。

（一九）堀敏一〈一九七五〉。また、重澤俊郎〈一九五五〉は、兩書の違いを哲學的に分析し、『孟子』の井田思想は自治的共同體の成立自體を民本主義的立場から考えた結果であり、『周禮』のそれは國家本意の他律的強制編成である、と理解する。

（二〇）凡造都鄙、制其地域而封溝之、以其室數制之。不易之地、家百畮。一易之地、家二百畮。再易之地、家三百畮（『周禮』地官 大司徒）。

（二一）乃均土地、以稽其人民、而周知其數。上地家七人、可任也者、家三人。中地家六人、可任也者、二家五人。下地家五人、可任也者、家二人（『周禮』地官 小司徒）。

（二二）堀敏一〈一九七五〉。このほか、『禮記』にも『孟子』の影響を受けた井田の記載があるが、行論の都合上、後に觸れることにしたい。

（二三）至秦則不然。用商鞅之法、改帝王之制、除井田、民得賣買。富者田連仟伯、貧者亡立錐之地。……古井田法雖難卒行、宜少近古、限民名田、以澹不足、塞幷兼之路（『漢書』巻二十四上 食貨志上）。

（二四）たとえば、『漢書』董仲舒傳を典據として、前漢武帝の時代に儒教の國教化が成立した、とする説がすでに成立しないことについては、渡邉義浩《二〇〇九》を參照。

（二五）哀帝卽位、師丹輔政。建言、古之聖王莫不設井田、然後治乃可平。孝文皇帝……故不爲民田及奴婢爲限。今……宜略爲限。天子下其議丞相孔光・大司空何武。奏請、諸侯王・列侯皆得名田國中、列侯在長安、公主名田縣道、及關內侯・吏民名田皆毋過三十頃。諸侯王奴婢二百人、列侯・公主百人、關內侯・吏民三十人。期盡三年、犯者沒入官（『漢書』巻二十四上 食貨志）。

（二六）北宋の歐陽脩から本格化する『周禮』への批判と王莽の諸政策との關わりについては、宇野精一《一九四九》を參照。

（二七）秦……壞聖制、廢井田。……予前在大麓、始令天下公田口井、時則有嘉禾之祥。……今更名天下田曰王田、奴婢曰私屬、皆不得賣買。其男口不盈八、而田過一井者、分餘田予九族・鄰里・鄕黨。故無田、今當受田者、如制度（『漢書』卷九十九　王莽傳中）。

（二八）孝武時、董仲舒嘗言、宜限民占田。至哀帝時、乃限民占田、不得過三十頃。……宜以口數占田、爲立科限（『漢紀』卷八　孝文皇帝紀下）。

（二九）今者土廣民稀、中地未墾。雖然、猶當限以大家、勿令過制。其地有草者、盡曰官田、力堪農事、乃聽受之。若聽其自取、後必爲姦也（『後漢書』列傳三十九　仲長統傳所引『昌言』損益）。

（三〇）曹魏の屯田制については、西嶋定生〈一九五六〉、唐長孺〈一九五五―b〉のほか、高敏〈一九八一〉、鄭欣〈一九八五〉、馬植傑〈一九九一〉などを參照。

（三一）宮崎市定〈一九六〇〉は、これを屯田こそは天子の莊園である、と評している。

（三二）典農官については、井上晃〈一九五八〉、藤家禮之助〈一九六二〉、竹園卓夫〈一九七一〉を參照。

（三三）朗以爲、天下土崩之勢、由秦滅五等之制、而郡國無蒐狩習戰之備故也。今雖五等未可復行、可令州郡竝置兵。外備四夷、內威不軌、於策爲長。又以爲、宜復井田。……今承大亂之後、民人分散、土業無主、皆爲公田、宜及此時復之。議雖未施行、然州郡領兵、朗本意也（『三國志』卷十五　司馬朗傳）。

（三四）是歲、罷屯田官以均政役、諸典農皆爲太守、都尉皆爲令長（『三國志』卷四　陳留王奐紀）。

（三五）政役について、宮崎市定〈一九三五〉は稅役であるとし、西嶋定生〈一九五六〉は兵役であるとし、井上晃〈一九五八〉は傜役であるとする。また、同じく傜役としながらも、それを郡縣民と等しくする方法として、舊屯田民の負擔を越智重明〈一九六三―c〉は寬大にしたとし、藤家禮之助〈一九六二〉は嚴しくしたとしている。

（三六）竹內康浩〈一九九一〉。また、吉本道雅〈一九九四〉も參照。

（三七）西嶋定生〈一九五六〉は、奴婢の所有制限に段階がつけられているように、田土の制限もまた、二〇〇頃・一〇〇頃・三〇頃と段階づけられていたのが、史料より脱落したのであろうとする。宇都宮清吉〈一九五三〉もこれに賛成している。

(三八) 秦爲亡道、削仲尼之迹、滅周公之軌、壞井田、除五等、禮廢樂崩、王道不通（『漢書』巻六十七 梅福傳）。

(三九) 盪亡秦之俗、遵先聖之風、弃苟全之政、蹈稽古之蹤、復五等之爵、立井田之制、然後選稷・契爲佐、伊・呂爲輔、樂作而鳳皇儀、擊石而百獸舞（『後漢書』列傳四十二 崔駰傳附崔寔傳）。

(四〇) 王者之制祿爵、公・侯・伯・子・男、凡五等。諸侯之上大夫卿・下大夫・上士・中士・下士、凡五等。天子之田方千里、公・侯田方百里、伯七十里、子・男五十里。不能五十里者、不合於天子、附於諸侯、曰附庸。天子之三公之田視公・侯、天子之卿視伯、天子之大夫視子・男、天子之元士視附庸。制農田百畝。百畝之分、上農夫食九人、其次食八人、其次食七人、其次食六人、下農夫食五人。庶人在官者、其祿以是爲差也。諸侯之下士、視上農夫。祿足以代其耕也。中士倍下士、上士倍中士、下大夫倍上士、卿四大夫祿、君十卿祿。次國之卿、三大夫祿、君十卿祿。小國之卿、倍大夫祿、君十卿祿（『禮記』王制）。

(四一) 『孟子』萬章下に、「天子一位、公一位、侯一位、伯一位、子・男同じく一位、凡そ五等なり。君一位、卿一位、大夫一位、上士一位、中士一位、下士一位、凡そ六等なり。天子の制は、地 方千里、公・侯は皆 方百里、伯は七十里、子・男は五十里、凡そ四等なり。五十里なること能はずして、天子に達せず、諸侯に附くを附庸と曰ふ。天子の卿は地を受くること侯に視へ、大夫は地を受くること伯に視へ、元士は地を受くること子・男に視ふ。大國は地 方百里。君は卿の祿を十にし、卿の祿は大夫を四にし、大夫は上士に倍し、上士は中士に倍し、中士は下士に倍し、下士は庶人の官に在る者と祿を同じくす。祿は以て其の耕に代ふるに足るなり。次國は地 方七十里。君は卿の祿を十にし、卿の祿は大夫を三にし、大夫は上士に倍し、上士は中士に倍し、中士は下士に倍し、下士は庶人の官に在る者と祿を同じくす。祿は以て其の耕に代ふるに足るなり。小國は地 方五十里。君は卿の祿を十にし、卿の祿は大夫を二にし、大夫は上士に倍し、上士は中士に倍し、中士は下士に倍し、下士は庶人の官に在る者と祿を同じくす。祿は以て其の耕に代ふるに足るなり。耕す者の獲る所は、一夫 百畝なり。百畝の糞、上農夫は九人を食ひ、上の次は八人を食ひ、中は七人を食ひ、中の次は六人を食ひ、下は五人を食ふ。庶人の官に在る者は、其の祿 是を以て差と爲す(天子一位、公一位、侯一位、伯一位、子・男同一位、凡五等也。君一位、卿一位、大夫一位、上士一位、中士一位、下士一位、

凡六等。天子之制、地方千里、公・侯皆方百里、伯七十里、子・男五十里、凡四等。不能五十里、不達於天子、附於諸侯曰附庸。天子之卿受地視侯、大夫受地視伯、元士受地視子・男。大國地方百里。君十卿祿、卿祿四大夫、大夫倍上士、上士倍中士、中士倍下士、下士與庶人在官者同祿。祿足以代其耕也。次國地方七十里。君十卿祿、卿祿三大夫、大夫倍上士、上士倍中士、中士倍下士、下士與庶人在官者同祿。祿足以代其耕也。小國地方五十里。君十卿祿、卿祿二大夫、大夫倍上士、上士倍中士、中士倍下士、下士與庶人在官者同祿。祿足以代其耕也。耕者之所獲、一夫百畝。百畝之糞、上農夫食九人、上次食八人、中食七人、中次食六人、下食五人。庶人在官者、其祿以是爲差）」とあり、『禮記』王制がこの記述の影響を受けていることが分かる。

（四二）『周禮』地官大司徒に、「凡そ邦國を建つるに、土圭を以て其の地を土（はか）りて其の域を制す。諸公の地は、封疆 方五百里、其の食む者半（なか）ばなり。諸侯の地は、封疆 方四百里、其の食む者 參の一。諸伯の地は、封疆 方三百里、其の食む者 參の一。諸子の地は、封疆 方二百里、其の食む者 四の一。諸男の地は、封疆 方百里、其の食む者 四の一（凡建邦國、以土圭土其地而制其域。諸公之地、封疆方五百里、其食者半。諸侯之地、封疆方四百里、其食者參之一。諸伯之地、封疆方三百里、其食者參之一。諸子之地、封疆方二百里、其食者四之一。諸男之地、封疆方百里、其食者四之一）」とある。この後に二で掲げた「凡そ都鄙を造るに」から始まる井田の規定が續く。

（四三）『白虎通』爵 第一に、「爵に五等有り、以て五行に法るなり。……王制に曰く、『王者の祿爵を制するは凡そ五等』と。公・侯・伯・子・男を謂ふなり。此れ周の制なり（爵有五等、以法五行也。……王制曰、王者之制祿爵凡五等。謂公・侯・伯・子・男也。此周制也）」とある。なお、白虎觀會議ならびに後漢「儒教國家」については、渡邉義浩《一九九五》・《二〇〇九》を參照。

（四四）『三國志』巻四 陳留王奐紀。西晉の五等爵については、越智重明〈一九六三―a〉、本書第一章第三節を參照。

（四五）占田・課田制に定められた諸侯の秩奉については、藤家禮之助〈一九六八〉、伊藤敏雄〈一九八四〉を參照。

第四節　國子學の設立

はじめに

西晉を建國した武帝司馬炎は、自らの出自に關して「吾は本 諸生の家、禮を傳へ來たること久し（吾本諸生家、傳禮來久）」と述べている（『晉書』巻二十 禮志 中）。諸生とは、漢代では博士や師儒に師事して學びつつある者を指すというが、ここでの諸生は、もう少し廣義の諸學者・諸學徒といった意味であろう。[一] いずれにせよ、司馬炎は、自らを儒教を學んできた家の出身と認識しており、儒教の教育に大きな關心を有していたと考えてよい。

西晉では、漢代以來の太學に加えて、國子學が設立された。やがて唐代に形成される國子學・太學・四門學・律學・書學・算學の「六學」が國子監に管轄されるに至るように、西晉の國子學が中國の教育制度のなかで果たした役割は大きい。[二] それではなぜ、太學の他に國子學を竝置したのであろうか。

本節は、西晉における國子學設置の背景と目的を探ることにより、西晉「儒教國家」の統治體制の特徴の一つを解明するものである。

一、漢代の博士

『漢書』董仲舒傳によれば、前漢の武帝期、董仲舒は「孔氏を推明し、百家を抑黜す」[四]る、つまり儒教だけを尊重すべしと主張したとされている[三]。それと呼應するように、『漢書』卷八十八 儒林傳には、

> 贊に曰く、武帝 五經博士を立て、弟子員を開き、科に射策を設け、勸むるに官祿を以てしてより、元始に訖ぶまで、百有餘年、業を傳ふる者 寖く盛んにして、支葉藩滋たり。一經をば說くに百餘萬言に至り、大師の衆 千餘人に至るは、蓋し祿利の路 然らしむるならん。初め 書は唯だ歐陽有り、禮は后、易は楊、春秋は公羊あるのみ。孝宣の世に至りて、復た大小夏侯の尙書、大小戴の禮、施・孟・梁丘の易、穀梁春秋を立つ。元帝の世に至りて、復た京氏の易を立つ。平帝の時、又 左氏春秋・毛詩・逸禮・古文尙書を立つ。

と述べられ、書の歐陽氏・禮の后氏・易の楊氏は、武帝期の五經博士と考えられることも多かった[五]。そして、董仲舒・儒林兩傳の記述をもとに、前漢の武帝期に董仲舒の獻策により太學に五經博士が置かれ、儒教は國教化された、とする說が、ほぼ定說とされてきた（本書序章第一節）。

しかし、つとに狩野直喜《一九六四》が指摘しているように、董仲舒の主張を用いて五經博士を置いたという明文は『漢書』にもない。福井重雅〈一九九五〉が實證するように、儒林傳中の楊（何）は易博士に就任した形跡はなく、また后（蒼）は昭帝末期の詩博士であるから、儒林傳の贊文は、武帝期の五經博士を列擧したものとは見なし得ない。福井重雅〈一九九四〉によれば、『史記』撰述の當時、五經博士の制度は無く、いつの間にか徐々に形成されたもので、それが文帝や武帝の時に一度に着手されたとする認識は、後世の人々の加上的な憶說の所產に過ぎない、という。

こうした定說への批判を實證していくためにも、現在殘る編纂史料のなかで博士の官に就いたことが明らかな者を整理しておくことは有用であろう。前漢の博士就任者をまとめた表六「前漢の博士」により[六]、前漢における博士の特徵を考えていこう。

前漢の博士の特徵は、第一に宣帝期になってようやく五經のすべてに博士が揃うことである。從來の如く、武帝期に五經博士が置かれた、と現存の史料により個人名を擧げて實證することは不可能である[七]。福井重雅〈一九九五〉が重視するように、蕭望之を議長格として宣帝期に開催された石渠閣會議を機に、博士官の整備が進んだためと考えてよい[八]。ただし、昭帝期に丞相となった蔡義が實權を霍光に握られていたり（『漢書』巻六十六 蔡義傳）、王吉の意見が宣帝から迂闊と評されたように（『漢書』巻七十二 王吉傳）、博士就官者の勢力は宣帝期には未だ強力とは言い難い。

第二は、元帝期を機に國政全般に係わる提言を行う者が增加することである。渡邊信一郎〈二〇〇三—a〉が、「中國における古典的國制の成立」と意義づける①洛陽遷都・②畿內制度・③三公設置・④十二州牧設置・⑤南北郊祀・⑥迎氣（五郊）・⑦七廟合祀・⑧官稷（社稷）・⑨辟雍（明堂・靈臺）・⑩學官・⑪二王後の尊重・⑫孔子子孫の封建・⑬樂制改革・⑭天下之號（王朝名）のうち、①・②は翼奉、③・④は何武、⑤・⑪は匡衡、⑦は貢禹・⑬は平當と、八つまでが博士就官者によって提案されている。やがて①〜⑭は、後漢「儒教國家」の成立の畫期となる白虎觀會議において經義により正統化されるが（渡邊義浩〈二〇〇五—c〉）、「儒教國家」の成立に向けて進む禮制の整備において、博士就官者は重要な役割を果たしたと考えてよい。ただし、それは博士として提案したものではなく、他官に累遷した後のことである。後漢初期の博士が主體的に禮制に關與したことに比較すると、前漢の博士官は、國政の全般に係わる重要な政策を提起し得る官との認知が進んでいなかったことを理解できる。

續いて、後漢の博士就任者をまとめた表七「後漢の博士」により、後漢における博士の特徵を考えていこう。

後漢の博士の特徴は、章帝期までとそれ以降で史料の殘存の仕方が大きく變わることに端的に現れる。章帝期までは、博士就官者の記錄は多く、專門の經典も判明する。博士官のままで國政全般に關與している點は、前漢と比べた場合の特徴と言える。『後漢書』列傳二十五 曹褒傳[九]に、

(曹充)建武中に博士と爲り、岱宗に巡狩するに從ひ、封禪の禮を定む。還りて詔を受け議して七郊・三雍・大射・養老の禮儀を立つ。

とあるように、曹充は博士として、封禪・七郊・三雍・大射・養老の禮の制定を主導している。後漢初期における博士の重要性が理解できよう。後漢「儒教國家」における經義を定めた白虎觀會議が行われた章帝期までは、こうした博士の活躍を史料より掲げ得るのである。

ところが、かかる博士の重要性が和帝期以降に低下する。白虎觀會議において、古文學が退けられ、博士官が今文學に占められることが定まったこともあってか、表七に掲げたように、博士に關わる記錄は急速に減少し、專門の經典も判明しなくなる。一方で、荀爽・鄭玄・韓融・陳紀といった錚々たる者達が博士への就官を拒否しており（『後漢書』列傳四十三 申屠蟠傳）、和帝期以降の博士就官者で著名な儒者は、楊震・延篤・盧植など數えるほどになってしまう。

むろん、かかる狀況が直ちに後漢における儒教の衰退を示すわけではない。官學の今文學に對して、古文學が隆盛したこと、今古文を兼習する風潮が強まったこと、郡國の官學が整備され私塾も繁榮したことなど[一〇]、太學において今文の一經のみを講ずる必要性が減少していたことも考慮せねばなるまい。しかし、多くの儒者の博士への就官拒否は、太學そのものの荒廢を想定させるものである。後漢から曹魏の太學の狀況を檢討していこう。

二、漢魏の太學

後漢における太學の荒廢は、安帝期には「博士は席に倚りて講ぜず、朋徒は相 視て怠散す（博士倚席不講、朋徒相視怠散）」（『後漢書』列傳六十九上 儒林上）と稱される狀況になっていた。太學は、博士の講義を受ける學問の場から、朋徒と交遊し人脈を擴げる政治の場へと變容していたのである。

前漢では、太學で學んだ博士弟子は、射策により文學掌故などに任用され、さらに他の登用法により察擧されて高官に至る可能性も開かれていた（一一）。永田英正によれば、前漢の丞相に至った三十二名の登用法を分析すると、明經が一名・孝廉が〇名であることに對して、射策は四名に及ぶという（一二）。儒教の社會全體への廣がりの薄さを背景に、前漢の太學は教育機關としての成果を擧げていたのである。

後漢「儒教國家」の成立に伴い儒教が普及すると、弟子の數は增加していき、二世紀中葉には太學生は三萬人にも及んだという（『後漢書』列傳六十九上 儒林上）。それにも拘らず、射策により官僚となった者の名を『後漢書』は傳えない。太學生に課す明經試甲乙科の定員はわずかに增員されたが、三萬人にも及ぶ太學生が學問により官僚に登用されることは、絶望的となっていた（一三）。永田英正〈一九六五〉によれば、後漢の太尉に至った六十四名のうち、十九名が孝廉の出身であり、明經出身者は一名に過ぎないという。

學問の成果を試みられる射策・明經によって就官することが困難となった太學生は、政治活動に參入することにより、官僚となる道を求めていく。その政治行動は、出世し得ない不滿を背景に、現體制への反發や自律性を有する場合も多かった。前漢平帝期末に、博士弟子の王咸を中心に、鮑宣の死罪の撤回を願って千人余の太學生が結集した行動は、その嚆矢となった（『漢書』巻七十二 鮑宣傳）。最も典型的で大規模なそれは、後漢後期の黨人の運動である[一四]。宦官の專横と對決する陳蕃・李膺らを支持した郭泰を中心とする三萬人の太學生は、陳蕃らへの支持を通じて「文學 將に興らんとし、處士 復た用ひられん（文學將興、處士復用）」との希望を抱いたという（『後漢書』列傳四十三 申屠蟠傳）。後漢後期の太學生が置かれていた政治的不遇を象徴する言動であろう。やがて、これに應えず、黨人を禁錮した後漢の君主權力に對して、自律的な名聲を持つ「名士」層が形成される（渡邉義浩〈一九九一―b〉を參照）。後漢末の太學は、君主權力に對する自律性を持つ名聲が形成される場となった。換言すれば、君主權力にとって太學は、「養士」の場でも「取士」の場でもなくなったのである。

ゆえに靈帝は、『後漢書』列傳五十下 蔡邕傳[一五]に、

> 光和元年、遂に鴻都門學を置き、孔子及び七十二弟子の像を畫く。其の諸生は皆 州郡・三公に勅して擧用・辟召せしむ。或いは出でて刺史・太守と爲り、入りて尙書・侍中と爲り、乃ち封侯・賜爵せらる者有り。士君子は皆 與に列と爲るを恥とす。

とあるように、太學とは別に新たに鴻都門學を立てた。そこでは、「能く尺牘・辭賦を爲り、及び工みに鳥篆を書する者を擧召（擧召能爲尺牘・辭賦、及工書鳥篆者）」した（『後漢書』本紀八 靈帝紀）。鴻都門學は、のちに曹操が「名士」の存立基盤である儒教を相對化するために宣揚する「文學」、あるいは書を學ぶ場であった[一六]。學問の場から、君主より自律した輿論を持つ場へと變容していた太學の狀況に對する有效な對抗策と言えよう。しかし、靈帝期の他の改革と同樣[一七]、先進性を持ちながらもうまく機能はせず、「士君子は皆 與に列と爲るを恥」じ、鴻都門學は終焉を迎える。

こうして後漢末の太學に蔓延していた君主權力に對する自律性は、曹魏から西晉にかけても繼承された。曹室との婚姻關係と自らの堅固な思想性の故に司馬昭に追い詰められた嵇康の刑死に際して、太學生三千人は嵇康を自らの師

とすることを求めた[一八]。太學生は、嵆康の君主權力に對する自律性に自らの傳統を見たのであろうか。

むろん魏晉の君主權力も、こうした太學における學問の荒廢と政治活動の優先[一九]、その先鋭的な表現としての君主權力への自律性に對して座視を續けたわけではない。曹魏では、『三國志』卷十五　劉馥傳附劉靖傳[二〇]に、

夫れ學なる者は、治亂の軌儀、聖人の大教なり。黃初より以來、太學を崇立すること二十餘年、而れども成ること有る者寡きは、蓋し博士の選　輕く、諸生　役を避け、①高門の子弟は、恥ぢて其の倫に非ざりしに由るならん。故に學ぶ者無し。其の名有りと雖も其の人無く、其の教設くと雖も功無し。宜しく博士を高選し、行ひは人の表と爲り、經は人の師に任ずる者を取り、②國子を掌教せしむべし。依りて古法に遵ひ、二千石以上の子孫、年　十五よりをして、皆　太學に入らしめん。

とあるように、太學の猥雜さと博士の無力ぶりが指摘され、諸生は避役のために太學に集まっているとの批判が、劉靖により君主權力の側に立って行われている。その際、劉靖が太學の荒廢への對策として、博士の質を向上するとともに、諸生を二千石以上の子孫に限定し、それを②「國子」と稱していることは、西晉の國子學の先驅けとして注目に値する。後漢末から曹魏にかけて、社會の階層分化が加速するなかで太學は大衆化し、政治的利益を求める下層の者に占有される狀況となっている。①「高門の子弟」が太學に學ぶことを恥じるのはそのためである。こうした認識に立って、博士を高選し、弟子も二千石以上の子弟に限定して差別化することにより、太學の再編を計ろうとしているのである。

劉靖の子である劉弘は、西晉の武帝司馬炎の幼馴染みである[二一]。劉靖の構想は、西晉の國子學の創設に大きな影響を與える。しかし、曹魏においては、劉靖の上奏は實現しなかった。司馬氏による曹室からの權力奪取が間近に迫っていたからである。

正始の政變により曹爽を誅滅した司馬懿は、自らの政權運用に際して、廣く政治の得失について意見を徵した。これに應じた王昶は、『三國志』巻二十七 王昶傳(二二)に、

嘉平の初、太傅の司馬宣王 既に曹爽を誅し、乃ち奏して博く大臣に得失を問ふ。昶 治略五事を陳ぶ。其の一、道を崇び學を篤くし、浮華を抑絕せんと欲すれば、國子をして太學に入らしめて庠序を脩めん。

と述べ、劉靖と同様に「國子」を重要な概念とする太學再編策を政治の五つの要諦の筆頭に掲げた。太學を再編して子弟を教育することは、すでに司馬懿のころから政治課題と認識されていたのである。西晉の國子學は、こうした後漢後期から曹魏にかけての太學の荒廢とそれに對する刷新策を背景に形成されたものであった。しかし、かかる太學再編の試みは、このままでは成功しなかった。太學とは別個の新たな組織を編成しない限り、博士と弟子の質の向上は望み得なかったのである。それでは、西晉の國子學は、いかなる經緯により太學と國子學の二學による教育機關の再編という突破口を見出したのであろうか。

三、西晉の國子學

西晉における國子學の創設の經緯については、史料閒に矛盾がある。高明士らの先行研究の批判のうえに矛盾を整理した福原啓郎によれば、咸寧二（二七六）年に設立の詔敕が出され、咸寧四（二七八）年に施行され、元康三（二九三）年に國子學は完成したという(二三)。國子學の學官は、國子祭酒と國子博士が一名ずつと、魏晉の太學における博士の定員が十九名であったことに比べると少なく、それを補うため太學には無い助教が十五名置かれていた（『晉書』巻二十四 職官志）。定員が少ない代わりに官品は高く、國子祭酒は第三品で侍中・列曹尚書に視えられ、國子博士は第六品であ

るが、その衣冠は國子祭酒と同じであり、兩官とも散騎常侍を本官として兼領する。その職務は皇帝に對する應對・顧問、國子生の訓育、尙書祠・儀兩曹および太常という祭祀・儀禮關係所轄の部局からの質疑に對する應答からなっていたという（福原啓郎〈一九九七・九八〉）。

それでは、西晉の國子祭酒・國子博士就官者をまとめた表八「西晉の國子祭酒と國子博士」により、漢代の博士就官者と比較しながら、西晉における國子學就官者の特徴を檢討していこう。

西晉の國子學就官者の特徴は、第一に名門・有力貴族の出身者が揃っていることである。漢の宗室出身である劉毅・劉寔、魏の曹植の子である曹志、晉の宗室である司馬植のほか、潁川の庾氏・太原の王氏・河東の裴氏・琅邪の王氏・陳郡の謝氏と代表的な貴族がずらりと竝ぶ。漢代の博士官に比べると、西晉の國子學の學官の充實ぶりは際立つ。これならば、曹魏の太學のように、「高門の子弟」が學ぶことを恥じる事態は起こり得まい。

第二は、西晉の政局に大きな影響を與えた者が多く含まれることである。「九品八損の議」を述べて九品中正制度のあり方を嚴しく批判した劉毅、齊王司馬攸の歸藩に反對した曹志・王濟・庾旉・庾純、「崇有論」を著して王衍らの淸談を批判した裴頠、「徙戎論」を著して異民族政策を批判した江統などがそれである。漢の博士の發言が、おおむね禮の範圍内に止まることに對して、西晉の學官の議論は、政局のすべてに及ぶ。

かかる二つの特徴を持つ西晉の國子學の學官は、貴族の儀表となるべき者を集めたといっても過言ではない。こうした豪華の教授陣を國子學に揃えた背景には、單に太學の荒廢への對策を超える意圖を想定し得る。

それは、西晉における國子學の最大の特徴である入學資格の制限と二學の竝置に現れている。『南齊書』卷九 禮志上に、[二四]

晉の初め 太學生は三千人、既に猥雜なるもの多し。惠帝の時 其の涇渭を辯ぜんと欲す。故に元康三年 始めて

　國子學を立て、官品第五以上は國學に入るを得。……斯れ是に晉の世 其の士庶を殊にし、其の貴賤を異にするのみ。然れども貴賤・士庶、皆 須らく教へ成るべし。故に國學・太學 兩つながらに之を存するなり。

とある。西晉の國子學は官品五品以上の子弟が入學を許可される教育機關であり、その入學資格制限は、すでに猥雜であった太學の「涇渭」を分けるために行われたという。「涇」水とは濁、「渭」水とは淸の象徴であり、「士庶」「貴賤」と言い換えられているが、淸なる「士」である貴族と、濁なる「庶」である「賤」しい人々と、その雙方ともに教化を行うために「國學・太學」の二學は竝置された、と南齊の曹思文は認識している[二五]。なぜ、國子學の入學資格を官品五品で制限したのか、という問題は後述することにして、漢魏では發想されなかった二學の竝置の典據から考えていこう。

　二に掲げた漢魏の太學刷新の諸政策のなかで、劉靖はすでに太學の入學資格を二千石以上の子弟に限定すべきだと主張していた。二千石は五品にあたり、劉靖の政策の影響を看取し得る。しかしそこには、士庶の別につながるような、國子學と太學という別々の教育機關を建てようとする發想はなかった。『晉書』卷九十三 外戚 王恂傳に、「二學を建立し、五經を崇明す（建立二學、崇明五經）」とあるように、「二學」竝置の考え方は、王恂に由來する。しかし、それがいかなる經典や典據に基づき構築されたかについての具體的な記述は見られない。となれば、「二學」の對句となっている「五經」に基づいたと推定するほかなく、王恂の五經の解釋は、父である王肅に依據したものと考えられよう。

　國子學に關しては、『周禮』地官 師氏に、「（師氏）三德を以て國子に教ふ（〈師氏〉以三德敎國子）」とあり、その鄭玄注に、「國子は公卿・大夫の子弟、師氏 之に教ふ（國子公卿・大夫之子弟、師氏敎之）」とある。『宋書』卷十四 禮志一は、これを國子學の起源としており、高明士《一九八四》・福原啓郎〈一九九七・九八〉も、これを踏襲する。たしかに、國子という用語や國子學という教育機關の典據はここであろう。しかし、鄭注を含めて、ここには二學の竝立という發想は見られない。

これに對して『禮記』學記には、「古の王者 國を建て民に君たるに、教學を先にす（古之王者建國君民、教學爲先）」の鄭玄注に、「內は則ち師・保を設けて以て教へ、國子をして學ばしめ、外は則ち大學・庠序の官有るを謂ふ（謂內則設師・保以教、使國子學焉、外則有大學・庠序之官）」とある。『禮記』の鄭玄注では、內外という區分の中で「國子」と「大學」の二學が竝立している。むろん、鄭玄の三禮注は、『周禮』を中心に置き、それを他の二禮に及ぼすものであるから（加賀榮治《一九六四》）、ここでも「師」氏・「保」氏という用語に『周禮』が踏まえられている。それを確認したうえでなお、二學の竝立という發想自體は、『禮記』の鄭玄注に基づいていると言えよう。

一方、王肅の『周禮』注は殘存せず、馬國翰が輯めた『禮記王氏注』にも、鄭學との相違を記した『聖證論』にも（いずれも『玉函山房輯佚書』に所收）、自說の論證のために僞作した『孔子家語』にも、國子に關連する記述は殘されていない。となれば、王肅は國子に關しては、鄭玄の注釋を踏襲した可能性が高く、[二六]王恂が二學を竝立させた經學的根據は、『周禮』地官 師氏および『禮記』學記の鄭玄注にあった、と言えよう。その際、注目すべきは、『周禮』『禮記』の本文には二學を竝立する發想はなく、鄭玄注のなかに、それが現れている點にある。鄭玄は、後漢の衰退を見ながら、新たなる秩序の形成を模索していた（渡邉義浩《二〇〇九》）。ゆえに、後漢末における社會の階層分化を反映させた經典の解釋を行い得たのであろう。

周知のように、漢では君主の慶事に際して、無籍者や流民を除くすべての成年男子に一律に爵が賜與されていた。そこには、すべての人々を直接皇帝が支配しようとする個別人身支配の意思とともに、すべての人々を爵位によって表現される禮的秩序に包含しようとする考え方が存在した。[二七]禮的秩序の實現には、教化が不可欠である。だからこそ漢の太學はすべての人々に開かれていた。これに對して、二學を竝立するということは、教化の對象が二分されることを意味する。それは西晉において、民爵のほかに五等爵が賜與されている事實と符合する。『晉書』卷三十五　裴秀傳に、[一八]

（裴）秀　五等の爵を議するに、騎督より已上六百餘人　皆　封ぜらる。

とある。騎督は、魏晉ともに官品五品である（『通典』卷三十六・三十七　秩品一・二）。すなわち、國子學に子弟を入學させることができる官品五品以上とは、五等爵を有する者達なのであった。貴族の存立基盤が文化であるならば（渡邉義浩〈二〇〇三—a〉）、社會の階層分化に呼應した教育の分化により、國家は貴族の存立基盤を保障することができる。國子學は、貴族の存立基盤である文化を修得する場なのであった。ここに西晉という貴族制を形成した國家における學校の獨自性があると言えよう。

おわりに

貴族の子弟のみを教育對象とし、祭酒・博士に代表的な學者を揃えた國子學は、貴族の基盤である文化を習得させることにより、貴族の再生産を守る教育機關であった。國子學の制度は貴族制が續く唐の六學へと繼承される。唐では、國子學に三品・太學に五品以上の官僚の子弟が入學を許されるという型で、西晉で形成された貴族の存立基盤である文化の維持裝置が繼承されていく。[一九]

これに對して、宋、たとえば王安石の三舍法は、士大夫層の成立という異なった社會情況を背景とした學校制度の理念である。上舍は科擧を免除されて官僚となり得る、という規定には、科擧が抱えている問題點の解消法として學校を見ることができる。(二〇) さらに、明清の學校、例えば黃宗羲の學校への思いは、地方自治の有效な手段へと昇華された。中央集權の弊害に鑑みて、黃宗羲は學校の教師を中心とした地方自治を唱えているのである。(二一)

いずれにせよ、學校には當該社會の矛盾を解消したいという思いが込められている。國子學の設立も成立したばかりの貴族制への違和感が背景にあったと考えることは許されよう。

《注》

(一) 前者は、東晉次〈一九八四〉、後者は、鎌田重雄〈一九五三〉の「諸生」の定義である。

(二) 唐代の學校制度については、多賀秋五郎《一九五三》、高明士《一九八四》を參照。また、中國全時代の學校制度については、多賀秋五郎《一九五五》、毛禮銳・沈灌群《一九八五》を參照。

(三) 『漢書』卷五十六 董仲舒傳に、「武帝 初めて立ちてより、魏其・武安侯 相と爲りて儒を隆(たか)めり。仲舒の對册するに及びて、孔氏を推明し、百家を抑黜す。學校の官を立て、州郡 茂才・孝廉を擧ぐるは、皆 仲舒より之を發す（自武帝初立、魏其・武安侯爲相而隆儒矣。及仲舒對册、推明孔氏、抑黜百家。立學校之官、州郡擧茂材・孝廉、皆自仲舒發之）」とある。

(四) 贊曰、自武帝立五經博士、開弟子員、設科射策、勸以官祿、訖於元始、百有餘年、傳業者寖盛、支葉藩滋。一經說至百餘萬言、大師衆至千餘人、蓋祿利之路然也。初書唯有歐陽、禮后、易楊、春秋公羊而已。至孝宣世、復立大小夏侯尙書、大小戴禮、施・孟・梁丘易、穀梁春秋。至元帝世、復立京氏易。平帝時、又立左氏春秋・毛詩・逸禮・古文尙書（『漢書』卷八十八 儒林傳）。

(五) たとえば、武內義雄《一九四三》には、「武帝のとき學官に立てられた五經博士は楊何の易、歐陽氏の尙書、轅固生の齊詩、后倉の禮學および胡毋生・董仲舒の公羊春秋の五經である」とある。

(六) 表六・表七ともに王國維〈一九五九―a〉、張金吾《一九三七》、胡秉虔《一九三七》、洪乾祐《一九九六》、福井重雅〈一九九

五〉を參考にしたが、名前しか分からない者などは省略した。これらの中では、洪乾祐《一九九六》が最も多くの人名を掲げ、詳細であるが、博士への就官を拒否した者を博士就官者とするなど問題も多い。

（七）例えば、從來、武帝期の禮博士とされてきた后蒼が、齊詩の博士であることは、宮本勝〈一九七六〉、澤田多喜男〈一九八六〉に論證される通りである。また、田王孫を武帝期の易博士とする澤田多喜男〈一九八六〉・王國維〈一九五九―a〉については、福井重雅〈一九九五〉の批判があり、本書はこれに從った。

（八）宣帝期に、博士官の官秩が四百石から比六百石へと增加し（『續漢書』志二十五 百官二）、定員が十二人增員されたことは、かかる整備の制度的表現と言えよう。

（九）（曹充）建武中爲博士、從巡狩岱宗、定封禪禮。還受詔議立七郊・三雍・大射・養老禮儀（『後漢書』列傳二十五 曹褒傳）。

（一〇）漢代における郡國の官學については、遠藤裕子〈一九九三〉、西川利文〈二〇〇二〉を參照。私塾については、吉川忠夫〈一九八七〉を參照。

（一一）博士弟子の文學掌故への登用については、平井正士〈一九七四〉、〈一九七七〉を參照。小林春樹〈一九八二〉は、博士弟子制度を諸侯王などの賓客招致への君主權力の對抗策として把握する。また、博士弟子制度の目的を地方社會における知識人の養成と捉える西川利文〈一九九〇〉、〈一九九一〉も參照。

（一二）永田英正〈一九七〇〉。なお、後漢の三公の起家に關しては、永田英正〈一九六五〉を參照。

（一三）後漢の太學における學生の過剰と學問の衰退については、吉川忠夫〈一九七六〉を參照。

（一四）黨人の運動を、祖先や自身の官の相對的に低い豪族層が、汝南・潁川・山陽郡を中心としながら全國的な廣がりを持って、公卿をも脅かすような危險な議論や行動によって、宦官の專橫に抵抗したものと捉えること、太學生を主體に形成された黨人の名聲が、君主權力からの自律性を持ち、三國時代の支配層である「名士」の存立基盤となることについては、渡邉義浩〈一九九一―a〉を參照。

（一五）光和元年、遂置鴻都門學、畫孔子及七十二弟子像。其諸生皆敕州郡・三公擧用・辟召。或出爲刺史・太守、入爲尙書・侍中、乃有封侯・賜爵者。士君子皆恥與爲列焉（『後漢書』列傳五十下　蔡邕傳）。

(一六) 曹操が「名士」の存立基盤である儒敎に對抗して、「文學」を宣揚したことについては、渡邉義浩〈一九九五〉を參照。なお、鴻都門學については、于迎春〈一九九七〉、趙國華〈二〇〇〇〉、上谷浩一〈二〇〇四〉がある。

(一七) 靈帝期の諸改革のうち、例えば西園八校尉設置の歷史的意義については、石井仁〈一九九六〉、《二〇〇〇》を參照。

(一八) 『晉書』卷四十九　嵇康傳。嵇康の歷史的位置については、本書第四章第二節を參照。

(一九) 曹魏期における太學の低調さは、正始石經にも見ることができる。木島史雄〈二〇〇五〉によれば、正始の石經は、建立に對する一般社會および學術界の關心と支援が乏しく、十分に學術狀況が熟したなかで建立されたものではなく、建立後も經書學の世界から大きな注目を得ていなかった、という。

(二〇) 夫學者、治亂之軌儀、聖人之大敎也。自黃初以來、崇立太學二十餘年、而寡有成者、蓋由博士選輕、諸生避役、①高門子弟、恥非其倫。故無學者。雖有其名而無其人、雖設其敎而無功。宜高選博士、取行爲人表、經任人師者、掌敎②國子。依遵古法、使二千石以上子孫、年從十五、皆入太學（『三國志』卷十五　劉馥傳附劉靖傳）。

(二一) 劉弘とその墓誌については、葭森健介〈一九九六〉を參照。

(二二) 嘉平初、太傅司馬宣王旣誅曹爽、乃奏博問大臣得失。昶陳治略五事。其一、欲崇道篤學、抑絕浮華、使國子入太學而脩庠序（『三國志』卷二十七　王昶傳）。

(二三) 高明士《一九八四》、楊吉仁《一九六八》、卜憲群・張南《一九九四》などの說を批判した福原啓郞〈一九九七・九八〉を參照。なお福原論文以降のものに、胡克森〈二〇〇三〉がある。

(二四) 晉初太學生三千人、旣多猥雜。惠帝時欲辯其涇渭。故元康三年始立國子學、官品第五以上得入國學。……斯是晉世殊其士庶、異其貴賤耳。然貴賤・士庶、皆須敎成。故國學・太學兩存之也（『南齊書』卷九　禮志上）。

(二五) 中村圭爾〈一九七九〉は、これを晉代の國學と太學のあいだに「士庶區別」があったのではなく、晉代の國學と太學の差を、南齊時代の曹思文が「士庶區別」と理解したというように考えるべきであろうとする。そうとは考えられないことについては、本書第一章第三節を參照。

(二六) 王肅の禮說にすべて從ったと考えられることの多かった西晉において、大射禮が鄭玄說に、鄉飲酒禮が王肅說に依って行われたことについては、木島史雄〈一九九六〉がある。なお、福原啓郎〈一九九八〉も參照。

(二七) 漢代における爵制的秩序と個別人身支配については、西嶋定生《一九六一》を參照。

(二八) (裴) 秀議五等之爵、自騎督已上六百餘人皆封(『晉書』卷三十五 裴秀傳)。

(二九) 多賀秋五郎《一九五三》、高明士《一九八四》。また、唐へと繼承される北朝の學校制度については、田中俊行〈一九九八〉を參照。

(三〇) 宋代の學校については、近藤一成〈一九八五〉を參照。

(三一) 黃宗羲の地方自治論については、溝口雄三《一九八〇》を參照。

第五節　杜預の左傳癖と西晉の正統性

はじめに

漢學を愛好する清朝の學者の杜預への評價は嚴しい。張聰咸は、「杜解の義に乖く者、大端四有り」として、長曆・短喪・軍制・田賦を批判し、洪亮吉は、「訓詁・地理の學　殊に疏」であると謗る。(一) 就中、焦循は、杜預は司馬懿の女婿となり、司馬氏が君主を殺害したことを粉飾するために『春秋左氏經傳集解』を著した、と杜預を攻擊している。(二)西晉の武帝の問いかけに、「臣に左傳癖有り」と答え、王濟の馬癖や和嶠の錢癖に準えて、杜預はあくまでも自分の趣味として左傳を好むとした。焦循の指摘は、こうした『晉書』の杜預像に、大きな修正を迫るものである。果たして、杜預は『春秋左氏傳』の研究を通じて、西晉の現實といかなる關わりを持ったのであろうか。本節は、焦循の杜預批判を手がかりとしながら、杜預の左傳癖と西晉の正統化について論ずるものである。

一、博學多通

杜預は「杜武庫」と呼ばれた。あらゆるものが詰まっていることの譬えである。『晉書』を繙けば、杜預傳のみならず、律暦志・禮志・食貨志・刑法志などに杜預の上奏文を見ることができる。「博學多通」、『晉書』卷三十四 杜預傳は、最初にこう記して杜預の多能ぶりを表現する。蜀漢を降服させた鍾會の長史として活躍しながらも、そののち鍾會の亂ではひとり失脚を免れる。(三) 泰始律令の編纂に參加し、その制定後は注解を著す。(四) 曹魏の劉劭のそれを批判しながら官吏の考課法を論じ、曆論を著す一方で、度支尙書として洪水による蝗害への對策を上疏する。(五) そして、羊祜に代わって鎭南大將軍・都督荊州諸軍事となり、孫吳を滅亡させる。(六) 最晩年に著した『春秋左氏經傳集解』を含めて、杜預の政治・律令・曆法・經濟・軍事・經學など多岐にわたる活躍を支えたものは、官界出仕以前の長い讀書修學期であった。

杜預の出仕は、甘露二(二五七)年、杜預三十六歳のことである。當時の「名士」がおおむね二十歳前後で起家することに比べると、著しく遲い。『晉書』卷三十四 杜預傳に、(七)

初め其の父 宣帝と相 能からず。遂に以て幽死す。故に預は久しく調せらるるを得ず。文帝 嗣立するや、預 帝の妹たる高陸公主に尙し、起家して尙書郎を拜し、祖の爵たる豐樂亭侯を襲ぐ。

とあるように、父の杜恕が司馬懿と對立して失脚したため、出仕できずにいたのである。杜恕は、のち司馬師に誅殺される曹爽一派の李豐と親しかった(『三國志』卷十六 杜畿傳附杜恕傳)。このため、司馬氏に睨まれた杜預は、出仕できなかったのである。「德は以て企及す可からず、立功立言は庶幾す可きなり(德不可以企及、立功立言可庶幾也)」と常に言っていた(『晉書』卷三十四 杜預傳)という杜預には、つらい雌伏の時であった。「杜武庫」と稱された多くの知識は、この時期に修得したものであろう。

甘露二(二五七)年、杜預は司馬昭から、妹を娶らないか、と思いもよらぬ誘いを受けた。嘉平六(二五四)年に、昭の兄である司馬師は、夏侯玄・李豐らを誅殺して、皇帝の曹芳を廢位している(『三國志』卷四 齊王紀)。司馬師が卒し、司馬昭が大將軍に就いて權力を繼承したのは、正元二（二五五）年のことである。明らかに司馬昭は、自己の權力の確立のために著名な「名士」、中でも反司馬氏的な「名士」の取り込みを策していた。例えば、曹丕との縁を持ち、反司馬氏的な「名士」であった阮籍も、この時期同じように通婚を迫られている。[八] 阮籍は酒の力を借りて通婚を斷り續けたが、杜預は受けた。焦循が說くように、司馬氏の政權奪取過程での惡行を正統化し得る成算があったと考えてよい。

起家までの間、杜預は勉學に明け暮れていた。[九] その學問內容が『春秋左氏傳』を中心とすることは想像に難くないが、それは杜預の家學でもあった。杜預の祖父である杜畿は、京兆杜陵の出身であるが、後漢末の戰亂を劉表治下の荊州に避けた。後漢末の荊州では、宋忠・司馬徽を中心に「荊州學」と呼ばれる新たな經學が勃興していた。加賀榮治によれば、周禮を中心に諸經を體系化する鄭玄の經學に對する最初の異議申し立てとなった荊州學では、春秋左氏傳を重視していた。[一〇] 杜畿の學問が、その影響下にあることは、杜預の伯父にあたる三男の杜寬が『春秋左氏傳解』を著していることからも窺い得る（『三國志』卷十六　杜畿傳附杜恕傳注引『杜氏新書』）。また、河東太守となった杜畿が文學祭酒に登用した樂詳は、『左氏樂氏問七十二事』を著し、音律と曆論を制定した（『三國志』卷十六　杜畿傳附杜恕傳注引『魏略』）。やがて樂詳は、杜畿の遺蹟を上書し、起家の年に杜預が畿の豐樂亭侯を襲封することに盡力している。

杜預は、これら祖父ゆかりの荊州學系の『春秋左氏傳』を學び、出仕後の活躍の基礎となる「博學多通」な知識を身につけた。加賀榮治《一九六四》は、杜預の左傳のテクストは荊州後定章句本であろうとする。首肯し得る見解である。それでは、こうして形成された杜預の左傳學の特徴はどこにあるのだろうか。

二、孔子から周公へ

杜預が著した『春秋左氏經傳集解』の最大の特徴は、『春秋』という經典において最も尊重すべき存在を、孔子から周公へと移したことにある。そのために杜預は、第一に孔子素王説を否定し、第二に左傳の義例説を確立した。『春秋』は哀公十四年の「獲麟」に終わる。ただし左傳の經は、哀公十六年の「夏、四月己丑、孔丘卒す」まで續き、公羊・穀梁の兩傳の經とは異なる。しかし、杜預は孔子の修定した經は「獲麟」までであり、それ以後は孔子の弟子の續成であるとした（加賀榮治《一九六四》）。むしろ左傳と兩傳とが異なる點は、「獲麟」の解釋にある。後漢の官學である春秋公羊學を集大成した何休は、『春秋公羊傳解詁』哀公十四年に、

〔傳〕君子 曷（なん）の爲にして春秋を爲りしや。……

〔注〕……孔子 仰ぎて天命を推し、俯して時變を察し、却きて未來を觀、豫じめ無窮を解す。漢の當に大亂の后を繼ぐべきを知り、故に撥亂の法を作りて以て之に授くるなり。

〔傳〕春秋の義を制して、以て後聖を俟つ。

〔注〕聖漢の王、以て法と爲すを待つなり。

と述べる。ここでは孔子は、漢の成立を予知し、そのために「法」とすべき春秋の義を制定した神祕的な存在と位置づけられている。無冠であるが眞の王者である「素王」孔子が、後世の「聖漢」のために、眞の王者たるものの法を『春秋』において指し示す。何休に代表される公羊家の「孔子素王説」は、こうして「聖漢」の正統性を支えていたのである。これが後漢「儒教國家」における『春秋』の解釋であった（一三）。

杜預はこれを打ち破る。『春秋左氏經傳集解』序[一四]に、

説く者 以爲へらく、「仲尼 衞より魯に反り、春秋を脩め、素王に立ち、丘明を素臣と爲す」と。公羊を言ふ者も亦た云ふ、「周を黜けて魯を王とし、行を危くして言は孫り、以て當時の害を辟く。故に其の文を微かにして、其の義を隱す」と。……子路、門人をして臣爲らしめんと欲す。孔子は以て「天を欺くもの」と爲す。而るに「仲尼は素王、丘明は素臣なり」と云ふは、又 通論に非ざるなり。

とある。實は孔子を「素王」と位置づける者は、公羊家だけではなかったのである。加賀榮治《一九六四》が述べるように、杜預に先行する後漢の左傳家も、孔子を神格化し、素王と位置づけていた[一五]。杜預は、こうした「孔子素王説」を明確に否定した。それによって『春秋』および孔子が有していた漢を支えるための神祕性を剝奪することを目指したのである。

さらに、『春秋左氏經傳集解』哀公十四年[一六]に、

麟なる者は仁獸にして、聖王の嘉瑞なり。時に明王無く、出でて獲へらるるに遇ふ。仲尼 周道の興らざるを傷み、嘉瑞の應無きに感じ、故に魯の春秋に因りて中興の敎へを脩め、筆を獲麟の一句に絕つ。感ずる所にして作りしなれば、固より終はりと爲す所以なり。

とあるように、杜預は孔子が『春秋』を制作した意圖を、聖王の政治の瑞祥であるべき麟がその時ではないのに出現したため、孔子が傷み感じて、周の王道中興の敎えを修定したことに求める。後漢時代には、公羊家だけではなく、賈逵・服虔といった左傳家も、麟の出現は孔子が『春秋』を制作した結果、孔子のために現れた應徵・瑞祥と解釋していた（加賀榮治《一九六四》）。すなわち、孔子の『春秋』制作に天が感應し、それを褒め稱えたと理解していたのである。杜預は、完全にそれを否定する。こうして、孔子は漢を支えていた神祕性を剝ぎ取られた。

西晉の正統化のための經典として『春秋』を使用するためには、漢と『春秋』との結びつきを斷たなければならない。そのために杜預は孔子の地位を、漢のために「法」を定めた「素王」から、魯の史官の記錄である「春秋」の筆削者へと、轉落させたのである。こうした『春秋』における孔子の地位の低下を決定的にしたものが、杜預により集大成された左傳の義例說である。

杜預の義例說の特徴は、據傳解經法にある。左氏の傳文のみに基づいて經文に通ずる義例を歸納的に追究する。この據傳解經法を徹底するため、杜預は經傳分年比附を確立した[一七]。杜預以前にも、劉歆の『左氏條例』、鄭興の『左氏傳條例』、鄭衆の『春秋左氏傳條例』、潁容の『春秋左氏條例』など、左傳の義例を說く書物はあった。しかし、これらは多く公羊・穀梁の兩傳の義例を轉用したものであり、左傳本來の義例を說くものではなかった[一八]。

これに對して、杜預は左氏傳に基づく左氏傳の義例を構築したのである。杜預の義例說を端的にまとめた『春秋左氏經傳集解』の序には[一九]、

> ①其の凡を發して以て例を言へるは、皆 經國の常制、周公の垂法、史書の舊章なり。仲尼 從ひて之を脩めて、以て一經の通體を成す。其の微 顯はにして幽を闡(ひら)き、義類を裁成せる者は、皆 ①舊例に據りて義を發し、行事を指して以て褒貶を正す。②諸〻の書す・書せず・先づ書す・故に書す・言はず・稱せず・書して曰ふと稱するの類は、皆 新舊を起こして大義を發する所以なり。之を②變例と謂ふ。然れども亦た史の書せざる所にして、卽きて以て義と爲す者有り。此れ蓋し春秋の新意なり。故に傳に凡を言はず。曲(つまび)らかにして之(の)を暢ぶるなり。其の經に義例無く、③行事に因りて言ふは、則ち傳 直(た)だ其の歸趣を言ふのみ。例に非ざるなり。

とある。これによれば、杜預は義例を、①周公の垂法にして史書の舊章である「舊例」と、②孔子の新意に基づく「變例」の二つに分類し、それ以外に③行事の歸趨のみを述べて義例のない「非例」があるとする。杜預が三分した「舊

例」「變例」「非例」の中で、壓倒的に多い部分は「非例」、すなわち魯の史官の記録の部分となる。これを加賀榮治《一九六四》は、理念を事實から切り離して強調せず、事實の上で示そうとする・根本的な態度をここに示したのではなかろうか、と評する。[二〇]首肯し得る見解である。さらに、行論との關わりで言えば、ここに孔子の役割の決定的な低下を見ることができる。

これまでの『春秋』解釋、なかでも公羊・穀梁の兩傳では、經文のすべてを孔子の筆削になるものとしていた。したがって、孔子の義例とされるものは、「非例」の部分からも多く導かれてきたのである。しかし、杜預の三分法によれば、それらはすべて義例ではなくなる。孔子の義例を傳える部分は②「變例」、具體的には、②「書す・書せず・先づ書す・故に書す・言はず・稱せず・書して曰ふ」から始まる部分だけに過ぎなくなる。これにより、『春秋』に著された孔子の義例とされる部分は、決定的に減少した。こうして杜預は、『春秋』と孔子との結びつきを弱め、『春秋』における孔子の地位を低下させたのである。

一方で杜預は、三分法の中で①「舊例」とした部分、すなわち①「凡そ」から始まる五十の凡例を高く評價している。すでに掲げた『春秋左氏經傳集解』の序に、「其の凡を發して以て例を言へるは、皆 經國の常制、周公の垂法、史書の舊章なり」と述べ、春秋五十凡例は、周公の垂法であると『春秋』の中でもっとも高く評價するのである。[二一]杜預のこうした理解は、もちろん據傳解經法により導き出されている。經の「凡例」を解釋するために、據り所とされた傳は、隱公七年の左傳である。『春秋左氏經傳集解』隱公七年[二二]に、

〔傳〕凡そ諸侯 同盟すれば、是に於て名を稱す。故に薨ずれば則ち赴ぐるに名を以てす。終はりを告げ嗣を稱して、以て好を繼ぎ民を息ます。之を禮經と謂ふ。

〔注〕此れ凡例は乃ち周公の制する所の禮經なるを言ふなり。

とある。すなわち杜預は、隱公七年の左氏傳を解釋することにより、「凡そ」から始まる「凡例」を周公が制定した「禮經」であるとしたのである。しかし、左傳の文をよく讀めば分かるように、「之を禮經と謂ふ」の「之」は、「凡そ」を指しているのではなく、同盟して「好を繼ぎ民を息ます」ことを指すのは明らかである。この左傳の文章から、「凡例」を周公の「禮經」である、とする杜預の解釋は、牽強附會と言えよう。吉川幸次郎〈一九三四〉も、「凡例」を周公の垂法と見て、これを「不凡」と分けることは漢儒にはなく、杜預の創意による、と指摘している。加賀榮治《一九六四》も述べるように、杜預の解釋を敷衍することが多い唐の正義も、この部分の杜預の解釋には疑義を呈しており、左氏傳の解釋としては誤りと言ってもよい。(二三)

行論において注目すべきは、なぜ杜預がここまで無理をして「凡例」を周公の垂法であると主張したのか、という動機にある。焦循が説くような司馬氏の正統化が「凡例」に見られるのであろうか。

三、君無道

司馬氏の天下は血塗られていた。司馬懿は權力確立過程において、正始の政變を起こして曹爽一派を殺害し、自己の覇權に抵抗する王淩を誅殺した。(二四)後者はまだよい。前者は君主の一族の殺害である。臣下として、これは正しいのであろうか。その子の司馬師は、君主の宗族である著名な「名士」夏侯玄らを殺害し、君主の曹芳を天子の座から引きずり降ろした。臣下として、これは正しいのであろうか。司馬昭に娘を嫁がせている王肅は、『孔子家語』を僞作して、相魯 第一に、孔子が君主の宗族である三桓子を打倒したことを捏造し、司馬懿が君主の一族である曹爽を打倒したことを正當化した。また、始誅 第二に、孔子が名聲の高い少正卯を誅殺したことを描き、司馬師が著名な「名士」

である夏侯玄を殺害したことを正當化した(二五)。

しかし、王肅の死後、その娘婿の司馬昭は、皇帝を弑殺する。曹芳を嗣いだ皇帝の曹髦は、司馬昭の專橫に對し、奴隷を率いて司馬昭がいる大將軍府を襲撃した。立ちはだかる者は賈充である。賈充は、ひるむ部下に、「公（司馬昭）がお前たちを養っているのは、まさに今日のためだ」と督勵し、成濟に曹髦を弑殺させた（『三國志』卷四　高貴鄉公紀注引干寶『晉紀』）。したがって、直接手を下した者は成濟であり、あるいはそれを指揮した賈充であった。しかし、賈充を斬って天下に謝すべきだと主張する陳泰に、司馬昭が次善の策を問うた際、「惟だ此より進むは有れど、其の次を知らず（惟有進於此、不知其次）」（『三國志』卷二十二　陳羣傳附陳泰傳注引干寶『晉紀』）と、陳泰が暗に責任者の司馬昭の處罰を仄めかしたように、司馬昭が皇帝弑殺の責任を負うべきことは、誰の目にも明らかであった。

皇帝の弑殺後、司馬昭は、郭皇太后を盾に批判を封じ込めようとした。『三國志』卷四　高貴鄉公紀(二六)に、

太后詔して曰く、「夫れ五刑の罪は、不孝より大なるは莫し。夫れ人に子有りて不孝なるも、尙ほ告げて之を治む。此の兒（高貴鄉公曹髦）豈に復た人の主と成らんや。……」と。

とあるような詔を郭皇太后に出させ、曹髦は母の郭皇太后に不孝であり、皇帝の地位に居ることはできない。ゆえに司馬昭は皇帝を弑殺したわけではない、という論理により、皇帝弑殺を正當化しようとしたのである（渡邉義浩〈二〇〇二―b〉を參照）。司馬昭自らもまた、太傅の司馬孚・太尉の高柔・司徒の鄭沖とともに上言している。『三國志』卷四　高貴鄉公紀(二七)に、

伏して中令を見るに、「故の高貴鄉公は悖逆にして不道、自ら大禍に陷る。漢の昌邑王　罪もて廢すの故事に依り、民禮を以て葬れ」と。……春秋の義、王者は外無し。而るに「襄王　出でて鄭に居る」と書すは、母に事ふる能はず、故に之を位に絕てばなり。……臣らの心　實に忍びざる有り。以爲へらく、「恩を加へて王禮を以て之を葬る

可し」と。

とある。司馬昭の自己弁護の上奏に引用されている『春秋』は、『春秋公羊傳』の僖公二十四年である。たとえば何休は、『春秋公羊傳解詁』僖公二十四年に[二八]、

母に事ふる能はず。罪 不孝より大なるは莫し。故に之を絶ちて出づと言ふなり。下は上を廢するの義無きも、之を絶つを得るは、母は之を廢するを得、臣下は母の命に從ふを得るを明らかにするなり。

と注を附している。郭皇太后の詔、および司馬昭の皇帝弑殺を正當化するために利用されているのは、『春秋公羊傳』の論理なのである。

曹魏は「正始石經」に、『尙書』・『春秋經』・『春秋左氏傳』の二經一傳を刻しているように、『春秋』では後漢の官學であった公羊傳ではなく、左氏傳を學官に立てていた[二九]。それにもかかわらず、公羊傳により皇帝弑殺の正當化を目指したのは、曹魏の左氏傳が未だ君主の弑殺を正當化する論理を有していなかったことを示す。しかも、公羊傳により正當化されているのは、郭皇太后が子である曹髦を不孝の罪により廢することであって、司馬昭が皇帝を弑殺したことは、郭皇太后を介してしか正當化されない。すなわち、曹魏を簒奪して西晉を成立させると、無關係となる郭皇太后の正當化は、意味を持たなくなる。公羊傳では確立できなかった司馬昭の皇帝弑殺の正當化は、西晉の安定的な國家支配にとって重要な意味を持つことなのである。

ここに杜預は、「書弑例」という義例を用意した。『春秋左氏經傳集解』宣公四年[三〇]に、

〔傳〕凡そ君を弑するに、君を稱するは、君 無道なり。臣を稱するは、臣の罪なり。

〔注〕君を稱するとは、唯だ君の名を書き、而して國を稱して以て弑するを謂ふ。衆の共に絶つ所なるを言ふなり。臣を稱するとは、弑する者の名を書き、以て來世に示し、終に不義と爲すを謂ふ。殺を改めて弑と稱するは、

　其の惡名を辟け、漸有るを取るなり。弑を書するの義は、釋例に之を論じ備ふ。

とある。『春秋釋例』書弑例 第十五も參照しながら、杜預の義例を検討しよう。

第一に、「書弑例」は次の二つの義例に分けられている。

一つは「稱君」の場合である。「〇國（〇國人）弑其君〇」という經文により表現される「稱君」の場合は、「君無道」であるために君主が弑殺された事例である。鎌田正《一九六三》は、七例の經文のうち五例に「君無道」と杜預が注を附し、殘りの二例も君主に罪があるために弑殺された、と杜預が注を附していることを論證している。繁雜となるが引用しておこう。

(1) 文公十六年經、冬十有一月、宋人弑其君君(ママ)杵臼。
〔注〕稱君、君無道也、例在宣四年也（君を稱するは、君無道なり、例は宣四年に在るなり）。

(2) 文公十八年經、夏五月戊戌、齊人弑其君商人。
〔注〕不稱盜、罪商人。

(3) 文公十八年經、莒弑其君庶其。
〔注〕稱君、君無道也。

(4) 成公十八年經、庚申、晉弑其君州蒲。
〔注〕不稱臣、君無道也。

(5) 襄公三十一年經、十有一月、莒人弑其君密州。
〔注〕不稱弑者主名、君無道也。

(6) 昭公二十七年經、夏四月吳弑其君僚。

〔注〕稱國以弑、罪在君僚。

(7) 定公十三年經、薛弑其君比。

〔注〕稱君、君無道也。

以上のように『春秋左氏經傳集解』において、杜預は七回にわたって、君主であっても無道であれば弑殺される、と主張している。當然「君無道」は、清儒からの評判が極めて惡い。萬斯大はこれを「邪説」と呼び、顧棟高は暴君を懲らさんとして反って簒弑の路を開くものだとする。焦循は、これらの説を受けて、左傳の凡例の非を論じ、かかる非道を凡例とする左氏の作者は、決して魯の君子左丘明ではないと極論している(鎌田正《一九六三》)。たしかに、清朝のような安定した治世においては、危險な凡例であると言えよう。しかし、曹魏の君主を弑殺して成立した西晉の正統性を主張するためには、もっとも重要な凡例なのであった。

二つは「稱臣」の場合である。「〇國〇氏(臣名)弑其君〇」という經文により表現される「稱臣」の場合は、「臣の罪」により君主が弑殺された事例である。同じく鎌田正《一九六三》は、十二例の經文を掲げ、これを檢證する。一例だけ掲げよう。

〔經〕(隱公四年)戊申、衛州吁弑其君完。

〔注〕稱臣弑君、臣之罪也、例在宣四年(臣 君を弑するを稱するは、臣の罪なり。例は宣四年に在り)。

そして、『春秋』の中、君主の弑殺を書するもの凡そ二十三、そのうち、杜預は十九條に書弑の義例を適用し[三一]、しかも釋例と集解の緊密なる一體化を圖っている。杜預は、傳文本來の義例を以て經文を徹底的に解釋しており、そこに一貫するものは傳文主義と合理的精神とである、と鎌田正《一九六二》は結論づけている。

行論において注目したいことは、そうした杜預の學問に對する眞摯な姿勢ではない。むしろ、それと相反するような、自己の政治目的にいかに左傳を利用したか、ということに行論の關心はある。となれば、君主が無道であるために弑殺された場合には、『春秋』に「君を稱する」ことにより、その君主の無道ぶりを著した、という司馬氏に都合のよい義例を誰が書き殘したと杜預が主張するのか。それを理解しなければならない。

第二に、「書弑例」という義例は、「凡そ」から始まることに明らかなように、周公の垂法と杜預が位置づける部分にある。ここに、杜預が論理的に無理な解釋をしながらも、「凡そ」から始まる「凡例」を「周公の制する所の禮經」である、と主張していた理由が明らかとなる。すなわち、杜預は、漢を正統化していた孔子に代わって、周公により司馬昭の皇帝弑殺を「君無道」のための弑殺として正當化することにより、司馬昭の、ひいては西晉の正統性を『春秋左氏經傳集解』において高らかに宣言したのである。

杜預が正統化した西晉は、杜預自身の活躍もあって孫吳の平定に成功し、太康元（二八〇）年に中國を統一した。ところが、武帝の子である惠帝の暗愚を背景としながら、やがて西晉では八王の亂が勃發する（本書第三章第一節を參照）。亂の最中、趙王の司馬倫は帝室內で革命を起こし、惠帝を廢位して皇帝となった。皇帝となった司馬倫に對して、齊王の司馬冏・成都王の司馬穎・河間王の司馬顒が擧兵する。その際、成都王司馬穎の謀主であった盧志は、皇帝の打倒を次のように勸めている。『晉書』卷四十四 盧欽傳附盧志傳(三三)に、

趙王は無道にして、肆に簒逆を行ひ、四海の人神、憤怒せざるは莫し。今 殿下は三軍を總率し、期に應じて電發すれば、子來の衆は、召さずして自づから至らん。凶逆を掃夷するに、必ず征有りて戰無し。

とある。皇帝に卽位した趙王であっても、「無道」であれば弑殺しても構わない。杜預による皇帝弑殺の正當化は、中國を大きな分裂へと導いていく經典解釋なのであった。

おわりに

「興廢の道に明らか」である、『晉書』巻三十四 杜預傳の最初に記される人物評價は、「博學多通」のあとをこう續ける。國家の「興廢の道」に關する議論を多く展開したのであろう。、杜預は、やがて著書にまとめる左氏傳の解釋を典據としながら西晉が興隆する所以を論じたと考えてよい。

杜預が著した『春秋左氏經傳集解』は、もちろん『春秋』や左氏傳の訓詁を中心として書かれた注釋書である。だが、それに加えて、杜預の生きた西晉の正統化を強く意識して書かれた注釋書でもあった。漢を正統化していた公羊傳と孔子に代わって、周公が殘したとする左氏傳の義例をまとめあげ、無道な君主は弑殺してもよいとして、司馬昭の、ひいては西晉の正統性を『春秋左氏經傳集解』により明らかにしたのである。

杜預は自己の知的營爲を「癖」と稱するまで『春秋左氏傳』の整合的な解釋の確立に注ぎ込んだ。その一方で「左傳癖」は、西晉の正統性を擔うことにより、杜預の「立言立功」を果たすために欠くことのできない手段ともなっていたのである。

《注》

（一） 張聰咸《一九八九》の序、洪亮吉《一九八七》の序。なお、左傳學における杜預の評價については、上野賢知《一九五九》も參照。

（二）焦循『春秋左傳補疏』（『皇清經解』卷一千一百五十九）の序に、「三國魏志の杜畿傳の注に、乃ち預は司馬懿の女婿と爲るを知る。晉書の預の本傳に云ふ、祖の畿は魏の尙書僕射なり、父の恕は幽州刺史なり。其の父宣帝と相能からず、遂に以て幽死す。故に預久しく調せらるるを得ず。文帝嗣立するや、預帝の妹たる高陸公主に尙し、起家して尙書郎を拜す。四年轉じて相府の軍事に參ず、と。預は父罪を懿に得、廢棄せられて用ひられざるを以て、益〻熱中すること久しからん。昭簒弒の心有りて、才士を收羅せんとし、遂に妹を以て預に妻せ、而して府事に參ぜしむ。預の意外に出づ。是に於て父の怨を忘れ、而して忠を司馬氏に竭くす。既に成濟の事を目見し、將に以て昭の爲に飾有らんとす。且つ以て懿・師の爲に飾有らんとす。卽ち用ひて以て己の飾と爲さんとす。此れ左氏春秋集解の作られし所以なり（三國魏志杜畿傳注、乃知預爲司馬懿女婿。晉書預本傳云、祖畿魏尙書僕射、父恕幽州刺史。其父與宣帝不能相、遂以幽死。故預久不得調。文帝嗣立、預尙帝妹高陸公主、起家拜尙書郎。四年轉參相府軍事。預以父得罪於懿、廢棄不用、益熱中久矣。昭有簒弒之心、收羅才士、遂以妹妻預、而使參府事。預出意外。於是忘父怨、而竭忠於司馬氏。既目見成濟之事、將有以爲昭飾。且有以爲懿・師飾。卽用以爲己飾。此左氏春秋集解所以作也）」とある。なお、『春秋左氏經傳集解』の譯注として、岩本憲司《二〇〇一》がある。

（三）『晉書』卷三十四　杜預傳。なお、鍾會については、大上正美〈一九八九—a〉を參照。

（四）泰始律令については、堀敏一〈一九八〇〉、冨谷至〈二〇〇〇、〇一〉を參照。

（五）杜預が詳細に過ぎると批判した曹魏の劉劭の考課法については、多田狷介〈一九八〇〉を參照。また、杜預の水利に關する上疏については村松弘一〈二〇〇一〉、經濟活動全般については殷崇浩〈一九八八〉、曆論については本書第四章第三節を參照。

（六）孫吳の征討に際して西晉が派閥抗爭を抱え、杜預・張華などの征吳派は、孫吳を滅ぼすという成果においては勝利者となったが、その裏面で展開された權力鬪爭において征吳に反對した賈充一派に敗れたことについては、中林史朗〈一九九〇〉を參照。

（七）初其父與宣帝不相能、遂以幽死。故預久不得調。文帝嗣立、預尙帝妹高陸公主、起家拜尙書郎、襲祖爵豐樂亭侯（『晉書』卷三十四　杜預傳）。

（八）阮籍と司馬氏との關係については、大上正美《二〇〇〇》、渡邉義浩〈二〇〇二—a〉を參照。

（九）『北堂書鈔』巻九十七　好學に、「杜預自述に云ふ、『少くして學を好み、官に在りては吏治に勤め、家に在りては則ち滋ます典籍を味ふ』と（杜預自述云、少而好學、在官勤於吏治、在家則滋味典籍）」とある。

（一〇）加賀榮治《一九六四》。また、荊州學を身につけた諸葛亮の思想が『春秋左氏傳』を中核としていたことについては、渡邉義浩〈二〇〇三―d〉を參照。

（一一）何休については、堀池信夫〈一九八八〉、田中麻紗巳〈一九八八〉を參照。また、『春秋公羊傳解詁』の譯注として、岩本憲司《一九九三》がある。

（一二）〔傳〕君子曷爲爲春秋。……

〔注〕……孔子仰推天命、俯察時變、却觀未來、豫解無窮。知漢當繼大亂之后、故作撥亂之法以授之。

〔傳〕制春秋之義、以俟後聖。

〔注〕待聖漢之王、以爲法（『春秋公羊傳解詁』哀公十四年）。

（一三）後漢時代に、儒敎が國家の支配理念としての地位を不動のものとし、官僚層に必須の敎學となり、國家支配の具體的な場にも姿をみせ、在地勢力にも受容されることを特徴とする「儒敎國家」が形成され、中國國家の「原基」が成立した、と考えることについては、渡邉義浩《一九九五》《二〇〇九》を參照。

（一四）說者以爲、仲尼自衞反魯、脩春秋、立素王、丘明爲素臣。言公羊者亦云、黜周而王魯、危行言孫、以辟當時之害。故微其文、隱其義。……子路、欲使門人爲臣、孔子以爲欺天。而云仲尼素王、丘明素臣、又非通論也（『春秋左氏經傳集解』序）。

（一五）さらに漢代の左傳家は、劉漢が堯の後裔であると說く圖讖の說を混入し、たとえば賈逵は巧みにそれを引用して左氏傳の立學を目指している。鎌田正《一九六三》を參照。

（一六）麟者仁獸、聖王之嘉瑞也。時無明王、出而遇獲。仲尼傷周道之不興、感嘉瑞之無應、故因魯春秋而脩中興之敎、絕筆於獲麟之一句。所感而作、固所以爲終也（『春秋左氏經傳集解』哀公十四年）。

（一七）竹添進一郎《一九一一》は、本來別行していた春秋經と左氏傳を對應する年ごとに合わせて表記する經傳分年比附は、杜預より始まったものではない、と述べる。しかし、加賀榮治《一九六四》が論證するように、經傳分年比附の確立は、杜預に求めることができる。

（一八）　鎌田正《一九六三》。また、鎌田正《一九六三》は、杜預が左傳の義例說を集大成した理由として、第一に後漢以來の左氏の先儒が左氏本來の義例說を立てなかったこと、第二に左氏は賈逵・服虔二注の對立分爭に陷って其の歸一を求められていたこと、第三に先儒の注を聚集して經注の集大成を圖るべき「集解」という新形態が要請されたことをあげている。

（一九）　①其發凡以言例、皆經國之常制、周公之垂法、史書之舊章。仲尼從而脩之、以成一經之通體。其微顯闡幽、裁成義類者、皆據①舊例而發義、指行事以正褒貶。②諸稱書・不書・先書・故書・不言・不稱・書曰之類、皆所以起新舊發大義。謂之②變例。然亦有史所不書、卽以爲義者。此蓋春秋新意。故傳不言凡。曲而暢之也。其經無義例、③因行事而言、則傳直言其歸趣而已。非例也（『春秋左氏經傳集解』序）。

（二〇）　これを川勝義雄《一九七三》は、『春秋』はかくて經書たる性格を維持しつつも、なおその大部分をなす「史記」の方向にひきもどされ、「史記」の性格を濃厚に帶びた書として再認識される。『春秋』の大部分は「史記」であり、むしろ史書といっていい。孔子はその作者であるというよりも、やはり「述べて作らざる」祖述者なのである、と評している。これに對して、久富木成大〈一九七九〉は、杜預の春秋學の持つ合理性や歷史性は、あくまで經學の內部でのものに過ぎない。杜預の春秋學には、現實的な意味での歷史も、合理性も實はない。杜預の春秋學はあくまでも經學である、と評している。

（二一）　杜預の『春秋釋例』終篇第四十七に、「釋例に曰く、邱明の傳は、周禮を稱して以て常を正とする者有り。諸〻の凡を稱して以て例を發するは是れなり。……凡を稱する者は五十、其の別は四十有九なり。諸〻の凡は、是れ周公の舊典と雖も、邱明 其の體義を撮り、約して以て言と爲す。純に故典の文を寫すに非ざるなり（釋例曰、邱明之傳、有稱周禮以正常者。諸稱凡以發例是也。……稱凡者五十、其別四十有九。諸凡、雖是周公之舊典、邱明撮其體義、約以爲言。非純寫故典之文）」とあり、春秋の舊例がいわゆる「春秋五十例」を指し、「正例」であることを述べている。

（二二）　〔傳〕凡諸侯同盟、於是稱名。故薨則赴以名。告終稱嗣也、以繼好息民。謂之禮經。

〔注〕此言凡例乃周公所制禮經也（『春秋左氏經傳集解』隱公七年）。

（二三）こうした凡例の恣意的な解釋が杜注にみられながらも、唐の「五經正義」が杜注を採用した理由を、加賀榮治《一九六四》は、春秋經と左氏傳を一體化したその解釋方法の「新」に加えて、春秋秩序理念の捉え方が、より多く支持承認されたことに求めている。また、鎌田正《一九六三》は、杜注の典據を詳細に分析して、杜注が劉歆以來の左氏先儒の注はもとより、爾雅・毛傳・說文・鄭注より廣雅・韋昭の國語注まで、きわめて多くの注を集大成していることを明らかにした。そうした杜注の訓詁の正確さも正義が杜注を採用した理由であろう。

（二四）正始の政變については、伊藤敏雄〈一九八六〉、渡邉義浩〈二〇〇一―c〉を、司馬氏の權力確立過程については、福原啓郎《一九九五》、本書第一章第一節を參照。

（二五）渡邉義浩〈二〇〇二―a〉。ちなみに、鎌田正《一九六三》によれば、杜預は魏の王肅の學を好み、意外に多くの注を王肅から繼承しているという。

（二六）太后詔曰、夫五刑之罪、莫大於不孝。夫人有子不孝、尚告治之。此兒〔高貴鄕公曹髦〕豈復成人主邪（『三國志』卷四 高貴鄕公紀）。

（二七）伏見中令、故高貴鄕公悖逆不道、自陷大禍。依漢昌邑王罪廢故事、以民禮葬。……春秋之義、王者無外。而書襄王出居于鄭、不能事母、故絕之于位也。……臣等之心實有不忍、以爲、可加恩以王禮葬之（『三國志』卷四 高貴鄕公紀）。

（二八）不能事母。罪莫大於不孝。故絕之言出也。下無廢上之義、得絕之者、明母得廢之、臣下得從母命（『春秋公羊傳解詁』僖公二十四年）。

（二九）「正始石經」に、『尙書』・『春秋經』・『春秋左氏傳』の二經一傳が刻されることについては、王國維〈一九五九―b〉を參照。學官については、本書第二章第四節を參照。

（三〇）〔傳〕凡弑君、稱君、君無道也。稱臣、臣之罪也。
〔注〕稱君、謂唯書君名、而稱國以弑。言衆所共絕也。稱臣者、謂書弑者之名、以示來世、終爲不義。改殺稱弑、辟其惡名、取

有漸也。書弑之義、釋例論之備矣（『春秋左氏經傳集解』宣公四年）。

（三一）殘りの四條は、傳文中に明文があるので、杜預は經文に義例的な説明を加える必要がなかったのである（鎌田正《一九六三》）。

（三二）趙王無道、肆行簒逆、四海人神、莫不憤怒。今殿下總率三軍、應期電發、子來之衆、不召自至。掃夷凶逆、必有征無戰（『晉書』卷四十四　盧欽傳附盧志傳）。

第三章　「儒教國家」の行き詰まり

第三章は、西晉「儒教國家」崩壞の理由を探る。第一節では、八王の亂が惠帝の不慧を直接的な原因としながらも、本質的には儒教に基づく國政運用が限界を迎えていたことに起因することを明らかにする。第二節では、杜預の諒闇心喪の説が、武帝の心喪三年を正統化するとともに、司馬攸の政治的發言力を守ることも目的としていたことを論ずる。第三節では、江統の「徙戎論」を分析する中から、西晉「儒教國家」の夷狄觀が夷狄の容認から敵視へと變貌したことを指摘する。第四節では、『三國志』が表面上は曹魏を正統としながらも、蜀漢の正統を潛ませる理由を、西晉支配下で不遇の蜀の學問傳統を守ろうとする陳壽の姿勢に求める。第五節は、陸機の「辯亡論」が孫吳の滅亡理由を暗愚な君主の人材登用の誤りに求めることに、不慧の皇太子司馬衷の後繼を進める武帝への批判を讀みとるものである。

第一節　西晉「儒教國家」の限界と八王の亂

はじめに

太熙元（二九〇）年四月、西晉「儒教國家」をつくりあげた武帝司馬炎が崩御すると、かねてよりその不慧が憂慮されていた惠帝司馬衷が卽位し、外戚の楊駿が太傅として輔政の任に就いた。しかし、永平元（二九一）年三月には、專權を振るう楊駿を賈皇后と楚王瑋が打倒する。西晉滅亡の契機とされる八王の亂の勃發である。

八王の亂の主體となる宗室諸王が尊重された理由について、唐長孺〈一九八一〉は、曹魏が諸王を禁錮したことに鑑み、覆車を改めるため宗室が用いられたという『晉書』卷五十九 八王傳の總序を掲げながら、諸王の尊重が南北朝にも及んでいることに注目し、當時の政權構造が門閥貴族の連合支配であり、皇帝は門閥貴族を凌駕する優越的な地位を保持するため、宗室を尊重した、と主張する。一方、安田二郎〈一九七六〉は、「私＝個人」と「公＝個人」という人間としてのあり方から亂の展開を考察し、「八王」の亂は、「浮競」がより露骨に突出した社會現象であり、當該時代の人々が「私＝個人」のあり方を選びとった故に逢着せねばならなかった清算的カタストロフである、とする。これを踏まえて、福原啓郎は、抗爭が連環的に繰り返される原動力として、政權の私權化に反對する士大夫の輿論の存在を重視し、さらに、そうした輿論のほかに、宗室諸王が擧兵する根據を皇帝と血緣によって繫がっていることにより皇帝の意思、つまり皇帝が體現する國家の意思に基づいていることに求めた（一）。

西晉を滅ぼす永嘉の亂へと繋がった八王の亂は、約二十年の長きに及ぶが、それを均質なものと考えて（二）、その原因を求めていく方法論では、複雑な亂の構造を把握できまい。本節は、八王の亂を前・後期に分けて亂の原因を探るとともに、西晉「儒教國家」の限界を考察するものである。

一、外戚から宗室へ

後漢「儒教國家」において外戚は、『白虎通』に定められた「娶るには大國を先にす」という春秋公羊學派の理念により、その與政と再生産を正統化されていた（渡邉義浩〈一九九〇〉）。それに對して、輔政となった後漢の宗室は、明帝の同母弟である東平王劉蒼だけであり、しかも劉蒼は權力の行使を途中で放棄している。「漢 興りてより以來、宗室の子弟、公卿の位に在るを得る者無し（自漢興以來、宗室子弟、無得在公卿位者）」（『後漢書』列傳三十二 光武十王 東平憲王蒼傳）とあるように、宗室が政治に參與しないことは、漢の傳統でもあった。

しかし、外戚の專横による後漢の衰退は、外戚に對抗するための宗室の政治參與を求める主張を釀成した。建寧元（一六八）年、靈帝を擁立した功績で封爵を受けようとした外戚の竇武に對して、盧植は辭退するよう書を獻じるなかで、宗室の重用を主張している。『後漢書』列傳五十四 盧植傳に（三）、

> 今 足下の漢朝に於けるや、猶ほ旦・奭の周室に在るがごとく、聖主を建立し、四海 繫ること有り。論者 以爲へらく、吾子の功は、斯に於て重しと爲すと。天下は目を聚めて視、耳を攢（あつ）めて聽く。之を前事に準ふるに、將に景風の祚ひ有らんとすと謂ふ。①春秋の義を尋ぬるに、王后に嗣無ければ、擇びて親長を立て、年 均しければ德

を以てし、德 均しければ則ち之を卜筮に決すと。今 同宗 相後げば、圖を披き牒を案じ、次を以て之を建つ。何の動か之有らん。豈に横に②天の功を叨りて以て己の力と爲さんや。宜しく大賞を辭して、以て身名を全うすべし。又比 世祚は競からず、仍りに外に嗣を求め、危ふしと謂ふ可し。而も四方 未だ寧からず、盜賊は隙を伺ひ、恆岳・勃碣は、特に姦盜多し。③將に楚人の比を脅し、尹氏の朝を立つるの變有らんとす。④宜しく古禮に依りて、諸子の官を置き、王侯の愛子、宗室の賢才を徵し、外は訓道の義を崇んにし、內は貪利の心を息め、其の良能を簡び、用に隨ひて之に爵すべし。⑤幹を彊くし枝を弱くするの道なり。

とある。盧植は、鄭玄・蔡邕の師友として後漢末の學術思想界に鼎立し、『禮記解詁』を著すとともに、政治に參畫して黃巾の亂の鎭壓にあたるような、經義の實踐をも重視した思想家である。議論の典據①昭公傳二十六年・②僖公傳二十四年・③昭公傳十三年は、いずれも『春秋左氏傳』であり、鄭玄に比べて左氏舊說の正統的古文說を採るという、盧植の思想傾向を反映している。[四]

宗室を用いるべし、という最も重要な主張の典據とされる④「諸子の官」は、『周禮』夏官司馬 諸子に、[五]

諸子は國子の倅を掌る。其の戒令と其の敎治とを掌り、其の等を辨じ、其の位を正す。國に大事有れば、則ち國子を帥ゐて大子に致し、惟〻之を用ふる所にす。若し兵甲の事有れば、則ち之に車甲を授け、其の卒伍を合し、其の有司を置き、軍法を以て之を治む。

とある。盧植は、王侯や宗室から「諸子」の官に就く者を選び、「國子（鄭司農に據れば、諸侯・卿・大夫・士の子）」を率いさせ、⑤「幹を彊くし枝を弱く」すべし、と主張したのである。池田秀三〈一九九〇・九一〉によれば、「彊幹弱枝」は、『尙書大傳』『史記』『春秋繁露』などに見える言葉で、本來は今文派の政治思想用語であったが、後漢ではむしろ外戚擁護の立場に立つ公羊今文學に對抗して、君主の絕對權を主張する左氏古文派の唱えるスローガンである、という。盧植は、外戚の與政に對抗するために、『春秋左氏傳』や『周禮』といった古文經典を典據に、宗室に軍事力を掌握させ、君主權力の立て直しを圖るべきことを主張したのである。

かかる盧植の構想を政策化したものが、宗室の州牧就任であった。後漢末の群雄として著名な劉焉・劉虞・劉表がそれである。しかし、『後漢書』列傳六十五　劉焉傳に、(六)

時に靈帝の政化　衰缺し、四方に兵寇あり。(劉)焉　以爲へらく、刺史は威　輕く、既に禁むる能はず。且つ其の人に非ざるを用ひ、輒ち暴亂を増すと。乃ち建議して、改めて牧伯を置きて、方夏を鎮安し、①重臣を清選して、以て其の任に居らしめんと。……焉を出して監軍使者と爲し、益州牧を領せしめ、②太僕の黄琬を豫州牧と爲し、宗正の劉虞を幽州牧と爲し、皆　本秩を以て職に居らしむ。州任の重きこと、此れよりして始まる。

とあるように、州牧設置の契機となった劉焉の建議において、州牧は宗室だけではなく①「重臣」から選ぶとされ、當初より宗室以外の②黄琬が任命されていた。やがて、袁紹・曹操らも州牧を帶びると、結果として州牧は、群雄の割據を正統化する官職と化した。(七)

それでも、外戚から宗室への動きが止むことはなかった。曹魏を建國した曹丕は、陳羣の獻策をいれ、外戚の與政を禁止した（渡邉義浩〈二〇〇三―b〉）。さらに『三國志』卷五　后妃　明悼毛皇后傳に、(八)

初め明帝　王と爲るや、始め河内の虞氏を納れ妃と爲すも、帝　位に卽くに、虞氏は立ちて后と爲るを得ず。太皇后の卞太后　慰勉す。虞氏曰く、「曹氏　自ら好みて賤を立て、未だ能く義を以て擧ぐる者有らざるなり。……」と。

とあるように、虞氏によれば、曹氏は意圖的に卑賤の出身者を皇后に立てたという。有力な一族から皇后を迎えないことにより、外戚が力を持つことを防ごうとしたのである。

また、『晉書』卷五十九　八王傳の總序にも述べられるように、曹魏では、宗室が重視されなかった。しかし、それは、曹丕・曹植の後繼者爭いの後遺症と司馬氏の擡頭により導かれた結果論であり、宗室を封建しようとする氣運が、衰えることはなかった。(九)『三國志』卷十四 孫資傳に、(一〇)

（明）帝 寢疾し、燕王の宇を以て大將軍と爲し、領軍將軍の夏侯獻・武衞將軍の曹爽・屯騎校尉の曹肇・驍騎將軍の秦朗と共に輔政せしめんと欲す。

とあるように、臨終に際して明帝は當初、燕王の曹宇を大將軍とし、曹爽・曹肇という一族、夏侯獻・秦朗という宗族と協力させて死後を託そうとしていた。劉放と孫資により明帝に翻意を促し、權力を掌握した司馬氏は、かかる「外戚から宗室へ」という輔政者の展開の流れの中で、諸王を封建していくのである。(一一)

西晉の「封王の制」は、諸王が都督・將軍の軍事的機能を併せ持ち、皇帝權力を分權化し得るものとして實現した。しかし、皇帝權力を分權化し、西晉という國家權力の中央集權化を推進するはずであった諸王は、武帝の死後に八王の亂を起こし、結果として國家權力を分權化させていく。本書第二章第二節では、その理由を武帝が諸王の封建を專ら皇帝權力の強化を目的として行ったため諸侯への禮遇を欠き、諸侯もまた尊王の氣持ちを持たず自己の權力強化に努めたことに求めた。(一二)ここでは、八王の亂に卽しながら、政治過程論として西晉の「封王の制」の限界を考察していこう。

八王の陰に隱れがちだが、西晉では外戚も權力を掌握した。后妃の一族への優遇は、外戚家に止まらない。武帝は、帝室との婚姻關係の序列に從って、姻族の貴族としての地位の高下を規定しようとしていた。曹魏の時に、數多くの同輩と竝ぶ「名士」の一員であった司馬氏は、積極的な婚姻政策により、自らを頂點とする婚姻關係の國家的秩序を作り上げ、階層的な身分制度である貴族制へと反映することを試みたのである（本書第一章第二節）。加えて、皇太子司馬衷の不慧が明らかとなるにつれ、皇弟の齊王攸との後嗣問題が紛糾する中で、諸王を警戒する必要も生じていた（本書第三章第二節）。

むろん、安田二郎〈一九九八〉が明らかにするように、武帝は、咸寧三（二七七）年八月の封王の制の改制により、「親疏」を基點とする封王體制の全體的な見直し、および封王帶任の方面軍都督と封國との一致・近接化を期する封王就國を行い、太康十（二八九）年十一月には、皇太子司馬衷の同母弟を優遇して、衷を基點とした「親親」體制の確立を目指した。宗室諸王は、司馬衷の藩屏として期待されるとともに、八王の亂を起こすだけの實力を蓄えることになっていたと考えてよい。

それでも、外戚の楊駿は、武帝の臨終の場に一人侍ることを利用して、腹心の者で左右を固めた。『晉書』巻四十　楊駿傳に、[三三]

> （武）帝 疾篤きに及び、未だ顧命有らず。佐命の功臣、皆 已に沒す。朝臣 惶惑し、計 從ふ所無し。而るに（楊）駿 盡く群公を斥け、親しく左右に侍り、因りて輒ち公卿を改易し、其の心腹を樹つ。會〻帝 小しく間え、用ひる所の者の非なるを見て、乃ち色を正し駿に謂ひて曰く、「何ぞ便ち爾るを得んや」と。乃ち中書に詔して、汝南王の亮を以て駿と與に王室を夾輔せしむ。

とあるように、武帝は意識が回復した際、楊駿を叱りつけ、中書に汝南王亮と楊駿に輔政を行わせる旨の詔を作成させた。すなわち、外戚と宗室を併用して、惠帝を輔弼させようとしたのである。しかし、武帝の意志が働いたのは、ここまでであった。

楊駿は中書より詔を取りあげた。娘の楊皇后は、父楊駿一人を輔政の任に當たらせるよう、意識の混濁する武帝に迫る。武帝はただ頷くだけであったという。

後漢の外戚を支えていた『春秋公羊傳』に對して、後漢末以降、『春秋左氏傳』を中心とする古文經典に正統性を求めながら、「外戚から宗室へ」と輔政の正統性は移動しつつあった。それにも拘らず、武帝は、その死に臨んで外戚と宗室を共に輔政者にするという、妥協的な權力構造を選擇せざるを得ず、それすら楊氏に突き崩されることを如何ともし難かった。その理由は、外戚を貴族の頂點に据える國家的身分制としての貴族制を編成しようとした、武帝の對貴族政策の限界と、不慧の皇太子衷を守るために、皇弟の齊王攸を憂死に追い込んだ、武帝の諸王尊重政策の不徹底に求めることができるのである。

二、皇帝弑殺

武帝が崩御して惠帝が即位するまでの間、楊駿は太極殿に居座り、虎賁百人に自らを護衞させて不測の事態に備えた。[一四]一方、汝南王亮も、楊駿の出方を恐れ、武帝の葬儀にも參列せず、夜陰に紛れて出鎭すべき許昌に向かった。楊駿の弟である楊濟は、こうした外戚と諸王の不和を嘆き、傅咸に兄が權力の座から退くべきことを相談した。『晉書』巻四十 楊駿傳附楊濟傳に、[一五]

> 初め（楊）駿 大司馬・汝南王の亮を忌み、催して藩に之かしめんとす。（楊）濟（李）斌と與に數〻之を諫止するも、駿 遂に濟を疏んず。濟 傅咸に謂ひて曰く、「若し家兄 大司馬を徵して入らしめ、身を退けて之を避くれば、門戶 免るるを得可きのみ。爾らずんば、行〻は當に赤族せられんとす」と。咸曰く、「但だ徵還して、共に至公を崇べば、便ち太平を立て、避を爲すこと無からん。夫れ①人臣 專有る可からざるは、豈に獨り外戚のみならんや。②今 宗室 疏ければ、外戚の親に因りて以て安きを得、外戚 危ふければ、宗室の重に倚りて以て援と爲すは、所謂 脣齒 相 依る、計の善なる者なり」と。

とあるように、傅咸は、外戚が宗室諸王に政權を讓る必要はなく、②外戚と宗室は互いに脣齒の關係となるべきであるとした。外戚から宗室へと輔政を代える必要はなく、外戚と宗室が對立せずに皇帝を輔弼すればよいとするのである。その理由は、外戚・宗室を問わず、人臣が①「專」政を振るうべきではないことに求められる。父傅玄の清泉侯爵を嗣いでいる傅咸のような貴族にとって重要なことは、輔政が外戚であるか宗室であるかにはない。貴族の關心は、安定した政治が行われ、專權を振るう者がなく、自分たちが高位に就いて政權運用に攜わることにあった。

しかし、政權を掌握した楊駿は、宗室諸王に對抗するため專制を行い、その私的な權力を確立するため、爵位の濫授を計畫する。これを聞いた散騎常侍の石崇は、『晉書』巻三十三 石苞傳附石崇傳に、[(一六)]

> 元康の初め、楊駿 輔政するや、大いに封賞を開き、多く黨援を樹つ。(石)崇 散騎郎たる蜀郡の何攀と與に共に議を立て、惠帝に奏して曰く、「……賞を班かち爵を行ふに至りては、[①]泰始革命の初めより優れり。安んぜざるの一なり。……而るに今の恩澤の封、[②]滅呉の功より優れり。安んぜざるの二なり。……今の開制、當に後に垂れんとす。若し尊卑に差無く、爵 必ず進む有れば、[③]數世の後、公・侯に非ざるは莫し。安んぜざるの三なり。

と、爵位の濫授を批判し、數世の後には、③「公・侯に非ざる」者がいなくなるとした。西晉は、武帝の父司馬昭が平蜀を契機に制定した五等爵制で與えられた公、侯・伯・子・男をそれぞれ官品の一品、二品に呼應させることにより、國家的身分制としての貴族制を編成していた（本書第一章第三節）。①泰始元（二六五）年の魏晉革命・②平呉による三國統一の際に行われた五等爵の賜與で再編されていた貴族制が、それらの時以上の濫授により崩壊することを石崇は嫌った。それでも楊駿は、二千石以上の官僚をみな關中侯に封建するなど、爵位の濫授を行う。專制體制を濫賞で支えようとしたのである。しかし、貴族の既得權益を侵害する爵位の濫授は、楊駿の專制への反發を高めるばかりであった。

楊駿への反發は、警戒していた汝南王亮ではなく、惠帝の皇后賈南風によって束ねられた[一七]。惠帝は成人であるため皇后がおり、その一族がいる。後漢であれば、皇帝が成人するころには、宦官により皇太后の一族である外戚は打倒されていることが多かった。しかし、成人でありながら不慧の惠帝を利用して、皇后の賈南風が諸王を使って皇太后の一族である外戚の楊駿を打倒したのである。利用された王は、驍鋭で知られた楚王瑋であった。

永平元（二九一）年二月、淮南王允とともに來朝した楚王瑋は、司馬門に駐屯し、楊駿を捕らえさせると、一族・朋黨と共に殺害した。三月、許昌より汝南王亮が呼び戻されて太宰となり、楊駿に追われていた太保の衞瓘とともに、錄尙書事を加えられて輔政の任に就く。しかし、汝南王亮もまた、楊駿討伐の論功行賞に際して、督將の侯が一〇八一人に及ぶほどの濫賞を行った。御史中丞の傅咸は、『晉書』卷四十七 傅玄傳附傅咸傳に[一八]、

> 時に太宰・汝南王の亮 輔政す。（傅）咸 書を致して曰く、「……東安は王に封ぜられ、孟（觀）・李（肇）は郡公たり。餘の侯・伯・子・男は、既に妄りに加ふる有るに、復た又 三等超遷す。……而るに今 皆 更に倍もて論ずれば、失望せざるは莫し。……」と。

とあるように、政變に功績のあった東安公繇が行っていた五等爵の濫授を汝南王亮が繼承し、濫授がさらに擴大することを批判する。しかし、傅咸の上書も、楊駿への石崇の批判と同樣に無視され、汝南王亮への失望が廣がった。

さらに、楊駿打倒に最も功績があった楚王瑋は、汝南王亮に警戒され、兵權を奪われそうになった。そのため楚王瑋は、賈皇后に接近するとともに政變を起こし、汝南王亮と衞瓘を殺害する。さらに、楚王瑋の部下は、掌握している武力を背景に賈皇后の誅殺を獻策するが、王は逡巡した。これに對して、太子太傅の張華は、賈皇后に楚王瑋を除くよう進言、皇帝の旨を傳える騶虞幡を掲げ、楚王瑋を捕らえた。

こうして外戚間の抗爭に始まった元康元（二九一）年の抗爭では、賈皇后が外戚の楊駿を打倒しただけでなく、抗爭

の主體となった汝南王亮・楚王瑋も殺害された。しかし、權力の掌握に諸王の兵力が不可欠であることは、誰の目にも明らかとなった。

そうしたなか、賈皇后は政權を張華に託した。[一九] 外戚として權力を掌握すべき、父賈充はすでに亡い。父の後嗣は、武帝の承認により異姓不養の禮を破って養子となり得た甥の韓謐（賈謐）である。賈謐は魯公を嗣爵したが、楊駿の如き專制を振るい得るほど、外戚としての正統性を有していなかったのである。中書監となった張華は、中書令に裴楷、侍中に裴頠と賈模、尚書左僕射に王戎を据え、貴族を中心とする政權運用により、「闇主」惠帝と「虐后」賈皇后を支えた。この結果、元康年間（二九一〜二九九年）は、武帝死後の西晉において、唯一の安定期となる。

やがて賈謐は、『晉書』卷八十九　忠義　嵆紹傳に、[二〇]

> 元康の初め、給事黄門侍郎と爲る。時に侍中の賈謐、①外戚の寵を以て、年少にして位に居り、②潘岳・杜斌ら皆焉に附託す。③謐 交はりを紹に求むも、紹 距みて答へず。

とあるように、①年少でありながら賈皇后の寵愛を背景に權力を伸張し、②潘岳・杜斌らが賈謐に附託した。「魯公二十四友」である。[二一]『晉書』卷四十　賈充傳附賈謐傳によれば、[二二]

> （賈謐）閤を開き賓を延き、海內 輻湊し、貴游の豪戚及び浮競の徒、禮を盡くし之に事へざるは莫し。或ものは文章を著はし謐を稱美して、以て賈誼に方ふ。渤海の①石崇・②歐陽建、滎陽の③潘岳、吳國の④陸機・⑤陸雲、蘭陵の⑥繆徵、京兆の⑦杜斌・⑧摯虞、琅邪の⑨諸葛詮、弘農の⑩王粹、襄城の⑪杜育、南陽の⑫鄒捷、齊國の⑬左思、清河の⑭崔基、沛國の⑮劉瓌、汝南の⑯和郁・⑰周恢、安平の⑱牽秀、潁川の⑲陳眕、太原の⑳郭彰、高陽の㉑許猛、彭城の㉒劉訥、中山の㉓劉輿・㉔劉琨、皆 謐に傅會し、號して二十四友と曰ひ、其の餘は預かるを得ず。

とある①〜㉔により構成される二十四友は、潘岳・陸機など著名な文學者を含むため「文學集團」として把握されることも多かった。(二三)これに對して、福原啓郎〈二〇〇九〉は、二十四友を權貴への附託と人物評價が絡んでいる「熱勢」を體現する集團の一つと理解する。たしかに、前掲嵇紹傳には、潘岳・杜斌が賈謐に②「附託」したと表現される。しかし、注目すべきは、賈謐の側から嵇紹に③「交はりを求め」、嵇紹がこれを拒否したことにある。貴族が賈謐に群がっていった、と一方的に理解できないためである。

また、福原啓郎〈二〇〇九〉も指摘するように、王太子曹丕には「四友」、皇太子孫登にも「四友」が定められていたように、「友」とは、年少の高位者への輔導・教育にあたる者への呼稱である。貴族の本來的な存立基盤は、文化の專有にある（渡邉義浩〈二〇〇三―a〉）。賈謐は、文才に自信があったため、文學などの文化的諸價値に秀でて高い名聲を持つ貴族を「友」として侍らせることで、不足していた外戚としての正統性を補強しようとしたのであろう。

それとともに、前掲の賈謐傳に、「號して二十四友と曰ひ、其の餘は預かるを得ず」とあるように、賈謐の「二十四友」は他者を排除する仲間社會であった。二十四という數にも關わるであろう「八俊」「八顧」「八及」といった黨人の仲間社會における名聲を基盤に成立した「名士」を源流とする貴族は、仲間社會に入れない者を排除する排他性を本質的に有していた。(二四)加えて、楊駿・汝南王亮と相繼いだ爵位の濫授による貴族制の秩序破壞は、非貴族に對する排除に拍車をかけていた。これに對して、隱士の魯褒は『錢神論』を著し、當時の交友の拜金主義を批判し、寒門の王沈は『釋時論』を著して「公の門に公有り、卿の門に卿有り」と述べて、當時の門閥主義の風潮を批判した。(二五)

貴族制への不滿は、批判に止まらない。楊駿・汝南王亮と繰り返された爵位の濫授は、不滿の解消方法が戰亂にあることを示していた。戰亂の原因は、賈謐の專制に對する、英明な愍懷太子の反發にあった。賈謐を寵愛する賈皇后は、愍懷太子の令名を貶める喧傳を繰り返し、遂には太子の暗殺を目指す。張華と裴頠は懸命に諫めたが、結局、賈皇后により愍懐太子は殺害された。太子をも暗殺する賈氏の専制を批判して、兵を擧げた者は、直接的には趙王倫である。しかし、それを背後で操っていた者は、潘岳から奴隷扱いを受け、貴族制に不満を持っていた寒門出身の孫秀であった。

永康元（三〇〇）年四月、趙王倫が蜂起すると、齊王冏は宮中に入って惠帝を迎え、賈謐を殿前に召した。賈謐は賈皇后に助けを求めたが、その場で斬殺され、賈皇后も捕らえられた。趙王倫は、朝望のある人物を除くため、張華・裴頠を捕らえ、三族ともども誅殺した。元康年間に貴族中心の政治を展開した二人は、こうして王を擔いだ寒門により殺され、賈皇后もまた幽閉の後、殺された。

趙王倫は、政權を掌握すると、楊駿・汝南王亮と同じように爵位を濫授するとともに、孫秀を中書令に任命した。八月に淮南王允の擧兵を鎭壓すると、孫秀は趙王倫に九錫を加えさせる。さらに、翌永康二（三〇一）年正月、趙王倫と孫秀の意を受けた牙門の趙奉が「倫に命ず、早に西宮に入れ（命倫、早入西宮）」（『晉書』卷五十九 趙王倫傳）という宣帝司馬懿の神語を傳えると、趙王倫は、惠帝から璽綬を奪い、禪讓の詔敕を作成させて皇帝の位に卽いた。惠帝は、金墉城に幽閉され、太上皇に祭り上げられる。この「革命」により、『晉書』卷五十九 趙王倫傳に、[二六]

孫秀を侍中・中書監・驃騎將軍・儀同三司と爲し、張林ら諸黨も、皆 卿・將に登り、竝びに大封に列せらる。其の餘の同謀せし者も、咸 階を超え次を越ゆること、勝げて紀す可からず。①奴卒・廝役に至るも、亦た加ふるに爵位を以てす。朝會する毎に、貂蟬 坐に盈つ。時人 之が諺を爲りて曰く、「②貂 足らず、狗尾 續く」と。

とあるように、孫秀が侍中・中書監・儀同三司・驃騎將軍に就いたほか、趙王倫の朋黨はみな公卿や將軍の地位を得た。その濫授は、①「奴卒・廝役」までもが爵位を加えられるほどで、高官の冠の飾りである②貂の尾が足りず狗の尾で代用される、と諺がつくられた。楊駿・汝南王亮に續き、三たび行われた爵位の濫授は、ついに「奴卒・廝役」

にも及ぶと稱されるに至ったのである。五等爵制によって形成された國家的身分制としての西晉の貴族制は、ここに崩壞したと考えてよい。また、「奴卒・廝役」ら下層階級が何を求めて趙王倫に集まったのかも明らかである。ここに、儒敎に基づく貴族制の持つ差別性に對する反發を見ることができよう。

趙王倫は、賈皇后による愍懷太子の殺害を機に擧兵したが、梁冀が質帝を殺害しても權力を失わなかったように、後漢であれば外戚を諸王が打倒することはあり得ないことであった。趙王倫の擧兵は、一で述べた「外戚から宗室へ」という正統性の展開に基づく諸王の兵力の掌握を俟って行われた。そして、同じ專制であっても、外戚と諸王では質が異なることに注目したい。外戚が皇帝位に卽くためには、王莽のように國家を滅ぼす必要があり、それへの抵抗は大きい。これに對して、諸王は、國家を滅ぼさずに帝位に卽くことが可能である。趙王倫の「革命」は、國家權力ではなく皇帝權力を奪取できる、という諸王の危險性を顯在化したものと位置づけられよう。

しかし、その「革命」は、永續性を持ち得なかった。皇帝に卽位した趙王倫に對して、齊王冏・成都王穎・河間王顒が擧兵したのである。いわゆる「三王起義」である。その際、成都王穎の謀主であった盧志は、皇帝となっている趙王倫の打倒を次のように勸めている。『晉書』巻四十四 盧欽傳附盧志傳に、（二七）

趙王は無道にして、肆に簒逆を行ひ、四海の人神、憤怒せざるは莫し。今 殿下は三軍を總率し、期に應じて電發すれば、子來の衆は、召さずして自づから至らん。凶逆を掃夷するに、必ず征有りて戰無し。

とある。皇帝であっても「無道」であれば弑殺して構わない。これは杜預が司馬昭の皇帝弑殺を正當化するため、『春秋左氏傳』における周公の義例から導き出した經典解釋である（本書第二章第五節）。しかし、君主の弑殺を「君無道」の義例により正當化することは、儒敎が本來、君主に仕える臣下の理念である以上、「儒敎國家」の秩序を崩壞させる危險性を持つ。事實、こののち、西晉「儒敎國家」は、國家としての制御を失い、寒門と異民族の上昇運動の中に飮み込まれていくことになる。

三、寒門と異民族

三王の攻撃に敗れた趙王倫は、孫秀を殺害して惠帝を迎え、自ら皇帝の地位を降りた。惠帝は洛陽に戻ると、趙王倫を金墉城に送り、やがて死を賜る。さらに、齊王冏・成都王穎・河間王顒をそれぞれ大司馬・大將軍・太尉とし、齊王冏・成都王穎に九錫、河間王顒に三錫を加え、二人の功績が同等であることを示した。成都王穎は惠帝の弟であり、齊王攸の子である齊王冏よりも惠帝にとって「親」にあたる。[二八] それにも拘らず、成都王穎は、洛陽での惠帝の輔弼を齊王冏に讓り、出鎭先の鄴へ歸った。そして、大將軍の官位は受けたが九錫は辭退し、上表して起義に參加した功臣をみな公侯に封建するように論じ、また河北の穀物を戰場となった陽翟に賑恤することを勸めた。また、戰死者を弔い、遺族の家を旌表し、趙王倫側の遺體をも收容する。これらの政策は、いずれも盧志の獻策に基づくもので、貴族の經世安民策を代表する。かつて賈皇后のもと政權を掌握した張華もまた、內亂を回避し、民生を安定させることに努めていた。

かかる貴族の內政策に對して、諸王の信任を受け實權を掌握した寒門・寒人は、自らの上昇運動を優先する。かつて趙王倫を支えた孫秀は、『晉書』卷四十三 王戎傳に、[二九]

> 初め、孫秀 琅邪の郡吏と爲り、品を鄕議に求む。（王）戎の從弟の（王）衍 ①將に許さざらんとするも、戎 之に品することを勸む。秀 志を得るに及び、②朝士の宿怨有る者は皆 誅せらるるも、而るに戎・衍は濟を獲る。

とあるように、①鄕品が授與されない寒人を辛うじて免れた寒門の出身である。當時、琅邪王であった趙王倫の下役となり、文才を發揮して趙王倫の信任を得、(三〇)腹心となったのである。志を得たのちに殺したとされる②宿怨のある朝士を代表する者が、潘岳である。『晉書』巻五十五 潘岳傳に、(三一)

初め、（潘）芘 琅邪內史爲りしとき、孫秀 小史と爲りて（潘）岳に給して、狡黠にして自ら喜ぶ。岳 其の人と爲りを惡みて、①數〻 撻ちて之を辱む。秀 常に忿を銜む。趙王倫の輔政するに及び、秀は中書令と爲る。岳 省內に於て秀に謂ひて曰く、「孫令 猶ほ疇昔の周旋を憶ふや不や」と。答へて曰く、「②中心 之を藏す、何れの日か之を忘れん」と。岳 是に於て自ら免れざるを知る。

とあるように、孫秀は、かつて小吏として潘岳に仕えたとき、①しばしば鞭打たれて辱められたことへの報復として潘岳を殺害する。自らの仲間社會に含まれない者を排除する貴族制の限界が孫秀の報復を招いたのである。また、孫秀が②『詩經』小雅 隰桑を踏まえて潘岳に返答していることにも着目したい。西晉「儒教國家」は、寒門・寒人の境界にいた孫秀さえも『詩經』を踏まえた應答を可能にするほど、儒教を身體化させていたのである。したがって、寒門孫秀の貴族への報復は、儒教が正統化する貴族制の撤廢には繫がらない。むしろ、『晉書』巻六十 孫旂傳に、(三二)

（孫）旂の子の弼、及び弟の子の髦・輔・琰の四人は、竝びに吏材有り、當世に稱せらる。遂に孫秀と合族す。趙王倫 事を起こすに及び、……皆 開國郡侯に賜爵せらる。旂を推崇して車騎將軍・開府と爲す。

とあるように、孫秀は、泰山の羊氏（司馬師の妻羊徽瑜や羊祜を輩出）と婚姻關係を持つほどの名門である樂安郡の孫旂と、同姓であることから「合族」を行い、自らも貴族の仲間社會に參入しようとしたのである。一方、孫旂は趙王倫のもと車騎將軍に至るだけではなく、孫秀の建議により外孫の羊獻容を賈皇后廢位後の新皇后に冊立することにも成功している。趙王倫の專制下でも、孫秀からの交友要請を拒否した杜錫（杜預の子）のように、自律性を守ろうとする貴族がいる一方で、寒門孫秀との「合族」により、さらなる上昇を目指す貴族もいた。寒門の上昇運動は、かれらを手足とした諸王だけではなく、こうした貴族にも支えられていたのである。

　成都王穎より輔政の座を譲られた齊王冏は、當初、顧榮ら孫呉の舊臣を多く辟召するなどの政策により貴族の期待を集めたが、やがて驕慢な政治を行い貴族は離反した。こうした中、成都王穎と河間王顒は、長沙王乂を誘って齊王冏を打倒する。その原因となった者は、孫秀と同じように寒門から才幹により出世した李含である。河間王顒に信任されていた李含は、齊王冏の參軍であった貴族の皇甫商とかねてより怨恨關係にあった。このため李含は、長沙王乂を使って齊王冏を打倒する策を河間王顒に提案したのである。齊王冏は長沙王乂に殺害されたが、皇甫商は長沙王乂の參軍となって生き延びた。そこで李含は、長沙王乂の暗殺を狙ったが、かえって長沙王乂に殺害される。李含が死ぬと、河間王顒は、盧志の反對を無視した成都王穎とともに長沙王乂を打倒すべく兵を起こした。河間王顒は張方を都督とし、成都王穎は陸機を拔擢して、東西より洛陽を目指す。しかし、長沙王乂は、建春門・七里澗で陸機を連破し、陸機は處刑される。さらに、長沙王乂は、軍を返して張方を破り、續く持久戰でも優勢であった。ところが、洛陽城內で東海王越が政變を起こして長沙王乂を捕らえ、張方に引き渡して殺害させたのである。

　皇太弟に册立された成都王穎は、鄴に出鎭したまま權力を掌握した。しかし、東海王越派の幽州刺史の王浚は、烏桓・鮮卑を主體とする傭兵を組織し、幷州刺史の司馬騰（越の弟）は、山西に擡頭しつつあった鮮卑の拓跋部と結んで成都王穎に對抗した[三三]。そこで、成都王穎は、匈奴の劉淵（劉元海）と結んでこれに對抗する。『晉書』巻一百一 劉元海載記に[三四]、

> （司馬）穎 皇太弟と爲るや、（劉）元海を以て太弟の屯騎校尉と爲す。……元海 穎に說きて曰く、「今 二鎭 跋扈して、衆 十萬に餘る。恐らくは宿衞及び近都の士庶の能く之を禦ぐ所に非ざらん。請ふらくは殿下の爲に還りて五部に說きて、以て國難に赴かしめん」と。……穎 悅び、元海を拜して北單于と爲し、丞相の軍事に參ぜしむ。

とある。匈奴の北單于とされた劉淵は、「五部」に分割されていた匈奴を糾合して、成都王穎のため、王浚と司馬騰に對抗するというのである。『晉書』巻一百一　劉元海載記では、匈奴の五部分割を曹操に假託しているが、それは西晉から自立する際に、西晉に支配され分割されたことを隱蔽する必要性から生じた『漢趙記』の偏向に基づく（町田隆吉〈一九七九〉）。西晉「儒教國家」のもとで差別的な支配を受けてきた匈奴では、成都王穎の部將に甘んじようとする劉淵に、決起を促す聲が高まった。『晉書』巻一百一　劉元海載記に、[三五]

劉宣ら固く諫めて曰く、「晉は無道を爲し、奴隷もて我を御す。是を以て右賢王の猛は其の忿に勝へず。晉綱の未だ弛まざるに屬きて、大事をば遂げず。右賢　地に塗るるは、單于の恥なり。今　司馬氏の父子兄弟、自ら相　魚肉す。此れ天　晉の德を厭ひ、之を我に授くるなり。單于　德を積むこと躬に在り、晉人の服する所と爲る。方に當に我が邦族を興し、呼韓邪の業を復すべし。……」と。

とあり、劉宣らは、西晉が「無道」で、匈奴を「奴隷」視してきたと主張する。唐長孺〈一九五五―a〉は、奴隷を文字通りスレイヴの意味に解して、劉淵自立の動機には、奴婢・田客の境遇に落ちこんだ匈奴人民の解放要求が含まれていた、とする。これに對して、谷川道雄〈一九六四〉は、「奴隷」とは、匈奴族がその固有な生活を解體させられ、種族としての自立性を喪失せしめられた狀態の形容である、という。いずれにせよ、かかる劉宣の主張は、西晉における華夷思想の反映と考えることができる。

漢代に『春秋公羊傳』を中心としながら、夷狄との融和拒否から容認へと展開した華夷思想は、曹操の夷狄強攻策を繼承する曹魏では、『春秋左氏傳』を論據に再び夷狄との融和拒否へと戻された。[三六]これに對して、「儒教國家」の再編を目指した西晉の武帝は、同じく『春秋左氏傳』を典據としながら、「遠きを懷くるに德を以てす」を論據に夷狄との共存を目指す阮种の對策を第一とした。この結果、「遠きを懷くるに德を以てす」は武帝期の異民族政策の基本方針となり、ここに華夷思想は夷狄との融和に回歸した。ところが、八王の亂の最中、元康六（二九六）年ごろに著された江統の徙戎論は、『春秋』を踏まえながらも、夷狄はあくまでも天子の外に居住し、臣下とすべきでない、信頼できない存在であるという、これまでの中で最も排他的な華夷思想を主張していたのである[三七]。

かかる西晉「儒教國家」の排他的な華夷思想は、劉淵が成都王穎のため戰うことに反對するだけではなく、匈奴自らの國家を樹立すべし、という動きの背景となった。ともに西晉「儒教國家」の限界から現れた寒門と異民族の上昇運動であるが、寒門は孫秀のように自ら貴族となることを望むだけで、西晉を滅ぼすという發想を持たない。これに對して、異民族は、西晉「儒教國家」そのものを打倒して、自らの國家を樹立していこうとするのである。『晉書』卷一百一　劉元海載記に[三八]、

> 左賢王の劉宣ら竊かに議して曰く、「昔 我が先人 ①漢と約して兄弟と爲り、憂泰 之を同にす。漢 亡びてより以來、魏晉 代はりて興るも、我が單于 虛號有りと雖も、復た尺土の業無し。諸王侯より、降りて編戶に同じ。今 司馬氏、骨肉 相 殘ひ、四海鼎沸す。②邦を興し業を復すは、此れ其の時なり。……」と。

とあるように、①「漢と兄弟」であった匈奴は、自ら②「邦を興」すべきである、との主張が行われるに至ったのである。

劉淵は、永嘉二（三〇八）年、郊禮を行って漢の天子の位に卽き永鳳と改元、漢を繼承する國家であることを天下に宣言する。ただし、その國政は、宗室は親疎に應じて郡縣の王に、異姓はその勳謀に應じて郡縣の公侯に封建するなど、未だ西晉の封王の制と五等爵制を模倣するものであった。

一方、成都王穎は、建武元（三〇四）年八月に失脚し、河間王顒が權力を掌握した。しかし、東海王越の擧兵により、永興三（三〇六）年五月、河間王顒は失脚した。永嘉二（三〇八）年の劉淵の卽位は、東海王越の執政下で行われたので

ある。(三九) 永嘉五（三一一）年三月、東海王越が石勒討伐の陣中に憂死したのち、六月に洛陽は陷落し、西晉は事實上滅亡するのである。

おわりに

八王の亂は、「三王起義」を畫期に、外戚と諸王の抗爭から、諸王の抗爭の背後にある寒門と異民族の上昇運動へと、その性格を大きく變えていく。その背景には、西晉「儒敎國家」の限界があった。そもそもの亂の原因は、惠帝衷の不慧にある。しかし、『春秋公羊傳』隱公元年の「嫡を立つるに長を以てす」を典據とする楊皇后の言葉の前に、西晉「儒敎國家」は、皇太子衷を廢嫡できなかった。しかも、『春秋左氏傳』などを典據に輔政の任に就いた諸王は、五等爵位の濫授を繰り返し、貴族制を形成した五等爵制を崩壞させる。さらに、皇帝の廢位すら、「君無道」という『春秋左氏傳』により杜預が正當化した周公の義例に基づいて行われたのである。

西晉「儒敎國家」を崩壞へと導いた寒門と異民族は、儒敎そのものに含まれる差別性に反發する中で自己を定位した。寒門は、儒敎に基づく身分制である貴族制に、異民族は儒敎の排他的な華夷思想に反發したのである。西晉「儒敎國家」は、儒敎が理想とした周代の復興に努めた。しかし、社會における階層分化と異民族の擡頭によって、儒敎だけで國家を經營することは限界を迎えていた。したがって、西晉「儒敎國家」の崩壞は、佛敎・道敎といった新たな宗敎といかに向き合うか、という課題を東晉および五胡諸國家に突きつけたのである。

《注》

（一）福原啓郎〈一九八二〉〈一九八五〉。このほか、八王の亂に關わった者の經歷を明らかにした竹園卓夫〈一九九八〉、八王の亂の原因を武帝が選んだ皇位繼承者と輔政に人を得なかったことに求める祝總斌〈一九八〇〉、それを批判する張金龍〈一九八七〉、亂の概略を描いた羅宏曾《一九九七》がある。

（二）たとえば、安田二郎〈一九七六〉は、權力集團の構造や性格、殊にそのトレーガーのあり方は基本的に前期（二九一年〜、楊駿へのクーデターから）と後期（三〇〇年〜、賈氏への趙王倫のクーデターから）とでは變わっていない、とする。

（三）今足下之於漢朝、猶旦・奭之在周室、建立聖主、四海有繫。論者以爲、吾子之功、於斯爲重。天下聚目而視、攢耳而聽。謂準之前事、將有景風之祚。①尋春秋之義、王后無嗣、擇立親長、年均以德、德均則決之卜筮。今同宗相後、披圖案牒、以次建之。何勳之有。豈横②叨天功以爲己力乎。宜辭大賞、以全身名。又比世祚不競、仍外求嗣、可謂危矣。而四方未寧、盜賊伺隙、恆岳・勃碣、特多姦盜。③將有楚人脅比、尹氏立朝之變。④宜依古禮、置諸子之官、徵王侯愛子、宗室賢才、外崇訓道之義、內息貪利之心、簡其良能、隨用爵之。⑤彊幹弱枝之道也（『後漢書』列傳五十四　盧植傳）。

（四）池田秀三〈一九九〇・九一〉。なお、池田は、③を公羊說とする集解に引く錢大昕說を是とするが、ここでは李賢注に從った。

（五）諸子掌國子之倅。掌其戒令與其敎治、辨其等、正其位。國有大事、則帥國子而致於大子、惟所用之。若有兵甲之事、則授之車甲、合其卒伍、置其有司、以軍法治之（『周禮』夏官司馬　諸子）。むろん、盧植の主著が『禮記解詁』であることを鑑みれば、『禮記』王制や文王世子の「諸子」という字句をも念頭に置いていると考えられること、池田秀三〈一九九〇・九一〉の說くとおりである。

（六）時靈帝政化衰缺、四方兵寇。（劉）焉以爲、刺史威輕、既不能禁。且用非其人、輒增暴亂。乃建議、改置牧伯、鎭安方夏、①淸選重臣、以居其任。……出焉爲監軍使者、領益州牧、②太僕黃琬爲豫州牧、宗正劉虞爲幽州牧、皆以本秩居職。州任之重、自此而始（『後漢書』列傳六十五　劉焉傳）。

（七）州牧により、後漢末の群雄の割據が正統化されたことは、石井仁〈一九九二—b〉を參照。

（八）初明帝爲王、始納河内虞氏爲妃、帝卽位、虞氏不得立爲后。太皇后卞太后慰勉焉。虞氏曰、曹氏自好立賤、未有能以義擧者也。……（『三國志』卷五 后妃 明悼毛皇后傳）。

（九）本書第二章第二節を參照。なお、創設時により外戚就任官であった散騎常侍と散騎議郎が、晉代には宗室就任官としての性格を付加されていくことについては、下倉涉〈一九九六〉を參照。

（一〇）（明）帝寢疾、欲以燕王宇爲大將軍、及領軍將軍夏侯獻・武衞將軍曹爽・屯騎校尉曹肇・驍騎將軍秦朗共輔政（『三國志』卷十四 孫資傳）。

（一一）曹魏における司馬氏の擡頭については、本書第一章第一節を參照。なお、武帝の諸王封建の具體像を示したものに、竹園卓夫〈二〇〇五〉がある。

（一二）かかる主張に對して、結合の論理と瓦解の論理にギャップがあると指摘するものに、辻正博〈二〇〇八〉がある。

（一三）及（武）帝疾篤、未有顧命。佐命功臣、皆已沒矣。朝臣惶惑、計無所從。而（楊）駿盡斥群公、親侍左右、因輒改易公卿、樹其心腹。會帝小閒、見所用者非、乃正色謂駿曰、何得便爾。乃詔中書、以汝南王亮與駿夾輔王室（『晉書』卷四十 楊駿傳）。

（一四）以下、八王の亂の經緯については、福原啓郎《一九九五》に詳しい。

（一五）初（楊）駿忌大司馬・汝南王亮、催使之藩。（楊）濟與（李）斌數諫止之、駿遂疏濟。濟謂傅咸曰、若家兄徵大司馬入、退身避之、門戶可得免耳。不爾、行當赤族。咸曰、但徵還、共崇至公、便立太平、無爲避也。夫[1]人臣不可有專、豈獨外戚。[2]今宗室疏、因外戚之親以得安、外戚危、倚宗室之重以爲援、所謂脣齒相依、計之善者（『晉書』卷四十 楊駿傳附楊濟傳）。

（一六）元康初、楊駿輔政、大開封賞、多樹黨援。（石）崇與散騎郎蜀郡何攀共立議、奏於惠帝曰、……至於班賞行爵、[1]優於泰始革命之初。不安一也。……而今恩澤之封、[2]優於滅吳之功。不安二也。……今之開制、當垂于後。若尊卑無差、有爵必進、[3]數世之後、莫非公・侯。不安三也（『晉書』卷三十三 石苞傳附石崇傳）。

（一七）賈南風の婚姻は、武帝の意志による政略として決定された、と主張するものに、小池直子〈二〇〇三〉がある。

（一八）時太宰・汝南王亮輔政。（傅）咸致書曰、……東安封王、孟（觀）・李（肇）郡公、餘侯・伯・子・男、既妄有加、復又三等超遷。……而今皆更倍論、莫不失望。……（『晉書』巻四十七　傅玄傳附傅咸傳）。

（一九）張華の生涯とその文學については、林田愼之助〈一九七九―a〉を參照。

（二〇）元康初、爲給事黄門侍郎。時侍中賈謐、①以外戚之寵、年少居位、②潘岳・杜斌等皆附託焉。③謐求交於紹、紹距而不答（『晉書』巻八十九　忠義　嵆紹傳）。

（二一）二十四友の構成員の官歴・交友敵對關係・評價履歴・詩文情報については、福原啓郎〈二〇〇八―a〉、および張愛波《二〇〇六》を參照。

（二二）（賈謐）開閣延賓、海内輻湊、貴游豪戚及浮競之徒、莫不盡禮事之。或著文章稱美謐、以方賈誼。渤海①石崇・②歐陽建、滎陽③潘岳、呉國④陸機・⑤陸雲、蘭陵⑥繆徵、京兆⑦杜斌・⑧摯虞、琅邪⑨諸葛詮、弘農⑩王粹、襄城⑪杜育、南陽⑫鄒捷、齊國⑬左思、清河⑭崔基、沛國⑮劉瓌、汝南⑯和郁・⑰周恢、安平⑱牽秀、潁川⑲陳眕、太原⑳郭彰、高陽㉑許猛、彭城㉒劉訥、中山㉓劉輿・㉔劉琨、皆傅會於謐、號曰二十四友、其餘不得預焉（『晉書』巻四十　賈充傳附賈謐傳）。

（二三）森野繁夫《一九七六》、佐藤利行《一九九五》。たしかに、二十四友には、潘岳や陸機といった代表的な文學者が含まれ、文學は貴族の存立基盤である文化の一つではあるが、そのすべてではない。たとえば、潘岳や陸機・左思は、賈謐の祕書省の坐において、『漢書』の講義をしており、その活動を文學のみに限定する必要はない。

（二四）黨人については、渡邉義浩〈一九九一―a〉、「名士」については、渡邉義浩〈一九九一―b〉を參照。

（二五）魯褒の『錢神論』については、福原啓郎〈二〇〇一〉を、王沈の『釋時論』については、福原啓郎〈二〇〇八―b〉を參照。

（二六）孫秀爲侍中・中書監・驃騎將軍・儀同三司、張林等諸黨、皆登卿・將、竝列大封。其餘同謀者、咸超階越次、不可勝紀。①至於奴卒・廝役、亦加以爵位。毎朝會、貂蟬盈坐。時人爲之諺曰、②貂不足、狗尾續（『晉書』巻五十九　趙王倫傳）。

（二七）趙王無道、肆行簒逆、四海人神、莫不憤怒。今殿下總率三軍、應期電發、子來之衆、不召自至。掃夷凶逆、必有征無戰（『晉書』巻四十四　盧欽傳附盧志傳）。

（二八）のち成都王穎が皇太弟になり得た正統性など、西晉後期の皇位繼承については、三田辰彦〈二〇〇八〉を參照。

（二九）初、孫秀爲琅邪郡吏、求品於鄕議。（王）戎從弟（王）衍①將不許、戎勸品之。及秀得志、②朝士有宿怨者皆被誅、而戎・衍獲濟焉（『晉書』卷四十三 王戎傳）。

（三〇）東晉で反亂を起こした天師道の孫恩が、孫秀の子孫であることから、陳寅恪〈一九三三〉は、趙王倫と孫秀が天師道という信仰を紐帶としても結ばれていたことを主張する。

（三一）初、（潘）芘爲琅邪內史、孫秀爲小史給（潘）岳、而狡黠自喜。岳惡其爲人、①數撻辱之。秀常銜忿。及趙王倫輔政、秀爲中書令。岳於省內謂秀曰、孫令猶憶疇昔周旋不。答曰、②中心藏之、何日忘之。岳於是自知不免（『晉書』卷五十五 潘岳傳）。

（三二）（孫）旂子弼、及弟子髦・輔・琰四人、竝有吏材、稱於當世。遂與孫秀合族。及趙王倫起事、……皆賜爵開國郡侯。推崇旂爲車騎將軍・開府（『晉書』卷六十 孫旂傳）。

（三三）鮮卑族など、この時期の北方民族の動向については、田村實造《一九八五》を參照。

（三四）（司馬）穎爲皇太弟、以（劉）元海爲太弟屯騎校尉。……元海說穎曰、今二鎭跋扈、衆餘十萬。恐非宿衞及近都士庶所能禦之。請爲殿下還說五部、以赴國難。……。穎悅、拜元海爲北單于、參丞相軍事（『晉書』卷一百一 劉元海載記）。

（三五）劉宣等固諫曰、晉爲無道、奴隸御我。是以右賢王猛不勝其忿。屬晉綱未弛、大事不遂。右賢塗地、單于之恥也。今司馬氏父子兄弟、自相魚肉。此天厭晉德、授之於我。單于積德在躬、爲晉人所服。方當興我邦族、復呼韓邪之業……（『晉書』卷一百一 劉元海載記）。

（三六）兩漢の華夷思想については、渡邉義浩〈二〇〇八―b〉を參照。曹魏の匈奴政策と蔡琰の「悲憤詩」については、別稿の用意がある。

（三七）以上、西晉における華夷思想の展開、および江統の「徙戎論」については、本書第三章第三節を參照。

（三八）左賢王劉宣等竊議曰、昔我先人①與漢約爲兄弟、憂泰同之。自漢亡以來、魏晉代興、我單于雖有虛號、無復尺土之業。自諸王侯、降同編戶。今司馬氏、骨肉相殘、四海鼎沸。②興邦復業、此其時矣。……（『晉書』卷一百一 劉元海載記）。

（三九）東海王越と王衍との關係から、當該時期の貴族のあり方を論ずるものに、島田悠〈二〇〇七〉がある。

第二節　諒闇心喪の制と皇位繼承問題

はじめに

張聰咸は、『左傳杜注辨證』の自序に、(一)「竊かに以爲へらく、杜解の義に乖く者、大端四有りと。長歷は歷に非ざるなり。……喪を論じては短喪なり。……軍制を釋せば則ち車法・徒法 分たれず。田賦を釋せば則ち丘賦・甸賦 辨ぜられること莫し」と述べる。「短喪」は、杜預の春秋解釋の特徵の一つ、しかし淸朝考證學者にとっては、義に乖く批判すべき特徵であった。ここにいう「短喪」とは、諒闇心喪の制のことである。藤川正數〈一九六〇〉によれば、諒闇とは、謹愼の意である。天子や諸侯が本來服すべき三年の喪をすべて衰麻するのではなく、卒哭すれば服を釋き、その後の期間は諒闇により制を終える。この釋服諒闇の期間を心喪という。約言すれば、天子や諸侯が服喪中も政務が取れるように、實際の服喪を既葬までとする經說である。張聰咸が「短喪」と謗る諒闇心喪の制は、西晉の杜預が始めて確立した。

本節は、杜預が諒闇心喪の制を經說として打ち立てた政治的な背景、および西晉における皇位繼承問題と杜預との關わりを追究するものである。

一、漢の權制と司馬炎の過禮

喪服は、もともとは喪中に着る麻製の衣服を指す言葉であるが、廣くは衣食住にわたる一般的な謹愼生活の等級を示す。それは、死者との親近關係により、斬衰・齊衰・大功・小功・緦麻の五等級に分けられ、これを五服という（『儀禮』喪服）。喪服の中では、皇帝の崩御に對する禮が最も重い。子である皇太子はもとより、すべての官僚が斬衰三年に服することが禮であった。後漢では、經學上、三年喪は二十五ヵ月と定められていた（『白虎通』喪服）。とは言っても、二十五ヵ月間も喪に服することは、政務の停滞を招くことになる。こうした狀況において、三年喪を短縮する論據を提供していたものが、漢においては理想的な君主とされていた文帝の遺詔である。『漢書』卷四 文帝紀に、(二)

其れ天下の吏民に令す。令 到らば出でて臨すること三日にて、皆 服を釋げ。……殿中の當に臨すべき者は、皆旦夕を以て各〻十五たび音を擧げ、禮 畢はらば罷めよ。旦夕の臨する時に非ざれば、禁じて擅に哭するを得る無からしめよ。以下、大紅を服すること十五日、小紅を十四日、纖を七日にて、服を釋げ。

とある。文帝は本來、斬衰三年（二十五ヵ月間）服すべき喪を、大紅（大功）の服を十五日間、小紅（小功）の服を十四日間、纖服を七日間の計三十六日間だけ服すればよい、と遺詔をし、一般の人びとに至っては、三日で喪服を脫げと命じている。後漢では、この文帝の遺詔を典據として、經學上の二十五ヵ月の喪服と現實社會での生活とをうまくすり合わせていた。すなわち、文帝の恩愛の心によって、斬衰三年という形を現實に合わせていたのである。(三)

事實上、後漢を滅ぼした曹操は、建安二十五（二二〇）年、遺令して葬が終われば除服するように命じた（『三國志』卷一 武帝紀）。また、西晉の基礎を築いた司馬懿・司馬師の喪においても、漢の「權制」に從い、既葬して除服してい

る（『晉書』卷二十　禮志　中）。『晉書』卷六十　李含傳に引く傅咸の上奏に、[四]

國制は既葬して除し、既除して祔す。爰れ漢魏より聖晉に迄ぶ。

とあるように、漢の權制、すなわち假の制度として始まった既葬除服は、漢魏より西晉に及んだ「國制」と認識されるに至っていたのである。

これに對して、西晉の武帝司馬炎は、實質的な三年喪を實行すると宣言した。曹魏の咸熙二（二六五）年八月、父の司馬昭が薨去すると九月に葬儀を行い、十二月に卽位して西晉を建國したのちも、武帝は父の服喪を續けるとしたのである。武帝は至孝の皇帝であった。魯迅〈一九二七〉は、前王朝に「忠」ではなかったため、「孝」を尊重せざるを得なかったのだ、とこれを批判するが、司馬光は、「不世の賢君」と武帝が三年喪を守ろうとしたことを高く評價する（『資治通鑑』卷七十九　晉世祖武皇帝　泰始二年の條）。

結局、武帝は、漢魏の權制に從って既葬除服はしたが、その後もなお「深衣素冠して、席を降し膳を撤し、哀敬すること喪者の如（深衣素冠、降席撤膳、哀敬如喪者）」き狀態で三年を終えた（『晉書』卷三　武帝紀）。さらに、泰始四（二六八）年三月、皇太后の王氏が崩御した際にも、漢魏の權制に從うべきか否かで議論が行われ、武帝は「涕を流すこと久」しくしてようやく既葬除服を許したという（『晉書』卷二十　禮志　中）。しかし、安田二郎〈一九九八〉によれば、それから三年、武帝は子をつくらず、父の喪とあわせて六年もの閒、服喪を心としては續けたという。漢魏の故事から考えれば、これは過禮といってよい。[五]かつて、父の司馬昭は自らの皇帝殺害の正當性を「孝」に求めた（渡邉義浩〈二〇〇二―b〉）。父司馬昭による「孝」の濫用は、子の武帝を過禮へと追い詰めたのである。

西晉の正統化のため、武帝は漢魏の權制ではなく、あくまでも先王の舊制である三年喪に從いたかった。しかし、卽位直後の、しかも孫吳が未だ敵對する狀況の中で、三年喪を遂行することは現實的には不可能である。ゆえに、仕方がなく既葬除服をしたのであるが、これでは「孝」によって天下を治める、[6]という西晉の正統性が搖らぎかねない。杜預は、こうした政治狀況を背景としながら、先王の制を恣意的に解釋することにより、武帝の要望に應え、西晉の正統化に盡力していくのである。

杜預が打倒すべき論說は二つあった。

第一は、漢魏の權制を繼承して既葬除服すべき、とする考え方である。この說は、結果としては杜預の說く諒闇心喪の制と同じになるのであるが、漢魏の權（かり）の制度を典據とすることは、西晉の正統性のためには相應しくない。『通典』卷八十　凶禮二に、[7]

（漢の）文帝　其の久しく行ふ可からざるを見るも、古典を知らず、更に意を以て祥禫を制す。

とあるように、杜預は文帝に始まる漢魏の權制を古典に基づかない假の制度であるとして嚴しい批判を加え、古典、すなわち儒教の經典に示された制度に從うべきであるとして、これを打倒したのである。

第二は、天子・諸侯は父のために實質的な三年喪に服すべし、という古制の、漢儒以來の通說的な解釋を打破しなければならない。ここで杜預は切り札の『春秋左氏傳』を用いる。藤川正數〈一九六〇〉によれば、『通典』卷八十　凶禮二に殘る博士の段暢に主張させた杜預の諒闇心喪の制の經學上の根據は次の五點である。

①『尚書』の無逸に「高宗亮陰三年不言」とある「亮陰」とは「默」であり、天子は齊斬の喪に遭えば、苴杖絰帶など禮制の通りにするが、葬が終われば除服し、信默して以て三年を終える。

②『春秋左氏傳』僖公九年に「在喪、王曰小童、公侯曰子」とあるが、これは未だ葬らない間のことであり、すでに葬ればこういう呼稱はなくなる。これは除服の證據である。

③『春秋左氏傳』文公九年の「不書王命、未葬也」は、すでに葬れば「王使」と稱するので、したがって除服の

證據を暗示する。

④『春秋左氏傳』莊公十八年に「虢公・晉侯朝王。王饗醴。命之宥。皆賜玉五瑴、馬三匹。非禮也。王命諸侯、各位不同、禮亦異數。不以禮假人」とある。この享禮は、僖王が崩じてから未だ再周ならずして行われたものであるが、享したことを問題にしたのではなく、公侯を同禮にした點を譏ったのである。これ即ち既葬除服した證據である。

⑤『春秋左氏傳』僖公九年に「夏、王使宰孔賜齊侯胙。曰、天子有事於文武」とある。惠王の崩じたのは僖公七年の閏月であるから、九年の夏までは再周に五ヵ月足りないが、それでも文武の廟に祭祀を行っている。王者が卒哭すれば除喪卽位して廟を祭ることは明らかである。

以上、諒闇心喪の制の論據として掲げる五例中四例までが『春秋左氏傳』であることは、「左傳癖」と自ら稱する杜預の學問傾向の特徴を示す。(八)

また、段暢は觸れていないが、⑥『春秋左氏傳』昭公　傳十五年には、(九)

秋八月戊寅、王の穆后　崩ず。……(十二月)既に葬りて喪を除して、以て文伯と宴す。……(叔向曰く)「禮に非ざるなり。……三年の喪、貴と雖も服を遂ぐるは、禮なり」と。

とある。叔向が謗った理由について、杜預は『春秋左氏經傳集解』昭公　傳十五年に、(一〇)

天子・諸侯　喪を除するは、當に卒哭に在るべし。今　王は既に葬りて除す。故に其の遂げざるを譏るなり。

と注を附している。すなわち杜預は、王は既に葬儀を終えているので除服しており、そののち王が諒闇心喪を遂行しないので、叔向は非禮とした、と解釋しているのである。

こうした杜預の解釋は、漢儒とは異なる。例えば、①の「亮陰」を鄭玄は「凶廬」と解釋している。③も後漢の官學である『春秋公羊傳』文公九年では、三年の喪を終えて初めて王と稱する、と理解しており、既葬後は王使と稱するという段暢―杜預の主張と大きく異なる。②の「在喪」は、『春秋左氏經傳集解』の「喪に在るは、未だ葬むらざるなり」という杜預の左傳解釋により議論が組み立てられており、④・⑤も杜預獨自の解釋である。

このように杜預は、自家藥籠中の『春秋左氏傳』を驅使することにより、事實として西晉の武帝が成し遂げた心喪三年を、諒闇心喪の制として經學に組み込んだ。これにより、武帝の過禮は、漢魏の權制を打ち破り、「孝」によって天下を治める西晉の正統性を經學により保證するものとなったのである。

二、皇弟司馬攸と羊祜

杜預が諒闇心喪の制を公の場で主張したのは、泰始十（二七四）年八月、元皇后が崩御し、皇太子が喪に服すべき時であった。なぜこの年であるのか。結論的に言えば、杜預は當時太子太傅に就いていた齊王の司馬攸が皇太子の三年喪により、政治的發言力を失うことを嫌って、皇太子への諒闇心喪の制の適用を力説したと思われる。

議論の內容から檢討しよう。『晉書』巻二十 禮志 中によれば、元皇后の崩御に際して、博士の張靖らは、漢の權制に從って皇太子は三十六日間だけ喪に服すればよいとした。これに對して、博士の陳逵は、漢の文帝の權制は天子が國事に支障を來さないための便法であり、皇太子には國事があるわけではないから、二十五ヵ月間の三年喪を行うべきである、と主張したのである。すでに、後漢では大臣奪服の制が定められており、公卿・二千石・刺史は三年喪を行うことができなかった[二]。これは、國事を優先させるためである。皇太子に定まった國事がないのであれば、孝子の情を遂げさせるとともに、天下を風化するために、皇太子は三年喪に服すべきである、という陳逵の主張は、それなりの正當性を有していた。

杜預は、尙書僕射の盧欽・尙書の魏舒とともに、張靖と陳逵の兩説を批判する。『晉書』巻二十 禮志 中に、[二二]

> 周公旦に至り、乃ち「[①]殷の高宗 諒闇して三年 言はず」と稱す。其の傳に曰く、「諒は信なり、闇は默なり」と。……周の景王 后・世子の喪有り。既に葬むりて喪を除して樂す。[⑥]晉の叔嚮 之を譏りて曰く、「三年の喪、貴と雖も服を遂ぐるは、禮なり。王 雖だ遂げざるに、宴樂すること已に早きは、亦た禮に非ざるなり」と。此れ皆 天子の喪事の古文に見ゆる者なり。高宗を稱して服喪三年と云はずして、諒闇三年と云ふは、此れ釋服心喪の文なり。景王を譏るに、其の喪を除くを譏らずして、其の宴樂 已に早きを譏る。既に葬らば應に除すべく、而して諒闇の節に違ふは明らかなり。……況んや皇太子は至尊に配貳し、國と體を爲す。固より宜しく遠くは古禮に遵ひ、近くは時制を同にし、屈除して以て諸下を寛せしめ、一代の成典に協ふべし。……臣ら以爲へらく、皇太子は宜しく前奏の如く、服を除して諒闇の制とすべし、と。

とある。前半は一で検討した①と⑥を掲げて、諒闇心喪の制が周公旦により明らかにされた制度であることを主張する。張靖が説くような漢の權制としての三十六日喪ではなく、周公旦以來の古制である諒闇心喪の制を行うべきなのである。[二三]後半は皇太子の國家における重要性を述べて、國事に關わらない皇太子は三年喪に服すべしとする陳逵の説を批判する。皇太子は既葬ののち諒闇心喪の制に三年間服し、心喪しながらも政務を行うべきことを主張しているのである。

續いて議論の政治的背景を検討しよう。先に述べたように、皇太子にも諒闇心喪の制が適用できるように杜預が盡力したのは、太子太傅となっていた武帝の弟である司馬攸のためであったと考えられる。皇太子が實質的な三年喪に服せば、泰始十（二七四）年四月より太子太傅に就いていた司馬攸は、政治的な發言の機會を奪われてしまう。杜預は、それを防がなければならなかったのである。議論の直接の對象となっている皇太子の司馬衷は當時十六歳であったが、不慧のため國事を擔當する能力はなく、杜預の上奏の動機を皇太子その人の動向に求める必要はない。しかし、大きく考えると、司馬衷の不慧問題こそ、この議論の政治的背景を形成する最大の要因となっているのである。

西晉を建國した武帝の最大の苦衷は、皇太子衷が後繼者として相應しい能力を持っていなかったことにある。加えて、武帝には司馬攸という賢弟がおり、祖父の司馬懿に目をかけられ、男子のいなかった司馬師の養子とされていた。父の司馬昭には、兄の司馬師の覇權を繼承したという負い目があり、自分の後は兄の後嗣である司馬攸に讓るというのが、かねてからの司馬昭の考えであったという（『晉書』卷三 武帝紀）。しかしながら、結局は何曾・裴秀・山濤・賈充らの反對と說得とにより、司馬昭は翻意して、武帝が太子に指名され、西晉を建國し得た。[一四] しかし、武帝の後繼者である皇太子衷の不慧が知れ渡ってくると、弟の司馬攸を後繼者に望む聲が高まってきたのである。

その中心が羊祜であった。羊祜の姊は司馬師の妃である弘訓太后であり、羊祜は師の養子となった司馬攸の舅にあたる。小池直子によれば、泰始三（二六七）年の司馬衷の立太子から始まる衷と攸の後繼をめぐる兩派の對立は、泰始四（二六八）年に炎と攸の母である王太后が崩御することにより激化し、泰始五（二六九）年には羊祜を都督・荊州諸軍事として出鎭させるに至る。皇太子衷の後繼を強く望む武帝は、泰始六（二七〇）年には、驃騎將軍という良き帝弟を象徵する官を司馬攸より剝奪し、泰始七（二七一）年には、娘の賈荃を攸に嫁がせた賈充を關中に出鎭させようとする。[一五] 賈充は、皇太子の衷に娘の賈南風を嫁がせることで出鎭を免れたが、司馬攸と司馬衷の雙方に娘を嫁がせることにより、司馬攸からは相對的に引き離された。[一六]

これに對して、羊祜は出鎭先の荊州で人心を得、八百余頃を開墾し、赴任當時は百日分の食糧さえ無かった襄陽に、十年分の備蓄を積み上げた。孫吳の名將である陸抗と對峙しながらも互いに尊重しあい、陸抗は羊祜を樂毅と諸葛亮に比して評價したという（『晉書』巻三十四　羊祜傳）。こうして羊祜は、荊州を據點に孫呉を討伐する準備を着々と進めた。泰始十（二七四）年には、好敵手の陸抗が病死し、羊祜子飼いの益州刺史の王濬は長江を攻め下る水軍を完成させた。孫呉を平定する準備は整った、と言ってよい。咸寧四（二七八）年、羊祜は病をおして入朝し、武帝に討呉を說いたが、病が惡化してやがて薨去した。死を悟った羊祜が、自分の後任として推擧した者、それが杜預であった。杜預が泰始十（二七四）年に、皇太子衷が三年喪に服することにより、太子太傅の司馬攸が政治的發言力を失うことを避けるため、諒闇心喪の制を主張していたころ、孫呉討伐の準備は整っていた。準備をした者は、司馬攸の舅であり、やがて自分の後任に杜預を拔擢する羊祜である。司馬攸が政治的發言力を失うことを、杜預は何としても阻止しなければならなかったのである。

三、兄弟相續と討呉問題

羊祜、そして杜預は、弟である司馬攸が、兄の武帝の帝位を繼承することを望んでいた。ゆえに杜預は、天子の弟が皇太弟となるための論理を用意していた。

『史記』巻三十八　宋微子世家によれば、春秋時代の宋の①宣公は、太子の③與夷があったにも拘らず、弟の②和に位を讓った。これが②穆公である。②穆公は自分の子である④馮がありながら、③與夷に位を讓った。これが③殤公である。のち華督は③殤公を殺害して、④馮を立てた。これが④莊公である。錯綜するので、巻末に「圖二　宋室系圖」を掲げ、行論と關わる範圍で司馬氏の系圖も「圖三　司馬氏系圖」として掲げておく。

後漢の官學であった春秋公羊學は、父子相續を尊重する立場から、春秋時代の宋で行われた兄弟相續を否定する。（一七）

『春秋公羊傳』隱公三年に、(一八)

莊公の馮 與夷を弑す。故に君子は正に居るを大ぶ。宋の禍は、宣公 之を爲るなり。

とあるように、『春秋公羊傳』は、宣公が兄弟相續を始めたため、宋國の禍が起こったと解釋するのである。

これに對して、魏晉の官學となった春秋左氏學は、兄弟相續を肯定する。『春秋左氏傳』隱公 傳三年に、(一九)

八月庚辰、宋の穆公 卒し、殤公 位に卽く。君子曰く、「宋の宣公は人を知ると謂ふ可し。穆公を立てて、其の子 之を饗くるは、命 義を以てすればなるかな。商頌に曰く、『殷の命を受くるは咸 宜なり。百祿を是れ荷ふ』とは、其れ是の謂か」と。

とある。『春秋左氏傳』は、わが子よりも賢い弟に君主の地位を讓った宣公を人を知るものと高く評價し、兄弟相續を肯定している。すなわち、『春秋左氏傳』を官學としている西晉において、司馬攸が帝位を繼承することは、儒教により正當化し得るのである。「左傳癖」を以て自認していた杜預が、圖二「宋室系圖」と圖三「司馬氏系圖」の類似性を見逃すはずはない。杜預は『春秋左氏傳』を論據に、兄弟相續を正當化し、司馬攸を武帝の皇太弟とするための論理を有していたと考えてよい。

しかし、杜預が晩年に著した『春秋左氏經傳集解』は、隱公 傳三年の當該條で、字句の訓詁を述べるに止まる。杜預の新たなる春秋解釋を集大成した『春秋釋例』にも、兄弟相續に關する義例は立てられていない。(二〇)杜預の晩年は、兄弟相續の正當性を聲高に主張できる狀況には無かったのである。

羊祜の遺託を受けた杜預は、鎭南大將軍・都督荊州諸軍事を拜命して襄陽に出鎭した。孫吳の討伐は杜預が受け繼いだのである。杜預は、益州刺史の王濬の上疏と時をあわせ、咸寧五（二七九）年に上奏して、討吳の裁可を仰いだ。しかし、賈充はこれに反對する。杜預は、一ヵ月後、再度上奏した。たまたま武帝と棊を圍んでいた張華は、(二一)

陛下は聖明神武、朝野は清晏、國富み兵強く、號令一の如し。呉主は荒淫驕虐、賢明を誅殺す。當に今之を討つべし、勞せずして定む可し。

と述べ、これを容れて武帝は征呉の斷を下したという。[二二] しかし、それでもなお賈充は、反對を續けていた。これに對して武帝は、逆に賈充を使持節・假黃鉞・大都督、つまり討呉の總司令に任命し、『晉書』巻四十 賈充傳に、[二三]

君 行かざれば、吾 便ち自ら出でん。

との強い意志を示して、討呉を敢行させたのである。

賈充が反對を續けたことについて、安田二郎〈一九九五〉は、司馬攸の服喪中に討呉が行われ、武帝の權力が絶對化することを防ぐためであった、と推論する。司馬攸の養母である弘訓太后羊氏（景帝羊皇后）は、咸寧四（二七八）年六月に崩御していたのである。その際賈充は、王恂の「攸は齊國王に過ぎないので、景帝羊皇后と諡されている養母とは、國統上、親―子關係は認められず、喪には服し得ない」とする議論を抑え、司馬攸が三年喪に服することを武帝に裁可させている（『晉書』巻四十 賈充傳）。その間に、賈充は討呉を行わせたくなかった、と安田は説くのである。

しかし、その三年喪は、諒闇心喪の制に基づくものであった。安田二郎〈一九九五〉も認めるように、司馬攸は司空・太子太傅の官を去ってはおらず、政治的發言力を失ってはいなかったのである。そもそも司馬攸が、禮學上、政治に關與できないのであれば、杜預がこの時點での討呉を求める必要性は低くなる。司馬攸の帝位繼承を望んだ羊祜、およびその後繼者である杜預は、司馬攸に司馬昭に匹敵する功績を擧げさせたかった。司馬昭が弟でありながら兄の地位を繼承し、それを安泰なものと成し得たのは、蜀漢を滅ぼすという大功を擧げたからであった（『晉書』巻二 文帝紀）。孫呉を滅ぼし、中國を統一することは、それ以上の輝かしい功績となる。司馬攸が總司令となり討呉を成し遂げれば、帝位繼承は近づく。それが羊祜―杜預の宿願であった。

一方、それを武帝が親征で行うことは、洛陽に不慧の皇太子衷と群臣の支持を受けた帝弟の攸とを殘すことになるため、武帝にとって不安が大きすぎた。咸寧二（二七八）年に、武帝が劇疫に罹患し危篤となった折、群臣は帝沒後の期待を司馬攸に寄せ、賈充までもがその流れを止めなかったのである（『晉書』卷四十 賈充傳）。軍旅において萬が一のことがあれば、首都が動搖しかねない。かと言って、臣下を派遣することの危險性もまた大きい。滅蜀の功臣である鍾會は、叛亂を企て誅殺されているのである。[二四] 討吳軍の總司令は、武帝の近親者、つまり攸・衷の舅である賈充でなければ司馬攸となる。杜預はそれを期待したであろう。

杜預は、諒闇心喪の制により、政治的活躍の場を殘している司馬攸を討吳の總司令に戴き、羊祜子飼いの王濬と自分が實働部隊として孫吳を滅ぼす。武帝に討吳を決斷させた張華をも合わせて、[二五] 次代の皇帝司馬攸の下で政權を掌握する。武帝の下で專權を揮う賈充を出し抜こうとする杜預のこうした意圖を理解するからこそ、賈充は討吳に反對した。意に反して總司令となり、武昌を制壓して孫吳を追い詰めた時點に及んでも、孫吳を滅ぼすことは不可能なので、撤兵したのち張華の責任を問うて斬るべきである、との上奏をしてまで（『晉書』卷四十 賈充傳）、賈充が討吳に反對を續けた理由はここにあろう。

それでは賈充は、この問題をどう考えていたのであろうか。前述したように、賈充は司馬攸に三年喪を押しつけながら、その三年喪の閒に討吳を行うことには反對していた。實は諒闇心喪の制により、經學上、司馬攸は討吳に赴けるのであるが、賈充が自らの總司令の役割を司馬攸に讓ったという記錄はない。賈充は、兄の武帝と同等の「孝」を天下に示すために、司馬攸に實質的な三年喪を行わせたかったのであろう。賈充は、杜預の持つような帝弟が帝位を繼ぐための經學の論理を持たない。司馬攸に帝位を繼承させるためには、兄と同樣の三年喪を諒闇心喪の制とは關わりなく行わせる必要を感じていたのではないか。その閒、政敵の杜預から討吳の實權を剝奪し、喪を終えた司馬攸の下、自らも討吳に參加して、司馬昭と同等以上の功績を擧げた攸を帝位に就け、輔政の地位を維持していく。そうした賈充の構想を崩壞させる杜預の上奏を武帝は裁可した。なぜか。

武帝が目指したことは、一貫して皇太子衷への帝位の繼承であった。ゆえに司馬攸―杜預による討吳も、司馬攸―賈充による討吳も、ともに防がなければならなかった。武帝の結論は、賈充―杜預による討吳の實行であった。攸と衷の舅である賈充だけが、司馬攸以外では討吳の總司令となるに相應しい資格を持つ。總司令となることを拒否する賈充に、「君 行かざれば、吾 便ち自ら出でん（君不行、吾便自出）」と述べたのは、司馬攸の總司令はあり得ないという武帝の強い意志表示であった。反對していた賈充を行かせることにより、唯一無二の公權力である自分の地位の高みを示したのである。

賈充を總司令としたもう一つの理由は、攸に嫁いだ荃の母である李婉を賈充が疎んじ、衷に嫁いだ賈南風の母である郭槐を賈充が尊重していたことにもある（小池直子〈二〇〇三〉を參照）。衷の舅としての比重が強い賈充に討吳の大功を擧げさせることにより、衷を保護させる。攸の後繼を目指す羊祜系列の杜預に全權をまかせる可能性はなかったのである。

かかる武帝の方針の現れが、討吳後の褒賞の偏在である。總司令でありながら、討吳の途中でそれを投げ出そうとした賈充が罪を請うても、武帝はその節鉞を解いただけで討吳の論功に賈充を與からせた。一方で、討吳の實を擧げた王濬は輔國大將軍を拜したが王渾との隙により隱忍自重を餘儀なくされ、張華もまた持節・都督幽州諸軍事として外鎭に放出された。武帝にとっては討吳による中國統一は成し遂げて當然のこと、より關心があったのは、討吳の功績を攸ではなく、衷の舅である賈充が擧げることにより、衷の後嗣を確實とすることであった。賈充はそれに功績があったのである。

武帝は斷固として、皇太子衷の後繼を守ろうとしたのである。衷の保護者であり、かつ攸の保護者としての側面も持っていた賈充が、太康三（二八二）年の四月に病死すると、十二月、武帝は朝臣の意向を無視して、いやがる司馬攸を強引に歸藩させ、皇太子衷の後繼を確定した。國家權力強化を目指した貴族層の賢弟攸擁立の動きを封殺し、自己および衷の皇帝權力の強化を目指した武帝のこうした姿に、貴族制を切り崩そうとする皇帝權力の典型を見ることができる[二六]。

杜預は晩年、貴要に贈賄して保身の日々を送ったという（『晉書』卷三十四　杜預傳）。攸の擁立に失敗した過失は、討呉の大功を覆うに十分過ぎるものだったのである。

おわりに

杜預が『春秋左氏傳』の解釋より導いた禮説である諒闇心喪の説は、西晉武帝の實質的な心喪三年を經學により正統化するものであった。これまで、漢の文帝の遺詔に依據する權制として行われてきた短喪を理論化することにより、現實と經義との乖離を埋めたのである。また、杜預は、諒闇心喪の説を適用することで、司馬攸の政治的發言力を守り、その討呉の機會を失わせないように盡力した。さらに、杜預は、『春秋左氏傳』により皇弟司馬攸を次期皇帝にする論理をも有していたが、武帝の君主權力確立への強い意志を端的に示す、皇太子衷を後繼者とする路線を變更することはできなかった。貴族が形成する輿論を切り崩す君主權力の嚴存により、杜預たちが望んだ司馬攸の帝位繼承は實現しなかったのである。

《注》

（一）竊以爲、杜解之乖義者、大端有四。長歴非歴也。……論喪短喪也。……釋軍制則車法・徒法不分、釋田賦則丘賦・甸賦莫辨（張聰咸『左傳杜注辨證』自序）。

（二）其令天下吏民。令到出臨三日、皆釋服。……殿中當臨者、皆以旦夕各十五擧音、禮畢罷。非旦夕臨時、禁無得擅哭。以下、服大紅十五日、小紅十四日、纖七日、釋服（『漢書』卷四 文帝紀）。

（三）渡邉義浩〈二〇〇四―a〉。また、文帝の遺詔のような故事と經學との關係については、渡邉義浩〈二〇〇六〉を參照。

（四）國制既葬而除、既除而祔。爰自漢魏迄于聖晉（『晉書』卷六十 李含傳）。

（五）過禮については、宮崎市定〈一九九一〉、神矢法子〈一九七九〉を參照。なお、六朝前期において孝が重視され、喪服禮に關する著作が多くものされたことについては、木島史雄〈一九九五〉を參照。

（六）『世說新語』任誕 第二十三に、「阮籍 母の喪に遭ひ、晉の文王（司馬昭）の坐に在りて酒肉を進む。司隷の何曾も亦 坐に在りて曰く、『明公 方に孝を以て天下を治む。而るに阮籍は重喪を以て、顯かに公の坐に於て酒を飲み肉を食らふ。宜しく之を海外に流して、以て風敎を正すべし』と。文王曰く、『嗣宗 毀頓すること此の如し。君 共に之を憂ふる能はざるは、何の謂ぞ。且つ疾有りて酒を飲み肉を食らふは、固より喪禮なり』と。籍 飲噉して輟めず、神色自若たり（阮籍遭母喪、在晉文王（司馬昭）坐進酒肉。司隷何曾亦在坐曰、明公方以孝治天下。而阮籍以重喪、顯於公坐飲酒食肉。宜流之海外、以正風敎。文王曰、嗣宗毀頓如此。君不能共憂之、何謂。且有疾而飲酒食肉、固喪禮也。籍飲噉不輟、神色自若）」とある何曾の言の如く、武帝の父である司馬昭は儒教、就中「孝」を規範の中核に据えて國政を運用しようとしていた。ゆえに、これに反發する阮籍は、あえて「不孝」を貫くことで抵抗の姿勢を示そうとしたのである。渡邉義浩〈二〇〇二―b〉を參照。

（七）（漢）文帝見其不可久行、而不知古典、更以意制祥禫（『通典』卷八十 凶禮二）。

（八）「左傳癖」を自認する杜預が、西晉の正統性を搖るがす君主殺害を左傳を使って正當化していく過程については、本書第二章

第五節を參照。

（九）秋八月戊寅、王穆后崩。……（十二月）既葬除喪、以文伯宴。……（叔向曰）非禮。……三年之喪、雖貴遂服、禮也（『春秋左氏傳』昭公 傳十五年）。

（一〇）天子・諸侯除喪、當在卒哭。今王既葬而除。故譏其不遂（『春秋左氏經傳集解』昭公 傳十五年）。

（一一）『後漢書』列傳二十九 劉般傳附劉愷傳。藤川正數〈一九八五―a〉を參照。

（一二）至周公旦、乃①稱殷之高宗諒闇三年不言。其傳曰、諒信也、闇默也。……周景王有后・世子之喪。既葬除喪而樂。⑥晉叔嚮譏之曰、三年之喪、雖貴遂服、禮也。王雖弗遂、宴樂已早、亦非禮也。此皆天子喪事見於古文者也。稱高宗不云服喪三年、而云諒闇三年、此釋服心喪之文也。譏景王、不譏其除喪、而譏其宴樂已早。明既葬應除、而違諒闇之節也。……況皇太子配貳至尊、與國爲體。固宜遠遵古禮、近同時制、屈除以寛諸下、協一代之成典。……臣等以爲、皇太子宜如前奏、除服諒闇制（『晉書』卷二十禮志 中）。

（一三）杜預が經說の中で、漢の正統性を支えていた孔子ではなく、周公旦の言動を自說の據り所にすることが多いことについては、本書第二章第五節を參照。

（一四）この間の事情を、司馬昭が司馬攸をダミーの後繼者とすることにより、家臣團の司馬炎への忠誠心を確認した、と說明するものに、安田二郎〈一九九五〉がある。

（一五）賈充の出鎭を泰始年間の派閥抗爭から考察するものに、小池直子〈二〇〇一〉がある。

（一六）賈充が、皇太子の衷に娘の賈南風を嫁がせることで出鎭を免れたことについては、小池直子〈二〇〇三〉を參照。

（一七）ちなみに漢儒でありながら、荀悅は兄弟相續を肯定する。荀悅の仕えていた獻帝が兄の少帝から帝位を繼承しているためであろう。今文・古文經說の對立としてこの問題を捉えるものに、藤川正數〈一九八五―b〉がある。

（一八）莊公馮弑與夷。故君子大居正。宋之禍、宣公爲之也（『春秋公羊傳』隱公三年）。

（一九）八月庚辰、宋穆公卒、殤公卽位。君子曰、宋宣公可謂知人矣。立穆公、其子饗之、命以義夫。商頌曰、殷受命咸宜。百祿是荷、其是之謂乎（『春秋左氏傳』隱公 傳三年）。

（二〇）『春秋釋例』については、義例の內容を吟味した葉政欣《一九八九》がある。なお、杜預の經學全般については、加賀榮治《一九六四》、鎌田正《一九六三》のほか、程元敏《一九九一》もある。

（二一）陛下聖明神武、朝野清晏、國富兵強、號令如一。吳主荒淫驕虐、誅殺賢明。當今討之。可不勞而定（『晉書』卷三十四 杜預傳）。

（二二）吳を征服する際の西晉の派閥抗爭を巴蜀人士を中心に描いたものに、中林史朗〈一九九〇〉がある。

（二三）君不行、吾便自出（『晉書』卷四十 賈充傳）。

（二四）大上正美〈一九八九－a〉は、蜀を平定しながら、のち司馬昭に叛亂を起こした鍾會の悲劇を、內面の悲しみから追究した論考である。

（二五）張華は、羊祜の討吳策に早くから贊成し、武帝により羊祜の病床に討吳の策を尋ねに行っている（『晉書』卷三十六 張華傳、卷三十四 羊祜傳）。杜預・王濬と同じく、羊祜の派閥に屬する貴族と考えてよい。

（二六）西晉時代における國家權力と皇帝權力との關係については、本書序論第二節・本書第二章第二節を參照。

第三節　華夷思想と「徙戎論」

はじめに

曹魏の基礎を築いた曹操は、匈奴に代表される異民族が多く袁紹に味方したこともあって、烏桓に遠征するなど、對異民族強硬策を取った。[一]その一環として、曹操は匈奴を五部に分割した、と『晉書』卷一百一 劉元海載記を典據として、理解されることが多かった。[二]しかし、曹操による匈奴の五部分割は、『晉書』が據った『十六國春秋』、さらにはその記述の元となった『漢趙記』の偏向に起因する虛構と考えるべきであり、[三]曹魏を建國した文帝曹丕は、匈奴に對して單于抑留策に終始し、本格的な胡漢雜住への動きを見せることはなかった。

これに對して、西晉を建國する司馬氏は、積極的に胡族の移住を推進した。具體的には司馬懿に拔擢された鄧艾の匈奴分割政策を繼承する中から、劉猛の亂を契機として西晉の泰始七（二七一）年ごろまでに、匈奴の五部分割を實現していくのである。[四]

その結果、西晉では胡漢の雜住が本格化していく。『春秋公羊傳』を中心としながら、夷狄の敵視から容認へと華夷思想を展開させた兩漢時代、曹操が買い戻した蔡琰の悲劇を文學に昇華し、匈奴の殘虐性を強調した曹魏を受けて、[五]西晉の華夷思想はいかなる展開を見せたのであろうか。本稿は、阮种の對策と江統の徙戎論という時期を異にする二つの異民族政策を中心に、西晉における華夷思想の變容を論ずるものである。

一、漢魏の華夷思想と異民族政策

武帝期までの前漢は、匈奴の侵攻に苦しみ續けた。景帝期に出現した『春秋公羊傳』は激しい攘夷思想と復讐の肯定を說き、兩漢における華夷思想の基本を定めた。むろん、匈奴とは、常に敵對關係にあったわけではなく、宣帝期における呼韓邪單于の歸服への對應を正當化するため、華夷混一の理想社會の實現を說く『春秋穀梁傳』が石渠閣會議で支持されたこともあった。しかし、『白虎通』王者不臣に、(六)

王者の臣とせざる所の者は三、何ぞや。二王の後・妻の父母・夷狄を謂ふなり。……夷狄なる者は、中國と域を絕ち俗を異にし、中和の氣の生ずる所に非ず、禮義の能く化する所に非ず、故に臣とせざるなり。春秋傳に曰く、「夷狄　相　誘(いざ)なはば、君子　疾(にく)まず」と。尙書大傳に曰く、「正朔の加へざる所、卽ち君子の臣とせざる所なり」と。

とあるように、後漢「儒教國家」の經義を定めた白虎觀會議では、夷狄を「不臣」と位置づけた。夷狄との融和を拒否する公羊傳の夷狄觀を、夷狄を禽獸視する左氏傳の夷狄觀により強化したのである（渡邉義浩〈二〇〇七―b〉）。

かかる華夷思想を背景に、漢の異民族統治は展開した。夷狄を仇敵視していた前漢の武帝期には、異民族の居住地域に朝鮮四郡・南海九郡のように直接郡縣制を及ぼそうとすることが多かった。(七)やがて、後漢の光武帝期の末より置かれた異民族統御官は、その冠する名稱の異民族及びその周邊の他の異民族に對する統御を職務とするようになり、異民族を直接支配することは諦められていった。(八)しかし、『漢書』卷九十四　匈奴傳の贊に、(九)

是を以て①春秋は諸夏を內として夷狄を外にす。夷狄の人は、貪りて利を好み、被髮左衽にして、②人面獸心なり。

其の中國と章服を殊にし、習俗を異にし、飲食同じからず、言語通ぜず、北垂の寒露の野に辟居し、草を逐ひ畜に隨ひ、射獵をば生と爲し、隔てるに山谷を以てし、雍するに沙幕を以てし、天地の外內を絶つる所以なり。是の故に聖王は禽獸もて之を畜ひ、與に約誓せず、就きて攻伐せず。之と約さば則ち賂を費すも欺かれ、之を攻むれば則ち師を勞すも寇を招く。其の地は耕して食ふ可からず、其の民は臣として畜ふ可からず。是を以て外にして內とせず、疏んじて戚けず、政教は其の人に及ぼさず、正朔は其の國に加へず。來たれば則ち懲めて之を御し、去れば則ち備へて之より守る。其の義を慕ひて貢獻すれば、則ち之に接するに禮讓を以てし、羈靡して絕たず、曲をして彼に在らしむるは、蓋し聖王の蠻夷を制御するの常道なり。

とあるように、異民族を尊重して自治を認めるわけではなく、教化の及ばない獸のような異民族を支配することはできない、という華夷思想が、異民族統御官の職掌を規定していたのである。班固の贊では、①「春秋は諸夏を內として夷狄を外にす」という『春秋公羊傳』成公十五年を典據とする公羊學說が、②「人面獸心」という左氏傳の夷狄觀によって強化されており、後漢における有力な華夷思想をここにも見ることができる。

しかし、後漢の弱體化は、軍隊內における異民族の存在感を高め、經學的にも多經兼修の風潮の中で『春秋穀梁傳』の影響を受け、異民族の容認が進んだ(一〇)。後漢末の公羊學者何休は、『春秋公羊傳解詁』隱公元年の注に(一一)、

見る所の世に至りては、治は大平に著はれ、夷狄進みて爵に至り、天下の遠近・小大は一の若し。

と述べて、「大平（所見）の世」では、夷狄は進んで爵に至り、華夏と夷狄の區別も消滅して、天下は一に歸するという理想社會を提示する。何休は、夷狄を受容する理想を掲げることにより、公羊學における華夷思想を大きく展開させたのである。

かかる後漢末における夷狄の容認を受けて烏桓と結んだ袁紹(一二)との戰いを進める中で、三國時代を切り開いた曹操は、

異民族への彈壓政策を積極的に推進した。建安十二（二〇七）年、曹操は、袁紹の子である袁尚が逃げこんだ遼西烏桓の蹋頓の居城柳城を急襲し、蹋頓を殺害した。降伏した烏桓はみな長城内に移住のうえ、壯丁が騎兵とされた（『三國志』巻三十 烏丸傳）。かかる措置の後、護烏桓校尉となり鮮卑をも統御した田豫は、『三國志』巻二十六 田豫傳に、[一三]

（田豫）（護烏桓）校尉と爲ること九年、其の夷狄を御するや、恆に兼幷を摧抑し、強猾を乖散せしむ。凡そ逋亡・姦宄、胡の爲に計を作りて官に利あらざる者は、豫 皆 搆刺攪離して、凶邪の謀をして遂げず、聚居の類をして安んぜざらしむ。

とあるように、夷狄を統御していく際に、つねにかれらを仲間割れに追い込み、強力な者を殺害するという、分裂を促す彈壓政策を展開した。

こうした異民族への強壓的な政策の中で、異民族の徙民も行われた。『三國志』巻十五 梁習傳に、[一四]

幷土 新たに附すや、（梁）習 別部司馬を以て幷州刺史を領す。時に高幹の荒亂の餘を承け、胡狄 界に在り、張雄跋扈す。吏民の亡叛せしものは、其の部落に入り、兵家は衆を擁し、寇害を作爲し、更ゝ相 扇動し、往往にして棊跱す。習 官に到るや、誘諭招納し、皆①其の豪右を禮召し、稍稍に擧に薦し、幕府に詣らしむ。豪右 已に盡くれば、乃ち次もて②諸丁を發し、強をば以て義從と爲す。又 大軍の出征するに因りて、分ちて請て以て勇力と爲す。吏兵 已に去りしの後、稍ゝ③其の家を移し、前後して鄴に送ること、凡そ數萬口。④其の命に從はざる者は、兵を興こし討を致し、斬首すること千もて數へ、降附する者 萬もて計ふ。單于は恭順し、名王は稽顙し、部曲は事に服し職に供すること、編戶に同じ。邊境は肅清、百姓は野に布なり、農桑を勤勸し、令は行はれ禁は止む。……太祖 之を嘉す。……後に單于 入侍し、西北 虞無きは、習の績なり。

とあるように、幷州刺史を領した梁習は、單于が不在となっていた[一五]幷州の南匈奴に對して、①「豪右」と表現される指導者を引き離し、そののちに②「諸丁」を兵士として徴用し、③家族を移住させた。そのうえで④従わない者は武力により討伐する、という徙民政策により、邊境を制壓したのである。匈奴の五部分割が曹操に假託されたことも故無きことではない[一六]。

　かかる曹操期の異民族政策を繼承しながら、西晉のそれに影響を與えた者が鄧艾である。『三國志』巻二十八 鄧艾傳[一七]に、

　是の時、幷州の右賢王の劉豹、幷はせて一部と爲る。艾 上言して曰く、「戎狄は①獸心にして、義を以て親しまず。強ければ則ち侵暴し、弱ければ則ち內附す。故に周宣に玁狁の寇有り、漢祖に平城の圍有り。匈奴 一たび盛なる毎に、前代の重患と爲る。②單于 外に在りてより、能く牽制すること莫し。去卑 誘ひて之を致し、來りて入侍せしむ。是に由りて③羌夷 統を失ひ、合散するに主無し。單于 內に在るを以て、萬里 軌に順ふ。今 單于の尊は日〻に疏く、外土の威は寖〻重く、さすれば則ち胡虜に深く備へざる可からず。聞くならく④劉豹の部に叛胡有りと。叛に因り割きて二國と爲して、以て其の勢を分かつ可し。去卑 功は前朝に顯らかなるに、而るに子は業を繼がず。宜しく其の子に顯號を加へ、鴈門に居らしむべし。⑤離國して寇を弱め、舊勳を追錄するは、此れ邊を御するの長計なり」と。又 陳べて、「⑥羌胡 民と同じく處る者は、宜しく漸を以て之を出し、民の表(そと)に居らしめ、廉恥の教を崇め、姦宄の路を塞ぐべし」と。大將軍の司馬景王、新たに輔政し、多く焉を納用す。

とあるように、鄧艾は、本格的な異民族の分割政策を開始した。②單于の抑留策により、③統一性を失いつつある異民族の中で、具體的には④劉豹の部に叛胡があることに乘じて、これを分割しようとしたのである。町田隆吉〈一九七九〉は、單于抑留策から⑤離國策（分割支配の方式）への展開とこれを位置づける。西晉に完成する匈奴の五部分割は、ここから始まる。また、⑥羌胡と漢族とを別居させるため、羌胡を次第に外に徙すべきという、徙戎論の先驅となる

主張もここには見られるのである。

鄧艾の異民族政策を規定する華夷思想は、①「戎狄は獸心」とあるように『春秋左氏傳』のそれであった。(一八)後漢末に見られた夷狄との融和を目指す思想は、ここには見られない。それでは、華夷思想は、西晉においていかなる展開を見せるのであろうか。

二、阮种の對策と武帝の異民族政策

司馬景王（司馬師）が從ったとされる鄧艾の異民族政策は、『春秋左氏傳』を典據としながら、後漢末に見られた異民族との融和を目指すそれとは對極の位置に立つ。「名士」が價値規準の中核に据える儒教を、意圖的に政策から排除しようとした曹操に對して、(一九)「儒教國家」の再編を目指した西晉では、後漢「儒教國家」で成熟した經義を繼承しながら、井田・封建・學校など多くの儒教に基づく政策を展開していた（本書第二章の諸節を參照）。それでは、西晉における異民族政策は、儒教といかなる關係を持つのであろうか。

泰始八（二七二）年、西方から異民族が侵入すると、災異がしばしば起こり、百姓は飢えに苦しんだ。武帝司馬炎は、これらへの對應策として賢良・方正・直言の士を察擧した。その策問に對えるなかで、阮种は次のような異民族政策を述べている。『晉書』卷五十二　阮种傳に、(二〇)

又 戎蠻 夏を猾すを問ふ。對へて曰く、「戎蠻 夏を猾し、王略を侵敗するは、古の盛世と雖も、猶ほ此の虞れ有り。故に詩に稱して、『獫狁 孔だ熾なり』とし、書に歎きて、『蠻夷 帥ゐて服せん』とす。魏氏より以來、夷虜 內附し、桀悍侵漁の患ひ有ること鮮し。是に由りて邊守 遂に怠り、鄣塞 設けず。而るに醜虜をして內に居り、百姓と雑處せしめ、邊吏は習に擾ひ、人は又戰を忘る。方任を受くる者は、又其の材に非ず、或いは狙詐を以て、邊夷を侵侮し、或いは賞を干め利に陷り、妄りに討戮を加ふ。……臣聞くならく、王者の伐は、征有りて戰無く、①遠きを懷くるに德を以てし、兵を以てするを聞かずと。夫れ兵は凶器にして、戰は危事なり。兵興れば則ち農を傷ひ、衆集まれば則ち積を費す。農傷はるれば則ち人匱しく、積費さるれば則ち國虛し。昔漢武の世、文帝の業を承け、海內の富に資り、其の材臣を役して、以て匈奴に甘心し、戰勝の功を競ひ、攻取の利を貪り、良將・勁卒、沙漠に屈し、勝敗相若けり。克つも當たるに過ぎず、百姓の命を夭して、餓狼の口に塡む。其の衆を以て寡を制し、匈奴をして迹を遠ざけ、功を祁連に收め、馬に瀚海に飮ましむるに及ぶも、天下の耗、已に太半に過ぐ。②夫れ中國を虛しくして以て夷狄を事とするは、誠に計の得たる者に非ざるなり。是を以て盜賊蜂起し、山東振はず。宣・元の時に曁びて、趙充國は西零を征し、馮奉世は南羌を征して、皆兵刃に血ぬらず、強暴を摧抑し、其の首惡を擒にす。此れ則ち衝を折ち難を厭ひ、勝敗相辨す、中世の明效なり。……と。策奏せられ、③帝親しく焉を覽、又擢して第一と爲す。

とある。阮种の對策の主張は、②中國を疲弊させてまで夷狄と事を構えるのは得策とは言えない、という部分にある。その論據は、具體的な事例としては、前漢の武帝と宣帝・元帝の異民族政策の比較が行われ、書名を掲げて『詩經』と『尙書』が典據とされている。しかし、主張の最も重要な論據は、①「遠きを懷くるに德を以て」すに置かれている。

これは、『春秋左氏傳』僖公傳七年に（二二）、

秋甯母に盟するは鄭の故を謀るなり。管仲齊侯に言ひて曰く、「臣之を聞く、攜れるを招くには禮を以てし、遠きを懷くるには德を以てすと」と。

とある『春秋左氏傳』を踏まえている。阮种は、左氏傳の「遠きを懷くるに德を以てす」を論據として、中華を消耗させてまで夷狄と戰うことを否定しているのである。こうした阮种の對策は、曹魏の時に行われた對異民族強攻策や徙民策とは大きく異なる。③武帝は親しく阮种の對策を覽て、これを「第一」とした。こうして阮种の『春秋左氏傳』に基づく、異民族との共存を目指す主張は、西晉の異民族政策の基本方針として定められた。

したがって「遠きを懷くるに德を以てす」を論據とする異民族政策は、ひとり阮种の主張に止まらなかった。武帝の弟である齊王の司馬攸が、匈奴の劉淵（劉元海）を警戒して、これを除くべしと主張することに駁した王渾は、『晉書』卷一百一 劉元海載記に、（三三）

> 王渾 進みて曰く、「元海の長者なること、渾 君王の爲に之を保明せん。且つ大晉 方に信を殊俗に表はし、遠きを懷くるに德を以てせんとす。之を如何ぞ無萠の疑を以て人の侍子を殺して、以て晉德の弘からざるを示さん」と。帝曰く、「渾が言 是なり」と。

と述べている。王渾は西晉における異民族政策の方針を「遠きを懷くるに德を以てす」に求め、武帝もそれを是認している。西晉は、『春秋左氏傳』僖公 傳七年の「遠きを懷くるに德を以てす」を論據とすることにより、後漢末の夷狄との共存を目指す華夷思想を繼承したのである。

ところで、後漢における夷狄を容認する華夷思想の典據は『春秋公羊傳』に置かれ、その經義に影響を與えたものは、『春秋穀梁傳』であった。先に掲げた『漢書』卷九十四 匈奴傳の贊にも見られるように、『春秋左氏傳』はむしろ、夷狄を禽獸としてみる峻烈な華夷の別を說く華夷思想の論據となっていた。事實、在野の學である古文學が隆盛した後漢では、『春秋左氏傳』を典據とする政策が多く主張されたが、『春秋左氏傳』僖公 傳七年の「遠きを懷くるに德を以てす」を典據とする政策は、『後漢書』には一例も現れない。後漢の左氏學派では、「遠きを懷くるに德を以てす」

を論據に夷狄との共存を目指す華夷思想は、未だ形成されていなかったのである。

「遠きを懐くるに徳を以てす」を論據とする主張は、西晉のはじめになると見出すことができる。『藝文類聚』卷五十　職官部六　刺史に、[一三]

　王隱の晉書に曰く、「羊祜　都督荊州諸軍事たるや、攜(はな)れるを招くには禮を以てし、遠きを懐(なつ)くるには徳を以てす。呉人　悅服し、稱して羊公と爲す」と。

とあり、羊祜の對孫呉政策が、『春秋左氏傳』僖公　傳七年を論據として傳えられている。羊祜の軍事的な後繼者となり、西晉の政策を多く正當化した杜預も、[一四]異民族と戰うべきではない理由として、五つの「不可」と四つの「不須」を擧げている（『晉書』卷三十四　杜預傳）。「はじめに」でも觸れたように、西晉の武帝期には、匈奴の五部分割など異民族と漢族との雜住政策が行われていた。「遠きを懐くるに徳を以てす」は、これを正當化するための華夷思想の典據として最適なものなのであった。

しかし、太康元（二八〇）年、武帝が孫呉を平定して中國を統一すると、郭欽は、その勢いに乘じて夷狄を元の居住地に戻すべきことを上奏した。『晉書』卷九十七　北狄傳に、[一五]

　侍御史たる西河の郭欽　上疏して曰く、「戎狄は強獷にして、歴古より患と爲る。①魏の初め　人　寡なく、西北の諸郡、皆　戎の居と爲る。今　服從すと雖も、若し百年の後、風塵の警有らば、胡騎　平陽・上黨より三日ならずして孟津に至り、北地・西河・太原・馮翊・安定・上郡は、盡く狄庭と爲らん。宜しく平呉の威、謀臣・猛將の略を及ぼし、北地・西河・安定より出し、上郡を復し、馮翊を實たし、平陽より已北の諸縣に死罪を募り取り、三河・三魏の見士四萬家を徙して以て之に充つれば、裔は華を亂さず。②漸く平陽・弘農・魏郡・京兆・上黨の雜胡を徙し、四夷の出入の防を峻しくし、先王の荒服の制を明らかにするは、萬世の長策なり」と。③帝　納れず。

とある。郭欽は、①曹魏のはじめに異民族が居住するようになった西北の諸郡に漢族を移住させ、②異民族を元の居住地に徙すことを主張している。しかし、③武帝はこれに従わなかった。武帝の異民族政策の基本方針が、中國を統一してもなお、『春秋左氏傳』の「遠きを懷くるに德を以てす」を典據に夷狄との融和を目指す華夷思想により正當化される胡漢雜住にあったことを理解できよう。

武帝は、後漢「儒教國家」の末期に現れた、夷狄との融合を目指す華夷思想を繼承して、曹魏の如き異民族への彈壓・元來の居住地への徙民政策を採用しなかった。しかし、かかる武帝の方針にも拘らず、次代の惠帝の時には再び、夷狄を中華から追放することを主張する江統の徙戎論が著される。

三、江統の「徙戎論」にみえる華夷思想

武帝の長子惠帝司馬衷が帝位に就くと、その不慧を主因として八王の亂が勃發し、異民族もこれに參加することを通じて、勢力を擴大する。元康四（二九四）年には、匈奴の郝散が山西で蜂起し、弟の度元は馮翊・北地の馬蘭羌や盧水胡と連合した。元康六（二九六）年には、秦州・雍州の氐族と羌族が呼應し、氐族の齊萬年を推して皇帝とする。齊萬年がようやく敗れた元康九（二九九）年ごろ、山陰令の江統が著したものが、「徙戎論」である。[二六]

徙戎論は、夷狄に對する認識を示す總論より始まる。『晉書』卷五十六　江統傳に、[二七]

> 夫れ夷蠻戎狄は、之を四夷と謂ふ。九服の制に、地は要・荒に在り。春秋の義、①諸夏を內として夷狄を外にす。其の言語は通ぜず、贄幣は同くせず、法俗は詭異し、種類は乖殊し、或いは絶域の外、山河の表、崎嶇川谷阻險の地に居り、中國と壤斷土隔し、相 侵涉せず、賦役 及ばず、正朔 加へざるが以ての故に曰く、「②天子に道有ら

> ば、守りは四夷に在り」と。禹 九土を平げて、而して西戎 卽き敍ふ。其の性氣 貪婪、凶悍にして仁ならざるは、四夷の中、戎狄を甚と爲す。弱ければ則ち畏服し、強ければ則ち侵叛す。賢聖の世、大德の君有りと雖も、咸 未だ通化を以て率導して、恩德を以て柔懷する能はざるなり。其の強きに當たりては、殷の高宗を以てして鬼方に憊へしめ、有周の文王にして昆夷・獫狁に患ひ、高祖は白登に困しみ、孝文は霸上に軍す。其の弱きに及びては、周公は九譯の貢を來し、中宗は單于の朝を納れ、元・成の微なるを以て、而るに猶ほ四夷 賓服す。此れ其の已然の效なり。③故に匈奴 邊塞を守るを求むるも、而るに侯應は其の不可なるを陳べ、④單于 膝を未央に屈するも、望之は以て臣とせざるを議す。⑤是を以て有道の君の夷狄を牧するや、惟だ之を待つに備有り、之を禦すに常有るを以てす。稽顙執贄すと雖も、而るに邊城は固守を弛めず、寇賊 強暴を爲すも、而るに兵甲は遠征を加へず、境內をして安を獲、疆場をして侵せしめざるを期すのみ。

とある。論の冒頭に『春秋公羊傳』成公十五年の春秋の義①「諸夏を內として夷狄を外にす」が引用されるように、江統の徙戎論は、漢代に主流であった『春秋公羊傳』を典據として華夷を峻別する華夷思想を基調とする。後漢末の何休が唱え、西晉の武帝の政策に見られた、夷狄を容認しようとする姿勢は全く見られない。②「天子に道有らば、守りは四夷に在り」は、『春秋左氏傳』昭公 傳二十三年の「古は天子は守ること四夷に在り」を踏まえている。同條は、「天子 卑しくして守ること諸侯に在り」と續くように、[二八]本來は有道の天子であれば、四方の夷狄が天子をお守りする、という中華と夷狄との共存を主張している部分である。それにも拘らず、ここでは左氏傳本來の意味で用いられていない。匈奴を守りとして使うべきではないとする③前漢武帝期の侯應の主張を引用することにより、左氏傳本來の意味を否定しているのである。[二九]この結果、左氏傳は、夷狄が天子の支配の外にあるべきことを示すための文辭として斷章引句されているに過ぎず、夷狄との共存を説くその傳義は生かされていない。さらに江統は、④蕭望之の事例を曲解して自己の主張を補強する。前漢の宣帝に蕭望之が呼韓邪單于の「不臣」を主張したのは、匈奴の單于の位を諸侯の上に置いて優遇するためで、夷狄を排除するためではない（渡邉義浩〈二〇〇八―b〉）。それを江統は、夷狄を臣として信頼すべきではない、と故意に曲解している。夷狄はあくまでも天子の外に居住し、臣下とすべきではない信頼できない存在とされているのである。かかる議論を總括して、江統は、⑤有道の君主は夷狄に對して、信用せずに固守を續け、侵攻されても遠征を行わず、その侵略を防ぐのみにすることがよい、と主張する。ここに見られるものは、『白虎通』や『漢書』匈奴傳贊よりも激しい、夷狄を中華とは全く異なる存在として排除しようとする排他的な華夷思想である。

　江統は續けて、周以來の夷狄の侵入と中華の對應を述べ、後漢に及ぶ。そして、後漢の時に、胡漢の雜住が始まったことを、『晉書』巻五十六 江統傳に、（三〇）

　建武中、馬援を以て隴西太守を領し、叛羌を討たしめ、其の餘種を關中に徙し、馮翊・河東の空地に居り、而して華人と處を雜へしむ。數歲の後、族類 蕃息し、①既に其の肥強を恃み、且つ漢人 之を侵すに苦しむ。永初の元め、騎都尉の王弘、西域に使するに、羌・氐を發調して、以て行衞と爲す。是に於て羣羌 奔駭し、互いに相 扇動して、二州の戎、一時に倶に發し、將守を覆沒し、城邑を屠破す。鄧騭の征、甲を棄て兵を委（す）て、尸を輿（の）せ師を喪ふこと、前後 相繼ぎ、諸戎 遂に熾んにして、南は蜀漢に入り、東は趙魏を掠め、軹關を唐突し、侵は河內に及ぶに至る。北軍中候の朱寵を遣はし、五營の士を將ゐ孟津に羌を距がしむるに及び、十年の中、夷夏 倶に斃れ、任尚・馬賢 僅かに乃（わづ）かに之に克つ。此の害を爲すこと深重にして、累年 定まらざる所以の者は、禦者の無方、將 其の才に非ざるに由ると雖も、②亦た豈に寇 心腹に發し、害 肘腋に起り、疢篤 療し難く、瘡（そこな）ふこと大にして遲れること愈〻の故を以てならずや。此れよりの後、餘燼 盡きず、小しく際會有らば、輒ち復た侵叛す。

馬賢は忸忲し、終に覆敗し、段熲は衝に臨み、西より東に徂く。雍州の戎、常に國の患と爲る。中世の寇、惟だ此れのみを大と爲す。

と述べている。①漢族と雜住することになった羌族が、その強さを賴みとする一方で、漢族の侵奪に苦しんだ、との記述は、胡漢雜住の問題點をよく表現している。そのうえで、鄧騭・朱寵らが羌族を平定できなかった理由を、羌族が漢の②「心腹」や「肘腋」にあたる雍州に居住することに求める。(三一) 徙戎を説く所以である。そして、かかる狀況は、曹魏に至ってさらに進展したとする。『晉書』卷五十六 江統傳に、(三二)

漢末の亂に、關中 殘滅す。魏 興るの初め、蜀と分隔し、疆埸の戎は、一彼一此す。魏武皇帝、將軍の夏侯妙才をして、叛氐の阿貴・千萬らを討たしむ。後に漢中を拔棄するに因り、遂に①武都の種を秦川に徙して、以て寇を弱くし國を強め、蜀虜を扞禦せんと欲す。此れ蓋し②權宜の計、一時の勢にして、萬世の利と爲す所以に非ざるなり。今者 之に當たり、已に其の弊を受く。

とある。曹操は漢中を放棄する際に、①武都郡の氐族を秦川に徙し、劉備の勢力擴大を防ごうとしたが、それは、②「權宜の計、一時の勢」に過ぎず、「萬世の利」にはならないとする。それは、關中が本來、漢族の據點とすべき豊かな土地であったことによると指摘し、そのうえで、そもそも華と夷とは異なるという華夷思想を再び述べる。『晉書』卷五十六 江統傳に、(三三)

我が族類に非ざれば、其の心 必ず異なり、戎狄の志態、華と同じからず。而るに其の衰弊に因り、之を畿服に遷す。①士庶 翫習し、其の輕弱なるを侮り、其の怨恨の氣をして骨髓に毒せしむ。蕃育して衆 盛んになるに至らば、則ち坐して其の心を生ず。貪悍の性を以て、憤怒の情を挾み、隙を候ひ便に乘じ、輒ち横逆を爲す。而るに封域の內に居り、障塞の隔無くんば、備へざるの人を掩ひ、野に散ずるの積を收めん。故に能く禍を爲すこと滋〻

擾れ、暴害すること測れず。此れ必然の勢にして、已驗の事なり。當今の宜は、宜しく兵威方に盛んにして、衆事未だ罷まざるに及びて、馮翊・北地・新平・安定の界內の諸羌を徙し、先零・罕幵・析支の地に著かしむべし。扶風・始平・京兆の氐を徙し、隴右より出で還して、陰平・武都の界に著かしむ。其の道路の糧を稟へ、自ら致るに足らしめ、各〻本種に附し、其の舊土に反し、屬國をして、夷を撫し就きて之を安集せしめん。②戎・晉雜はらず、竝びに其の所を得れば、上は往古の卽敍の義に合ひ、下は盛世の永久の規と爲らん。縱し夏を猾すの心、風塵の警有るも、則ち中國に絕遠し、山河を隔閡すれば、寇暴を爲すと雖も、害する所廣からず。是を以て充國・子明、能く數萬の衆を以て、羣羌の命を制し、征有りて戰無く、軍を全うして獨り克つ。謀謨深計有り、廟勝遠圖すと雖も、豈に華夷處を異にし、戎夏區別し、要塞易守の故を以てせざれば其の功を成すを得んや。

とある。徙民された文化的に異質の氐族や羌族に對して、漢族は①士も庶も、夷狄を輕蔑したため、漢族への恨みが骨髓にしみ込んだ。夷狄が強盛になった際に反逆を起こすのは、それへの恨みからである。華夷の對立原因をこのように分析したうえで、夷狄と中華は本來住む所を別にすべきである、という元の居住地への夷狄の追放が主張されるのである。羌族と氐族の戻すべき地を具體的に示し、徙戎のための費用を西晉が負擔することを提案して、それによって、②「戎・晉雜はらず、竝びに其の所を得」ることで、「上は往古の卽敍の義に合ひ、下は盛世の永久の規」を示すこと、これが徙戎論の目的である。「卽敍の義」とは、『尙書』禹貢の「織皮は崐崘・析支・渠搜の西戎卽き敍ふ」を典據とする。[二四] 江統は、徙戎論の冒頭でも「禹九土を平げて、而して西戎卽き敍ふ」と引用するほか、「夫れ夷蠻戎狄は、之を四夷と謂ふ。九服の制に、地は要・荒に在り」と述べ、夷狄の居住地として要服・荒服を掲げている。『尙書』の禹貢篇に表現されるような、中華の周圍に夷狄が王化の順によって付き從う「五服」の制を江統は理想としていたのであろう。[二五]

江統は續けて、自分の論に予想される反論を「難に曰く」という體裁により掲げ、それに「答へて曰く」として反論した後に、先に述べた氐族・羌族の徙戎に加えて、匈奴もまた徙すべきことを說く。『晉書』巻五十六 江統傳に、(二六)

建安中、又 右賢王の去卑をして呼廚泉を誘質せしめ、其の部落 六郡に散居するを聽す。咸熙の際、一部 太だ強きを以て、分かちて三率と爲す。泰始の初め、又 增して四と爲す。是に於て劉猛 內に叛き、外虜と連結す。近者 郝散の變、穀遠に發す。今 五部の衆、戶 數萬に至り、人口の盛なること、西戎に過ぐ。然も其の天性の驍勇、弓馬の便利、氐・羌に倍す。若し虞らざる風塵の慮有らば、則ち幷州の域は爲に寒心す可し。

とある。劉猛の亂の後、五部に分割された匈奴が、本來的には氐族・羌族よりも脅威であることを述べるが、その徙戎先や方法は明示されず、具體性に乏しい。この理由を堀敏一〈二〇〇六―a〉は、山西の匈奴は、西晉貴族への奴隸供給地ともなっていたので、これを塞外に戻すことは考え難かったためとする。しかし、それよりも、徙戎論が、氐族と羌族が立てた皇帝の齊萬年を打倒した直後に書かれたという、時期による規定性を重視すべきであろう。江統はさらに、滎陽の句驪（高句驪）に觸れた後、結論を述べる。『晉書』巻五十六 江統傳に、(二七)

夫れ邦を爲むる者は、患は貧しきことに在らずして均しからざるに在り、憂は寡なきことに在らずして安からざるに在り。四海の廣、士庶の富を以て、豈に夷虜 內に在り、然る後に足を取るを須めんや。此らは皆 申諭し發遣して、其の本域に還し、彼が羇旅懷土の思を慰め、我が華夏纖介の憂を釋く可し。此の中國を惠して、以て四方を綏んじ、德 永世に施すは、計に於て長と爲さんと。帝 用ふる能はず。未だ十年に及ばずして、夷狄 華を亂し、時に其の深識に服す。

とある。『論語』季氏の「丘や聞く、國を有ち家を有つ者は、寡なきを患へずして均しからざるを患へ、貧しきを患へずして安からざるを患ふ（丘也聞、有國有家者、不患寡而患不均、不患貧而患不安）」を典據としながら、貧しく寡なくとも安定を求めるべきことを説き、そのために夷狄を中華の內に置くことを止め、もとの居住地に戻すべきことを主張して論を終わる。安定した中華を取り戻すために夷狄を徙すべし、これが江統の徙戎論の結論である。武帝期の華夷思想は、ここでは大きく變容している。

西晉における惠帝期の華夷思想を代表する江統の徙戎論が、夷狄への教化を放棄していることに對して、後漢「儒教國家」が完成した章帝期を生きた王充は、自らの理想を投影しながら、次のように漢と夷狄との關係を論ずる。『論衡』宣漢に、[三八]

今上 命に卽くや、成を奉じ滿を持し、四海は混一し、天下は定寧し、物瑞は已に極まり、人應は斯に隆んなり。唐の世は黎民 雍熙し、今も亦た天下 仁を脩め、歲ごとに運氣に遭ひ、穀は登(みの)らざる頗(な)く、迥路に絕道の憂無く、深幽に屯聚の姦無し。周家は越裳 白雉を獻じ、方今は匈奴・鄯善・哀牢 牛馬を貢獻す。周時は僅かに五千里內を治むるのみなるも、漢氏は土を廓(ひろ)め、荒服の外を牧す。牛馬は白雉よりも珍にして、近屬は遠物に若かず。戎狄は今 中國と爲り、古の躶人は、今 朝服を被り、古の露首は、今 章甫を冠し、古の跣跗は、今 高舄を履く。盤石を以て沃田と爲し、桀暴を以て良民と爲す。埳坷を夷(たひら)かにして平均と爲し、不賓を化して齊民と爲す。太平に非ずして何ぞ。

とある。荒服の外にまで領土を廣げ、夷狄を教化して漢を世界帝國（天下型國家、漢族と夷狄を包含）と位置づけようとする後漢全盛期の思想家王充の頌漢思想と、[三九] すでに內徙している夷狄を要服や荒服の地に徙そうとして苦しむ西晉の排他的華夷思想との違いを明確に理解できよう。打ち續く混亂と夷狄の蜂起への危機意識から、華夷思想の排他的側面が全面的に展開した江統の徙戎論に描かれるものは、武帝期における阮种の對策には見られた夷狄との共存・融合の視角を欠く、異民族排斥論なのである。

むろん、八王の亂に混亂する西晉に徙戎を強行できるだけの實力はなかった。[四〇] しかし、江統傳に「時に其の深識に服す」と記されるように、夷狄を敵視するだけの華夷思想は、共感を持って受け入れられている。排他的な華夷思想が西晉の漢族社會に横行する中で、成都王司馬穎の部將として鄴にいた匈奴の劉淵（劉元海）に、決起を促した劉宣は、『晉書』巻一百一　劉元海載記に、[四一]

劉宣ら固く諫めて曰く、「晉は無道を爲し、奴隷もて我を御す。是を以て右賢王の猛は其の忿に勝へず。晉綱の未だ弛まざるに屬きて、大事をば遂げず。右賢　地に塗るは、單于の恥なり。今　司馬氏の父子兄弟、自ら相　魚肉す。此れ天　晉の德を厭ひ、之を我に授くるなり。單于　德を積むこと躬に在り、晉人の服する所と爲る。方に當に我が邦族を興し、呼韓邪の業を復すべし。……」と。

と述べ、西晉は無道であり、匈奴を「奴隷」視してきたと主張する。唐長孺〈一九五五―a〉は、奴隷を文字通りスレイブの意味に解して、劉淵の自立の動機には、奴婢・田客の境遇に落ちこんだ匈奴人民の解放要求が含まれていたとする。これに對して、谷川道雄〈一九六四〉は、「奴隷」とは、匈奴族がその固有な生活を解體させられ、種族としての自立性を喪失せしめられた狀態の形容である、とする。いずれにせよ、匈奴をはじめとする夷狄の「奴隷」と表現される狀況は、徙戎論に代表される排他的な華夷思想が横溢するなかで進展したものであろう。[四二] かかる排他的な華夷思想に對する五胡諸族の反發は、やがて永嘉の亂の原因となっていくのである。

おわりに

漢代に『春秋公羊傳』を中心としながら、夷狄との融和拒否から容認へと展開した華夷思想は、曹操の夷狄強攻策を繼承する曹魏では、『春秋左氏傳』を論據に再び夷狄との融和拒否へと戻された。これに對して、「儒敎國家」の再編を目指した西晉の武帝は、同じく『春秋左氏傳』を典據としながら、「遠きを懷くるに德を以てす」を論據に夷狄との共存を目指す阮种の對策を第一とした。この結果、「遠きを懷くるに德を以てす」は武帝期の異民族政策の基本方針となり、ここに華夷思想は夷狄との融和に回歸したのである。ところが、惠帝の卽位後、八王の亂が始まり、氐族・羌族が擁立した皇帝を打倒し得た後に著された江統の徙戎論は、『春秋』を踏まえながらも、これまでの中で最も排他的な華夷思想を主張する。夷狄の脅威を目の當たりにして慄然とする漢族の拒絶反應をここに見ることができよう。

儒敎に基づく華夷思想は、このように『春秋』より離れることができなかった。夷狄を敵視することを主流とする公羊傳・左氏傳を典據とする儒敎の華夷思想は、結局、胡漢雜住の現狀に對應しきれない。江統の徙戎論は、かかる現實への適應力を欠いた儒敎の華夷思想の限界を示すものである。元熙元（三〇四）年、匈奴の劉淵により漢（前趙）が建國され、五胡十六國時代の幕が開くと、新たなる胡漢融合の理念が模索される。そこに現れるものが佛敎であるが、佛敎の華夷思想については、機會を改めて論ずることにしたい。

《注》

（一）谷口房男〈一九九七〉は、荆州の武陵蠻に對する實證的な研究を踏まえながら、三國の異民族政策を蜀漢の懷柔策・孫吳の討伐策・曹魏の懷柔と討伐の兩用策と評している。張大可〈一九八六〉は、三國のうち蜀漢の民族政策が最も效果をあげ、曹魏がこれに次ぐとしている。また、曹操の烏桓遠征については、內田吟風〈一九四三〉、馬植傑〈一九九三〉を參照。

（二）內田吟風〈一九三四〉は、『資治通鑑』の繫年に依據して、曹操による匈奴の五部分割を建安二十一（二一六）年としている。

谷川道雄〈一九六四〉も、內田說の繫年を繼承したうえで、五部體制を南匈奴がその自主性を喪失せしめられた極限のすがたである、と述べている。

（三）町田隆吉〈一九七九〉、〈一九八〇〉を參照。

（四）町田隆吉〈一九七九〉。また、西晉期における匈奴など異民族の內徙については、船木勝馬〈一九七七—a〉を參照。なお、山口洋〈一九九九〉は、泰始五（二六九）年における秦州の設置の目的を鮮卑の禿髮樹機能の勢力に對する統御に求めている。

（五）兩漢の華夷思想については、渡邉義浩〈二〇〇八—b〉を參照。曹魏の匈奴政策と蔡琰の「悲憤詩」については、別稿の用意がある。

（六）王者所不臣者三、何也。謂二王之後・妻之父母・夷狄也。……夷狄者、與中國絕域異俗、非中和氣所生、非禮義所能化、故不臣也。春秋傳曰、夷狄相誘、君子不疾。尚書大傳曰、正朔所不加、卽君子所不臣也（『白虎通』王者不臣）。なお、『白虎通』は、陳立《一九九四》を底本とした。

（七）漢の異民族統治政策については、堀敏一〈二〇〇六—b〉を參照。

（八）異民族統御官の設置時期については、諸說がある。內田吟風〈一九四三〉は、烏桓校尉が前漢武帝の元狩四（前一一九）年に設置されたとし、久保靖彥〈一九六三〉は、護羌校尉が紀元前六〇年代末に設置されたとし、船木勝馬〈一九七七—b〉は、後漢における護烏桓校尉の設置は確實であるとする。小林聰〈一九八九〉は、これらを受けて、實質的な統御・支配の機能を持つ「少數民族統御官」の出現は、後漢以後であるとし、三崎良章〈一九九二〉は、遲くとも後漢の光武帝期末期に存在していたことは異論がないとしている。

（九）是以①春秋內諸夏而外夷狄。夷狄之人、貪而好利、被髮左衽、②人面獸心。其與中國殊章服、異習俗、飮食不同、言語不通、辟居北垂寒露之野、逐草隨畜、射獵爲生、隔以山谷、雍以沙幕、天地所以絕外內也。是故聖王禽獸畜之、不與約誓、不就攻伐。約之則費賂而見欺、攻之則勞師而招寇。其地不可耕而食也、其民不可臣而畜也。是以外而不內、疏而不戚、政教不及其人、正朔不加其國。來則懲而御之、去則備而守之。其慕義而貢獻、則接之以禮讓、羈靡不絕、使曲在彼、蓋聖王制御蠻夷之常道也（『漢書』

巻九十四下　匈奴傳下）。

（一〇）公羊學者である何休の夷狄觀に穀梁傳の影響が見られることについては、田中麻紗巳〈一九八二〉を參照。

（一一）至所見之世、著治大平、夷狄進至於爵、天下遠近・小大若一（『春秋公羊傳解詁』隱公元年）。また、渡邉義浩〈二〇〇八―b〉のほか、内山俊彦〈二〇〇一〉を參照。

（一二）袁紹は、公孫瓚を破って幽州を支配すると、矯制して蹋頓・難樓・蘇僕延・烏延ら烏桓の諸大人に單于の印綬を賜與し、家人の娘を自分の子としてこれら單于に嫁がせ、その精騎を集めて自軍の爪牙とした。後漢末における異民族の受容を繼承する政策と言えよう。このため烏桓は、袁氏の滅亡まで、これを助けている。内田吟風〈一九四三〉を參照。なお、袁紹政權の特徴については、渡邉義浩〈一九九七〉を參照。

（一三）（田豫）爲（護烏桓）校尉九年、其御夷狄、恆摧抑兼幷、乖散強猾。凡逋亡・姦宄、爲胡作計不利官者、豫皆搆刺攪離、使凶邪之謀不遂、聚居之類不安（『三國志』巻二十六　田豫傳）。

（一四）幷土新附、（梁）習以別部司馬領幷州刺史。時承高幹荒亂之餘、胡狄在界、張雄跋扈。吏民亡叛、入其部落、兵家擁衆、作爲寇害、更相扇動、往往棊跱。習到官、誘諭招納、皆①禮召其豪右、稍稍薦擧、使詣幕府。豪右已盡、乃次②發諸丁、強以爲義從。又因大軍出征、分請以爲勇力。吏兵已去之後、稍③移其家、前後送鄴、凡數萬口。④其不從命者、興兵致討、斬首千數、降附者萬計。單于恭順、名王稽顙、部曲服事供職、同於編戶。邊境肅清、百姓布野、勤勸農桑、令行禁止。……太祖嘉之。……後單于入侍、西北無虞、習之績也（『三國志』巻十五　梁習傳）。

（一五）南單于の呼廚泉が、建安七（二〇二）年に、その根據地である平原で曹操に降伏していたことについては、内田吟風〈一九三四〉を參照。

（一六）むろん、曹操の異民族政策は、匈奴へのそれの如き彈壓だけに終始するものではなかった。吳の内部に居住する山越に對して、曹魏が官職を附與したことについては、關尾史郎〈二〇〇〇〉がある。

（一七）是時、幷州右賢王劉豹、幷爲一部。艾上言曰、①戎狄獸心、不以義親。強則侵暴、弱則内附。故周宣有玁狁之寇、漢祖有平城之圍。每匈奴一盛、爲前代重患。②自單于在外、莫能牽制。〔長〕〔去〕卑誘而致之、使來入侍。由是③羌夷失統、合散無主。以單于在內、萬里順軌。今單于之尊日疏、外土之威寖重、則胡虜不可不深備也。聞④劉豹部有叛胡。可因叛割爲二國、以分其勢。去卑功顯前朝、而子不繼業。宜加其子顯號、使居鴈門。⑤離國弱寇、追錄舊勳、此御邊長計也。又陳、⑥羌胡與民同處者、宜以漸出之、使居民表、崇廉恥之敎、塞姦宄之路。大將軍司馬景王、新輔政、多納用焉（『三國志』卷二十八 鄧艾傳）。中華書局本は、「長卑」につくるが、『三國志集解』に引く沈家本の說、および町田隆吉〈一九七九〉により、「去卑」に改める。

（一八）『春秋左氏傳』襄公 傳四年に、「戎は禽獸なり（戎禽獸也）」とあり、閔公 傳元年に、「戎狄は豺狼にして、厭かしむ可からず（戎狄豺狼、不可厭也）」とあるように、左氏傳は夷狄を生まれにより差別する。渡邉義浩〈二〇〇八―b〉を參照。

（一九）曹操が儒教に對抗して文學を宣揚したことは、渡邉義浩〈一九九五〉を、また、曹爽が玄學を宣揚したことは、渡邉義浩〈二〇〇一―c〉を參照。

（二〇）又問戎蠻猾夏。對曰、戎蠻猾夏、侵敗王略、雖古盛世、猶有此虞。故詩稱、玁狁孔熾、書歎、蠻夷帥服。自魏氏以來、夷虜內附、鮮有桀悍侵漁之患。由是邊守遂怠、鄣塞不設。而令醜虜內居、與百姓雜處、邊吏擾習、人又忘戰。受方任者、又非其材、或以狙詐、侵侮邊夷、或干賞陷利、妄加討戮。……臣聞、王者之伐、有征無戰、①懷遠以德、不聞以兵。夫兵凶器、而戰危事也。兵興則傷農、衆集則費積。農傷則人匱、積費則國虛。昔漢武之世、承文帝之業、資海內之富、役其材臣、以甘心匈奴、競戰勝之功、貪攻取之利、良將・勁卒、屈於沙漠、勝敗相若。克不過當、夭百姓之命、塡餓狼之口。及其以衆制寡、令匈奴遠迹、收功祁連、飮馬瀚海、天下之耗、已過太半矣。②夫虛中國以事夷狄、誠非計之得者也。是以盜賊蜂起、山東不振。曁宣・元之時、趙充國征西零、馮奉世征南羌、皆兵不血刃、摧抑強暴、擒其首惡。此則折衝厭難、勝敗相辨、中世之明效也。……策奏、③帝親覽焉、又擢爲第一（『晉書』卷五十二 阮种傳）。なお、「玁狁孔熾」は『詩經』小雅 南有嘉魚之什 六月、「蠻夷帥服」は『尚書』舜典を典據とする。

（二一）秋盟于甯母謀鄭故也。管仲言於齊侯曰、臣聞之、招攜以禮、懷遠以德（『春秋左氏傳』僖公 傳七年）。

（二二）王渾進曰、元海長者、渾爲君王保明之。且大晉方表信殊俗、懷遠以德。如之何以無萌之疑殺人侍子、以示晉德不弘。帝曰、渾言是也（『晉書』卷一百一 劉元海載記）。

(二三) 王隱晉書曰、羊祜都督荊州諸軍事、招攜以禮、懷遠以德。吳人悅服、稱爲羊公（『藝文類聚』卷五十 職官部六 刺史）。

(二四) 杜預による西晉の諸政策の正當化については、本書第二章第五節、本書第三章第二節を參照。

(二五) 侍御史西河郭欽上疏曰、戎狄強獷、歷古爲患。①魏初人寡、西北諸郡、皆爲戎居。今雖服從、若百年之後、有風塵之警、胡騎自平陽・上黨不三日而至孟津、北地・西河・太原・馮翊・安定・上郡、盡爲狄庭矣。宜及平吳之威、謀臣・猛將之略、出北地・西河・安定、復上郡、實馮翊、於平陽已北諸縣募取死罪、徙三河・三魏見士四萬家以充之、裔不亂華。②漸徙平陽・弘農・魏郡・京兆・上黨雜胡、峻四夷出入之防、明先王荒服之制、萬世之長策也。③帝不納（『晉書』卷九十七 北狄傳）。この上奏は『資治通鑑』卷八十一 晉紀三 武帝太康元年に繫年されている。また、陳寅恪〈一九八七〉は、「徙三河・三魏見士四萬家」を『資治通鑑』が掲載しないことから、何らかの誤脱と想定している。なお、『文選』卷四十九 史論 干令升 晉紀總論に引く干寶『晉紀』に掲げる郭欽の上疏は、「皆爲戎居」を「皆與戎居」につくる。

(二六) 徙戎論が著されるまでの時代的な背景については、堀敏一〈二〇〇六―b〉を參照。また、徙戎論については、黃烈〈一九八八〉がある。

(二七) 夫夷蠻戎狄、謂之四夷。九服之制、地在要・荒。春秋之義、①內諸夏而外夷狄。以其言語不通、贄幣不同、法俗詭異、種類乖殊、或居絕域之外、山河之表、崎嶇川谷阻險之地、與中國壤斷土隔、不相侵涉、賦役不及、正朔不加故曰、②天子有道、守在四夷。禹平九土、而西戎卽敍。其性氣貪婪、凶悍不仁、四夷之中、戎狄爲甚。弱則畏服、強則侵叛。雖有賢聖之世、大德之君、咸未能以通化率導、而以恩德柔懷也。當其強也、以殷之高宗而憊於鬼方、有周文王而患昆夷・獫狁、高祖困於白登、孝文軍於霸上。及其弱也、周公來九譯之貢、中宗納單于之朝、以元・成之微、而猶四夷賓服。此其已然之效也。③故匈奴求守邊塞、而侯應陳其不可、④單于屈膝未央、望之議以不臣。⑤是以有道之君牧夷狄也、惟以待之有備、禦之有常。雖稽顙執贄、而邊城不弛固守、爲寇賊強暴、而兵甲不加遠征、期令境內獲安、疆埸不侵而已（『晉書』卷五十六 江統傳）。

(二八) 古者天子守在四夷、天子卑守在諸侯（『春秋左氏傳』昭公 傳二十三年）。

（二九）侯應の主張は、『漢書』巻九十七下 匈奴傳下に見られる。なお、續く「西戎卽敍」は、『尙書』禹貢を踏まえているが、これに關する考察は後述する。

（三〇）建武中、以馬援領隴西太守、討叛羌、徙其餘種於關中、居馮翊・河東空地、而與華人雜處。數歲之後、族類蕃息、①既恃其肥強。且苦漢人侵之。永初之元、騎都尉王弘、使西域、發調羌・氐、以爲行衞。於是羣羌奔駭、互相扇動、二州之戎、一時俱發、覆沒將守、屠破城邑。鄧隲之征、棄甲委兵、輿尸喪師、前後相繼、諸戎遂熾、至於南入蜀漢、東掠趙魏、唐突軹關、侵及河內。及遣北軍中候朱寵、將五營士於孟津距羌、十年之中、夷夏俱斃、任尙・馬賢僅乃克之。此所以爲害深重、累年不定者、雖由禦者之無方、將非其才、②亦豈不以寇發心腹、害起肘腋、疢篤難療、瘡大遲愈之故哉。自此之後、餘燼不盡、小有際會、輒復侵叛。馬賢忸忲、終于覆敗、段熲臨衝、自西徂東。雍州之戎、常爲國患。中世之寇、惟此爲大（『晉書』巻五十六 江統傳）。

（三一）後漢における羌族の反亂については、佐藤長〈一九七八〉、內田吟風〈一九八五〉、大澤勝茂〈二〇〇〇〉を、羌族の內徙については、熊谷滋三〈一九八八〉を參照。

（三二）漢末之亂、關中殘滅。魏興之初、與蜀分隔、疆場之戎、一彼一此。魏武皇帝、令將軍夏侯妙才、討叛氐阿貴・千萬等。後因拔棄漢中、遂①徙武都之種於秦川、欲以弱寇強國、扞禦蜀虜。此蓋②權宜之計、一時之勢、非所以爲萬世之利也。今者當之、已受其弊矣（『晉書』巻五十六 江統傳）。

（三三）非我族類、其心必異、戎狄志態、不與華同。而因其衰弊、遷之畿服。①士庶翫習、侮其輕弱、使其怨恨之氣毒於骨髓。至於蕃育衆盛、則坐生其心。以貪悍之性、挾憤怒之情、候隙乘便、輒爲橫逆。而居封域之內、無障塞之隔、掩不備之人、收散野之積。故能爲禍滋擾、暴害不測。此必然之勢、已驗之事也。當今之宜、宜及兵威方盛、衆事未罷、徙馮翊・北地・新平・安定界內諸羌、著先零・罕幵・析支之地。徙扶風・始平・京兆之氐、出還隴右、著陰平・武都之界。廩其道路之糧、令足自致、各附本種、反其舊土、使屬國、撫夷就安集之。②戎・晉不雜、竝得其所、上合往古卽敍之義、下爲盛世永久之規。縱有猾夏之心、風塵之警、則絕遠中國、隔閡山河、雖爲寇暴、所害不廣。是以充國・子明、能以數萬之衆、制羣羌之命、有征無戰、全軍獨克。雖有謀謨深計、廟勝遠圖、豈不以華夷異處、戎夏區別、要塞易守之故得成其功也哉（『晉書』巻五十六 江統傳）。

（三四）織皮崐崘・析支・渠搜・西戎卽敘（『尙書』禹貢）。なお、西戎について、王肅はこれを西域とするが、引用の文脈を考えると、鄭玄と同様に江統は、崐崘・析支・渠搜の三山の野にある者はみな西戎である、と理解していたと考えられる（『尙書正義』禹貢）。

（三五）冒頭で掲げる「九服」は『周禮』を典據とするが、「要服・荒服」を設定するのは、「五服」の制を說く『尙書』である。兩書のほか儒教經典が表現する世界觀の相互關係については、渡邊信一郎〈一九九九〉を參照。

（三六）建安中、又使右賢王去卑誘質呼廚泉、聽其部落散居六郡。咸熙之際、以一部太強、分爲三率。泰始之初、又增爲四。於是劉猛內叛、連結外虜。近者郝散之變、發於穀遠。今五部之衆、戶至數萬、人口之盛、過於西戎。然其天性驍勇、弓馬便利、倍於氐・羌。若有不虞風塵之慮、則幷州之域可爲寒心（『晉書』卷五十六　江統傳）。

（三七）夫爲邦者、患不在貧而在不均、憂不在寡而在不安。以四海之廣、士庶之富、豈須夷虜在內、然後取足哉。此等皆可申諭發遣、還其本域、慰彼羇旅懷土之思、釋我華夏纖介之憂。惠此中國、以綏四方、德施永世、於計爲長。帝不能用。未及十年、而夷狄亂華、時服其深識（『晉書』卷五十六　江統傳）。

（三八）今上卽命、奉成持滿、四海混一、天下定寧、物瑞已極、人應斯隆。唐世黎民雍熙、今亦天下脩仁、歲遭運氣、穀頗不登、迥路無絕道之憂、深幽無屯聚之姦。周家越裳獻白雉、方今匈奴・鄯善・哀牢貢獻牛馬。周時僅治五千里內、漢氏廓土、牧荒服之外。牛馬珍於白雉、近屬不若遠物。戎狄今爲中國、古之躶人、今被朝服、古之露首、今冠章甫、古之跣跗、今履高舄。以盤石爲沃田、以桀暴爲良民。夷埳坷爲平均、化不賓爲齊民。非太平而何（『論衡』宣漢）。

（三九）王充の頌漢思想については、大久保隆郎〈一九九三〉を參照。

（四〇）その結果としての西晉末における雍州の狀況については、山口洋〈二〇〇〇〉を參照。

（四一）劉宣等固諫曰、晉爲無道、奴隸御我。是以右賢王猛不勝其忿。屬晉綱未弛、大事不遂。右賢塗地、單于之恥也。今司馬氏父子兄弟、自相魚肉。此天厭晉德、授之於我。單于積德在躬、爲晉人所服。方當興我邦族、復呼韓邪之業……（『晉書』卷一百一　劉元海載記）。

（四二）西晉以降の華夷思想の展開については、川本芳昭〈一九八四〉、朱大渭〈二〇〇四〉を參照。

第四節　陳壽の『三國志』と蜀學

はじめに

西晉の陳壽が著した『三國志』は、魏書三十卷・蜀書十五卷・吳書二十卷よりなる紀傳體の史書で、劉宋の裴松之が「史」獨自の方法論である史料批判に基づき注を附した、(一)三國時代研究の基本史料である。『史記』『漢書』に次いで讀み繼がれた「正史」として、清朝を中心に多くの研究に惠まれている。なかでも、朱彝尊は、(二)「(陳)壽　獨り魏を吳・蜀に齊しくし、其の名を正して三國と曰ひて、以て魏の正統爲り得ざるを明らかにす」と述べ、魏を正統としないために、陳壽が「三國」の史として『三國志』を著したことを看破している。(三)

これに對して、日本では、「魏志倭人傳」研究との關わりもあり、陳壽が基づいた史料や成書年代に關心が寄せられ、さらには陳壽の生涯を傳える『晉書』と『華陽國志』の記事の齟齬も指摘される。(四)近代以降の中國においても、『三國志』と陳壽をめぐる研究は、かかる問題關心より行われることが多い。(五)

しかし、『三國志』研究のもっとも本質的な問題は、朱彝尊ら清朝考證學者達が扱っていた、なぜ陳壽が「三國」志として三國時代の史書を構成したかにある。『三國志』が曹魏を正統とするだけの史書であるならば、『魏書』として著せばよい。事實、王沈の『魏書』・魚豢の『魏略』など、曹魏からの視角のみで三國時代を記述する史書が曹魏では書かれており、また西晉においても、夏侯湛は『魏書』を著そうとしていた。(六) 三國すべてに本紀を置くのであれば、魏書・蜀書・吳書という三部構成も納得できる。魏書のみに本紀を置くにも拘らず、なぜ陳壽は「三國」志という形態により史書を編纂したのであろうか。

かかる問題意識は、天からの唯一の受命者であるはずの天子が鼎立する、という狀況にいかなる對應をしたのか、というすぐれて思想史的な問題へと繫がる。內山俊彥は、この時期に漢の正統を支えてきた三統說的改制論から史書へと、「正統」を表現する手段が變わりつつあることを指摘している。(七)

本節は、『三國志』が「三國」志として執筆された理由を、陳壽が學んだ蜀學の傳統に注目しながら、陳壽が私見を述べる場である「評」の分析より考察するものである。

一、贊から評へ

『春秋左氏傳』宣公 傳二年に晉の董狐が、襄公 傳二十五年に齊の南史が、時の權力者に屈せず筆を曲げなかったことを稱贊されるように、史は直筆を求められる。ただし、直筆とは、ランケの言うような歷史的事實の客觀的な認識に絕對的な價値を置くことではない。孔子がかれらを「良史」とするのは、直筆に「勸善懲惡」という『春秋』の基本精神を認めるためである。それは『春秋』の史實の敍述部分に「春秋の筆法」により微意として表現されるが、時としてそれは「凡そ……」「書す、書せず」といった體裁により「春秋の義」として明確に示される。(八) 『史記』では、それは「太史公曰」とされ、卷末にまとめられた。(九) 『漢書』では、それは「贊曰」とされ、前漢の榮光を贊美する『漢書』の特徵を端的に表現した。(一〇) これに對して、陳壽の『三國志』は、『史記』『漢書』からの影響を受けながらも、(一一) 卷末の「贊」を「評」とする。劉知幾は、『春秋』の「君子曰」を繼承する「太史公曰」「贊曰」「評曰」などを、名は異なるがその義は一であるとし、おしなべて「論贊」と稱してよいとする。(一二) 形式的には劉知幾の言うとおりであるが、陳壽が「贊」から「評」へと名稱を變更したのは、『三國志』の主題が『漢書』とは異なることの自覺があったためと考えられる。なぜ、「贊」を「評」としたのか、という問題をも含め、「評」を分析することにより、『三國志』に陳壽が潛ませた主張を探っていくことにしよう。

　第一卷から第六十五卷まで、全卷にわたって附せられている陳壽の「評」は、人物評と歷史評とに大別される。人物評は、『三國志』卷十　荀彧荀攸賈詡傳に、(一三)

　　評に曰く、「荀彧は清秀通雅にして、王佐の風有り。然れども機鑒先識なるに、未だ其の志を充たす能はざるなり。荀攸・賈詡は、算に遺策無く、權變に經達するに庶(ちか)からん。其れ良・平の亞か」と。

とある。荀彧も荀攸も九品中正制度の制定以前に死去しているため、「清秀通雅」「經達權變」などという四言の人物評價は、中正官により與えられた「狀」ではない。(一四) それでも、六十五卷中、四十二卷に見られる四言の人物評價は、(一五) 九品中正を背景とする人物評價の盛行に加え、巴西郡中正に就任している陳壽の職務による熟達により、「狀」にならって行なわれた人物評價であると考えてよい。また、「良・平の亞」のような、歷史上の人物との比較による人物評價は六十五卷中、十四卷、(一六) 魏の人物との比較による人物評價は四卷に見られ、(一七) これらは「輩」にならって行われたものであろう。四言の人物評價の四十二卷に、それと重複しない四言以外の人物評價が見られる四卷、(一八) 歷史上の人物との比較の二卷を加えると、實に『三國志』六十五卷中、四十八卷、陳壽の「評」の約74%に人物評價が附せられている。かかる『三國志』の特徵は、九品中正制度が盛行した時代の史書にふさわしい。陳壽の『三國志』は、九品中正制度と五等爵制とが相まって西晉で成立した國家的身分制である貴族制(一九)を背景に著された史書であると言えよう。

それとともに約26％の人物評を含まない評、および人物評を含みながらも史實への陳壽の主張が展開される歴史評は、陳壽が『春秋』の義例を繼承した部分として、陳壽の歴史への主張を分析し得る。歴史評の分析を進めよう。

二、西晉の正統化を優先

陳壽は巴西郡安漢縣の出身で、同郡の譙周に師事し、蜀漢に仕えて觀閣令史となったが（『晉書』卷八十二 陳壽傳）、炎興元（二六三）年に、蜀漢は滅亡した。『華陽國志』卷十一 後賢志によれば、陳壽は『尙書』「春秋三傳」『史記』『漢書』をおさめたという。曹魏には仕官せず、西晉が成立すると、張華の拔擢を受けて孝廉に擧げられ[二〇]、佐著作郎となった。やがて『諸葛亮集』を撰したのち著作郎となり、『三國志』を編纂したのである（『晉書』卷八十二 陳壽傳）。

西晉の著作郎である陳壽にとって、西晉がその正統を繼承した曹魏にのみ本紀を設け、三國の中で曹魏を正統とする體裁により史書を著すことは、史官としての責務であった。したがって、『後漢書』列傳六十 荀彧傳では、曹操が空の器を贈ったため藥を飲んで卒したと明記する荀彧の死去を、『三國志』卷十 荀彧傳に、「彧 疾もて壽春に留まり、憂を以て薨ず（彧疾留壽春、以憂薨）」と記すような、曹操に對する迴護があることは、趙翼の指摘するとおりである[二一]。しかし、趙翼の指摘する七ヵ所の迴護のうち、曹魏の惡事の迴護が三ヵ所に過ぎないように、曹氏への迴護は決して多くはない。むしろ、陳壽は、『三國志』卷二 文帝紀の評に[二二]、

　若し之に曠大の度を加へ、勵すに公平の誠を以てし、志を邁め道を存し、克く德心を廣ぐれば、則ち古の賢主も、何の遠きか之れ有らんや。

とあるように、曹丕の心の狹さを直書し、『三國志』卷十九 任城陳蕭王傳の評に[二三]、

然れども克く譲り遠きをば防ぐ能はず、終に攜隙を致す。

と、曹丕と曹彰・曹植との仲違いを直書している。これに對して、曹魏で執筆された王沈の『魏書』は、曹植の彈劾に對する文帝の寛大な措置を語り、全く不和の形跡を見せない。[二四]劉知幾が、「其の書、多く時諱を爲し、殊に實錄に非ざるなり（其書、多爲時諱、殊非實錄）」（『史通』巻十二　古今正史）と王沈の『魏書』を批判する所以である。これに比べれば、陳壽の『三國志』は、曹魏のために曲筆を行うことは少ない。

しかし、皇帝位に就いたまま司馬昭に殺害された曹髦の死を「卒」と表記し、[二五]その本紀での呼稱を高貴郷公とするように（『三國志』巻四　三少帝紀）、西晉を建國した司馬氏の正統化を目指す曲筆は多い。『三國志』巻二十八　王毌丘諸葛鄧鍾傳の評に、[二六]

而れども皆 心は大いなるも志は迂にして、禍難を慮らず、變ずること機を發する如くし、宗族は地に塗る。豈に謬惑せざらんや。

とあり、陳壽は、司馬懿に殺された王淩、司馬師に討たれた毌丘儉、司馬昭に平定された諸葛誕、反亂を起こした鍾會を志がまがったものだと評している。鍾會は異なるものの、王淩・毌丘儉・諸葛誕は、いずれも司馬氏の擡頭に抵抗し、[二七]曹魏を守ろうとした者達である。陳壽の『三國志』は、魏書にのみ本紀を設ける體裁を取りながらも、司馬氏に反抗した者達の曹魏への忠義を評價せず、逆に批判までしているのである。[二八]

さらに、『三國志』巻二十五　辛毗楊阜高堂隆傳の評に、[二九]

必ずや正朔を改め、魏をして虞を祖とせしむに至るに及びては、所謂 意 其の通に過ぐる者か。

とあるように、明帝の傅であった高堂隆が、司馬懿派の蔣濟と對峙しながら、魏を開いた曹氏の祖先を虞舜に求めようとしたことを批判している。漢魏革命は、『禮記』禮運の「天下を公と爲す」という理念に基づき堯舜革命に準えて正當化されており（渡邉義浩〈二〇〇三―b〉）、高堂隆が行った曹氏の祖先を舜に求める行爲は、曹魏の正統性を明示するためには重要な工作であった。これに對して、魏晉革命を舜禹革命に準えて正當化したにも拘らず、西晉において司馬氏の祖先を禹に求めることは行われていない（本書第二章第一節）。このため陳壽は、曹氏の祖先を舜に求める高堂隆を批判し得たのであろうが、これでは、曹魏の正統性を否定してしまう。自らは出仕しなかった曹魏に對して、陳壽がその「正統」を心から守ろうとはしていない、表面的な尊重に止まっていることを理解できる。かような陳壽の『三國志』は、西晉時代に書かれるべき「魏の正史」としては出色の出來ばえと言えよう。夏侯湛が書きかけの『魏書』を破棄した所以は、ここに求めることができる。これでは、曹魏への「贊」として、史官陳壽の意見は表明されない。人物評價の盛行と共に、「贊」ではなく「評」として卷末の主張が掲げられた所以である。

三、未來を指し示す

陳壽の「評」では、迴護による西晉の正統化だけではなく、陳壽が生きた現代において、どのような未來を指向すべきかについての主張も行われている。『三國志』卷四 三少帝紀の評に[三〇]、

古者 天下を以て公と爲し、唯だ賢のみ是れ與ふ。後代 位を世〻にし、子を立つるは適を以てす。若し適嗣 繼がずんば、則ち宜しく旁親の明德なるを取るべし。漢の文・宣若き者は、斯れ不易の常準なり。

とある。陳壽は、漢魏革命を正統化する理念となった『禮記』禮運の「天下を公と爲す」を典據に、嫡子が後を繼げない場合は[三一]、傍系の親族から優れた者を選ぶべきであると主張している。前漢の文帝・宣帝のようにすることは、不變の大原則であると述べ、曹魏の明帝が曹芳に皇位を繼承させたことを批判しているのである。

孫吳を滅ぼし中國を統一した西晉のもっとも大きな政治問題は、武帝の皇太子司馬衷の不慧にあった。武帝には司馬攸という賢弟がおり、祖父の司馬懿に目をかけられ、男子のいなかった司馬師の養子とされていた（卷末の圖四「西晉皇帝略圖」を參照）。父の司馬昭には、兄の司馬師の覇權を繼承したという負い目があり、自分の後は兄の養子となった弟の司馬攸に讓るというのが、かねてからの司馬昭の考えであったという（『晉書』卷三 武帝紀）。しかしながら、結局は何曾・裴秀・山濤・賈充らの反對と說得により司馬昭が翻意し、武帝は後繼者となって西晉を建國した。しかし、武帝の後繼者である皇太子司馬衷の不慧が知れ渡ってくると、弟の司馬攸を後繼者に望む聲が高まってきた。そうしたなか、武帝は司馬衷の後繼を守り拔くことで、皇帝權力の強化をめざしていた（本書第三章第二節）。このため、陳壽を拔擢した張華は、武帝より誰に後事を託すべきかと問われた際、司馬攸を推したため、幽州に出鎭させられているのである（『晉書』卷三十六 張華傳）。

陳壽が「不易の常準」と贊える前漢の文帝・宣帝の皇位繼承は、西晉の現實と大きく關わっている。卷末の圖五「前漢皇帝略圖」に示したように、前漢の文帝は、後繼に耐えなかった惠帝の子達の後を惠帝の弟として繼ぎ、宣帝は、兄の血筋から廢帝劉賀の後に迎えられている。前漢の文帝は、そのまま司馬攸と同じ位置となり、景帝も、司馬攸が司馬師の養子であるため、攸と同じく兄の血統からの皇位繼承となるのである。陳壽が三國時代の歷史評を行うにあたって、前漢という過去の史實により、西晉の未來のあるべき姿を示そうとしていることを理解できよう。

また陳壽は、『三國志』卷四十六 孫破虜討逆傳の評に[三三]、

> 且つ江東に割據するは、策の基兆なり。而るに權 尊崇すること未だ至らず、子 侯爵に止まるは、義に於て儉（とぼし）きなり。

と述べ、孫權が孫策の子を優遇しないことを批判している。卷末の圖六「孫吳皇帝略圖」に示したように、孫策の子

は、養子としての司馬攸と同じ位置にあたる。ここにも、司馬攸が直接、皇位を繼承しなくともよい。せめて皇弟として優遇され、國政を輔弼していくべきだ、という過去の史實から未來を示そうとする陳壽の歴史意識を見ることができる。

かかる陳壽の主張は、宗室の封建の肯定としても繰り返される。『三國志』巻五十一 宗室傳の評に、(二三)

> 夫れ親を親とする恩義は、古今の常なり。宗子の維城なるは、詩人の稱する所、況んや此の諸〻の孫をや。或いは初基を賛興し、或いは邊陲に鎭據し、克く厥の任に堪ふれば、其の榮を忝けなくせざる者か。故に詳らかに著すと云ふ。

とある。「宗子の維城」とは、『詩經』大雅 板を典據とし、宗室を國家を守る城壁と位置づけるものである。陳壽は、孫吳の宗室が立派に任務を果たしたことの贊美と『詩經』とを典據に、宗室の封建を提言しているのである。(二四)經書を典據に歴史を論ずること、それは後述するように、陳壽の師である譙周、そもそもは譙周の師である秦宓が、司馬遷の『史記』を批判した方法論であった。

さらに陳壽は評において、正しい未來への施策、具體的には反對を押し切って孫吳の討伐を行い、中國を統一した張華・杜預の正統化を試みている。『三國志』巻四十八 三嗣主傳の評に、(二五)

> 況んや皓の凶頑にして、肆に殘暴を行ひ、忠諫する者は誅せられ、讒諛する者は進められ、其の民を虐用し、淫を窮め侈を極むるは、宜しく腰首をば分離して、以て百姓に謝すべし。既に不死の詔を蒙り、復た歸命の寵を加ふは、豈に曠蕩の恩に非ずして、過厚の澤たらざるや。

とあるように、陳壽は孫皓を嚴しく斷罪している。これを同じく亡國の君主である曹奐・劉禪への評に比べると、孫吳討伐派の張華・杜預を支持するために、孫皓を酷評していることが分かる。また、『三國志』巻四十八 三嗣主傳の

評に、[三六]

> （孫）休 舊愛・宿恩なるを以て、（濮陽）興・（張）布を任用し、良才を拔進し、紘を改め張を易ふる能はず。志 善く學を好むと雖も、何ぞ亂を救ふに益あらんや。

とあり、陳壽は、孫休が「舊愛・宿恩」の濮陽興と張布を任用して良才を拔擢しないことを批判している。張華の政敵である賈充・荀勖たちは、武帝の「舊愛・宿恩」であった。これに對して、張華、そして陳壽もまた、才によって拔擢されたものである。加えて、『三國志』巻五 五后妃傳の評に、[三七]

> 魏の后妃の家、富貴たると云ふと雖も、未だ衰漢の其の據に非ざるに乘じ、宰 朝政を割するが若き者有らざるなり。往を鑒て軌を易ふるは、斯に於て美と爲す。陳羣の議、棧潛の論を追觀するに、適に以て百王の規典と爲し、憲範を後葉に垂るるに足らん。

とあるように、陳壽は、曹魏が外戚を政權に參與させなかったことを評價するなかで、陳羣の議、棧潛の論を「百王の規典」と評している。ここに、外戚であり、張華の政敵でもある賈充が、權力を恣にしていることに對する批判を見ることができる。それとともに、「百王の規典と爲し、憲範を後葉に垂るるに足らん」という記述は、かかる主張が、過去の歴史により後世への典範を示そうとする陳壽の歴史意識に基づいていることを示す。

かような過去の歴史により未來を指し示そうとする手法は、『三國志』巻五十 五妃嬪傳の評にも、[三八]

> 易に稱すらく、「家を正して天下 定まる」と。詩に云ふ、「寡妻に刑りて、兄弟に至りて、以て家邦を御む」と。誠なる哉、是の言や。遠く齊桓を觀、近く孫權を察するに、皆 識士の明、傑人の志有り。而るに嫡庶 分たず、閨庭 錯亂し、笑を古今に遺し、殃を後嗣に流す。是に由りて之を論ずれば、惟だ道義を以て心と爲し、平一を主と爲す者にして、然る後に克く斯の累を免るるか。

と展開される。陳壽は、正嫡の重要性を主張するなかで、『春秋左氏傳』を典據とする齊の桓公の事例から孫權の失敗を必然視している。後述するように、『春秋左氏傳』を典據として未來を予測することは、陳壽の師である譙周の學問の繼承であった。陳壽が學んだ蜀學、とりわけ譙周の學問を検討していこう。

四、二つの讖文

陳壽が師事した譙周は、はじめ秦宓より史學を學び、のち讖緯の學を特徴とする益州傳統の「蜀學」を杜瓊より受けた[三九]。

蜀學の祖とされる楊春卿は公孫述に仕え、光武帝劉秀に公孫述が滅ぼされると自殺した。卒するにあたり、子の楊統に、「吾が綈袠中に先祖の傳ふる所の祕記有り。漢家の用と爲らん。爾 其れ之を修めよ（吾綈袠中有先祖所傳祕記。爲漢家用。爾其修之）」と傳えた（『後漢書』列傳二十上 楊厚傳）。楊春卿が仕えた公孫述は、讖緯思想を自らの正統化に用いたことで知られる。一方、光武帝も後漢を正統化するために讖緯思想を宣揚した。のちに袁術が用い、曹魏が後漢を滅ぼすために利用した「漢に代はる者は當塗高（代漢者當塗高）」であるという讖文（予言文）も、光武帝が公孫述に述べたものであった（『後漢書』列傳三 公孫述傳）。楊春卿はその子に、家傳の讖文を漢のために用いて出世させようとしたのであろう。その甲斐あってか、章帝に仕えた楊統は、「陰陽消伏」の法によって雨をよび、國三老の榮譽を與えられ、『孔子内讖』という讖緯の書物を著した（『後漢書』列傳二十上 楊厚傳）。その子の楊厚は、安帝に仕え、洛陽の洪水が引く期日を予言し、順帝の侍中となって、西羌と烏桓の侵攻・洛陽の水害・承福殿の火災などを的中させた。しかし、宦官にその出世を阻まれ、外戚梁冀の專横を見ると、蜀に歸って學塾を開き、三千名と言われる多くの門生を育成した（『後漢書』列傳二十上 楊厚傳）。そのなかには、蜀漢に仕えた周羣の父である周舒、劉焉に「益州の分野に天子の氣有り（益州分野有天子氣）」と説き、入蜀を勸めた董扶（『三國志』卷三十一 劉焉傳）、董扶と行動を共にした任安がおり、陳壽の師である譙周が蜀學を受けた杜瓊は、任安の弟子にあたる（『三國志』卷四十二 杜瓊傳）。

ただし陳壽は、劉焉がこの讖文に基づき、益州に入って天子に擬したことを嚴しく批判する。『三國志』卷三十一 劉二牧傳の評に、(四〇)

昔 魏豹 許負の言を聞きて則ち薄姬を室に納め、劉歆 圖讖の文を見て則ち名字をば改易するも、終に其の身を免れず、而して二主に慶鍾あり。此れ則ち神明 虚りに要む可からず、天命 妄りに冀ふ可からず、必然の驗なり。而るに劉焉 董扶の辭を聞きて則ち心 益土に存し、相者の言を聽きて則ち婚を吳氏に求め、遽かに輿服を造り、神器を竊まんことを圖る。其の惑 甚し。

とあり、陳壽は、前漢の文帝と後漢の光武帝への讖文を横取りしようとした魏豹と劉歆が危難から免れることができなかったように、劉焉が董扶の「益州の分野に天子の氣有り」という讖文に從って天子を盜もうとしたことは、はなはだ間違いであるとする。それでは、「益州の分野に天子の氣有り」という讖文は、本來だれのためのものであったのか。その答えは、劉焉が信じたもう一方の相者の言、吳氏との婚姻より求め得る。劉焉が子の劉瑁のために娶った高貴な人相を持つ吳氏とは、劉備の皇后となった穆皇后のことである（『三國志』卷三十四 穆皇后傳）。すなわち、陳壽は蜀學が傳える「益州の分野に天子の氣有り」という讖文は、劉備即位の予言であったと主張しているのである。

陳壽は、劉焉のような對象以外の者が讖文に從うことを嚴しく批判する。袁術も公孫度も、いずれも讖緯思想を利用して皇帝を僭稱したが、陳壽はこれを記錄しない。(四一)陳壽は、蜀學の傳統である讖緯思想を信じているが故に、誤った讖文の利用を許さないのである。一方で、蜀學の學者が名を連ねて劉備に即位を進める勸進文を、陳壽は逐一記錄

している。[四二]『三國志』巻四十八 三嗣主傳の評にも、[四三]

其の熒惑・巫祝、交ごも祥瑞を致して、以て至急と爲す。

とあり、孫晧の惡政に對して、熒惑や巫祝がさまざまな祥瑞により、事態の切迫を告げていたことを明記する。讖文が當たる理由は、天文観測と密接に結びついていたためと考えられていた。巴西郡の豪族である周羣は、庭の中に小さな樓をつくり、家の奴僕に代わるがわる樓のうえで天空に起こる異變を觀察させた。少しでも天空に異變があれば直ちに報告させ、周羣自ら樓に登り晝も夜もお構いなしに觀測したため、未來の兆候を見落とさなかった、と陳壽は記録する（『三國志』巻四十二 周羣傳）。

天が異變を起こして未來の兆候を示すという考え方は、天人相關説に基づく。しかし、人閒世界の異變と、天に關する自然現象がつねに一致していたわけではなく、すでに後漢のころから天人相關説への疑義は提出されていた。[四四]とりわけ、諸葛亮の學んだ荊州學は、天の兆候に基づき予言を行う讖緯思想に懷疑的で、その流れを汲む王肅は、讖緯思想を完全に否定する（本書第四章第一節）。王肅の外孫である司馬炎が建國した西晉では、泰始三（二六七）年に「星氣讖緯の學」を禁止するに至った（『晉書』巻三 武帝紀）。陳壽が學んだ蜀學の特徴である讖緯思想は、『三國志』の執筆時には、禁止されていたのである。それでも、陳壽の蜀學への思いは搖るがなかった。陳壽は、『三國志』巻四十二 杜周杜許孟來李譙郤傳の評に、[四五]

周羣は天を占ひて徵有り、杜瓊は沈默にして愼密、諸生の純なるものなり。……譙周は詞理淵通して、世の碩儒と爲り、董・揚の規有り。

と述べて、師の譙周を董仲舒と揚雄に準えるほか、周羣と杜瓊を「諸生の純」であると贊えている。

譙周の師である秦宓も、讖緯思想を積極的に取り入れたが、その本領は史學にあった。秦宓は、『史記』巻一 五帝本紀が、五帝をすべて同一の一族としていることを批判しており、その言説は譙周により『春秋善否論』として記録された（『三國志』卷三十八 秦宓傳）。譙周もまた、その代表作『古史考』のなかで、『史記』の記述を批判して（『史通』卷十二 古今正史）、秦宓の史學を繼承している。そもそも史學は、予言と密接な關係がある。史官は本來、天の變化を觀察し、曆を制定することを職務としていた。周羣は、前者を個人的に行っていたのである。それは、『三國志』卷三十三 後主傳の評に、(四六)

又國に史を置かず、注記 官に無し。是を以て行事 多く遺れ、災異 書する靡し。諸葛亮 政を爲すに達すと雖も、凡そ此の類、猶ほ未だ周ねかざる有り。

と陳壽が述べるように、荊州學派の諸葛亮が國に史官を置いて災異を觀測しなかったことによる。後述のように、陳壽は諸葛亮を贊美して已まない。『三國志』のなかで諸葛亮を批判する部分は、卷三十五 諸葛亮傳の評の「蓋し應變の將略は、其の長ずる所に非ざるか」が有名であるが、ここでの批判はそれ以上にはっきりとしている。諸葛亮は、益州統治のため蜀學を宣揚したが（渡邉義浩〈二〇〇三―d〉）、災異の観測までは熱心に行わなかったのであろう。

周羣は、建安七（二〇二）年、越巂郡の男性が女性に變化したことを聞いて、國家の交替を予言した。前漢の哀帝のときにも同じことがおこり、王莽によって前漢が滅ぼされているためである。事實、建安二十五（二二〇）年、曹丕によって後漢は滅ぼされた（『三國志』卷四十二 周羣傳注引『續漢書』）。予言は、これまで全く起こらなかったことを予想することはできない。予言には天文の觀察とならんで、過去の事實を知る、すなわち歴史を知ることが不可欠なのである。こうした密接な關係にあるため史官は、司馬遷も班固も、天文の運行や曆法に詳しかったのである。

ところが、譙周は、天文には明るかったが、それを意に留めなかった。むろん、讖文を無視したわけではない。杜瓊のところに出かけ、周羣の父周舒が残した「當塗高なる者は魏なり（當塗高者魏也）」という讖文の解釋について教えを請うている。杜瓊は、「魏は、闕の名なり。塗に當りて高し。聖人は類を取りて言ふのみ（魏、闕名也。當塗而高。聖人取類而言耳）」と齒切れ悪く答える。譙周が食い下がると、ようやく杜瓊は、『三國志』巻四十二 杜瓊傳に、[四七]

古者、官職を名づけて曹と言はず。始めて漢より已來、官を名づけて盡く曹と言ひ、吏をば屬曹と言ひ、卒をば侍曹と言ふ。此れ殆ど天の意なり。

と、漢が曹魏に代わられる予言であることを傳えた。

杜瓊は、蜀漢政權が成立する際に、他の蜀學の學者とともに、劉備の卽位を正統化する讖文をふんだんに盛り込んだ勸進文を作成している。蜀學が傳えていた漢に代わる「當塗高なる者は魏なり」という讖文の解釋は、觸れられたくない負の遺產であろう。このためか、杜瓊は天文を見ても、讖文をつくることはしなかった。その理由も譙周に聞かれた杜瓊は、この術は非常に困難であり、自分自身で朝も晩も天象を觀察し、その形と色を見なければならず、讖文ができると、今度はそれが人に漏れないかと心配になる。知らない方がましで、このため二度と觀察しないのだ、と答えている。このため、「内學は業を傳ふる者無し（内學無傳業者）」と、陳壽は傳える（『三國志』巻四十二 杜瓊傳）。譙周は、天文觀察の術を繼承できなかったのである。

そこで譙周は、歷史の中から讖文を引き出した。譙周は杜瓊の言葉を基に、類似した事象を當てはめる。『春秋左氏傳』によれば、晉の穆侯は太子を仇と名付け、その弟を成師と名づけた。大夫の師服は、この名では兄が廢嫡されると言ったが、果たしてそのとおりになった。後漢の靈帝のとき、二人の子に史侯・董侯と侯の名をつけた。卽位して皇帝になった後、二人とも廢位され諸侯となった。師服の言葉と似た現象である。先主の諱は備であり、その言葉の意味は具（完結する）である。後主の諱は禪であり、その言葉の意味は授（さずける）である。劉氏はすでに完結した、まさに人に授けるべしということになり、穆侯や靈帝よりもひどい、と譙周は述べている（『三國志』巻四十二 杜瓊傳）。

『春秋左氏傳』の晉の穆侯の事例が、『漢書』卷二十七中之上 五行志中之上にも引用されるように、かかる方法は、五行志に用いられる予言法であり、史學との親和性は高い。

譙周の予言は、堂々と行われた。蜀漢滅亡の前年である景耀五（二六二）年、宮中の大樹が理由もなく倒れると、譙周は柱に、「衆（曹）にして大（魏）であれば、期日を約して集まってくる。具わって（完結して）授けたなら、どうして復せようか」と書きつけた。蜀漢が曹魏により滅ぼされるという予言である。蜀漢の滅亡後、譙周は、これは杜君（杜瓊）の言葉を基に推論したもので、獨自に到達した特異な所はないと説明した（『三國志』卷四十二 杜瓊傳）。こうして、譙周は、蜀學傳統の讖緯の學を繼承しながらも、その天文觀測を省き、歴史に基づき予言を行うことを始め、蜀漢の滅亡を予言、劉禪に勸めてそれを現實のものとした。

譙周の弟子である陳壽は、師と「漢に代はる者は當塗高」という讖文の正しさを『三國志』に記録した。つまり、陳壽は『三國志』で、「益州の分野に天子の氣有り」と「漢に代はる者は當塗高」という二つの讖文の正しさを主張しているのである。陳壽が二つの讖文を歴史敍述により實證した理由は、すでに掲げた『三國志』卷五十 五妃嬪傳の評に、[48]

> 遠く齊桓を觀、近く孫權を察するに、皆 識士の明、傑人の志有り。而るに嫡庶 分たず、閨庭 錯亂し、笑を古今に遺し、殃を後嗣に流す。

と『春秋左氏傳』における齊の桓公の史實より、[49] 孫權の事例を考察しているように、過去の歴史から予言を行う譙周の方法論を繼承したためである。陳壽は、讖緯の禁壓を背景に、自ら讖文を書くのではなく、過去の歴史に現代における未來への訓戒を見ようとした。それは、『詩經』大雅 蕩に、「殷鑒 遠からず、夏后の世に在り（殷鑒不遠、在夏后之世）」とあり、大雅 文王に、「宜しく殷に鑒（かんがみ）るべし（宜鑒于殷）」とあるような、歴史を鑑とする史觀へと通じていく。[50]

それでは、陳壽は二つの讖文から、何を主張しようとしたのであろうか。

五、季漢の正統を潜ませる

讖緯が禁壓されるなかで、陳壽はなぜ蜀學に傳えられた讖文を重視したのであろう。それは、『禮記』曾子問に、(五一)

孔子曰く、「天に二日無く、土に二王無し」と。

とあるように、複數の國家が竝立し、多くの皇帝が卽位しても、天は、必ず誰が王であるか、歐陽脩の言葉を借りれば、誰が「正統」であるのかを指し示すはずだからである。(五二)讖文は孔子が作成した、天からの人々への予言であるため、蜀學が傳える二つの讖文には、三國時代の「正統」が示されているはずである。であれば、『三國志』の評において、あるいは史實の記述の部分に春秋の筆法を用いながら、その微意は示されていよう。すでに檢討したように陳壽は、「益州の分野に天子の氣有り」という讖文を、劉備の卽位を予言するものと解釋していた。劉備の一族でもない、劉焉・劉璋の列傳より蜀書が始まる、という魏書・吳書との體裁の違いも、劉焉が利用した讖文が本來劉備のものであったことを示すための體裁であると理解し得る。

このほか『三國志』には、體裁の異なる部分が三ヵ所あり、そのいずれもが蜀漢に關わっている。(五三)第一は、『三國志』の中に陳壽自らが登場するもので、巻四十二 譙周傳に見られる。「(泰始)五年、予 嘗て本郡の中正となり、清定の事訖はり、休を求めて家に還り、往きて周と別る（〈泰始〉五年、予嘗爲本郡中正、清定事訖、求休還家、往與周別）」にある「予」とは、陳壽のことである。譙周は陳壽に自らの死期を予言し、それは的中する。陳壽は、「術」によって知り得たのだ、と譙周の予言の正しさを贊美し、それを通じて、當塗高とは魏であるという譙周の傳える讖文解釋の正しさを主張するのである。

第二は、『三國志』の中に自らの上奏文を引用することで、巻三十五 諸葛亮傳の亮の傳記が終わった後に、『諸葛氏集』の目録と上奏文とが掲げられている。陳壽は上奏文のなかで、『三國志』巻三十五 諸葛亮傳に、(五四)

亮 危國を毗佐し、阻を負ひて賓せず、然れども猶ほ其の言を存錄するに、善に遺有るを恥ぢとするは、誠に是れ大晉の光明至德にして、澤被彊無きは、古より以來、未だ之れ倫有らざるなり。……然れども其の聲敎遺言、皆事を經め物を綜べ、公誠の心、文墨に形はれて、以て其の人の意理を知り、當世に補有るに足れり。

と述べ、西晉が諸葛亮の文章を緝輯することは、西晉の至德を限りなく輝かすことであると贊美し、そして諸葛亮の考えより、現在を知り得るとする。過去の歴史から現在を考えようとする陳壽の歴史觀は、ここにも現れている。なお、劉禪を守った諸葛亮を武帝司馬炎が高く評價するのは、司馬衷を守りたい自己の後繼者問題があろう。

『諸葛氏集』の白眉は「出師表」であるが、そのなかで劉備の死去は「崩殂」と表現される。陳壽はこれを受けて、劉備の死去を「夏四月癸巳、先主 永安宮に殂す、時年六十三」と表記する（『三國志』巻三十二 先主傳）。『尚書』堯典に、「二十有八載、帝 乃ち殂落す（二十有八載、帝乃殂落）」とあるように、「殂」とは帝堯の死を表現する言葉である。諸葛亮が、そしてそれを繼承した陳壽が、劉備を堯の子孫、さらには、堯の子孫である漢家の子孫として、その死去を宣揚していることを理解できよう。また、死去を記錄する際に季節・月・日・場所を書すことは、『春秋』の正しい表現である。

一方、曹魏の曹操・文帝・明帝の死去は、それぞれ「（建安）二十五年春正月……庚子、王 洛陽に崩ず、年六十六〈（建安）二十五年春正月……庚子、王崩于洛陽、年六十六〉」「（黄初七年）夏五月……丁巳、帝 嘉福殿に崩ず、時年四十〈（黄初七年）夏五月……丁巳、帝崩于嘉福殿、時年四十〉」「（青龍）三年春正月丁亥、……帝 嘉福殿に崩ず、時年三十六〈（青龍）三年春正月丁亥、……帝崩于嘉福殿、時年三十六)」と記されている(『三國志』巻一 武帝紀・巻二 文帝紀・巻三 明帝紀)。『春秋』では周王に用いる「崩」の字を用い、季節・月・日・場所を書す正しい死去の表現がなされている。これに對して、孫呉を建國した初代皇帝孫權の死去は、「(太元)二年……夏四月、權 薨ず、時年七十一(〈太元〉二年……夏四月、權薨、時年七十一)」(『三國志』巻四十七 呉主傳)と記されるだけである。『春秋』において「薨」の字は、諸侯である魯侯に用いるものであり、薨去した日付も場所も記されない。陳壽は、春秋の筆法により、孫權が皇帝位に就いたことを否定するとともに、劉備と曹魏の諸帝を同格、あるいは「殂」という特殊な文字を使用することにより、劉備を漢家の子孫として顯彰しているのである。

續いて、三國が建國された當初の卽位記事を檢討しよう。皇帝から天子への二段階卽位を行っていた漢魏の君主にとって、國家が交替した時にもっとも重要となる儀禮は、天子として「告代祭天文」により國家の交替を天に告げることにあった(渡邉義浩〈二〇〇七―d〉)。死去の記事でも皇帝扱いされていない孫權は、「夏四月、夏口・武昌 竝びに黃龍・鳳凰 見はると言ふ。丙申、南郊に皇帝の位に卽く、是日大赦し、改年す(夏四月、夏口・武昌竝言黃龍・鳳凰見。丙申、南郊卽皇帝位、是日大赦、改年)」(『三國志』巻四十七 呉主傳)と簡單に記されるだけであり、臣下からの勸進文も、注に引かれる『呉錄』には記載されている告代祭天文も掲げられない。また曹丕も、漢の獻帝の禪位の冊を掲げたあとで、「庚午、王 壇に升りて阼に卽き、百官 陪位す(庚午、王升壇卽阼、百官陪位)」(『三國志』巻二 文帝紀)と記されるだけである。裴注に長々と引用される數次にわたる勸進文も、告代祭天文も、いまも許昌に殘る卽位を記念した二碑にも觸れることはない。[55] あくまでも漢の獻帝の禪位の冊の結果としての卽位を記すだけなのである。

これに對して、劉備の卽位は、蜀學の學者が總力を擧げて著した讖文にあふれる勸進文二種を掲げ、「皇帝の位に成都の武擔の南に卽く」と皇帝位に就いたことを場所とともに明記し、「惟れ建安二十六年四月丙午、皇帝たる備 敢て玄牡を用ひ、皇天上帝・后土神祇に昭告す（惟建安二十六年四月丙午、皇帝備敢用玄牡、昭告皇天上帝・后土神祇）」（『三國志』卷三十二 先主傳）から始まる告代祭天文をすべて掲載している。(五六) すなわち、劉備こそが漢の正統を繼いで卽位したことを天に告げる資格があると、陳壽は主張しているのである。魏書にのみ本紀を設け、表面的には曹魏を正統としながらも、蜀學に傳わる「益州の分野に天子の氣有り」という讖文が正しいことを春秋の筆法により表現しているのである。

それをさらに補うものが、體裁の異なる第三の部分、卷四十五 楊戲傳の終わりに引用される「季漢輔臣贊」である。楊戲傳の終わりに「季漢」の輔臣たちの「贊」を引用しながら、自ら注をつけて列傳で觸れきれなかった季漢の臣下の傳記を補いながら、季漢の臣下への「贊」を掲げる。自らの『三國志』には「評」をつけながら、季漢の臣下には『漢書』と同じ、漢を輔佐した者達への「贊」を用意したのである。こうして陳壽は、蜀の正式な國號が漢あるいは季漢であること、そして季漢こそが「益州の分野に天子の氣有り」という讖文どおり、後漢を繼承して成立した正統な國家であることを主張したのである。その季漢が、「漢に代はる者は當塗高」である曹魏に滅ぼされることを師の譙周の予言の正しさを通じて證明することにより、陳壽は『三國志』のなかに、二つの正統を組み込んだ。後漢の正統を繼ぐ季漢、季漢の正統を繼ぐ曹魏である。つまり、蜀學に傳わっていた二つの讖文は、後漢→季漢→曹魏という正統の繼承を主張することにより、その正しさを證明できるものなのであった。

しかし、これを直書するには、二つのタブーがあった。第一は、後漢→曹魏→西晉の正統を示すべきことであり、第二は、西晉における讖緯思想の禁壓である。第一は、曹魏のみを正統とする體裁を取ることにより對應し、第二は、劉焉批判により讖緯批判に同調した。ただし、そこには季漢の正統を潛めなければならない。これを可能にする體裁が「三國」志だったのである。

おわりに

『史記』の主題が「天道是か否か」の價値觀にあり、『漢書』の主題が「漢の神聖化」にあるのであれば、陳壽の『三國志』の主題は「正統の所在」にある。(五七) 陳壽は西晉が「正」であり「統」である理由を天下が三分された過去に求めたのである。天は三つに分かれているわけではない。天下は三分しても、天命は一つであることを二つの讖文は示している。

北宋の歐陽脩から本格化する正統論は、竝立する國家のいずれを正統と判斷するかを問題として發想されるものである。換言すれば、天子が二人以上存在することによって、はじめて成立する議論なのである。西晉の陳壽は、いまだ「正統」という概念を明確に有してはいない。しかし、天が一つであるように、天子は一人しか存在しないと考えていた。そのため、史書により、竝立する國家のなかで正統は一つしかないことを示さんとした最初の試みである『三國志』は、表向きの正統として魏書に本紀を設けるほかに、蜀漢の正統を潛ませた。かかる陳壽の微言が、朱熹によって蜀漢が正統となる正閏論の伏流となっていくのである。

《 注 》

(一) 裴松之の注が史學獨自の史料批判という方法論を採ることの意義は、渡邉義浩〈二〇〇三―c〉で論じている。また、逯耀東《二〇〇〇》、胡寶國《二〇〇三》も參照。

（二）（陳）壽獨齊魏于吳・蜀、正其名曰三國、以明魏不得爲正統（『曝書亭集』巻五十九　陳壽論）。
（三）かかる清朝考證學の成果を踏まえて、本田濟〈一九六二〉は、『三國志』を「畏懼の書」と位置づけている。
（四）史料については、魏書が魚豢の『魏略』に基づいたとする內藤湖南《一九四九》に對して、陳壽も魚豢も王沈の『魏書』に基づいたとする山尾幸久〈一九六七〉、陳壽は主として『魏書』に依據し『魏略』を參照したとする滿田剛〈一九九九〉があり、津田資久〈一九九八〉は、『魏略』研究の學說史整理を行う。また、『三國志』の成立年代について、江畑武〈二〇〇〇〉、〈二〇〇一〉は、太康五（二八四）年說を主張する。さらに、陳壽の生涯については、藤井重雄〈一九七六〉、津田資久〈二〇〇一〉がある。中國における『三國志』に關する論文は、張越《二〇〇九》に整理されている。
（五）史料については、陳博〈一九九三〉、李傳印《二〇〇四》、『三國志』の成立年代については、楊翼驤《一九八七》がある。また、陳壽の生涯については、繆鉞〈一九八五〉、楊耀坤〈一九九八〉、李純蛟〈二〇〇二―a〉などがある。なお、李純蛟〈二〇〇二―b〉は、「正閏論」「曲筆」「文彩」「志・注の優劣」「譙周」に關する論爭を整理している。
（六）『晉書』巻八十二　陳壽傳によれば、陳壽の『三國志』を見て、夏侯湛は自らの『魏書』を破り棄てたという。
（七）內山俊彥〈一九九六〉。また、『三國志』の王朝觀については、小林春樹〈二〇〇八〉も參照。
（八）『春秋左氏傳』における「凡そ」から始まる五十例を周公の凡例、「書、不書……」から始まる例を孔子の加えた新しい義例と杜預が理解したことについては、加賀榮治《一九六四》、本書第二章第五節を參照。
（九）このほか『史記』は、巻一百三十　太史公自序で史書を著した理由など歷史編纂の意義を自ら述べ、それは『漢書』巻一百　敍傳に繼承されている。現在『三國志』に自序は附せられていないが、『舊唐書』巻四十六　經籍志上に、「吳國志二十一巻　陳壽撰　裴松之注」とあり、陳壽の自序が吳書の後に附せられていた可能性は高い。
（一〇）父の班彪の史書を書きついだ『漢書』には、「司徒掾班彪曰」という言葉より「贊」にあたる部分が始まる巻もある。そのため、張守節は、「太史公曰」を「贊」と同義に捉えているが（『史記』巻一百三十　太史公自序　所引正義）、その性質は同じではない。また、『漢書』を漢を贊美し神聖化する史書と捉えることは、板野長八〈一九八〇〉を參照。なお、劉師培《一九九五》は、

「贊」は傳で敍述した文章をまとめた部分であるとしている。

（一一）第二十九巻の方技傳の評では、司馬遷の「扁鵲・倉公・日者の傳」にならって方技傳を立傳したことが、第三十巻の烏丸・鮮卑・東夷傳の評では、『史記』『漢書』『東観漢記』とは時代が違うので記述する非漢民族の異なることが、述べられており、『三國志』への『史記』『漢書』の影響を窺うことができる。

（一二）劉知幾『史通』巻四　論贊。龐天佑〈二〇〇三〉は、陳壽の「評」は、巻末に直接的に述べられる「評曰」の部分と人物の傳記中に間接的に述べられる部分とがあり、兩者が渾然一體となっているとして、あわせて分析するが、『春秋』の凡例・義例を繼承する「評曰」の部分と、人物傳中の人物評價とは區別して論ずるべきである。また、前四史における論贊の總合的な研究に、趙彩花《二〇〇八》がある。

（一三）評曰、荀彧清秀通雅、有王佐之風。然機鑒先識、未能充其志也。荀攸・賈詡、庶乎算無遺策、經達權變。其良・平之亞歟（『三國志』巻十　荀彧荀攸賈詡傳）。

（一四）狀および後出の輩については、矢野主税〈一九六七〉を參照。

（一五）巻數だけを掲げると、一・二・三・六・七・十・十一・十二・十三・十四・十六・十七・十八・十九・二十一・二十二・二十三・二十四・二十五・二十六・二十七・二十八・三十二・三十六・三十七・三十八・四十一・四十二・四十三・四十四・四十五・四十六・四十九・五十二・五十三・五十七・五十八・六十・六十一、六十二、六十四・六十五の全四十二巻である。

（一六）巻數だけを掲げると、一・三・六・十・十一・十八・二十五・三十二・三十五・三十六・三十九・四十二・四十七・五十七の全十四巻である。このうち第三十五巻・第四十七巻は、四言の人物評價を含む注（一五）に掲げた巻と重複しない。

（一七）巻數だけを掲げると、十四・二十一・三十二・三十七の四巻である。

（一八）巻數だけを掲げると、三十九・五十四・五十五・五十六の四巻で、すべて注（一五）に掲げた巻と重複しない。

（一九）九品中正制度と五等爵制とが相まって國家的身分制としての貴族制が西晉で成立したことについては、本書第一章第三節を參照。

（三〇）張華の拔擢に加えて、泰始四（二六八）年に、羅憲が舊蜀臣を登用すべきと行った推薦の中にも、陳壽は含まれていた（『三國志』卷四十一 霍峻傳附霍弋傳注引『襄陽記』）。

（三一）趙翼『廿二史劄記』卷六 三國志多迴護。ただし荀彧の事例について趙翼は、荀彧傳の死去の記述に續けて、「明年、太祖 遂に魏公と爲る（明年、太祖遂爲魏公矣）」とあることは、荀彧が曹操の簒奪を死に至るまで阻んでいたことを暗示するものであるとしている。それでもなお、裴注に引く『魏氏春秋』をもとに、曹操が荀彧を死に追いやったことを明記する『後漢書』に比べると、『三國志』には迴護があると言えよう。

（三二）若加之曠大之度、勵以公平之誠、邁志存道、克廣德心、則古之賢主、何遠之有哉（『三國志』卷二 文帝紀）。

（三三）然不能克讓遠防、終致攜隙（『三國志』卷十九 任城陳蕭王傳）。

（三四）津田資久〈二〇〇三〉は、建安十六（二一一）年から曹丕は「太子」であったとの理解から、王沈の『魏書』が正しく、『三國志』はことさらに「後嗣争い」を誇張しているとする。その論據は、建安十六年に、曹丕の諸弟がそれぞれ諸侯に封建されていること（『三國志』卷一 武帝紀建安十六年條及び註引の王沈『魏書』）を前提に、『太平御覽』卷二百四十一の「告子文、汝等悉爲侯、而子桓獨不封、而爲五官中將、此是太子可知」という「魏武令」を、建安十六年のものと解釋することに置かれる。しかし、津田が論據とする『三國志』卷一 武帝紀建安十六年條及び註引の王沈『魏書』には、「庚辰、天子報、減戸五千、分所讓三縣萬五千封三子、植爲平原侯、據爲范陽侯、豹爲饒陽侯、食邑各五千戸」とあり、子文（曹彰）が、建安十六年に封建されたことは記載されない。しかも、『三國志』卷十九 任城王（曹彰）傳では、「建安二十一年、封鄢陵侯」とあるのが、最初の封建事例であるから、津田の論證は完全に誤っている。また、よしんば建安十六年に太子が定まっていたとしても、太子が定まることは後繼者争いがなかったことにはならない。孫呉の二宮事件が、孫和が太子と定められてから起こったことについては、渡邉義浩〈二〇〇〇〉を參照。

（三五）『春秋』では、周王の死去には「崩」、魯公と魯公夫人には「薨」、諸侯や魯の大夫には「卒」の字を用いる。陳壽は、曹操・曹丕・曹叡の死は「崩」を用いている。

（二六） 而皆心大志迂、不慮禍難、變如發機、宗族塗地。豈不謬惑邪（『三國志』巻二十八 王毌丘諸葛鄧鍾傳）。

（二七） 司馬氏の權力確立過程については、本書第一章第一節を參照。

（二八） 第九巻の評では、司馬氏の權力を奪おうとした曹爽と夏侯玄を批判し、巻十四巻の評では、司馬懿の權力掌握に協力した劉放と孫資への惡評に反論している。ちなみに、劉放は、陳壽を拔擢した張華の妻の父にあたる。松本幸男〈一九八七〉を參照。

（二九） 及至必改正朔、俾魏祖虞、所謂意過其通者歟（『三國志』巻二十五 辛毗楊阜高堂隆傳）。

（三〇） 古者以天下爲公、唯賢是與。後代世位、立子以適。若適嗣不繼、則宜取旁親明德。若漢之文・宣者、斯不易之常準也（『三國志』巻四 三少帝紀）。

（三一） 陳壽は嫡長子相續を否定するわけではない。第六巻・第五十巻の評では、嫡長子相續を主張し、第五十九巻の評では、嫡子でもないのに相續しようとした孫覇を批判している。

（三二） 且割據江東、策之基兆也。而權尊崇未至、子止侯爵、於義儉矣（『三國志』巻四十六 孫破虜討逆傳）。

（三三） 夫親親恩義、古今之常。宗子維城、詩人所稱、況此諸孫。或贊興初基、或鎭據邊陲、克堪厥任、不忝其榮者乎。故詳著云（『三國志』巻五十一 宗室傳）。

（三四） 第二十巻の評では、孫吳とは逆に、曹魏が親族の王公を重用しなかったことを批判している。また、第十五巻の評では、刺史が諸郡を統括したことを贊美するが、これは封建の肯定へと繫がる議論である。魏晉期における「封建」の主張については、本書序章第二節、本書第二章第二節を參照。

（三五） 況晧凶頑、肆行殘暴、忠諫者誅、讒諛者進、虐用其民、窮淫極侈、宜腰首分離、以謝百姓。既蒙不死之詔、復加歸命之寵、豈非曠蕩之恩、過厚之澤也哉（『三國志』巻四十八 三嗣主傳）。

（三六） （孫）休以舊愛・宿恩、任用（濮陽）興・（張）布、不能拔進良才、改絃易張。雖志善好學、何益救亂乎（『三國志』巻四十八 三嗣主傳）。

（三七） 魏后妃之家、雖云富貴、未有若衰漢乘非其據、宰割朝政者也。鑒往易軌、於斯爲美。追觀陳羣之議、棧潛之論、適足以爲百王之規典、垂憲範乎後葉矣（『三國志』巻五 五后妃傳）。

（三八） 易稱、正家而天下定。詩云、刑于寡妻、至于兄弟、以御于家邦。誠哉、是言也。遠觀齊桓、近察孫權、皆有識士之明、傑人之志。而嫡庶不分、閨庭錯亂、遺笑古今、殃流後嗣。由是論之、惟以道義爲心、平一爲主者、然後克免斯累邪（『三國志』巻五十 五妃嬪傳）。なお、齊の桓公が嫡庶を分かたず、その死後五人の子が争ったことは、『春秋左氏傳』僖公 傳十七年に詳しい。

（三九） 蜀學については、吉川忠夫〈一九八四〉を參照。なお、中林史朗〈一九八一〉もある。

（四〇） 昔魏豹聞許負之言則納薄姫於室、劉歆見圖讖之文則名字改易、終於不免其身、而慶鍾二主。此則神明不可虛要、天命不可妄冀、必然之驗也。而劉焉聞董扶之辭則心存益土、聽相者之言則求婚吳氏、遽造輿服、圖竊神器。其惑甚矣（『三國志』巻三十一 劉二牧傳）。

（四一） 袁術は、「河内の張烱の符命を用ひ、遂に僭號を稱す（用河内張烱之符命、遂僭號）」と『三國志』巻六 袁術傳に記されるが、その符命が「漢に代はる者は當塗高なり」であったことは、裴注に引かれた『典略』に載せられている。また、公孫度は「天地を郊祀し、藉田す（郊祀天地、藉田）」と『三國志』巻八 公孫度傳に記されるが、それが「孫登 當に天子と爲る。太守の姓は公孫、字は升濟。升は卽ち登なり（孫登當爲天子。太守姓公孫、字升濟。升卽登也）」という讖書を用いていることは、裴注に引かれた『魏書』に載せられるだけで、いずれも陳壽の『三國志』には記載されていない。

（四二） 『三國志』巻三十二 先主傳。平秀道〈一九七七〉も參照。

（四三） 其熒惑・巫祝、交致祥瑞、以爲至急（『三國志』巻四十八 三嗣主傳）。ただし、第六十三巻の評では、孫吳における曆數・風氣・天文・占述・九宮一算・東南の氣を批判している。孫吳に關わるためであろう。『三國志』巻四 三少帝紀では、「〈咸熙二年〉十二月壬戌、天祿 永へに終はり、曆數は晉に在り（〈咸熙二年〉十二月壬戌、天祿永終、曆數在晉）」と曆數が晉にあることを記録している。

（四四） たとえば王充が讖緯思想を批判したことについては、大久保隆郎〈一九六六〉、〈一九七五〉を參照。

（四五） 周羣占天有徵、杜瓊沈默愼密、諸生之純也。……譙周詞理淵通、爲世碩儒、有董・揚之規（『三國志』巻四十二 杜周杜許孟來

李譙郤傳）。このほか、第三十八巻の評で、譙周の師である秦宓を高く評價し、第四十四巻の評で、譙周の「仇國論」を繼承して姜維を批判している。

（四六）又國不置史、注記無官。是以行事多遺、災異靡書。諸葛亮雖達於爲政、凡此之類、猶有未周焉（『三國志』卷三十三　後主傳）。なお、『史通』卷七　曲筆は、陳壽が國に史を置かずとした矛盾點を指摘して、その理由を陳壽の父が諸葛亮に辱められたため、蜀に誹謗を加えたためと理解し、船木勝馬〈一九八六〉もこれを踏襲している。

（四七）古者、名官職不言曹。始自漢已來、名官盡言曹、吏言屬曹、卒言侍曹。此殆天意也（『三國志』卷四十二　杜瓊傳）。

（四八）遠觀齊桓、近察孫權、皆有識士之明、傑人之志。而嫡庶不分、閨庭錯亂、遺笑古今、殃流後嗣（『三國志』卷五十　五妃嬪傳）。

（四九）齊の桓公が色好みで、三名の夫人のほか夫人と同様の寵遇を受けた者が六名おり、五人の公子たちが後繼者を争ったことは、『春秋左氏傳』僖公　傳十七年などに詳しい。

（五〇）『資治通鑑』へと繋がる、歴史を鑑とするような歴史觀が、司馬彪の『續漢書』に見られることについては、本書第四章第四節を參照。

（五一）孔子曰、天無二日、土無二王（『禮記』曾子問）。

（五二）孫呉への使者となった鄧芝は、孫權に二主が中國を分治すれば樂しいではないか、と言われた時に、「天に二日無く、土に二王無し」を引用して、魏を滅ぼした後には戰うべきことを告げている（『三國志』卷四十五　鄧芝傳）。

（五三）『三國志』の中で陳壽本人が登場するのが諸葛亮傳の上表文と譙周傳だけであることは、吉川忠夫「解説——陳壽と譙周」（『正史三國志』6、筑摩書房、一九九三年）に指摘されている。また、第三十二巻の評では、劉備と諸葛亮との關係が贊美され、第三十五巻の評では、諸葛亮の政治能力の高さが管仲や蕭何に次ぐと高く評價され、また第四十巻の評では、諸葛亮に貶められた人物達が批判されており、陳壽が諸葛亮を特別に扱っていることが分かる。なお、陳壽の『三國志』において蜀漢が尊重されていることは、今鷹眞「解説」（『三國志』Ⅲ、筑摩書房、一九八九年）、井波律子「解説——陳壽の「仕掛け」」（『正史三國志』5、筑摩書房、一九九三年）にも指摘されている。

（五四）亮毗佐危國、負阻不賓、然猶存錄其言、恥善有遺、誠是大晉光明至德、澤被無疆、自古以來、未之有倫也。……然其聲敎遺言、皆經事綜物、公誠之心、形于文墨、足以知其人之意理、而有補於當世（『三國志』卷三十五 諸葛亮傳）。なお、『諸葛氏集』については、阿部順子〈一九九六〉がある。

（五五）曹丕の卽位に至る過程、ならびに許昌に殘る二碑については、渡邉義浩〈二〇〇四—b〉、〈二〇〇八—c〉を參照。

（五六）陳壽の告代祭天文の掲載方法に込められた意義については、秦蕙田『五禮通考』卷一百二十八 嘉禮 卽位改元も參照。

（五七）本田濟〈一九六二〉は、『史記』を「悲憤の史」、『漢書』を「矜持の史」、『三國志』を「畏懼の史」と評している。『史記』の主題を「天道是か否か」の價値觀とすることは、川勝義雄《一九七三》、『漢書』の主題を「漢王朝の神聖化」とすることは、板野長八〈一九八〇〉を參照。

第五節　陸機の君主觀と「弔魏武帝文」

はじめに

陸機の「弔魏武帝文」は、魏の武帝こと曹操への弔文である。『文心雕龍』哀弔篇では弔文の代表とされ、『文選』には賈誼の「弔屈原文」と竝び、ただ二篇の弔文として收錄されている。その內容について、高橋和巳〈一九五九〉は、彼が理想視していた英雄の日常に常人を發見した淡い失望の念の表白である、と述べるが、果たしてそうであろうか。矢嶋美都子は、弔われる人の美德を明らかにし、亡き人を追想してその魂を慰める、『文心雕龍』の弔文の規定が「弔魏武帝文」には當てはまらないことから、そこに賈謐に阿る意圖と、陳壽や西晉の貴族達を見返す氣持ちを讀みとる。(一)本節は、「辯亡論」に見える陸機の君主觀を踏まえ、「弔魏武帝文」を檢討することで、舊孫吳臣下の西晉への歸屬意識を探り、西晉の君主と貴族制のあり方に對する陸機の主張を檢討するものである。

一、孫吳の滅亡と陸機の上洛

陸機は、祖に陸遜・父に陸抗を持つ孫吳随一の「名士」の家系に生まれたが、二十歲の時に亡國の憂き目をみた。(二)

十年あまり雌伏した後、上洛して西晉に仕えたが、五等爵制により國家的身分制としての貴族制を形成していた西晉において、（三）南北差別に苦しんだ。『晉書』卷五十四 陸機傳に、（四）

又嘗て侍中の王濟に詣るに、濟 ①羊酪を指して機に謂ひて曰く、「卿が吳中は何を以て此に敵せん」と。答へて云ふ、「千里の②蓴羹、未だ鹽豉を下さざるのみ」と。時人 稱して名對と爲す。

と、①「羊酪」、すなわち食という最も身近な文化の違いから、南方を貶めようとする王濟に對して、陸機が②「蓴羹」を擧げて見事な切り返しをみせたことを傳える。（五）盧植の曾孫にあたる盧志は、陸機に對してさらに露骨に、『晉書』卷五十四 陸機傳に、（六）

范陽の盧志、衆中に於て機に問ひて曰く、「①陸遜・陸抗は君に於て近遠なるか」と。機曰く、「②君の盧毓・盧珽に於けるが如し」と。志 默然たり。既に起つ。（陸）雲 機に謂ひて曰く、「邦を殊にすること遐遠なれば、相悉（つまび）らかにせざる容（べ）し。何ぞ此に至るか」と。機曰く、「我が父祖の名は四海に播く。寧んぞ知らざらんや」と。議者此を以て二陸の優劣を定む。

とあるように、中原では、陸機の祖である陸遜・父である陸抗は、名も知られていない、と攻撃した。陸機は、盧志の祖父盧毓・父盧珽の諱を同じように犯して言い返すことにより、父祖の誇りを守り抜いた。こうした舊孫吳の臣下としての南北差別は生涯續き、最終的に盧志らとの確執も、陸機が誅殺に追い込まれる理由になる。

高橋和巳〈一九五九〉は、當時、北人の閒で道學・玄學が持て囃されていたにも拘らず、南人である陸機が身につけていたのは、北人から見れば愚直すぎる名教であったため、北人貴族の中で陸機兄弟が孤立し、明らさまなからかいの言がなされた、とする。しかし、賈皇后のもと張華と竝んで政權を掌握した裴頠が「崇有論」を著して玄學を批判しているように、西晉の貴族が尊重したのは、儒教を根底に持ちながら多くの文化に通じることであり（渡邉義浩〈二〇〇三―a〉）、陸機への差別の理由をその有する文化の質の違いにより説明することはできない。差別が陸機に止まらなかったことは、『晉書』卷六十八 賀循傳に、[七]

> 荊・揚の二州に至りては、戶 各〻數十萬なるも、今 揚州に郎は無く、而して荊州の江南に乃ち一人も京城の職爲る者は無し。誠に聖朝 四方を待つの本心に非ず。

とあるように、元康三（二九三）年ごろ、著作郎の陸機が會稽郡の賀循を勸める上疏の中で、舊孫吳の支配地域の不遇改善を訴えていることからも窺い得る。

こうした中、二陸（陸機・陸雲兄弟）を拔擢した者は、舊蜀臣の陳壽を評價したことでも知られる張華であった。『晉書』卷五十四 陸機傳に、[八]

> 太康の末に至り、（陸機）弟の雲と與に俱に洛に入り、太常の張華に造る。華 素より其の名を重んじ、舊より相識るが如くして曰く、「吳を伐つの役、二俊を獲るを利とす」と。

とあるように、張華は、二陸が上洛する以前から、かれらの名聲を重んじていたという。したがって、『晉書』卷三十六 張華傳には、[九]

> 初め陸機兄弟 志氣 高爽にして、自ら以へらく吳の名家たりと。初めて洛に入るや、中國の人士に推（ゆず）らず。華に見ゆること一面にして舊の如し。華の德範を欽しみ、師資の禮の如くす。

とあるように、上洛の後、「中國」すなわち中原の貴族に讓ることのなかった陸機兄弟が、張華にだけは「舊の如」く打ち解けたという。かかる兩者のあり方は、相互の文學を評價しあったためだけではあるまい。[一〇]

孫吳を滅ぼした後に、いかなる政策を採るべきかという西晉の武帝の策問に對して、『晉書』卷五十二 華譚傳に、[一一]

> 蜀の染化すること日〻に久しく、風教 遂に成る。吳 始めて初附するに、未だ其の化を改めず。……安んずる所

の計は、當に先づ其の人士を籌りて、閭閻に雲翔せしめ、其の賢才を進めて、異禮を以て待すべし。とあるように、華譚は、舊呉の地域を徳化するには、呉の「名士」を拔擢して禮遇すべきであると述べている。陸機の出仕は、西晉の呉への支配を安定させるものと位置づけられていた。このため、『晉書』巻六十九 戴若思傳[一二]に、

（戴若思）陸機の洛に赴くに遇ひ、船裝 甚だ盛んなれば、遂に其の徒と與に之を掠む。

とあるように、陸機の上洛は甚だ盛んな船裝で行われており、陸機が舊孫呉統治地域を代表して上洛したことを窺い得る。張華はこれを踏まえた上で、二陸を高く評價し、中原の貴族に紹介して、その仲間社會への參入を促したのであろう。やがて、二陸は賈謐の「二十四友」[一三]に選ばれるなど、張華の庇護のもと、文學を中心に才能を評價されることにより、徐々ではあるがその地歩を築いていく。あるいは張華は、陸機が上洛するまでの間に著していた「辯亡論」の君主觀に注目していたのかもしれない。

二、「辯亡論」に見える君主觀

陸機の「辯亡論」は、孫呉の興隆と滅亡の原因を論じたもので、孫呉が滅亡した太康元（二八〇）年から、陸機が上洛するまでの間に書かれたものとされ、興膳宏《一九七三》は、その完成を太康九（二八八）年としている。孫堅が漢への忠節を盡くしたことから始まる「辯亡論」は、孫策の時に張昭・周瑜の二傑を得て、江外の地を安定させたことを述べる。その際、『文選』巻五十三 論三 辯亡論[一四]に、

①名賢を賓禮して、張昭 之が雄爲り。豪俊を交御して、周瑜 之が傑爲り。彼の二君子、皆 弘敏にして多奇、雅達にして聰哲なり。故に方（みち）を同じくする者は、類を以て附き、契を等しくする者は、氣を以て集まる。而して②江

東に蓋し士多し。

とあるように、君主の孫策が①張昭と周瑜に代表される臣下を禮遇したこと、および②江東に立派な人物が多くいたことを記すが、この主張は「辯亡論」全體の論旨と大きく關わる。張昭は陸機の外曾祖父にあたる。このためか『晉書』巻五十四 陸機傳に引用される「辯亡論」では、「張昭」を「張公」につくっている。張昭は、曹丕から『典論』を贈られるほど重視されていた。林田愼之助〈一九七九－b〉は、陸機が曹丕の『典論』を讀んだうえで、「文賦」を執筆したと想定している。その曹丕に重視された張昭は、陸機にとって、父祖の陸遜や陸抗とともに、必ず觸れなければならない重要な人物なのである。

孫權が孫策を嗣いだのちも、賢能の士を招くことは續いた。「辯亡論」は、具體名を列擧して、招かれた者たちの活躍を記したあとで、『文選』巻五十三 論三 辯亡論に、(一五)

魏氏は嘗て戰勝の威に藉り、百萬の師を率ゐ、鄧塞の舟を浮かべ、漢陰の衆を下す。……而るに①周瑜は我が偏師を驅り、之を赤壁に黜く。……漢王も亦た帝王の號に憑り、巴漢の人を帥ゐ、危に乘じ變に騁せ、壘を結ぶこと千里。……而るに我が②陸公も亦た之を西陵に挫き、師を覆して敗績せしむ。……故に魏人は好を請ひ、漢氏は盟を乞ふ。遂に③天號に躋り、鼎跱して立つ。

と述べ、①周瑜が曹魏を赤壁の戰いに、祖父の②陸遜が蜀漢を夷陵の戰いに破り、孫權は③卽位して天下に鼎立したことを誇る。しかし、中原の貴族たちは、曹魏・蜀漢・孫吳の三國が鼎立した、という歴史観を認めたがらなかった。元康六（二九六）年ごろ、賈謐の代筆として潘岳が著した「賈謐の爲に作りて陸機に贈る（爲賈謐作贈陸機）」の其の四では、『文選』巻二十四 詩 贈答二に、

南吳伊何　　南吳は伊れ何ぞ

僭號稱王　①僭號して王と稱ふのみ
大晉統天　大晉は天を統べ
仁風遐揚　仁風は遐く揚がれり
僞孫銜璧　②僞孫も璧を銜み
奉土歸壃　土を奉げて壃を歸せり

とあるように、孫吳が皇帝を稱したことは觸れられず、曹魏より認められた①王號を稱したことすら「僭號」と認識されている。したがって、その降伏も②「僞孫」が土を捧げてきたと表現されているのである。むろん、ここには、南人にも拘らず自己に匹敵する文學的名聲を持つ陸機に對する潘岳の憎しみが込められていると考えてよい。

これに對して、陸機は「賈長淵に答ふ（答賈長淵）」の其の四で、『文選』巻二十四　詩　贈答二に、

爰茲有魏　爰に茲の有魏は
即宮天邑　宮に天邑に即きぬ
吳實龍飛　吳は實に龍のごとく飛び
劉亦岳立　劉も亦た岳のごとく立ちぬ

とあるように、三國をあくまで對等に扱うことにより、三國鼎立を表現している。こうした陸機の歴史認識は、西晉に出仕する以前の「辯亡論」において、早くも表現されていたのである。

したがって、孫吳の滅亡について、陸機は、『文選』巻五十三　論三　辯亡論に、（一六）

降りて歸命の初めに及び、典刑　未だ滅びず、故老　猶ほ存す。①大司馬の陸公は、文武を以て朝を熙め、②左丞相の陸凱は、謇諤を以て規を盡くす。……③元首　病むと雖も、股肱　猶ほ良し。爰に末葉に逮びて、羣公　既に喪く、

然る後に黔首に瓦解の志有り、皇家に土崩の釁有り。……軍 未だ浹辰ならずして、社稷は夷びぬ。……④險阻の利、俄然として未だ改まらず。而も成敗 理を貿へ、古今 趣を詭へるは何ぞや。彼此の化 殊に⑤授任の才 異なればなり。

とあるように、滅亡理由を西晉の天威や孫呉の天命が盡きたことに求めることはない。(一七) また、陸機が滅亡原因と考える孫皓が卽位しても、すぐさま衰退したのではないことを主張する。父の①陸抗や②陸凱が輔弼している間は、③「元首が病」んでいても、國家は滅亡しなかった。ところが、股肱の臣が亡くなると、一氣に衰退に向かい「浹辰」(十二日間)も持たずに、孫呉は崩壞した。曹魏や蜀漢の進攻を阻んだ④險阻な地形が變わったわけではない。滅亡の原因は、君主による⑤人の任用に相違があったためなのである。

このように上篇では、孫堅から孫權までの孫呉の興隆が人材の登用によりもたらされ、孫皓の時に滅亡した理由もまた、人材の任用がうまく行われなかったことに求められている。すなわち、本來、江東には人材がおり、それを用いられたか否かによって孫呉の興亡が定まったと陸機は主張しているのである。下篇では、どのような人材登用が國家を隆盛させ、そして衰退させるのか、議論は君主の人材登用に絞られ論じられていく。

孫權が國家を隆盛に導いた理由について、『文選』巻五十三 論三 辯亡論に、(一八)

夫れ呉の桓王は之を基むるに武を以てし、太祖は之を成すに德を以てす。聰明 叡達にして、懿度 弘遠なり。其の賢を求むること及ばざるが如く、民を卹ふること稚子の如くす。……誠を推し士を信じ、人の我をば欺くを恤へず。能を量り器に授け、權の我に逼るを患へず。執鞭 鞠躬して、以て陸公の威を重んじ、悉く武衞を委ねて、以て周瑜の師を濟ふ。

とあるように、陸機は、太祖(孫權)の人材登用は、心の底から士を信頼して、自分が欺かれることを心配せず、能力をはかり器量に應じてすべての権力を委ね、その権力が自分に匹敵することを恐れないほどであったとする。これほどまでの君主の信頼を受けたため、蜀漢を破った祖父陸遜も曹魏を破った周瑜も力を振るい得たのである。君主が臣下を信頼し権力を委ねることこそ、國家が隆盛する祕訣なのである。

これに對して、亡國の君主孫晧は、父陸抗を信頼しなかった。それにも拘らず、『文選』巻五十三 論三 辯亡論に、(一九)

陸公は偏師三萬を以て、北のかた東坑に據り、溝を深くし壘を高くし、甲を按じ威を養ふ。①反虜は跡を跼めて戮を待ちて、敢へて北に生路を窺はず。②彊寇は敗績して宵に遁れ、師を喪ふこと太半なり。

とあるように、陸抗は確かな戦略により、①「反虜」すなわち反亂を起こした歩闡とそれを援助した②「彊寇」すなわち強大な西晉をも破ったのである。したがって、陸抗が孫權の時のように用いられれば、孫吴は西晉に滅ぼされることはなかった。しかし、『文選』巻五十三 論三 辯亡論に、(二〇)

陸公 歿して潛謀 兆し、吴の釁 深くして六師 駭く。夫れ①太康の役、衆 未だ曩日の師より盛ならず。廣州の亂、禍は向時の難より愈なき有り。而るに邦家は顚覆し、宗廟は墟と爲る。嗚呼。②人の云に亡び、邦國の殄瘁する、其れ然らずや。

とあるように、父陸抗が沒してより、孫吴は急速に衰退した。西晉が孫吴を滅ぼした①太康の役における西晉の兵は、さきの曹魏や蜀漢の軍勢よりも盛んではなかったにも拘らず、②偉大な人が亡くなり、國家は滅亡したのである。

陸機は、上篇と同様、下篇でも再び問いかける。孫吴の滅亡した理由はどこにあるのか、と。『文選』巻五十三 陸士衡 辯亡論に、(二一)

吴の興るや、參にして由る。①孫卿の所謂 其の參を合はする者なり。其の亡ぶるに及びては、險を恃むのみ。又 ①孫卿の所謂 其の參を舍つる者なり。夫れ②四州の氓は、衆きこと無きに非ざるなり。大江の南は、俊に乏しきに非ざるなり。山川の險は、守り易きなり。勁利の器は、用ひ易きなり。先政の策は、循ひ易きなり。功 興らずして禍 遘べる者は何ぞや。③之を用ふる所以の者 失すればなり。

と述べる。①「孫卿」すなわち『荀子』を引用したあとの②・③が陸機の「辯亡論」の結論である。孫呉の支配した②四州の地・長江以南は人口の少ない遅れた地域であるわけでも、人材に乏しいわけでもない。③孫皓が人の任用を誤ることによって滅亡したのである。

孫呉の滅亡は、悪逆な君主が人材登用を誤ったためである、という陸機の「辯亡論」の結論は、一般論としては陳腐で面白みに欠ける。かかる凡庸な結論よりも、繰り返される父祖の宣揚に目が行くことは當然で、例えば、小尾郊一《一九七六》は、「辯亡論」は冷徹な史眼をもって書かれたものではない。彼は熱っぽく、祖國の興隆と滅亡、さらには父祖の功業を説いている。冷静に説くにはあまりにも身近な問題でありすぎたのである、と評している。しかし、「辯亡論」は、太康年間の末、すなわち皇太子司馬衷（のちの惠帝）の不慧が知れ渡っていた時期に執筆されている。君主が暗愚で人材登用を誤ると國家は滅亡すると説く「辯亡論」が、父祖の宣揚のためだけでなく、當該時代への警鐘であったことは明らかであろう。皇弟の司馬攸を後繼者に立てようとする臣下の中心であった張華が[二二]、陸機兄弟を高く評價し、西晉貴族社會へと推擧した理由である。そして、陸機は、西晉において正統とされる曹魏の基礎を築いた君主曹操の英雄像をも搖るがそうとする。それが、「弔魏武帝文」である。

三、「弔魏武帝文」の虛構

陸機の「弔魏武帝文」は、自序によれば、『文選』巻六十 弔文 弔魏武帝文に[二三]、元康八年、（陸）機 始めて臺郎を以て、出でて著作に補せられ、祕閣に游びて、魏の武帝の遺令を見る。愾然として歎息し、懷を傷ましむる者 之を久しくす。

とあるように、元康八（二九八）年、著作郎となった陸機が、宮中の文書・典籍の中から魏の武帝曹操の遺令を見て、嘆息し心を痛めて著したものであるという。

曹操の遺令は、『三國志』卷一 武帝紀には、（二四）

遺令して曰く、「天下 尚ほ未だ安定せざれば、未だ古に遵ふを得ざるなり。葬 畢はらば、皆 除服せよ。其れ將兵の屯戍する者は、皆 屯部を離るるを得ず、有司は各〻乃の職に率へ。斂するには時服を以てし、金玉・珍寶を藏すること無かれ」と。

という、薄葬を命じた堂々たるものが傳えられるが、これ以外の内容も類書などに散見する。したがって、堀敏一《二〇〇一》は、曹操は臨終の際、實際にはもっと長い言葉を殘したが、武帝紀には、その中の最も重要な部分だけが記錄されているに過ぎないとする。類書などに殘る遺令を輯めた嚴可均の『全三國文』卷三 魏武帝 遺令には、（二五）

[a]吾 夜半に小しく佳からざるを覺へ、明日に至り、粥を飮むに汗 出で、當歸湯を服す。[b]吾 軍中に在りて法を持するは是なり。小忿怒・大過失に至りては、當に效ふべからざるなり。[c]天下 尚ほ未だ安定せざれば、未だ古に遵ふを得ざるなり。[d]吾 頭病有り、先より幘を著く。吾 死するの後は、大服を持すること存す時の如くせよ。遺れること勿かれ。[e]百官の當に殿中に臨まんとする者は、十五 音を擧げよ。[f]葬 畢はらば、便ち除服せよ。其れ將兵の屯戍する者は、皆 屯部を離るるを得ず。有司は各〻乃の職に率へ。斂するには時服を以てせよ。[g]鄴の西岡上、西門豹の祠と相 近きに葬れ。[h]金玉・珍寶を藏すること無かれ。[i]吾が婢妾と伎人をば皆 勤苦なるも、銅雀臺に著かしめ、善く之に待らせよ。臺堂の上に于て六尺の牀を安め、繐帳を施し、朝晡に脯糒の屬を 上れ。

月の旦十五日には、朝より午に至り、輒ち帳中に向かひ伎樂を作せ。汝ら時時に銅雀臺に登り、吾が西陵の墓田を望め。[j]餘香は分かち諸夫人に與ふ可し。[k]祭を命ぜず。[l]諸〻の舍中に爲す所無きは、組履を作るを學びて賣る可きなり。[m]吾が官を歷て得し所の綬は、皆藏中に著け。吾が餘の衣裘は、別に一藏と爲す可し。能はざる者は、兄弟共に之を分かつ可し。

とある。仙石知子〈二〇〇九〉の分析を參照しながら、嚴可均の典據を探ると、aは『太平御覽』卷八百五十九　糜粥を、bは「弔魏武帝文」を、cは『三國志』武帝紀と『宋書』卷十五　禮二を、dは『太平御覽』卷六百八十七　幘帽を、eは『宋書』卷十五と『通典』卷八十　凶禮二を、fは『三國志』武帝紀と『宋書』卷十五　禮二を典據とする。これらの典據は嚴可均が揭げている。しかし、gはkと同じく、仙石知子〈二〇〇九〉が指摘するように、嚴可均が擧げない『樂府詩集』卷三十一　張正見「銅雀臺」を典據とする。hは『三國志』武帝紀と『樂府詩集』卷三十一　張正見「銅雀臺」を、iは「弔魏武帝文」のほか、『世說新語』言語第二、『北堂書鈔』卷一百三十二　服飾、『太平御覽』卷五百　奴婢・卷五百六十　塚墓・卷六百九十九　帳・卷八百二十　火浣布を典據とする。jは「弔魏武帝文」と『樂府詩集』卷三十一　張正見「銅雀臺」を、lは「弔魏武帝文」と『太平御覽』卷六百九十七　履を、mは「弔魏武帝文」を典據とする。

以上の分析により、第一に、a・d・e・g・kが、『三國志』武帝紀にも「弔魏武帝文」にも重複しないことから、曹操の遺令は本來、『三國志』と「弔魏武帝文」により傳わるもの以外の部分があったことを確認できる。第二に、『三國志』武帝紀を典據とするc・f・hがすべて他の史料と重複することに對して、「弔魏武帝文」は、b・mという他の史料と重複しない部分を含むという特徵を持つ。i・j・lも、重複するものは、すべて北宋以降の『太平御覽』『樂府詩集』である。すでに唐の『藝文類聚』卷四十　弔が、「晉の陸機の弔魏武帝文に曰く」として、ほぼ全文を引用しており、北宋の類書は、『文選』の「弔魏武帝文」より股引きをしている可能性が高い。すなわち、陸機の「弔魏武帝文」は、曹操の遺令に基づいていることを他書からは實證できない部分を含むのである。第三に、ほぼ同時期に、同じ曹操の遺令を見て書かれたにも拘らず、『三國志』と「弔魏武帝文」とが全く重複しないことは、最大の特徴となろう。陸機が『三國志』の記述を故意に無視したと考えられるためである。『文選』巻六十 弔文 弔魏武帝文に、(二六)

旣に古を睎(み)て以て累(わづらひ)を遺(のぞ)き、信(まこと)に禮を簡にして葬を薄くせんとす。彼の裘紱 何に於て有らん、塵謗を後王に貽すのみ。

とあるように、陸機は、「弔魏武帝文」で曹操が薄葬を命じたことを匂わせている。それにも拘らず、陳壽と同じ部分の曹操の遺令は引用しないのである。

陳壽の『三國志』については、弟の陸雲が陸機への手紙の中で、『陸士龍集』巻八 書 平原に與ふる書 其の九に、(二七)

雲 再拜す。①呉書を定めんと欲するを誨(しめ)さる。雲 昔嘗て已に之を兄に商(はか)る。此れ眞に不朽の事にして、恐らくは十分の好書と同じからず、是れ千載に出づるの事なり。兄の作は必ず自づから昔人より相 去らん。②辯亡は則ち已に是れ過秦の對事にして、當を求め得可きのみ。③陳壽の呉書に、「魏賜九錫文」及び「分天下文」有り。呉書は載せざらん。又 嚴・陸諸君の傳有り。今 當に寫して送らんとす。兄 體中の佳なる者(とき)に、竝びに諸(これ)を思ふ可し。

と述べている。陸機は、陸雲の協力を得ながら、①『呉書』の編纂を考えており、二で檢討した「辯亡論」は、それの基礎ともなるべきもので、陸雲は、それを②賈誼の「過秦論」に匹敵すると稱えている。そして、③陳壽の『三國志』呉書には、「魏賜九錫文」及び「分天下文」を載せるが、兄の『呉書』には載せる必要はないとの見解を示している。

「魏賜九錫文」は、曹魏の文帝曹丕が卽位した際、孫權が藩として稱臣したので、呉王に封建し、九錫を加えた策文であり、『三國志』卷四十七 呉主傳の建安二十五年十一月の條に收められる。「分天下文」は、孫權が卽位した際、蜀漢からの慶賀の使者陳震と、天下を二分して呉帝と漢帝で分治することを盟った文であり、同じく『三國志』卷四十七 呉主傳の黃龍元年六月の條に記錄されている。(一八) 前者は曹魏皇帝に對して孫權が稱臣して王に封建されることを、後者は孫權が蜀漢皇帝と同等に皇帝であることを、それぞれ定めた對外關係文書であるが、そのいずれもが、陸機・陸雲が構想する『呉書』における孫權の位置づけとは異なっていたため、陸雲は載せる必要がないと進言したのである。

陸機の『呉書』は完成せず、『三國志』顧譚傳の裴注などにわずかに殘る程度であるが、三國が鼎立して名實ともに皇帝と稱せない孫權のような場合の表現方法は、「晉書限斷」をめぐる議論の中から窺うことができる。陸機が編纂した『晉紀』について、唐の劉知幾は、『史通』卷二 本紀に、(一九)

陸機の晉書は、三祖を列紀するも、直だ其の事を序し、竟に編年せず。年 既に編まざれば、何の紀か之有らん。

と、批判している。陸機が、西晉の三祖（司馬懿・師・昭）を本紀に入れながらも、本紀に用いるべき編年體の形式で三祖の事績を表現しなかった理由は、三祖が皇帝として卽位していないためである。『初學記』卷二十一 史傳に引く陸機の晉書限斷の議に、(二〇)

三祖は實は終に臣爲り、故に臣爲るの事を書し、傳の如くせざる可からず。此れ實錄の謂なり。而るに名は帝王と同じ、故に自づから帝王の籍にあり、以て紀と稱せざる可からず。則ち追王の義なり。

とあるように、西晉の三祖は、その「實」は臣下であるから臣下として「傳」のように著すべきである。ところが、その「名」は帝王と同じであるから「紀」に所屬させるべきである。こうした名實論に基づいて、陸機の『晉紀』は三祖を本紀に入れながらも列傳として描き、本紀が取るべき編年體の體裁とはしなかったのである。

　陳壽の『三國志』の種本ともなった韋昭の『呉書』は、孫權を本紀に掲げ、孫呉の正統性を高らかに謳うものであった。[三一]孫呉の滅亡以前に著された『呉書』は、それでよい。しかし、西晉によって孫呉が滅ぼされたあとの『呉書』において、孫權は本紀に入れるべきなのか、列傳とすべきなのか。陳壽は孫權を劉備とともに列傳に置いた。そのうえで、春秋の筆法を用いて、蜀漢の正統を『三國志』の中に潛ませた（本書第三章第四節）。そこでは、孫呉は「三國」志という體裁を整える役割を果たしただけである。陸機・陸雲が『三國志』の呉書に滿足できるはずはない。「魏賜九錫文」は、孫權を皇帝の曹丕が呉王に封建した文章で、孫權は名實ともに臣下となり、列傳として記録するしかなくなる。逆に「分天下文」は、孫權は劉禪に匹敵する皇帝として本紀に書かれるが、曹魏の皇帝を認めない、すなわち西晉が正統を受け繼ぐ曹魏の正統性を否定することになるのである。松本幸男〈一九九五〉が、無内容な外交文書であるから載せる必要がない、とするのは淺薄な憶測に過ぎない。陸機・陸雲の『呉書』における孫權の位置づけ、という最も重要なことを對外關係によって、それぞれが矛盾する方向に定めてしまう文書であるため、載せない方がよいと陸雲は述べたのである。

　このように陸機・陸雲は、陳壽の『三國志』を意識していた。ことに、「名」は臣下であるが、「實」は皇帝であった曹操の扱いに、大きな關心を持っていたと考えてよい。陳壽の曹操觀は、『三國志』巻一　武帝紀に、[三二]

評に曰く、「漢末、天下 大いに亂れ、雄豪 竝びに起こり、而して袁紹 四州を虎眎して、彊盛なること敵莫し。太祖 籌を運らし謀を演べ、宇内を鞭撻す。申・商之法術を攬り、韓・白の奇策を該へ、官方 材を授くるに、各ゝ其の器に因り、情を矯め算に任じて、舊惡を念はず。終に能く皇機を總御し、洪業を克成する者は、惟れ其の明略 最も優れたればなり。抑ゝ非常の人、超世の傑と謂ふ可し」と。

とある評に集約される。かかる曹操への評價を掲げる陳壽の『三國志』は、西晉の貴族社會に高い評價で受け入れられた。夏侯湛は陳壽の書を讀み、自らの『魏書』を放棄したという（『晉書』卷八十二 陳壽傳）。陸機の「弔魏武帝文」が、陳壽の『三國志』に掲げられる曹操の遺令と全く重複しないことは、「非常の人、超世の傑」という陳壽の曹操觀とは異なる像を描こうとする陸機の目的を示すと言えよう。

陸機の「弔魏武帝文」は、「非常の人、超世の傑」という陳壽の曹操評を意識しながら、その名を天下に轟かせた者が、はかなく消滅してしまうことの不可解さを述べることから始まる。そして、曹操ほどの英雄が、その遺令にあまりに細々としたことを記していることを悲嘆するのである。『文選』卷六十 弔文 弔魏武帝文に、（二三）

其の冢嗣に顧命し、四子に貽謀する所以を觀るに、經國の略は既に遠く、隆家の訓も亦た弘し。又 云ふ、「[b]吾 軍中に在りて法を持するは是なり。小忿怒・大過失に至りては、當に效ふべからざるなり」と。善いかな。達人の讜言なり。①姬女を持して季彪を指して、以て四子に示して曰く、「以て汝を累す」と。因りて泣 下る。傷ましいかな。曩には天下を以て自ら任じ、今は愛子を以て人に託す。盡くる者 餘り無きに同じくして、亡ぶる者 存すること無きに得たり。②然れども房闥の內に婉孌し、家人の務に綢繆たるは、則ち密なるに幾きか。又 曰く、「[i]吾が婕妾・伎人をば、皆 銅雀臺に著かしめ、臺堂の上に於て八尺の牀 繐帳を施し、朝晡に脯糒の屬を 上 れ。月の朝十五には、輒ち帳に向かひ伎を作せ。汝ら時時に銅雀臺に登り、吾が西陵の墓田を望め」と。又 云ふ、「[j]餘香は分かち諸夫人に與ふ可し。[l]諸〻の舍中に爲す所無きものは、履組を作るを學びて賣れ。[m]吾が官を歷て得し所の綬は、皆 藏中に著け。吾が餘の衣裘は、別に一藏と爲す可し。能はざる者は、兄弟 共に之を分かつ可し」と。③既にして竟に分かてり。亡者は以て求むること勿かる可し、存者は以て違ふこと勿かる可し。求むると違ふと其れ兩つながら傷ましからざらんや。

とある。陸機の眼目は、②家庭内のことに未練を残し、家人の務めに配慮するのは、細か過ぎる。天下の英雄として女々しい、と曹操を批判することにある。その論據は、「房闥の內」としては、①女兒を抱き、末子の曹彪を指さして、四人の子にめんどうを見てやってくれと頼むこと、およびm印綬と衣裘を兄弟で分けることが擧げられ、「家人の務」としては、i女官と歌姫を銅雀臺に控えさせること、jあまった香を夫人たちに分けること、そしてl妾たちは組紐の履のつくり方を學ぶことが擧げられている。

すでに検討したように、mは陸機以外に傳えるものはなく、i・j・lも重複するものは、『太平御覽』『樂府詩集』であり、陸機の文章を股引きをしている可能性も高い。となれば、これらの典據は、曹操を貶めるために、陸機が創作した可能性を否定できない。それは、①が歴史的に誤りだからである。

曹操は二十五人の男子に惠まれたが、王位の繼承權を持つものは、嫡妻の卞夫人から生まれた曹丕（文帝）・曹彰・曹植・曹熊の四子であった。もちろん、曹操臨終の場で①末子の曹彪を託されたとされている四子が、曹丕を含めた四人の卞夫人の子である、とは書かれていない。しかし、mで「衣裘」を分けてもよい、と言われた兄弟は、文脈上①の四子となり、かれらは實際に③「衣裘」を分けてしまった、という。たまたま居合わせた卞夫人以外の子四人が、嫡妻の四子を差し置いて衣服を分けてしまえるはずはない。したがって、陸機は、曹操が曹丕・曹彰・曹植・曹熊の四人に遺令を述べた、と設定していることになる。

しかし、曹操の臨終に際して、『三國志』卷十九　任城王傳に、[三四]

太祖　洛陽に至り疾を得、驛もて（曹）彰を召す。未だ至らざるに、太祖　崩ず。

とあるように、曹彰はその場に立ち會えていない。陳壽の『三國志』だけではない。『三國志』卷十五　賈逵傳注引『魏略』に、[三五]

魏略曰く、「時に太子（曹丕）鄴に在り、鄢陵侯（曹彰）未だ到らず。……羣寮 天下に變有るを恐れ、喪を發せざらんと欲す。……

とあるように、魚豢の『魏略』にも、曹彰が曹操の崩御に閒に合わず、太子の曹丕は鄴に居たことが記録されている。臨終の際に、曹操が①曹彪を指さしながら、曹丕・曹彰・曹植・曹熊の四子に遺令を傳える、という場面はあり得ないのである。[三六] また、①「季彪」とされている曹彪は、そもそも末っ子ではない。『三國志』巻二十 武文世王公傳の裴松之注に、[三七]

臣松之 案ずるに、「此の傳 母の貴賤を以て次と爲し、兄弟の年を計へず。故に楚王の彪 年 大なると雖も、傳は幹の後に在り。朱建平傳を尋ぬれば、彪 幹より大なること二十歳たるを知るなり」と。

とあるように、曹彪は曹操の臨終時に五歳であった曹幹より二十歳も年長であるという。①が陸機の創作であることは明らかである。となれば、①のほかｍもまた創作であることが定まり、さらには、ともに曹操の女々しさの論據とされるｉ・ｊ・ｌが創作である可能性も生じてくるのである。

陸機の弟陸雲は、兄の執筆を助けるため、曹操の遺跡を調査している。『陸士龍集』巻八 書 平原に與ふる書 其の一に、[三八]

一日 案行し、曹公の器物を幷せ視る。牀・薦席は具はり、寒夏の被は七枚なり。介幘は呉幘の如く、平天冠・遠遊冠 具に在り。……器物は皆 素なり。今 鄴宮に送らる。大尺の閒、數〻前に已に①其の繐帳、及び墓田を望む處を白す。……

とある。中略の部分では、細かな器物に關する報告がなされているが、注目すべきは①「其の繐帳、及び墓田を望む處」にある。「弔魏武帝文」が引用する遺令のｉ「臺堂の上に於て八尺の牀 繐帳を施し、……吾が西陵の墓田を望め」

に該當するためである。陸機が曹操の遺令にある「繐帳」と「墓田」を陸雲に調査させたのか、陸雲の調査から陸機がこの部分の遺令を創作したのか、を判斷することはできない。ただし、陸機が陸雲の調査を通じて、遺令を創作し得るだけの材料を有していたことは、「與平原書」より窺うことができるのである。

このように陸機は、曹操の女々しさを誇張するため、①四子に曹彪を託すこと、およびm印綬と衣裘を兄弟で分けることを創作し、女性たちへの遺令i・j・lを創作、ないしは嚴可均が輯めたような多くの内容の中から、ことに女々しい部分を故意に取り上げたと考えてよい。

このののち「弔魏武帝文」は、曹操の天下平定を描き、曹操が劉備討伐の途中で危篤となって、薨去したことを記す。そして、最後に曹操を評して、『文選』巻六十 弔文 弔魏武帝文に、(三九)

①內顧の纏緜を惜しみ、末命の微詳を恨む。②廣念を履組に紆ひ、清慮を餘香に塵す。……既に古を睎て以て 累を遺き、信に禮を簡にして葬を薄くせんとす。彼の裘紱 何に於て有らん、塵謗を後王に貽すのみ。嗟 大戀の存する所、故に哲なりと雖も忘れず。遺籍を覽て以て慷慨し、茲の文を獻じて悽傷す。

と述べている。ここにおいても、陸機は、曹操が①家族の將來を惜しんだため、遺言が細かくつまらないものになった理由を②廣大な志は履の紐にからみとられ、清らかな精神はあまった香に汚されてしまった、と女性たちへの遺令に求めている。陸機は、臨終の場面を創作までして、なぜ曹操を貶めるのであろうか。

陸機の「弔魏武帝文」が、虛構により曹操を貶める理由は、第一に曹操を惡く書くことで中原の貴族が吳に抱く優越意識の淵源を潰すことにある。『晉書』巻五十八 周處傳に、(四〇)

吳 平らぐに及び、王渾 建鄴の宮に登る。釃酒 既に酣にして、吳人に謂ひて曰く、「諸君は亡國の餘、感無きを得んや」と。(周)處 對へて曰く、「漢末 分崩し、三國 鼎立す。魏は前に滅び、吳は後に亡ぶ。亡國の感、豈に惟だ一人のみならんや」と。渾　愧づる色有り。

とあるように、西晉における中原の貴族は、曹魏の「名士」の流れを汲むため、曹魏の滅亡を人ごととして傍観できなかった。したがって、建國の英雄曹操が批判されることは、自らが價値基準を置く、曹魏—西晉の正統性が揺らぐことになるため、中原出身の西晉貴族の優越意識に打撃を與えることになる。孫吳の舊臣の江東人として生きるのではなく、陸機は、文化を基盤とした貴族として、西晉の貴族社會に伍していくために、西晉の淵源である華北を支配した曹魏の祖、曹操を貶めようとしたのである。

第二に、曹操の英雄性を搖るがすことは、君主の用人が適切でない場合には敗れるという「辯亡論」の主張と相俟って、曹操が赤壁の戰いで敗れた理由の説明を補強することになる。こうした女々しい遺令を殘すような君主であるから、我が太祖孫權に敗退したのである、と。

そして、それは第三に、西晉への警鐘に繫がる。武帝司馬炎は、優秀な皇弟司馬攸ではなく、司馬衷（のちの惠帝）の後繼に努めていた。君主に人を得ない場合には、「辯亡論」によれば、曹魏も蜀漢も西晉も孫吳に敗退したのであるから、「弔魏武帝文」で描き出した曹操よりも遙に劣る司馬衷を即位させれば、西晉の未來は危うい。かかる警鐘は、司馬衷ではなく司馬攸の後繼を主張した張華の立場と同じである。陸機は、自己を評價してくれた張華の正しさをここに再確認するのである。

しかし、陸機の思いは屆かず、惠帝が即位して、その不慧を主因に八王の亂が起きた。陸機は、一時、皇帝の地位についた趙王倫の「九錫文」や「禪讓の詔」に關わっているのではないか、という疑いにより廷尉に拘束された。それを救ってくれた者が成都王穎である。こうした中原の混亂を見て、陸機とともに上洛していた顧榮たちは、陸機に吳に歸ることを勸める。しかし、陸機は、『晉書』卷五十四　陸機傳に、[四一]

時に中國 多難にして、顧榮・戴若思ら、咸 機に勸めて吳に還らしめんとす。機 其の才望を負みて、世の難を匡さんことを志す、故に從はず。

とあるように、吳で生きることよりも、中原で貴族として世の難を救うことを選んだ。覇權を握った成都王穎のため、陸機は、貴族に實封を與えることで地方統治を再建できるとする「五等諸侯論」を著し、自らの政策を世に問うた（本書第一章第五節參照）。

そして、盧志の制止を聞かず、河閒王顒とともに長沙王乂の討伐を目指した成都王穎に拔擢され、後將軍・河北大都督として兵を委ねられる。しかし、陸機の指揮に從わない孟超に、「貉奴 能く督を作すや不や（貉奴能作督不）」（『晉書』卷五十四 陸機傳）と罵られる。「貉奴」は南方出身者を差別的に呼ぶ蔑稱であった[四二]。しかし、陸機は、孟超の兄である宦官の孟玖が、成都王穎の寵愛を得ているために、自己の指揮下にある孟超を殺すことすらできなかった。孟超が輕兵で進み戰死すると、孟玖はその死を陸機のためと逆恨みし、成都王穎に讒言した。長沙王乂に七里澗の戰いで大敗したこともあって、陸機は成都王穎に誅殺される。君主に惠まれないための横死であった。

おわりに

陸機は、西晉が滅ぼした舊孫吳地域の支配を安定させる目的もあって張華の厚遇を受けたが、文學に秀でることを梃子とした西晉貴族社會への參入は、盧志や潘岳ら中原貴族の反發を招いた。西晉に出仕する以前に陸機が著していた「辯亡論」は、孫吳の滅亡を暗愚な君主の人材登用の誤りに求めるもので、不慧の皇太子司馬衷の後繼を進める武帝の批判に繋がるものであった。そのうえで、舊孫吳地域の地位向上を目指す陸機は、中原貴族の誇りの淵源でもあった曹操の、英雄と呼ぶにはあまりにも女々しすぎる最期を創作する。「弔魏武帝文」である。

曹操の臨終場面を創作してまで、陸機は曹操を英雄ではなく女々しい存在と描きたかった。それは、舊孫呉出身者を差別する中原貴族の優越性の根源を搖るがし、赤壁の戰いで曹操が敗れたように、司馬衷が後繼となれば西晉の天下も危うくなることを主張するためであった。

しかし、陸機の主張は受け入れられず、陸機その人も八王の亂の中で誅殺された。陸機に歸ることを勸めた顧榮ら舊孫呉支配地域の有力者は、陸機の死をどのように捉えたのであろう。それは、八王の亂の後、司馬睿が中原貴族の王導とともに東晉を建國する際の在地勢力の對應として顯在化するであろう。東晉の建國過程における顧榮らの動向については、改めて論ずることにしたい。

《注》

（一）矢嶋美都子〈二〇〇二〉。なお、陸機に關する中國での研究動向については、劉志偉〈二〇〇六〉、李曉風《二〇〇七》に收める「20世紀以來陸機研究回顧」がある。

（二）孫呉政權の滅亡については、渡邉義浩〈二〇〇〇〉を參照。

（三）西晉において五等爵制と州大中正の制が結びつくことで、國家的身分制としての貴族制が成立したことについては、本書第一章第三節を參照。

（四）又嘗詣侍中王濟、濟指①羊酪謂機曰、卿呉中何以敵此。答云、千里②蓴羹、未下鹽豉。時人稱爲名對（『晉書』卷五十四　陸機傳）。
なお、太宗李世民が御撰した唐修『晉書』陸機傳の持つ偏向については、魯華峯〈二〇〇七〉を參照。

（五）西晉の貴族に食など身近な文化の奢侈を競う風潮があったことについては、福原啓郎〈一九九一〉を參照。

（六）范陽盧志、於衆中問機曰、①陸遜・陸抗於君近遠。機曰、②如君於盧毓・盧珽。志默然。既起。（陸）雲謂機曰、殊邦遐遠、容不相悉。何至於此。機曰、我父祖名播四海。寧不知邪。議者以此定二陸之優劣（『晉書』卷五十四　陸機傳）。ちなみに、この話は『世說新語』方正篇にも潤色のうえ收錄されているが、そこでは、二陸の優劣を判定した議者は、謝安とされている。

（七）至于荊・揚二州、戸各數十萬、今揚州無郞、而荊州江南乃無一人爲京城職者、誠非聖朝待四方之本心（『晉書』卷六十八　賀循傳）。なお、周一良〈一九九八〉は、陸機の上疏まで吳出身の郞が存在しなかったわけではないことを實證している。

（八）至太康末、（陸機）與弟雲倶入洛、造太常張華。華素重其名、如舊相識曰、伐吳之役、利獲二俊（『晉書』卷五十四　陸機傳）。

（九）初陸機兄弟志氣高爽、自以吳之名家。初入洛、不推中國人士。見華一面如舊。欽華德範、如師資之禮焉（『晉書』卷三十六　張華傳）。

（一〇）張華の文學については、林田愼之助〈一九七九―a〉、佐竹保子《二〇〇二》を、陸機の文學については、興膳宏《一九七三》、佐藤利行《一九九五》、松本幸男《一九九五》、姜劍雲《二〇〇三》などを參照。

（一一）蜀染化日久、風教遂成。吳始初附、未改其化。……所安之計、當先籌其人士、使雲翔閶闔、進其賢才、待以異禮（『晉書』卷五十二　華譚傳）。

（一二）（戴若思）遇陸機赴洛、船裝甚盛、遂與其徒掠之（『晉書』卷六十九　戴若思傳）。

（一三）二十四友の構成員の官歷・交友敵對關係・評價履歷・詩文情報については、福原啓郎〈二〇〇八―a〉、および張愛波《二〇〇六》を、その西晉政治における位置づけについては、福原啓郎〈二〇〇九〉を參照。

（一四）①賓禮名賢、而張昭爲之雄。交御豪俊、而周瑜爲之傑。彼二君子、皆弘敏而多奇、雅達而聰哲。故同方者、以類附、等契者、以氣集。而②江東蓋多士矣（『文選』卷五十三　論三　辯亡論）。

（一五）魏氏嘗藉戰勝之威、率百萬之師、浮鄧塞之舟、下漢陰之衆。……而①周瑜驅我偏師、黜之赤壁。……漢王亦憑帝王之號、帥巴漢之人、乘危騁變、結壘千里。……而我②陸公亦挫之西陵、覆師敗績。……故魏人請好、漢氏乞盟。遂③躋天號、鼎峙而立（『文選』巻五十三 論三 辯亡論）。

（一六）降及歸命之初、典刑未滅、故老猶存。①大司馬陸公、以文武熙朝、②左丞相陸凱、以謇諤盡規。……③元首雖病、股肱猶良。爰逮末葉、羣公既喪、然後黔首有瓦解之志、皇家有土崩之釁。……軍未浹辰、而社稷夷矣。……④險阻之利、俄然未改。而成敗貿理、古今詭趣何哉。⑤彼此之化殊授任之才異也（『文選』巻五十三 論三 辯亡論）。

（一七）西晉の滅亡理由を問われた舊孫吳の臣下である吾彥は、天祿・曆數には限りがあり、「此れ蓋し天時なり。豈に人事ならんや（此蓋天時、豈人事也）」と答えている（『晉書』巻五十七 吾彥傳）。松本幸男〈一九九五—a〉も參照。また、柳川順子〈二〇〇一〉は、陸機が五言詩の始祖たる枚乘の直系に自己を位置づけることで、西晉文學に及ぼした南方文學の影響力の大きさを印象づけようとしている、と指摘する。

（一八）夫吳桓王基之以武、太祖成之以德。聰明叡達、懿度弘遠矣。其求賢如不及、卹民如稚子。……推誠信士、不恤人之我欺。量能授器、不患權之我逼。執鞭鞠躬、以重陸公之威、悉委武衞、以濟周瑜之師（『文選』巻五十三 論三 辯亡論）。

（一九）陸公以偏師三萬、北據東坑、深溝高壘、按甲養威。①反虜踠跡待戮、而不敢北窺生路。②彊寇敗績宵遁、喪師太半（『文選』巻五十三 論三 辯亡論）。

（二〇）陸公歿而潛謀兆、吳釁深而六師駭。夫①太康之役、衆未盛乎曩日之師。廣州之亂、禍有愈乎向時之難。而邦家顛覆、宗廟爲墟。嗚呼。②人之云亡、邦國殄瘁、不其然與（『文選』巻五十三 論三 辯亡論）。李周翰の注に、「愈、少也」とある。なお②の典據は、『詩經』大雅 瞻卬である。

（二一）吳之興也、參而由焉。①孫卿所謂合其參者也。及其亡也、恃險而已。又①孫卿所謂舍其參者也。夫②四州之氓、非無衆也。大江之南、非乏俊也。山川之險、易守也。勁利之器、易用也。先政之策、易循也。功不興而禍遘者何哉。③所以用之者失也（『文選』巻五十三 論三 辯亡論）。

（二二）司馬衷・司馬攸をめぐる西晉の皇位繼承問題と張華の關係については、本書第三章第二節を參照。

（二三）元康八年、（陸）機始以臺郎、出補著作、游乎祕閣、而見魏武帝遺令。愾然歎息、傷懷者久之（『文選』巻六十 弔文 弔魏武帝文)。

(二四) 遺令曰、天下尙未安定、未得遵古也。葬畢、皆除服。其將兵屯戍者、皆不得離屯部、有司各率乃職。斂以時服、無藏金玉・珍寶(『三國志』卷一 武帝紀)。

(二五) [a]吾夜半覺小不佳、至明日、飮粥汗出、服當歸湯。[b]吾在軍中持法是也。至于小忿怒・大過失、不當效也。[c]天下尙未安定、未得遵古也。[d]吾有頭病、自先著幘。吾死之後、持大服如存時。勿遺。[e]百官當臨殿中者、十五擧音。[f]葬畢、便除服。其將兵屯戍者、皆不得離屯部。有司各率乃職。斂以時服。[g]葬于鄴之西岡上、與西門豹祠相近。[h]無藏金玉・珍寶。[i]吾婢妾與伎人皆勤苦、使著銅雀臺、善待之。于臺堂上安六尺牀、施繐帳、朝晡上脯糒之屬。月旦十五日、自朝至午、輒向帳中作伎樂。汝等時時登銅雀臺、望吾西陵墓田。[j]餘香可分與諸夫人。[k]不命祭。[l]諸舍中無所爲、可學作組履賣也。[m]吾歷官所得綬、皆著藏中。吾餘衣裘、可別爲一藏。不能者、兄弟可共分之(『全三國文』卷三 魏武帝 遺令)。

(二六) 旣晞古以遺累、信簡禮而薄葬。彼裘紱於何有、貽塵謗於後王(『文選』卷六十 弔文 弔魏武帝文)。

(二七) 雲再拜。誨[①]欲定吳書。雲昔嘗已商之兄。此眞不朽事、恐不與十分好書同、是出千載事。兄作必自與昔人相去。[②]辯亡則已是過秦對事、求當可得耳。[③]陳壽吳書、有魏賜九錫文及分天下文。吳書不載。又有嚴・陸諸君傳。今當寫送。兄體中佳者、可竝思諸(『陸士龍集』卷八 書 與平原書 其九)。なお、『陸士龍集』は古逸叢書本(中華書局、二〇〇四年)を用いた。「與平原書」のテキストについては、釜谷武志〈一九七七〉、逯欽立《一九八四》、松本幸男〈一九九五〉を參照。

(二八) 佐藤利行《一九九〇》は、「魏賜九錫文」を潘勖の「冊魏公九錫文」とし、「分天下文」を三國鼎立の事としているが、ともに誤りである。

(二九) 陸機晉書、列紀三祖、直序其事、竟不編年。年既不編、何紀之有(『史通』卷二 本紀)。なお、『史通』は陸機の著作を『晉書』とするが、『隋書』卷三十三 經籍志二は、「晉紀 四卷」と著録する。また、兪灝敏〈二〇〇八〉も參照。

(三〇) 三祖實終爲臣、故書爲臣之事、不可不如傳。此實錄之謂也。而名同帝王、故自帝王之籍、不可以不稱紀。則追王之義(『初學記』卷二十一 史傳)。

（三一）韋昭の『吳書』については、滿田剛〈二〇〇四〉、高橋康浩〈二〇〇八〉を參照。

（三二）評曰、漢末、天下大亂、雄豪竝起、而袁紹虎眎四州、彊盛莫敵。太祖運籌演謀、鞭撻宇內。擥申・商之法術、該韓・白之奇策、官方授材、各因其器、矯情任算、不念舊惡。終能總御皇機、克成洪業者、惟其明略最優也。抑可謂非常之人、超世之傑矣（『三國志』卷一　武帝紀）。

（三三）觀其所以顧命家嗣、貽謀四子、經國之略旣遠、隆家之訓亦弘。又云、[b]吾在軍中持法是也。至於小忿怒・大過失、不當效也。善乎。達人之讜言矣。①持姬女而指季豹、以示四子曰、以累汝。因泣下。傷哉。曩以天下自任、今以愛子託人。同乎盡者無餘、而得乎亡者無存。②然而婉孌房闥之內、綢繆家人之務、則幾乎密與。又曰、[i]吾婕妤・妓人、皆著銅爵臺、於臺堂上施八尺牀繐帳、朝晡上脯糒之屬。月朝十五、輒向帳作妓。汝等時時登銅雀臺、望吾西陵墓田。又云、[j]餘香可分與諸夫人。[l]諸舍中無所爲、學作履組賣也。[m]吾歷官所得綬、皆著藏中。吾餘衣裘、可別爲一藏。不能者、兄弟可共分之。③旣而竟分焉。亡者可以勿違。求與違不其兩傷乎（『文選』卷六十　弔文　弔魏武帝文）。

（三四）太祖至洛陽得疾、驛召（曹）彰。未至、太祖崩（『三國志』卷十九　任城王傳）。

（三五）魏略曰、時太子（曹丕）在鄴、鄢陵侯（曹彰）未到。……羣寮恐天下有變、欲不發喪。……（『三國志』卷十五　賈逵傳注引『魏略』）。

（三六）『三國志演義』は、陸機の「弔魏武帝文」の誤りに氣がついていたようで、毛宗崗本は「弔魏武帝文」を書き換えて、曹操の「僞」を強調する一方で、遺令を受ける「四子」を曹洪・陳羣・賈詡・司馬懿としている。仙石知子〈二〇〇九〉を參照。なお、黃福康〈二〇〇一〉は、詩文における「風骨」と遺令に見える女々しさの矛盾を指摘しながら、後者を死に臨み精神の內面世界が現れたものとして、陸機の誤りを見逃している。

（三七）臣松之案、此傳以母貴賤爲次、不計兄弟之年。故楚王彪年雖大、傳在幹後。尋朱建平傳、知彪大幹二十歲（『三國志』卷二十　武文世王公傳注）。

（三八）一日案行、幷視曹公器物。牀・薦席具、寒夏被七枚。介幘如吳幘、平天冠・遠遊冠具在。……器物皆素。今送鄴宮。大尺間、

數前已白①其繐帳、及望墓田處。……（『陸士龍集』巻八 書 與平原書 其一）。そのほか、「其二」に、曹操の石墨、「其三十」に、曹操の器物の報告がある。

（三九）①惜內顧之纆緜、恨末命之微詳。②紆廣念於履組、塵清慮於餘香。……既睎古以遺累、信簡禮而薄葬。彼裘紱於何有、貽塵謗於後王。嗟大戀之所存、故雖哲而不忘。覽遺籍以慷慨、獻茲文而悽傷（『文選』巻六十 弔文 弔魏武帝文）。

（四〇）及吳平、王渾登建鄴宮。釃酒既酣、謂吳人曰、諸君亡國之餘、得無慼乎。（周）處對曰、漢末分崩、三國鼎立。魏滅於前、吳亡於後。亡國之慼、豈惟一人。渾有愧色（『晉書』巻五十八 周處傳）。

（四一）時中國多難、顧榮・戴若思等、咸勸機還吳。機負其才望、而志匡世難、故不從（『晉書』巻五十四 陸機傳）。

（四二）葉楓宇《二〇〇六》は、西晉の文人の中で士族（貴族）が占める多さを論ずるなかで、陸機などを舊孫吳支配下の文人を中原の文人と區別することなく論じているが、兩者の間には明確な差別があったことを理解しなければ、陸機の著作を內在的に理解することはできまい。

第四章　貴族の諸相

第四章は、曹魏から西晉に生きた「名士」・貴族の時代との關わりを描く。西晉「儒敎國家」は、さまざまな政策が經義に基づくほど、後漢「儒敎國家」に比べて儒敎の役割が增したが、「名士」の存立基盤であった儒敎は、すでに儒敎だけでは卓越性が得られないほど、貴族に身體化されていた。第一節で扱う王肅は、西晉における儒敎の經義を定めた儒學者である。その「理」を尊重する經典解釋は、西晉「儒敎國家」の方向性に大きな影響を與えた。ただし、儒敎だけでは卓越化し得ない貴族は、儒學を根底としながら、玄學・史學・文學の併せて「四學」を兼修することも多くなる。第二節で扱う嵆康は、玄學・文學を貴族の價値基準に据えることに多大な功績があった。むろん、貴族の教養は、「四學」に止まる必要はない。たとえば、孫吳を滅ぼした杜預は、『春秋左氏傳』の解釋を定め、西晉の經學にも影響力を持つ一方で、さまざまな學問に通じていた。第三節は、それらの學問の中から、杜預の曆學を扱っている。こうした貴族の文化の專有に對して、皇帝は文化の收斂者として對應する。第四節では、皇室司馬氏の出身でありながら、『續漢書』を著し、鑑として「漢」の歷史を認識した司馬彪を扱った。そして、これらの文化を基準とした人事によって、五等爵位による固定的な貴族制を打破してこそ、貴族の自律性は輝きを放つ。第五節では、親友の嵆康から絕交されながらも、司馬氏のもとで人事につとめ、貴族の自律性を守り續けた山濤を取りあげる。

第一節　王肅の祭天思想

はじめに

漢の經學を集大成した鄭玄は、六天說と呼ばれる獨自な天の觀念を創り出した。これに對して王肅は、天は昊天上帝だけであるとして、鄭玄の六天說を批判する。(一) 曹魏に仕えながらも司馬氏に心を寄せ、(二) その外孫の司馬炎が西晉を建國するという政治的成功をおさめた王肅は、いかなる現實との關わりの中から、鄭玄批判を繰り廣げたのであろうか。また、王肅の祭天思想は、西晉の國政にどのような影響を與えたのであろうか。本節は、かかる問題關心より、王肅の祭天思想を論じ、その思想史的意義を展望するものである。

一、曹魏明帝の禮制改革と高堂隆

六天說に基づく鄭玄の祭天思想は、後漢で現實に行われていた祭祀とは異なる。それを採用したのは、三國時代の曹魏であった。ただし、曹魏における天の祭祀は、建國當初より鄭玄說に基づいて行われたわけではない。文帝期の郊祀はなお、後漢の制度をそのまま踏襲していた。(三) 郊祀を含めた禮制改革は、明帝の國制改革の一環である。(四)

明帝の國制改革は當初、「公」すなわち國家權力全體の強化という方向性を持っていたが、青龍二（二三四）年、曹魏最大の脅威であった蜀漢の諸葛亮が陣沒すると、皇帝權力のみを強化する「私」的傾斜を見せ始めた（渡邉義浩〈二〇〇三―b〉）。その結果、青龍三（二三五）年より本格化した洛陽の太極殿・昭陽殿などの宮殿造營には、司馬懿・王肅をはじめ、高堂隆までもが反對している。高堂隆は、明帝が即位前、平原王であった時の傅であり、明帝を最期まで支え續けた腹心である。

禮制改革の契機となる靈命瑞圖（玄石圖）が張掖郡より獻上されたのは、そうした青龍三年の末であった。「張掖郡玄石圖一卷　高堂隆撰」と『隋書』卷三十四　經籍志三が著錄するように、高堂隆はこれを宣揚して、宮殿建築などに代わる君主權力強化の手段にしようとした。[五]靈命瑞圖が、洛陽の南郊で天、それも鄭玄說に基づく五天帝の天（具體的には、黃帝含樞紐）に祭られるに至った經緯は、『通典』卷五十五　告禮に、[六]

魏の尙書の薛悌　奏すらく、「涼州刺史の上る所の靈命瑞圖、當に洛陽の留臺に下し、①太尉をして太祖・文昭皇后の廟に醮告せしむべし」と。博士の秦靜　議して曰く、「②靈命瑞圖は、天皇大帝・五精の帝に洛陽に祀る可し。南郊の祭る所に祀り、祭り訖はれば、冊文を奉誥し、脯・醢・酒もて、太祖の廟に告し、冊を石函に藏めよ」と。尙書　奏して曰く、「秦靜の議に、『當に太尉　告祠するに、③武皇帝を以て五精以上の六座に從はせ兼せしめんとす』と。餘衆の神は皆　設けず、牲をば用ひること郊祭の如くせん」と。明帝　詔して、「④天を祀る每に輒ち地を以て配す。今は地をば配せざるか」と。尙書　奏すらく、「孫欽の議に、『周の禮に天を南郊に祀るに、地をば配するの文無し。大魏　受禪して、漢に因り天を祀るに地を以て配す。此れ正月の南郊の常祀を謂ふなり。⑤今　靈瑞を告ぐるに、須らく地を以て配せざるべし』と。王肅の議に、『禮に王父に有事せば、則ち王母を以て配すと。四時の常祀より降りて配せずんばあらず。且つ⑥夫の五精の帝は、地より重きに非ず。今　嘉瑞を奉じて以て告ぐるに、

而るに地 獨り闕くは、義に於て未だ通ぜず。地を以て天に配すは、義に於て正しく宜なり』と」と。詔して曰く、「天を祀るに地を以て配するは、此れ既に正しき義なり。今 瑞を告げ五精の帝を祭るに、⑦則ち地をば闕くを得ざるなり」と。又 詔して曰く、「皇天及び五精に告ぐるに、今 ⑧冊文の中に都て五精の帝を見ざるは、意ふに何を以てなるか」と。尙書 奏すらく、「冊文は、侍中の韋誕が作る所なり。文中の皇皇后帝は、卽ち五精の帝なり。⑨昔舜は受禪し、天に告げて、『皇皇后帝』と云ふ、亦た五精の帝に合ふ。文に於て少なく、分別す可からず。更に五精の字を增す可し」と。奏 可とせらる。

と傳えられる。高堂隆の故君である尙書の薛悌は、[七] 涼州刺史の奉った靈命瑞圖を①太尉の司馬懿に太祖（曹操）の廟に告げさせることにより、司馬懿に曹魏の正統化を擔わせようとした。その際、博士の秦靜が、②靈命瑞圖を洛陽で天皇大帝・五精の帝に祭ったのち、太祖の廟に告げることを提起する。これを受けた薛悌は、③五精以上の六座（天皇大帝＋五精の帝の六天）に武皇帝（曹操）を從祀することを確認した。以上の議では、尙書の薛悌も博士の秦靜も鄭玄の六天說に則り天の祭祀を論じている。となれば、後漢を繼承していた文帝期までの天の祭祀と齟齬を生ずることとなる。ために明帝は、後漢から文帝期に行われていた④天地合祭の必要性を詔で問うた。これに答えて、薛悌は、鄭玄說に基づき、⑤天地合祭を否定するが、王肅は、⑥五精の帝は地より低位であるから、地を配すべきことを主張した。五精の帝を人帝と考えることは、王肅の祭天思想の特徴である。王肅の祭天思想が、机上の空論ではなく、現實の祭天との關わりの中で形成されたことを理解できよう。

明帝は、一方で王肅に贊同して⑦地を配すべきことを詔しながらも、他方で鄭玄說を重視して⑧冊文中に五精の帝がないことを疑問視した。鄭玄の六天說に基づく薛悌が、⑨舜の事例をあげながら、皇皇后帝とは五精の帝のことであるから、分別しやすいように「五精」の字を增すべきことを上奏すると、明帝はそれを可とした。

こうして靈命瑞圖は、鄭玄説に基づき、五天帝（具體的には、黃帝含樞紐）に祭られることになったのである。ただし、明帝は、鄭玄説のなかで最も重要な六天説は採用したものの、地を配すべしとする王肅の見解、すなわち後漢を受けた文帝期の制度も採り入れ、鄭玄の祭天思想の特徴である南郊のほかに圜丘を設けることは、この時點では行わなかった。このことの實施は、後述する改制との關わりで行われることになる。

四百年以上續いた漢を繼承することを國家の存立理念とした蜀漢に對して、漢魏革命を行った曹魏では、革命を正統化し得る祭天思想が望まれた。鄭玄の六天説は、昊天上帝のほかに、五行相生に基づく革命に應じた五天帝をそれぞれの國家の守護神として祭祀することにより、漢魏革命を正統化し得る思想であった（渡邉義浩〈二〇〇七―c〉）。また、鄭玄の祭天思想は、周王以外にも諸侯の魯が郊祀を行うことを許容するものであるので、[八]曹魏以外で祭天を行っている蜀漢・孫吳・公孫氏を諸侯と位置づけ得る。漢以來の感生帝説を繼承する蜀漢、孫堅の感生帝化をめざす孫吳が祭る天は五天帝となり、その祭祀は諸侯に許容された郊祀となるためである。[九]これに對して曹魏が、南郊と圜丘とを持ち、五天帝のほかに昊天上帝を祭れば、あまたの諸侯國の上に屹立する唯一の正統王權の地位に就き得る。これが高堂隆の奉ずる鄭玄説の利點であった。

ただし、鄭玄の六天説は、感生帝説に支えられているため、[一〇]舜を祖先とする系譜が必要であった。曹操をはじめとする曹氏の祖先には、感生帝がいないためである。そこで、高堂隆は、曹氏が舜の子孫であるとの工作を行うとともに（『三國志』卷十四 蔣濟傳注）、圜丘と南郊を併置することにより、鄭玄説に基づく祭天儀禮を完成させることをめざした。『三國志』卷三 明帝紀注に、[一一]

> ①曹氏の系世、有虞氏より出づれば、今②圜丘を祀るに、始祖の帝舜を以て配し、圜丘を號して皇皇帝天と曰ふ。方丘に祭る所を皇皇后地と曰ひ、舜の妃たる伊氏を以て配す。③天郊に祭る所を皇天の神と曰ひ、太祖武皇帝を以

て配す。地郊に祭る所を皇地の祇と曰ひ、武宣后を以て配す。皇考高祖文皇帝を明堂に宗祀して、以て上帝に配す」と。④晉の泰始二年に至り、圜丘・方丘の二至の祀を南北郊に幷はす。

とあるように、明帝は、景初元（二三七）年の詔により、①曹氏の始祖を舜と考え、②圜丘に皇皇帝天（昊天上帝）を祀り、始祖となる感生帝の舜を配すること（圜丘祀天）、および③南郊には皇天の神（五天帝、黄帝含樞紐）を祀り、太祖武皇帝（曹操）を配すること（南郊祭天）を定めたのである。

こうした明帝の禮制改革により、曹魏では鄭玄説に基づき圜丘と南郊・方丘と北郊とが別々につくられ、それは④西晉の泰始二（二六六）年まで存續した。そこには、後漢の祭天儀禮とは異なる、しかも宗教性が高く、漢魏革命を正統化し得る鄭玄説の採用により、曹魏の皇帝權力の強化を圖ろうとする明帝と高堂隆の目論見があったのである。

二、明帝の改制への司馬懿の支持

鄭玄説に基づく祭天儀禮が完成した景初元（二三七）年は、明帝の禮制改革が矢繼ぎ早に行われた歲であった。青龍五（二三七）年一月、黄龍の出現が報告されると、曹魏を地統、建丑の月を正月とする正朔の改制を行い（『三國志』卷三 明帝紀）、景初と改元して三月より楊偉の景初曆を施行した（『晉書』卷十七 律曆志中）。六月には七廟制に基づき三祖を定め、洛陽の南の委粟山に圜丘を造營し、十二月の冬至に始めて圜丘で昊天上帝を祭祀した（『三國志』卷三 明帝紀）。青龍三（二三五）年の靈命瑞圖をめぐる議論の中で、すでに鄭玄説に基づく天の祭祀が提言されながら、その完成も、そしてそれ以外の禮制改革も二年後の景初元（二三七）年にまでずれ込んだ理由は、明帝卽位以來の宿願である改制の機を窺っていたことによる。『宋書』卷十四 禮志一に、次のようにある。[一二]

明帝　卽位するや、①便ち正朔を改むるの意有るも、朝議　異同多く、故に疑を持して決せず。……是に於て公卿より以下に博く議せしむ。侍中の高堂隆　議して曰く、「按ずるに古の文章有りしより以來、帝王の興るや、②受禪之干戈と與に、皆　正朔を改むるは、天道を明らかにし、民心を定むる所以なり。……凡そ③典籍の記す所、此に盡きざるも、略ぼ大較を擧ぐれば、亦た以て明らかにするに足らん」と。

明帝は卽位すると、①直ちに正朔を改めようとしたが、朝議に異論も多く、集議に附すことになった。その場において高堂隆は、②禪讓・放伐に拘らず、改制が必要であることを主張する。議の中略部分で、高堂隆は、『易』『書』『詩』『春秋』のほか、『易通卦驗』『詩推度災』『樂稽曜嘉』『春秋元命苞』という緯書を③典籍として引用している。鄭玄もまた、禪讓・放伐に拘らない改制を主張しており（一三）、高堂隆が鄭玄說に基づき、鄭玄も尊重する緯書を多用して、曹魏における改制の必要性を主張したことが分かる。これに對して王肅は、朝代ごとに正朔を改めることは夏まで行われなかったとし、魏晉は放伐により天下を得た殷周にならって改制を行う必要はないと考えていた（一四）。王肅が、緯書を批判する理由は、鄭玄說が緯書を論據とすることのみならず、現實の政治において直接的な論敵である高堂隆が、壓倒的に緯書を引用することへの對抗もあった、と考え得るのである。

しかし、『宋書』卷十四　禮志一に（一五）、

太尉の司馬懿、尙書僕射の衞臻、尙書の薛悌、中書監の劉放、中書侍郎の刁幹、博士の秦靜・趙怡、中候中詔の季岐、以て宜しく改むべしと爲す。侍中の繆襲、散騎常侍の王肅、尙書郞の魏衡、太子舍人の黃史嗣、以て宜しく改むべからずと爲す。

とあるように、王肅の反對にも拘らず、鄭玄說を奉じて高堂隆と共に明帝の禮制改革を推進していた秦靜・薛悌はもとより、司馬懿までもが改制に贊成したのである。王肅がこの事態にどのように對處したかは後述することにして、

ここでは司馬懿が賛成しているにも拘らず、改制が青龍五（二三七）年まで持ち越された理由を考察したい。

結論的に言えば、明帝・高堂隆には、白あるいは玉が象徵する白德に積極的な司馬懿への恐怖があったのである。太和五（二三一）年、征西大將軍として諸葛亮を擊退し、壓倒的な軍事力を掌握した司馬懿は、翌太和六（二三二）年、玉印を得て明帝に獻上した。高堂隆は、これを瑞祥として、明帝の生母文思皇后の寢堂に告げるよう議したが（『通典』卷五十五 告禮）、玉印もしくは玉が象徵する白德と、文思皇后とは實際には何の關わりもない。白玉を素材とする靈命瑞圖が獻上された翌年の青龍四（二三六）年にも、司馬懿は、白鹿を得て明帝に獻上している（『晉書』卷一 宣帝紀）。明帝は、これを司馬懿の忠誠の證とする詔を發したが、經學的典據は何もない。

曹魏では、文帝のときから、白に關わる瑞祥が多かった。黄初年間（二二〇～二二六年）には、白鹿・白麞・白兔・白雀・白鳩が現れ（『宋書』卷二十八・二十九 符瑞志中・下）、曹魏建國の契機となった黄龍は、延康元（二二〇）年以來、青龍五（二三七）年まで現れていない。明帝と高堂隆が推進する改制では、天統で赤を尊ぶ漢を受けて、曹魏は地統で白を尊ぶことになる。ただし、白だけでは、五行相生で言えば、曹魏の土德を受けて、金德の國家が成立する予兆にも成り得る。司馬懿は、改制に賛成しながら、白の瑞祥を掲げ續けて、國家の交替を予感させることができるのである。ちなみに司馬懿が獻上した白鹿は、晉では十七回も現れ、晉の白德を稱える瑞祥とされている（『宋書』卷二十八 符瑞中）。司馬懿が改制に賛成し、白德の瑞祥を獻上することは、明帝と高堂隆にとって手放しで歡迎できることではなかったのである[一六]。

明帝と高堂隆が司馬懿の白の尊重に對抗するためには、劉歆の說く「三五相包而生」を適應し、「肇化」の黄と「芽化」の白を地統として共に尊重すればよい[一七]。そのために待ち望んだ黄色の瑞祥が、青龍五（二三七）年に現れたのである。『宋書』卷十四 禮志一に[一八]、青龍五年、山茌縣 黃龍 見はると言ふ。(明)帝 乃ち三公に詔して曰く、「……今 三統の次を推すに、①魏は地統を得、當に建丑の月を以て正と爲すべし。之を羣藝に考ふるに、厥の義 彰らかなり。青龍五年春三月を改め、景初元年孟夏四月と爲す。②服色は黃を尙び、犧牲は白を用ひ、戎事は黑首の白馬に乘り、大赤の旗を建て、朝會は大白の旗を建つ。……」と。案ずるに服色 黃を尙ぶは、土行に據ればなり。犧牲・旂旗、一に殷禮を用ひるは、殷の時を行ふが故なり。

とある。明帝は黃龍の瑞祥の出現を機に、改制を斷行し、①曹魏を建丑の月を正月とする地統と規定し、景初と改元するとともに、②服色は五行相生の土德にちなんで黃、犧牲は三統說の白統にちなんで白としたのである。[一九]

こうして明帝と高堂隆は、景初元(二三七)年、鄭玄說に基づき、改制・祭天儀禮・宗廟制などの禮制改革を完成し、曹魏における皇帝權力の正統化を成し遂げたのである。

三、王肅說の「理」と鄭・王兩說の行方

明帝に仕えていた王肅は、鄭玄說に基づく禮制改革に異を唱える中から、自己の學說を作りあげた。[二〇] その批判は、明帝期の現實的な狀況に對する次元を超えて、改革を主導した高堂隆の學說の中心にあった鄭玄說に對抗するための新たな禮說の構築へと向かっていく。

王肅と同樣、明帝期の現實的事情、なかでも曹魏の祖先を舜に求めることに反論した蔣濟も、その批判は鄭玄說に及んだ。『三國志』卷十四 蔣濟傳注に、[二一]

蔣濟の立郊の議に稱すらく、「曹騰碑の文に云ふ、『①曹氏の族 邾より出づ』と。魏書に曹氏の胤緒を述ぶるも亦

た之の如し。……景初に至るに及び、明帝高堂隆の議に従ひ、魏を謂ひて舜の後と爲す。……②濟も亦た未だ氏族の出づる所を定むる能はざれども、但だ謂へらく、「③魏は舜の後に非ず、而るに横に非族を祀り、太祖を降黜し、正天に配せざるは、皆 謬妄爲り」と。然るに時に于て竟に能く正すこと莫し。濟 又④鄭玄の祭法に注するを難じて云ふ、「……玄の説の如くんば、有虞より已上、豺獺に之れ若かざるや。臣 以爲へらく、祭法の云ふ所、學者に疑がはるること久しと。鄭玄 其の違を正すを考へず、而るに通義に就く」と。

とある。蔣濟は、①曹氏の祖先は邾氏であるとし、③祖先ではない舜を祀り、太祖（曹操）を格下げして正天（昊天上帝）に配さないことは誤りであると説く。さらに進んで、六天説の論據である④鄭玄の『禮記』祭法への注に疑問を提する。しかし、蔣濟もまた、②曹氏の出自を定められないのであれば、その批判は水掛け論となり、有效性は低い。

これに對して、王肅の批判は、鄭玄の六天説を支えている感生帝説を否定するという、より根源的で本質的なものであった。殷の始祖の契は、簡狄が燕の卵を呑んで生まれ、周の始祖の后稷は、姜嫄が天帝の足跡を踏んで生まれたとする鄭玄の感生帝説に對して、王肅は、『毛詩正義』巻十七 大雅 生民に、[22]

（王肅）又 其の奏に云へらく、「稷・契の興るは、德を積み功を民事に累ぬるを以てにより、大迹と①燕卵とを以てせざるなり。且つ夫あらずして育むは、乃ち載籍の妖と爲す所以、宗周の喪滅する所なり。②其の意、大迹を履むの事を信ぜず、而も又 棄つるの意を申ぶる能はず。故に以爲へらく、③遺腹の子にして、姜嫄 嫌を避けて之を棄つらんと」と。

とあるように、后稷は天帝の②足跡を踏んで生まれたのではなく、帝嚳の③遺腹の子であり、姜嫄はそれを嫌って棄てたのであろうと解釋して、契の①燕の卵と共に、鄭玄の感生帝説を否定している。感生帝説は、緯書に論據を求めるものであり、荊州學以來の讖緯批判を繼承する王肅には、許容できないものであった。[23]

王肅は、感生帝說や緯書の持つ神祕性を否定し、荊州學の流れを汲む「理」を尊重する解釋に務めたのである。加賀榮治《一九六四》の說く、魏晉の「新」がここにある。しかし、鄭玄の學說は諸經にわたり、精緻な體系性を持つ。したがって、これを打倒するためには、部分的な批判では有效性は低い。王肅は、鄭玄說に代わり得る祭天思想を構築しなければならなかった。

鄭玄の祭天儀禮は、六天說に基づき、冬至には圜丘で昊天上帝を祀り（圜丘祀天）、正月には南郊で五天帝を祭る（南郊祭天）とするものであった。これに對して、王肅は、『禮記注疏』卷二十六　郊特牲に、[二四]

> 聖證論を案ずるに、王肅　鄭を難じて云ふ、「……鄭玄　祭法の『黃帝を禘し及び嚳をば配と爲す』を以て、圜丘の祀とするも、祭法に禘を說くも圜丘の名無し。周官の圜丘は名を禘と爲さず。是れ①禘は圜丘の祭に非ざるなり。……玄　既に祭法を以て嚳を禘すは圜丘と爲し、又　大傳に王者は其の祖のよりて出づる所を禘すとす。而るに玄は又　之を郊に施ひ后稷を祭るとするは、是れ禮の名實を亂すなり。爾雅を案ずるに云ふ、『禘は、大祭なり』と。『繹は、又　祭なり』と。皆　宗廟を祭るの名なり。則ち②禘は是れ五年ごとに大いに先祖を祭るにして、圜丘及び郊に非ざるなり。……又　詩の思文、后稷　配天の頌に、帝嚳　圜丘に配するの文無し。③郊は則ち圜丘なり、圜丘は則ち郊なるを知る。在る所もて之を言はば則ち之を郊と謂ひ、祭る所もて之を言はば則ち之を圜丘と謂ふ。……」と。

とあるように、『聖證論』のなかで、③圜丘と南郊とは同一であり、②禘とは五年ごとの宗廟の大祭であって①圜丘の祭祀ではない、と鄭玄說を批判した。

明帝が景初元（二三七）年に完成した圜丘に昊天上帝を祀る儀禮は、後漢を繼承する文帝期の祭祀と異なるだけでなく、經典解釋としても矛盾を含み、成り立たない。王肅は、鄭玄說を奉じる高堂隆と論爭し、明帝に訴え續けることを目指したのであろう。ところが、圜丘祀天後まもなく高堂隆は卒し、明帝もまた景初三（二三九）年正月に崩御してしまう（『三國志』巻三 明帝紀）。

代わって即位した幼少の曹芳を輔政する者は、司馬懿と曹爽である。曹室復興を志す曹爽は、何晏の玄學を宣揚して皇帝權力の強化をめざす一方で、[25]儒教の論爭からは遠ざかった。景初三（二三九）年十二月には、改制は舊に復され（『宋書』巻十四 禮志一）、正始年間（二四〇～二四九年）以降、郊祀は行われなくなった。[26]一方、司馬懿は儒教の擁護者を標榜し、「名士」の支持を集めていく（本書第一章第一節）。王肅は、鄭玄説を批判しながら祭天思想を構築する一方で、司馬懿との結びつきを模索する。

加賀榮治《一九六四》によれば、正始年間の末ごろに、王肅が著したとされる『孔子家語』巻六 五帝に、[27]

季康子 孔子に問ひて曰く、「舊より五帝の名を聞くも、其の實を知らず。請ひ問ふ、何を五帝と謂ふか」と。孔子曰く、「昔 丘や諸（これ）を①老聃に聞けり。曰く、『天に五行有り、木・火・金・水・土なり。時を分け化育して、以て萬物を成す。其の神 之を五帝と謂ふ』」と。……

〔王肅注〕②五帝は、五行の神にして、天を佐け、物を生ずる者なり。而るに③讖緯、皆 之が名字を爲るは、亦た妖怪妄言爲り。

とある。王肅は、何晏の尊重する①老子の言として、曹爽の玄學宣揚に對抗しながら、②五行の神を五帝であるとする。また、鄭玄説が五天帝の名を緯書に求めることに對して、黄帝含樞紐など③緯書に基づくの五帝の名を「妖怪妄言」と非難している。

さらに同じく、『孔子家語』五帝の王肅注に、[28]

五祀は上公の神なり、故に帝と稱するを得ざるなり。其の序は則ち五正は五帝に及ばず、①五帝は天地に及ばず。

而るに知らざる者、祭社を以て祭地と爲す。亦た之を失すること遠からずや。②且つ土は水・火と與に倶に五行と爲る。是れ地の子なり。子を以て母と爲す。亦た顚倒し、尊卑の序を失せずや。

とある。王肅は、①五帝を天地には及ばない人帝であるとする。地を五帝より下に置く、鄭玄の六天説への對抗である。靈命瑞圖を祭る際にも、王肅は、五精の帝は地より低位であるから、地を配すべしと主張していた。②土は、地の子であるのに、それを五天帝の一つとすることは、尊卑の序を失する、というのである。五帝はあくまで天ではなく人帝であり、天は昊天上帝ただ一柱であるという王肅の祭天思想が、靈命瑞圖をめぐる議論の中から確立していったことを理解できよう。

王肅の祭天思想は、南郊の他に圜丘を置くことがなかった後漢の現實の祭天儀禮を繼承し、鄭玄説に基づく曹魏明帝の禮制改革を批判するものでもある。それを踏まえたうえで、さらに思想史的に最も重要なことは、王肅の祭天思想が荊州學を繼承し、「理」に基づいて感生帝説を否定したうえに成立していることであり、ここに後漢の現實との差異をみることができる。これが魏晉の「新」である（加賀榮治《一九六四》）。後漢「儒教國家」の國教として、強い宗教性を有していた儒教が、[二九]その宗教性を拂拭していき、朱子學の如き神祕性の低い儒教へと向かっていく思想史の流れは、ここに始まるのである。

かかる重要な思想史上の意義を持つ一方で、王肅は『孔子家語』において、司馬懿の曹爽殺害、司馬師の夏侯玄誅殺・齊王曹芳の廢位を正當化した（渡邉義浩〈二〇〇二―a〉）。『孔子家語』が著された正始年間（二四〇～二四九年）の末には、曹爽を打倒した正始の政變が起こされ、司馬氏の支配が確立していく。したがって、正始年間、詔により、圜丘に關する議を募ったが、ほぼ應ずる者はなかったという。[三〇]曹爽と司馬氏との對峙の中で、司馬昭に娘を嫁がせている王肅に反對してまで、鄭玄説に基づく圜丘祀天を主張する者は少なかったのであろう。高堂隆により、曹魏の瑞祥とされた靈命瑞圖も、白玉という本來の素材から、やがて金德である司馬氏の瑞祥であることが確認されていく。王肅は、靈命瑞圖を、曹魏の變異で將來の瑞祥である、と解釋した張𤦺を顯彰している（『三國志』卷十一　管寧傳附張𤦺傳）。『孔子家語』卷六　五帝に、[三一]

> 孔子曰く、「堯は火德を以て王たり、色は黄を尙ぶ。①舜は土德を以て王たり、色は靑を尙ぶ」と。
> 〔王肅注〕土家は宜しく白を尙ぶべくも、土なる者は四行の主、四季に王たり。五行　事を用ふるに、先づ木の色靑きより起る。是を以て水家は土家を避け白を尙ぶ。

とある。『孔子家語』の五帝篇は、『呂氏春秋』月令・『禮記』月令・『春秋左氏傳』昭公　傳二十九年・『禮記』壇弓を典據とするが、[三二]それらに①土德の舜が靑を尙ぶという記事はない。舜が土德であるのに次の德である金德の白を尊ばず、木德の靑を尊んだとすることは、王肅獨自の主張である。漢魏革命を堯舜革命に準えて正統化した曹魏では、舜とは曹魏を象徵する（渡邉義浩〈二〇〇三―b〉）。すなわち、王肅は金德の象徵である白玉の瑞祥（靈命瑞圖）を土德の明帝が祭ったことを批判しているのである。明帝と高堂隆が改制を斷行してまで正當化した土德の曹魏による白の尊重は、孔子の口を借りて否定され、靈命瑞圖をはじめとする白の瑞祥が、司馬氏のものであったことが、ここでは高らかに宣言されている。

このように王肅が『孔子家語』で宣揚した司馬氏は、王肅の外孫である司馬炎の時に、曹魏の禪讓を受けて西晉を建國することになる。『宋書』卷十六　禮志三に、[三三]

> 是（泰始二）年十一月、有司　又　議奏すらく、「古者　丘・郊　異ならず。宜しく①圜丘・方澤を南北郊に幷はせ、更めて壇兆を脩治し、其の二至の祀は、二郊に合はすべし」と。帝　又　之に從ふ。②一に宣帝の用ふる所の王肅の議の如きなり。是の月　庚寅冬至、帝　親ら圜丘を南郊に祠る。是より後、圜丘・方澤をば別に立てず今に至る。

とあるように、西晉は、曹魏を滅ぼした翌泰始二（二六六）年、曹魏明帝期の禮制改革を否定し、①圓丘（圜丘）と方澤を廢止して南北郊に併せたが、それは、②宣帝司馬懿が用いた王肅の議に從ったためである、と『宋書』は說明する。(三四)最終的には、『晉書』卷十九 禮志上に、(三五)

摯虞 議して以爲へらく、「漢魏の故事は、明堂に五帝の神を祀る。新禮は、五帝は卽ち上帝、卽ち天帝なり。明堂は五帝の位を除き、惟だ上帝を祭る。按ずるに、仲尼稱すらく、『后稷を郊祀して以て天に配し、文王を明堂に宗祀して以て上帝に配す』と。周禮に、『天を祀りて上帝に旅し、地を祀りて四望に旅す』と。望は地に非ず。則ち上帝は天に非ざること、斷じて識る可し。……昔 上古に在り、生きて明王と爲らば、沒さば則ち五行に配せらる。故に太昊を木に配し、神農を火に配し、少昊を金に配し、顓頊を水に配し、黃帝を土に配す。此の五帝なる者は配天の神、同に之を四郊に兆し、之を明堂に報ず。『天を祀るに、大裘して冕す、五帝を祀るも亦た之の如し』と。或もの以爲へらく、『五精の帝は、天を佐け物を育つる者なり』と。前代 相因りて、之を或いは廢すること莫し。晉の初 始めて異議に從ひ、庚午の詔書に、明堂及び南郊、五帝の位を除き、惟だ天神を祀るのみと。新禮奉じて之を用ふ。前に太史令の韓楊 上書すらく、『宜しく舊の如く五帝を祀るべし』と。太康十年の詔 已に施用せらる。宜しく新禮を定め、明堂及び郊に五帝を祀るは、舊の議の如くすべし」と。詔して之に從ふ。

とあるように、摯虞が中心となって制定した新禮により、五帝は、配天の神であり天ではないことが確定する。

西晉において王肅說が採用された背景には、司馬氏との個人的な結びつきのほかに、讖緯思想を利用しない司馬氏の建國過程との思想史的共通性があった。(三六)それは偶然ではない。王肅の「理」に基づく經典解釋は、現實政治における經の「理」に基づく國家の正統性の主張や、國政の經義に基づく運用に、大きな影響を與えたのである。加賀榮治《一九六四》の言葉を借りれば、「新」を求める時代の思潮を生み出す一因となった、と言ってもよいであろう。

こののち、東晉では、賀循により漢と西晉の祭天儀禮に基づく天の祭祀が行われた。(三七)そこには、漢の現實を繼承する王肅説、および晉の正統を繼ぐという意識があり、(三八)王肅の「理」に基づく經典解釋は、南朝に受け繼がれた。一方、北朝では、道教・佛教による皇帝權力の正統化の動きに對抗して、宗教性の強い鄭玄説が有力であった。やがて隋唐を經て北宋が成立すると、祭天儀禮は、具象的な天を祭るのではなく、抽象的で唯一絶對的な存在である天理の祭祀へと變貌していく。(三九)王肅の經典解釋は、北朝系の隋唐の時代に滅んでいくが、その祭天思想に示された「理」は、北宋以降に受け繼がれていくのである。

おわりに

昊天上帝のみを天とし五帝を人帝とする王肅の祭天思想は、曹魏の明帝が鄭玄の六天説に基づき圜丘と南郊を竝設したことに反對する中から形成された。王肅は、荊州學の流れを汲み初めて讖緯思想を否定したように、經典解釋を「理」に基づいて行うことにより、鄭玄説の持つ神祕性を打破する方向性を示した。これが魏晉の「新」である。しかし、王肅説は當初、明帝のみならず司馬懿をも含む臣下の多くに贊同を得なかった。そこで王肅は、『孔子家語』により司馬氏を正當化する一方で、曹魏の靈命瑞圖祭祀に、反對する論據を構築した。

その過程を通じて王肅の祭天思想は、曹魏の鄭玄説に基づく皇帝權力の神祕化・正統化を阻止するために磨かれた。論理性と總合性を手にした王肅の「理」に基づく經典解釋は、讖緯を否定し、感生帝説を唱えない西晉の建國過程や「理」に基づく國政運用に影響を與えたのである。王肅の「理」を尊重する經典解釋は、天子の天への「孝」を中核とする宗教的・神祕的「天」を持つ鄭玄説から、「理」に基づく天へと變貌していく天觀念の轉換點と考え得るが、(四〇)この問題については改めて論ずることにしたい。

《注》

（一）鄭玄と王肅の祭天思想の違いについては、加賀榮治《一九六四》を參照。加賀は、鄭玄說と王肅說の違いとして、祭天思想のほか六宗・社稷・廟制・婚姻の年齡時月、三年喪の月數・同母異父昆弟の喪服などをあげている。なお、伊藤文定〈一九五七〉も參照。

（二）王肅による司馬氏の簒奪行爲の正當化については、渡邉義浩〈二〇〇二―a〉を參照。

（三）『宋書』卷十六 禮志三に、「魏の文帝の黃初二年正月、天地明堂を郊祀す。是の時 魏の都は洛京、而して神祇兆域・明堂・靈臺、皆 漢の舊事に因る（魏文帝黃初二年正月、郊祀天地明堂。是時魏都洛京、而神祇兆域・明堂・靈臺、皆因漢舊事）」とある。また、漢魏禪讓の際に奉ぜられた「魏公卿上尊號奏」でも、『尙書』の「文祖」や『論語』の「皇皇后帝」の解釋が鄭玄說に基づいていないことは、古橋紀宏〈二〇〇五〉に論證されている。

（四）明帝の國制改革、ことに宮殿建設の意義を高く評價するものに、安田二郎〈二〇〇六〉がある。

（五）『三國志』卷二十五 高堂隆傳に、「（高堂）隆 上疏して曰く、『凡そ帝王 都を徙し邑を立つるや、皆先に天地・社稷の位を定め、敬恭して以て之を奉ず。將に宮室を營まんとすれば、則ち宗廟を先と爲し、廄庫を次と爲し、居室を後と爲す。今 圜丘・方澤・南北郊・明堂・社稷は、神位 未だ定まらず、宗廟の制 又 未だ禮の如からず、而るに居室を崇飾し、士民 業を失ふ』と（〈高堂〉隆上疏曰、凡帝王徙都立邑、皆先定天地・社稷之位、敬恭以奉之。將營宮室、則宗廟爲先、廄庫爲次、居室爲後。今圜丘・方澤・南北郊・明堂・社稷、神位未定、宗廟之制又未如禮、而崇飾居室、士民失業）」とあるように、高堂隆は、宮殿建設よりも宗廟など禮制の整備を優先すべしと述べている。

（六）魏尚書薛悌奏、涼州刺史所上靈命瑞圖、當下洛陽留臺、①使太尉醮告太祖・文昭皇后廟。博士秦靜議曰、②靈命瑞圖、可祀天皇大帝・五精之帝於洛陽。祀南郊所祭、祭訖、奉誥册文、脯・醢・酒、告太祖廟、藏册於石函。尚書奏曰、秦靜議、當遣兼太尉告祠、③以武皇帝從五精以上六座。餘衆神皆不設、牲用如郊祭。明帝詔、④毎祀天輒以地配。今不地配耶。尚書奏、孫欽議、周禮祀天南郊、無地配之文。大魏受禪、因漢祀天以地配。此謂正月南郊常祀也。⑤今告靈瑞、不須以地配。王肅議、禮有事於王父、則以王母配。不降於四時常祀而不配也。且⑥夫五精之帝、非重於地。今奉嘉瑞以告、而地獨闕、於義未通。以地配天、於義正宜。詔曰、祀天以地配、此既正義。今告瑞祭於五精之帝、⑦則地不得闕也。又詔曰、告皇天及五精、今⑧册文中都不見五精之帝、意何以耶。尚書奏、册文、侍中韋誕所作。文中皇后帝、卽五精之帝。⑨昔舜受禪、告天、云皇皇后帝、亦合五精之帝。於文少、不可分別。可更增五精字。奏可（『通典』卷五十五 告禮）。

（七）『三國志』卷二十五 高堂隆傳に、「（高堂隆）少くして諸生と爲り、泰山太守の薛悌 命じて督郵と爲す〈〈高堂隆〉少爲諸生、泰山太守薛悌命爲督郵〉」とある。

（八）魯は郊祀を行い得るが、圜丘祀天は許容されない、と鄭玄が考えたことについては、間嶋潤一〈一九八七〉を參照。

（九）公孫淵は、景初元（二三七）年七月、皇帝に卽位していた（『三國志』卷三 明帝紀）。孫吳における孫堅の感生帝化については、渡邉義浩〈二〇〇七―a〉を參照。

（一〇）鄭玄の六天說が感生帝說に支えられていることについては、渡邉義浩〈二〇〇七―c〉また、南澤良彥〈一九八七〉は、王肅が感生帝說を批判した背景にある政治思想を、有德の君主の下、質實な禮敎國家を作ろうとするものであったとする。

（一一）①曹氏系世、出自有虞氏、今②祀圜丘、以始祖帝舜配、號圜丘曰皇皇帝天。方丘所祭曰皇皇后地、以舜妃伊氏配。③天郊所祭曰皇天之神、以太祖武皇帝配。地郊所祭曰皇地之祇、以武宣后配。宗祀皇考高祖文皇帝於明堂、以配上帝。④至晉泰始二年、幷圜丘・方丘二至之祀於南北郊（『三國志』卷三 明帝紀注）。

（一二）明帝卽位、①便有改正朔之意、朝議多異同、故持疑不決。……於是公卿以下博議。侍中高堂隆議曰、按自古有文章以來、帝王之興、②受禪之與干戈、皆改正朔、所以明天道、定民心也。……凡③典籍所記、不盡於此、略擧大較、亦足以明也（『宋書』卷十

四 禮志一）。

（一三）鄭玄は、「帝王 代を易ふるに、改制せざるは莫し。堯は建丑を正とし、舜は建子を正とす（帝王易代、莫不改制。堯正建丑、舜正建子）」（『尙書正義』卷三 舜典）と述べ、すべての帝王が改制すべきとしている。

（一四）內山俊彥〈一九九六〉を參照。なお、王肅說を尊重する西晉は、改制を行っていない。

（一五）太尉司馬懿、尙書僕射衞臻、尙書薛悌、中書監劉放、中書侍郎刁幹、博士秦靜・趙怡、中候中詔季岐、以爲宜改。侍中繆襲、散騎常侍王肅、尙書郎魏衡、太子舍人黃史嗣、以爲不宜改（『宋書』卷十四 禮志一）。

（一六）津田資久〈二〇〇七〉は、中央で思想的裏付けをした高堂隆と表裏一體となった司馬懿が、玄石圖の宣揚に積極的に關與したとし、その論據として、高堂隆の司馬懿への警戒を示すものとされてきた「臣 黃初の際、天 其の戒を兆し、異類の鳥、燕の巢に育長し、口・爪・胸 赤きを觀しが、此れ魏室の大異なり。宜しく鷹揚の臣を蕭牆の內に防ぐべし。諸王を選び、國に君とし兵を典らしめ、往往にして棊跱し、皇畿を鎭撫し、帝室を翼亮せしむ可し（臣觀黃初之際、天兆其戒、異類之鳥、育長燕巢、口・爪・胸赤、此魏室之大異也。宜防鷹揚之臣於蕭牆之內。可選諸王、使君國典兵、往往棊跱、鎭撫皇畿、翼亮帝室）」（『三國志』卷二十五 高堂隆傳）という言葉の「鷹揚の臣」を、「燕」地「涿郡人」で「赤」德の「漢廣陽順王」の末裔に當たる劉放ら中書官僚である、という理解を掲げる。しかし、『宋書』卷三十二 五行三に、「黃初の末、宮中に鷰 鷹を生むこと有りて、口・爪 倶に赤し。此れ商紂・宋隱と同象なり（黃初末、宮中有鷰生鷹、口・爪倶赤。此與商紂・宋隱同象）」とあるように、これは殷の紂王と宋の君主偃の故事を直接的な典據とする。殷の紂王を放伐した周の武王が黃河の中流で飛び込んできた白魚を捕らえて天を祭ったあと、天の瑞祥として降された赤い鳥について、馬融は、それを獰猛な鷹の屬の鷙鳥であるとし、この出現は武王が紂王を討伐することを示すとして、赤を周に適應させることをせず、鷙鳥の屬性により殷周革命を象徵させている（間嶋潤一〈一九九一〉を參照）。また、宋の君主偃のとき、雀が鸇を生んだが、宋は滅亡したとの故事が、『戰國策』宋・衞 宋康王之時にみえる。赤い鷹が小さい鳥の巢に育つことは滅亡につながり、革命を象徵するのである。一方で、「鷹揚」とは、太公望呂尙を指す（『詩經』大雅 大明）。すなわち高堂隆は、太公望のような力を曹魏內に持つ司馬懿が、魏晉革命を起こすことを心配して、諸王の重用を遺言しているのであり、司馬懿を警戒する「鷹揚の臣」を劉放に比定する津田の議論は破綻している。

（一七）劉歆の三統哲學の理解については、川原秀城〈一九七七〉を參照。

（一八）青龍五年、山荏縣言黃龍見。（明）帝乃詔三公曰、……今推三統之次、①魏得地統、當以建丑之月爲正。考之羣藝、厥義彰矣。改青龍五年春三月、爲景初元年孟夏四月。②服色尚黃、犧牲用白、戎事乘黑首之白馬、建大赤之旗、朝會建大白之旗。……。案服色尚黃、據土行也。犧牲・旂旗、一用殷禮、行殷之時故也（『宋書』卷十四 禮志一）。

（一九）『通典』卷五十五 禮十五によれば、これは博士秦靜の議に基づいて定められたという。

（二〇）古橋紀宏『魏晉時代における禮學の研究』（平成十七年度 東京大學大學院人文社會系研究科博士論文）は、曹魏の明帝の禮制改革に對抗して王肅の禮學が展開されたことを郊祀・社稷・六宗・宗廟・喪服禮にわたって詳細に論じている。

（二一）蔣濟立郊議稱、曹騰碑文云、①曹氏族出自邾。魏書述曹氏胤緒亦如之。……及至景初、明帝從高堂隆議、謂魏爲舜後。……②濟亦未能定氏族所出、但謂、③魏非舜後、而橫祀非族、降黜太祖、不配正天、皆爲謬妄。然于時竟莫能正。濟又④難鄭玄注祭法云、……如玄之說、有虞已上、豺獺之不若邪。臣以爲、祭法所云、見疑學者久矣。鄭玄不考正其違而就通義（『三國志』卷十四 蔣濟傳注）。なお、蔣濟が司馬懿派に屬することは、渡邉義浩〈二〇〇二―a〉を參照。

（二二）（王肅）又其奏云、稷・契之興、自以積德累功於民事、不以大迹與①燕卵也。且不夫而育、乃載籍之所以爲妖、宗周之所喪滅。②其意、不信履大迹之事、而又不能申棄之意。故以爲、③遺腹子、姜嫄避嫌而棄之（『毛詩正義』卷十七 大雅 生民）。なお、坂田新〈一九七四〉は、王肅の詩經注は、鄭玄の博通に及ばず、新義を立てたものも少ないとしている。

（二三）王肅が荊州學の流れを受け、初めて讖緯思想を否定したことは、加賀榮治《一九六四》を參照。なお、南澤良彥〈一九九六〉は、王肅の災異解釋の典據の中心に『荊州占』があったとしている。

（二四）案聖證論、王肅難鄭云、……鄭玄以祭法禘黃帝及嚳爲配、圜丘之祀、祭法說禘無圜丘之名。周官圜丘不名爲禘。是①禘非圜丘之祭也。……玄既以祭法禘嚳爲圜丘、又大傳王者禘其祖之所自出。而玄又施之於郊祭后稷、是亂禮之名實也。案爾雅云、禘、大祭也。繹、又祭也。皆祭宗廟之名。則②禘是五年大祭先祖、非圜丘及郊也。……又詩思文、后稷配天之頌、無帝嚳配圜丘之文。③知郊則圜丘、圜丘則郊。所在言之則謂之郊、所祭言之則謂之圜丘。……（『禮記注疏』巻二十六 郊特牲）。

(二五) 何晏の玄學による皇帝權力の強化については、渡邉義浩〈二〇〇一―c〉を參照。

(二六) 改制が舊に復されたことは、『宋書』巻十四 禮志一に、「（景初三年十二月）太尉屬の朱誕 議すらく、『今 因りて宜しく改むるの際に、還りて舊則を修め、建寅を元首とせば、制に於て便と爲す』と。……（詔して曰く）『其れ建寅の月を以て歲首と爲せ』と（〈景初三年十二月〉太尉屬朱誕議、今因宜改之際、還修舊則、元首建寅、於制爲便。……〈詔曰〉其以建寅之月爲歲首）」とあり、郊祀が行われなくなったことは、『宋書』巻十六 禮志三に、「正始より以後、魏の世を終はるまで、復た郊祀せず（自正始以後、終魏世、不復郊祀）」とある。

(二七) 季康子問於孔子曰、舊聞五帝之名、而不知其實。請問、何謂五帝。孔子曰、昔丘也聞諸①老聃。曰、天有五行、木・火・金・水・土。分時化育、以成萬物。其神謂之五帝。……〔王肅注〕②五帝、五行之神、佐天、生物者。而③讖緯、皆爲之名字、亦爲妖怪妄言（『孔子家語』巻六 五行）。なお、伊藤倫厚〈一九九八〉は、『孔子家語』だけではなく、『孔叢子』『僞古文尚書』も王肅の僞作とする。また、李學勤〈一九八七〉は、新出資料を論據に、『孔子家語』の原型が存在したことを主張している。

(二八) 五祀上公之神、故不得稱帝也。其序則五正不及五帝、①五帝不及天地。而不知者、以祭社爲祭地、不亦失之遠矣。②且土與水・火俱爲五行、是地之子也。以子爲母、不亦顚倒、失尊卑之序也（『孔子家語』巻六 五帝注）。

(二九) 後漢「儒教國家」の國教として、後漢時代の儒教が強い宗教性を有していたことは、渡邉義浩〈二〇〇五―c〉を參照。

(三〇) 『三國志』巻十三 王朗傳附王肅傳注引『魏略』に、「正始中、詔有り圜丘を議すに、普く學士を延く。是の時、郎官及び司徒の領吏二萬余人、復た分布すると雖も、京師に見在する者は、尙ほ且つ萬人なり。而れども書に應じて與に議する者は、略ぼ幾ばく人も無し（正始中、有詔議圜丘、普延學士。是時郎官及司徒領吏二萬余人、雖復分布、見在京師者、尙且萬人。而應書與議者、略無幾人）」とある。

(三一) 孔子曰、堯以火德王、色尙黃。①舜以土德王、色尙靑。〔王肅注〕土家宜尙白、土者四行之主、王於四季。五行用事、先起於木色靑。是以水家避土家尙白（『孔子家語』巻六 五帝）。四部叢刊本『孔子家語』は、王肅注の最後の文を「是以水家避土土家尙白」

につくる。それでは文意が通じず、また前段の注に、「水家尙青、而尙白者、避土家之尙青」とあることから、「土」一字を衍字として「是以水家避土家尙白」と改めた。『孔子家語』は、宋本系統の善本と目される元和古活字版、汲古閣刋本、所謂宋蜀刋大字本ですら僞脱を免れず、刋行に際して有意の臆改の個所が散在することは、山城喜憲〈一九八五、八八、九〇〉を參照。

（三二）宇野精一《一九九六》。また、王肅が引用した書籍をどのように處理したかについては、吉田照子〈二〇〇二〉がある。なお、伊藤文定〈一九七五〉も參照。

（三三）是〈泰始二〉年十一月、有司又議奏、古者丘・郊不異。宜①幷圓丘・方澤於南北郊、更脩治壇兆、其二至之祀、合於二郊。帝又從之。②一如宣帝所用王肅議也。是月庚寅冬至、帝親祠圓丘於南郊。自是後、圓丘・方澤不別立至今矣（『宋書』卷十六 禮志三）。

（三四）これに對して、注（三〇）所揭古橋博士論文は、鄭玄說である五帝は天という認識は殘存しており、泰始二年の段階で天の祭祀がすべて王肅說に變更されたとは言い切れないとしている。

（三五）摯虞議以爲、漢魏故事、明堂祀五帝之神。新禮、五帝卽上帝、卽天帝也。明堂除五帝之位、惟祭上帝。按、仲尼稱、郊祀后稷以配天、宗祀文王於明堂以配上帝。周禮、祀天旅上帝、祀地旅四望。望非地。則上帝非天、斷可識矣。……昔在上古、生爲明王、沒則配五行。故太昊配木、神農配火、少昊配金、顓頊配水、黃帝配土。此五帝者配天之神、同兆之於四郊、報之於明堂。祀天、大裘而冕、祀五帝亦如之。或以爲、五精之帝、佐天育物者也。前代相因、莫之或廢。晉初始從異議、庚午詔書、明堂及南郊、除五帝之位、惟祀天神。新禮奉而用之。前太（醫）〔史〕令韓楊上書、宜如舊祀五帝。太康十年詔已施用。宜定新禮、明堂及郊祀五帝、如舊議。詔從之（『晉書』卷十九 禮志上）。なお「太醫令」を中華書局標點本の校勘に從い「太史令」に改めた。

（三六）西晉がその建國過程において、神祕的な宗教性を超えて經の「理」に基づく國家の正統性を揭げたほか、泰始律令をはじめ、國制の諸政策の典據を經義に求め、國政の運用も經義に基づいたことは、本書第二章第一節を參照。

（三七）『宋書』卷十八 禮志三に、「元帝 江南に中興し、太興元年、始めて更めて郊兆を立つ。其の制度は、皆 太常の賀循、漢晉の舊に依據するなり（元帝中興江南、太興元年、始更立郊兆。其制度、皆太常賀循、依據漢晉之舊也）」とある。

（三八）　司馬彪の『續漢書』、就中その八志が、西晉「儒教國家」再編の鑑とすべき後漢「儒教國家」の諸制度をまとめあげたものであったことについては、本書第四章第四節を參照。ここに晉が漢の傳統を繼ごうとする意欲を見ることができる。

（三九）　宋代までの郊祀の變遷については、小島毅〈一九八九〉を參照。

（四〇）　唐宋變革を契機とした天觀念の變化を「天譴」から「天理」へと捉えることについては、溝口雄三〈一九八七、八八〉を參照。

第二節　嵆康の歴史的位置

はじめに

三國曹魏の末期において、曹氏との婚姻關係と權力への抵抗姿勢のため、司馬昭により刑死に追いやられた嵆康。西順藏〈一九六〇―b〉は、利害や道義という世間がその上に成り立つところのものが僞瞞と虛飾である、それを感じ、それを拒否することに嵆康の反司馬の理由を求めた。嵆康の禮敎無視は、禮敎の僞瞞と虛飾を知り、權力世間からの脫出を志向するものであったが、仙人・隱逸にはなれなかった嵆康は、自分が現にいる世界を自分で否定して傷つく。阮籍が「自然」を觀念し、觀念に身を置こうとしたことに對して、嵆康は「自然」の觀念に自己を外化させなかった。「自然」に從い司馬氏の秩序の中に入ることをせず、心が思う道を生き、強要される道と正面からぶつかった（西順藏〈一九五六―b〉）。このように嵆康の自律性を高く評價する西順藏に對して、福永光司は、その宗敎性に着目する。神の代わりに自己を信じ、祀りの代わりに廣陵散を彈ずる。嵆康の自我は、疎外された現實を克服する努力より生まれる。疎外とは生のはかなさ、および政治の險しい現實と形式化した規範の不自然な束縛であり、嵆康はそれを克服するため竹林の遊びを行い、人間の自然性の回復に努めた。さらに、宗敎的な生の實現を求め、老莊に基づく養神と方術に基づく養形とを行い、その手段として音樂を利用した、とするのである[一]。

また、林田愼之助〈一九七九―c〉は、嵆康の詩に現れた飛翔のイメージに、嵆康の人生觀・世界觀を展開するにあたって、その根底にすえられた莊子の哲學、とりわけ『莊子』逍遙遊篇に見られる鵬の飛翔寓話の影響を見、興膳宏〈一九六一〉は、嵆康の四言詩が、『詩經』の形式を積極的に活用したこと、抒情性に思弁的性質を導入したことを特徴とするとし、そこにアルカイストとしての一面を指摘する。

本節は、嵆康の歷史的位置、具體的には三國時代の「名士」から兩晉南北朝の貴族への橋渡し役に嵆康を位置づけることを目的とする。三國時代の「名士」は、儒教を中心とした文化的諸價値の專有を存立基盤としていた。「名士」から變貌を遂げる貴族は、儒教を根底としながらも「四學三教」に兼通することを存立基盤とするに至る（渡邉義浩〈二〇〇三―a〉）。三國末を生きた嵆康は、かかる文化的價値の變容に大きな役割を果たした。結論的に言えば、嵆康が曹魏的諸價値を受容・深化したことが、貴族の文化資本の志向性に大きな影響を與えたのである。曹魏的諸價値とは、後漢「儒教國家」への反定立として曹操が打ち出した「文學」の宣揚、「名士」の價値基準の中心にあった儒教への挑戰、何晏が中央集權化のために打ち出した玄學を指す（渡邉義浩《二〇〇四》を參照）。これらの曹魏的諸價値は、初發形態としては、君主權力側が有していたものであった。これらを嵆康がどのように君主權力からの自律性を保持する價値へと轉換したのかを檢討することにより、嵆康の歷史的位置を明らかにしていきたい。

一、臥龍と呼ばれ殺されし男

嵆康は、譙國銍縣の出身である。早くに死別した父の嵆昭は、『三國志』巻二十一 王粲傳注引『嵆氏譜』によれば、曹魏に仕えて督軍糧侍御史となった。督軍糧は、ほかに王脩・杜襲に加えられており、軍糧の監察という信頼を必要とする官職であった。曹室と同鄉であることが、信賴の理由であろうか(二)。兄の嵇喜は、西晉で揚州刺史、宗正を歷任する。俗人として描かれることの多い嵇喜であるが、早く父を亡くした嵇康は、親代わりであり、弟の死後その別傳(三)を著す兄を慕っている。嵇康は、兄と母に奔放に育てられた、と「幽憤詩」で回想している。兄の著した『嵇康別傳』によれば、家は代々儒教を學んでおり、嵇康も特定の師には就かなかったが幅廣い學識を持ち、長じてからは老莊を愛好したという（『三國志』卷二十一　王粲傳注引『嵇康別傳』）。

曹室と鄉里を共にする嵇康は、沛王曹霖の娘を娶り(四)、中散大夫に任命された。曹霖は、金鄉公主とともに、曹操の夫人尹氏を母とする。金鄉公主は、何晏の妻である。玄學の創始者であり、吏部尚書として曹爽政權を支えた何晏と(五)、嵇康は近しい姻戚なのである。嘉平元（二四九）年、司馬懿により何晏たちが誅殺されると、福永光司〈一九六二—a〉が推論するように、嵇康は河內の山陽に寓居した。世に言う「竹林の遊び」も、何晏との姻戚關係を持つ嵇康が、政治から距離を置くための韜晦としての側面を持つ(六)。それも、甘露四（二五九）年ごろには終わり、嵇康の身邊は騷がしくなる。司馬氏による皇帝曹髦弑殺の翌年、景元二（二六一）年に、嵇康は出仕を勸める山濤に對して「絶交書」を執筆する。

翌年、嵇康はついに呂安事件により司隸校尉の鍾會に陷れられた(七)。『晉書』卷四十九　嵇康傳に(八)、

> 是に及びて、（鍾會）文帝に言ひて曰く、「嵇康は、臥龍なり、起たす可からず。公　天下に憂ふること無くも、顧(おも)ふに康を以て慮と爲すのみ。因りて譖るに、①康　毌丘儉を助けんと欲するも、賴(さいはひ)にも山濤　聽さず。②昔　齊は華士を戮し、魯は少正卯を誅するは、誠に時を害し教を亂すを以てなり、故に聖賢　之を去る。康・安らは言論　放蕩にして、典謨を非毀す、帝王たる者の宜しく容れざるべき所なり。宜しく釁に因りて之を除きて、以て風俗を淳くすべし」と。帝　既に昵聽して會を信ず。遂に幷はせて之を害す。

とある。林田愼之助〈一九五八〉は、「述志詩」を[九]

潛龍育神軀　　潛龍は神軀を育て
濯鱗戲蘭池　　鱗を濯ひて蘭池に戲る
延頸慕大庭　　頸を延して大庭を慕ひ
寢足俟皇義　　足を寢めて皇義を俟つ
慶雲未垂景　　慶雲は未だ景を垂れず
盤桓朝陽陂　　盤桓す朝陽の陂

と引き、頸を伸ばして何物かを慕い待つ嵆康、臥龍の志は、底の知れぬものとして、鍾會の心膽を寒からしめた、と述べて、『晉書』の「臥龍」を嵆康のみを指すものと理解する。たしかに、『晉書』卷四十九 嵆康傳にも、「人（嵆康を）以て龍章鳳姿と爲す」とあるように、嵆康は龍に例えられていた。しかし、『易經』乾を典據とする「潛龍」と、諸葛亮への評價である「臥龍」とは明確に異なる。ただし、嵆康もまた「與山巨源絕交書」の中で、眞の交友例として敵國の丞相諸葛亮を掲げるように[一〇]、諸葛亮を意識していた。嵆康を刑死させた翌年、鍾會は、蜀漢を滅ぼし、諸葛亮の曹魏への侵入を糾彈している。鍾會は嵆康が龍と呼ばれていたことを踏まえながら、「臥龍」という言葉で、嵆康の危險性を諸葛亮に準えたのである[一一]。

鍾會は、嵆康の何に「臥龍」と表現するほどの脅威を感じていたのであろうか。『晉書』卷四十九 嵆康傳に[一二]、

康 將に東市に刑せられんとす。太學生三千人 以て師と爲すを請ふも、許さず。康 顧みて日影を視、琴を索めて之を彈きて曰く、「昔 袁孝尼 吾に從ひて廣陵散を學ばんと嘗みるも、吾 每に靳みて之を固す。廣陵散 今に於て絕えん」と。時年四十。海內の士、之を痛まざるは莫し。帝 尋く悟りて焉を恨む。

とある。松浦崇〈一九八一〉は、嵆康を師とすることを求めた「太學生三千人」に着目し、嵆康は具體的な行動に轉換できるほどの支持勢力を有しており、鍾會が恐れたのはこの點である、と指摘する。しかし、嵆康が就官したことのある中散大夫には軍の指揮權はなく、またたとえ太學生を組織化しても司馬氏を打倒することはできまい。鍾會が恐れたものは、その軍事力ではない。

前掲した鍾會の讒言は、①「康　毌丘儉を助けんと欲するも、頼に山濤　聽さず」と述べる。同様の理由により、軍事的に嵆康が毌丘儉を助けることは不可能である。しかし、毌丘儉の亂の際に、司馬氏はその權力を失いかけている。病を押して毌丘儉を討伐した司馬師は、平定後七日で病死する。見舞いに驅けつけていた司馬昭は、そのまま軍を率いて洛陽に戻り、輔政の任に就こうとした。しかし、皇帝の曹髦は、司馬昭に引き續き許昌に止まるように命じ、尙書の傅嘏に中外の諸軍を率いて洛陽に歸還することを命じた。司馬氏から軍事力を奪おうとしたのである。司馬昭は、傅嘏と鍾會の策略を採用して皇帝の命を無視、許昌を進發して洛水の南に駐屯、その軍事的壓力により、司馬師と同じ大將軍・侍中・都督中外諸軍事・錄尙書事を拜命して、輔政の任に就いたのである（『晉書』本紀二 文帝紀）。よほど懲りたのであろう。二年後の諸葛誕への討伐の際には、司馬昭は皇帝の曹髦と郭皇太后を奉じて遠征し、二人を自己の監視下に置いている。毌丘儉の亂の際、曹髦は十五歲。司馬氏から軍事力を奪おうとした策略が誰によって立てられたのか、『晉書』は語らない。しかし、その策略を打ち破った鍾會本人から、曹室と婚姻關係がある嵆康が關わっておりました、と告げられたのである。司馬昭の恐怖は理解できよう。加えて②「昔　齊は華士を戮し、魯は少正卯を誅するは、誠に時を害し敎を亂すを以てなり、故に聖賢　之を去る」との言葉は、『孔子家語』始誅を典據とする。司馬氏と姻戚關係を持つ王肅は、『孔子家語』を僞作する中で、司馬氏による曹爽一派の殺害を孔子が少正卯を誅殺したことに準えて正當化していた（渡邉義浩〈二〇〇二―a〉）。鍾會は、きちんとそれを踏まえて糾彈しているのである。

すなわち鍾會の讒言は、曹室と婚姻關係を持つ嵇康が、曹室を輔佐することへの恐怖と、少正卯のように高い名聲を持ち人を惑わせることの危険性から構成されているのである。前者は、曹室を監視下に置いている限り、問題は生じない。つまり、司馬昭および鍾會が恐れたことは後者である。林田愼之助〈一九五八〉は、嵇康は政治・法令・禮制・權力によっても犯し難い、峻嚴な內なる權威を有していた、と後者を表現している。首肯すべき見解である。それでは、嵇康に鍾會も恐れる權威があるとするならば、それは何に由來するのであろうか。姻戚關係にある何晏が始めた玄學への對應から考えていこう。

二、舜の無爲

司馬氏に對する曹室の權力回復を目指す曹爽政權の吏部尙書であった何晏は、儒敎の枠內において老莊思想を復活した。『周易』『老子』『莊子』の三玄を尊重する何晏の思想は、玄學と稱される。何晏は、その著『論語集解』において「舜の無爲」に注を附し、老子の思想に基づく國家支配の中央集權化を圖り、そのための具體的な施策として、人材登用の一元化を目指した（渡邉義浩〈二〇〇一―c〉）。ちなみに、ここでの舜は、堯の後裔とされる後漢に代わった曹魏を象徵している。前述のように嵇康は、沛王曹霖を介して何晏と密接な婚姻關係を持つ。何晏の玄學は、嵇康にいかなる影響を與えているのであろうか。

儒敎において音樂は、禮とともに行政・刑罰の基本に据えられていた。『禮記』樂記の「樂なる者は、天地の和なり。禮なる者は、天地の序なり（樂者、天地之和也。禮者、天地之序也）」という規定は、その理念の端的な表現である。嵇康の「聲無哀樂論」は、堀池信夫によれば、こうした儒敎的價値のもとに縛りつけられていた音樂に、音樂それ自體としての存在價値があることを示した論であるという。[一三] その中で、嵆康は「古の王者」という括りではあるが、「無爲の治」について、[一四]

> 古の王者は、天に承けて物を理め、必ず簡易の教を崇び、①無爲の治を御む。君は上に靜にして、臣は下に順ひ、玄化は潛通して、天人は交泰す。②枯槁の類は、靈液に浸育せられ、六合の內、沐浴は鴻流して、蕩滌は塵垢す。羣生は安逸して、自ら多福を求め、默然として道に從ひ、忠を懷き義を抱くも、其の然らしむる所以を覺へざるなり。

と論じている。嵆康が①「無爲の治」を評價する背景に、何晏の『論語集解』の影響があることは、明白である。「舜の無爲」を肯定することは、舜に象徵される曹魏の正統性を支持し續けることを意味する。ただし、②「枯槁の類」という『莊子』徐無鬼に基づく用語が使用され、養生思想も窺われる點に、嵆康の獨自性がある。何晏は、三玄のうち『莊子』への論及が少なかった。嵆康は、何晏の玄學を繼承しながらも、『莊子』を加えることにより、さらにそれを深化させたと考えてよい。嵆康は、信仰とも言えるほど眞劍に養生思想に取り組んだ。阮籍にも神仙への憧憬は見られる。しかし、それは最終的に阮籍の魂を救濟するものではなかった（渡邉義浩〈二〇〇二—a〉）。これに對して嵆康は、神仙の存在を深く確信する信仰態度と眞摯な求道意識の確立とにおいて、漢代以降の神仙思想のあり方に新たな地平を開いたという。[一五] 何晏における玄學は、あくまでも政治理念としての「無爲」であり、自らの生活態度を律するそれではなかった。これに對して、嵆康の玄學、さらには養生思想は個人の生き方に關わる。嵆康の「釋私論」が『十二門經』の解說に利用されるなど、嵆康の思想は、佛敎受容の精神的な背景にまでなったという（福永光司〈一九六二—a〉）。こうして、君主權力側の價値として宣揚された玄學は、貴族の生き方の指針、あるいは必須の教養として廣がっていくことになったのである。

もちろん、政治理念としての玄學が、嵇康により放棄されたわけではない。「聲無哀樂論」でも「無爲の治」によって「羣生は安逸して、自ら多福を求め、默然として道に從ひ、忠を懷き義を抱くも、其の然らしむる所以を覺へず」と玄學による統治の成果が語られている。また、向秀と養生を論じた「答難養生論」[一六]では、

> 聖人　已を得ずして天下に臨むに、萬物を以て心と爲す。羣生を①在宥するに、身を由（おこな）ふに道を以てし、天下と②自得を同にす。穆然として③無事を以て業と爲し、坦爾として④天下を以て公と爲す。君位に居り、萬國を饗（やしな）ふと雖も、恬として素士の賓客に接するが若きなり。龍旂を建て、華袞を服すと雖も、忽として布衣の身に在るが若し。故に⑤君臣は上に相　忘れ、蒸民は下に家足す。豈に百姓の己を尊ぶことを勸め、天下を割きて以て自ら私し、富貴を以て崇高と爲し、心　之を欲して已まざらんや。

と述べられる。ここでも、嵇康は『莊子』在宥の①「在宥」や『淮南子』原道訓の②「自得」[一七]といった老莊家の言辭により政治のあり方を論じている。さらに、ここで注目したいことは、③「無事を以て業と爲し」という「無爲の治」を推奬する文言とともに、④「天下を以て公と爲す」という政治理念を掲げている點である。『禮記』禮運を典據とする「天下爲公」は、曹魏の禪讓革命の際に掲げられた基本理念で、初代皇帝の文帝曹丕はもとより、明帝も諸葛亮の陣沒までは「公」の政治に努めていた（渡邉義浩〈二〇〇三―b〉）。曹魏的諸價値の繼承者である嵇康は、當然のように曹魏の建國理念を尊重しているのである。しかし、それが「無爲の治」と竝列に置かれている點、結果として「君臣は上に相忘れ、蒸民は下に家足す」と「無爲の治」の實現が示されている點から考えると、文帝が掲げていた傳統的な「公」「私」の捉え方とは異なることが理解できる。嵇康は、文帝曹丕が建國の理念として掲げた「天下爲公」を實現するために、何晏の「無爲の治」を用いようとしているのである。これは、簡曉花〈一九九九〉のごとく、初め儒教に基づきながら、後に老莊を加えて主張された、と考えるべきではない。堀池信夫〈一九八二〉が述べるように、そこ

には、あくまでも儒教の意識が貫かれている。儒教を根底に置きながらも、玄學を身につけることにより卓越性を得、さらには自己の政治思想を構築するという何晏の思想を嵇康は十全に受け継いでいるのである。

以上のように、嵇康は、何晏の玄學を繼承して、その政治理念を展開し、さらに『莊子』を本格的に受容することにより[一八]、個人の生き方の中に玄學を取り入れていった。貴族の教養としての玄學を打ち立てた、と言い換えてもよい。しかし、その根底には儒教が置かれ續けていた。ゆえに、「孝」を正當化の理念として皇帝の廢立・殺害を行うという[一九]欺瞞に滿ちた儒教を掲げる司馬氏の政治手法は、嵇康の許し得ないものであった。

三、七不堪と二不可

後漢「儒教國家」の儒教一尊に挑戰した者は曹操であった。荀彧ら「名士」の價値基準の根底にある儒教を相對化するために「文學」という新たな價値を宣揚するとともに、孝廉による察擧に代わって唯才主義に基づく人事を推進したのである（渡邉義浩〈一九九五〉）。かかる價値觀を繼承しながらも、嵇康が司馬氏の儒教への強い怒りを端的に表現したものが、「與山巨源絶交書」における「七不堪と二不可」である。繁を厭わず、掲げてみよう[二〇]。

> 又 人倫に禮有り、朝廷に法有り、自ら惟ふこと至りて熟するに、必ず堪へざる者七、甚だ不可なる者二有り。臥して晩起を喜むも、當關 之を呼びて置かず。一の堪へざることなり。琴を抱きて行吟し、草野に弋釣せんとするも、吏卒 之を守りて、妄りに動くを得ず。二の堪へざることなり。危坐すること一時にして、痺れて搔くことを得ず、性 復た蝨多く、把搔して已むこと無し。而も當に裹むに章服を以てし、上官を揖拜すべし。三の堪へざることなり。素より書に便ならず、又 書を作るを喜まず、而も人間 多事にして、案に堆く机に盈つ、相 酬答せ

ずんば、則ち教へを犯し義を傷る。自ら勉強めんと欲するも、則ち久しくする能はず。四の堪へざることなり。喪を弔ふを喜まざるに、而も人道 此を以て重しと爲す。己の爲をば未だ恕する者を見ず。怨む所は中傷する者を見んと欲するに至る。瞿然として自ら責むと雖も、然れども性は化す可からず、心を降し俗に順はんと欲すれば、則ち詭にして故より情あらず、亦た終に咎無く譽無きを獲る能はず。此の如きは、五の堪へざることなり。俗人を喜まざるに、而も當に之と事を共にすべく、或いは賓客 坐に盈ち、鳴聲 耳に聒しく、囂塵 臭き處、千變 百伎、人の目前に在り。六の堪へざることなり。心は煩に耐へざるに、而も官事に鞅掌し、萬機 其の心に纏ひ、世故 其の慮に繁し。七の堪へざることなり。又 毎に湯・武を非りて周・孔を薄ず、人間に在りて此の事を止めずんば、會ゞ世に顯るるの教の容れざる所とならん。此れ甚だ不可なることの一なり。剛腸にして惡を疾み、輕肆にして直言し、事に遇へば便ち發す。此れ甚だ不可なることの二なり。促中小心の性を以て、此の九患を統ぶ。外難有らずんば、當に內病有るべし。寧ぞ久しく人間に處る可けんや。

「七不堪」の一・二は、官に就くことにより自由が奪われること、三〜五は、官僚として禮に從うことの不自由、六・七は俗人・俗事と關わることの不快を述べている。しかし、かつて嵇康は、中散大夫という官職に就いている。就官を拒否し續けてきた隱者のような言い譯に說得力はない。また、この部分の儒教に對する攻擊性も強くはない。これに對して、「二不可」は、「湯・武を非りて周・孔を薄ず」と斷言して儒教の聖人を批判し、さらにそうした言辭をすぐに表現してしまうことの不可が述べられる。魯迅〈一九二七〉が、「湯・武を非りて周・孔を薄ず」という一文により、司馬懿（昭の誤り）は嵇康を殺害した、と述べるように、儒教に對する攻擊性は非常に強い。なぜ嵇康は、ここまで聖人を批判するのか。その政治的背景から考えていこう。

「與山巨源絶交書」が書かれた景元二（二六一）年は、司馬昭により皇帝の曹髦が弑殺された翌年にあたる。魏晉革命

は目前に迫っていた。聖人批判の政治的背景は、革命である。革命について嵆康は、「太師箴」[二一]に、

> ①季世 陵遲し、繼體 資を承く。尊に憑り勢を恃み、友とせず師とせず。②天下を宰割して、以て其の私に奉ず。故に君位は益〻侈り、臣路は心を生じ、智を竭くして國を謀り、灰沈を吝します。

と述べている。二で擧げた「答難養生論」に嵆康は、「天下を以て公と爲す」ことを理想的な政治理念として掲げていた。そして、①「季世」となり世が衰えて、「繼體 資を承く」すなわち君主の世襲制が行われるようになった、と說くのである。一見すると、漢魏革命を正當化した『禮記』禮運の「天下爲公」の理論を展開しているようにも見える。『禮記』禮運には[二二]、

> 大道の行はれしや、天下を公と爲し、賢を選び能に與し、講ずること信にして脩むること睦なり。故に人は獨り其の親を親とせず、獨り其の子を子とせず。……是を大同と謂ふ。今 大道 既に隱れ、①天下を家と爲す。各〻其の親を親とし、各〻其の子を子とし、貨力は已の爲にす。……禹・湯・文・武・成王・周公は、此れを由ひて其れ選れたり。此の六君子なる者は、未だ禮を謹しまざる者有らざるなり。……②是を小康と謂ふ。

とある。「天下爲公」の大同の世が終わると「天下爲家」の世襲君主の時代に移るという『禮記』の歴史認識と、①「季世 陵遲し、繼體 資を承く」とする嵆康の歴史認識は、ここまでは同じである。しかし、『禮記』が、世襲君主となった後でも禹・湯・文・武・成王・周公という六君子により禮制が整備されて②「小康」が保たれた、と體制秩序を正當化することには[二三]、嵆康は從わない。②「天下を宰割して、以て其の私に奉」じた結果、君主は奢り昂り、臣下は智惠を盡くして簒奪の機會を窺う。世襲君主では體制は安定しないため、臣下として簒奪を行うに至ったという點において、湯王も武王も、そして司馬氏も同じなのである。湯王も武王も、それを助けた周公旦も『禮記』禮運の語り手である孔子も、「天下を家と爲」した「私」的國家の創始者あるいはその擁護者として、批判されるべき存在なのであ

る。[一四]まして彼らに劣る司馬氏が革命をして良いはずはない。「與山巨源絶交書」の「湯・武を非りて周・孔を薄ず」という一文は、かかる思想的な背景を有していたのである。魏晉革命を目指す司馬昭には、許し難い言辭であった。

それでは、このように儒教を批判するのであれば、人は何を規範として、どのように生きていけばよい、と嵆康は考えていたのであろうか。「釋私論」[一五]に、

夫れ君子と稱する者は、心は是非に措く無くして、行は道に違はざる者なり。何を以て之を言ふ。夫れ氣 靜にして神 虛なる者は、心は矜尙に存せず。體亮にして心達なる者は、情は欲する所に繫はれず。矜尙 心に存せず、故に能く名敎を越へ自然に任ず。情 欲する所に繫はれず、故に能く貴賤を審して物情に通ず。物情 順通す、故に大道 違ふ無く、名を越へ心に任ず、故に是非 措く無きなり。

とある。「名敎を超へ自然」に從って生きていく。これが君子の生き方である、と嵆康は述べる。西順藏〈一九五六―b〉によれば、自然とは彼がそこに位置する構造的世界ではなく、彼自身がそうであるはずのもの、または生き方であるという。兩晉南北朝の貴族の「自然」尊重の淵源の一つをここに求めることもできよう。

嵆康は、禪讓革命と君主の世襲を否定するばかりか、儒敎を超越して「自然」に從って生きるべきことを說いた。曹操の儒敎批判が、孝廉に代わる唯才主義の主張など漢的儒敎の批判に止まっていたことに對して、大膽で徹底的な批判である。儒敎により魏晉革命を正統化しようとしている司馬氏の輔政期に、こうした思想を表現すれば、刑死は免れ得まい。それでは嵆康はなぜ、かかる志を表現、それも文學により表現したのであろうか。

四、言志の文學

曹操の「文學」は、現實世界における自己の權力の正統性の主張であった。漢への挽歌・出征の勞苦を歌う詩・施政方針を吐露する詩、いずれの樂府にも、曹操の志が政治的主張として込められていたのである（渡邉義浩〈一九九五〉）。これに對して、嵆康の文學は、現實とどのように切り結んでいたのであろうか。

嵆康の作品の中で、最も現實との係わりが想定されているものは、「管蔡論」である。大上正美の整理によれば、從來の研究において「管蔡論」は、①時の天子高貴鄕公の太學での下問の際に問題になった議論を受け繼いでいる。②周公旦の攝政に對して反逆を試みて滅びていったが故に歴史上は斷罪される管叔と蔡叔とを弁護し、その再評價を目指した論である。③管蔡弁護が、嵆康自身の司馬氏への反發と司馬氏に叛旗を翻して滅ぼされた毌丘儉への同情とを表明するものであった、とされている。[二六] 嵆康が文學により、現實との關わりの中で志を述べることは、曹操の影響であろう。[二七] しかし嵆康は、曹操のように直接的に志を表現することは、行い得なかった。その內容が、儒教や國家の正統性を脅かすものであるだけに危險を伴うのである。その自覺は「與山巨源絕交書」の「二不可」において、「剛腸にして惡を疾み、輕肆にして直言し、事に遇へば便ち發す」と語られている。ゆえに嵆康の文學は、レトリックを驅使するものとなった。「管蔡論」の結論部分に、[二八]

此の若くんば、三聖の用ふる所は信良にして、周公の誅は宜を得、管蔡の心は理とせらる。爾れ乃ち大義 通ずるを得、外內 兼敍して、相 伐負する者無し。

とある。「管蔡論」は、現實との強い關わり、周公旦に準える司馬氏を批判すべき論旨を持つ文章でありながら、直接的には反亂を起こした管叔・蔡叔だけではなく、それを討伐した周公旦も正しかったとされている。周公旦の聖賢を絕對的な命題としながら、管叔・蔡叔の忠賢も救拔されるという凝ったレトリックが使われているのである（大上正美〈一九九九〉）。ここでは、嵆康自身の司馬氏、あるいはそれに準えられた周公への批判は直接的には述べられていない。

情況に直接的にコミットしないことにより、結果として擬制を根源的に衝く。これを大上正美〈一九八九—b〉は、自己に撤することが逆に時代情況を衝く方法であった、と嵆康の表現を分析する。

かかる特徴は、三に掲げた「與山巨源絶交書」にも見ることができる。「七不堪と二不可」として展開される儒教批判は、直接的には嵆康自身への自責として表現される。自責を徹底することの激しさが、結果として自己が自己であり得ることを許さない現實を根源的に衝くことの激しさに轉位する。大上正美〈一九九九〉は、ここに嵆康の文學の固有の方法論を見る。時代と情況に向けて單純に主張をぶつけるのではなく、時代と情況とを相對化する視點を獲得した自己の內部をくぐり拔けた思想的營み、現實の總體に向けて自己の存否を言語表現に賭けるしかなかった表現者としての嵆康を、そこに見るのである。

表現者であることの重要性は、子の嵆紹に傳えられた。「家誡」に、(二九)

> 人は志無くんば、人に非ざるなり。……夫れ言語は、君子の機、機 動かば 物 應ず、則ち是非の形 著はる。故に愼まざる可からず。

とある。君子は志を持ち、それは言葉によって表現されるべきなのである。「言語は、君子の機」の典據である『周易』繫辭上には、「言行は君子の樞機（言行君子之樞機）」とあり、「行」を含む。嵆康が「言語」に限定したのである。言說により表現することが、志を示すための唯一の方法なのである。嵆康が置かれた政治情況では、「行」により「志」を實現することは、不可能であった。嵆康は、「釋私論」にも、(三〇)

> 夫れ私は以て言はざるをば名と爲し、公は以て言を盡くすをば體と爲す。

と述べ、「公」「私」の分かれ目を言辭に置いている。志ある限りにおいて、表現を續ける。これが「公」である。(三一)自ずから然るままに文學を表現する。これが、「名教を越へ自然に任」ずることであり、「名を越へ心に任ず」ることなのであろう。「心」が無ければ語るべき言葉は生まれない。「與山巨源絶交書」では、あれほど雄弁に自己を表現した嵆康が、同じ「絶交書」であっても、「與呂長悌絶交書」では、自己を語らない。失語し、文學であることを放棄する(大上正美〈一九八九―b〉)。志が無い場合には、自己が自己である「場」を嵆康は文學に求めないのである。逆に考えれば、司馬氏の壓迫の中、政治的には自己を實現できない嵆康は、志の行く場所を、自己が自己である「場」を文學に求めた。

しかし、惡意と血緣によって、表現者の「場」は押し流されたかに見える。鍾會を無視したことは惡意の讒言となり、曹室との血緣關係は阮籍のような韜晦を嵆康に許さなかった。しかし、刑死の直前まで、嵆康の文學の「場」は殘り續けた。「幽憤詩」である。鈴木修次は、哲學者嵆康は「幽憤詩」においては、形而上學を述べて觀念の世界のなかに沈潛しようとはしない。むしろ、沈潛できない感情、哲學ではいやされない感情の處理を文字表現をとおしてなしたのだ。嵆康はここにおいて、哲學とはおのずからちがった文學の存在意義を、その人生の末に近い極點の時期において認識したということも、あるいは可能であるかもしれない、と述べて、嵆康が哲學では表現しきれなかったものを文學で表現しようとした、と理解する(三三)。

自己の志の行き着く「場」を求めて表現し續け已むことのない嵆康の文學、文學者が口舌の徒であるならば、嵆康こそ政治や儒敎から言葉の純粹性を取り出した人物であった。曹操の文學のように、政權の正統性を述べ立てるのではなく、自己の內面を見つめ、自省する文學、兩晉南北朝の貴族が規範とする文學の一つが、ここに出現したのである。

おわりに

嵆康は、自己の志を君主權力から自由な「場」に確保するための文學をつくりあげた。精神の自律の「場」において、自己の志を「自然」のままに表現し續けることにより、體制秩序を正統化している儒教を批判し、君主權力に對する自律性を確保しようとしたのである。こうした權力に對する自律性を鍾會は、そして司馬昭は恐れた。曹魏的諸價値を繼承し、文學・玄學を君主權力の側から貴族の存立基盤へと移行することに大きな役割を果たした嵆康は、曹魏最大の脅威であった「臥龍」諸葛亮に準えられて殺害されたのである。

《注》

（一）福永光司〈一九六二—b〉。嵆康を孤獨な求道者と位置づける興膳宏〈一九八七〉も、嵆康の告白を自らを救おうとする行爲と位置づける點において、宗教性を重視する福永論文に近い。なお、箭曉花〈二〇〇一〉は、福永が嵆康の理想は神仙、とする根據としている「至人」の理解を批判する。また、甲斐勝二〈一九八五〉は、嵆康の詩に込められた思いは、人と人との共感・連帶感を大切にしようとする情感である、としている。

（二）萬繩楠〈一九六四〉は、曹操集團の中核が同鄉出身者により形成されていたとし、それを「譙沛集團」と名付けている。

（三）別傳の內容とその史學上の意義については、渡邉義浩〈二〇〇三—c〉を參照。

（四）『文選』卷十六 賦辛 恨賦 注引王隱『晉書』に、「嵆康の妻は、魏の武帝の孫、穆王林の女なり（嵆康妻、魏武帝孫、穆王林女也）」とある。これに對して、『三國志』卷二十 沛王林傳注には、「嵇康の妻は、林の子の女なり（嵇康妻、林子之女）」とある。松本幸男〈一九九五－b〉が考證するように、それぞれの年齢を考えれば、前者の方が蓋然性は高いのであろうが、確證はない。

（五）何晏の玄學、および曹爽政權については、渡邉義浩〈二〇〇一－c〉を參照。

（六）ただし、グループとしてのいわゆる「竹林七賢」は實際に存在せず、その呼稱は東晉に入ってから創られたものであることについては、福井文雅〈一九五九〉を參照。また、郭熹微〈一九九二〉は、彼らを傳統的知識人の王戎・山濤、玄學名士の阮籍・嵇康、のちに權力に屈伏した向秀と分類している。

（七）呂安事件とは、嵇康の友人である呂安の妻徐氏への兄呂巽の横戀慕を嵇康が仲介していたおり、兄が弟呂安の不孝を訴えた事件である。鍾會は、呂安弁護の證人として嵇康を呼び出し、そのまま被告の立場に追いやって思想的危險性を糾彈し、嵇康處刑を強く求めたのである。これに關して、松浦崇〈一九八一〉、振甫〈一九八〇〉は、『文選』所收の趙景眞「與嵇茂齊書」を呂安から嵇康に與えたものであり、それが嵇康入獄の原因である、とする。これに對して、松本幸男〈一九八一〉、龔斌〈一九八三〉は、呂安の書簡ではない、としている。このほか、嵇康の傳記として、謝大寧《一九九七》、顧志坤《二〇〇七》がある。

（八）及是、（鍾會）言於文帝曰、嵇康、臥龍也、不可起。公無憂天下、顧以康爲慮耳。因譖、①康欲助毌丘儉、賴山濤不聽。②昔齊戮華士、魯誅少正卯、誠以害時亂敎、故聖賢去之。康・安等言論放蕩、非毀典謨、帝王者所不宜容。宜因釁除之、以淳風俗。帝既昵聽信會。遂幷害之（『晉書』卷四十九 嵇康傳）

（九）嵇康の作品は、戴明揚《一九六二》を底本とする。なお、福山泰男〈一九九〇〉は、「述志詩」について、蘭池で身を休めつつ時をまつ潛龍から、網羅をものともせず力強く上昇し天空を翔ける焦鵬へというイメージの變移によって、一首全體が、垂直に上向するという構圖に貫かれている、としている。

（一〇）『文選』卷四十三 書下 與山巨源絶交書に、「近ごろ諸葛孔明は、元直に偪るに蜀に入るを以てせず。華子魚は、幼安に強ふるに卿相を以てせず。此れ能く相 終始し、眞に相 知れる者と謂ふ可し（近諸葛孔明、不偪元直以入蜀。華子魚、不強幼安以卿相。此可謂能相終始、眞相知者也）」とある。

（一一）中國史上、臥龍すなわち諸葛亮は稱贊の對象で有り續けた。歷代の諸葛亮評價については、渡邉義浩〈一九九八〉を參照。ただし、臥龍である、という理由で殺害された者は、嵇康だけである。

（一二）康將刑東市。太學生三千人請以爲師、弗許。康顧視日影、索琴彈之曰、昔袁孝尼嘗從吾學廣陵散、吾每靳固之。廣陵散於今絕矣。時年四十。海內之士、莫不痛之。帝尋悟而恨焉（『晉書』卷四十九　嵇康傳）。

（一三）堀池信夫〈一九八一〉。このほか、「聲無哀樂論」に關する論考は多岐にのぼるが、玉野井純子〈一九九二〉の「『禮記』は、樂の基づくところを心としている。そのため、國家の秩序を保つ際、樂を重んじれば、心もおのずとそれに支配されることになる。嵇康は、樂と心を別の所に位置づけたために、心が國家の秩序に支配されること無く、個人の心というものを、獨立させることができた」という見解は、注目される。また、「聲無哀樂論」の譯には、西順藏〈一九五六―a〉、張前・石黑健一《一九九八》がある。

（一四）古之王者、承天理物、必崇簡易之敎、御①無爲之治。君靜於上、臣順於下、玄化潛通、天人交泰。②枯槁之類、浸育靈液、六合之內、沐浴鴻流、蕩滌塵垢。羣生安逸、自求多福、默然從道、懷忠抱義、而不覺其所以然也（『嵇康集校注』卷五　聲無哀樂論）。

（一五）堀池信夫〈一九七九〉。なお、「養生論」に見られる嵇康と向秀に現れる『莊子』解釋の相違を論じた平木康平〈一九七六〉、道敎との關わりを論じる孫明君〈二〇〇三〉も參照。

（一六）聖人不得已而臨天下、以萬物爲心。①在宥羣生、由身以道、與天下同於②自得。穆然以③無事爲業、坦爾以④天下爲公。雖居君位、饗萬國、恬若素士接賓客也。雖建龍旂、服華袞、忽若布衣之在身。故⑤君臣相忘於上、蒸民家足於下。豈勸百姓之尊己、割天下以自私、以富貴爲崇高、心欲之而不已哉（『嵇康集校注』卷四　答難養生論）。

（一七）馬場英雄〈一九八九〉は、嵇康が窮極においてめざしていたものは、たんに自己の生命の眞實の實現にとどまるものではなく、古昔に實在したと信じられた「大道」の世におけるすべての人々の「自得」の實現であった、としている。

（一八）嵇康の「竹林」の友である向秀が最初に『莊子』の注をつけ、それを展開させて郭象の『莊子』注が著されたことについては、福永光司〈一九六四〉を參照。

（一九）司馬氏が「孝」により、皇帝の廢立・殺害を正當化したことは、渡邉義浩〈二〇〇二—b〉を參照。

（二〇）又人倫有禮、朝廷有法、自惟至熟、有必不堪者七、甚不可者二。臥喜晚起、而當關呼之不置。一不堪也。抱琴行吟、弋釣草野、而吏卒守之、不得妄動。二不堪也。危坐一時、痺不得搖、性復多蝨、把搔無已。而當裹以章服、揖拜上官。三不堪也。素不便書、又不喜作書、而人間多事、堆案盈机、不相酬答、則犯敎傷義。欲自勉強、則不能久。四不堪也。不喜弔喪、而人道以此爲重。己爲未見恕者。所怨至欲見中傷者。雖瞿然自責、然性不可化、欲降心順俗、則詭故不情、亦終不能獲無咎無譽。如此、五不堪也。不喜俗人、而當與之共事、或賓客盈坐、鳴聲聒耳、囂塵臭處、千變百伎、在人目前。六不堪也。心不耐煩、而官事鞅掌、萬機纏其心、世故繁其慮。七不堪也。又每①非湯・武而薄周・孔、在人間不止此事、會顯世敎所不容。此甚不可一也。剛腸疾惡、輕肆直言、遇事便發。此甚不可二也。以促中小心之性、統此九患。不有外難、當有內病。寧可久處人間邪（『文選』卷四十三　書下　與山巨源絕交書）。

（二一）①季世陵遲、繼體承資。憑尊恃勢、不友不師。②宰割天下、以奉其私。故君位益侈、臣路生心、竭智謀國、不吝灰沉（『嵆康集校注』卷十　太師箴）。なお、太師箴については、大上正美〈二〇〇二〉を參照。

（二二）大道之行也、天下爲公、選賢與能、講信脩睦。故人不獨親其親、不獨子其子。……是謂大同。今大道既隱、①天下爲家。各親其親、各子其子、貨力爲己。……禹・湯・文・武・成王・周公、由此其選也。此六君子者、未有不謹於禮者也。……②是謂小康（『禮記』禮運）。

（二三）禪讓を正當化する「天下爲公」と、君主の世襲を正當化する「天下爲家」は、論理上は矛盾する。渡邊信一郎〈二〇〇三—b〉は、漢では天と父祖への孝の實踐としての南郊祭天儀禮により、この矛盾を克服していたと主張する。これに對して、渡邉義浩〈二〇〇八—a〉は、この矛盾の解決が、鄭玄の六天說主張の內的要因の一つとなったと考えている。

（二四）西順藏〈一九六〇—a〉は、これを國家とその體制秩序の私性を原初の公性からはげしく批判している點で特異な思想である、と位置づけている。

（二五）夫稱君子者、心無措乎是非、而行不違乎道者也。何以言之。夫氣靜神虛者、心不存於矜尚。體亮心達者、情不繫於所欲。矜尚不存乎心、故能越名敎而任自然。情不繫於所欲、故能審貴賤而通物情。物情順通、故大道無違、越名任心、故是非無措也（『嵇康集校注』巻六　釋私論）。

（二六）大上正美〈一九九九〉。馬場英雄〈二〇〇二〉は、かかる理解を批判するが、論據の薄弱な推論に過ぎない。

（二七）興膳宏〈一九六一〉は、「歌以〇〇」およびそれに續くルフランの句を有する作品は、曹操父子ならびに嵇康の四人に限られていることなどを掲げ、嵇康の詩が三曹の強い影響下にあることを指摘している。また、船津富彦〈一九六八〉は、嵇康の遊仙詩が名作と言われないのは、曹氏一族の樂府による遊仙文學の影響が極めて強く、表現上、平凡であったためである、としている。

（二八）若此、三聖所用信良、周公之誅得宜、管蔡之心見理。爾乃大義得通、外內兼敍、無相伐負者（『嵇康集校注』巻六　管蔡論）。

（二九）人無志、非人也。……夫言語、君子之機、機動物應、則是非之形著矣。故不可不愼（『嵇康集校注』巻十　家誡）。

（三〇）夫私以不言爲名、公以盡言爲體（『嵇康集校注』巻六　釋私論）。

（三一）ドナルド・ホルツマン〈一九五六〉は、「釋私論」の分析により、「公」になるためにはすべてを語ることである、と嵇康が認識していたとし、そこに黄巾の首過の影響を想定するが、ここでの「公」とは意味が異なる。

（三二）鈴木修次〈一九六三〉。一方、松浦崇〈一九八一〉は、嵇康の「幽憤詩」を、私情の告白による罪の救濟を說く「釋私論」の顯情の哲學が投影された救いを求めて書かれた詩であった、と理解している。

第三節　杜預の春秋長暦

はじめに

春秋時代の暦を復原することは難しい。それでも歴代、春秋の暦法を復原しようとする試みが絶えなかったのは、(一)孔子が筆削したとされる經典『春秋』を解明したいという思いと、『春秋』に三十七例の日食記事があったためであろう。後漢の賈逵の暦論においても、『春秋』の日食記事を正しく算出できるかという基準は、その暦が正しいか否かを判斷する重要な材料であった。(二)

『春秋』が有していた儒教の經典としての役割が終了し、一方でオッポルツェルの『食寶典』により科學的な食理論に基づく日食の計算が可能になってから、春秋時代の暦を復原する試みは、新たな段階を迎えた。(三)『春秋』、中でもそれを歴史的に解釋する左傳が僞作であるか否かをめぐって、(四)『春秋』の暦法の検討が行われたのである。左傳を劉歆の僞作とする飯島忠夫と、それを批判する新城新藏との論爭は有名である。(五)近年では、新たなる史料批判の方法論と新出土史料により、平勢隆郎が精力的な研究を續けている。(六)

西晉の春秋學者である杜預は、春秋時代の暦を復原しようとする最初の本格的な試みである『春秋長暦』を著した。本節は、杜預が何を目的として春秋時代の暦を復原しようとしたのか、その動機に迫るものである。

一、左傳學と暦法

杜預の著した『春秋長暦』とは、隱公元年より始まる各月の一日の干支を示し、『春秋』と左傳に記載された干支が何月何日に當たるかを計算したものである。『晉書』巻三十四 杜預傳に、(七)

既に功を立つるの後、從容として事無し。乃ち經籍に耽思し、春秋左氏經傳集解を爲る。又 衆家の譜第を參攷し、之を釋例と謂ふ。又 盟會圖・春秋長暦を作り、一家の學を備成し、老に比びて乃ち成る。

とあるように、『春秋長暦』は本來、『春秋釋例』と、別行する書籍であった。ところが、兩書籍とも明代には散逸し、現在『春秋長暦』は、主として『永樂大典』より作成された輯本『春秋釋例』に含まれている（『四庫全書總目提要』巻二十六 春秋類一 春秋釋例）。十五巻に分かたれた『春秋釋例』の巻十から巻十五を『春秋長暦』が占める。その內容を檢討する前に、杜預が有していた暦法に關する知識を確認することから始めよう。

戰國四分暦より暦法の計算が始まった中國の暦は、太陰太陽暦である。(八) 太陰太陽暦とは、地球が太陽の周りを一回轉する一太陽年（約三六五・二四二二日）と、月が地球の周りを一回轉する一朔望月（平均で約二九・五三〇五九日）とを組み合わせた暦である。一二朔望月の一年は、約三五四・四三〇八日にしかならないので、一太陽年と比べると約一〇・八一一四日だけ短い。その差は三年もすると一朔望月を越え、季節とのズレを生むので、閏月を入れて調整する。一九年を一章とし、七回の閏月を入れる「十九年七閏法」と呼ばれる置閏法（章法、西歐ではメトン法と呼ぶ）は、すでに戰國四分暦で確立していた（新城新藏《一九二八》、飯島忠夫《一九三〇》《一九四一》を參照）。閏月を置く場所は、二十四節氣を利用して定める。節氣とは、一太陽年を二十四等分して、その一つ一つに冬至（中氣）・小寒（節氣）・大寒（中氣）・立春（節氣）……といった季節を表す名稱をつけることで、冬至など二至二分を含む奇數番（前頁の例の場合）を中氣、立春など四立を含む偶數番を節氣と呼ぶ。すると、ある中氣から次の中氣（例えば冬至から大寒）までの長さは、平均三〇・四三七五日となる。一方、一朔望月は、平均約二九・五三〇五九日であるから、やがて中氣を含まない朔望月が生じる。ここに閏月を置く。閏月が置かれる平均周期は、三二・三ヵ月に一回である。

また、月の大小は、一朔望月が平均約二九・五三〇五九日であるため、三〇日の大の月と二九日の小の月とを交互に配する。しかし、〇・〇三〇五九日の端數があるため、一三ヵ月ないし一五ヵ月に一回の割りあいで大の月が連續（連大と呼ぶ）することになる。

杜預は、これらの基本知識を有していた。否、それ以上に高度な知識を持っていたはずである。それは、杜預の專門とする左傳學が、曆法の大家を輩出していたからである。

左傳の僞作者と疑われた前漢末の劉歆は、左傳の顯彰に努めたほか、三統曆の制定者でもあった(九)。三統曆は、月食の予測や五惑星の運行を扱い得るなど曆法として太初曆より優れているほか、律曆思想に一層の進展を見せている(一〇)。堀池信夫によれば、三統曆の特色は、曆にまつわるさまざまな數値・觀念などを、儒教教學と積極的に結合し、意味づけをおこなったところにある(一一)。そもそも三統という語は、「一元三統四千六百十七年」という曆法上の語であるとともに、夏・殷・周三代の正朔である天統・地統・人統を意味していた。さらに、天・地・人の三才を貫く大本の理法でもあった。そしてまた、三と二との基本的數値の關係（九六）は、『易』のいう「參天兩地」つまり、天地より得たところの絶對的な數とも意味づけられていた。さらに、劉歆は禮經典を除くほとんどの儒教經典を三統曆の世界内に配置し、經學に世界を統括するものとしての位置づけを與えた。劉歆の左傳學は、こうした律曆思想の體系の一環をなすものだったのである。ゆえに杜預は、『續漢書』志二 律曆志 中 注所引 杜預の『長曆』に、「劉子駿 三統曆を造りて、以て春秋を修む（劉子駿造三統曆、以修春秋）」と述べ、三統曆により、劉歆が左傳學を構築したと認識していたのである。

後漢に入り、三統曆の誤差が大きくなると、章帝の元和二（八五）年、編訢・李凡らの制定した後漢四分曆へと改曆が行われた（一二）。改曆された後漢四分曆に對して、さらなる改正のための議論を展開したものが賈逵である。章帝期に左傳の表彰に力を盡くした賈逵もまた、劉歆と同じように、曆法の大家なのであった。小林春樹によれば、賈逵の曆論の意義は、第一に觀測結果を重視して「冬至日躔」（冬至における太陽の位置）を決定、第二に天體の運行の不等性を確認、第三に赤道規よりも黃道規による日月の運行の觀測の方が正確なことの主張、第四に九年を周期とする「月行遲疾」の發見にあるという（一三）。中でも、「月行遲疾」は日月食の予測にとって重要な發見であった。

大橋由紀夫によれば、劉歆の三統曆における月食予測法は、月食の周期を利用するものであった（一四）。五ヵ月と二三分の二〇ヵ月に一回の割合で、望（滿月）のときに月食が起こると予測する三統曆の予測法は、予測された時に必ず月食が起こるとは限らないが、予測されなかった時に月食が起こる心配はほとんどない、というものであった。月食は災異であったから（一五）、予想される月食が起こらないことは、瑞祥であって問題にはならない。したがって、實用的ではあったが、あくまでこれは經驗則として得た數値であって理論的ではない。月食を理論的に予測するためには、月の運行に關する精密な知識が必要であり、賈逵の曆論で整理されている月の運行の遲速は、月食、さらには日食の予測のために必要不可欠な知識であった。やがて賈逵の「月行遲疾」論を前提として、孫吳で實用化された劉洪の乾象曆では、月食に加えて日食の予報が始まり、曹魏で景初元（二三七）年から施行された景初曆では、太陽と月の交點距離を用いた本格的な日月食の予測が行われるに至るのである。

周期による月食の予測を可能にした三統曆の制定者である劉歆、日月食予測の前提となる月の遲速を理論化した賈逵、こうした左傳學者の曆法における多大な功績に對して、後漢の官學であった公羊學の學者の名は、『續漢書』律曆志には記されない。天人相關の現れとしての災異が月食や日食であり、これにより皇帝の謝罪や三公の罷免が行われている以上(一六)、その發生を予測する必要はなかったし、あるいは予測すべきものでもなかったためである。ゆえに曆法は、左傳家に固有の武器であったと言ってよい。公羊・穀梁の兩傳に對する左傳の優位を主張すべき杜預もまた、曆法を驅使して劉歆や賈逵に勝る成果を擧げる必要があったのである。

二、杜預の春秋長曆の理念

杜預の仕えた西晉では、曹魏の景初曆の名稱を泰始曆と改め、そのまま踏襲していた。左傳研究の集大成者である杜預には、もちろん曆論があった。『續漢書』志二 律曆志 中注所引 杜預の『長曆』に(一七)、

> 余 曆論を爲すの後、咸寧中に至り、筭を善くする李修・夏顯、論體に依りて術を爲り、名づけて乾度曆とし、朝廷に表上す。其の術 日行は四分の數に合はせ、而して月行を微增す。三百歲改憲の意を用て、二元 相 推し、七十餘歲、承くるに強弱を以てす。強弱の差 蓋し少なく、而して適足するに遠通の盈縮を以てす。時に尙書及び史官は乾度と泰始曆とを以て古今の記注を參校するに、乾度曆 殊に泰始曆に勝り、官曆に勝ること四十五事と上し、今 其の術 具に存す。

とある。杜預の曆論を踏まえ、咸寧年間（二七五～二八〇年）に、李修と夏顯は乾度曆をつくり、朝廷に表上した。その曆術は、四分曆の法數を用い、月の運行をわずかに增したものであったという。しかし、乾度曆についての詳細な記錄はなく、採用されなかった理由は不明である。下って東晉の永和八（三五二）年には、王朔之が通曆を制作している

が、これも退けられている。泰始暦は改められることなく、南朝の劉宋では永初暦と改名のうえ使用され、北魏にも採用されていく（藪内清《一九九〇》）。

こうした中で、杜預が自らの暦法を驅使する場として選んだものが『春秋長暦』の作成であった。『春秋釋例』の一部として輯められた杜預の『春秋長暦』は、二つの部分より成り立つ。一つは、『續漢書』律暦志の劉昭注と『晉書』律暦志に殘る、『春秋』の暦法を左傳で解釋した議論の部分である。もう一つは、『永樂大典』に殘っていた長暦の暦面そのものである。前者より檢討していこう。

杜預は、『春秋』の暦法を左傳により解釋している。『續漢書』志二 律暦志 中 注所引杜預の『長暦』に、(一八)

書に稱すらく、「①朞は三百六旬有六日にして、閏月を以て四時を定めて歳を成せ、允て百工を釐め、庶績 咸熙らしめよ」と。是を以て天子は必ず日官を置き、諸侯は必ず日御を置き、世〻其の業を修めて、以て其の術を考ふ。全數を擧げて言ふ、故に六日と曰ふも、其の實は五日四分の一なり。日の日行は一度、而して月の日行は十三度十九分度の七 畸有り。日官は當に此の遲疾を會集して、以て晦朔を考成し、錯綜して以て閏月を設くべし。閏月には中氣無く、而して北斗は邪りに兩辰の間を指す、他月に異なる所以なり。此を積みて以て相通ずれば、四時八節は違ふこと無く、乃ち成歳を得。其れ微密の至りなり。其の精微を得て、以て天道に合へば、事 敍して悖らず。故に傳に曰く、「②閏は以て時を正し、時は以て事を作し、事は以て生を厚くす、生は民の道、是に於てか在り」と。然れども陰陽の運は、動に隨ひて差ひ、差ひて已まず、遂に暦と錯ふ。故に③仲尼・丘明は 朔閏に文を發する毎に、得失を矯正せんと蓋ひ、因りて以て暦數を宣明にするなり。桓十七年、日食は朔を得、而して④史は其の日を闕き、單に朔と書す。僖十五年、日食は亦た朔を得、而して⑤史は朔と日とを闕く。故に傳は其の得失に因りて、竝に時史の謬を起し、兼ねて以て其の餘の日食、或いは暦 其の正を失ふを明らかにするなり。

とある。杜預は①『尚書』堯典の閏月に關する記述を引用したのち、一太陽年が三六五日と四分の一日である、すなわち『春秋』の暦法が四分暦であることを述べる。さらに、閏月とは、中氣の無い月であること、すなわち節氣による置閏法がある、ということは「十九年七閏法」の章法が春秋時代に行われていたと理解する。その理由は左傳にある。文公 傳六年の②「閏は以て……」の文により、『春秋』に置閏法が行われていたと判斷しているのである。

また、桓公十七年の『春秋』經では、④日食が朔に起きたとするが日を欠き、僖公十五年の『春秋』經では、⑤日食が起きたとするだけで朔も日も欠いている。こうした場合、公羊傳と穀梁傳は、日食の日時の相違によって書法が異なるのは、そこに特別な意圖が存在するためであるとする（鎌田正《一九六三》）。しかし杜預は、左傳にのみそれが補われていることから、[一九] 左丘明こそが孔子の『春秋』の解釋を正しく傳えていると理解する。③孔子と左丘明は、朔と閏との得失を考えており、それが左傳により傳えられたのである、と。

以上のように、經文を左傳によって解釋する據傳解經法は、杜預の『春秋』解釋の特徵であり、[二〇]『春秋長暦』においても、それは遺憾なく發揮されているのである。

それでは、杜預はいかなる形で左傳に基づき『春秋』の暦法を解釋したのであろうか。さらに、具體的な事例を檢討してみよう。『續漢書』志二 律暦志 中 注所引 杜預の『長暦』[二一]に、

　莊二十五年、經に、「六月辛未朔、日 之を食する有り、鼓して牲を社に用ふ」と書す。周の六月は、夏の四月、所謂 正陽の月なり。而るに時暦は誤れり、實は是れ七月の朔にして、六月に非ず。故に傳に云へらく、「常に非ざるなり。唯だ正月の朔には、慝 未だ作らず、日 之を食する有れば、是に於てか幣を社に用ひ、鼓を朝に伐つなり」と。此の食は幣を用ひ鼓を伐つの常月なるを非とし、變に因りて暦誤を起すを明らかにするなり。文十五年の經文も皆 同じ。而るに更ごも復た發すも、傳に曰く、「禮に非ざるなり」と。明らけし前傳は以て正陽の月

を審らかにせんと欲し、後傳は例を發して、以て諸侯の禮を明らかにせんと欲するなり。此れ乃ち聖賢の微旨、而るに先儒の未だ喩らざる所なり。昭十七年夏六月、日 之を食する有り、而るに平子 正陽の月に非ずと言ひて、以て一朝を誣くは、鹿を指して馬と爲すに近し。故に傳に曰く、「君を君とせず」と。且つ因りて以て此の月 天正を得ると爲すこと明らかなり。

とある。ここで杜預が展開している、日食が正陽の月に起こった場合の儀禮については、議論が錯綜しているので整理をしながら検討していきたい。[二二]

第一に、杜預が事例として提出する莊公二十五年・文公十五年・昭公十七年の『春秋』經を確認すると、そこには次のような記載がある。[二三]

(1)　莊公二十有五年　六月辛未朔、日 之を食する有り。鼓して牲を社に用ふ。

(2)　文公十有五年　六月辛丑朔、日 之を食する有り。鼓して牲を社に用ふ。

(3)　昭公十有七年　夏六月甲戌朔、日 之を食する有り。

(1)と(2)は、干支を除き同文である。また、(3)には、鼓と牲の記事がない。こうした簡潔な記事の微細な違いに注目することが、春秋學の特徴である。ここでも、左傳はこの三つの經に、それぞれ異なった意義を附している。

第二に、それぞれの經に對して行われた左傳の解釋を掲げよう。[二四]

(1)　莊公　傳二十五年

夏六月辛未朔、日 之を食する有り。鼓して牲を社に用ふ。常には非ざるなり。唯だ正月の朔には、慝 未だ作らず。日 之を食する有れば、是に於てか幣を社に用ひ、鼓を朝に伐つなり。

(2)　文公　傳十五年

六月辛丑朔、日 之を食する有り。鼓して牲を社に用ふ。禮に非ざるなり。日 之を食する有れば、天子は擧はず、鼓を社に伐つ。諸侯は幣を社に用ひ、鼓を朝に伐つ。以て昭かに神に事へ、民に君に事へるを訓へ、等威有るを示すは、古の道なり。

(3)　昭公　傳十七年

夏六月甲戌朔、日 之を食する有り。祝史 用ひる所の幣を請ふ。昭子曰く、「日 之を食する有れば、天子は擧はず、鼓を社に伐つ。諸侯は幣を社に用ひ、鼓を朝に伐つは、禮なり」と。平子 之を禦めて曰く、「止めよ。唯だ正月朔にのみ、慝 未だ作らず。日 之を食する有れば、是に於てか鼓を伐ち幣を用ひること有るは、禮なり。其の餘は則ち否ず」と。

(1)と(2)は、經では干支を除き同文である。それにも拘らず、左傳は(1)を「非常」、(2)を「非禮」と弁別する。なぜか。左傳に注を附す杜預は、それを明らかにすることから、春秋經の意圖も讀み取らなければならない。また、(3)では「正月」の意味が二重に解釋されている。この話柄から讀み取り得ることはなにか。

第三に、杜預の解釋を檢討していこう。困難が予想されるのは、ほぼ同文の經文(1)と(2)を、左傳では(1)を「非常」、(2)を「非禮」と分けている點の解釋である。

(1)　莊公二十五年

杜預は、左傳が「非常」と解釋しているのは、常ではない、すなわち時がずれているのではないか、と考えた。さきに引用した『春秋長暦』の逸文では、「時暦は誤れり、實は是れ七月の朔にして、六月に非ず」という結論のみしか掲げられていない。そこで、『春秋左氏經傳集解』莊公二十五年の杜預の注をみると、「長暦により之を推さば、辛未は實は七月の朔なり。置閏 所を失するが故に、月の錯を致す（長暦推之、辛未實七月朔。置閏失所故、致月錯）」とある。

つまり、六月としているのは暦の誤りであり、それを左傳が「非常」と解釈したとするのである。その論據が『春秋長暦』であった。『春秋長暦』の作成により、最も解釋が困難な(1)と(2)の弁別が可能になった、と杜預は考えたのである。(二五)

正月とは、夏暦の四月、つまり周暦の六月であり、正陽の月をいう。今ここで「六月」と書かれているのに、傳が「唯だ」と言っているのは、六月と書かれているこの月が正しくは正陽の月ではないことを明らかにしようとしたのである。日食は、何月にでも起こり得るが、正陽の月に日食が起こった場合に限り、諸侯は、社で幣を用いて、上公（社神）に救いを求め、朝で太鼓をたたいて、へりくだって自分を責め、それにより陰が陽を侵してはならず、臣が君を掩ってはならないことを明らかにし、大義を示すのである。

と杜預は注を附している。(二六)

(2)　文公十五年

杜預は、文公十五年に附された左傳の傳文は、正陽の月における正しい儀禮のあり方を示すために附されていると考える。左傳が經文を「非禮」とするのは、經文では諸侯でありながら、牲を社に用いているからである。

太鼓をたたくきまりの六月に適合しているが、犧牲を社に用いたのは非禮である。天子がふるまわないのは、豪華な食事をやめるためである。太鼓を社にたたくのは、群陰を責めるためである。「伐」は擊と同じである。諸侯が社に太鼓をたたかず、幣を供えるのは、社は諸侯より尊いから、救いを求めるだけで責めることはしないためである。諸侯が朝に太鼓をたたくのは、退いて自分を責めるためである。天子が豪華な食事をやめ、諸侯が幣を用いるのは、神につかえるための手だてであり、尊と卑とで禮制を異にするのは、民をおしえるための手だてである。

と杜預は注を附している。[二七]

(3)　昭公十七年

杜預は、昭公十七年では、「正月（せいげつ）」を「正陽の月」と理解せず、「正月（しょうがつ）」と間違えた平子を左傳が批判していると解釋する。

祝史が幣を請うたのは、禮では、正陽の月の日食では、諸侯は幣を社に用いるので、これを請うたのである。太史が此の月であると言ったのは、「正月（せいげつ）」すなわち建巳の正陽の月のことである。周暦においては六月、夏暦においては四月にあたる。「慝」とは陰氣である。四月は純然たる陽の月で、陰の氣はいまだ動かず陽を犯すことはない。それなのに日食という災異が起こるのであるから、太鼓をたたいて幣を供える禮を行うのである。平子は六月を正月では無いとした。ゆえに太史は、正陽の月はこの月であると言ったのである。

と杜預は注を附している。[二八]

以上のように、杜預は、(1)莊公二十五年では、左傳が經文を「非常」と解釋するのは、六月ではなかったことを示すためとする。置閏がずれたことにより、七月の日食が六月に記録されてしまった。孔子と左丘明は、史官の誤りを正しているのである。(2)文公十五年では、左傳は經文を「非禮」として、正陽の月における日食の際の正しい儀禮を示したと理解する。天子は社に犧牲を供え、太鼓をたたき、諸侯は社に幣を供え、朝に太鼓をたたく。この禮制の違いが、天子と諸侯の身分の違いであることを左傳は示しているのである。(3)昭公十七年では、左傳は正陽の月における日食の際の正しい儀禮の確認、およびそれを犯した平子の異志を示すと理解するのである。[二九]

(1)の事例が端的に示すように、杜預は『春秋長暦』を作成することにより、左傳によって『春秋』を解釋する據傳解經法を徹底しようとしたのである。據傳解經法の暦法による補強、これが杜預が『春秋長暦』を制作した目的である。

三、杜預の春秋長暦の實態

それでは、杜預が制作した『春秋長暦』の實態を檢討していこう。杜預は『春秋長暦』において、『春秋』經と左傳に現れる日食と干支とを可能なかぎり、暦面と合わせていくことに努めた。なかでも日食は、太陽と月と大地が一直線上に竝ぶことにより起こるので、太陽による月の影が地上にできるのは、朔あるいはそれにきわめて近い時期となる。したがって、日食が朔に起こったか否かによって、暦の精度を考えることができるのである。杜預が異常なまでに日食を朔と一致させようとするのは、そのためである。では、具體的には、どのような暦法を使ったのであろうか。

『續漢書』志二 律暦志 中 注所引 杜預の『長暦』に、(三〇)

> 春秋の日食 甲乙有る者は三十四、而して三統暦は唯だ一食を得るのみ。暦術は諸家に比して既に最も疎たり。又 六千餘歲にして輒ち一日を益す。凡そ歲は當に累日もて次を爲す、而るに故無く之を益すは、此れ行ふ可からざるの甚しき者なり。班固は前代の名儒にして、之を謂ふこと最も密なり。徒だ班固のみに非ず、古より以來、諸〻の春秋を論ずる者、多く謬誤を述べ、或いは家術を造り、或いは黃帝以來の諸暦を用ひて、以て經傳の朔日を推すも、皆 諧合せず。日 朔に食するは、此れ乃ち天驗、經傳も又 其の朔の食を書するは、天を得ると謂ふ可し。而るに劉・賈の諸儒の說は、皆 以て月の二日或いは三日と爲す、公に聖人の明文に違ふ。

とある。劉歆の三統暦ですら一回の日食しか計算で導けないように、これまで『春秋』の暦面を推算し得た暦法はない、と杜預はいう。經文も左傳も朔日の日食を記錄しているのは、天の意志として傳えているのに、劉歆や賈逵などの左傳家たちは、日食の起こった日を二日や三日であるなどとしている。それは聖人の明文に違う行爲である。それでは、どのようにすれば、春秋時代の曆法を解明できるのであろうか。『續漢書』志二 律曆志 中 注所引 杜預の『長曆』に續けて、(三一)

其の蔽は一元を守るに在りて、天の消息に與せざればなり。余 春秋の事に感じ、嘗て曆論を著し、曆の通理を極言す。其の大指に曰く、「天行息まず、日月星辰、各〻其の舍を運るは、皆 動物なればなり。物 動かば則ち一ならず、行度 大量なりと雖も、得て限る可し。累日 月と爲り、累月 歲と爲り、新故を以て相 序するに、毫毛の差も有るを得ざるは、此れ自然の理なればなり。故に春秋に、日 頻月に食する者有り、曠年に食せざる者有りて、理は一なるを得ず、而して筭は恆數を守るが故に曆は差失有らざるは無きなり。始めて毫毛を失するも、尙ほ未だ覺ゆ可からず、積みて多と成りて、以て弦望朔晦を失ひて、則ち憲を改めざるを得ざるに以て之に從ふ。書の所謂『欽んで昊天に若ひ、日月星辰を曆象す』、易の所謂『曆を治め時を明らかにす』とは、當に天に順ひて以て合を求むべく、合を爲して以て天に驗はるに非ざるを言ふなり。此を推して之を論ずれば、春秋二百餘年、其の治曆 變通は多し。數術 絕滅すと雖も、還て經傳の微旨に尋ぬれば、大量は知る可し。時の違謬なれば、則ち經傳に驗有り。學者は固より當に經傳の月日日食を曲循して、以て朔晦を考へ、以て時驗を推すべし。而るに見るに皆 然らず、各〻其の學に據りて以て春秋を推す。此れ己の跡を度りて他人の足を削らんと欲するに異なる無きなり」と。

とある。これまでの學者が、『春秋』の曆を復原できなかった理由は、一つの曆法にこだわり、天に從わなかったためである、と杜預はいう。(三二) 春秋の二〇〇年間において曆法は多く變化している。天の運行に從って曆を合致させるべきで、曆と合致するように天の運行を求めるから、復原することができなかったのである。

ゆえに、杜預の『春秋長曆』は自由自在であった。『春秋』經には三九三日の干支が、左傳には三八六日の干支がある。この合計七七九日の干支をなるべく活かせるように、閏月を設け、大小の月を定めた。それでも、經で二一日、左傳で一二日の干支を活かすことができなかったが、三七回中三三回の日食の干支を合わせるという離れ業を達成できたのである。

その代わり、杜預の『春秋長曆』に定まった曆法は存在しない。飯島忠夫《一九三〇》が表にしているように、杜預の閏月の置きかたは、七閏を置いた最初の一八年から一九年ずつ數えていくと、閏月の數は六・六・九・五・七・五・七・七・一〇・六・八・七となり、「十九年七閏法」に從おうとする努力のあとは感じられるが、干支が合うように適當に閏月を設けた、と言わざるを得ない。飯島忠夫《一九三〇》は、杜預の春秋長曆には其の實何等の閏法も無い、と切り捨てている。一で掲げたように、杜預は「十九年七閏法」を十分に理解していた。そのうえで、經文と左傳の干支が、「十九年七閏法」では曆と合わないと分かると、置閏法を捨てたのである。『春秋』の解釋は、漢代や西晉時代に使われている曆法で行うべきではない。後世から見て「合理的」で「科學的」な「十九年七閏法」であっても、經文を解釋できなければ從う必要はない。あくまで、左傳によって經文を解釋する。杜預は、據傳解經法を曆法に優先させたのである。

また、杜預の長曆では、月の大小にも法則性がない。同じく飯島忠夫《一九三〇》が掲げる昭公十四年の正月以降數年間の月の大小を竝べてみると（丸數字は渡邉の補）、

大大①小大小大小大小大小大。小大小大大②小大小大小大小大。小大小大小大小大小大。小大小大小大大③小大小大小。大小大大④小大小大小大小大大。⑤小大小大小大小大小大小大。小大小大小大大⑥小大小大小大小。大小大小大大

となる。連大を置く間隔は、①一五②二七③九④九⑤一八⑥一三となっていて、一定していない。このように不規則であるのは、その間にある日食を朔に置くように調節したためで、引用以外の部分では大の月を三回連續しているところもある。飯島忠夫《一九三〇》は、杜預の作った如き大小の配置は甚だ無意味なもので、ただ朔の記事を根據として、それに合ふ樣に當て嵌めて見たに過ぎない、と手厳しい。繰り返し確認するが、杜預は「連大」の置き方など熟知していた。置閏と同樣、據傳解經法を曆法に優先させたのである。

　曆法ではなく、左傳によって春秋の曆面を明らかにした『春秋長曆』に、杜預は絶對の自信を持っていた。『續漢書』志二 律曆志 中 注所引 杜預の『長曆』に、[三三]

　時に又 幷に古今の十曆を考へて、以て春秋を驗するに、三統曆の最も疎なるを知るなり。今 具さに其の得失の數を列し、又 經傳の微旨に據りて、日辰朔晦を考へて、以て相 發明し、經傳長曆を爲る。諸〻の經傳もて據を證し、及び失閏違時、文字の謬誤は、皆 之を甄發す。未だ必ずしも其れ天を得ずと雖も、蓋し是れ春秋當時の曆なり。學者 覽ぜよ、と。

とあるように、杜預は自らの曆こそ春秋當時の曆である、と胸を張る。『春秋長曆』は、杜預自らが述べるように、春秋經や左傳の朔の記事に曆を合わせたものであるため、その的中率は壓倒的であった。『晉書』卷十八 律曆志は、その輝かしい成果を次のように傳える。[三四]

　春秋は大凡 七百七十九日なり。三百九十三は經、三百八十六は傳なり。其の三十七の日蝕に、三は甲乙無し。

　黄帝曆　四百六十六日、　一蝕を得。

　顓頊曆　五百九日、　八蝕を得。

　夏曆　五百三十六日、　十四蝕を得。

眞夏曆　四百六十六日、　一蝕を得。
殷曆　五百三日、　十三蝕を得。
周曆　五百六日、　十三蝕を得。
眞周曆　四百八十五日、　一蝕を得。
魯曆　五百二十九日、　十三蝕を得。
三統曆　四百八十四日、　一蝕を得。
乾象曆　四百九十五日、　七蝕を得。
泰始曆　五百一十日、　十九蝕を得。
乾度曆　五百三十八日、　十九蝕を得。
今長曆　七百四十六日、三十三蝕を得。

杜預の『春秋長曆』の壓勝である。ただし、その實態は曆法とはおよそ無關係な曆面となっていた。それだからこそ、經と左傳、あわせて七七九日の干支のうち、實に七四六日を曆面に活かし、三七回の日食のうち三三回が朔に起こる曆面を組むことができたのである。なかでも、劉歆の三統曆が、四八四日の干支しか活かせず、一回の日食しか當たっていないことに比べた時、杜預は自らの左傳學の完成を確信したことであろう。

おわりに

春秋時代の曆を復原することは難しい。現在でも難しいのである。杜預の『春秋長曆』が曆法を無視した置閏や連大を行っていることを、現在の曆法の知識から責めることには意味がない。「合理的」な曆法よりも、左傳により經文を理解する、という據傳解經法を『春秋長曆』の作成において、杜預は優先させたのである。

それは、杜預が『春秋長曆』を著し、春秋時代の曆を復原した目的が、「科學的」な天文學的知識の應用には無かったためである。杜預の目的の第一は、公羊傳よりも左傳こそが、春秋の正しい傳であることの證明にある。左傳學の得意とする曆法により、據傳解經法を驅使して、經文が同文でありながら傳が異なる場合の經義を明らかにし得た。左傳の優越を示し得たと言えよう。第二は、左傳學の中における杜預の地位の確立である。周期的な月食予測を行った三統曆の制定者である劉歆、日月食予測の前提となる月の遲速を理論化した賈逵、これに對して、杜預は『春秋長曆』により春秋時代の日食を正しく配置する曆を作り上げた。劉歆・賈逵を超える左傳の曆學の頂點を極めた。杜預は、そう考えたのであろう。

《注》

（一）新城新藏〈一九二八〉には、本節で扱う杜預も含めて、中國歷代の國家や日本・西歐における春秋の曆法の研究が整理されている。

（二）『續漢書』志二 律曆中。なお、渡邉義浩・小林春樹（編）『全譯後漢書』志（一）律曆（汲古書院、二〇〇四年）は、『續漢書』律曆志の全譯である。

（三）齊藤國治・小澤賢二《一九九二》は、春秋時代に限らず、『五代史』までの正史を主たる對象として、中國の天文記録を計算上得られる天象より檢證したものである。また、淺原達郎〈一九八九〉は、月相相對幅差を利用した春秋長曆を作成し、吉本道雄

〈一九九一〉は、『春秋』の經傳に複數の暦が混入していることを主張する。張培瑜《一九八七》も參照。

（四）　春秋左氏傳を劉歆の僞作である、とする研究は、思想史的な側面からも行われていた。清朝公羊學者の劉逢祿《一九三三》に始まり、康有爲《一九五六》を經て、津田左右吉《一九五八》へと連なる劉歆僞作説と、それに對する反論については、鎌田正《一九六三》を參照。また、板野長八〈一九九五〉も、思想史上から左傳を戰國末の成立と考えている。なお、左傳には何人かの手が加わっているという考え方もあり、小倉芳彦《一九七〇》は、文中の新古の層の弁別を行っている。

（五）　飯島忠夫《一九三〇》《一九四一》、新城新藏《一九二八》を參照。また、橋本增吉《一九四三》は、兩者の説を評論し、さらに世界各地の暦法の發達をも考慮している。

（六）　平勢隆郎《一九九五》《一九九六》《一九九八》《二〇〇三》。なお、平勢説への批判として、淺野裕一〈二〇〇一〉、小澤賢二〈二〇〇六〉がある。

（七）　旣立功之後、從容無事。乃耽思經籍、爲春秋左氏經傳集解。又參攷衆家譜第、謂之釋例。又作盟會圖・春秋長曆、備成一家之學、比老乃成（『晉書』卷三十四　杜預傳）。

（八）　四分曆とは、一年を三六五日と四分の一と設定する曆法の總稱であり、戰國時代に限定されない。後漢時代に使用された四分曆については、大橋由紀夫〈一九八二〉を參照。

（九）　劉歆の三統曆が『易』と密接な關係にあり、理念としての『易』、理論型式としての三統により、經全體を總合的に理解しようとしたことについては、川原秀城〈一九七七〉がある。また、中野千穂〈一九九七〉も參照。

（一〇）　三統曆は、法數を前漢武帝期に制定された太初曆より踏襲している。法數とは、一年の長さや一朔望月の長さなどの、曆法の基本となる種々の數のことである。太初曆は、一朔望月の長さを二九日と八一分の四三日とする。この端數の分母である「八一」を法數とすることが太初曆の最大の特徴であり、太初曆が「八十一分曆」とも呼ばれる理由である。實は、一月を二九日と九四〇分の四九九日とする四分曆の方が、曆法としてはわずかながら正確である。それにもかかわらず、一月の長さを二九日と八一分の四三日と定めた理由は、音律の基本となる黃鍾の律管の長さである「九」寸を自乘した「八一」を定數とするためであった。

音律に基づいて暦の定數を定める。これを律暦思想と呼ぶ。

（一一）堀池信夫《一九八八》。これに對して、「律暦思想」論を批判する小林春樹〈二〇〇三〉もある。

（一二）元和の改暦が天と天命の存在を前提とした、古代中國に傳統的な『受命改制』の思想を前提として行われた改革であると同時に、後漢前半において思想界を席巻していた緯書や讖緯思想を理念的據り所として行われた神祕主義的改革でもあったことについては、小林春樹〈一九九五―a〉を參照。

（一三）小林春樹〈一九九六〉。中國の暦學・暦法における改暦の多さに、實用性の範圍を超えた政治的・思想的要因を考えた小林春樹〈一九九七〉もある。また、大橋由紀夫〈一九九三〉、〈一九九七〉も參照。

（一四）大橋由紀夫〈一九九八〉。なお、藪內清《一九九〇》は、三統暦が月食のほか日食の予報を行ったとしているが、大橋由紀夫〈一九九八〉および陳遵嬀《一九八四》が述べるように、三統暦では、日食の予報は行われていない。

（一五）後漢時代の災異說については、日原利國〈一九七二〉を、その背景にある董仲舒の天人相關說については、池田知久〈一九九四〉を參照。

（一六）災異によって三公の罷免が行われた具體像については、影山輝國〈一九八一〉を參照。

（一七）余爲暦論之後、至咸寧中、善筭李修・夏顯、依論體爲術、名乾度暦、表上朝廷。其術合日行四分之數、而微増月行。用三百歲改憲之意、二元相推、七十餘歲、承以強弱、強弱之差蓋少、而適足以遠通盈縮。時尙書及史官以乾度與泰始暦參校古今記注、乾度暦殊勝泰始暦、上勝官暦四十五事、今其術具存（『續漢書』志二 律暦志 中注所引杜預長暦）。

（一八）書稱、①朞三百六旬有六日、以閏月定四時成歲、允釐百工、庶績咸熙。是以天子必置日官、諸侯必置日御、世修其業、以考其術。舉全數而言、故曰六日、其實五日四分之一。日日行一度、而月日行十三度十九分度之七有畸。日官當會集此之遲疾、以考成晦朔、錯綜以設閏月。閏月無中氣、而北斗邪指兩辰之閒、所以異於他月也。積此以相通、四時八節無違、乃得成歲。其微密至矣。得其精微、以合天道、事敍而不悖。故傳曰、②閏以正時、時以作事、事以厚生、生民之道、於是乎在。然陰陽之運、隨動而差、差而不已、遂與暦錯。故③仲尼・丘明每於朔閏發文、蓋矯正得失、因以宣明暦數也。桓十七年、日食得朔、而④史闕其日、單書朔。

僖十五年、日食亦得朔、而⑤史闕朔與日。故傳因其得失、竝起時史之謬、兼以明其餘日食、或曆失其正也（『續漢書』志二 律曆志 中 注所引杜預長曆）。なお、杜預の曆論、及び魏晉南北朝期における曆論については、長谷部英一〈一九九一〉を參照。

（一九）『春秋左氏傳』桓公 傳十七年に、「冬十月朔、日 之を食する有り。書せざるは、日官 之を失ふなり。天子に日官有り、諸侯に日御有り。日官は卿に居て、以て日を厎す、禮なり。日御は日を失はず、以て百官に朝に授くるなり（冬十月朔、日有食之。不書、日官失之也。天子有日官、諸侯有日御。日官居卿、以厎日、禮也。日御不失日、以授百官于朝）」とある。また、『春秋左氏傳』僖公 傳十五年に、「夏五月、日 之を食する有り。朔と日とを書せざるは、官 之を失ふなり（夏五月、日有食之。不書朔與日、官失之也）」とある。いずれの例も、左傳は、經文に日や朔日が欠けていることを日官が記録を失ったためであると説明している。

（二〇）杜預の『春秋』解釋の特徴である據傳解經法については、加賀榮治《一九六四》を參照。また、それが西晉の正統化にいかに關わったかについては、本書第二章第五節を參照。

（二一）莊二十五年、經、書六月辛未朔、日有食之、鼓用牲于社。周之六月、夏之四月、所謂正陽之月也。而時曆誤、實是七月之朔、非六月。故傳云、非常也。唯正月之朔、慝未作、日有食之、於是乎有用幣于社、伐鼓于朝。明此食非用幣伐鼓常月、因變而起曆誤也。文十五年經文皆同。而更復發、傳曰非禮。明前傳欲以審正陽之月、後傳發例、欲以明諸侯之禮也。此乃聖賢之微旨、而先儒所未喩也。昭十七年夏六月、日有食之、而平子言非正陽之月、以誣一朝、近於指鹿爲馬。故傳曰不君君。且因以明此月爲得天正也（『續漢書』志二 律曆志 中 注所引杜預長曆）。

（二二）日食が正陽の月に起こった場合の儀禮については、福田俊昭〈一九七五〉も參照。

（二三）(1)（莊公二十有五年）六月辛未朔、日有食之。鼓用牲于社（『春秋左氏傳』莊公 經二十五年）。(2)（文公十有五年）六月辛丑朔、日有食之。鼓用牲于社（『春秋左氏傳』文公 經十五年）。(3)（昭公十有七年）夏六月甲戌朔、日有食之（『春秋左氏傳』昭公 經十七年）。

（二四）(1)（莊公 傳二十五年）夏六月辛未朔、日有食之。鼓用牲于社。非常也。唯正月之朔、慝未作。日有食之、於是于用幣于社、伐鼓于朝（『春秋左氏傳』莊公 傳二十五年）。(2)（文公 傳十五年）六月辛丑朔、日有食之。鼓用牲于社。非禮也。日有食之、天子不擧、伐鼓于社。諸侯用幣于社、伐鼓于朝。以昭事神、訓民事君、示有等威、古之道也（『春秋左氏傳』文公 傳十五年）。(3)（昭公 傳十七年）夏六月甲戌朔、日有食之。祝史請所用幣。昭子曰、日有食之、天子不擧、伐鼓於社。諸侯用幣於社、伐鼓於朝、禮也。平子禦之曰、止也。唯正月朔、慝未作。日有食之、於是乎有伐鼓用幣、禮也。其餘則否（『春秋左氏傳』昭公 傳十七年）。

(二五) 福田俊昭〈一九七五〉が説くように、六月を七月とする杜預の解釋は、『左傳正義』を著した唐の孔穎達、『春秋長暦』を作成した清の陳厚耀、『左氏會箋』の竹添光鴻によって否定されている。

(二六)『春秋左氏經傳集解』莊公 傳二十五年に、「正月とは、夏の四月、周の六月、正陽の月を謂ふ。今 六月と書すも、而るに傳 唯だと云ふ者は、此の月は正陽の月に非ざるを明らかにするなり。……日食は暦の常なるも、然るに正陽の月に食さば、則ち諸侯は幣を社に用ひ、救ひを上公に請ひ、鼓を朝に伐ち、退きて自ら責めて、以て陰は宜しく陽を侵すべからず、臣は宜しく君を掩ふべからざるを明らかにして、以て大義を示す（正月、夏之四月、周之六月、謂正陽之月。今書六月、而傳云唯者、明此月非正陽月也。……日食暦之常也、然食於正陽之月、則諸侯用幣于社、請救於上公、伐鼓于朝、退而自責、以明陰不宜侵陽、臣不宜掩君、以示大義）」とある。

(二七)『春秋左氏經傳集解』文公 傳十五年に、「常鼓の月を得るも、而るに社に於て牲を用ふをば非禮と爲す。……羣陰を責むるなり。伐は猶ほ擊つがごときなり。……社は諸侯より尊ければ、故に救ひを請ひて、而るに敢て之を責めず。……退きて自ら責むるなり。……天子 擧げず、諸侯 幣を用ひるは、神に事ふる所以なり、尊卑 制を異にするは、民に訓ふる所以なり（得常鼓之月、而於社用牲爲非禮。……責羣陰。伐猶擊也。……社尊於諸侯、故請救、而不敢責之。……退自責。……天子不擧、諸侯用幣、所以事神、尊卑異制、所以訓民）」とある。

(二八)『春秋左氏經傳集解』昭公 傳十七年に、「禮に正陽の月の日食は、當に幣を社に用ふ、故に之を請ふ。……正月とは建巳の正陽の月を謂ふなり。周に於ては六月爲り、夏に於ては四月爲り。慝は陰氣なり。四月は純陽 事を用ひ、陰氣は未だ動かざるに而るに陽を侵す。災 重し、故に鼓を伐ち幣を用ひるの禮有るなり。平子は以爲へらく六月は正月に非ずと。故に大史、荅へて此の月に在りと言ふなり（禮正陽之月日食、當用幣於社、故請之。……正月謂建巳正陽之月也。於周爲六月、於夏爲四月。慝陰氣也。四月純陽用事、陰氣未動而侵陽。災重、故有伐鼓用幣之禮也。平子以爲六月非正月。故大史、荅言在此月也）」とある。

（二九）　これに對して、公羊學は、『春秋感精符』に基づき、(1)〜(3)に異なった解釋をしていることについては、鎌田正《一九六三》を參照。

（三〇）　春秋日食有甲乙者三十四、而三統曆唯得一食、曆術比諸家既最疎。又六千餘歳輒益一日。凡歳當累日爲次、而無故益之、此不可行之甚者。班固前代名儒、而謂之最密。非徒班固也、自古以來、諸論春秋者、多述謬誤、或造家術、或用黄帝以來諸曆、以推經傳朔日、皆不諧合。日食於朔、此乃天驗、經傳又書其朔食、可謂得天。而劉・賈諸儒說、皆以爲月二日或三日、公違聖人明文（『續漢書』志二　律曆志　中　注所引杜預長曆）。

（三一）　其蔽在於守一元、不與天消息也。余感春秋之事、嘗著曆論、極言曆之通理。其大指曰、天行不息、日月星辰、各運其舍、皆動物也。物動則不一、雖行度大量、可得而限。累日爲月、累月爲歳、以新故相序、不得不有毫毛之差、此自然之理也。故春秋、日有頻月而食者、有曠年不食者、理不得一、而筭守恆數故曆無不有差失也。始失於毫毛、而尙未可覺。積而成多、以失弦望朔晦、則不得不改憲以從之。書所謂欽若昊天、曆象日月星辰、易所謂治曆明時、言當順天以求合、非爲合以驗天也。推此論之、春秋二百餘年、其治曆變通多矣。雖數術絶滅、還尋經傳微旨、大量可知。時之違謬、則經傳有驗。學者固當曲循經傳月日日食、以考朔晦、以推時驗。而見皆不然、各據其學以推春秋。此無異度己之跡、而欲削他人之足也（『續漢書』志二　律曆志　中　注所引杜預長曆）。

（三二）　一つではなく多くのものにより解釋しなければならない、という方法論は、一經を家學として專修していた今文學を打倒する際の古文學の方法であった。杜預以前にも、荊州學の中心であった宋仲子は、七曆を併用して春秋の曆法を解明しようとしている。こうした古文の經典解釋の特徵である多くの經の併習を應用して、杜預は曆法を考えたのであろう。

（三三）　時又幷考古今十曆、以驗春秋、知三統曆之最疎也。今具列其得失之數、又據經傳微旨、考日辰朔晦、以相發明、爲經傳長曆。諸經傳證據、及失閏違時、文字謬誤、皆甄發之。雖未必其得天、蓋是春秋當時之曆也。學者覽焉（『續漢書』志二　律曆志　中　注所引杜預長暦）。

（三四）　春秋大凡七百七十九日、三百九十三經、三百八十六傳。其三十七日蝕。三無甲乙。

黄帝暦得四百六十六日、一蝕。

顓頊暦得五百九日、八蝕。

夏暦得五百三十六日、十四蝕。

眞夏暦得四百六十六日、一蝕。

殷暦得五百三日、十三蝕。

周暦得五百六日、十三蝕。

眞周暦得四百八十五日、一蝕。

魯暦得五百二十九日、十三蝕。

三統暦得四百八十四日、一蝕。

乾象暦得四百九十五日、七蝕。

泰始暦得五百一十日、十九蝕。

乾度暦得五百三十八日、十九蝕。

今長暦得七百四十六日、三十三蝕（『晉書』巻十八　律暦志）。

第四節　司馬彪の修史

はじめに

魏晉期における四部分類の成立は、經學からの「史」の自立への動きを背景としていた。劉宋の裴松之は、儒教の訓詁學に範をとった音義・訓詁を主體とする史書への注に代わって、史學獨自の方法論である史料批判を用いて『三國志』に注を附したのである（渡邉義浩〈二〇〇三－c〉）。かかる史學の方法論の展開と共に、何を目的として史書が編纂されたのか、を考察することは、「史」の存立理由を鮮明にするものとなろう。

北宋の景祐年間（一〇三四～三七年）以來、范曄の『後漢書』の本紀・列傳と志が合刻されている[一]司馬彪の『續漢書』は、陳壽の『三國志』と竝んで、西晉期の著作がまとまって今日に傳わる貴重な史書である。しかし、陳壽および『三國志』が、多くの研究に惠まれる[二]ことに對して、司馬彪と『續漢書』を專論する研究は少ない[三]。

本節は、司馬彪の修史、就中『續漢書』を著した目的を追求することにより、西晉における史書の位置づけの一端を探るものである。

一、史書と正統性

司馬彪は、字を紹統といい、高陽王司馬睦の長子である。司馬睦は、司馬懿の弟で「八達」の一人である司馬進の次子にあたる。罪を得て縣侯に貶められたこともあるが、高陽王に再封されて宗正に至った（『晉書』巻三十七 宗室 高陽王睦傳）。司馬彪は、本來、王位を嗣ぐべき宗室の生まれなのである。しかし、司馬彪は、司馬懿の末弟で「八達」の一人である司馬敏の養子とされた。他の「八達」の家がすべて子孫に王を輩出していることに對して、司馬彪は王になれなかった。それは、『晉書』巻八十二 司馬彪傳に、(四)

> （司馬彪）出でて宣帝の弟たる敏を後ぐ。少くして篤學にして倦まざるも、然れども好色にして行ひ薄く、睦が責むる所と爲る。故に嗣と爲るを得ず。出でて繼ぐを名とすと雖も、實は之を廢するなり。

とあるように、司馬彪の行狀が治まらず、事實上廢嫡されたためである。

「八達」のうち司馬懿―司馬師・司馬昭と司馬孚―司馬望の二房が繁榮し、弟の子である司馬繇が父の高陽王を嗣ぐのを横目に、司馬彪は人と交わらず學問に專念した。『晉書』巻八十二 司馬彪傳に、(五)

> 彪 此れに由り人事に交はらずして、學習に專精す。故に羣籍を博覽するを得、其の綴集の務を終める。初め騎都尉を拜す。泰始中、祕書郎と爲り、丞に轉ず。莊子に注し、九州春秋を作る。

とある。權力より遠ざけられた司馬彪は『莊子』を好んだ。その著書は、『隋書』巻三十四 經籍志三に、「莊子 十六巻 司馬彪注。……莊子注音 一巻 司馬彪等撰」と著録される。(六)『九州春秋』については、『史通』巻一 六家に、(七)

> 漢氏 馭を失ひ、英雄 角力するに當たり、司馬彪 又 其の行事を錄し、因りて九州春秋を爲る。州ごとに一篇と

爲し、合はせて九巻と爲す。其の體統を尋ぬるに、亦た近代の國語なり。

とある。後漢末における群雄の抗争を州ごとに敍述した、という劉知幾の説明は、『後漢書』の李賢注、『三國志』の裴松之注に多く引用される『九州春秋』の逸文より首肯される。[八]ほかに後漢末から曹魏にかけての戰いを描いた『戰略』という著作が、『三國志』の裴松之注に五例遺されている。興膳宏・川合康三は、これを『隋書』巻三十四　經籍志三に著録される「兵記　八巻」に比定する。[九]司馬彪は、はじめ後漢末から三國にかけての戰亂期の歴史に關心があったのである。

三國時代には、『史記』『漢書』『東観漢記』の三著が「三史」と稱され、歴史書を代表していた。しかし、主な者だけでも明帝期の班固、安帝期の劉珍、後漢末の蔡邕と、長い年月の間に多くの著者が手をいれた『東觀漢記』は、成立當初より評判はよくなかった。ただ蕪雜なだけではない。何を目的に歴史を描くのか、という執筆目的の統一性を欠いていたのであろう。『史記』は前漢武帝期に生きた司馬遷が、漢の正統性を明らかにするために描き、[一〇]『漢書』は後漢章帝期の白虎觀會議で成立する「儒教國家」を生きた、班固が描いた漢王朝神話であるという。[一一]そうした國家の正統性は、「合理」性を重んじる『東観漢記』[一二]には、統一的には示されていなかったと考えてよい。

司馬彪が生きる西晉では、すでに陳壽により『三國志』が著されていた。[一三]「時人は其の善く事を敍べ、良史の才有るを稱し（時人稱其善敍事、有良史之才）」、『三國志』を見た夏侯湛は書きかけの『魏書』を破り捨てたという（『晉書』巻八十二　陳壽傳）。三國の中で曹魏を正統とし、後漢から曹魏、曹魏から西晉への禪讓の正統性を描く『三國志』が存在するなかで、前代の國家を描き、現在の國家の正統性を證明する、という後世の「正史」[一四]にあたる歴史書を著す必要は、司馬彪には無かったのである。司馬彪の『九州春秋』や『戰略』には、國家の正統性や春秋の義といった理念は窺い得ない。「近代の國語」である、という劉知幾の『九州春秋』への評價は、當を得たものと言えよう。

ところで、司馬彪の傳記を掲げる『晉書』卷八十二には、十二人の史家の傳記がまとめられている。(一五)十二人のなかに史部に著錄を殘していない二人を含むことは、(一六)「史」の自立へと向かう過渡期の晉代に相應しい。司馬彪の『續漢書』の特徵を考えるために、二人を除いた十人の著作から、國家に關する歷史書を掲げてみよう。(一七)

① 後漢　⑵司馬彪『續漢書』、⑻謝沈『後漢書』。

② 三國　⑴陳壽『三國志』、⑸孫盛『魏氏春秋』。

③ 晉　⑶王隱『晉書』、⑷虞預『晉書』、⑸孫盛『晉陽秋』、⑹干寶『晉紀』、⑺鄧粲『元明紀』、⑼習鑿齒『漢晉春秋』、⑽徐廣『晉紀』。

十人十一作の特徵は、扱う時代にある。⑵司馬彪『續漢書』・⑻謝沈『後漢書』以外は、みな歷史家が生きる時代の前代の國家の歷史書なのである。③晉の歷史書を著した者たちは、みな東晉の歷史家である。この場合は、同時代の歷史書である、と位置づけてもよい。これら前代あるいは同時代の歷史を描くことは、前漢の司馬遷が『史記』で漢を正統化し、後漢の班固が漢王朝神話である『漢書』を著したことに準え得る。すなわち、そこには晉の正統化、という執筆目的を求め得るのである。

これに對して、西晉の司馬彪が、後漢を描く『續漢書』を著すことにより、直接的に西晉の正統性を主張することは難しい。(一八)後漢→曹魏→西晉の正統性を保障する『三國志』は、すでに高い評價を得ているのである。宗室である司馬彪が、なぜ自己の國家の正統性を直接的には主張し得ない、後漢の歷史書を著す必要があったのであろうか。

さらに事例を廣げて檢討を續けよう。司馬彪同樣、後漢の歷史書を著したことを確認できるものは、十二人十三作である。大まかな生沒年が分かる者を時代順に列擧すると、

① 孫吳　⑴謝承『後漢書』、⑵薛瑩『後漢記』。

② 西晉　(3)司馬彪『續漢書』、(4)華嶠『漢後書』[一九]。
③ 東晉　(5)謝沈『後漢書』、(6)袁宏『後漢紀』、(7)袁山松『後漢書』。
④ 劉宋　(8)范曄『後漢書』、(9)劉義慶『後漢書』。
⑤ 梁　(10)蕭子顯『後漢書』。

となる。このほか、晉代の人と考えられる(11)張璠『後漢紀』・(12)張瑩『後漢南記』、および(13)名前が傳わらない一名の後漢に關する歷史書[二〇]がある。

司馬彪に先んずる(1)謝承・(2)薛瑩には、孫吳固有の事情がある。獻帝から禪讓を受けた曹魏、劉姓の蜀漢とは異なり、孫吳では、孫策以來掲げてきた「漢室匡輔」が後漢の滅亡により根據を失うと、政權の正統性に疑問が生じた[二一]。そこで、韋昭が『吳書』に、孫堅は漢室に傳わっていた傳國の玉璽を入手した、と虛僞を記載したように[二二]、漢の繼承者に自己を準えようとする動きが強かった。こうした中で、後漢の歷史書を編纂することは、國家の正統化に繫がる。孫吳における『後漢書』の執筆は、前代の國家の歷史書により、自己の國家の正統化を目指すという從來と同じ目的で行われているのである。

かかる孫吳の事情を考慮すると、自己の國家を正統化し得ない後漢の歷史書をまとめた最初の者は司馬彪となる。しかも、司馬彪は史官ではない。第一に、宗室の修史であること、第二に、前代の國家である曹魏あるいは三國ではなく、後漢を描くことに特徴を持つ司馬彪の『續漢書』執筆の理由は、どこにあるのだろうか。

二、漢家の故事

司馬彪は、自らの修史について、どのような考えを持っていたのであろう。『晉書』巻八十二 司馬彪傳に、(一二三)

以爲へらく、「先王 史官を立てて以て時事を書すは、①善惡を載せて以て沮勸を爲し、教世の要を撮ればなり。是を以て春秋 修まらざれば、則ち仲尼 之を理め、關雎 既に亂るれば、則ち師摯 之を修む。前哲 豈に煩を好むや。蓋し已むを得ざるの故ならん。漢氏の中興、建安に訖はるも、②忠臣・義士も亦た以て昭著たり。而れども時に良史無く、記述 煩雜たり。③譙周 已に刪除すと雖も、然れども猶ほ未だ盡くさず。安・順より以下、亡缺する者 多し」と。彪 乃ち衆書を討論し、其の聞する所を綴り、世祖より起こし、孝獻に終はる。編年すること二百、世 十二を錄し、上下を通綜し、庶事を旁貫す。紀・志・傳を爲ること凡そ八十篇、號して續漢書と曰ふ。

とある。司馬彪が『續漢書』を修めた目的の第一は、①勸善懲惡に置かれている。孔子が『春秋』を修めた目的を勸善懲惡と捉えることは、『孟子』滕文公章句下に、(一二四)

世 衰へ 道 微にして、邪說暴行 有（また）作る。臣にして其の君を弑する者 之れ有り、子にして其の父を弑する者 之れ有り。孔子 懼れて春秋を作る。春秋は天子の事なり。是の故に孔子曰く、「我を知る者は其れ惟（ただ） 春秋か、我を罪する者も其れ惟 春秋か」と。

とある。勸善懲惡を『春秋』執筆、すなわち歷史書執筆の目的とする考え方は、中國の歷史書に長く繼承される共通の特徴である（川勝義雄《一九八六》を參照）。司馬彪の『續漢書』執筆の目的も、第一にこれが揭げられている。ただし、それが「先王」以來、續けられている、という冒頭の認識をみれば、これは中國の史書に共通する特徴であり、司馬彪獨自のそれとは考え難い。

第二の目的として司馬彪は、②後漢の忠臣・義士が良史に恵まれなかったため、その記述が煩雜となって顯らかにされていないことを擧げる。言及される③譙周の著作は、『古史考』あるいは「禮儀志」であろう。[二五]『東觀漢記』が煩雜であったことは、前述のとおりであるが、それでは司馬彪の『續漢書』は、『東觀漢記』の記述を簡潔に整理しただけのものなのであろうか。

現在、司馬彪の『續漢書』のなかでまとまって殘存しているものは、八志の部分である。それは梁の劉昭が范曄の『後漢書』に志が欠けていることを惜しみ、『集注後漢』一百八十卷を撰述した際、かつて范曄が稱揚し、その十志が準據しようとしていた『續漢書』の八志を、范曄の『後漢書』の本紀・列傳に合わせたためである。[二六]

『續漢書』の八志の起源について、劉昭は、「後漢書注補志序」[二七]に、

　永平に至るや、簡を東觀に執り、紀傳は顯ると雖も、書志は未だ聞かず。舊記を推撿するに、先づ地理有り。張衡 炳發を存せんと欲し、未だ成功有らざるも、靈憲 精遠にして、天文 已に煥らかなり。蔡邕の大いに鳴條を弘めてより、實に紹宣すること多し。妙を元卓と恊せ、律曆 以て詳かなり。洽を伯始に承け、禮儀 克擧せり。郊廟・社稷は、祭祀に該明たり。輪騑・冠章は、車服に贍列たり。是に於て應・譙は其の業を纘ぎ、董巴は其の軌を襲ふ。

と述べる。劉昭が調べたところでは、まず地理志があったという。これは『史通』古今正史 第二によれば、侍中の伏無忌と諫議大夫の黄景の著述である。そして、制度史を記した十意の續成を決意した蔡邕が、張衡の『靈憲』を踏まえ、劉洪と協力して律曆意を著し、また師の胡廣から漢の舊儀の知識を承けて禮儀意をつくり、郊廟と社稷について祭祀意を、乗り物や冠服については車服意を著した。[二八]そののち應劭と譙周はその業績を繼いだというが、應劭のそれ

は『漢官儀』であり、譙周のそれは「禮儀志」であり『古史考』である[二九]。さらに董巴がその後を繼承して著したとされるものは、『大漢輿服志』である。

　こうした先行する記録のなかから、司馬彪は蔡邕の十意を中心として、八志を撰述した。そのまとめ方について、劉昭「後漢書注補志序」[三〇]は、

> 司馬の續書は總て八志を爲す。律曆の篇は洪・邕の構する所に仍り、車服の本は卽ち董・蔡の立つる所に依る。儀・祀は往制より得、百官は故簿に就く。竝びに籍をば前修に據りて、以て一家を濟す者なり。王教の要、國典の源、粲然として略ぼ備はること、得て知る可し。既に班書に接繼し、其の流貫を通ぜんとするも、體裁の淵深なるは雖れ難きこと等を踰へ、序致の膚約なるは懸越に傷む有れば、之を後とし史に名づくるは、意を罷む能はず。

と述べている。司馬彪の八志のうち律曆志は劉洪と蔡邕の構成した所に從い、車服（輿服）志の大本は董巴と蔡邕が立てたところに依據し、禮儀志と祭祀志は往年の制度から撰述し、百官志は舊來からの官簿に基づいているというのである。司馬彪が八志を著す際に主として參照したものは、蔡邕の十意である。ところが、司馬彪は、律曆志・輿服志は蔡邕に依ったと明言するものの、禮儀志・祭祀志については蔡邕の名を出さないのである。自らの撰述の意圖が強く現れているためであろう。それでは、蔡邕と司馬彪の執筆意圖は、どのように異なるのであろうか。司馬彪の執筆目的を探るために、禮儀志・祭祀志の材料となった蔡邕の十意、さらには蔡邕の著作の執筆意圖から考えていこう。

　順帝が寵愛する四人の貴人から誰を皇后に立てるかを惱み、籌策により定めようとしたとき、胡廣は諫めて、『後漢書』列傳三十四 胡廣傳に[三一]、

（胡廣）上疏し諫めて曰く、「竊かに詔書を見るに、后を立つるは事大なるを以て、謙して自ら專らにせず、之を籌策に假り、疑を靈神に決せんと欲すと。篇籍の記す所、祖宗の典故、未だ嘗て有らざるなり。……」と。

と述べている。胡廣の反對の論據とされている「篇籍の記す所」とは儒教經典の記述を指し、「祖宗の典故」とは漢家の故事を指す。胡廣にとって漢家の故事は、儒教經典と竝ぶ政策決定の重要な典據であった。ゆえに胡廣は、それを『漢制度』に著し、『漢官』に解詁を附したのである。[三一]

こうした故事を重視する胡廣の姿勢を受け繼いだ者が蔡邕であった。蔡邕は、明帝の故事である上陵の禮に參加した時の感慨を次のように述べている。『續漢書』志四 禮儀志上注引謝承『後漢書』に、[三二]

建寧五年正月、車駕 原陵に上るに、蔡邕 司徒掾爲り、公に從ひて行く。陵に到り、其の儀を見、愾然として同坐の者に謂ひて曰く、「聞くならく古は墓祭せず、と。朝廷に上陵の禮有るも、始め謂へらく 損す可し、と。今其の儀を見、其の本意を察するに、乃ち孝明皇帝の至孝惻隱を知れば、舊に易ふ可らかず」と。……邕 太傅の胡廣に見へて曰く、「國家の禮に煩有れども省く可からざる者は、知らず 先帝 心を用ふること周密の此に至ればなり」と。廣曰く、「然り。子 宜しく之を載して、以て學者に示すべし」と。邕 退きて焉を記す。

とある。「古の禮」すなわち儒教の經典とは異なっていても、明帝の光武帝を思う孝心の現れである「上陵の禮」は、行われるべきである。蔡邕がこの思いを胡廣に報告すると、胡廣はこれを書き留めて學者に示すべきだと答え、漢家の故事の正しさを後世に傳えようとしている。後漢「儒教國家」は、實際の國政の運用において儒教經典と齟齬が生じた場合、漢家の故事により經典解釋を現實に合わせて適用してきた（渡邉義浩〈二〇〇六〉）。蔡邕は、それを書き記そうとした。胡廣・蔡邕の執筆目的は、漢家の故事を記錄に留めることにあったのである。

司馬彪の八志は、漢家の故事を典範と考える胡廣─蔡邕の著作の流れを汲むものである。したがって『續漢書』という書名にも拘らず、それは單なる『漢書』の續編にはならなかった。漢の直接的な正統化を目的とする『漢書』とは執筆目的が異なるためである。前述のように、司馬彪の執筆意圖が明確に現れている祭祀志は、『漢書』への接續を明言しておきながら、郊祀志という『漢書』の名稱を繼承しない。『漢書』の郊祀志は、祭祀のなかで最も重要なものが天への祭祀、つまり郊祀であることから名付けられた篇名である。(三四) 後漢においても、天の祭祀の重要性に變わりはなかった。しかし、司馬彪の祭祀志では、郊祀に限定されず、漢のあらゆる祭祀がどのような經緯を持つのか、という形成史が語られる。ゆえに、郊祀という特定の祭祀を篇名とせず、祭祀志と命名されたのであろう。また、禮儀志では、一年間に行われる漢の定例の祭祀が、時系列に沿って掲げられ、最も重要ではあるが臨時の祭祀である大喪は最後に附されている。形成志を記す祭祀志、時系列に竝べる禮儀志、この二つの志により、後漢「儒教國家」で成立した漢の祭祀の全體像(三五)が典範として示されるのである。

これが司馬彪の『續漢書』の特徵である。漢家の故事をまとめあげるという點では、胡廣・蔡邕の著作と共通性を持つのである。それでは、何が異なるのか。それは、何のために漢家の故事をまとめあげるのか、という目的の違いにある。

三、鑑としての史書

司馬彪の八志の中核には、胡廣—蔡邕と受け繼がれた漢家の故事があった。胡廣の『漢制度』は、三公を歴任した胡廣の實務の控えとしての有職故實集と位置づけられよう。蔡邕の十意そして『獨斷』は後漢末の混亂を治めるための規範集で、その實踐は董卓の專制期に蔡邕自らによって試みられた。それでは、司馬彪の『續漢書』は、なにを目的として漢家の故事をまとめあげたのであろうか。

それは西晉の政治を運用していくうえで、漢家の故事を鏡として參照するために編纂されたものであった。いにしえを鑑とすることについては、『詩經』大雅 蕩に、(三六)

殷鑒 遠からず、夏后の世に在り。

とあり、『詩經』以來の傳統がある。司馬彪は、後漢「儒教國家」を鑑とする史書を編纂することにより、西晉「儒教國家」の現實の政策に資することを目指したのである。『晉書』卷八十二 司馬彪傳に、(三七)

泰始の初、武帝 親しく南郊を祠るに、彪 上疏して議を定む。語は郊祀志に在り。後 散騎侍郎を拜し、惠帝の末年に卒す。時年六十餘なり。

とある。郊祀志は『晉書』・『後漢書』にはなく、何を指すのか不明であるが、いずれにせよ『續漢書』、なかでも八志を編纂した知識を背景として、司馬彪が西晉の禮制に關する上奏をしていたことは分かる。

司馬彪が取り組んでいた禮制のうち、六宗の祭祀についての記錄は殘っている。六宗について、後漢では二つの解釋が行われていた。後漢初期には六宗は易の六子氣（日・月・雷公・風伯・山・澤）とされていたが、安帝の元初六（一一九）年以降は尙書歐陽家の說を取って上・下・四方を指すこととされた。(三八) これに對して司馬彪は、『晉書』卷十九 禮志上に、(三九)

尙書の「禋于六宗」は、諸儒 互いに說き、往往にして同じからず。王莽は易の六子を以て、遂に六宗の祠を立つ。魏の明帝 時に其の事を疑ひて、以て王肅に問はば、亦た以て易の六子と爲す。故に廢せず。晉の受命するに及び、司馬彪ら、六宗の祀 應に新禮に特立すべからざるを表し、是に於て遂に其の祀を罷む。

とあるように、六宗の祭祀を行う必要がないことを說き、武帝はこれに從っている。『續漢書』志八 祭祀志中の劉昭

注にはさらに詳しく(四〇)、

晉の武帝の初め、司馬紹統 表して之を駮して曰く、「臣 以爲へらく、帝は類に在り、則ち禋なる者は天に非ず。山川は望に屬すれば、則ち海・岱は宗に非ず。宗は猶ほ包山のごとし、則ち望すれば何ぞ秩せんか。伏と歆・逵とは其の義を失へるなり。……宜しく特に復た六宗の祀を立つべからざるなり。……天宗は、日月星辰寒暑の屬なり。地宗は、社稷五祀の屬なり。四方の宗なる者は、四時五帝の屬なり。

とあり、諸説を批判した上で、六宗を天宗（日・月・星辰・寒暑）・地宗（社稷・五祀）・四方の宗（四時・五帝）と捉える自説が主張されている。

八志にまとめあげた漢の制度を鑑として検討した結果、六宗については漢とは異なり祭祀を廢止すべきとの結果に達した(四一)。このように司馬彪が描いた後漢「儒教國家」の鑑は、西晉が「儒教國家」を再編していく際に、照らし合わされていったのである。それでは、かかる歴史を鑑とする認識はどのように形成されたのであろうか。

杜預の『春秋左氏經傳集解』の序に(四二)、

若し夫れ制作の文は、往を章らかにし來を考ふる所以にして、情は辭に見はる。言高ければ則ち旨は遠く、辭約(つづ)まれば則ち義は微(かす)かなり。此れ理の常にして、之を隱すに非ざるなり。

とあり、聖人が制作する文は、それによって過去を明らかにし、未來を考える手だてとなるものであることが主張されている。これは直接的には何休ら公羊學者が、孔子は「其の文を微にし、其の義を隱した」と主張することへの反論である。しかし、それを超えて、ここには歴史を鑑とする意識を讀み取ることができるのである。「往を章らかにし來を考ふ」は、『易經』の繫辭傳下を踏まえている。加賀榮治《一九六四》によれば、杜預がここで『易經』を引用することは、天道と人道とを通ずる五經理念の一大體系を組成する意圖が荊州學派にあったものを繼承したからであるという。天道により未來の鑑となる『易經』と同様に、人道を描く『春秋』もまた未來の鑑と成り得る。『春秋』は左氏傳に對する杜預の集解により、人道の鑑たり得る歴史書と位置づけ直されたのである。漢を規範とし鑑とする司馬彪の『續漢書』は、歴史を鑑と認識する點において、杜預の『春秋』解釋との共通性を有しているのである。

かかる歴史書の捉え方は、『詩經』以來の傳統があり、杜預に至って突然現れたものではない。『風俗通義』を著した應劭は、『後漢書』列傳三十八　應奉傳附應劭傳に、(四三)

　夫れ國の大事は、載籍より尙れるは莫し。載籍なる者は、嫌疑を決し、是非を明らかにし、賞刑の宜しきこと、允に厥の中を獲、後の人をして永く監と爲さしむ。

と述べ、載籍を「監」とする考え方を持っていた。應劭は鑑として『漢官儀』を著したが、(四四)それは、『後漢書』列傳三十八　應奉傳附應劭傳に、(四五)

　今 大駕は東に邁きて、許の都に巡省し、險難を拔け出でて、其の命 惟れ新たなり。

とあるように、漢は許で新たなる天命を得たので、規範が必要という意識から描かれたものである。むろんそれは、許において漢が滅亡を迎えようとしていることに對する應劭の精一杯の抵抗であった。

四百年續いた漢が終焉を迎えようとした時に、後漢「儒教國家」において經典と同様の重要性を持っていた「漢家の故事」をまとめようとする風潮が現れた。胡廣の『漢制度』、蔡邕の『獨斷』、應劭の『漢官儀』などがそれである。應劭には、それが鑑であるという意識がすでに存在した。杜預の『春秋左氏經傳集解』により、それは『易經』繫辭傳の「往を章らかにし來を考ふ」という理念が轉用されて歴史書の使命とされた。西晉の宗室に生まれながら王になれなかった司馬彪は、後漢「儒教國家」の歴史書をまとめることにより、「儒教國家」を再編しようとしている西晉に鑑を提供すると共に、例えば六宗についてそれを踏まえた主張を提出して、西晉による「儒教國家」の再編に自ら主體的に關與した。司馬彪の本紀・列傳は滅びても、八志が残されたのは、西晉の鑑としての後漢「儒教國家」の諸制度をまとめるという執筆目的が、八志にこそ十全に現れていたためであろう。(四六)

おわりに

曹魏において繰り返された儒教への對抗、それへの反發を束ねて國家を創設した西晉は、「儒教國家」の再編を目指した。封建・井田・學校などの諸政策に、西晉における「儒教國家」再編への動きを見ることができる（本書第二章の諸節を參照）。司馬彪の『續漢書』、就中その八志は、そうした西晉「儒教國家」再編の鑑とすべき後漢「儒教國家」の諸制度をまとめあげたものであった。

『史記』『漢書』の漢、『三國志』の西晉のような現代の國家の直接的な正統化ではなく、鑑としての歴史を描いたことは、『春秋左氏經傳集解』に展開される杜預の『春秋』解釋に通ずる營爲であった。むろん鑑を設定することは、現在の國家がそれを鑑みた政策を展開することにより、自己の國家の正統化へと繫がる營みでもあった。

また、漢を規範とし、漢を鑑としたことは、東晉における『漢晉春秋』や『後漢紀』など後漢―蜀漢を正統と考える歴史觀の先驅ともなった。(四七)中國の歴史書の執筆目的が、國家の正統化を中心に置きながらも、勸善懲惡という孟子の『春秋』解釋から、『資治通鑑』にも繫がるような鑑としての杜預の『春秋』解釋へと展開するものであれば、(四八)漢を規範、すなわち鑑とする司馬彪の『續漢書』は、後者の嚆矢に位置づけられる歴史書なのである。

《注》

（一）尾崎康《一九八九》。なお『後漢書』については、渡邉義浩〈二〇〇一―a〉を參照。

（二）近年日本の研究だけを掲げても、陳壽に關しては、阿部順子〈一九九六〉、津田資久〈二〇〇一〉があり、『三國志』に關しては、江畑武〈二〇〇〇〉〈二〇〇一〉、津田資久〈二〇〇三〉がある。

（三）李列輝〈一九九六〉は數少ない專論であり、司馬彪の『續漢書』を『春秋』の勸善懲惡の傳統を繼承するものと位置づけている。

（四）（司馬彪）出後宣帝弟敏。少篤學不倦、然好色薄行、爲睦所責。故不得爲嗣。雖名出繼、實廢之也（『晉書』卷八十二 司馬彪傳）。

（五）彪由此不交人事、而專精學習。故得博覽羣籍、終其綴集之務。初拜騎都尉。泰始中、爲祕書郎、轉丞。注莊子、作九州春秋（『晉書』卷八十二 司馬彪傳）。

（六）茆泮林（輯）『十種古逸書』（『古籍叢殘彙編』北京圖書館出版社、二〇〇一年）に、司馬彪の『莊子注』の輯本が收められている。

（七）當漢氏失馭、英雄角力、司馬彪又錄其行事、因爲九州春秋。州爲一篇、合爲九卷。尋其體統、亦近代之國語也（『史通』卷一 六家）。

（八）百二十卷本『說郛』卷五十九（上海古籍出版社、一九八八年）に、司馬彪の『九州春秋』の輯本が收められている。

（九）興膳宏・川合康三《一九九五》は、『戰略』と『兵記』を同一の書籍とする。首肯し得る見解である。

（一〇）司馬遷と『史記』に關する研究はきわめて多いが、ここでは佐藤武敏《一九九七》、稻葉一郎《一九九九》《二〇〇六》を參照。

（一一）板野長八〈一九八〇〉。また、後漢を「儒教國家」と位置づけることについては、渡邉義浩《一九九五》《二〇〇九》を參照。

（一二）小林春樹〈一九九五―b〉は、東觀人士が後漢の正統性を支えていた圖讖に批判的であったことを「合理的」史學の成立と意義づける。また、安部聰一郎〈二〇〇〇〉も參照。

（一三）江畑武〈二〇〇〇〉は、『三國志』の成立年代を太康五（二八四）年に置く。

（一四）　正史が第一義に現在の國家の正統化を目的としたことは、竹内康浩〈二〇〇〇〉《二〇〇二》、淺見直一郎〈一九九二〉を參照。

（一五）　十二人に關する簡單な紹介に、松岡榮志〈一九九六〉がある。

（一六）　『隋書』卷三十四　經籍志三において、子部儒家に著錄される『通經』を著した王長文と、『江表傳』を著しながら、それを『隋書』卷三十五　經籍志四　集部別集に、『東晉太守虞溥集』と一括著錄されている虞溥である。

（一七）　孫盛のみ二著、習鑿齒は後漢から晉を描く。また、丸番號は對象の時代、括弧番號の順は大まかな生沒順を示す。

（一八）　これに對して、東晉の謝沈『後漢書』は、習鑿齒の『漢晉春秋』が、三國の中で蜀漢を正統とし、漢の正統を晉が直接繼承した、と主張する時代であるため、東晉の正統性を證明する一翼を擔う可能性を持つ。『漢晉春秋』については、田中靖彦〈二〇〇五〉を參照。

（一九）　『隋書』卷三十三　經籍志二は『後漢書』と著錄する。ここでは、『晉書』卷四十四　華嶠傳に從う。韓傑〈一九八八〉も參照。

（二〇）　失氏名書の後漢書については、鈴木啓造〈一九六六〉を參照。

（二一）　「漢室匡輔」および孫吳政權の構造については、渡邉義浩〈一九九九〉〈二〇〇〇〉を參照。

（二二）　『三國志』卷四十六　孫破虜傳注における裴松之の史料批判を參照。なお、韋昭の『吳書』については、滿田剛〈二〇〇四〉、高橋康浩〈二〇〇八〉がある。

（二三）　以爲、先王立史官以書時事、①載善惡以爲沮勸、撮教世之要也。是以春秋不修、則仲尼理之、關雎既亂、則師摯修之。前哲豈好煩哉。蓋不得已故也。漢氏中興、訖于建安、②忠臣・義士亦以昭著、而時無良史、記述煩雜。③譙周雖已刪除、然猶未盡。安・順以下、亡缺者多。彪乃討論衆書、綴其所聞、起于世祖、終于孝獻。編年二百、錄世十二、通綜上下、旁貫庶事。爲紀・志・傳凡八十篇、號曰續漢書（『晉書』卷八十二　司馬彪傳）。

（二四）　世衰道微、邪說暴行有作。臣弑其君者有之、子弑其父者有之。孔子懼作春秋。春秋天子之事也。是故孔子曰、知我者其惟春秋乎、罪我者其惟春秋乎（『孟子』滕文公章句下）。

（二五）　司馬彪は、「汲冢書」の紀年を根據に譙周の『古史考』より百二十二事を箇條書きにし、不當として退けている（『晉書』卷八

十二 司馬彪傳)。「汲冢書」發見の意義については、吉川忠夫〈一九九九〉を參照。

(二六)『梁書』卷四十九 劉昭傳。劉昭と『集注後漢』については、小林岳〈一九九二〉〈一九九四〉〈一九九七〉を參照。

(二七)至乎永平、執簡東觀、紀傳雖顯、書志未聞。推撿舊記、先有地理。張衡欲存炳發、未有成功、靈憲精遠、天文已煥。自蔡邕大弘鳴條、實多紹宣。協妙元卓、律曆以詳。承洽伯始、禮儀克擧。郊廟・社稷、祭祀該明。輪騑・冠章、車服贍列。於是應・譙纘其業、董巴襲其軌(『後漢書』中華書局本に所收)。

(二八)蔡邕については、丹羽兌子〈一九七二〉、福井重雅〈一九八三〉がある。また、福井重雅《二〇〇〇》も參照。

(二九)『續漢書』志四 禮儀上注引謝沈『後漢書』に、「太傅の胡廣 舊儀を博綜し、漢制度を立つ。蔡邕 因りて以て志を爲り、譙周 後に改定して以て禮儀志を爲ると。(太傅胡廣博綜舊儀、立漢制度。蔡邕因以爲志、譙周後改定以爲禮儀志)」とある。なお、應劭については、池田秀三〈一九九三〉、中村璋八・清水浩子《二〇〇二》を、譙周については、吉川忠夫〈一九八四〉、中林史朗〈一九八〇〉を參照。

(三〇)司馬續書總爲八志。律曆之篇仍乎洪・邕所構、車服之本卽依董・蔡所立。儀・祀得於往制、百官就乎故簿。竝籍據前修、以濟一家者也。王教之要、國典之源、粲然略備、可得而知矣。既接繼班書、通其流貫、體裁淵深雖難踰等、序致膚約有傷懸越、後之名史、弗能罷意(『後漢書』中華書局本に所收)。

(三一)(胡廣)上疏諫曰、竊見詔書、以立后事大、謙不自專、欲假之籌策、決疑靈神。篇籍所記、祖宗典故、未嘗有也。……(『後漢書』列傳三十四 胡廣傳)。

(三二)王隆が撰して、胡廣が注を附した『漢官解詁』は孫星衍《一九九〇》に輯本が收められる。なお胡廣については、西川利文〈一九九八〉がある。

(三三)建寧五年正月、車駕上原陵、蔡邕爲司徒掾、從公行。到陵、見其儀、愾然謂同坐者曰、聞古不墓祭。朝廷有上陵之禮、始謂可損。今見其儀、察其本意、乃知孝明皇帝至孝惻隱、不可易舊。……邕見太傅胡廣曰、國家禮有煩而不可省者、不知先帝用心周密之至於此也。廣曰、然。子宜載之、以示學者。邕退而記焉(『續漢書』志四 禮儀志上注引謝承『後漢書』)。

(三四) 郊祀志の篇名については、狩野直禎・西脇常記《一九八七》の「解説」を參照。

(三五) こうした祭祀を含めた儒教に基づく漢の諸制度を「中國における古典的國制の成立」と意義づけることについては、渡邊信一郎〈二〇〇三〉を參照。それらが、後漢の白虎觀會議において經義により正統化されることについては、渡邉義浩〈二〇〇五—c〉を參照。

(三六) 殷鑒不遠、在夏后之世（『詩經』大雅 蕩）。鄭箋に、「此の言、殷の明鏡は遠からざるなり。近く夏后の世に在りとは、湯 桀を誅するを謂ふなり（此言、殷之明鏡不遠也。近在夏后之世、謂湯誅桀也）」（『毛詩正義』卷十八 大雅）とある。また、『詩經』大雅 文王には、「宜しく殷に鑒るべし（宜鑒于殷）」とある。

(三七) 泰始初、武帝親祠南郊、彪上疏定議。語在郊祀志。後拜散騎侍郎、惠帝末年卒。時年六十餘（『晉書』卷八十二 司馬彪傳）。

(三八) 『後漢書』志八 祭祀中。尚書歐陽家の六宗の說については、池田雅典〈二〇〇七〉を參照。また、六宗が鄭玄と王肅との對立點の一つであったことは、加賀榮治《一九六四》に指摘がある。

(三九) 尙書禋于六宗、諸儒互說、往往不同。王莽以易六子、遂立六宗祠。魏明帝時疑其事、以問王肅、亦以爲易六子。故不廢。及晉受命、司馬彪等、表六宗之祀、不應特立新禮、於是遂罷其祀（『晉書』卷十九 禮志上）。

(四〇) 晉武帝初、司馬紹統表駮之曰、臣以爲、帝在于類、則禋者非天。山川屬望、則海・岱非宗。宗猶包山、則望何秩焉。伏與歆・逵失其義也。……不宜特復立六宗之祀也。……天宗、日月星辰寒暑之屬也。地宗、社稷五祀之屬也。四方之宗者、四時五帝之屬也（『續漢書』志八 祭祀中注）。

(四一) ただし、西晉は、惠帝の元康元（二九一）年、劉劭說によって六宗を太極沖和の氣と定め、曹魏の制度に戻し六宗の祭祀を行っている（『晉書』卷十九 禮志上）。

(四二) 若夫制作之文、所以章往考來、情見乎辭。言高則旨遠、辭約則義微。此理之常、非隱之也（『春秋左氏經傳集解』序）。

(四三) 夫國之大事、莫尙載籍。載籍也者、決嫌疑、明是非、賞刑之宜、允獲厥中、俾後之人永爲監焉（『後漢書』列傳三十八 應奉傳附應劭傳）。

(四四)『三國志』巻二十一 王粲傳注引『續漢書』に、司馬彪は、應劭の『漢官儀』および『禮儀故事』凡そ十一種が殘されたために、漢の制度・百官の儀式が滅びなかった、との認識を示している。

(四五)今大駕東邁、巡省許都、拔出險難、其命惟新（『後漢書』列傳三十八 應奉傳附應劭傳）。

(四六)福井重雅〈一九八六〉によれば、多くの後漢に關する歴史書のなかで、南北朝において最も廣く普及し多く引用されたものは、司馬彪の『續漢書』であるという。南北朝においても漢を鑑とする必要性は高かったのであろう。

(四七)『漢晉春秋』が蜀漢を正統化する最初の歴史書であることは、田中靖彦〈二〇〇五〉を參照。『後漢紀』もまた、蜀漢を正統とする歴史書であることは、中林史朗・渡邉義浩《一九九九》を參照。

(四八)東晉の建國時に、元帝は王導の建議を容れて史官を復興し、干寶に國史を領させた。その際に王導は、「陛下 聖明にして、中興の盛に當たる。宜しく國史を建立し、帝紀を撰集すべし。上は祖宗の烈を敷き、下は佐命の勳を紀し、務めて實錄を以て後代の準と爲さん（陛下聖明、當中興之盛。宜建立國史、撰集帝紀。上敷祖宗之烈、下紀佐命之勳、務以實錄爲後代之準）」（『晉書』巻八十二 干寶傳）と述べて、歴史書が國家の政治の規範・鑑誡であることを主張している。宮川尙志〈一九四〇〉も參照。また、『資治通鑑』については、三浦國雄〈一九七一〉を參照。

第五節　『山公啓事』にみえる貴族の自律性

はじめに

『山公啓事』とは、阮籍・嵆康らとともに「竹林の七賢」と稱された山濤が、西晉の吏部尙書などで行った人事の際に(一)、武帝司馬炎に奏上した「啓」を、題目（人物評價）を中心にまとめたものである。著作成立の經緯について、『晉書』巻四十三 山濤傳は(二)、

> （山）濤 再び選職に居ること十有餘年、一官 缺くる毎に、輒ち啓して數人を擬す。詔旨の向かふ所有りて、然る後に顯らかに奏し、帝が意の先と爲さんと欲する所に隨ふ。故に帝の用ふる所、或いは擧首に非ざれば、衆情 察せず、以へらく濤 輕重すること意に任すと。或ひと之を帝に譖る。故に帝 手づから詔して濤を戒めて曰く、「夫れ人を用ふるは惟だ才のみにし、疏遠卑賤を遺さざれば、天下 便ち化す」と。而るに濤 之を行ふこと自若たり。一年の後、衆情 乃ち寢む。濤 奏して甄拔する所の人物に、各〻題目を爲る。時に山公啓事と稱す。

と傳える。山濤は、吏部尙書などの選職に就いていた十數年の間、欠員が生ずると數人の候補者を題目や經歷と共に推薦順位を附して皇帝に「啓」し、皇帝が詔により示した意向に從って「顯らかに奏」（公式に上奏）するという人事を行った。そのため、山濤の「啓」した推薦順位の低い者を皇帝が用いることもあり、山濤は恣意的に人事を行ってい

るとの批判を浴びたという。かかる記述から考えると、山濤は「顯らかに奏」した上奏だけではなく、皇帝への「啓」をも公開していたことになる。これらの「啓」とそれに對する皇帝の詔をまとめた書物が、『山公啓事』である。『隋書』卷三十五 經籍志四には、「山公啓事 三卷」と著録されるが、その作者は記載されない。「山公」と敬稱を用いていることから、山濤の自著ではなく、近しい者がまとめた著述と考えてよい。

山濤は、本來、內密にすべき「啓」をあえて公開したことにより誤解を受け、その讒言を受けた武帝により、叱責の詔まで出されている。意に介さずに續けたので、批判は止んだというが、なぜ山濤は、そこまでして「啓」の公開を續けたのであろうか。本節は、山濤が『山公啓事』の中心となる「啓」を公にした理由を山濤の生き方、および貴族の自律性と國家的身分制である貴族制との距離感から考察するものである。

一、山濤と嵇康

山濤は司馬氏と同郡の河內郡懷縣の出身で、司馬氏と婚姻關係にあった。(三) しかし、『世說新語』政事第三 注引虞預『晉書』(四)に、

山濤 字は巨源、河內懷の人なり。祖は本郡の孝廉、父の曜は宛句令なり。濤 蚤に孤にして貧しく、少くして器量有り、宿士も猶ほ之を慢らず。年十七、宗人 宣帝に謂ひて曰く、「濤は當に景・文と與に共に天下を綱紀すべき者なり」と。帝 戲れて曰く、「卿が小族、那ぞ此の快人を得しか」と。莊老を好み、嵇康と善し。

とあるように、父は縣令に過ぎず、しかも早くに卒した。その一族もまた、山濤を司馬師・昭と準える評價をした宗族に、司馬懿が「小族と戲れ」るような、勢力の弱い豪族であった。しかも、曹室と婚姻關係を持つ嵇康と交友し、(五)

「荘老を好」むとされたその思想性もあってか、山濤の出仕は遲く（六）、また出仕後もすぐに官を辭している。その後、再び出仕したが、『世說新語』政事第三 注引虞預『晉書』に（七）、

（山濤）河內從事と爲る。石鑒と與に共に傳宿するに、濤 夜に起き鑒を蹋みて曰く、「今 何等の時たりて眠るや。太傅の臥するは何の意と知る」と。鑒曰く、「宰相 三日 朝せざれば、尺一の令を與へ第に歸らしむ。君 何をか慮る」と。濤曰く、「咄、石生は、馬蹄の間にも事無からんか」と。傳を投げて去る。果たして曹爽の事有り、遂に身を隱し世務と交らず。

とあるように、山濤は司馬懿の引退の背景に、曹爽への軍事クーデタを予感し、四十三歳の時に（八）、再び官を辭した。辭職は、曹爽に仕えず司馬氏派を鮮明にするというよりも、政爭に巻き込まれることを避けるためになされた。司馬氏派の劉放・孫資・衞臻・何曾が辭職するのは翌（正始九、二四八）年のことである。山濤は、司馬氏派の動きを先讀みしたと考えてよい。しかも、劉放ら司馬氏派は、曹爽を打倒した正始十（二四九）年の政變の直後に復職しているが（九）、山濤がその年に出仕することはなかった。ちなみに、阮籍はその年に司馬懿の從事中郎となり、嵇康は中散大夫を辭することにより、それぞれの旗幟を鮮明にしている。

山濤が再び出仕した背景には、嵇康の危機がある。『晉書』巻四十三 山濤傳に（一〇）、

（山濤）宣穆后と中表の親有り、是を以て景帝に見ゆ。帝曰く、「呂望 仕へんと欲するか」と。司隷に命じて秀才に擧げしめ、郎中に除す。驃騎將軍の王昶が從事中郎に轉ず。久之（ひさしくして）、趙國相を拜し、尚書吏部郎に遷る。

とあるように、景帝（司馬師）から太公望呂尙に準えられた山濤は、出仕して郎中となり、やがて王昶の從事中郎となった。王昶の驃騎將軍就任は、正元二（二五五）年三月甲戌であり（『三國志』巻四 三少帝紀）、山濤の再出仕は、それを遡ることほぼ一年以内と考えられる。この間、曹魏における最大の事件は、正元二（二五五）年正月乙丑に起きた毌丘儉

の亂である（『三國志』卷四 三少帝紀）。

毌丘儉の亂と山濤との關係について、鍾會は、『晉書』卷四十九 嵆康傳に、[一一]

（鍾會）文帝に言ひて曰く、「嵆康は、臥龍なり、起たす可からず。公 天下に憂ふるもの無くも、顧（おも）ふに康を以て慮と爲すのみ」と。因りて譖るに、「康 毌丘儉を助けんと欲するも、賴（さいはひ）にも山濤 聽さず。……」と。

と述べている。嵆康の毌丘儉の亂への關與を山濤が止めたというのである。鍾會の讒言に何らかの根據があるとすれば、山濤の再仕官は、正元二（二五五）年、五十一歳の時となり、[一二] その理由は嵆康の亂への關與を止めたこととの係わりの中で檢討すべきであろう。

景元元（二六〇）年、司馬昭が皇帝の曹髦（高貴鄉公）を弑殺、魏晉革命が目前に迫ると、山濤は司馬氏との對立が高まっていた嵆康に最後の救いの手を差し伸べる。景元二（二六一）年、吏部郎に除せられた山濤は、自らの職を嵆康に讓ろうとしたのである。皇帝權力からの自律性を保持しようとしている嵆康を守ることは、『山公啓事』に表現されていく、あるべき「貴族制」を守る營みに通ずる行爲であった。前年にも山濤が自分の推薦を試みたと聞いていた嵆康は、司馬氏への屈從を求める山濤に對して、拒絶の意志表示のため絶交書を書き上げた。「與山巨源絶交書」である。大上正美〈一九八九—b〉は、「與山巨源絶交書」には、自責の聲が現實の虚妄を激しく衝く聲となって響く構圖があり、赤裸々で奔放な自己主張が見られる、とする。そこでは、「七不堪と二不可」が述べられ、禪讓革命と君主の世襲が否定される。儒教により魏晉革命を正統化しようとしていた司馬氏に對する痛烈な批判である（本書第四章第二節）。山濤は嵆康を守るため、吏部郎へ推擧しようとした。嵆康はだからこそ、山濤を卷き込まないために、絶交書を著したのであろう。兩者の交友の重みは、嵆康の遺言に表れている。『晉書』卷四十三 山濤傳に、[一三]

（山濤）嵆康・呂安と善く、後に阮籍に遇ひ、便ち竹林の交を爲し、忘言の契を著（な）す。康 後に事に坐し、誅せらるるに臨み、子の紹に謂ひて曰く、「巨源 在り、汝は孤ならず」と。

とある。山濤は、嵆康の遺言に應えるべく時期を待った。嵆康の刑死から二十年後、滿を持して子の嵆紹を拔擢する。『世說新語』政事第三に、[一四]

> 嵆康 誅せられしより後、山公は康の子の紹を擧げ祕書丞と爲す。紹 公に出處を諮（はか）る。公曰く、「君が爲に之を思ふこと久し。天地四時すら、猶ほ消息有り。而るに況んや人をや」と。

とある。山濤が當初、推薦した官は、貴族の起家官として最も淸貴とされた祕書郎であった。[一五]武帝司馬炎は、さらにその上位の祕書丞で嵆紹を起家させた。この間の事情を『世說新語』政事第三 注引王隱『晉書』は、[一六]

> 時に紹の父の康 法（しおき）せらるを以て、選官は敢へて擧げず。年二十八、山濤 之を用ひんことを啓す。世祖 詔を發して、以て祕書丞と爲す。

と傳える。父の司馬昭による嵆康誅殺への批判に動かされたのであろうか。世祖（司馬炎）は嵆紹を大拔擢した。その詔が下される前に、山濤が「啓」した文章、それらをまとめたものが『山公啓事』である。

『山公啓事』はつとに散佚し、今は『通典』や類書などに數十條を殘すのみである。その輯佚と復原を試みた葭森健介〈一九八七〉によれば、『山公啓事』は、

> 甲（前任者）遷り、A（①缺員官職名）の缺 當に代はりを選ぶべし。Aは……（②職務內容等）……なるものなり、宜しく……（③必要な資質）……なる者を得べし。乙（④被推薦者）は、××（⑤性）にして○○（⑤才）有り。……（⑥經歷・實績・期待等）……なれば、宜しく乙を以てAを補ふべし。爾る可きか否かを審かにせず。

という書式を取る。表九「『山公啓事』の題目と『晉書』の人物評價」にも示したように、[一七]『山公啓事』の人材推擧の範圍は、大將軍の第二品から、通事令史の第八品までに及ぶ。久保卓哉〈一九九一〉によれば、⑴一品ないし三品の等

級を上昇する昇格人事、⑵地方官（外勤）から中央朝廷（内勤）への移動、⑶官品を一品下げる人事の場合には⑵外勤から內勤へという付帶條件を伴う、という三つの傾向を持つ、という。その評語は、正・義・淸・德といった儒教的倫理觀を評價するものが多く、山濤の好んだとされる老莊的價値觀ではない點に特徴がある。山濤が貴族の文化的價値の根底にある儒教を基準とする人事を行おうとしたことが理解できよう。

『山公啓事』に始めて着目した矢野主稅〈一九六七〉は、九品中正制度において、中正官が鄉品と共に人物につけた評語である「狀」の復原のため、『山公啓事』を利用した。史書には、州大中正の王濟が、孫楚に與えた「天才英博、亮拔不羣」（『晉書』卷五十六　孫楚傳）という狀しか殘存せず、狀を復原する手段がなかったためである。矢野主稅〈一九六七〉の取り上げた『山公啓事』の題目と『晉書』の人物評價は、次の三例である。

⑴　(山)　周浚、果烈有才用。　(晉)　浚、性果烈。以才理見知。
⑵　(山)　郭奕、高簡有雅量。在兵閒少。　(晉)　少有重名。山濤稱其高簡有雅量。
⑶　(山)　衞瓘、貞正靜一。　(晉)　性貞靜有名理。

この⑴～⑶の三例を論據にして、矢野は、山濤が與えた狀、卽ち人物評が史傳作者によって採用されたことは、山濤の人物評が必ずしも山濤獨自の見解にすぎぬものではなく、必ずや基づくところがあり、史傳作者を納得させるものがあったことを示している。では、山濤の人物評は何に基づいたかといえば、それは任官に際して中正から提出された公式の記錄たる、狀であった、と主張したのである。『山公啓事』を復原した葭森健介〈一九八七〉も、矢野氏が予測した通り、『山公啓事』は中正の「狀」をふまえて書かれたのであり、鄉里における德性・品行・才能に關する短評は「狀」から採用した可能性が十分考えられる、と述べている。果たしてそうであろうか。

矢野が掲げた三例のうち、⑵は山濤の評價であることを明記しており、⑴と⑶は、「有」の前の「性」はほぼ一致するが、[一八]「有」の後の「才」は異なっている。中村圭爾〈一九八七―a〉は、中正の郷品とは異なった論理で、九品官制は運用された、と指摘している。葭森のいう「徳性・品行・才能に關する短評」とは題目であり、ここが狀のままであるならば、山濤の人物評價に獨自性はない。同一の官品のどんな官に誰を何の基準により就けるのか、という吏部人事を行う際に、その基準は、中正官が定めた鄕品と狀だけであったのだろうか。『山公啓事』の題目と『晉書』の人物評價を比較していこう。

二、性と才

表九「『山公啓事』の題目と『晉書』の人物評價」に整理した『山公啓事』の佚文の中で、題目と稱される「性」有「才」という表記方法による人物評價を殘しているもののうち、『晉書』に人物評價が記載されるものは十七例である。それらの中で、『山公啓事』の題目と『晉書』の人物評價が同一、もしくはほぼ同一のものは、

郭奕　（山）郭奕、高簡有雅量。在兵閒少
　　　（晉）少有重名。山濤稱其高簡有雅量。
阮咸　（山）眞素寡欲、深識清濁、萬物不能移
　　　（晉）山濤擧（阮）咸典選曰、阮咸貞素寡欲、深認清濁、萬物不能移。若在官人之職、必絕於時。

の二例である。これらはいずれも『晉書』の人物評價は、山濤の題目であることが明記されている。矢野說の如く、『晉書』の人物評價の元になったという中正の狀と山濤の題目とが同一であるならば、わざわざこれが山濤の題目であることを記す必要はない。兩者が無關係である事例の多さ（十七例中、王濟・荀愷・石崇・和嶠・嵆紹・鄧殷・劉訥・鄧選の

八例）も考えあわせると、山濤の題目と中正の狀とは異なる人物評價であると言えよう。

ただし、それは、中正の狀と山濤の題目とが無關係であることを意味しない。『山公啓事』の題目と『晉書』の人物評價の一部分が同一のものは、次の七例に及ぶ。

(1)　衞瓘　(山)　衞瓘、貞正靜一　(晉)　性貞靜有名理
(2)　周浚　(山)　果毅有才用　(晉)　性果烈、以才理見知
(3)　羊祜　(山)　爲人體儀正直　(晉)　經緯文武、謇謇正直
(4)　庾純　(山)　強正有學義　(晉)　博學有才義
(5)　夏侯湛　(山)　有盛才而不長治民　(晉)　幼有盛才
(6)　裴楷　(山)　通理有才義　(晉)　特精理義
(7)　荀勖　(山)　達練事物　(晉)　達於從政

このうち、(1)は、性に使用される字句が共通する。(2)は、性がほぼ共通し、才も字句の共有が見られる。(3)は、形は崩れているが、內容的に性の「正直」が共通している。(4)は、『山公啓事』の才の部分が、『晉書』では性と才に分けられる。(5)は、才は共通するが、性は欠け、(6)は、性と才の雙方に共通する字句が見える。(7)は、才に關する字句の共有であろうが、定かではない。

このように、『山公啓事』の題目と『晉書』の人物評價は、性の部分に共通する字句が多い。中正の狀ともされる『晉書』の人物評價と『山公啓事』の評價とは別物であるが、その違いは才の部分に多く現れ、性の部分は共通することも多いのである。それではなぜ、性の變化が少ないのであろうか。

本書第一章第四節で述べたように、九品中正制度の思想的な背景には、荀悅の性三品説がある。人間の本來的なあ

り方である性は、九品に分けられ、五品以上が禮の對象とされる。中正官は狀に、德行（性）と才能（才）の雙方を記入するが、鄕品は性によって規定される。

こうした性三品説を山濤が踏襲していたことは、『太平御覽』巻二百十六 職官部十に、[一九]

山濤啟事に曰く、「人才 既に自づから知り難く、中人より已下は、情僞なれば又 難し。吏部郎は碎事を以て、日夜 相接す。但だ當に己を正すべきのみに非ず、乃ち當に能く人を正すべし。議郎の杜默、德履 亦た佳し、太子庶子の崔諒・中郎の陳准、皆 意正有り。又 其の次 用ふ可き者有るか不かを審らず」と。

とあるように、吏部郎の職務を説明する中で、吏部郎が扱う人事では中人以下の者を對象とすることが多いので、自らが正しいだけではなく、人を正し敎化できることが必要である、と述べていることより理解できる。山濤と思想的な影響關係にある嵆康も、性三品説に基づき中人への敎化を重視していた。[二〇] しかし、性は人間の本來的なあり方なので、敎化によって容易に變化させられるものではない。『山公啓事』と『晉書』の人物評價の同一部分が、性に多い理由である。

また、性と才との關係については、嵆康を刑死に追いやった鍾會が『才性四本論』を著している。實用的な才能を才とし、人間の道德的な素質を性として、兩者の關係を論じる「才性四本論」は、「名士」が自らの人物評價を見直す中から生まれた哲學的な議論である（岡村繁〈一九六二〉）。「同」は才と性とを同一概念の異稱とし、「異」は才と性とを本來別物とする。「合」はもともと別物の才と性が合致するとし、「離」は才と性とが乖離した方向を取るとするのである。『世說新語』文學第四・注に、[二一]

鍾會 四本論を撰し始めて畢はる。甚だ嵆公をして一見せしめんと欲し、懷中に置き、既に定まるも、其の難を畏れ、懷にして敢へて出さず。戶外より遙かに擲げ、便ち面して急に走る。

〔注〕魏志に曰く、「會 才性の同異を論じ世に傳はる。四本なる者は、才性の同、才性の異、才性の合、才性の離を言ふなり。尙書の傅嘏は同を論じ、中書令の李豐は異を論じ、侍郎の鍾會は合を論じ、屯騎校尉の王廣は離を論ず。文 多ければ載せず」と。

とある。鍾會は、自著の『才性四本論』を嵆康に見せに來たが、論難を恐れて戶外からなげこみ、後ろをみなかったという。注に記される「同」・「合」を說く傅嘏・鍾會は司馬氏派であり、性を重視していた。これに對して、「異」を說いた李豐は曹爽派で、曹操の唯才主義を繼承し、司馬氏に誅殺された。「離」を說く王廣も反司馬氏の立場で、才を優先していた。嵆康は、王廣の「離」の立場を繼承する。（二二）そうした嵆康の思想的立場が、性三品說と同樣、山濤の思想と共通性を持つことは、山濤が人事において才を重視したことに現れている。

山濤は、羊祜と對立して冀州刺史に出された時に隱屈より賢才を拔擢し、（二三）また、山濤の人事の結果、才による任用が行われたという。（二四）かかる山濤の人材登用の方針は、平吳を控え政事に強い意欲を見せていた武帝にも共通する。（二五）ただし、留意すべきは、『山公啓事』の題目が儒教的な德目・才能を基準とし、魏晉期全體の人物評價の趨勢（二六）とは異なることである。その賢才發掘は、あくまでも儒教に基づくもので、儒教的價値基準を措いて、才だけを尊重する曹操の唯才主義とは異っていたのである。（二七）『通典』卷二十三 職官五 吏部尙書に、（二八）

啓事に曰く、「臣 郄詵を以て溫令と爲さんと欲す」と。詔して「可なり」と。尋いで又 啓して曰く、「訪聞するに詵は母を喪ひ時に葬らず、遂に居る所の屋後に於て假りに葬ると。異同の議有り、請ふらくは更めて之を選ばん」と。詔して曰く、「君は爲に人倫の職を管る、此の輩 應に淸議を爲すべし、與ひるに便ならず、當に之を裁處すべし」と。

とあるように、山濤は、溫令に選んだ郄詵の人事を喪禮における不孝を理由に白紙撤回している。山濤は、中正の狀とは異なる、性と才のうち才を重視するという獨自の價値基準により人事を運用したが、「孝」という最も根底に置くべき儒敎的價値基準からの逸脱は許さなかったのである。[二九]

三、貴族の自律性

『山公啓事』の題目と中正の狀を共通と考える葭森健介〈一九八七〉は、人事における中正の優越性を次のように主張する。西晉の官僚人事は、皇帝・尙書省吏部・中正が權限を分ちあい、互いに相手を牽制しながら進められていた。從って、尙書省吏部が官僚人事の中心であっても、獨斷で人事は行えず、ましてや皇帝が勝手に官僚を任命することなどなかったと思われる。すなわち、中正が一次的な推薦權を握ることにより、鄕里の意向は官僚機構に反映され、皇帝が任命權を一手に掌握することにより官僚體制は皇帝の下に集約される、とするのである。果たしてそうであろうか。

中正の狀と『山公啓事』の題目とは異なること、吏部尙書の山濤が、才を重視する獨自の基準で皇帝への「啓」事を行っていたことはすでに述べた。それを踏まえて、官僚人事に關する皇帝と山濤の關係を検討していこう。

山濤が選官に在任した際の人事の失敗例として、『世說新語』政事第三は、[三〇]

山司徒 前後 選すること、殆ど百官に周遍し、擧ぐるに才を失すること無し。凡そ題目する所、皆 其の言の如し。唯だ陸亮を用ふるは、是れ詔の用ふる所にして、公の意と異なる。之を爭へども從はれず。亮も亦た尋いで賄の爲に敗る。

と、陸亮の登用を擧げる。その際、『世說新語』は、陸亮の登用を「詔の用ふる所」すなわち、皇帝による擧用と理解する。葭森健介〈一九八七〉も認めるように、人事の最終決定權は皇帝が有しているのである。ただ、葭森はその人事權の行使が吏部を通して行われることを重視する。その間の事情を『世説新語』政事第三 注引『晉諸公贊』[三二]は、

亮 字は長興、河内野王の人、太常の陸乂の兄なり。性 高明にして率至、賈充の親待する所と爲る。山濤 左僕射と爲りて選を領すも、濤の行業 既に充と異なり、自ら以へらく世祖の敬する所と爲ると。選用の事、充と與に諮論するも、充 毎に其の欲する所を得ず。好事者 充に説くに、「宜しく心腹の人を授け吏部尙書と爲し、選擧に參同せしむべし。若し意 齊はず、事 諧ふを得ざれば、公を召し選を與にせざる可けんや。而して實に懷ふ所を敍するを得ん」と。充 以て然りと爲す。乃ち亮の公忠無私たるを①啓す。濤 亮は將に己と異ならんとするを以て、又 其の協情 允らざるを恐れ、累ねて②啓して亮は左丞相と爲す可くも選官の才に非ずとす。世祖 許さず。濤 乃ち疾と辭して家に還る。亮 職に在り果たして允る能はず、事に坐して官を免ぜらる。

と傳える。山濤の才に基づく人事により、自分の意向に沿った人事が行われないことに不滿を持った賈充が、山濤の權限を掣肘するため、陸亮を吏部郎に送りこもうとしたのである。このとき賈充は尙書令であり、尙書左僕射の山濤が「啓」して阮咸を推したことに對して、[三三]賈充も①「啓」して陸亮を推している。葭森健介〈一九八七〉が重視するのは、この①「啓」である。

たしかに武帝は、賈充の①「啓」を前提として、陸亮を任命しているが、その結果、陸亮が相應しくないことを重ねて②「啓」していた山濤は辭職している。山濤の②「啓」が不滿で、かつ山濤が辭任しなければ、皇帝は山濤を罷免して、自分の意向どおりの「啓」を行う吏部尙書を任命すればよい。皇帝は、そうした意味で「勝手に」官僚を任命することは可能であるし、山濤の題目と中正の狀とが異なる以上、中正に「一次的な推薦權」があったわけでもない。山濤の「啓」は、これがなければ皇帝が「勝手に官僚を任命」できなくなるほどの力を持っていたわけではない

のである。それでは、なぜ山濤は啓事を公開するほど重視し、公開を通じて何を目指したのであろうか。

賈充は、武帝の弟の司馬攸・子の司馬衷の雙方に娘を嫁がせている次期外戚で、すでに專權を振るっていた（本書第三章第二節）。山濤は、「啓」を公開することにより、皇帝權力の延長である次期外戚の賈充の恣意的な人事に對抗したことを明らかにした。山濤は外戚の楊氏にも反發して、多く武帝を諷諫したという。[三三] 貴族の本來的な存立基盤が文化的價値の專有であるなら、官僚としての地位は、外戚など皇帝權力との近接性が強い者に高い爵位が與えられる國家的身分制によって定められた鄕品＝性ではなく、その職務に示す才を裏打ちする儒教を中心とした文化的價値によって定められるべきである。山濤はこのような、貴族の前身である「名士」の自律性を繼承する基準により人事を行っていた。『山公啓事』は、本來、內密に示されたはずの皇帝への「啓」をあえて公開することにより、貴族に對して、その本來的な自律性を支える文化的價値の專有によって得られる才こそ、人事基準足り得るべきことを示したものである。

それでは山濤により示されたあるべき「貴族制」とは、才を重視することだけを尊重するものなのであろうか。山濤はこのほか、西晉で差別されていた地域への配慮を公表している。『三國志』卷三十五 諸葛亮傳注に、[三四]

> 尙書僕射の山濤の啓事に曰く、「郿令の諸葛京、祖父の亮 漢の亂に遇ひて分隔し、父子 蜀に在り、天命に達せざると雖も、要ず事ふる所に心を盡さんと爲す。京 郿を治め自づから復た稱有り。臣 以爲へらく、宜しく以て東宮舍人に補して、以て人に事ふるの理を明らかにし、梁・益の論に副ふべしと。京は位 廣州刺史に至る」と。

とある。舊蜀漢の支配地域である梁州・益州には、國家的身分制としての貴族制に昇進を阻まれている寒門が多かった。司馬昭による爵位の賜與が蜀の平定を契機とするため、舊蜀臣は寒門のまま止め置かれていたのである。[三五] 山濤は、亮の孫である諸葛京を拔擢して、梁州・益州の「論」、すなわち州を單位とする鄕論に沿うと共に、地域差や舊敵國であるか否かではなく文化的價値の專有程度に起因する才の有無によって地位が定まるべしという、あるべき「貴族制」のあり方を示したのである。

地域的偏差だけではない。山濤は、才がありながら、昇進の遲れている人物を拔擢している。『藝文類聚』巻四十九職官五に、[三六]

山濤啓事に曰く、「臣 近ごろ氾源を擧げ太子舍人と爲す。源 德素有りと稱せらるるも、久しく沈滯す。擧げて大臣と爲して、以て後聞の士を慰さめんと欲す」と。

とある。ここで山濤は、「德素有り」とその才を稱されながら、久しく沈滯していた氾源を拔擢して、「後聞の士」を勵ますべきことを指摘している。國家的身分制としての貴族制に昇進を阻まれている者たち、すなわち寒門を門地ではなく、その才に應じた官に就けようとしたのである。そうした山濤の態度は、「治書侍御史の王啓、誠郎明正にして、後來の俊なり」とあるような、[三七]「後來の俊」、すなわち後進を育成する配慮へと繫がっていこう。

こうして山濤は、爵位により固定化された國家的身分制である貴族制ではなく、あるべき「貴族制」を求めて吏部人事を行い、その人事基準を『山公啓事』によって明らかにした。「上品に寒門なく、下品に勢族なし」という劉毅の九品中正制度への批判は、山濤の死の直後に行われている。[三八]山濤は、五等爵と州大中正の制により、品は資、すなわち爵位を世襲し得る貴族の家柄によって定まるようになった西晉の貴族制を、あるべき「貴族制」へと向かわせるための努力を「啓」の公開により表現したのである。

かかる山濤の努力にも拘らず、五等爵制により世襲性を帶びた貴族制のもと、後世共に「竹林の七賢」と稱される王戎は、吏部尙書（二八三?～二八九年?）、尙書僕射（二九一～二九七年）として、外戚勢力との妥協の下、門閥的な人事を行った。[三九]『晉書』巻四十三 王戎傳に、[四〇]

（王）戎 晉室 方に亂れんとするを以て、蘧伯玉の爲人を慕ひ、時と與に舒卷して、蹇諤の節無し。典選を經てより、未だ嘗て寒素を進め、虚名を退けず、但だ時と與に浮沈し、戸ごとに調し門ごとに選ぶのみ。

とあるように、王戎は、山濤が行った吏部人事とは對照的に、貴族を後天的な學問によって身につけ得る「才」によって拔擢することはなく、五等爵に守られた門地・家柄に從って人事を行った。王戎の人事には、國家的身分制としての貴族制のもとで、貴族の自律性を守ろうとする姿勢はない。こうした中で、王沈は、「釋時論」を著し、寒門たちに現在の貴族制では用いられないので諦めるように、と說くに至るのである。[四一]

王戎は、皇帝權力の延長である外戚や諸王、その手先の寒門に權力を奪われ、貴族としての精神的な自律性を有していなかった。むろん、政治的な權力の自律性もない。そうした中で、酒に身を委ねる表面的な「自律」性を求めて隱逸を氣取り、政治より遊離していく。ともに「竹林の七賢」と括られるが、阮籍・嵇康・山濤の權力からの自律性と、そうした緊迫感を持たない王戎・王衍の表面的な自律性とは、似て非なるものである。かれらの共通性は、老莊の尊重と人物評價にしかない。『藝文類聚』卷四十八 吏部郞に、[四二]

王蘊別傳に曰く、「……一官 缺くるや、求むる者 十輩、蘊 狀を連ね宰錄を呈して曰く、『某人に地有り、某人に才有り』と。得ざる者も甘心して怨むこと無し」と。

とあるように、東晉の吏部郞である王蘊は、地と才により人物を評價したという。梁の皇侃の性三品說は、性の善惡は氣の清濁によって定まり、氣の清濁は門地によるとする（本書第一章第四節）。かかる性三品說が登場する社會背景としての貴族制の展開が、表面的な類似性により阮籍・嵇康・山濤と王戎とを共に「七賢」として括る行爲の背景にある。[四三]かかる東晉における貴族制の展開については、改めて論ずることにしたい。

おわりに

『山公啓事』は、皇帝權力や皇帝により形成された國家的身分制としての貴族制に對して、貴族としての自律性を世に示すため、山濤が公開した記録を基にしている。貴族制は、爵位により定まる郷品の高下により大枠が定まるものの、具體的な官職に任用する際には、吏部尚書などの見解が求められる。山濤はその際、自らの見識に基づく人物評價を下すことにより、貴族が本來有していた自律的秩序を示したのである。それを通じて山濤は、五等爵と九品中正制度により皇帝によって定められる貴族制に對して、あるべき貴族としての文化的價値基準に基づく人事記錄を當時の貴族に、そして後世に公開しようとした。山濤は、「啓事」の公開を通じて、皇帝權力およびその延長權力である外戚に對して、自律性を持ったあるべき「貴族制」の理想を表現者として示したのである。

《注》

（一）山濤の年譜を作成した久保卓哉〈一九八八〉によれば、山濤は、吏部郎（二六一～二六二、四年？）→從事中郎→行軍司事（二六四年～）→吏部尚書（二六五年～）→侍中（二七一年～）→尚書（二七四年？）→太子少傅・加散騎常侍（二七五年）→尚書僕射・加侍中・領吏部→太子少傅→尚書左僕射（二七八年～）→光祿大夫→（吏部尚書？）→司徒（二八二年～）→薨（二八三年、享年七十九歳）という官歴を重ねた、という。司徒が束ねる人事系統、とくに吏部尚書を中心に在職していることが分かる。

（二）（山）濤再居選職十有餘年、毎一官缺、輒啓擬數人。詔旨有所向、然後顯奏、隨帝意所欲爲先。故帝之所用、或非擧首、衆情不察、以濤輕重任意。或譖之於帝。故帝手詔戒濤曰、夫用人惟才、不遺疎遠卑賤、天下便化矣。而濤行之自若。一年之後、衆情乃寢。濤所奏甄拔人物、各爲題目。時稱山公啓事（『晉書』卷四十三　山濤傳）。

（三）『晉書』卷三十一　后妃傳上によれば、司馬懿の妻である張春華の母は、山濤の「從祖姑」である。西晉の成立後、司馬氏の姻族には、それに相應しい爵位が附與されたことについては、本書第一章第二節を參照。

（四）山濤字巨源、河內懷人。祖本郡孝廉、父曜宛句令。濤蚤孤而貧、少有器量、宿士猶不慢之。年十七、宗人謂宣帝曰、濤當與景・文共綱紀天下者也。帝戲曰、卿小族、那得此快人邪。好莊老、與嵇康善（『世說新語』政事第三　注引虞預『晉書』）。

（五）嵇康が司馬氏の手先である鍾會に告發されて、やがて刑死することについては、本書第四章第二節を參照。

（六）山濤が郡に仕えたのは、四十歲を過ぎてからのことである。『晉書』卷四十三　山濤傳に、「濤　年四十、始めて郡の主簿・功曹・上計掾と爲る。孝廉に擧げられ、州　辟して河南從事に部す（濤年四十、始爲郡主簿・功曹・上計掾。擧孝廉、州辟部河南從事）」とある。

（七）（山濤）爲河內從事。與石鑒共傳宿、濤夜起蹋鑒曰、今何等時而眠也。知太傅臥何意。鑒曰、宰相三日不朝、與尺一令歸第。君何慮焉。濤曰、咄、石生、無事馬蹄閒也。投傳而去。果有曹爽事、遂隱身不交世務（『世說新語』政事第三　注引虞預『晉書』）。

（八）太傅の司馬懿が曹爽の專制に對して引退したのは正始八（二四七）年、山濤は太康四（二八三）年に七十九歲で卒するため（『晉書』卷四十三　山濤傳）、河內從事を辭したのは、四十三歲の時である。

（九）司馬懿が曹爽を打倒した正始の政變については、本書第一章第一節を參照。

（一〇）（山濤）與宣穆后有中表親、是以見景帝。帝曰、呂望欲仕邪。命司隸擧秀才、除郎中。轉驃騎將軍王昶從事中郎。久之、拜趙國相、遷尙書吏部郎（『晉書』卷四十三　山濤傳）。

（一一）（鍾會）言於文帝曰、嵇康、臥龍也、不可起。公無憂天下、顧以康爲慮耳。因譖、康欲助毌丘儉、賴山濤不聽……。（『晉書』卷四十九　嵇康傳）。

（一二）何啓民《一九六六》は、山濤の再仕官を嘉平六（正元元、二五四）年で五十歲、松本幸男《一九七七》は四十七歲、方鵬程《一九八一》は、四十八歳から五十一歳までとする。

（一三）（山濤）與嵆康・呂安善、後遇阮籍、便爲竹林之交、著忘言之契。康後坐事、臨誅、謂子紹曰、巨源在、汝不孤矣（『晉書』卷四十三　山濤傳）。

（一四）嵆康被誅後、山公擧康子紹爲祕書丞。紹諮公出處。公曰、爲君思之久矣。天地四時、猶有消息。而況人乎（『世說新語』政事第三）。

（一五）祕書郎が起家官として「淸貴」であったことは、宮崎市定《一九五六》を參照。

（一六）時以紹父康被法、選官不敢擧。年二十八、山濤啓用之。世祖發詔、以爲祕書丞（『世說新語』政事第三　注引王隱『晉書』）。

（一七）表九は、葭森健介〈一九八七〉を參照しながら、殘存する『山公啓事』の佚文を葭森の復原に從いながら表にまとめ、『晉書』に記載される人物評價と比較したものである。

（一八）矢野主稅〈一九六七〉は、⑴の『山公啓事』を全晉文から「果烈有才用」とまた引きするが、『北堂書鈔』卷六十二　設官部　御史中丞によれば、「果毅有才用」であり、『晉書』とは一致しない。なお、『山公啓事』の題目が「性」有「才」という表記方法を取ることについては、葭森健介〈一九八七〉を參照。

（一九）山濤啓事曰、人才既自難知、中人已下、情僞又難。吏部郎以碎事、日夜相接。非但當正己而已、乃當能正人。議郎杜默、德履亦佳、太子庶子崔諒・中郎陳淮、皆有意正。又其次不審有可用者不（『太平御覽』卷二百十六　職官部十）。

（二〇）嵆康は「釋私論」で、「若し中人の性を資し、在用の質を運びて、心を古烈に栖み、足を公塗に擬し、心に値りて言はば、則ち言は是ならざる無く、情に觸れて行はば、則ち事は吉ならざる無し（若資乎中人之性、運乎在用之質、而栖心古烈、擬足公塗、値心而言、則言無不是、觸情而行、則事無不吉）」と述べており、その人間觀が性三品說に基づいていることが分かる。

（二一）鍾會撰四本論始畢。甚欲使嵆公一見、置懷中、既定、畏其難、懷不敢出。於戶外遙擲、便面急走。〔注〕魏志曰、會論才性同異傳於世。四本者、言才性同、才性異、才性合、才性離也。尚書傅嘏論同、中書令李豐論異、侍郎鍾會論合、屯騎校尉王廣論離。文多不載（『世說新語』文學第四・注）。

（二二）高田淳〈一九五六〉は、「明膽論」より嵇康を離異派と捉えている。

（二三）『晉書』巻四十三 山濤傳に、「冀州の俗 薄くして、相 推轂すること無し。濤 隱屈を甄拔し、賢才を搜訪し、旌命すること三十餘人、皆 名を當時に顯はす（冀州俗薄、無相推轂。濤甄拔隱屈、搜訪賢才、旌命三十餘人、皆顯名當時）」とある。

（二四）『晉書』巻四十三 山濤傳に、「（山濤）前後の選擧、內外を周徧し、而して竝びに其の才を得（〈山濤〉前後選擧、周徧內外、而竝得其才）」とある。「才」を重視する山濤の人事が、貴族に高く評價されていたことを理解できよう。

（二五）『晉書』巻四十三 山濤傳に、「故に（武）帝 手づから詔して濤を戒めて曰く、『夫れ人を用ふるは惟だ才のみにし、疎遠卑賤を遺さざれば、天下 便ち化す』と（故〈武〉帝手詔戒濤曰、夫用人惟才、不遺疎遠卑賤、天下便化矣）」とある。なお、「才」を重視する人事を行っていた山濤に、武帝が「才」に配慮するよう述べているのは、この詔が讒言を受けて出されているためである。

（二六）たとえば『世說新語』の人物評價は、世俗を超越することに價値を置くものが多かった。久保卓哉〈一九八二〉、森野繁夫〈一九七一〉〈一九七二〉〈一九七七〉《一九八〇》を參照。また、魏晉における人物評價全般については、松浦崇〈一九八三〉、汪文學《二〇〇三》、黃少英《二〇〇六》を參照。

（二七）曹操の唯才主義をいかに考えるかについては、渡邉義浩〈一九九五〉を參照。

（二八）啓事曰、臣欲以郄詵爲溫令。詔可。尋又啓曰、訪聞詵喪母不時葬、遂於所居屋後假葬。有異同之議、請更選之。詔曰、君爲管人倫之職、此輩應爲淸議、與不便、當裁處之（『通典』巻二十三 職官五 吏部尙書）。

（二九）九品中正制度における貶議が喪禮を中心とする「不孝」を理由としていたことについては、渡邉義浩〈二〇〇二―b〉を參照。

（三〇）山司徒前後選、殆周遍百官、擧無失才。凡所題目、皆如其言。唯用陸亮、是詔所用、與公意異。爭之不從。亮亦尋爲賄敗（『世說新語』政事第三）。

（三一）亮字長興、河內野王人、太常陸乂兄也。性高明而率至、爲賈充所親待。山濤爲左僕射領選、濤行業既與充異、自以爲世祖所敬。選用之事、與充諮論、充每不得其所欲。好事者說充、宜授心腹人爲吏部尙書、參同選擧。若意不齊、事不得諧、可不召公與選。而實得敍所懷。充以爲然。乃①啓亮公忠無私。濤以亮將與己異、又恐其協情不允、累②啓亮可爲左丞相非選官才。世祖不許。濤乃辭疾還家。亮在職果不能允、坐事免官（『世說新語』政事第三 注引『晉諸公贊』）。

（三二）久保卓哉〈一九八八〉が言うように、山濤は、阮咸との親しさから、阮咸を推したわけではない。

（三三）『晉書』卷四十三 山濤傳に、「濤 朝に中立す。晚に后黨の專權に値ひ、楊氏に任ずるを欲せず、多く諷諫有り。帝悟ると雖も而るに改むる能はず（濤中立於朝。晚値后黨專權、不欲任楊氏、多有諷諫。帝雖悟而不能改）」とある。

（三四）尙書僕射山濤啓事曰、郿令諸葛京、祖父亮遇漢亂分隔、父子在蜀、雖不達天命、要爲盡心所事。京治郿自復有稱。臣以爲、宜以補東宮舍人、以明事人之理、副梁・益之論。京位至廣州刺史（『三國志』卷三十五 諸葛亮傳注）。

（三五）西晉における舊蜀臣が、三品を最高官とする柢位に置かれつづけたことについては、中林史朗〈一九八一〉〈一九九〇〉を參照。

（三六）山濤啓事曰、臣近擧氾源爲太子舍人。源見稱有德素、久沈滯。擧爲大臣、欲以慰後聞之士（『藝文類聚』卷四十九 職官五）。

（三七）治書侍御史王啓、誠郎明正、後來之俊（『北堂書鈔』卷六十二）。

（三八）『資治通鑑』卷八十一 晉紀三は、尙書左僕射劉毅の九品中正制度批判を、山濤の死の翌年、太康五（二八〇）年の正月に繫年している。

（三九）王戎の吏部人事については、葭森健介〈一九九九〉を參照。

（四〇）（王）戎以晉室方亂、慕蘧伯玉之爲人、與時舒卷、無蹇諤之節。自經典選、未嘗進寒素、退虛名、但與時浮沈、戶調門選而已（『晉書』卷四十三 王戎傳）。

（四一）王沈の「釋時論」については、福原啓郎〈二〇〇八―b〉を參照。

（四二）王蘊別傳曰、……一官缺者、求者十輩、蘊連狀呈宰錄曰、某人有地、某人有才、不得者甘心無怨。（『藝文類聚』卷四十八 吏部郎）。

（四三）「竹林の七賢」が東晉に成立した傳說に過ぎないことは、福井文雅〈一九五九〉を參照。

結論

はじめに

「儒教國家」とは、後漢以降の中國國家が、儒教の理念に依據して支配體制を正統化することを表現するための分析概念である。後漢の章帝は、白虎觀會議において、中國の古典的國制と稱すべき國家體制を『春秋公羊傳』を中心とする今文經學により正統化した。後漢「儒教國家」の成立である。しかし、やがて後漢「儒教國家」は、外戚・宦官の私物化により徐々に衰退し、その儒教理念を體現しながら、文化の專有に基づく名聲を存立基盤とする「名士」と呼ぶべき三國時代の支配階層を生み出した。曹魏の基礎を築いた曹操は、「名士」を利用し、かつ抑制するために儒教に代わる新たな價値基準を掲げながら、國家建設を行おうと努めた。その結果、後漢で崩壞した「儒教國家」が曹魏で再建されることはなかった。

しかし、「儒教國家」は、後漢に終わるものではない。むしろ、儒教によりその支配を正統化される皇帝が、儒教の教養を持つ文人官僚と、その出身母體である在地勢力を利用した支配を行う、という傳統中國に固有な國家體制は、道教や佛教の隆盛後も引き繼がれていく。西晉を建國する司馬氏は、曹魏に對する「名士」の反發を束ねて權力を掌握するなかで、「儒教國家」の再編を行っていく。本書で解明したように、西晉「儒教國家」では、國家の統治政策が經典の典據を持つに至るのである（序論第一節）。

一方、三國時代の支配階層であった「名士」は、西晉において貴族へと變貌する。中國の貴族制は、官僚制でも封建制でもなく、身分制として皇帝權力により編成された。國家的身分制としての貴族制は、五等爵制や士庶區別により皇帝が作り上げた國家體制の一部なのである。したがって、西晉「儒教國家」の國家體制を正統化する一環として、儒教は貴族制をも正統化する。そのための理念が「封建」である。始めて貴族制が成立した西晉の五等爵制以降、兩晉南北朝の貴族制は、「封建」という儒教の理想的な統治理念に沿うものとして正統化された。「封建」という理念が、社會の分權化に對して、君主權力を分權化して、國家權力全體としての分權化を防ぐに足る內容を備えていたからである（序論第二節）。

ところが、西晉「儒教國家」は、太康元（二八〇）年の三國統一の後、わずか十數年の安定期を持つだけであった。八王の亂が勃發し、續けて起こった永嘉の亂によって西晉は滅亡、かろうじて司馬睿により、建武元（三一七）年に東晉が建國される。西晉滅亡の原因は、惠帝の不慧に歸せられることが多い。しかし、滅亡の本質的な理由は、西晉「儒教國家」の限界、さらには國家の支配理念としての儒教そのものの限界にあるのではないか。

本書は、以上のような研究動向と問題意識のもと、西晉「儒教國家」と貴族制の形成、および西晉「儒教國家」の崩壞と儒教の限界を思想史を中心に解明したものである。

一、西晉「儒教國家」と貴族制の形成

1．貴族制の形成

西晉「儒教國家」を形成した司馬氏は、曹魏の中で自己の勢力を擴大し、魏晉革命を起こすまでに、二つの大きな政策を實施した。第一は、州大中正の設置であり、第二は、五等爵制の施行である。

州大中正の制は、曹氏の皇帝權力を再建するために「名士」の既得權を侵害した曹爽政權への反發を束ね、司馬氏が「名士」層の利益代表者として、曹氏の皇帝權力に對抗する手段として編み出された。ゆえに、州大中正の設置は、

司馬氏の權力が唯一無二の公權力として、あまたの私權力の上に屹立することを可能にするものではなかった。司馬炎が鄭默と齊名とされ、ともに鄕品を附與されたように、司馬氏の權力を「名士」の中の第一人者に止めるものであった。

そこで、司馬昭は、併蜀の論功行賞を契機として、五等爵制を施行した。五等爵制は、授爵者の鄕品を二品以上に保障するとともに、公―侯―伯―子―男という階層制を備えた、國家的な秩序としての身分制である貴族制を形成し、民爵を賜與される庶との閒に身分制的な內婚制である士庶區別を形成していく。同時に、司馬氏は、五等爵を超えた天子として、あまたの貴族、そして廣範な庶の上に屹立する唯一無二の公權力として正統化されたのである（第一章第一節）。

司馬氏は、曹魏の時代には、數多くの同輩と竝ぶ「名士」の一員であった。司馬懿から司馬師・司馬昭にかけての婚姻には、それが如實に表れている。しかし、武帝司馬炎は、同輩者の中の第一人者に甘んじることはなかった。積極的な婚姻政策によって、自らを頂點とする婚姻關係の國家的な秩序を作りあげ、自らとの近接性を階層的な身分制度である貴族制へ反映させることを試みたのである（第一章第二節）。

西晉の五等爵制は、爵制的秩序による國家的身分制を形成し、州大中正の制とあいまって、世襲性を帶びた官僚制度の運用を生み出した。官位はそのままでは世襲できないが、爵位は世襲が可能だからである。世襲性を帶びた官僚制度の運用という中國貴族制の屬性は、西晉の皇帝權力の手により生み出されたものなのである。州大中正の制だけでは、鄕品を中正官が決定でき、皇帝はそれに介入しにくいため、貴族の自律性に基づき、貴族の理想とする「貴族制」を形成されてしまう。これに對して、賜爵は皇帝の專權事項であるため、皇帝が定めた秩序に基づいて國家的身分制として貴族制を形成できるのである。つまり、貴族は文化的諸價値の專有を存立基盤とする社會的身分であり、君主權力からの自律性を持つものであるが、世襲的に高官を獨占するという屬性に代表される貴族制は、西晉における五等爵の賜與が、州大中正の制とあいまって國家的身分制として創り出したものなのである（第一章第三節）。

西晉の貴族制を視覺化する「品」による秩序は、人閒の本來のあり方を考える「性」說の展開を思想的な背景として形成された。その一方で、九品中正制度は「性」說の展開に大きな影響を與えていく。思想は時代と適合することにより現實を規定し、現實は思想形成の前提條件となるのである。董仲舒學派が『春秋繁露』で創設した性三品說は、班固の『漢書』と王充の『論衡』を經、後漢末の荀悅に至って人を九品に區別する思想へと展開し、陳羣の獻策による九品中正制度を成立させる思想的な背景となった。性三品說の持つ差別性が、人閒を階層化していく貴族制へと向かう現實に適合したのである。西晉で五等爵制と結合した九品中正制度は、淸官（上品）に貴族を濁官（下品）に寒門を世襲的に就官させることになった。貴族に生まれるか、寒門に生まれるかにより、官の淸濁、それを規定する鄕品の上下、鄕品により表現される性の善惡が定まることになったのである。王充の影響を受けながらも、梁の皇侃は、淸の氣からは善性が生まれ、濁の氣からは惡性が導かれるとの宿命論的主張を特徵とする九品から成る性三品說を主張するに至る。こうして儒敎は性三品說により、貴族制のもとに生ずる差別を正統化したのである（第一章第四節）。

そうした儒敎の差別性を原因の一端として起こされた八王の亂を機とする五等爵の濫授により、西晉の國家的身分制としての貴族制は、崩壞の危機を迎えていた。かかる危機を乘り越えるために提言された陸機の「五等諸侯論」は、地方統治のために五等諸侯を封建し、實封を世襲させて、貴族の規制力により國家の滅亡を防ごうとした點に特徵がある。同姓諸王の封建を重視する後漢末・曹魏の「封建」論とは異なり、貴族の力量を高く評價するのである。

諸王による寒門への爵位の濫授に對抗して、封土を持ち、地方行政官足り得る資質を持つ貴族のみに五等の爵位を封建すべきことを說く陸機の「五等諸侯論」は、孫秀ら寒門の擡頭の中で、制度としての貴族制を護持するための主張である。それはまた、文學の才能により南人でありながら得た、貴族としての「志」を守るための主張でもあった（第一章第五節）。

五等爵の賜與で國家的身分制として形成された西晉の貴族制は、八王の亂における五等爵の濫授により損なわれ、貴族制は、東晉における再編を俟つことになるのである。

2．西晉「儒敎國家」の形成

西晉の武帝により形成された西晉「儒敎國家」は、後漢「儒敎國家」に比べて、第一に經の「理」を尊重すること、第二に國政の根底に經義を置くことに特徵を持つ。西晉は、緯書により宗敎性を強く持つ漢代の儒敎を集大成した鄭玄の經學を批判した王肅の學說に依據することにより、神祕的な宗敎性を超えて經の「理」に基づく國家の正統性を揭げた。そのうえで、泰始律令をはじめ、國政の諸政策の典據を經義に求め、國政の運用も經義に基づいて遂行したのである（第二章第一節）。

西晉「儒敎國家」は、支配體制として「封建」を指向した。後漢の官學であった今文系經學、就中、『春秋公羊傳』では、その勢力を抑制されていた同姓諸侯を、『春秋左氏傳』を典據に積極的に活用しようとした。同姓諸侯に軍事力と地方行政の裁量權を大幅に認め、君主權力を分權化することにより、國家權力の集權化に努めようとしたのである。それは異姓の州牧が國家權力を分權化していくことへの對抗策でもあった。

西晉の「封王の制」は、かかる「封建」の復權が生み出した統治政策であった。しかし、血緣を媒介とした信賴と忠誠とで結ばれるべき皇帝と諸侯とが、相互不信に陷った時、「封王の制」は瓦解した。諸王は、國家權力そのものを分權化していく存在へと變わり果て、惠帝の暗愚と相俟って八王の亂を惹起するのである（第二章第二節）。

西晉「儒敎國家」は、土地制度として「井田」を理想とする占田・課田制を施行した。占田・課田制は、周の井田を傳える文獻の中では、『禮記』の影響を強く受けて成立した。それは、多くの井田の系譜の中で、『禮記』にのみ井田と五等爵との一體性が表現されており、貴族制の編成に合わせ身分による土地所有の階層化を國家主導で行わんとしていた西晉の政策に、最も適した解釋が可能な經典であったためである。

『孟子』を王莽の理想に合わせて展開した王田制、井田思想としては亞流に屬する曹魏の屯田制、『禮記』を貴族制の現實とすり合わせた西晉の占田・課田制というように、「井田」の理想は、その時々の社會情勢に最も適合した經典の解釋により行われたのである（第二章第三節）。

西晉「儒敎國家」は、「學校」として、漢代より置かれていた太學に加えて、貴族の子弟のみを敎育對象とする國子學を創設した。祭酒・博士に代表的な學者を揃えた國子學は、貴族の基盤である文化を習得させることにより、貴族制の再生產を守る敎育機關であった。國子學の制度は貴族制が續く唐の六學へと繼承される。唐では、國子學に三品・太學に五品以上の官僚の子弟が入學を許されるという型で、西晉で形成された貴族の存立基盤である文化の維持裝置が繼承されていくのである（第二章第四節）。

西晉の形成過程で行われた、司馬昭による皇帝弑殺は、杜預が『春秋左氏傳』により正統化した。杜預が著した『春秋左氏經傳集解』は、もちろん『春秋』や左氏傳の訓詁を中心とする。だが、それに加えて、杜預の生きた西晉の正統化を強く意識して書かれた注釋書でもあった。漢を正統化していた公羊傳と孔子に代わって、周公が殘したとする左氏傳の義例をまとめあげ、無道な君主は弑殺してもよいとして、司馬昭の、ひいては西晉「儒敎國家」の正統性を『春秋左氏經傳集解』により明らかにしたのである（第二章第五節）。

こうして西晉「儒敎國家」は、君主の弑殺までをも正統化する經典解釋を掲げ、「封建」・「井田」・「學校」という、こののちも「儒教國家」が統治の三本柱とする政策をそれぞれ經義に基づいて築き上げた。しかし、儒教としては、萬全な國家を構築し得たにも拘らず、その安定期は十年足らずに過ぎなかった。

二、西晉「儒教國家」の崩壊と儒教の限界

1．西晉「儒教國家」の崩壊

西晉「儒教國家」を崩壊へと導く八王の亂は、いわゆる「三王起義」より、外戚と諸王の抗争から、諸王の抗争の背後にある寒門と異民族の上昇運動へと、前期と後期でその性格を大きく變えていく。それは、西晉「儒教國家」の限界を背景としていた。そもそも亂の直接的な原因は、惠帝の不慧にあった。しかし、『春秋公羊傳』隱公元年の「嫡を立つるに長を以てす」を典據とする楊皇后の言葉の前に、「儒教國家」を形成した武帝は、惠帝を皇太子のうちに廢位することはできなかった。しかも、『春秋左氏傳』などを典據に輔政の任に就いた諸王は、五等爵位の濫授を繰り返し、貴族制を形成した五等爵制を崩壊させる。さらに、皇帝の廢位すら、「君無道」という『春秋左氏傳』により杜預が正當化した周公の義例に基づいて行われた。亂の本質的な原因は、儒教に基づく國家運營そのものが限界を迎えていたことに求め得るのである（第三章第一節）。

杜預が『春秋左氏傳』の解釋より導いた諒闇心喪の說は、西晉武帝の實質的な心喪三年を經學により正統化した。これまで、漢の文帝の遺詔に依據する權制として行われてきた短喪を理論化することにより、現實と經義との乖離を埋めたのである。また、杜預は、諒闇心喪の說を適用することで、皇弟司馬攸の政治的な發言力を守り、その討吳の機會を失わせないように盡力した。さらに、杜預は、『春秋左氏傳』により司馬攸を次期皇帝に擁立する論理をも有し

ていたが、武帝の君主權力確立への強い意志を端的に示す皇太子衷を後繼者とする路線を變更することはできなかった。貴族が形成する輿論を切り崩す君主權力の嚴存により、杜預たちが望んだ司馬攸の帝位繼承は實現せず、儒教の經義も皇帝の支配意思を押し返すだけの力を持たなかったのである（第三章第二節）。

漢代に『春秋公羊傳』を中心としながら、夷狄との融和拒否から容認へと展開した華夷思想は、曹操の夷狄強攻策を繼承する曹魏では、『春秋左氏傳』を論據に融和拒否へと戻された。これに對して、「儒教國家」を再編した西晉の武帝は、同じく『春秋左氏傳』を典據としながらも、「遠きを懷くるに德を以てす」を論據に、夷狄との共存を目指す阮种の對策を第一とした。この結果、「遠きを懷くるに德を以てす」は武帝期の異民族政策の基本方針となり、ここに華夷思想は夷狄との融和に回歸したのである。

ところが、惠帝の卽位後、八王の亂が始まり、氐族・羌族が擁立する皇帝を打倒した後に著された江統の「徙戎論」は、『春秋』を踏まえながらも、これまでの中で最も排他的な華夷思想を主張するに至る。夷狄の脅威を目の當たりにして慄然とする漢族の拒絶反應をここに見ることができよう。儒教に基づく華夷思想は、『春秋』より離れることができなかった。夷狄への敵視を主流とする公羊傳・左氏傳の華夷思想は、胡漢雜住の現狀に對應しきれなかった。江統の「徙戎論」は、かかる現實への適應力を欠いた儒教の華夷思想の限界を示すものである（第三章第三節）。

西晉「儒教國家」の基礎を築いた司馬昭に征服された舊蜀漢系臣下は、貴族制のもと寒門に留めおかれた。陳壽は、張華の拔擢を受け、やがて『三國志』を著していくが、『三國志』は、魏書にのみ本紀を設ける表面的な歷史認識に加えて、抑壓される蜀への思いを含む史書であった。『史記』の主題が「天道是か否か」という問題提起にあり、『漢書』の主題が「漢の神聖化」に置かれるのであれば、『三國志』の主題は「正統の所在」にある。陳壽は西晉が「正」であり「統」である理由を天下が三分された過去に求めた。天は三つに分かれているわけではない。天下は三分しても、天命は一つであることを蜀學が傳える二つの讖文は示していた。そこで陳壽は、表向きには曹魏を正統としながらも、蜀漢の正統を潛ませた。かかる陳壽の微言が、朱熹によって蜀漢が正統となる正閏論の伏流となっていくのである（第三章第四節）。

蜀漢が滅亡した後、武帝の征服によって西晉の支配下に置かれた舊孫吳は南土、その舊臣下は南人と呼ばれ、蜀にも增して差別された。祖父に陸遜、父に陸抗という孫吳を代表する「名士」を持つ陸機は、南土への支配を安定させる目的もあって、西晉に出仕後、張華の厚遇を受けた。しかし、文學に秀でることを梃子に陸機が西晉貴族社會へ參入することは、盧志や潘岳ら中原貴族の反發を招いた。出仕以前に陸機が著していた「辯亡論」は、孫吳の滅亡を暗愚な君主の人材登用の誤りに求めるもので、不慧の皇太子司馬衷の後繼を進める武帝の批判に繫がるものであった。そのうえで、南土の地位向上を目指す陸機は、中原貴族の誇りの淵源でもあった曹操の、英雄と呼ぶにはあまりにも女々しすぎる最期を創作する。「弔魏武帝文」である。

曹操の臨終場面を創作してまで、陸機は曹操を女々しく描きたかった。それは、南土を差別する中原貴族の優越性の根源を搖るがし、赤壁の戰いで曹操が敗れたように、司馬衷が後繼となれば西晉の天下も危うくなることを主張するためであった。しかし、陸機の主張は受け入れられず、陸機その人も八王の亂の中で誅殺される（第三章第五節）。

陸機に吳に歸ることを勸めた顧榮ら舊孫吳地域の有力者は、陸機の死をどのように捉えたのであろうか。それは、東晉に形成される國家のあり方に影響を及ぼしていこう。それにも增して、なによりも西晉は「儒教國家」であった。それへの絶望の中から形成される東晉は、儒教だけを支配理念とする西晉のような國家のあり方をどのように繼承していくのであろうか。

2．貴族の「四學」兼修と儒教の限界

西晉「儒教國家」で形成された國家的身分制としての貴族制は、五等爵位の有無によって、世襲的に貴族と成り得るか否かを定めるものであった。しかし、それは「名士」以來の皇帝權力に對する自律性を持つ貴族には、あるべき「貴族制」とは、異なるものと考えられた。國家的身分制と社會的秩序とは等しくないのである。もちろん、五等爵制による貴族制の成立に伴って、九品中正制度が世襲性を帶びて運用されることにより、貴族の自己認識の中に、生得的にその地位を世襲できるとの屬性が加わったことは間違いない。ただ本來、貴族は、社會における存立基盤を儒教を中心とする文化的諸價値の專有に求める存在であり、世襲可能な爵位によって運用される皇帝主導の國家的身分制としての貴族制に、滿足した者ばかりではなかった。曹魏から西晉に生きた「名士」・貴族は、こうした時代と關わりながら、多樣な文化を體現した。

昊天上帝のみを天とし五帝を人帝とする王肅の祭天思想は、曹魏の明帝が鄭玄の六天說に基づき圜丘と南郊を竝設したことに反對する中から形成された。王肅は、荊州學の流れを汲み、初めて讖緯思想を否定したように、經典解釋を「理」に基づいて行うことにより、鄭玄說の持つ神祕性を打破する方向性を示した。これが魏晉の「新」である。しかし、王肅說は當初、明帝のみならず司馬懿をも含む臣下の多くに贊同を得なかった。そこで王肅は、『孔子家語』により司馬氏の反曹行動を正當化する一方で、曹魏の靈命瑞圖祭祀に、反對する論據を構築した。その過程を通じて王肅の祭天思想は、曹魏の鄭玄說に基づく皇帝權力の神祕化・正統化を阻止するために磨かれた。論理性と總合性を手にした王肅の「理」に基づく經典解釋は、讖緯を否定し、感生帝說を唱えない西晉の建國過程や「理」に基づく國政運用に影響を與えたのである（第四章第一節）。

嵇康は、自己の志を君主權力から自由な「場」に確保するための文學をつくりあげた。精神の自律の「場」におい

て、自己の志を「自然」のままに表現し續けることを通じて、體制秩序を正統化している儒教を批判し、君主權力に對する自律性を確保しようとしたのである。こうした權力に對する自律性を鍾會は、そして司馬昭は恐れた。曹魏的諸價値を繼承し、文學・玄學を君主權力の側から貴族の存立基盤へと移行することに大きな役割を果たした嵆康は、曹魏最大の脅威であった「臥龍」諸葛亮に準えられて殺害される。しかし、貴族が自らの起源を振り返るとき、自律性を持った嵆康の生き方は、常に尊敬の對象となったのである（第四章第二節）。

「杜武庫」と稱されるほど多くの學問に通じていた杜預は、『春秋長曆』により春秋時代の曆を復原することを目指した。杜預の『春秋長曆』が曆法を無視した置閏や連大を行っていることを、現在の曆法の知識から責めることには意味がない。杜預は『春秋長曆』の作成において、「合理的」な曆法よりも、左傳により經文を理解する、という據傳解經法を優先させている。

それは、杜預が『春秋長曆』を著し、春秋時代の曆を復原した目的が、「科學的」な天文學的知識の應用には無かったためである。杜預の目的の第一は、公羊傳よりも左傳こそが、春秋の正しい傳であることの證明にある。左傳學の得意とする曆法により、據傳解經法を驅使して、經文が同文でありながら傳が異なる場合の經義を明らかにすることで、左傳の優越を示したのである。第二は、左傳學の中における杜預の地位の確立である。周期的な月食予測を行った三統曆の制定者である劉歆、日月食予測の前提となる月の遲速を理論化した賈逵、これらの先學に對して、杜預は『春秋長曆』により春秋時代の日食を正しく配置する曆を作り上げることによって、自らの優越性を後世に示したのである（第四章第三節）。

曹魏において繰り返された儒教への對抗、それへの反發を束ねて西晉を創設した司馬氏は、「儒教國家」の再編を目指した。封建・井田・學校などの諸政策に、西晉における「儒教國家」再編への動きを見ることができる。司馬彪の

『續漢書』、就中その八志は、そうした西晉「儒教國家」再編の鑑とすべき後漢「儒教國家」の諸制度をまとめあげたものであった。『史記』『漢書』の漢、『三國志』の西晉のように著者が生きる現代の國家を直接的に正統化するのではなく、鑑としての歴史を描くことは、『春秋左氏經傳集解』に展開される杜預の『春秋』解釋に通ずる營爲であった。むろん鑑を設定することは、現國家がそれに鑑みた政策を展開することを通じて、自己の國家の正統化へと繋がる營みでもあった。

また、漢を規範とし、西晉の鑑としたことは、東晉における『漢晉春秋』や『後漢紀』など後漢―蜀漢を正統と考える歴史觀の先驅ともなった。中國における歴史書の執筆目的が、國家の正統化を中心に置きながらも、勸善懲惡という孟子の『春秋』解釋から、『資治通鑑』に繋がるような、鑑としての杜預の『春秋』解釋へと展開するものであれば、漢を鑑とする司馬彪の『續漢書』は、後者の嚆矢に位置づけられる歴史書なのである（第四章第四節）。

『山公啓事』は、五等爵と九品中正制度により皇帝によって定められる貴族制に對して、あるべき貴族としての文化的價値基準に基づく人事記錄を當時の貴族に、そして後世に公開するために書かれた山濤の「啓事」を基にしている。貴族制は、爵位により定まる鄕品の高下により大枠が定まるものの、具體的な官職に任用する際には、吏部尙書などの見解が求められる。山濤はその際、自らの見識に基づく人物評價を下すことにより、貴族が本來有していた自律的秩序を示したのである。それを通じて山濤は、皇帝權力およびその延長權力である外戚に對して、自律性を持ったあるべき「貴族制」の理想を表現者として示したのである（第四章第五節）。

東晉になると、貴族の敎養は「四學」を超え「四學三敎」の兼通が尊重されるようになる。西晉「儒教國家」の崩壞を機に、佛敎、そして道敎の比重が高まっていくのである。

おわりに

後漢「儒教國家」で形成された支配と儒教との關係は、以上のように西晉「儒教國家」へと繼承され、やがて傳統中國の國家支配と理念の原基となっていく。

西晉で形成された「儒教國家」は、第一に經の「理」を尊重すること、第二に國政の根底に經義を置くことに特徴を持つ。また西晉「儒教國家」では、その重要な統治理念の一つである「封建」に基づき五等爵制を施行することで、國家的身分制としての貴族制が編成された。貴族制は、生まれによって人間を階層化する性三品説により、人間の本來的なあり方より正統化される。

しかし、西晉「儒教國家」を崩壞へと導いた寒門と異民族は、儒教そのものに含まれる差別性に反發する中で自己を定位した。寒門は、儒教に基づく身分制である貴族制に、異民族は儒教の排他的な華夷思想に反發したのである。西晉「儒教國家」は、儒教が理想とした周代の復興に努めたが、社會の分化、異民族の擡頭を背景に、儒教だけで國家を經營することは限界を迎えていた。したがって、西晉「儒教國家」の崩壞は、佛教・道教といった新たな宗教といかに向き合うか、という課題を東晉および五胡諸國家に突きつけたのである。

東晉以降、儒教は、佛教・道教の勃興に對して、如何なる對應を取ったのか。新たなる課題として自らに課すことにしたい。

また、西晉「儒教國家」で形成され、そして崩壞した國家的身分制としての貴族制は、唐まで繼承されていく。その展開には、何回かの皇帝權力による變容を被ることになる。南朝で言えば、梁の武帝の天監の改革、北朝で言えば、北魏の孝文帝の姓族詳定、唐で言えば、太宗による『貞觀氏族志』の編纂は、その代表的事例である。

かかる皇帝權力との關係の中で、そして佛敎・道敎という新しい文化が勃興する中で、中國の貴族制が如何なる展開を遂げていくか。これも併せて、新たなる課題として自らに課すことにしたい。

文献表

文献表は、本書中に言及した著書・論文を採録した。

本文中における表記は、著書を《　》、論文を〈　〉により分け、出版時の西暦年を附して弁別の基準とした。その際、著書に再録された論文も初出の西暦年を附し、同一年に複数の著書・論文のある場合には、さらにーの後にａｂなどを附し、弁別できるように心がけた。

文献表では、著書を『　』、論文を「　」により分け、論文を収める著書には※を附し、収められた論文は直後に＊を附して収録論文であることを示し、初出雑誌を掲げた。また、論題が變更されている場合は、原則として、變更前の論題に統一した。邦文文獻は編著者名の五十音順に、中文文獻も、便宜的に日本語讀みによる五十音順に配列し、邦譯は邦文の項目に入れ、英文文獻は便宜的に中文の末尾に附した。

文献表

〔邦　文〕

阿河雄二郎　「ルイ一四世時代の「貴族改め」の意味」（服部春彦・谷川稔（編）『フランス史からの問い』山川出版社、二〇〇〇年）
淺野　哲弘　「前漢景帝の對諸侯王政策の一考察――梁王武の擁立事件を中心に」（『立正大學大學院文學研究科　大學院年報』九、一九九二年）
淺野　哲弘　「前漢の對諸侯王政策の一考察――左官・附益・阿黨の法の制定者をめぐって」（『立正大學大學院文學研究科　大學院年報』一〇、一九九三年）
淺野　裕一　「『春秋』の成立時期――平勢説の再檢討」（『中國研究集刊』二九、二〇〇一年）
淺原　達郎　「月相相對幅差と春秋長曆」（『古史春秋』五、一九八九年）
淺見直一郎　「中國の正史編纂――唐朝初期の編纂事業を中心に」（『京都橘女子大學研究紀要』一九、一九九二年）
鐙屋　一　「孔敎會と孔敎の國敎化――民國初期の政治統合と倫理問題」（『史峯』四、一九九〇年）
安部聰一郎　「後漢時代關係史料の再檢討――先行研究の檢討を中心に」（『史料批判研究』四、二〇〇〇年）
阿部　順子　「陳壽の『諸葛氏集』編纂について」（『日本中國學會報』四八、一九九六年）
天野元之助　「西晉の占田・課田制についての試論」（『人文研究』八―九、一九五七年）
飯尾　秀幸　「張家山漢簡『二年律令』譯注（一）～（一四）」（『專修史學』三五～四七、二〇〇三～一〇年）
飯島　忠夫　『支那曆法起原考』（岡書院、一九三〇年）
飯島　忠夫　『支那古代史論』（恆星社、一九四一年）

飯島　良子「莽新政權の國家統合論――后稷神話と王莽のまつり」（『アジア文化研究（國際基督敎大學）』二一、一九九五年）
池田　溫「唐朝氏族志の一考察――いわゆる敦煌名族志殘卷をめぐって」（『北海道大學文學部紀要』一三―二、一九六五年）
池田　溫『中國古代籍帳研究』概觀・錄文（東京大學出版會、一九七九年）
池田　溫「貴族とは何か――東アジアの場合」（笠谷和比古（編）『國際シンポジウム　公家と武家の比較文明史』思文閣出版、二〇〇五年）
池田　秀三「盧植とその『禮記解詁』」（『京都大學文學部研究紀要』二九、三〇、一九九〇、一九九一年）
池田　秀三「讀風俗通義皇覇篇札記」（『中國思想史研究』一六、一九九三年）
池田　秀三「『白虎通義』と後漢の學術」（『中國古代禮制研究』京都大學人文科學研究所、一九九五年）
池田末利（譯注）『儀禮』Ⅴ（東海大學出版會、一九七七年）
池田　知久「中國古代の天人相關論――董仲舒の場合」（『世界史像の形成』東京大學出版會、一九九四年）
池田　雅典「歐陽尙書の六宗說について」（『兩漢における詩と三傳』汲古書院、二〇〇七年）
石井　仁「都督考」（『東洋史研究』五一―三、一九九二年）a
石井　仁「漢末州牧考」（『秋大史學』三八、一九九二年）b
石井　仁「四征將軍の成立をめぐって」（『古代文化』四五―一〇、一九九三年）
石井　仁「無上將軍と西園軍――後漢靈帝時代の『軍制改革』」（『集刊東洋學』七六、一九九六年）
石井　仁『曹操――魏の武帝』（新人物往來社、二〇〇〇年）
石井　仁「黑山・白波考――後漢末の村塢と公權力」（『東北大學東洋史論集』九、二〇〇三年）
石井　仁「六朝都督制研究の現狀と課題」（『駒澤史學』六四、二〇〇五年）
石井　仁「地方分權化」と都督制」（『三國志研究』四、二〇〇九年）
石井仁・渡邉義浩「西晉墓誌二題」（『駒澤史學』六六、二〇〇六年）

石井　米雄　『上座部佛教の政治社會學――國教の構造』（創文社、一九七五年）

石母田　正　「古代の身分秩序――日本の場合についての覺書」（『古代史講座』七、學生社、一九六一年）

板野　長八※　『儒教成立史の研究』（岩波書店、一九九五年）

板野　長八＊　「圖讖と儒教の成立（一）（二）」（『史學雜誌』八四―二、三、一九七五年）

板野　長八＊　「班固の漢王朝神話」（『歴史學研究』四七九、一九八〇年）

板野　長八＊　「『左傳』の作成」（『儒教成立史の研究』岩波書店、一九九五年）

伊藤　敏雄　「占田・課田制に關する諸研究」（『東洋史論』三、一九八二年）a

伊藤　敏雄　「西晉の占田・課田制の再檢討」（『中國古代史研究』五、雄山閣出版、一九八二年）b

伊藤　敏雄　「西晉諸侯の秩奉についての一試論」（『アジア諸民族における社會と文化』國書刊行會、一九八四年）

伊藤　敏雄　「正始の政變をめぐって――曹爽政權の人的構成を中心に」（『中國史における亂の構圖――筑波大學創立十周年記念東洋史論集』雄山閣出版、一九八六年）

伊藤　敏雄　「三國吳の地方行政をめぐる膨大な新史料」（『東方』二〇〇四―一〇、二〇〇四年）

伊藤　敏雄　「日本における魏晉期土地制度史研究百年」（『歴史研究』四五、二〇〇八年）

伊藤　倫厚　「孔安國に至るまでの孔子の家系」（『日本中國學會創立五十年記念論文集』汲古書院、一九九八年）

伊藤　文定　「王肅の研究」（『靜岡大學教育學部研究報告』七、一九五七年）

伊藤　文定　「王肅と孔子家語」（『靜岡大學教育學部研究報告』人文・社會科學篇二五、一九七五年）

稻田　尹　「王謝の系譜――世說新語を中心として(1)～(10)」（『鹿兒島大學文科報告』四、五、七、八―一、九―一、一〇―一、一三、一四―一、一五―一、一六―一、一九六八～八〇年）

稻葉　一郎　「吳楚七國の亂について」（『立命館文學』三六九・三七〇、一九七六年）

稻葉　一郎　『中國の歷史思想――紀傳體考』（創文社、一九九九年）

稲葉　一郎　『中國史學史の研究』（京都大學學術出版社、二〇〇六年）
井波隆一（編）『魏晉石刻資料選注』（京都大學人文科學研究所、二〇〇五年）
井上　晃　「魏の典農部廢止について」（『史觀』五二、一九五八年）
井上　浩一　「皇帝讃美と皇帝批判――ビザンツ皇帝論の再検討のために」（『國家―理念と制度』京都大學人文科學研究所、一九八九年）
伊原弘・小島毅（編）『知識人の諸相――中國宋代を基點として』（勉誠出版、二〇〇一年）
岩本　憲司　『春秋公羊傳何休解詁』（汲古書院、一九九三年）
岩本　憲司　『春秋左氏傳杜預集解』上（汲古書院、二〇〇一年）
上野　賢知　『春秋左氏傳雜考』（東洋文化研究所、一九五九年）
上谷　浩一　「後漢政治史における鴻都門學――靈帝期改革の再評價をめぐって」（『東洋史研究』六三―二、二〇〇四年）
薄井　俊二　「始皇帝の「郡縣」「封建」論議をめぐって――始皇帝の政治方針と秦の朝廷」（『埼玉大學紀要教育學部』人文・社會科學　四六―一、一九九七年）
內田　吟風　「後漢末期より五胡亂勃發に至る匈奴五部の狀勢に就いて」（『史林』一九―二、一九三四年、『北アジア史研究』匈奴篇、同朋舍出版、一九七五年に所收）
內田　吟風　「烏桓族に關する研究」（『滿蒙史論叢』四、一九四三年、『北アジア史研究』鮮卑柔然突厥篇、同朋舍出版、一九七五年に所收）
內田　吟風　「後漢永初の羌亂について」（『東洋史苑』二四・二五、一九八五年）
內山　俊彦　「魏晉の改制論と正統論」（『中村璋八博士古稀記念　東洋學論集』汲古書院、一九九六年）
內山　俊彦　「何休の考えた歷史」（『中國思想史研究』二四、二〇〇一年）
宇都宮清吉　「僮約研究」（『名古屋大學文學部研究論集』五　史學二、一九五三年、『漢代社會經濟史研究』弘文堂書房、一九五五年）

に所收）
宇野　精一　『中國古典學の展開』（北隆館書店、一九四九年、『宇野精一著作集』二、明治書院、一九八六年に所收）
宇野精一（譯）『孔子家語』（明治書院、一九九六年）
江畑　武　「『三國志』の成立年次」（『阪南論集』人文・自然科學編　三六―二、二〇〇〇年）
江畑　武　「『三國志』の材料について――三國の國史について」（『阪南論集』人文・自然科學編　三六―三、二〇〇一年）
江村　治樹　「雲夢睡虎地出土新律の性格をめぐって」（『春秋戰國秦漢時代出土文字資料の研究』汲古書院、二〇〇〇年）
遠藤　裕子　「漢代における地方官學の政治的機能」（『立命館史學』一四、一九九三年）
大上　正美※　『阮籍・嵇康の文學』（創文社、二〇〇〇年）
大上　正美＊　「「爲鄭沖勸晉王牋」について」（『日本中國學會報』三四、一九八二年）
大上　正美＊　「鍾會論」（『青山學院大學文學部紀要』三〇、一九八九年）a
大上　正美＊　「絕交書二首に見る表現の位相」（『中國文化』四七、一九八九年）b
大上　正美＊　「山濤論――『貴顯』の自由人（上）」（『東書國語』三三五、一九九二年）
大上　正美＊　「管蔡論の方法――嵇康と情況」（『青山學院大學文學部紀要』四〇、一九九九年）
大上　正美　「言志の文學――阮籍と嵇康」（『漢學會誌』四一、二〇〇二年、『言志と緣情――私の中國古典文學』創文社、二〇〇四年に所收）
大川富士夫　「晉代の江南豪族について」（『立正大學文學部論叢』四五、一九七二年、『六朝江南の豪族社會』雄山閣出版、一九八七年に所收）
大櫛　敦弘　「國制史」（『殷周秦漢時代史の基本問題』汲古書院、二〇〇一年）
大久保隆郎　「王充傳私論」（Ⅰ）（Ⅱ）（Ⅲ）（『福島大學教育學部論集』人文科學部門　三五～三七、一九八三～八五年）
大久保隆郎※　『王充思想の諸相』（汲古書院、二〇一〇年）

大久保隆郎＊「王充の典籍批判について」（『漢文學會會報』二五、一九六六年）
大久保隆郎＊「王充の妖祥論」（『福島大學教育學部論集』人文科學 二七―二、一九七五年）
大久保隆郎＊「王充の頌漢論」（『福島大學教育學部論集』人文科學 五四、一九九三年）
大澤　勝茂「漢代における西羌の動向――特に『後漢書』西羌傳から見て」（『アジア文化研究』七、二〇〇〇年）
大庭　脩「漢代の功次による昇進について」（『東洋史研究』一二―三、一九五三年、『秦漢に法制史の研究』創文社、一九八二年に所收）
大橋由紀夫「後漢四分暦の成立過程」（『數學史研究』九三、一九八二年）
大橋由紀夫「賈逵の月行遲疾論」（『數學史研究』一三六、一九九三年）
大橋由紀夫「賈逵の天文定數觀について」（『數學史研究』一五三、一九九七年）
大橋由紀夫「中國における日月食予測法の成立過程」（『一橋論叢』一二二―二、一九九八年）
大濱　皓「孟子と告子の論爭」（『名古屋大學文學部十周年記念論集』名古屋大學文學部、一九五九年）
岡崎　文夫『魏晉南北朝通史』（弘文堂、一九三二年）
岡崎　文夫※『南北朝に於ける社會經濟制度』（弘文堂、一九三五年）
岡崎　文夫＊「九品中正考」（『支那學』三―三、一九二二年）
岡崎　文夫＊「魏晉南北朝を通じ北支那に於ける田土問題綱要」（『支那學』六―三、一九三二年）
尾形　勇「良賤制の展開とその性格」（『世界歷史』五、一九七〇年、『中國古代の「家」と國家』岩波書店、一九七九年に所收）
岡村　繁「『才性四本論』の性格と成立――あわせて唐長孺氏の『魏晉才性論的政治意義』を駁す」（『名古屋大學文學部研究論集』二八　文學一〇、一九六二年）
小笠原博毅「文化と文化を研究することの政治學――ステュアート・ホールの問題設定」（『思想』八七三、一九九七年）
小倉　芳彥『中國古代政治思想研究――『左傳』研究ノート』（青木書店、一九七〇年）

尾崎　康　『正史宋元版の研究』（汲古書院、一九八九年）
小澤賢二　「平勢隆郎氏の歴史研究に見られる五つの致命的欠陥」（『中國研究集刊』四〇、二〇〇六年）
長部悦弘　「北朝隋唐時代における胡族の通婚關係」（『史林』七三―四、一九九〇年）
愛宕　元　「唐代范陽盧氏研究――婚姻關係を中心に」（『中國貴族制社會の研究』京都大學人文科學研究所、一九八七年）
越智重明※　『魏晉南朝の政治と社會』（吉川弘文館、一九六三年）
越智重明＊　「五等爵制」（『魏晉南朝の政治と社會』吉川弘文館、一九六三年）a
越智重明＊　「封王の制と八王の亂」（『魏晉南朝の政治と社會』吉川弘文館、一九六三年）b
越智重明＊　「屯田」（『魏晉南朝の政治と社會』吉川弘文館、一九六三年）c
越智重明　『魏晉南朝の貴族制』（研文出版、一九八二年）
越智重明　「王僧虔の誡子書をめぐって」（『東方學』六三、一九八二年）
小尾郊一　『文選』（文章編）七、全釋漢文體系三二（集英社、一九七六年）
甲斐勝二　「嵆康詩小考」（『中國文學論集』一四、一九八五年）
加賀榮治　『中國古典解釋史』魏晉篇（勁草書房、一九六四年）
影山輝國　「漢代における災異と政治――宰相の災異責任を中心に」（『史學雜誌』九〇―八、一九八一年）
加藤　繁　『支那古田制の研究』（京都法學會、一九一六年）
加藤　繁　『支那經濟史概說』（弘文堂、一九四四年）
金子修一　「漢代における郊祀・宗廟制度の形成とその運用」（『中國古代皇帝祭祀の研究』岩波書店、二〇〇六年）
狩野直喜　『兩漢學術考』（筑摩書房、一九六四年）
狩野直禎・西脇常記（譯注）『漢書郊祀志』（平凡社、一九八七年）
鎌田　正　『左傳の成立と其の展開』（大修館書店、一九六三年）

鎌田　重雄※『秦漢政治制度の研究』（日本學術振興會、一九六二年）
鎌田　重雄＊「漢代の門生・故吏」（『東方學』七、一九五三年）
鎌田　重雄＊「漢朝の王國抑損策」（『秦漢政治制度の研究』日本學術振興會、一九六二年）
釜谷　武志「陸雲『兄への書簡』——その文學論的考察」（『中國文學報』二八、一九七七年）
神矢　法子「後漢時代における『過禮』をめぐって——所謂『後漢末風俗』再考の試みとして」（『九州大學 東洋史論集』七、一九七九年）
神矢　法子「晉時代における違禮審議——その嚴禮主義的性格」（『東洋學報』六七—三・四、一九八六年）
川合　安「沈約の地方政治改革論——魏晉期の封建論と關連して」（『中國中世史研究』續編、京都大學學術出版會、一九九五年）
川合　安「六朝隋唐の「貴族政治」」（『北大史學』三九、一九九九年）
川合　安「南朝貴族の家格」（『六朝學術學會報』五、二〇〇四年）
川合　安「門地二品について」（『集刊東洋學』九四、二〇〇五年）
川合　安「日本の六朝貴族制研究」（『史朋』四〇、二〇〇七年）
川勝　義雄『史學論集』（朝日新聞社、一九七三年）
川勝　義雄『六朝貴族制社會の研究』（岩波書店、一九八二年）
川勝　義雄『中國人の歷史意識』（平凡社、一九八六年）
川原　秀城「三統曆の世界——經學成立の一側面」（『中國思想史研究』一、一九七七年）
川本　芳昭※『魏晉南北朝時代の民族問題』（汲古書院、一九九八年）
川本　芳昭＊「北魏の封爵制」（『東方學』五七、一九七九年）
川本　芳昭＊「北魏太祖の部落解散と高祖の部族解散——所謂部族解散の理解をめぐって」（『佐賀大學教養部研究紀要』一四、一九八二年）

川本　芳昭＊「五胡十六國・北朝時代における華夷觀の變遷」（『佐賀大學教養部研究紀要』一六、一九八四年）

川本　芳昭＊「五胡十六國・北朝史における周禮の受容について」（『佐賀大學教養部研究紀要』二三、一九九一年）

簡　曉　花「嵇康の政治思想――その儒家意識と道家意識」（『文化』六二―三・四、一九九九年）

簡　曉　花「嵇康における「至人」について」（『集刊東洋學』八五、二〇〇一年）

木島　史雄「六朝前期の孝と喪服――禮學の目的・機能・手法」（『中國古代禮制研究』京都大學人文科學研究所、一九九五年）

木島　史雄「大晉龍興皇帝三臨辟雍皇太子又再莅之盛德隆熙之頌」（『中國思想史研究』一九、一九九六年）

木島　史雄「『正始石經』蹉跌の構造――遡源から注釋へ」（『中國文明の形成』朋友書店、二〇〇五年）

喬　秀　岩『義疏學衰亡史論』（白峯社、二〇〇一年）

清田　研三「支那封建論史稿略」（『東亞人文學報』二―三、一九四二年）

草野　　靖「占田・課田制について」（『史淵』七六、一九五八年）

楠山　修作「晉書食貨志記載の遠夷の二字について」（『東方學』七一、一九八六年）

楠山　修作「占田・課田論」（『アジア文化學科年報』一三、一九九八年）

久富木成大「杜預の春秋學とその世界」（『金澤大學教養部論集』人文科學　一七、一九七九年）

久保　靖彦「後漢初期の烏桓について――護烏桓校尉に關する一考察」（『史苑』二四―一、一九六三年）

久保　卓哉「魏晉における人物批評」（『宇部工業專門學校研究報告』二八、一九八二年）

久保　卓哉「竹林七賢山濤の『山公啓事』」（『福山大學人間科學研究センター紀要』三、一九八八年）

久保　卓哉「分析　山濤の『山公啓事』」（『竹田晃先生退官記念　東アジア文化論叢』汲古書院、一九九一年）

窪添　慶文※『魏晉南北朝官僚制研究』（汲古書院、二〇〇三年）

窪添　慶文＊「魏晉南北朝における地方官の本籍地任用について」（『史學雜誌』八三―一、二、一九七四年）

熊谷　滋三「後漢の羌族內徙策について」（『史滴』九、一九八八年）

小池　直子「賈充出鎮――西晉・泰始年間の派閥抗争に關する一試論」（『集刊東洋學』八五、二〇〇一年）
小池　直子「賈南風婚姻」（『名古屋大學東洋史研究報告』二七、二〇〇三年）
興膳　宏『潘岳・陸機』（筑摩書房、一九七三年）
興膳宏・川合康三『隋書經籍志詳攷』（汲古書院、一九九五年）
興膳　宏※『亂世を生きる詩人たち――六朝詩人論』（研文出版、二〇〇一年）
興膳　宏＊「嵆康詩小論」（『中國文學報』一五、一九六一年）
興膳　宏＊「嵆康――孤獨の求道者」（『中國思想史』上、ぺりかん社、一九八七年）
興膳　宏※『新版　中國の文學理論』（淸文堂出版、二〇〇八年）
興膳　宏＊「摯虞『文章流別志論』攷」（『入矢・小川教授退休記念　中國文學語學論集』一九七四年）
小嶋　茂稔「『後漢書』所見諸侯王列侯記事窺管――後漢の諸侯王・列侯について」（『日中律令制の諸相』東方書店、二〇〇二年、『漢代國家統治の構造と展開』汲古書院、二〇〇九年に所收）
小島　毅「郊祀制度の變遷」（『東洋文化研究所紀要』一〇八、一九八九年）
小竹　文夫「中國井田論考」（『東京教育大學文學部紀要』史學研究三一、一九六一年）
小林　聰「後漢の少數民族統御官に關する一考察」（『九州大學東洋史論集』一七、一九八九年）
小林　聰「西晉における禮制秩序の構築とその變質」（『九州大學東洋史論集』三〇、二〇〇二年）
小林　岳「劉昭と『集注後漢』」（『史滴』一三、一九九二年）
小林　岳「劉昭の後漢書補志について――後漢書補成考」（『早稲田大學高等學院研究年誌』三八、一九九四年）
小林　岳「劉昭の後漢書注について――集注後漢の内容をめぐって」（『史學雜誌』一〇六―七、一九九七年）
小林　春樹「前漢博士弟子制度の機能について」（『早稲田大學大學院文學研究科紀要』別册九、一九八二年）
小林　春樹「『元和改曆』の受命改制的性格について――『續漢書』志類研究序説」（『東洋文化』七五、一九九五年）a

小林　春樹　「中國古代における「合理的」史學の成立――漢書から東觀漢記・續漢書へ」（『東洋文化』七四、一九九五年）b
小林　春樹　「後漢時代における「合理的」暦法の成立とその歴史的背景――「東觀人士」の活動を中心として」（『東洋研究』一二二、一九九六年）
小林　春樹　「中國古代の暦學における中央集權的性格の確立について」（『東洋研究』一二五、一九九七年）
小林　春樹　「「『律暦思想』論」批判――『漢書』「律暦志」の再檢討を中心とした考察」（『東洋研究』一五〇、二〇〇三年）
小林　春樹　「『三國志』の王朝觀――『漢書』との比較を中心として」（『狩野直禎先生傘壽記念　三國志論集』三國志學會、二〇〇八年）
近藤　一成　「宋初の國子監・太學について」（『史觀』一一三、一九八五年）
近藤　則之　「『左傳』の封建論に於ける諸侯の重視について」（『佐賀大學教育學部研究論文集』四〇―一、一九九二年）
齊藤國治・小澤賢二『中國古代の天文記錄の檢證』（雄山閣、一九九二年）
坂田　新　「王肅の詩經學」（『目加田誠博士古稀記念　中國文學論集』龍溪書舍、一九七四年）
佐竹　保子　『西晉文學論――玄學の影と形似の曙』（汲古書院、二〇〇二年）
佐藤　愼一　「近代中國と政治學――『專制』概念を中心として」（『東北大學日本文化研究所研究報告』シンポジウム「日本文化と東アジア」、一九八八年）
佐藤　長　「漢代における羌族の活動」（『チベット歴史地理研究』岩波書店、一九七八年）
佐藤　武敏　『司馬遷の研究』（汲古書院、一九九七年）
佐藤　達郎　「曹魏文・明帝期の政界と名族層の動向――陳羣・司馬懿を中心に」（『東洋史研究』五二―一、一九九三年）
佐藤　利行　『陸雲研究』（白帝社、一九九〇年）
佐藤　利行　『西晉文學研究――陸機を中心として』（白帝社、一九九五年）
澤田多喜男　「讀蕭望之傳餘錄――前漢武帝紀三經博士考」（『人文研究』一五、一九八六年）

澤田多喜男（譯注）『黃帝四經　馬王堆漢墓帛書老子乙本卷前古佚書』（知泉書館、二〇〇六年）
重澤　俊郎「周禮の思想史的考察」（『東洋の文化と社會』四、一九五五年）
島田　悠「八王の亂における貴族――王衍、東海王越を中心に」（『六朝學術學會報』八、二〇〇七年）
下倉　涉「散騎省の成立――曹魏・西晉における外戚について」（『歷史』八六、一九九六年）
新城　新藏※『東洋天文學史研究』（弘文堂、一九二八年）
新城　新藏＊「春秋長歷」（『狩野教授還曆　支那學論叢』弘文堂、一九二八年）
末岡　實「韓愈『性情三品說』小考――唐代における儒敎の變容と純化の過程」（『東洋研究』七〇、一九九〇年）
鈴木　啓造「佚後漢書の研究――失氏名書のばあい」（『史觀』七四、一九六六年）
鈴木　修次「嵇康・阮籍から陶淵明へ――矛盾感情の文學的處理における三つの型」（『中國文學報』一八、一九六三年）
鈴木　俊「占田・課田と均田制」（『中央大學七十周年記念論文集』中央大學、一九五五年、『均田、租庸調制度の研究』刀水書房、一九八〇年に所收）
關尾　史郎「曹魏政權と山越」（『西嶋定生博士追悼論文集』山川出版社、二〇〇〇年）
關口　順「儒敎國敎化」論への異議」（『中國哲學』二九、二〇〇〇年）
仙石　知子「毛宗崗本『三國志演義』に描かれた曹操臨終の場面について――明清における妾への遺贈のあり方を手がかりに」（『三國志研究』四、二〇〇九年）
曾我部靜雄『均田制と稅役制度』（講談社、一九五三年）
曾我部靜雄「均田制の名稱と實態について」（『東洋史研究』二六―三、一九六三年、『中國律令史の研究』吉川弘文館、一九六八年に所收）
平　秀道「蜀の昭烈帝と讖緯」（『龍谷大學論集』四〇九、一九七七年）
多賀秋五郎『唐代敎育史の研究――日本學校敎育の源流』（不昧堂書店、一九五三年）

多賀秋五郎　『中國教育史』（岩崎書店、一九五五年）
多賀秋五郎　「古譜の研究」（『東洋史學論集』第四、不昧堂書店、一九五九年、『中國宗譜の研究』日本學術振興會、一九八一年に所收）
高田　淳　「嵇康の「離」の立場」（『大倉山學院紀要』二、一九五六年）
高橋　和巳　「陸機の傳記とその文學（上）」（『中國文學報』一一、一九五九年、『高橋和巳全集』一五　中國文學論一、河出書房新社、一九七七年に所收）
高橋　康浩　「韋昭『吳書』の偏向とその檢討」（『六朝學術學會報』九、二〇〇八年）
武內　義雄　『中國思想史』（岩波書店、一九四三年、『武內義雄全集』第八巻　思想史篇一、角川書店、一九七八年）
武內　義雄　『武內義雄全集』第一巻　論語篇（角川書店、一九七八年）
竹內　康浩　「『春秋』から見た五等爵制――周初に於ける封建の問題」（『史學雜誌』一〇〇―二、一九九一年）
竹內　康浩　「中國の歷史書」（『史流』三九、二〇〇〇年）
竹內　康浩　『「正史」はいかに書かれてきたか――中國の歷史書を讀み解く』（大修館書店、二〇〇二年）
竹添進一郎　『左氏會箋』（冨山房、一九一一年）
竹園　卓夫　「魏の典農部屯田についての一考察」（『集刊東洋學』二八、一九七一年）
竹園　卓夫　「八王の亂に關する一考察」（『東北大學東洋史論集』七、一九九八年）
竹園　卓夫　「晉朝における封爵繼紹に關する一考察」（『東北大學東洋史論集』九、二〇〇四年）
竹園　卓夫　「西晉武帝の統治體制に關する一考察」（『東北大學東洋史論集』一〇、二〇〇五年）
竹田　龍兒　「貞觀氏族譜の編纂に關する考察」（『史學』二五―四、一九五二年）
竹田　龍兒　「門閥としての弘農楊氏についての一考察」（『史學』三一―一～四、一九五八年）
多田　狷介※『漢魏晉史の研究』（汲古書院、一九九九年）

多田　狷介＊「魏晉代の潁川庾氏について」(『史艸』一六、一九七五年)
多田　狷介＊「潁川庾氏の人々——西晉代の庾衰を中心に」(『木村正雄先生退官記念 東洋史論集』汲古書院、一九七六年)
多田　狷介＊「劉劭とその考課法について」(『中嶋敏先生古稀記念論集』上卷、汲古書院、一九八〇年)
楯身　智志　「前漢における民爵賜與の成立」(『史滴』二八、二〇〇六年)
田中　俊行　「中國教育行政史研究——國子監成立史における教育行政の獨立について」(『東京大學大學院教育學研究科紀要』三八、一九九八年)
田中麻紗巳※『兩漢思想の研究』(研文出版、一九八六年)
田中麻紗巳＊「許愼と古文學」(『舞鶴工業高等專門學校紀要』一一、一九七六年)
田中麻紗巳＊「何休の夷狄觀について——「進」を中心として」(『日本中國學會報』三四、一九八二年)
田中麻紗巳※『後漢思想の探求』(研文出版、二〇〇三年)
田中麻紗巳＊「何休『春秋公羊解詁』の「太平」について」(『人文論叢』三六、一九八八年)
田中麻紗巳＊「『五經異義』の周禮說について」(『中國古代禮制研究』京都大學人文科學研究所、一九九三年)
田中　靖彥　「『漢晉春秋』に見る三國正統觀の展開」(『東方學』一一〇、二〇〇五年)
谷口　房男　『華南民族史研究』(緑蔭書房、一九九七年)
谷川　道雄※『隋唐帝國形成史論』(筑摩書房、一九七一年、增補版は一九九八年)
谷川　道雄＊「南匈奴の國家前後兩趙政權の性格について」(『名古屋大學文學部研究論集』三五、一九六四年)
谷川　道雄※『中國中世社會と共同體』(國書刊行會、一九七六年)
谷川　道雄＊「六朝貴族制社會の史的性格と律令體制への展開」(『社會經濟史學』三一—一～五、一九六六年)
谷川　道雄※『中國中世の探求——歷史と人間』(日本エディタースクール、一九八七年)
谷川　道雄＊「中國史の時代區分問題をめぐって——現時點からの省察」(『史林』六八—六、一九八五年)

谷田　孝之　「左傳に現われた相續者指定」（『日本中國學會報』二三、一九七一年）
田村　實造　『中國史上の民族移動期』（創文社、一九八五年）
玉井　是博　「唐時代の土地問題管見」（『史學雜誌』三三―八～一〇、一九二二年、『支那社會經濟史研究』岩波書店、一九四二年に所收）
玉野井純子　「嵇康の自然觀についての一私見――聲無哀樂論の聲と心を中心として」（『東洋大學大學院紀要』文學研究科　二八、一九九二年）
丹　　喬二　「魏晉～隋唐時代の土地制度と農民――西晉の占田・課田制の分析を中心に」（『史叢』七、二〇〇五年）
張　學　鋒　「西晉の占田・課田・租調制の再檢討」（『東洋史硏究』五九―一、二〇〇〇年）
張前・石黑健一　『嵇康著　聲無哀樂論　中國音樂美學入門』（シンフォニア、一九九八年）
築山治三郎　「西晉及び南朝の後宮」（『古代文化』三三―九、一九八一年）
辻　　正博　「西晉における諸王の封建と出鎭」（『公家と武家』Ⅳ官僚制と封建制の比較文明史的考察、思文閣出版、二〇〇八年）
津田左右吉　『左傳の思想史的研究』（岩波書店、一九五八年）
津田　資久　「『魏略』の基礎的研究」（『史朋』三一、一九九八年）
津田　資久　「陳壽傳の研究」（『北大史學』四一、二〇〇一年）
津田　資久　「『魏志』の帝室衰亡敍述に見える陳壽の政治意識」（『東洋學報』八四―四、二〇〇三年）
津田　資久　「符瑞「張掖郡玄石圖」の出現と司馬懿の政治的立場」（『九州大學東洋史論集』三五、二〇〇七年）
土田健次郎　「周程授受再考」（『東洋の思想と宗教』一三、一九九六年、『道學の形成』創文社、二〇〇二年に所收）
デシモン、林田伸一（譯）「貴族は「種族」か社會關係か――近世フランスの貴族を捉えるための新しい方法を探る」（『思想』九五九、二〇〇四年）
戸川　貴行　「魏晉南朝の民爵賜與について」（『九州大學東洋史論集』三〇、二〇〇二年）

ドナルド・ホルツマン、木全德雄（譯）「阮籍と嵇康との道家思想」（『東方宗教』一〇、一九五六年）
冨谷　至　「晉泰始律令への道――第一部　秦漢の律と令、第二部　魏晉の律と令」（『東方學報』（京都）七二、七三、二〇〇〇、二〇〇一年）
冨谷至（編）『江陵張家山二四七號墓出土漢律令の研究』（朋友書店、二〇〇六年）
內藤　幹治　「皇侃撰『論語義疏』の人性論について」（『中國における人間性の探究』創文社、一九八三年）
內藤　湖南　「概括的唐宋時代觀」（『歷史と地理』九―五、一九二二年、『內藤湖南全集』八、筑摩書房、一九六九年）
內藤　湖南　『支那史學史』（弘文堂、一九四九年、『內藤湖南全集』第一卷、筑摩書房、一九七〇年）
永田　拓治　「「狀」と「先賢傳」「耆舊傳」の編纂――「郡國書」から「海內書」へ」（『東洋學報』九一―三、二〇〇九年）
永田　英正　「後漢の三公にみられる起家と出自について」（『東洋史研究』二四―三、一九六五年）
永田　英正　「漢代の選擧と官僚階級」（『東方學報』（京都）四一、一九七〇年）
中野　千穗　「『漢書』律曆志における劉歆の『三』および『參』の概念」（『お茶の水女子大學中國文學會報』一六、一九九七年）
中林　史朗　「後漢末・晉初に於ける地方學者の動向――巴蜀地方に於ける譙周グループを中心として」（『土浦短期大學紀要』九、一九八一年）
中林　史朗　「西晉初期政治史の一斷面――征吳問題と巴蜀人士」（『北京外國語大學 大東文化大學 交流協定十周年記念論文集』北京外國語大學・大東文化大學、一九九〇年）
中林史朗・渡邉義浩『後漢紀』（明德出版社、一九九九年）
中村　圭爾※『六朝貴族制研究』（風間書房、一九八七年）
中村　圭爾＊「晉南朝における除名について」（『人文研究』二六―一一、一九七四年）
中村　圭爾＊「「士庶區別」小論――南朝貴族制への一視點」（『史學雜誌』八八―二、一九七九年）
中村　圭爾＊「『劉岱墓誌銘』考――南朝における婚姻と社會的階層」（『東洋學報』六一―三・四、一九八〇年）

中村　圭爾＊「九品官人法における鄕品について」（『人文研究』三六―九、一九八四年）
中村　圭爾＊「初期九品官制における人事について」（『中國貴族制社會の研究』京都大學人文科學研究所、一九八七年）a
中村　圭爾＊「「品」的秩序の形成」（『六朝貴族制研究』風間書房、一九八七年）b
中村　圭爾＊「墓誌銘よりみた南朝の婚姻關係」（『六朝貴族制研究』風間書房、一九八七年）c
中村　圭爾※『六朝江南地域史研究』（汲古書院、二〇〇六年）
中村　圭爾＊「南朝戶籍に關する二問題」（『人文研究』四四―一二、一九九二年）
中村璋八・淸水浩子『風俗通義』（明德出版社、二〇〇二年）
南部　英彥「『白虎通』に見える公羊學の性格について」（『集刊東洋學』八二、一九九九年）
南部　英彥「『白虎通』の國家構想の特質と『孝經』」（『山口大學敎育學部研究論叢』五一―一、二〇〇一年）
仁井田　陞『支那身分法史』（東方文化學院、一九四二年）
仁井田　陞※『補訂　中國法制史研究』奴隸農奴法・家族村落法（東京大學出版會、一九六二年）
仁井田　陞＊「六朝および唐初の身分的內婚制」（『歷史學研究』九―八、一九三九年）
仁井田　陞＊「敦煌發見の天下姓望氏族譜」（『石濱先生古稀記念　東洋學論叢』石濱先生古稀記念會、一九五八年）
西　順藏「嵇康・聲無哀樂論・日語譯竝びに註」（『大倉山學院紀要』二、一九五六年）a
西　順藏「竹林の士とその「自然」について」（『一橋大學研究年報　社會學研究』一、一九五六年、『西順藏著作集』第一卷、內山書店、一九九五年に所收）b
西　順藏「嵇康「釋私論」「太師箴」「家誡」の日語譯竝びに註」（『大倉山論集』八、一九六〇年）a
西　順藏「嵇康たちの思想」（『一橋論叢』四三―三、一九六〇年、『西順藏著作集』第二卷、內山書店、一九九五年に所收）b
西川　利文「漢代博士弟子制度について」（『鷹陵史學』一六、一九九〇年）
西川　利文「漢代博士弟子制度の展開」（『鷹陵史學』一七、一九九一年）

西川　利文　「胡廣傳覺書――黨錮事件理解の前提として」（『佛敎大學文學部論集』八二、一九九八年）
西川　利文　「漢代の郡國文學――尹灣漢墓簡牘の事例を手がかりとして」（『鷹陵史學』二八、二〇〇二年）
西嶋　定生　『中國古代帝國の形成と構造――二十等爵制の研究』（東京大學出版會、一九六一年）
西嶋　定生※　『中國經濟史研究』（東京大學出版會、一九六六年）
西嶋　定生＊　「魏の屯田制――特にその廢止問題をめぐって」（『東洋文化研究所紀要』一〇、一九五六年）
西嶋　定生　『中國の歴史』２秦漢帝國（講談社、一九七四年）
西嶋　定生※　『中國古代國家と東アジア世界』（東京大學出版會、一九八三年）
西嶋　定生＊　「皇帝支配の成立」（『岩波講座　世界歴史』四、一九七〇年）
西嶋　定生＊　「良賤制の性格とその系譜」（『中國古代國家と東アジア世界』東京大學出版會、一九八三年）
西村　元佑　「勸農政策と占田課田」（『史林』四一―二、一九五八年、『中國經濟史研究――均田制度編』東洋史研究會、一九六八年）
丹羽　兌子　「蔡邕傳おぼえがき」（『名古屋大學文學部研究論集』五六（史學一九）、一九七二年）
橋本　增吉　『支那古代曆法史研究』（東洋文庫、一九四三年）
長谷部英一　「魏晉南北朝の曆論」（『中國哲學研究』三、一九九一年）
馬場　英雄※　『嵇康の思想』（明治書院、二〇〇八年）
馬場　英雄＊　「嵇康における「神仙」思想と「大道」の理想について」（『國學院雜誌』九〇―一〇、一九八九年）
馬場　英雄＊　「嵇康『管蔡論』考」（『日本中國學會報』五四、二〇〇二年）
林　　文孝　「顧炎武「郡縣論」の位置」（『「封建」・「郡縣」再考――東アジア社會體制論の深層』思文閣出版、二〇〇六年）
林田愼之助　「嵇康評傳」（『中國文芸座談會ノート』一一、一九五八年）
林田愼之助※　『中國中世文學評論史』（創文社、一九七九年）
林田愼之助＊　「魏晉南朝文學における張華の座標」（『中國中世文學評論史』創文社、一九七九年）a

林田愼之助＊「『典論』論文と「文賦」」（『中國中世文學評論史』創文社、一九七九年）b
林田愼之助＊「嵇康の飛翔詩篇」（『中國中世文學評論史』創文社、一九七九年）c
ピエール＝ブルデュー、石井洋二郎（譯）『ディスタンクシオン〔社會的判斷力批判〕Ⅰ・Ⅱ』（藤原書店、一九九〇年）
東　晉次「漢代の諸生」（『愛媛大學教育學部紀要』一六、一九八四年、『後漢時代の政治と社會』名古屋大學出版會、一九九五年に改題のうえ所收）
日原　利國※『漢代思想の研究』（研文出版、一九八六年）
日原　利國＊「『白虎通義』研究緒論――とくに禮制を中心として」（『日本中國學會報』一四、一九六二年）
日原　利國＊「白虎觀論議の思想史的位置づけ」（『漢魏文化』六、一九六七年）
日原　利國＊「災異と讖緯――漢代思想へのアプローチ」（『東方學』四三、一九七二年）
平井　正士「公孫弘上奏の功令について」（『杏林大學醫學部進學課程研究報告』一、一九七四年）
平井　正士「漢代の學校制度考察上の二三の問題」（『杏林大學醫學部教養課程研究報告』四、一九七七年）
平木　康平「養生論をめぐる嵇康と向秀との論難」（『中國哲學史の展望と模索』創文社、一九七六年）
平勢　隆郎『新編　史記東周年表――中國古代紀年の研究序說』（東京大學出版會、一九九五年）
平勢　隆郎『中國古代紀年の研究――天文と暦の檢討から』（汲古書院、一九九六年）
平勢　隆郎『左傳の史料批判的研究』（東京大學東洋文化研究所、一九九八年）
平勢　隆郎『『春秋』と『左傳』――戰國の史書が語る「史實」、「正統」、國家領域觀』（中央公論社、二〇〇三年）
福井　重雅※『漢代官吏登用制度の研究』（創文社、一九八八年）
福井　重雅＊「漢代の察擧制度と爵制」（『東洋文化』六八、一九八八年）
福井重雅（編）『譯注　西京雜記・獨斷』（東方書店、二〇〇〇年）
福井　重雅『儒教の國教化（稿）――日本における學說史・研究史の整理』（科學研究費報告書、二〇〇〇年）

福井　重雅※『陸賈『新語』の研究』（汲古書院、二〇〇二年）
福井　重雅＊「蔡邕と獨斷」（『史觀』一〇七、一九八三年）
福井　重雅＊「南北朝成立三注所引各種『後漢書』類索引・補考」（『アジア史における年代記の研究』科研費報告書、一九八六年）
福井　重雅※『漢代儒教の史的研究――儒教の官學化をめぐる定説の再検討』（汲古書院、二〇〇五年）
福井　重雅＊「六經・六藝と五經――漢代における五經の成立」（『中國史學』四、一九九四年）
福井　重雅＊「秦漢時代における博士制度の展開――五經博士の設置をめぐる疑義再論」（『東洋史研究』五四―一、一九九五年）
福井　重雅＊「董仲舒の對策の基礎的研究」（『史學雜誌』一〇六―二、一九九七年）
福井　重雅＊「緒言　漢代儒教の官學化をめぐる諸問題」（『漢代儒教の史的研究――儒教の官學化をめぐる定説の再検討』汲古書院、二〇〇五年）
福井　文雅「竹林七賢についての一試論」（『フィロソフィア』三七、一九五九年）
福田　俊昭「左傳の日蝕記事考」（『大東文化大學漢學會誌』一四、一九七五年）
福永　光司「嵆康と佛教――六朝思想史と嵆康」（『東洋史研究』二〇―四、一九六二年）
福永　光司※『魏晉思想史研究』（岩波書店、二〇〇五年）
福永　光司＊「嵆康における自我の問題――嵆康の生活と思想」（『東方學報』（京都）三二、一九六二年）
福永　光司＊「郭象の『莊子注』と向秀の『莊子注』――郭象盜竊説についての疑問」（『東方學報』（京都）三六、一九六四年）
福原　啓郎「八王の亂の本質」（『東洋史研究』四一―三、一九八二年）
福原　啓郎「西晉代宗室諸王の特質――八王の亂を手掛りとして」（『史林』六八―二、一九八五年）
福原　啓郎「西晉の貴族社會の風潮について――『世説新語』の儉嗇篇と汰侈篇の検討を通して」（『京都外國語大學研究論叢』三六、一九九一年）
福原　啓郎「西晉の墓誌の意義」（『中國中世の文物』京都大學人文科學研究所、一九九三年）

福原　啓郎『西晉の武帝 司馬炎』（白帝社、一九九五年）
福原　啓郎「西晉における國子學の創立に關する研究ノート」（『環日本研究』四・五、一九九七・一九九八年）
福原　啓郎「晉辟雍碑に關する一試論」（『京都外國語大學研究論叢』五一、一九九八年）
福原　啓郎「魯褒『錢神論』譯注」（『京都外國語大學研究論叢』五七、二〇〇一年）
福原　啓郎「魏晉時代における九品中正制批判の議論に關する考察 譯注篇」（『京都外國語大學研究論叢』六〇、二〇〇二年）
福原　啓郎「賈謐の「二十四友」に所屬する人士に關するデータ」（『京都外國語大學研究論叢』七〇、二〇〇八年）a
福原　啓郎「「釋時論」の世界」（『京都外國語大學研究論叢』七一、二〇〇八年）b
福原　啓郎「賈謐の二十四友をめぐる二三の問題」（『六朝學術學會報』一〇、二〇〇九年）
福山　泰男「嵆康の「述志詩」」（『山形大學紀要』人文科學 一二―一、一九九〇年）
藤井　重雄「陳壽傳について」（『新潟大學教育學部紀要』人文・社會科學編 一八、一九七六年）
藤家禮之助※『漢三國兩晉南北朝の田制と税制』（東海大學出版會、一九八九年）
藤家禮之助＊「曹魏の典農部屯田の消長」（『東洋學報』四五―二、一九六二年）
藤家禮之助＊「西晉の田制と税制」（『史觀』二三、一九六六年）
藤家禮之助＊「西晉諸侯の秩奉――『初學記』所引『晉故事』の解釋をめぐって」（『東洋史研究』二七―二、一九六八年）
藤川　正數※『魏晉時代における喪服禮の研究』（敬文社、一九六〇年）
藤川　正數＊「諒闇心喪の制について」（『魏晉時代における喪服禮の研究』敬文社、一九六〇年）
藤川　正數※『漢代における禮學の研究』增訂版（風間書房、一九八五年）
藤川　正數＊「大臣奪服の制について」（『漢代における禮學の研究』增訂版、風間書房、一九八五年）a
藤川　正數＊「人の後たる者の禮について」（『漢代における禮學の研究』增訂版、風間書房、一九八五年）b
船木　勝馬「西晉時代の并州と幽州」（『中央大學文學部紀要』史學科 二二、一九七七年）a

船木　勝馬　「烏桓校尉・匈奴中郎將をめぐる諸問題」（『江上波夫教授古稀記念論集 歴史篇』山川出版社、一九七七年）b

船木　勝馬　「三國（魏・吳・蜀）における史官・修史をめぐって」（『中村治兵衛先生古稀記念 東洋史論集』刀水書房、一九八六年）

船津　富彦　「嵆康文學に投影せる神仙」（『東方宗敎』三一、一九六八年）

古橋　紀宏　「後漢・魏・晉時代における堯舜禪讓に關する經書解釋について」（『後漢經學研究會論集』二、二〇〇五年）

保科　季子　「天子の好逑――漢代の儒敎的皇后論」（『東洋史研究』六一―二、二〇〇二年）

保科　季子　「圖讖・太學・經典――漢代「儒敎國敎化」論爭に對する新たな視座」（『中國史學』一六、二〇〇六年）

保科　季子　「近年の漢代「儒敎の國敎化」論爭について」（『歷史評論』六九九、二〇〇八年）

堀　敏一　「九品中正制度の成立をめぐって――魏晉の貴族制社會にかんする一考察」（『東洋文化研究所紀要』四五、一九六八年）

堀　敏一※『均田制の研究』（岩波書店、一九七五年）

堀　敏一＊「魏晉の占田・課田と給客制の意義」（『東洋文化研究所紀要』六二、一九七四年）

堀　敏一＊「均田思想と均田制度の源流」（『均田制の研究』岩波書店、一九七五年）

堀　敏一　「晉泰始律令の成立」（『東洋文化』六〇、一九八〇年）

堀　敏一　『曹操――三國志の眞の主人公』（刀水書房、二〇〇一年）

堀　敏一※『東アジア世界の形成――中國と周邊國家』（汲古書院、二〇〇六年）

堀　敏一＊「漢代の異民族支配における郡縣と册封」（『東アジア世界の形成』汲古書院、二〇〇六年）a

堀　敏一＊「五胡十六國時代、華北における諸民族の國家形成」（『東アジア世界の形成』汲古書院、二〇〇六年）b

堀池　信夫　「神仙の復活」（『筑波大學哲學・思想學系論集』五、一九七九年）

堀池　信夫　「嵆康『聲無哀樂論』考――音樂論の立場から」（『筑波大學哲學・思想學系論集』六、一九八一年）

堀池　信夫　「嵆康における信仰と社會――向秀との「養生論」論爭を中心として」（『歷史における民衆と文化』國書刊行會、一九八二年）

堀池　信夫※『漢魏思想史研究』（明治書院、一九八八年）
堀池　信夫＊「何休の「元」」（『漢魏思想史研究』明治書院、一九八八年）
本田　濟※『東洋思想研究』（創文社、一九八七年）
本田　濟＊「魏晉における封建論」（『人文研究』六―六、一九五五年）
本田　濟＊「陳壽の『三國志』について」（『東方學』二三、一九六二年）
前田　愛子「中國の婚姻――唐代の通婚制限に關する律令をめぐって」（『東アジアにおける日本古代史講座』一〇、一九八四年）
間嶋　潤一「鄭玄の祭天思想に就いて――『周禮』國家に於ける圜丘祀天と郊天」（『中國文化―研究と教育』四五、一九八七年）
間嶋　潤一「鄭玄における孝の意義――殷周革命と『周禮』國家」（『鎌田正博士八十壽記念　漢文學論集』一九九一年）
増淵　龍夫※『歴史家の同時代的考察について』（岩波書店、一九八三年）
増淵　龍夫＊「歴史認識における尚古主義と現實批判」（『哲學』Ⅳ、一九六九年）
増淵　龍夫※『新版　中國古代の社會と國家』（岩波書店、一九九六年）
増淵　龍夫＊「所謂東洋的專制主義と共同體」（『一橋論叢』四七―三、一九六二年）
町田　隆吉「二・三世紀の南匈奴について――『晉書』卷一〇一劉元海載記解釋試論」（『社會文化史學』一七、一九七九年）
町田　隆吉「漢趙記の佚文について」（『東洋史論』一、一九八〇年）
松浦　崇「嵆康の幽憤詩について」（『福岡大學研究所報』五七、一九八一年）
松浦　崇「魏晉の人物評語――基礎資料表」（『福岡大學總合研究所報』六一、一九八三年）
松岡　榮志「『晉書』と『史通』―忘れられた歴史家たち」（『歴史書の文體』樹花舍、一九九六年）
松下　憲一「北朝正史における「代人」」（『北魏胡族體制論』北海道大學大學院文學研究科、二〇〇七年）
松本　幸男『阮籍の生涯と詠懷詩』（木耳社、一九七七年）
松本　幸男※『魏晉詩壇の研究』（朋友書店、一九九五年）

松本　幸男＊「嵇康と呂安事件」（『立命館文學』四三〇～四三二、一九八一年）
松本　幸男＊「若き日の張華について」（『立命館文學』五〇〇、一九八七年）
松本　幸男＊「孫呉政權と陸氏の群像」（『學林』二二、一九九五年）a
松本　幸男＊「嵇康の身世と贈答詩」（『魏晉詩壇の研究』朋友書店、一九九五年）b
松本　幸男「四部叢刊本「與平原書」の錯簡問題と陸機の「吳書」撰定計畫」（『學林』二三、一九九五年）c
松村　巧「皇侃の教學論と梁・武帝の儒學振興政策」（『中哲文學會報』六、一九八一年）
三浦　國雄「資治通鑑考」（『日本中國學會報』二三、一九七一年）
三浦徹・岸本美緒・關本照夫『比較史のアジア――所有・契約・市場・公正』（東京大學出版會、二〇〇四年）
三崎　良章「關于東漢破鮮卑中郎將」（『秦漢史論叢』五、一九九二年、『五胡十六國の基礎的研究』汲古書院、二〇〇六年に所收）
水林　彪「歴史學的概念としての〈封建制〉と〈郡縣制〉――「封建」「郡縣」概念の普遍化の試み」（『「封建」・「郡縣」再考――東アジア社會體制論の深層』思文閣出版、二〇〇六年）
溝口　雄三『中國前近代思想の屈折と展開』（東京大學出版會、一九八〇年）
溝口　雄三「中國の天」（『文學』五五―一二、五六―二、一九八七、一九八八年）
溝口　雄三※『方法としての中國』（東京大學出版會、一九八九年）
溝口　雄三＊「中國における「封建」と近代」（『文明研究』七、一九八九年）
溝口雄三・池田知久・小島毅『中國思想史』（東京大學出版會、二〇〇七年）
滿田　剛「王沈『魏書』研究」（『創價大學大學院紀要』二〇、一九九九年）
滿田　剛「韋昭の『吳書』について」（『創價大學人文論集』一六、二〇〇四年）
三田　辰彥「西晉後期の皇位繼承問題」（『集刊東洋學』九九、二〇〇八年）
南澤　良彥「王肅の政治思想――「感生帝說」批判の背景」（『中國思想史研究』一〇、一九八七年）

南澤　良彦　「王肅の災異思想」（『中國思想史研究』九、一九九六年）
宮川　尚志　「六朝時代の史學」（『東洋史研究』五―六、一九四〇年）
宮川　尚志　『六朝史研究』政治・社會篇（日本學術振興會、一九五六年）
宮崎　市定　「漢末風俗」（『日本諸學振興委員會研究報告』特輯四、歴史學、一九四二年、『宮崎市定全集』3古代、岩波書店、一九九一年に所收）
宮崎　市定　『九品官人法の研究――科擧前史』（東洋史研究會、一九五六年、『宮崎市定全集』6九品官人法、岩波書店、一九九二年に再錄）
宮崎　市定※　『宮崎市定全集』7六朝（岩波書店、一九九二年）
宮崎　市定＊　「晉武帝の戸調式に就いて」（『東亞經濟研究』一九―四、一九三五年）
宮崎　市定＊　「中國における村制の成立」（『東洋史研究』一八―四、一九六〇年）
宮本　勝　「五經博士について」（『北海道大學人文科學論集』一三、一九七六年）
村松　弘一　「魏晉期淮北平原の地域開發――咸寧四年杜預上疏の檢討」（『史學』七〇―三・四、二〇〇一年）
目黑　杏子　「後漢郊祀制と「元始故事」」（『九州大學東洋史論集』三六、二〇〇八年）
籾山　明　「皇帝支配の原像――民爵賜與を手がかりに」（『王權の位相』弘文堂、一九九一年）
籾山　明　「雲夢睡虎地秦簡」（『中國法制史――基本資料の研究』東京大學出版會、一九九三年）
森三樹三郎　「六朝士大夫の精神」（『大阪大學文學部紀要』三、一九五四年、『六朝士大夫の精神』同朋舍出版、一九八六年に所收）
森三樹三郎　『上古より漢代に至る性命觀の展開』（創文社、一九七一年）
森野　繁夫　「『世說新語』における評語――「諧」の字を中心として」（『中國中世文學研究』八、一九七一年）
森野　繁夫　「世說新語およびその注にみえる評語――「簡」と「率」」（『東方學』四四、一九七二年）
森野　繁夫　『六朝詩の研究』（第一學習社、一九七六年）

森野　繁夫　「世說新語における評語――「朗」について」（『廣島大學文學部紀要』三七、一九七七年）
森野　繁夫　『六朝評語集――世說新語・世說新語注・高僧傳』（中國中世文學研究會、一九八〇年）
守屋美都雄　『六朝門閥の一研究――太原王氏系譜考』（日本出版協同株式會社、一九五一年）
守屋美都雄※　『中國古代の家族と國家』（東洋史研究會、一九六八年）
守屋美都雄＊　「曹魏爵制に關する二三の考察」（『東洋史研究』二〇―四、一九六二年）
森本　淳　「曹氏政權の崩壞過程に關する一試論――軍事權との關係を中心に」（『アジア史研究』二五、二〇〇一年）
矢嶋美都子　「陸機の「魏の武帝を弔う文」」（『ああ哀しいかな――死と向き合う中國文學』汲古書院、二〇〇二年）
安居　香山　「漢魏六朝時代における圖讖と佛敎」（『塚本博士頌壽記念　佛敎史學論集』一九六一年、『緯書の基礎的研究』弘文堂、一九六六年に所收）
安田　二郎※　『六朝政治史の研究』（京都大學學術出版會、二〇〇三年）
安田　二郎＊　「八王の亂をめぐって――人間學的考察の試み」（『名古屋大學東洋史研究報告』四、一九七六年）
安田　二郎＊　「王僧虔『誡子書』考」（『日本文化研究所研究報告』一七、一九八〇年）
安田　二郎＊　「西晉初期政治史試論――齊王攸問題と賈充の伐吳反對を中心に」（『東北大學東洋史論集』六、一九九五年）
安田　二郎＊　「西晉武帝好色攷」（『東北大學東洋史論集』七、一九九八年）
安田　二郎　「曹魏明帝の「宮室修治」をめぐって」（『東方學』一一一、二〇〇六年）
矢田　博士　「摯虞の「四言正統說」について」（『立命館文學』五九八、二〇〇七年）
柳川　順子　「陸機における「擬古詩」制作の動機について」（『六朝學術學會報』二、二〇〇一年）
矢野　主稅　「世說敍錄の價値について」（『史學雜誌』六六―九、一九五七年）
矢野　主稅　「魏晉中正制についての一考察」（『史學研究』八二、一九六一年）
矢野　主稅　「六朝門閥の社會的・政治的考察」（『長大史學』六、一九六二年）

矢野　主税　「魏晉中正制の性格についての一考察――鄕品と起家官品の對應を手掛りとして」（『史學雜誌』七二―二、一九六三年）
矢野　主税　「魏晉南朝の中正制と門閥社會」（『長大史學』八、一九六四年）
矢野　主税　「裴氏研究」（『長崎大學教育學部社會科學論叢』一四、一九六四年）
矢野　主税　「魏晉社會と入流」（『長大史學』一一、一九六七年）a
矢野　主税　「狀の研究」（『史學雜誌』七六―二、一九六七年）b
矢野　主税　『改訂 魏晉百官世系表』（長崎大學史學會、一九七一年）
矢野　主税※　『門閥社會成立史』（國書刊行會、一九七六年）
矢野　主税＊　「後漢末期の鄕邑の實態について」（『門閥社會成立史』國書刊行會、一九七六年）
藪内　清　『增補改訂 中國の天文曆法』（平凡社、一九九〇年）
山尾　幸久　「魏志倭人傳の資料批判」（『立命館文學』二六〇、一九六七年）
山口　洋　「西晉時代の秦州――武帝期における河西鮮卑對策」（『中央大學アジア史研究』二三、一九九九年）
山口　洋　「西晉愍帝時期の政局と雍州・秦州の動向」（『中央大學アジア研究』二四、二〇〇〇年）
山下　將司　「唐初における『貞觀氏族志』の編纂と「八柱國家」の誕生」（『史學雜誌』一一一―二、二〇〇二年）
山城　喜憲　「知見孔子家語諸本提要（一）～（三）」（『斯道文庫論集』二一、二二、二四、一九八五、一九八八、一九九〇年）
山田　勝芳　「中國古代における均の理念――均輸平準と『周禮』の思想史的檢討」（『思想』七二一、一九八四年）
山田　勝芳　「均の理念の展開――「『周禮』の時代」とその終焉」（『集刊東洋學』五四、一九八五年）a
山田　勝芳　「均の理念の展開――王莽から鄭玄へ」（『東北大學教養部紀要』四三、一九八五年）b
山田　勝芳　『中國のユートピアと「均の理念」』（汲古書院、二〇〇一年）
弓削　達　『ローマ帝國とキリスト敎』（河出書房新社、一九六八年）
弓削　達　『ローマ皇帝禮拜とキリスト敎徒迫害』（日本基督敎敎團出版局、一九八四年）

吉岡　眞　「八世紀前半における唐朝官僚機構の人的構成」（『史學研究』一五三、一九八一年）
吉岡　眞　「隋・唐前期における支配階層」（『史學研究』一五五、一九八二年）
吉岡　眞　「北朝・隋唐支配層の推移」（『岩波講座世界歷史』九、一九九九年）
吉川幸次郎　「左氏凡例辨」（『東方學報』（京都）五、一九三四年、『吉川幸次郎全集』第七卷、筑摩書房、一九六八年に所收）
吉川　忠夫※　『六朝精神史研究』（同朋舍出版、一九八四年）
吉川　忠夫＊　「顏之推小論」（『東洋史研究』二〇―四、一九六二年）
吉川　忠夫＊　「六朝士大夫の精神生活」（『岩波講座世界歷史』五、一九七〇年）
吉川　忠夫＊　「黨錮と學問――とくに何休の場合」（『東洋史研究』三五―三、一九七六年）
吉川　忠夫　「蜀における讖緯の學の傳統」（『讖緯思想の總合的研究』國書刊行會、一九八四年）
吉川　忠夫　「鄭玄の學塾」（『中國貴族制社會の研究』京都大學人文科學研究所、一九八七年）
吉川　忠夫　「汲冢書發見前後」（『東方學報』（京都）七一、一九九九年）
吉田　公平　「韓愈の人間觀――性三品說をめぐって」（『綜合研究 中世の文化』角川書店、一九八八年）
吉田　照子　「王充の性說――性と命と情と氣と」（『哲學』（廣島）四〇、一九八八年）
吉田　照子　「『韓詩外傳』と『孔子家語』」（『福岡女子短大紀要』六〇、二〇〇二年）
吉田　虎雄　『魏晉南北朝租稅の研究』（大阪屋號書店、一九四三年）
吉本　道雄　「左氏探源序說」（『東方學』八一、一九九一年）
吉本　道雅　「春秋五等爵考」（『東方學』八七、一九九四年）
葭森　健介　「魏晉革命前夜の政界――曹爽政權と州大中正設置問題」（『史學雜誌』九五―一、一九八六年）
葭森　健介　「『山公啓事』の研究――西晉初期の吏部選用」（『中國貴族制社會の研究』京都大學人文科學研究所、一九八七年）
葭森　健介　「劉弘と西晉の政界――劉弘墓出土によせて」（『古代文化』四八―一一、一九九六年）

葭森　健介　「西晉における吏部官僚――西晉期における政治動向と吏部人事」（『名古屋大學東洋史研究報告』二三、一九九九年）
米田賢治郎　「晉の占田・課田」（『歴史教育』一二―五、一九六四年）
ロジェ＝シャルチエ、長谷川輝夫（譯）『書物の秩序』（筑摩書房、一九九六年）
渡邊信一郎　「占田・課田の系譜――晉南朝の税制と國家的土地所有」（『中國中世史研究』續編、京都大學學術出版會、一九九五年）
渡邊信一郎　「戶調制の成立――賦斂から戶調へ」（『東洋史研究』六〇―三、二〇〇一年）
渡邊信一郎※『中國古代の王權と天下秩序――日中比較史の視點から』校倉書房、二〇〇三年）
渡邊信一郎＊「天下の領域構造――戰國秦漢期を中心に」（『京都府立大學學術報告』人文・社會　五一、一九九九年）
渡邊信一郎＊「天下觀念と中國における古典的國制の成立」（『中國古代の王權と天下秩序――日中比較史の視點から』校倉書房、二〇〇三年）a
渡邊信一郎＊「中國古代王權の正統性と祭天儀禮」（『中國古代の王權と天下秩序――日中比較史の視點から』校倉書房、二〇〇三年）b
渡邊信一郎＊「古代中國の王權と郊祀――南郊祭天儀禮を中心に」（『中國古代の王權と天下秩序――日中比較史の視點から』校倉書房、二〇〇三年）c
渡邊　孝　「中唐期における「門閥」貴族官僚の動向――中央樞要職の人的構成を中心に」（『柳田節子先生古稀記念　中國の傳統社會と家族』汲古書院、一九九三年）
渡邊東一郎　「荀悅の性說について」（『集刊東洋學』九三、二〇〇五年）
渡邉　義浩※『後漢國家の支配と儒教』（雄山閣出版、一九九五年）
渡邉　義浩＊「後漢時代の外戚について」（『史峯』五、一九九〇年）
渡邉　義浩＊「後漢時代の黨錮について」（『史峯』六、一九九一年）a
渡邉　義浩＊「「德治」から「寬治」へ」（『中國史における敎と國家』雄山閣出版、一九九四年）

渡邉　義浩　「諸葛亮像の變遷」（『大東文化大學漢學會誌』三七、一九九八年）
渡邉　義浩　「『後漢書』とその時代」（『全譯後漢書』本紀一、汲古書院、二〇〇一年）a
渡邉　義浩※『三國政權の構造と「名士」』（汲古書院、二〇〇四年）
渡邉　義浩＊「蜀漢政權の支配と益州人士」（『史境』一八、一九八九年）
渡邉　義浩＊「漢魏交替期の社會」（『歴史學研究』六二六、一九九一年）b
渡邉　義浩＊「三國時代における『文學』の政治的宣揚──六朝貴族制形成史の視點から」（『東洋史研究』五四─三、一九九五年）
渡邉　義浩＊「三國政權形成前史──袁紹と公孫瓚」（『吉田寅先生古稀記念　アジア史論集』東京法令出版、一九九七年）
渡邉　義浩＊「孫呉政權の形成」（『大東文化大學漢學會誌』三八、一九九九年）
渡邉　義浩＊「孫呉政權の展開」（『大東文化大學漢學會誌』三九、二〇〇〇年）
渡邉　義浩＊「「寛」治から「猛」政へ」（『東方學』一〇二、二〇〇一年）b
渡邉　義浩＊「浮き草の貴公子　何晏」（『大久保隆郎教授退官記念　漢意とは何か』東方書店、二〇〇一年）c
渡邉　義浩＊「呻吟する魂　阮籍」（『中華世界の歴史的展開』汲古書院、二〇〇二年）a
渡邉　義浩＊「九品中正制度における「孝」」（『大東文化大學漢學會誌』四一、二〇〇二年）b
渡邉　義浩＊「所有と文化──中國貴族制研究への一視角」（『中國─社會と文化』一八、二〇〇三年）a
渡邉　義浩＊「三國時代における「公」と「私」」（『日本中國學會報』五五、二〇〇三年）b
渡邉　義浩＊「「史」の自立──魏晉期における別傳の盛行について」（『史學雜誌』一一二─四、二〇〇三年）c
渡邉　義浩＊「死して後已む──諸葛亮の漢代的精神」（『漢學會誌』四二、二〇〇三年）d
渡邉　義浩　「儒教に見る形と心──喪服と孝心」（『大東文化大學創立八十周年記念學術シンポジウム　中國における形と心』大東文化大學、二〇〇四年）a
渡邉義浩（編）※『兩漢の儒教と政治權力』（汲古書院、二〇〇五年）

渡邉　義浩＊「二千年の定說を覆す――福井重雅著『漢代儒敎の史的研究――儒敎の官學化をめぐる定說の再檢討』」（『兩漢の儒敎と政治權力』汲古書院、二〇〇五年）a
渡邉　義浩＊「日本における「儒敎の國敎化」をめぐる問題について」（『兩漢の儒敎と政治權力』汲古書院、二〇〇五年）b
渡邉　義浩「孫吳の正統性と國山碑」（『三國志硏究』二、二〇〇七年）a
渡邉　義浩※『後漢における「儒敎國家」の成立』（汲古書院、二〇〇九年）
渡邉　義浩＊「「魏公卿上尊號奏」にみる漢魏革命の正統性」（『大東文化大學漢學會誌』四三、二〇〇四年）b
渡邉　義浩＊「後漢儒敎の固有性――『白虎通』を中心として」（『兩漢の儒敎と政治權力』汲古書院、二〇〇五年）c
渡邉　義浩＊「兩漢における禮と故事」（『兩漢における易と三禮』汲古書院、二〇〇六年）
渡邉　義浩＊「兩漢における春秋三傳と國政」（『兩漢における詩と三傳』汲古書院、二〇〇七年）b
渡邉　義浩＊「鄭箋の感生帝說と六天說」（『兩漢における詩と三傳』汲古書院、二〇〇七年）c
渡邉　義浩＊「漢魏における皇帝卽位と天子卽位」（『東洋硏究』一六五、二〇〇七年）d
渡邉　義浩＊「兩漢における天の祭祀と六天說」（『兩漢儒敎の新硏究』汲古書院、二〇〇八年）a
渡邉　義浩＊「兩漢における華夷思想の展開」（『兩漢儒敎の新硏究』汲古書院、二〇〇八年）b
渡邉　義浩＊「「受禪表」における『尙書』の重視」（『三國志硏究』三、二〇〇八年）c
渡會　顯「漢代儒敎國敎化に關する二、三の考察――王莽の禪讓革命をめぐって」（『牧尾良海博士頌壽記念論集――中國の宗敎・思想と科學』國書刊行會、一九八四年）

〔中文・英文〕

殷　崇浩「杜預經濟活動考評――〈晉書・杜預傳〉補識」（『中國歷史文獻硏究集刊』二、一九八八年）
于　迎春「東漢後期經術與才藝的衝突及『鴻都門學』的意義」（『江海學刊』一九九七―二、一九九七年）

衛廣來『漢魏晉皇權嬗代』（書海出版社、二〇〇二年）
閻愛民『漢晉家族研究』（上海人民出版社、二〇〇五年）
閻歩克『品位與職位――秦漢魏晉南北朝官階制度研究』（中華書局、二〇〇二年）
閻歩克『從爵本位到官本位――秦漢官僚品位結構研究』（生活・讀書・新知三聯書店、二〇〇九年）
王伊同『五朝門第』（金陵大學中國文化研究所、一九四三年）
王國維「漢魏博士考」（『觀堂集林』中華書局、一九五九年）a
王國維「魏石經」（『觀堂集林』中華書局、一九五九年）b
王先謙『詩三家義集疏』（中華書局、一九八七年）
王大良『中國古代家族與國家形態――以漢唐時期琅邪王氏爲主的研究』（甘肅人民出版社、一九九九年）
汪文學『漢晉文化思潮變遷研究』（貴州人民出版社、二〇〇三年）
何啓民『竹林七賢研究』（台灣商務印書館、一九六六年）
郭熹微「從竹林七賢看魏晉之際名士的政治心態」（『文史哲』一九九二―一、一九九二年）
甘懷眞『皇權・禮儀與經典詮釋――中國古代政治史研究』（臺灣學生書局、二〇〇三年）
韓傑「華嶠《後漢書》三議」（『思想戰線』一九八八―六、一九八八年）
許嘉璐（分史主編）『晉書』（二十四史全譯、漢語大詞典出版社、二〇〇四年）
姜劍雲『太康文學研究』（中華書局、二〇〇三年）
龔斌「嵆康究竟爲何被殺」（『華東師範大學學報』哲學社會科學版、一九八三―三、一九八三年）
金春峯『周官之成書及其反映的文化與時代新考』（東大圖書公司、一九九三年）
胡克森「西晉國子學建立原因初探」（『晉陽學刊』二〇〇三―六、二〇〇三年）
胡志佳『門閥士族時代下的司馬氏家族』（文史哲出版社、二〇〇五年）

胡舒雲『九品官人法考論』（社會科學文獻出版社、二〇〇三年）
胡寶國『漢唐間史學的發展』（商務印書館、二〇〇三年）
胡秉虔『漢西京博士考』（商務印書館、一九三七年）
顧志坤『嵆康傳』（團結出版社、二〇〇七年）
洪乾祐『漢代經學史』（國彰出版社、一九九六年）
洪亮吉『春秋左傳詁』（中華書局、一九八七年）
康有爲『新學僞經考』（古籍出版社、一九五六年）
黄暉『論衡校釋』（中華書局、一九九〇年）
黄彰建『經今古文學問題新論』（中央研究院歴史語言研究所、一九八二年）
黄少英『魏晉人物品題研究』（齊魯書社、二〇〇六年）
黄福康「大戀所存、哲而不忘——曹操《遺令》與陸機《弔魏武帝文》」（『成都教育學院學報』二〇〇一—一二、二〇〇一年）
黄烈「《徙戎論》考析」（『文史』二八、一九八八年）
高明士『唐代東亞教育圈的形成——東亞世界形成史的一側面』（國立編譯館中華叢書編審委員會、一九八四年）
高敏「關于曹魏屯田制的幾個問題」（『史學月刊』一九八一—一、一九八一年、『魏晉南北朝社會經濟史探討』人民出版社、一九八七年に所收）
高敏「從《長沙走馬樓三國呉簡・竹簡〔壹〕》看孫權時期的賜爵制度實況——讀《長沙走馬樓三國呉簡・竹簡〔壹〕》札記之二」（『長沙走馬樓簡牘研究』廣西師範大學出版社、二〇〇八年）
謝大寧『歴史的嵆康與玄學的嵆康——從玄學史看嵆康思想的兩個側面』（文史哲出版社、一九九七年）
朱大渭「儒家民族觀與十六國北朝民族融合及其歴史影響」（『中國史研究』二〇〇四—二、二〇〇四年、『六朝史論』續編、學苑出版社、二〇〇八年に所收）

周一良※『周一良集』第貳卷 魏晉南北朝札記（中華書局、一九九八年）
周一良＊「曹氏司馬氏之鬪爭」（『魏晉南北朝史札記』中華書局、一九八一年）a
周一良＊「西晉王朝對吳人」（『魏晉南北朝史札記』中華書局、一九八一年）b
周國林「西晉田租研究回顧與思考」（『中國史研究動態』一九八八―一〇、一九八八年）
周國林「西晉分封制度的演變」（『華中師範大學學報』哲學社會科學版 一九九三―三、一九九三年）
周征松『魏晉隋唐閒的河東裴氏』（山西教育出版社、二〇〇〇年）
周法高『顏氏家訓彙注』（中央研究院歷史語言研究所、一九六〇年）
祝總斌「〝八王之亂〟爆發原因試探」（『北京大學學報』哲學社會科學版 一九八〇―六、一九八〇年）
祝總斌「略論晉律的〝寬簡〟和〝周備〟」（『北京大學學報』哲學社會科學版 一九八三―二、一九八三年）
祝總斌「略論晉律之〝儒家化〟」（『中國史研究』一九八五―二、一九八五年）
徐高阮「山濤論」（『中央研究院歷史語言研究所集刊』四一―一、一九六九年）
葉政欣『杜預及其春秋左氏學』（文津出版社、一九八九年）
葉楓宇『西晉作家的人格與文風』（上海三聯書店、二〇〇六年）
蕭華榮『簪纓世家――兩晉南朝琅邪王氏傳奇』（生活・讀書・新知三聯書店、一九九五年）
鍾肇鵬（主編）『春秋繁露校釋』（河北人民出版社、二〇〇五年）
振甫「嵇康爲什麼被殺」（『學林漫錄』初集、中華書局、一九八〇年）
秦進才「秦漢士伍異同考」（『中華文史論叢』一九八四―二、一九八四年）
西江『裴氏人物著述』（山西人民出版社、二〇〇二年）
錢穆「袁宏正論與史學」（『民主評論』六―二二、一九五五年）
孫星衍（輯）『漢官六種』（中華書局、一九九〇年）

孫明君「嵇康與文士道教」（『漢魏文學與政治』商務印書館、二〇〇三年）

戴明揚（校注）『嵇康集校注』（人民文學出版社、一九六二年）

長沙市文物考古研究所・中國文物研究所・北京大學歷史學系走馬樓簡牘整理組（編著）『長沙走馬樓三國呉簡・竹簡〔壹〕』（文物出版社、二〇〇三年）

長沙市文物考古研究所・中國文物研究所（編）『長沙東牌樓東漢簡牘』（文物出版社、二〇〇六年）

張愛波『西晉士風與詩歌――以〝二十四友〟研究爲中心』（齊魯書社、二〇〇六年）

張榮明『中國的國教』（中國社會科學出版社、二〇〇一年）

張越（編）『後漢書、三國志研究』（中國大百科全書出版社、二〇〇九年）

張旭華※『九品中正制略論稿』（中州古籍出版社、二〇〇四年）

張旭華＊「略論兩晉時期的司徒府典選」（『許昌師專學報』社會科學版 一九九一―三、一九九一年）

張旭華＊「兩晉時期的〝資品〟與官職升遷制」（『東南文化』一九九八年增刊二、『九品中正制略論稿』中州古籍出版社、二〇〇四年に所收）

張金吾『兩漢五經博士考』（商務印書館、一九三七年）

張金龍「關于〝八王之亂〟爆發原因若干問題考弁」（『蘭州大學學報』社會科學版 一九八七―四、一九八七年）

張興成「兩晉宗室管理制度述論」（『文史哲』二〇〇一―二、二〇〇一年）

張聰咸『左傳杜注弁證』（叢書集成續編、新文豐出版、一九八九年に所收）

張大可「論三國時期的民族政策」（『西北民族學院學報』一九八六―一、一九八六年、『三國史研究』甘肅人民出版社、一九八八年に所收）

張岱年『中國哲學大綱』（中國社會科學出版社、一九八二年）

張培瑜『中國先秦史曆表』（齊魯書社、一九八七年）

趙國華「漢鴻都門學考弁」（『華中師範大學學報』人文社會科學版 三九―二、二〇〇〇年）
趙彩花『前四史論贊研究』（中山大學出版社、二〇〇八年）
趙立新「西晉末年至東晉時期的「分陝」政治――分權化現象下的朝廷與州鎮」（花木蘭文化出版社、二〇〇九年）
陳寅恪『唐代政治史述論稿』（重慶商務印書館、一九四三年、『陳寅恪集』生活・讀書・新知三聯書店、二〇〇一年に所收）
陳寅恪※『金明館叢稿初編』（上海古籍出版社、一九八〇年、『陳寅恪集』生活・讀書・新知三聯書店、二〇〇一年に所收）
陳寅恪＊「天師道與濱海地域之關係」（『中央研究院歷史語言研究所集刊』三―四、一九三三年）
陳寅恪＊「書《世說新語》文學類鍾會撰四本論始畢條後」（『中山大學學報』一九五六―三、一九五六年）
陳寅恪「徙戎問題」（『陳寅恪魏晉南北朝講演錄』黃山書社、一九八七年）
陳光貽「氏族、族譜和譜學、譜例」（『史學史研究』一九八四―三、一九八四年）
陳遵嬀『中國天文學史』三 天象記事編（上海人民出版社、一九八四年）
陳長琦『兩晉南朝政治史稿』（河南大學出版社、一九九二年）
陳長琦「魏晉九品官人法再探討」（『歷史研究』一九九五―六、一九九五年）
陳博「從史料來源看《三國志・魏志》多迴護的原因」（『西北大學學報』哲學・社會科學版 一九九三―四、一九九三年）
陳立、吳則虞（點校）『白虎通疏證』（中華書局、一九九四年）
程元敏『春秋左氏經傳集解序疏證』（臺灣學生書局、一九九一年）
鄭欣「曹魏屯田客的兵役徭役負擔問題」（『齊魯學刊』一九八五―五、一九八五年、『魏晉南北朝史探索』山東大學出版社、一九八九年に所收）
田余慶『東晉門閥政治』（北京大學出版社、一九八九年）
唐長孺※『魏晉南北朝史論叢』（生活・讀書・新知三聯書店、一九五五年）
唐長孺＊「晉代北境各族『變亂』的性質及五胡政權在中國的統治」（『魏晉南北朝史論叢』生活・讀書・新知三聯書店、一九五五

年）a
唐長孺＊「西晉田制試釋」（『魏晉南北朝史論叢』生活・讀書・新知三聯書店、一九五五年）b
唐長孺「西晉分封與宗王出鎮」（『魏晉隋唐史論集』一、一九八一年、『魏晉南北朝史論拾遺』中華書局、一九八三年）
馬其昶（校注）『韓昌黎文集校注』（上海古籍出版社、一九八七年）
馬植傑「論曹魏屯田的創始時間及有關問題」（『史學月刊』一九九一―三、一九九一年）
馬植傑「三國時的匈奴和烏桓・鮮卑」（『三國史』人民出版社、一九九三年）
萬繩楠「曹魏政治派別的分野及其升降」（『歷史教學』一九六四―一、一九六四年）
范文瀾『中國通史』第二冊（人民出版社、一九七八年）
馮天瑜『「封建」考論』（武漢大學出版社、二〇〇六年）
繆鉞※『繆鉞全集』第四卷《三國志》與陳壽研究（河北教育出版社、二〇〇四年）
繆鉞＊「陳壽評傳」（『中國史學家評傳』上、中州古籍出版社、一九八五年）
武建國「均田制的歷史淵源」（『均田制研究』雲南人民出版社、一九九二年）
方鵬程『三國兩晉人物小傳年表』下冊（台灣商務印書館、一九八一年）
方北辰『司馬懿傳』（國際文化事業公司、一九九〇年）
龐天佑「陳壽的史學思想」（『中國史學思想通史』魏晉南北朝卷、黃山書社、二〇〇三年）
卜憲群・張南『中國魏晉南北朝教育史』（人民出版社、一九九四年）
毛漢光『兩晉南北朝士族政治之研究』（台灣商務印書館、一九六六年）
毛禮銳・沈灌群（主編）『中國教育通史』（山東教育出版社、一九八五年）
兪灝敏「陸機《晉紀》考」（『洛陽師範學院學報』二〇〇八―三、二〇〇八年）
尤雅姿『顏之推及其家訓之研究』（文史哲出版社、二〇〇五年）

余嘉錫「晉辟雍碑考證」（『余嘉錫論學雜著』中華書局、一九六三年）
楊輝坤「陳壽評傳」（『陳壽・裴松之評傳』南京大學出版社、一九九八年）
楊吉仁『三國兩晉學校教育與選士制度』（正中書局、一九六八年）
楊光輝※『漢唐封爵制度』（學苑出版社、一九九九年）
楊光輝＊「官品・封爵與門閥士族」（『杭州大學學報』哲學社會科學版、一九九〇―四、一九九〇年）
楊翼驤（編）『中國史學史資料編年』第一册（南開大學出版社、一九八七年）
羅宏曾『荆棘銅駝――西晉「八王之亂」』（生活・讀書・新知三聯書店、一九九七年）
李學勤「竹簡《家語》與漢魏孔子家學」（『孔子研究』一九八七―二、一九八七年、『李學勤集』黑龍江教育出版社、一九八九年に所收）
李金河『魏晉隋唐婚姻形態研究』（齊魯書社、二〇〇五年）
李曉風『陸機論』（中州古籍出版社、二〇〇七年）
李慶東「建國以來井田制研究述評」（『史學集刊』一九八九年一期、一九八九年）
李純蛟「陳壽生平研究」（『三國志研究』巴蜀書社、二〇〇二年）a
李純蛟「千七百年來《三國志》研究中的若干論爭」（『三國志研究』巴蜀書社、二〇〇二年）b
李傳印※『魏晉南北朝時期史學與政治的關係』（華中科技大學出版社、二〇〇四年）
李傳印＊「門閥政治與譜學之盛」（『魏晉南北朝時期史學與政治的關係』華中科技大學出版社、二〇〇四年）
李道平『周易義疏纂疏』（中華書局、一九九四年）
李列輝「司馬彪與档案」（『檔案管理』一九九六―五、一九九六年）
柳春新「論晉武帝的治國之策」（『漢末晉初之際政治研究』岳麓書社、二〇〇六年）
柳春藩『秦漢封國食邑賜爵制』（遼寧人民出版社、一九八四年）

劉　安　志「建國以來關于西晉占田課田制的研究述評」（『中國史研究動態』一九九三―一一、一九九三年）
劉　顯　叔「論魏末政爭中的黨派分際」（『史學彙刊』九、一九七八年）
劉　志　偉「陸機研究的反思與展望」（『西北師大學報』社會科學版、四三―四、二〇〇六年）
劉　師　培『劉師培中古文學論集』（中國社會科學出版社、一九九五年）
劉　增　貴「漢代的豪門婚姻」（『史原』八、一九七八年、『漢代婚姻制度』華世出版社、一九八〇年に所收）
劉　增　貴「漢代的益州士族」（『中央研究院歷史語言研究所集刊』六〇―三、一九九〇年）
劉　逢　祿『左氏春秋考證』（樸社、一九三三年）
黎　　　虎「論西晉占田制的歷史淵源」（『中國史研究』一九八五―三、一九八五年）
黎　子　耀「魏晉南北朝史學的旁支―地記與譜學」（『杭州大學報』一九八二―六、一九八二年）
路　　　遠「《司馬芳碑》刻立年代考弁」（『文博』一九九八―二、一九九八年）
魯　華　峯「《晉書・陸機傳論》思想主旨探微」（『阜陽師範學院學報』社會科學版、二〇〇七―一、二〇〇七年）
魯　　　迅「魏晉風度及文章與藥及酒之關係」（『現代青年』一七三～一七八、一九二七年）
逯　欽　立『漢魏六朝文學論集』（西人民出版社、一九八四年）
逯　耀　東『魏晉史學的思想與社會基礎』（東大圖書公司、二〇〇〇年）
渡邉義浩（著）、松金佑子（譯）「有關「儒教國教化」的研究回顧」（『新史學』一四―二、二〇〇三年）e
Twitchett, "Chinese Socail History", "T'ang Ruling Class"; *idem.* "Introduction" in *The Cambrige History of China, vol.3 : Sui and T'ang China, 589-906, Pt.1*, Cambridge University Press, 1979.

附表

附表は、本書中に言及した表、および圖を別置したものである。Ⅰ. 司馬氏の擡頭、Ⅱ. 西晉の五等爵、Ⅲ. 博士と國子祭酒、Ⅳ. 系圖、Ⅴ.『山公啓事』に大別し、表・圖に共通する番號を附した。

附　表

I. 司馬氏の擡頭

表一「反司馬氏勢力」（○は曹爽政権の構成員）

期		氏名	本貫	官職	名聲・文化	備考	典據
A	①	曹爽	沛國譙	大將軍・錄尚書事	玄學を尊重する何晏・夏侯玄を重用。	大將軍曹眞の子。	三9曹眞傳附曹爽傳
	②	曹羲	沛國譙	中領軍	孝を忠に從屬させる（「至公論」）。	曹爽の弟。	三9曹眞傳附曹爽傳
	③	曹訓	沛國譙	武衞將軍		曹爽の弟。	三9曹眞傳附曹爽傳
	④	何晏	南陽宛	吏部尚書	玄學を創設。名聲の場は京師。	曹操の夫人尹氏の連れ子。曹操の娘金鄉公主を娶る。	三9曹眞傳附何晏傳
	⑤	鄧颺	南陽	侍中・尚書	李勝らと「浮華」の交友。名聲の場は京師。	鄧禹の子孫。	三9曹爽傳注引魏略
	⑥	李勝	南陽	征西將軍長史	鄧颺らと「浮華」の交友。名聲の場は京師。	張魯の司馬。駱谷の役を提案。	三9曹爽傳注引魏略

	⑦	丁謐	沛國譙	尚書		丁斐（同鄕の曹操に隨從）の子。	三9曹爽傳注引魏略
	⑧	畢軌	東平	司隸校尉	明帝の文學。文學的才能は評價される。	子が公主を娶る。	三9曹爽傳注引魏略
	⑨	桓範	沛國	大司農	『皇覽』を編纂。	曹爽は鄕里の老宿として敬意を拂う。	三9曹爽傳注引魏略
B	10	王淩	太原祁	太尉		後漢の司徒王允の甥。	三28王淩傳
	11	令狐愚	？	兗州刺史			三28王淩傳注引魏書
C	⑫	夏侯玄	沛國譙	太常	諸葛誕・鄧颺らと「浮華」の交友。玄學。	曹爽の姑の子。	三9夏侯尚傳附夏侯玄傳
	⑬	李豐	馮翊東	中書令	明帝の文學となる。	子の韜は齊長公主を娶る。	三9夏侯玄傳注引魏略
	14	張緝	馮翊高陵	光祿大夫		娘は曹芳の皇后。李豐と通家。	三15張既傳注引魏略
D	15	許允	高陽	中領軍	夏侯玄・李豐らと親善。桓範と交友。		三9曹爽傳注引魏略
E	16	毌丘儉	河東聞喜	鎭東將軍	明帝の文學となる。夏侯玄・李豐と厚善。		三28毌丘儉傳
	17	文欽	沛國譙	前將軍・揚州刺史		曹爽が同鄕ということで拔擢。	三28毌丘儉傳注引魏書
F	18	諸葛誕	琅邪陽都	征東將軍	夏侯玄や鄧颺らと「浮華」の交友。		三28諸葛誕傳

表二「司馬氏の與黨」（○は司馬懿と行動を共にした）

	氏名	本貫	政變時の官職	名聲・文化	備考	典據
①	司馬懿	河內溫	太傅	楊俊・崔琰が評價。荀彧が拔擢。	司馬防（後漢の京兆尹）の子。	晉1宣帝紀
②	蔣濟	楚國平阿	太尉	高堂隆と郊祀を議論。萬機論・三州論を著す。		三14蔣濟傳
③	高柔	陳留圉	司徒	法を正しく運用。六經の博士の優遇を主張。	高靖（後漢の蜀郡都尉）の子。	三24高柔傳
4	王肅	東海郯	太常	宋忠に學ぶ。鄭玄に對抗して諸經に注を附す。	王朗（司徒）の子。	三13王朗傳附王肅傳
⑤	盧毓	涿郡涿	光祿勳	學問・品行で名聲。諸葛誕ら「浮華」を批判。	盧植（後漢の北中郎將・尙書）の子。	三22盧毓傳
⑥	王觀	東郡廩丘	太僕	曹操が丞相文學掾に任命。		三24王觀傳
7	司馬岐	河內溫	廷尉		大司農司馬芝の子。政變前に病死。	三12司馬芝傳附司馬岐傳
⑧	劉放	涿郡方城	中書監	文書・布令文を書くことを得意。	西鄉侯劉宏の後。	三14劉放傳
⑨	孫資	太原中都	中書令	太學で學び、經書の注釋を讀む。王允の評價。		三14劉放傳注引孫資別傳
10	司馬孚	河內溫	尙書令	「八達」と稱される。經史を廣く讀む。	司馬懿の次弟。	晉37安平獻王孚傳
⑪	司馬師	河內溫	中護軍	夏侯玄・何晏と齊名。のち孝により評價。	司馬懿の長子。	晉2景帝紀
12	王昶	太原晉陽	征南將軍	王淩と齊名。治論・兵書を著す。	王澤（後漢の代郡太守）の子。	三27王昶傳
13	孫禮	涿郡容城	幷州刺史		曹爽と嚴しく對立。	三24孫禮傳

表三「曹爽の幕僚」（○は免官ののち復活）

	氏名	本貫	政變時の官職	名聲・文化	備考	典據
①	裴秀	河東聞喜	黃門侍郎	學を好み、風操あり。「後進領袖有裴秀」。孝友により高い名聲を持つ。	祖父の裴茂は後漢の尙書令。父の裴潛は魏の尙書令。世〻著姓。	晉35裴秀傳
②	王沈	太原晉陽	中書門下侍郎	書を好み、文章を得意とする。孝義により稱される。魏書を著す。	祖父王柔は、後漢の護匈奴中郎將。父の王機は、魏の東郡太守。	晉39王沈傳
③	王渾	太原晉陽	大將軍掾	沈雅にして器量あり。	父の王昶は徐州刺史。	晉42王渾傳
④	荀勖	潁川潁陰	中書通事郎	鍾繇から荀爽に及ぶべしと評される。博學。賈充とともに律令を制定。	後漢の司空荀爽（荀彧の叔父）の曾孫。母は鍾繇の娘。	晉39荀勖傳
⑤	盧欽	范陽涿	尙書郎	世〻儒業により現れる。あつく經史を志す。清澹にして遠識あり。	祖父の盧植は後漢の尙書。父の盧毓は吏部尙書。	晉44盧欽傳
⑥	王基	東萊曲城	安豐太守	孝と稱される。鄭玄の學問を繼承。		三27王基傳
⑦	鄭沖	滎陽開封	散騎常侍	建安中、文帝の文學。經史を耽玩、儒術および百官の言を博究。	寒微より起こる。	晉33鄭沖傳
⑧	魯芝	扶風郿	大將軍司馬	世〻名德あり。郭淮に評價される。臨淄侯文學。	西州の豪族。	晉90良吏魯芝傳
⑨	辛敞	潁川陽翟	參大將軍事		衞尉の辛毗の子。姉は羊耽に嫁ぐ。	三25辛毗傳注引世語
10	賈充	平陽襄陵	黃門侍郎	孝により稱される。	父の賈逵は、曹魏の豫州刺史。	晉40賈充傳

表四「司馬氏の婚姻關係」

期	司馬氏	子女	關係	氏名	本貫	最高官	爵位	備考	典據
懿	懿の妻（張春華）	師・昭・榦（平原王）・南陽公主	父	張汪	河內平皐	粟邑令（魏）	―	母は山氏	晋31宣穆張皇后傳
	懿の妾（伏太妃）	亮（汝南王）・伷（琅邪王）・京・駿（扶風王）	?	?	?	?	?		晋38宣五王傳
	懿の妾（張夫人）	肜（梁王）	?	?	?	?	?		晋38宣五王傳
	懿の妾（柏夫人）	倫（趙王）	?	?	?	?	?		晋38宣五王傳
	懿の娘（高陸公主）	?	夫	杜預	京兆杜陵	鎭南大將軍・都督荊州諸軍事	當陽縣侯		晋34杜預傳
	懿の娘	?	夫	荀霬	潁川潁陰	中領軍	南頓子（子の愷に附與）	父は荀彧	三10荀彧傳
昭・師	師の妻1（夏侯徽）	―	父	夏侯尚	沛國譙	征南將軍・假節都督南方諸軍事（魏）	昌陵鄕侯（魏）	母は德陽公主（曹操娘）	三9夏侯尚傳
	師の妻2（吳氏）	―	父	吳質	濟陰	振威將軍・假節都督河北諸軍事（魏）	列侯	單家出身	三21王粲傳附吳質傳
	師の妻3（羊徽瑜）	―	父	羊衜	泰山南城	上黨太守（魏）	―	母は蔡邕の娘、弟は羊祜	晋34羊祜傳
	師の娘	?	夫	甄悳	中山無極	大鴻臚	廣安縣公	后族のため、縣公に封建	三5文昭甄皇后傳
	昭の妻（王元姬）	炎・攸（齊王）・京兆公主	父	王肅	東海郯	中領軍（魏）	蘭陵侯（魏）		三13王朗傳附王肅傳
	昭の娘（京兆長公主）	?	夫	甄德	中山無極	大鴻臚	廣安縣公		三5文昭甄皇后傳

昭の娘（常山公主）	？	夫	王濟	太原晉陽	侍中	京陵縣公	父は王渾	晉42王渾傳附王濟傳
榦（平原王）の妻（滿氏）	―	父	滿寵	山陽昌邑	太尉（魏）	昌邑侯（魏）		三26滿寵傳
伷（琅邪王）の妻（諸葛氏）	繇（東安王）	父	諸葛誕	琅邪陽都	征東大將軍（魏）	高平侯（魏）		三28諸葛誕傳
肜（梁王）の妻（王粲）	―	父	王基	東萊曲城	征南將軍・都督荊州諸軍事（魏）	東武侯（魏）	鄭玄の學問を繼承	三27王基傳
泰（高密王）の妻（楊氏）	越（東海王）	兄	楊猗	河內獲嘉	尚書右僕射	？	司馬懿を評價した楊俊の孫	三23楊俊傳
炎								
炎の皇后1（楊豔、武元楊皇后）	軌（毗陵悼王）・惠帝・柬（秦獻王）・平陽公主・新豐公主・陽平公主	父	楊炳	弘農華陰	通事郎（魏）、早卒	蓩亭侯（魏）	四世三公	晉93外戚楊文宗傳
炎の皇后2（楊芷、武悼楊皇后）	恢（渤海殤王）	父	楊駿	弘農華陰	太傅	臨晉侯	楊豔の從妹	晉40楊駿傳
炎の貴嬪（胡芳）	武安公主	父	胡奮	安定臨涇	鎭軍大將軍	夏陽子	父は胡遵、弟は胡烈。	晉57胡奮傳
炎の夫人（諸葛婉）	―	父	諸葛沖	琅邪陽都	廷尉	？	父は諸葛緒	晉31武元楊皇后傳
炎の貴人（李暐）	允（淮南忠壯王）・晏（吳敬王）	父	李胤	遼東襄平	司徒	廣陸侯		晉44李胤傳
炎の淑妃（劉媛）	？	？	？	？	？	？		太平御覽145晉起居注
炎の淑媛（臧曜）	？	父	臧權	？	太僕	？		晉31武元楊皇后傳

炎

炎の淑儀（馮芳）	―	父	馮蓀	長樂信都	侍中	？		晉31武元楊皇后傳
炎の修華（趙粲）	―	父	趙虞	天水西	？	？	武元楊皇后の生母の實家	晉31武元楊皇后傳
炎の修容（陳琇）	？	？	？	？	？	？		太平御覽145晉起居注
炎の修儀（左芬）	―	兄	左思	齊國臨淄	祕書郎	―	のち貴嬪	晉62文苑左思傳
炎の婕妤（刑蘭）	？	？	？	？	？	？		太平御覽145晉起居注
炎の容華（朱姜）	？	？	？	？	？	？		太平御覽145晉起居注
炎の美人（審美人）	景（城陽懷王）・瑋（楚隱王）・乂（長沙厲王）	？	？	？	？	？		晉64武十三王傳
炎の美人（趙美人）	演（代哀王）	？	？	？	？	？		晉64武十三王傳
炎の美人（陳美人）	遐（清河康王）	？	？	？	？	？		晉64武十三王傳
炎の才人（王才人）	懷帝	？	？	？	？	？		晉64武十三王傳
炎の才人（徐才人）	憲（城陽殤王）	？	？	？	？	？		晉64武十三王傳
炎の才人（匱才人）	祗（東海沖王）	？	？	？	？	？		晉64武十三王傳
炎の才人（趙才人）	裕（始平哀王）	？	？	？	？	？		晉64武十三王傳
炎の才人（程才人）	穎（成都王）	？	？	？	？	？		晉64武十三王傳
炎の娘（滎陽長公主）	？	夫	華恆	平原高唐	驃騎將軍	苑陵縣公	曾祖父は華歆	晉44華表傳附華恆傳

炎の娘（武安公主）	？	夫	溫裕	太原祁	左光祿大夫	？	父は溫羨	晉44溫羨傳
炎の娘（襄城公主）	？	夫	王敦	琅邪臨沂	丞相	武昌郡公	父は王基	晉98王敦傳
炎の娘（繁昌公主）	？	夫	衛宣	河東安邑	？	？	父は衛瓘	晉36衛瓘傳
炎の娘（滎陽公主）	？	夫	盧諶	范陽涿	司空從事中郎	？	婚禮直前に薨去。父は盧志	晉44盧欽傳附盧諶傳
攸（齊王）の妻（賈荃）	？	父	賈充	河東襄陵	太尉	魯郡公		晉40賈充傳
穎（成都王）の妻（樂氏）	？	父	樂廣	南陽淯陽	尚書令	—		晉43樂廣傳
顒（河間王）の妻（繆氏）	？	兄	繆胤	東海蘭陵	太僕	？		晉60繆播傳附繆胤傳
越（東海王）の妻（裴氏）	？	兄	裴盾	河東聞喜	徐州刺史	？	伯父は裴秀	晉35裴秀傳附裴憲傳
荂（趙王倫の世子）の妻（劉氏）	？	兄	劉琨	中山魏昌	太尉	廣武侯		晉62劉琨傳
覲（琅邪王伷の世子）の妻（夏侯氏）	元帝（東晉）	父	夏侯莊	沛國譙	淮南太守	清明亭侯		晉31元夏侯太妃傳
亮（琅邪王）の娘	？	夫	裴輿	河東聞喜	散騎侍郎	臨海侯	伯父は裴秀	晉35裴秀傳附裴楷傳
以 衷								
衷の皇后1（賈南風）	？	父	賈充	河東襄陵	太尉	魯郡公		晉40賈充傳
衷の皇后2（羊獻容）	？	父	羊玄之	泰山南城	尚書右僕射	興晉公		晉63外戚羊玄之傳
衷の夫人（謝玖）	愍懷太子	？	？	？	？	？	家は貧賤で、父は屠羊を業	晉31惠羊皇后傳附謝夫人傳
衷の娘（河東公主）	？	夫	孫會	琅邪	射聲校尉	—	父は孫秀	晉59趙王倫傳

降								
衷の娘（臨海公主）	?	夫	曹統	?	宗正	?		晉31惠賈皇后傳
衷の娘（弘農公主）	?	夫	傅宣	北地泥陽	御史中丞	?	祖父は傅嘏	晉47傅祗傳
衷の娘（潁川公主）	?	夫	王粹	弘農湖	魏郡太守	?	祖父は王濬	晉42王濬傳
遹（愍懷太子）の妻（王惠風）	?	父	王衍	太原晉陽	太尉	武陵侯		晉43王戎傳附王衍傳
鄴（愍帝）の妻（荀氏）	?	父	荀輯	潁川潁陰	衛尉	濟北郡公	祖父は荀勖	晉39荀勖傳

圖一「司馬氏の姻戚の婚姻關係」（後漢末～東晉）

(1)
- 河內の張氏
- 京兆の杜氏
- 潁川の荀氏

(2)
- 沛國の夏侯氏
- 濟陰の吳氏
- 泰山の羊氏
- 中山の甄氏
- 東海の王氏
- 太原の王氏
- 河內の楊氏
- 琅邪の諸葛氏
- 山陽の滿氏
- 東萊の王氏

(3)
- 弘農の楊氏
- △ 安定の胡氏
- △ 遼東の李氏
- △ 長樂の馮氏
- △ 天水の趙氏
- △ 齊國の左氏
- 平原の華氏
- 太原の溫氏
- 琅邪の王氏
- 河東の衞氏
- 范陽の盧氏
- 河東の賈氏
- 南陽の樂氏
- 東海の繆氏
- 中山の劉氏
- 河東の裴氏

(4)
- 琅邪の孫氏
- 北地の傅氏

司馬氏

實線は西晉

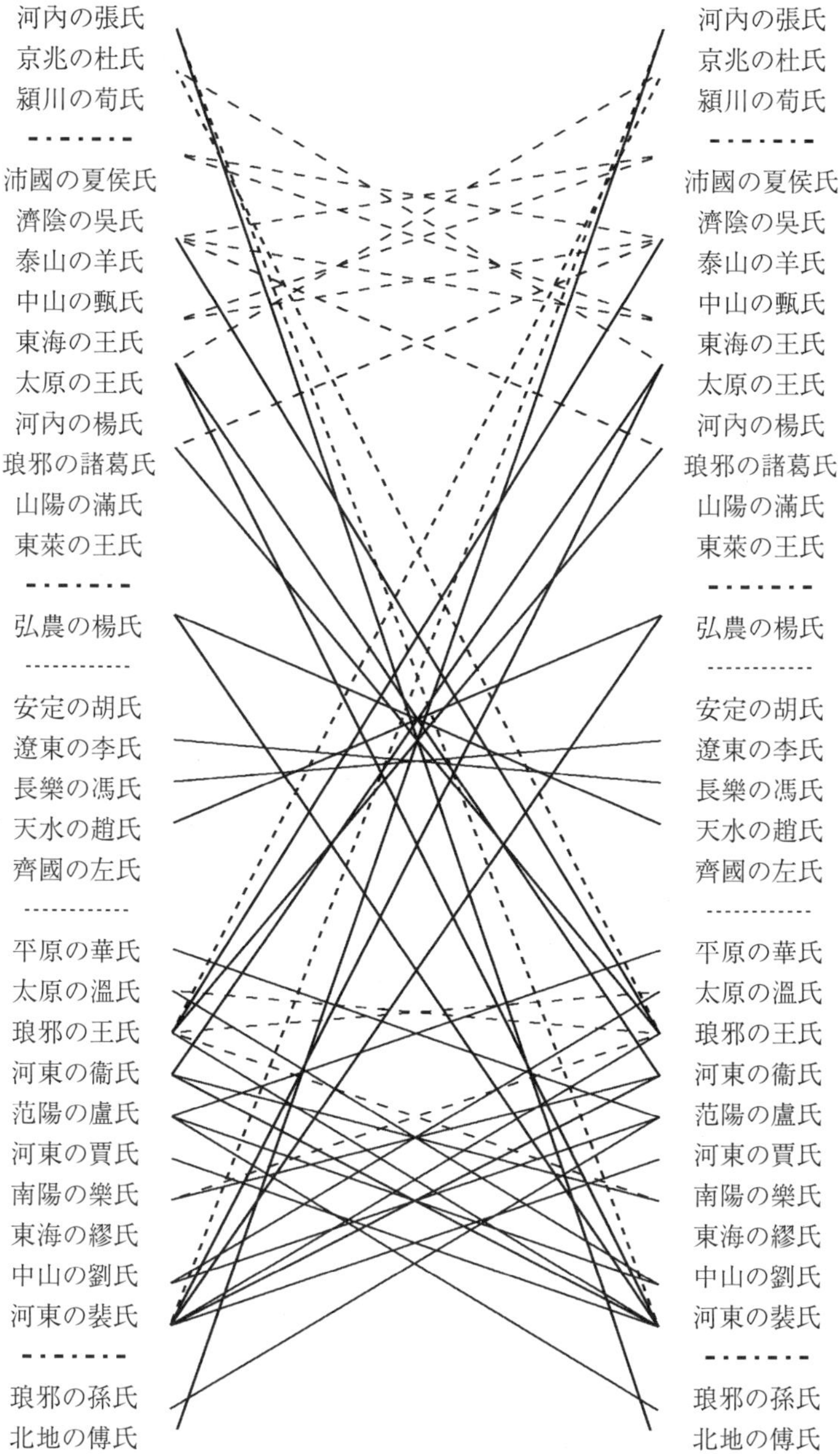
河內の張氏
京兆の杜氏
潁川の荀氏
沛國の夏侯氏
濟陰の吳氏
泰山の羊氏
中山の甄氏
東海の王氏
太原の王氏
河內の楊氏
琅邪の諸葛氏
山陽の滿氏
東萊の王氏
弘農の楊氏
安定の胡氏
遼東の李氏
長樂の馮氏
天水の趙氏
齊國の左氏
平原の華氏
太原の溫氏
琅邪の王氏
河東の衞氏
范陽の盧氏
河東の賈氏
南陽の樂氏
東海の繆氏
中山の劉氏
河東の裴氏
琅邪の孫氏
北地の傅氏

II. 西晉の五等爵

表五「西晉の五等爵」

五等	爵位・邑	年月	官位	氏名	本貫	婚姻關係	祖	備考	典據
郡公	樂陵郡公	泰始元（二六五）年	大司馬・侍中	石苞	渤海南皮	――	×	微賤の出自。好色薄行であるが、經國の才略あり。魏帝を壓迫、禪讓に功績あり。	晉33石苞傳
	（郯侯、曹魏） 高平郡公	景元二（二六一）年 泰始元（二六五）年	征南大將軍 車騎將軍	陳騫	臨淮東陽	――	◎	魏帝を壓迫、禪讓に功績あり。父の陳矯は曹魏の司徒。	晉35陳騫傳
	（魯陽縣侯、曹魏） 濟川侯・千四百戸 鉅鹿郡公・三千戸	景元二（二六〇）年 咸熙元（二六四）年 泰始元（二六五）年	尙書 尙書僕射 尙書令・右光祿大夫	裴秀	河東聞喜	姪が司馬越に嫁ぎ、甥は亮の娘を尙す。	○	五等爵の制度を議す。祖父裴茂は漢の、父裴潛は魏の尙書令。子の裴頠が泰始七（二七一）年に襲封。	晉35裴秀傳
	（閿鄕侯、嗣爵） 菑陽侯 菑陽郡公	咸熙元（二六四）年 泰始元（二六五）年	鎭東將軍 征東將軍	衛瓘	河東安邑	子の宣が武帝の娘繁昌公主を尙す。	△	至孝過人。鎭西軍司として鄧艾・鍾會の專横を抑える。九品中正制度を批判。惠帝の後繼に反對。父の衛覬は曹魏の尙書。	晉36衛瓘傳
	（陽里亭侯、嗣爵） 臨沂侯→臨潁侯 魯郡公 増邑八千戸	咸熙元（二六四）年 泰始元（二六五）年 太康元（二八〇）年	尙書郎 中護軍 車騎將軍・尙書僕射	賈充	平陽襄陵	娘の賈南風が惠帝に、賈荃が齊王攸に嫁ぐ。	△	孝。裴秀・王沈・羊祜・荀勖と共に魏晉革命の腹心。討呉に反對したが、大都督とされ、孫呉を滅ぼす。父の賈逵は曹魏の豫州刺史。	晉40賈充傳

公縣	睢陵侯・千六百戸 睢陵公	咸熙元（二六四）年 泰始元（二六五）年	太尉 太保	王祥	琅邪臨沂	――	▲	至孝。高貴鄉侯の弑殺に涕涙してやまず。晉王を拜さず。	晉33王祥傳
公縣	（壽光侯、曹魏） 壽光公	甘露三（二五八）年 泰始元（二六五）年	太保 太傅	鄭沖	滎陽開封	――	×	寒微より起こる。博究儒術。禮儀・律令を諮問される。	晉33鄭沖傳
公縣	朗陵侯 朗陵公・千八百戸	咸熙元（二六四）年 泰始元（二六五）年	司徒 太尉	何曾	陳國陽夏	――	○	至孝。司馬昭は孝治であることを述べ、阮籍を迫害。父の何夔は曹魏の太僕。	晉33何曾傳
公縣	（安平侯、曹魏） 博陵侯 博陵公	景元元（二五九）年 咸熙元（二六四）年 泰始元（二六五）年	散騎常侍・侍中 征虜將軍 驃騎將軍・錄尙書事	王沈	太原晉陽	――	△	少くして孤、従父の王昶に養われる。孝義。高貴鄉侯の蜂起を密告。郡公は固辭。父の王機は曹魏の東郡太守。	晉39王沈傳
公縣	臨淮侯 臨淮公・千八百戸	咸熙元（二六四）年 泰始元（二六五）年	司空 司空	荀顗	潁川潁陰	――	○	至孝。宣帝が抜擢。父は荀彧、姉婿は陳羣。	晉39荀顗傳
公縣	（京陵侯、嗣爵） 增邑千八百戸 京陵公・增邑八千戸	泰始元（二六五）年 太康元（二八〇）年	徐州刺史 安東將軍	王渾	太原晉陽	子の王濟は、文帝の娘常山公主を尙す。	◎	沈雅にして器量有り。孫呉を討伐して滅ぼす。ただし、先を越した王濬と對立。父の王昶は曹魏の司空。	晉42王渾傳
公縣	廣安公	咸熙元（二六四）年	鎭軍大將軍？	甄悳	中山無極	景帝の娘、文帝の娘を娶る	△	郭建の兄。曹魏の文帝の甄皇后家の後を嗣ぐ。	三5后妃文昭甄皇后傳
公縣	臨渭公	咸熙元（二六四）年	鎭護將軍？	郭建	西平	――	△	曹魏の明帝の郭皇后叔父郭立（宣德將軍）の子。	三5后妃明元郭皇后傳
	鉅平子・六百戸 鉅平侯	咸熙元（二六四）年 泰始元（二六五）年	祕書監 中軍將軍	羊祜	泰山南城	景獻皇后の弟	△	孝思過禮。佐命の動功あるも、郡公を固辭。孫呉討伐を主張。王戎・王衍と對立。	晉34羊祜傳
	（豐樂亭侯、嗣爵）	正元二（二五五）年	尙書郎	杜預	京兆杜陵	文帝の妹の高	△	賈充の律令の注解をつくる。	晉34杜預傳

侯

増邑千百五十戸 當陽侯・九千六百戸	咸熙元（二六四）年 太康元（二八〇）年	鎭西長史 鎭南大將軍			陸公主を尙す		『春秋左氏經傳集解』を著し、司馬昭の皇帝弑殺を正當化。孫吳を滅ぼす。	
關內侯 廣武侯・一萬戶 （壯武郡公）	泰始元（二六五）年 太康元（二八〇）年 惠帝期	黃門侍郎 度支尙書 右光祿大夫	張華	范陽方城	―	△	少くして孤貧。阮籍に王佐の才と評價される。孫吳討伐を勸める。父の張平は曹魏の漁陽太守。	晉36張華傳
安陽子・千戶 濟北侯	咸熙元（二六四）年 泰始元（二六五）年	侍中	荀勖	潁川潁陰	―	▲	荀爽の曾孫。鍾繇に評價される。鍾會の亂に備えることを說く。羊祜にならい、郡公を固辭。賈充と共に律令を制定。	晉39荀勖傳
臨晉侯	咸寧二（二七六）年	鎭軍將軍	楊駿	弘農華陰	武悼楊皇后の父	▲	弘農楊氏の本流、楊衆の孫。	晉40楊駿傳
祁侯	泰始元（二六五）年	司隸校尉	李憙	上黨銅鞮	―	○	父の李佺は漢の大鴻臚	晉41李憙傳
襄陽侯・一萬戶	太康元（二八〇）年	輔國大將軍	王濬	弘農湖	孫の粹は、潁川公主を尙す	△	家世二千石。羊祜に大才有りと評價される。孫吳を討伐し、孫晧を降伏させる。	晉42王濬傳
上庸侯・六千戶	太康元（二八〇）年	翊軍校尉	唐彬	魯國鄒	―	△	易經を得意とし、王沈が評價。孫吳討伐で功績。父の臺は泰山太守。	晉42唐彬傳
（貞陵亭侯、嗣爵） 安豐侯・增邑六千戶	太康元（二八〇）年	豫州刺史・建威將軍	王戎	琅邪臨沂	―	△	阮籍と交友。孫吳の討伐に功績。父の王渾は涼州刺史。	晉43王戎傳
（廣昌亭侯、曹魏） 密陵伯 密陵侯	正元元（二五四）年 咸熙元（二六四）年 泰始元（二六五）年	少府	鄭袤	滎陽開封	―	△	華歆が養育。毌丘儉の亂の平定に獻策。子の鄭默は、司馬炎と齊名。父の鄭泰は揚州刺史。	晉44鄭袤傳

	廣陸伯 廣陸侯	咸熙元（二六四）年 泰始元（二六五）年	河南尹 尚書	李胤	遼東襄平	娘が武帝の貴人	▲	孝。蜀漢の征討時に、西中郎將・督關中諸軍事。	晉44李胤傳
	（大利亭侯、嗣爵） 大梁侯	咸熙元（二六四）年	吏部尚書	盧欽	范陽涿	—	◎	代々儒教により顯れる。父の盧毓は曹魏の司空、祖父の盧植は漢の侍中。	晉44盧欽傳
	薛侯	咸熙元（二六四）年	太僕	武陔	沛國竹邑	—	◎	父の武周は曹魏の衛尉。	晉45武陔傳
	昌國侯	咸熙元（二六四）年	侍中	任愷	樂安博昌	—	◎	父の任昊は曹魏の太常。	晉45任愷傳
	關中侯 臨海侯	咸熙元（二六四）年 武帝期	洛陽典農中郎將 城門校尉	侯史光	東萊掖	—	—	儒學博古。	晉45侯史光傳
	梁鄒侯	泰始元（二六五）年	梁州刺史？	解脩	濟南著	—	?	子は解系。	晉60解系傳
	成武侯・六千戸	太康元（二八〇）年	折衝將軍・揚州刺史	周浚	汝南安成	—	◎	孫呉討伐で活躍。父の周裴は少府。	晉61周浚傳
	陰平伯 陰平侯	咸熙元（二六四）年 泰始元（二六五）年	平東將軍 鎭東將軍	魯芝	扶風郿	—	▲	西州の豪族。郭淮に評價。	晉90良吏魯芝傳
	南鄉侯	武帝期	安豐太守	胡威	淮南壽春	—	◎	父の胡質は曹魏の征東將軍。	晉90胡威傳
伯	循陽子 循陽伯 （循陽）侯	咸熙元（二六四）年 泰始元（二六五）年 惠帝期（元康初）	相國參軍 少府	劉寔	平原高唐	—	▲	父の劉廣は斥丘令。鄧艾・鍾會の破滅を予言。鎭南軍司として、討呉に從軍。『春秋條例』を著す。	晉41劉寔傳
	新沓子 新沓伯	咸熙元（二六四）年 泰始元（二六五）年	大將軍從事中郎 奉車都尉	山濤	河內懷	—	▲	早孤、居貧。嵇康・阮籍と竹林の交わり。	晉43山濤傳
	觀陽伯	咸熙元（二六四）年	尚書	華表	平原高唐	—	◎	父の華歆は曹魏の太尉。	晉44華表傳
	上蔡伯（嗣爵）		太子舍人（起家）	和嶠	汝南西平	—	○	祖父の和洽は曹魏の尚書令、父の和逌は曹魏の吏部尚書。	晉45和嶠傳

子	即丘子・六百戸	咸熙元（二六四）年	清河太守→宗正卿	王覽	琅邪臨沂	―	▲	王祥（睢陵公）の弟。	晉33王祥傳 附王覽傳
子	劇陽子	咸熙元（二六四）年	相國參軍	魏舒	任城樊	―	―	少くして孤。	晉41魏舒傳
子	堂陽子	泰始元（二六五）年	幷州刺史匈奴中郎將	石鑒	樂陵厭次	―	×	寒素。嚴しい彈劾。	晉44石鑒傳
子	鶉觚男 鶉觚子	咸熙元（二六四）年 泰始元（二六五）年	弘農太守 駙馬都尉	傅玄	北地泥陽	―	△	父の傅幹は曹魏の扶風太守、祖父の傅燮は漢の漢陽太守。	晉47傅玄傳
子	夏陽子	?	徐州刺史	胡奮	安定臨涇	娘の胡芳が武帝の貴嬪	◎	家世々將門。父の胡遵は曹魏の車騎將軍。	晉57胡奮傳
子	涇原子 （靈川縣公）	咸熙元（二六四）年 元康元（二九一）年	― 司隸校尉	傅祗	北地泥陽	子の宣は弘農公主を尙す。	○	父の傅嘏は曹魏の尙書。楊駿打倒に勳功。郡公を固辭。	三21傅嘏傳 晉47傅玄傳
子	南頓子	咸熙元（二六四）年	―	荀愷	潁川潁陰	父の荀霬の妻は宣帝の娘。	◎	父の荀霬は曹魏の中領軍、祖父の荀彧は漢の侍中	三10荀彧傳 附荀惲傳
子	陽翟子	?	尙書?	庾黴	潁川	―	◎	父の庾疑は曹魏の太僕。	三11管寧傳 注引庾氏譜
子	丞子	咸熙元（二六四）年	―	王恂	東海郯	文帝の妻王元姬は姉妹。	◎	父の王肅は曹魏の中領軍、祖父の王朗は曹魏の司徒。	三13王朗傳 附王肅傳
子	方城子	咸熙元（二六四）年	南陽太守?	劉正	涿郡	―	◎	父の劉放は曹魏の侍中。	三14劉放傳
子	離石子	咸熙元（二六四）年	―	孫宏	太原	―	◎	父の孫資は曹魏の侍中。	三14劉放傳
子	膠東子	咸熙元（二六四）年	―	王悝	東郡廩丘	―	◎	父の王觀は曹魏の司空。	三24王觀傳
子	汾陽子	咸熙元（二六四）年	―	郭正	太原陽曲	―	◎	父の郭淮は魏の征西將軍都督雍涼諸軍事	三26郭淮傳
子	東武子?	咸熙元（二六四）年	?	王廙	東萊曲成	梁王肜の妻は姉妹。	◎	父の王基は魏の征南將軍都督荆州諸軍事	三27王基傳
男	平陵男	武帝期	右衛率・驍騎將軍	郭奕	太原陽曲	―	―	山濤の評價。	晉45郭奕傳

［補記］祖は、◎父が三公・九卿、○父が九卿・祖父が三公、△父が二千石、▲父・祖父が官僚、—記述なし、×微賤の出自を示す。司馬氏一族への五等爵の賜爵、および蜀漢・孫呉・曹魏などからの降伏者・降格者への賜爵は除く。なお、秦錫田（撰）『補晉異封爵表』（二十五史補編、開明書店、一九三六年に所収）を参照した。

Ⅲ. 博士と國子祭酒

表六 「前漢の博士」

帝	經	氏名	本貫	最高官	專門・著作	政策	備考	典據
高		叔孫通	薛	太子太傅	—	漢の儀禮を定める		史99叔孫通傳
惠		孔子襄	魯	長沙太守	?	?	孔子の子孫	史47孔子世家
文	書	鼂錯	潁川	御史大夫	—	諸侯の領土を削減を主張	伏生より尙書を受ける	史101鼂錯傳
文	詩	申培	魯	太中大夫	魯詩	—	齊の浮丘伯より詩を受ける	史121儒林 申公傳
文	詩	韓嬰	燕	常山太傅	韓詩內傳・韓詩外傳	—		史121儒林 韓生傳
文		賈誼	雒陽	梁太傅	—	諸侯の領土の縮小を主張		史84賈生傳
文		公孫臣	魯	博士	?	土德を說く		史28封禪書
景	詩	轅固	齊	清河太傅	齊詩	—	黃生と論爭	史121儒林 轅固生傳
景	春秋	胡毋生	齊	博士	公羊春秋	—		史121儒林 胡毋生傳
景	春秋	董仲舒	廣川	江都相	公羊春秋	—	主父偃・公孫弘に憎まれる	史121儒林 董仲舒傳
武	書	孔安國	魯	臨淮太守	古文尙書	?	孔子襄の孫	漢81孔光傳
武	書	孔延年	魯	博士	?	?	孔子襄の曾孫	漢81孔光傳
武	書	張生	濟南	博士	?	?		史121儒林 伏生傳
武	詩	魯賜	梁	東海太守	魯詩	?	申培の弟子	史121儒林 申公傳
武	詩	徐偃	?	膠西中尉	魯詩	?	申培の弟子	史121儒林 申公傳
武	詩	韓商	燕	博士	韓詩	?	韓嬰の孫	史121儒林 韓嬰傳
武	春秋	公孫弘	齊	丞相	公羊雜說	博士弟子制度設置を主張	主父偃を殺し、董仲舒を左遷	史112平津侯傳
武	春秋	褚大	蘭陵	梁相	公羊春秋	?	董仲舒の弟子。	史121儒林傳
武	春秋	張叔	蜀	揚州刺史	春秋章句	?		華3蜀志
	書	夏侯勝	東平	太子太傅	小夏侯尙書・論語說	五行說により帝を諫める	夏侯始昌より尙書を受ける	漢75夏侯勝傳
	書	歐陽高	千乘	博士	歐陽尙書、歐陽章句	?	歐陽生の曾孫	漢75夏侯勝傳

皇帝	經	人名	出身	官職	學	事績	師承・備考	出典
昭帝		孔霸	魯	褒成君	歐陽尚書	?	孔延年の子。孔子廟祭祀。	漢81孔光傳
昭帝	詩	韋賢	魯	丞相	魯詩	宣帝を擁立	韋玄成は子	漢73韋賢傳
昭帝	詩	江翁	魯	博士	魯詩・孝經說	?		漢88儒林 王式傳
昭帝	詩	白奇	東海	博士	齊詩	?		漢78蕭望之傳
昭帝	詩	蔡義	河內	丞相	韓詩	―		漢66蔡義傳
昭帝	詩	后蒼	東海	少府	齊詩、后氏禮	―	孟卿より禮を受ける。	漢88儒林 后蒼傳
昭帝	春秋	疏廣	東海	太子太傅	―	―		漢71 疏廣傳
昭帝	春秋	眭弘	魯	符節令	公羊春秋	災異を說き、伏誅		漢75 眭弘傳
宣帝	易	施讎	沛	博士	施氏易	石渠閣會議に參加	田王孫より易を受ける	漢88儒林 施讎傳
宣帝	易	張禹	河內	丞相	施氏易・論語章句	氏易・論語章句	施讎より易を受ける	漢81張禹傳
宣帝	書	林尊	濟南	太子太傅	歐陽尚書	石渠閣會議に參加		漢88儒林 林尊傳
宣帝	書	歐陽地餘	千乘	少府	歐陽尚書	石渠閣會議に參加		漢88儒林 歐陽生傳
宣帝	書	張山拊	平陵	少府	小夏侯尚書	石渠閣會議に參加		漢88儒林 張山拊傳
宣帝	書	夏侯建	東平	太子少傅	大夏侯尚書	?	夏侯勝に對抗	漢75夏侯勝傳
宣帝	詩	王式	東平	博士	魯詩	―		漢88儒林 王式傳
宣帝	詩	張長安	山陽	博士	魯詩	石渠閣會議に參加		漢88儒林 王式傳
宣帝	詩	薛廣德	沛	御史大夫	魯詩	石渠閣會議に參加		漢71薛廣德傳
宣帝	詩	王吉	琅邪	昌邑中尉	韓詩	―	蔡義より詩を受ける	漢72王吉傳
宣帝	禮	戴聖	梁	九江太守	后氏禮	石渠閣會議に參加		漢88儒林 孟卿傳
宣帝	春秋	嚴彭祖	東海	太子太傅	嚴氏公羊春秋	石渠閣會議に參加	眭弘より公羊春秋を受ける	漢88儒林 嚴彭祖傳
宣帝	春秋	貢禹	琅邪	御史大夫	公羊春秋	⑦郡國廟廢止・七廟合祀を主張		漢72貢禹傳
宣帝	春秋	周慶	梁	博士	穀梁春秋	石渠閣會議に參加	榮廣より穀梁春秋を受ける	漢88儒林 瑕丘江公傳
宣帝	春秋	丁姓	梁	中山太傅	穀梁春秋	石渠閣會議に參加	榮廣より穀梁春秋を受ける	漢88儒林 瑕丘江公傳
	易	朱雲	魯	博士	孟氏易	―	少府の五鹿充宗と易で對決	漢67朱雲傳
	易	士孫張	平陵	揚州牧	梁丘易	?		漢88儒林 梁丘賀傳
	易	殷賀	東海	博士	京氏易	?		漢75京房傳
	易	姚平	河東	博士	京氏易	?		漢75京房傳
	易	乘弘	河南	博士	京氏易	?		漢75京房傳

元帝	書	平當	平陵	丞相	歐陽尚書	⑬樂制改革。○太上皇の寢廟園の復舊を主張		漢71平當傳
		牟卿	?	博士	大夏侯尚書	?		漢88儒林 周堪傳
		鄭寬中	平陵	光祿大夫	小夏侯尚書	?		漢88儒林 張山拊傳
	詩	翼奉	東海	諫大夫	齊詩	①洛邑遷都②畿內制度を主張		漢75翼奉傳
		匡衡	東海	丞相	齊詩	⑤南北郊を定める⑪二王の後の禮遇を主張		漢81匡衡傳
		師丹	琅邪	大司空	齊詩	○定陶共皇の祭祀に反對		漢86師丹傳
		長孫順	淄川	博士	韓詩	?		漢88儒林 趙子傳
	禮	徐良	琅邪	州牧	大戴禮	?		漢88儒林 孟卿傳
	春	申章昌	楚	長沙太傅	穀梁春秋	?		漢88儒林 瑕丘江公傳
成帝・哀帝・平帝・王莽	易	邴丹	琅邪	常山太守	施氏易	?		漢88儒林 施讎傳
		彭宣	淮陽	大司空	施氏易	―	張禹より易を受ける	漢71彭宣傳
		嚴望	九江	泰山太守	孟氏易	?		漢67朱雲傳
		嚴元	九江	博士	孟氏易	?	嚴望の兄の子	漢67朱雲傳
		何武	蜀	大司空	梁丘易	③三公④十二州牧設置を主張		漢86何武傳
	書	殷崇	琅邪	博士	歐陽尚書	?		漢88儒林 林尊傳
		朱普	九江	博士	歐陽尚書	?		漢88儒林 林尊傳
		孔光	魯	丞相	大夏侯尚書	王莽に利用される	孔霸の子。	漢81孔光傳
		許商	長安	九卿	大夏侯尚書・五行論	?		漢88儒林 周堪傳
	詩	許晏	陳留	博士	魯詩	?		漢88儒林 王式傳
	春秋	翟方進	汝南	丞相	穀梁春秋	―		漢84翟方進傳
		馮賓	魯	博士	小夏侯尚書	?		漢88儒林 張山拊傳
		滿昌	潁川	詹事	?	?		漢99中 王莽傳中
	詩	龔舍	楚	博士	魯詩	?	薛廣德より詩を受ける	漢72龔舍傳
	禮	陳咸	沛郡	御史中丞	?	?		漢99中 王莽傳中
	春	左咸	琅邪	大鴻臚	顏氏公羊春秋	?		漢99中 王莽傳中
	樂	崔發	涿郡	大司空	?	?		漢99中 王莽傳中
		申咸	東海	給事中	?	?		漢83薛宣傳
		夏侯常	?	博士	?	?		漢72龔勝傳

蔡茂	河内	大司徒	—		貴戚の専横を批判		後26蔡茂傳
薛順	?	博士	?		?		漢25下 郊祀志下
袁聖	?	阿輔	?		?		漢99中 王莽傳中
李充	?	博士	?		?		漢99中 王莽傳中

帝の項目では、最初に博士となった時の帝に懸け、複數にわたらないこととし、王莽期も含めた。

史は『史記』、漢は『漢書』、後は『後漢書』、華は『華陽國志』、傳は專傳を示す。

表七「後漢の博士」

帝	經	氏名	本貫	最高官	專門・著作	政策	備考	典據
光武帝	易	洼丹	南陽	大鴻臚	孟氏易・易通論	―		後79上儒林上　洼丹傳
		鮭陽鴻	中山	少府	孟氏易	?		後79上儒林上　洼丹傳
		梁恭	?	博士	梁丘易	?		後36范升傳
		范升	代郡	博士	梁丘易	費氏易と左傳の立學に反對		後36范升傳
		張興	潁川	太子少府	梁丘易	―		後79上儒林上　張興傳
	書	牟長	樂安	河內太守	歐陽尚書・尚書章句	―		後79上儒林上　牟長傳
		桓榮	沛郡	太常	歐陽尚書	五更とされる	朱普より尚書を受ける	後37桓榮傳
		郭憲	汝南	光祿勳	小夏侯尚書	―		後82上方術上　郭憲傳
	詩	高詡	平原	大司農	魯詩	―		後79下儒林下　高詡傳
		伏恭	琅邪	司空	齊詩	國三老とされる		後79下儒林下　伏恭傳
		薛漢	淮陽	千乘太守	韓詩	―		後79下儒林下　薛漢傳
		楊仁	巴郡	博士	韓詩	―		後79下儒林下　楊仁傳
	禮	曹充	魯	侍中	慶氏禮	封禪の禮、七郊・三雍・太謝・養老の禮を定める		後35曹褒傳
	春秋	李封	魏郡	博士	左氏春秋	?	立學は一時的	後79下儒林下
		陳元	蒼梧	博士	左氏春秋	左傳の立學を懇請する	立學は一時的	後36陳元傳
		丁恭	山陽	侍中祭酒	嚴氏公羊春秋	―		後79下儒林下　丁恭傳
		甄宇	北海	太子少傅	嚴氏公羊春秋	―		後79下儒林下　甄宇傳
		張玄	河內	博士	嚴氏公羊春秋	―		後79下儒林下　張玄傳
		張佚	?	太子太傅	?	?		後37桓榮傳
明帝	詩	魏應	任城	大鴻臚	魯詩	白虎觀會議に參加		後79下儒林下　魏應傳
		杜撫	犍爲	博士	韓詩	?		後79下儒林下　薛漢傳
		澹臺恭	會稽	博士	韓詩	?		後79下儒林下　薛漢傳
	禮	董鈞	犍爲	五官中郎將	慶氏禮	五郊の祭祀の草創に參與		後79下儒林下　董鈞傳
	春	承宮	琅邪	侍中祭酒	嚴氏公羊春秋	―		後27承宮傳
	禮	曹褒	魯	射聲校尉	慶氏禮	後漢のための新禮をつくるが、實行されず		後35曹褒傳
	詩	魯恭	右扶風	司徒	魯詩	白虎觀會議に參加		後25魯恭傳

章帝	春	李育	扶風	尚書令	公羊春秋・難左氏義	白虎觀會議に參加		後79下儒林下　李育傳
		趙博	?	漢陽太守	?	白虎觀會議に參加		後48楊終傳
		李頡	漢中	博士	?	?		後82上方術上　李郃傳
		郭鳳	勃海	博士	?	?		後82上方術上　謝夷吾傳
和～獻	易	樊英	南陽	光祿大夫	京氏易・易章句	―		後82上方術上　樊英傳
		韓宗	?	博士	京氏易	?		三53張紘傳注引『吳書』
	書	楊震	弘農	太尉	歐陽尚書	外戚・宦官と對決	關西孔子	後54楊震傳
	春	羊弼	?	博士	公羊春秋	?		後79下儒林下　何休傳
和		李法	漢中	光祿大夫	―	―		後48李法傳
殤		李充	陳留	左中郎將	―	―		後81獨行　李充傳
安帝		楊倫	陳留	侍中	古文尚書	―		後79上儒林上　楊倫傳
		良史	?	博士	?	?		後78宦者　蔡倫傳
		黃廣	?	博士	?	?		後志2律曆志中
順帝		趙暢	東郡	博士	?	?		後39趙咨傳
		賀純	會稽	博士	?	?		後63李固傳注
桓帝		延篤	南陽	京兆尹	左氏春秋	―		後64延篤傳
		爰延	陳留	大鴻臚	通經	―		後48爰延傳
		趙咨	東郡	東海相	―	―	趙暢の子	後39趙咨傳
靈帝		盧植	涿郡	北中郎將	通古今學	黃巾の亂を討伐		後64盧植傳
		蔡較	?	博士	?	?		後志2律曆志中
獻		繆斐	東海	侍中	?	?		三21劉劭傳注引『先賢行狀』

帝の項目の和帝期から獻帝期までは、何の博士か分かるものを一括して先に掲げた。
後は『後漢書』、後志は『續漢書』の志、三は『三國志』、傳は專傳を示す。

表八「西晉の國子祭酒と國子博士」

	氏名	本貫	兼官	就官年	最高官	儒教・著作	政策	備考	典據
國子祭酒	劉毅	東萊	散騎常侍	泰始二	尚書左僕射	劉毅集	九品八損の議	漢宗室。魏の博士	晉45劉毅傳
	庾純	潁川	散騎常侍	咸寧三	少府	儒宗	攸歸藩反對を支持	賈充と爭う	晉50庾純傳
	劉智	平原	散騎常侍?	咸寧四	太常	儒行・喪服釋疑論	―	漢宗室	晉41劉寔傳附劉智傳
	曹志	譙郡	散騎常侍	太康三〜四	散騎常侍	達學通識	齊王攸歸藩に反對	曹植の子。國子博士を經る	晉50曹志傳
	王濟	太原	散騎常侍	太康四	侍中	易・莊・老	齊王攸歸藩に反對	常山公主を尙す	晉42王渾傳附王濟傳
	庾旉	潁川	散騎侍郎	太康中	散騎侍郎	―	齊王攸歸藩に反對	庾純の子	晉50庾純傳附庾旉傳
	劉寔	平原	散騎常侍	太康十〜	太傅	春秋條例	崇讓論	漢宗室。劉智は弟	晉41劉寔傳
	裴頠	河東	右軍將軍	永熙元	尙書左僕射	博學稽古	崇有論	裴秀の子	晉35裴秀傳附裴頠傳
	鄒湛	南陽	散騎常侍	元康中	少府	周易統略	―		晉92文苑 鄒湛傳
	司馬植	河內	?	〜永康元	安東將軍	?	?	晉宗室	晉37宗室 彭城穆王權傳
	杜育	襄城	?	〜永嘉五	右將軍	神童	?	杜襲の孫。賈謐の二十四友	世9注引『晉諸公贊』
	王琛	琅邪	?	(東晉期?)	國子祭酒	?	?		晉33王祥傳附王覽傳
	謝衡	陳郡	散騎常侍	(東晉期?)	國子祭酒	以儒素顯	?	國子博士を經る	晉49謝鯤傳
國子博士	華嶠	平原	―	〜太康末	祕書監	才學深博・漢後書	―	祖父は華歆、父は華表	晉44華表傳附華嶠傳
	曹嘉	譙郡	?	元康中	東莞太守	?	?	魏宗室。曹彪の子	三20楚王彪傳注
	石崇	勃海	散騎常侍?	?	衞尉	―	―	石苞の子	晉33石苞傳附石崇傳
	嵇紹	譙郡	散騎常侍	永康元	侍中	―	―	嵇康の子	晉89忠義 嵇紹傳
	江統	陳留	散騎常侍	〜永嘉四	散騎常侍	―	徙戎論		晉56江統傳

晉は『晉書』、世は『世說新語』、三は『三國志』、傳は專傳を示す。

IV. 系圖

圖二 「宋室系圖」

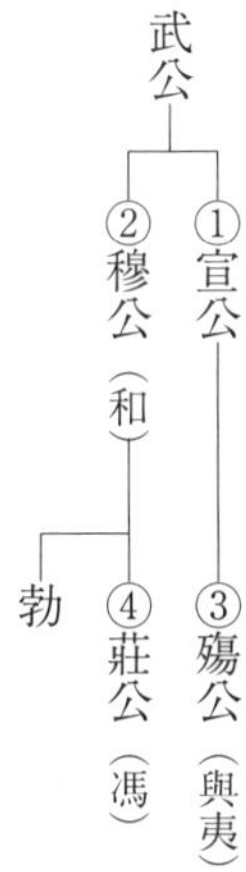

圖三 「司馬氏系圖」

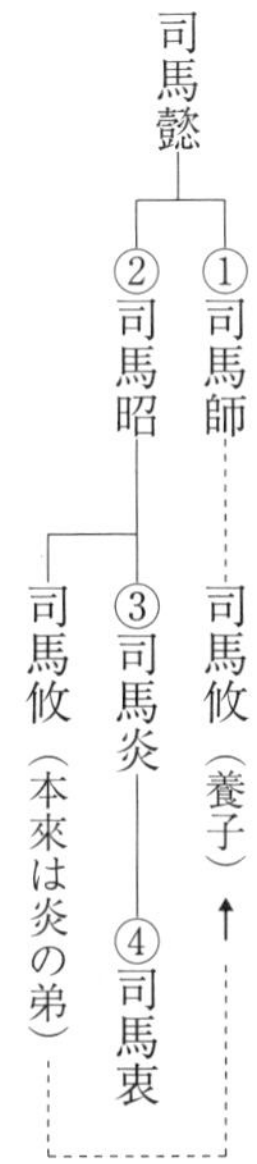

圖四 「西晉皇帝略圖」

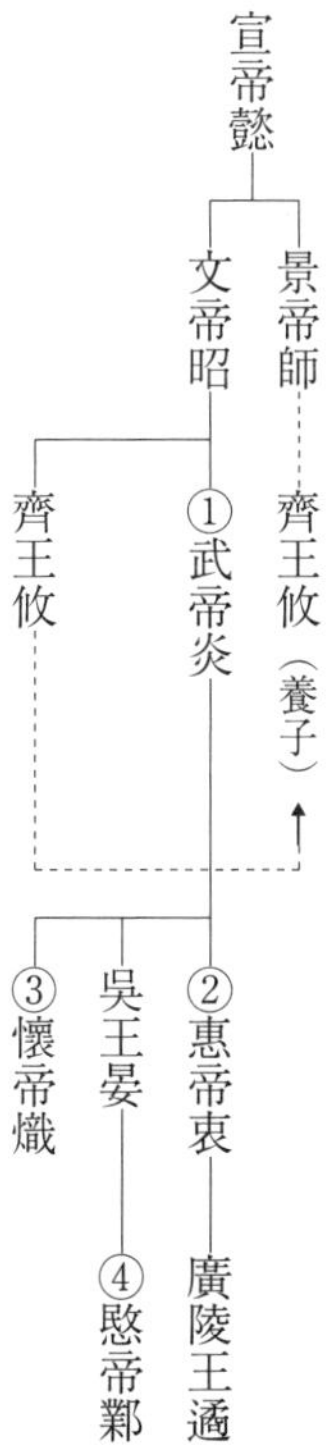

圖五 「前漢皇帝略圖」

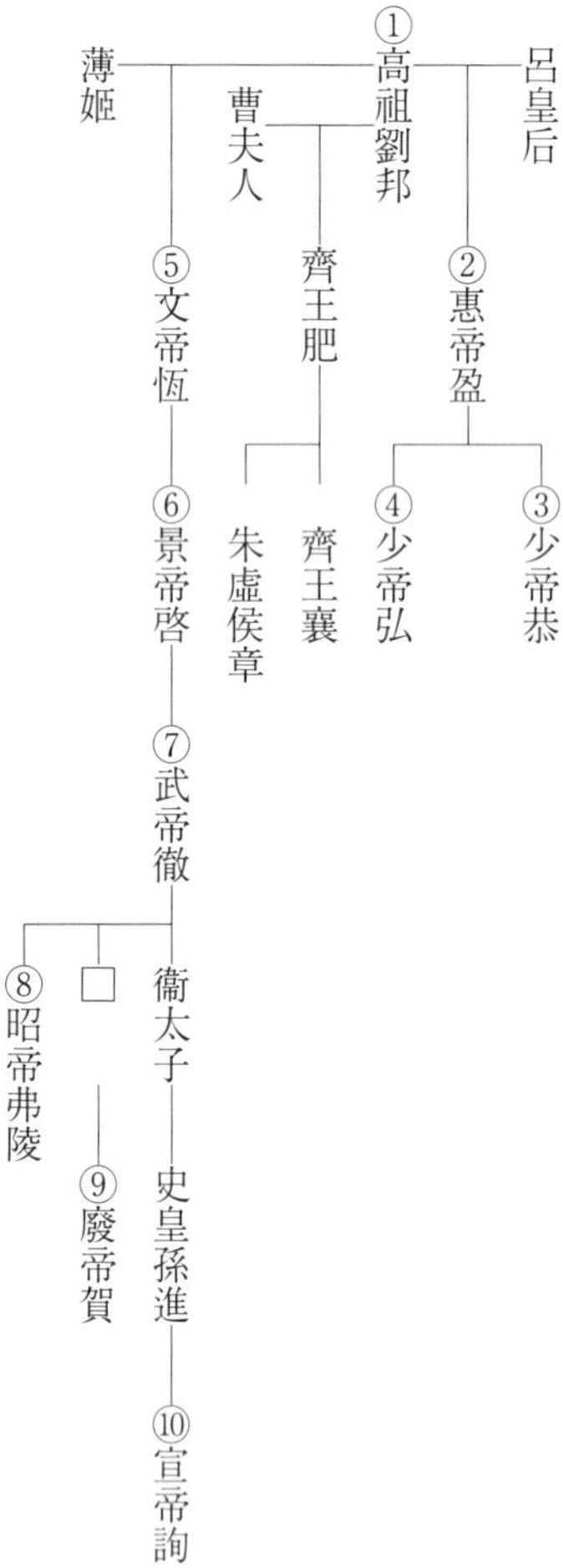

圖六 「孫呉皇帝略圖」

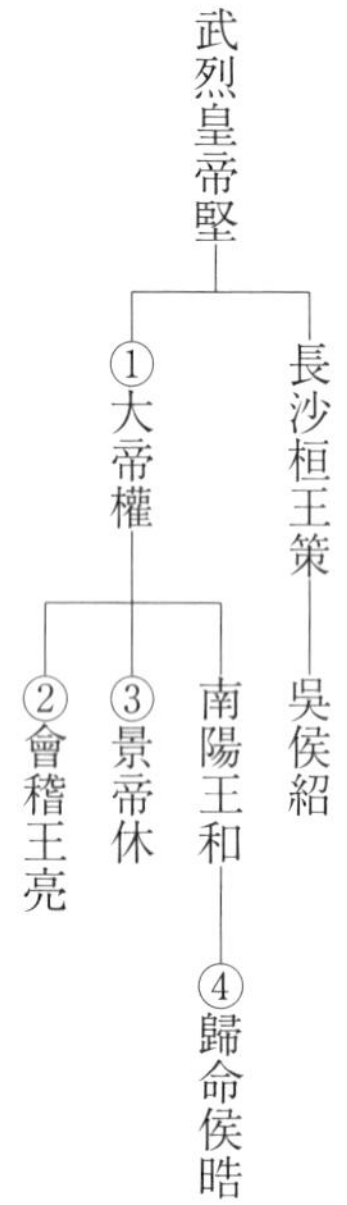

V.『山公啓事』

表九 「『山公啓事』の題目と『晉書』の人物評價」

①缺員官職名	②職務內容等	③必要な資質	④被推薦者	官職	⑤性才	⑥經歷・實績・期待	可・不可	典據	『晉書』	『晉書』での評價	爵位	最高官	山公啓事と『晉書』の人物評價
大將軍（2品）		須筋力戎馬閒、猶宜得健者	衞瓘	征北大將軍（2品）	貞正靜一	―	―	通典14	36に傳	性貞靜有名理、以明識清允稱	菑陽公	司空（1品）・錄尙書事	山公啓事の評價と性がほぼ同一。
			荀勖	中書監（3品）	達練事物	―	―	通典14	39に傳	既長遂博學、達於從政	濟北郡公	光祿大夫（3品）、開府儀同三司	山公啓事の評價と一部分が同じ。
侍中（3品）	顯職	宜必得其人	郭奕	雍州刺史（4品）	高簡有雅量	在兵閒少不盡下情、處朝廷、足以肅正左右	不可	通典14 御覽219 北堂64	45に傳	山濤稱として、高簡有雅量を踏襲	平陵男	尙書（3品）	山公啓事と同一。ただし、山濤の評價と明記。
			王濟	右（左）衞將軍（4品）	誠（忠）亮有美才（才高美茂）	侍中之最高者。後來之冠。	不可		42に傳	少有逸才、風姿英爽、氣蓋一時	―	太僕（3品）	山公啓事の評價とは異なる。
			庾純	國子祭	強正有	國學初建、	（侍	通典14	50に傳	博學有才義、爲世	―	少府	山公啓事の評

宗正卿（3品）	—	—
尚書令（3品）	—	—
太子少傅（3品）	—	不可不高盡、天下之望

	酒（3品）	學義	（庾）純能其事、宜當少留、粗立其制	中）			儒宗		（3品）	價と一部分が同じ。
裴楷	右軍將軍（左將軍）（4品）	通理有才義	—	—	御覽219	35に傳	明悟有識量、弱冠知名、尤精老易、少與王戎齊名。↓（鍾）會曰、裴楷清通、王戎簡要、皆其（吏部郎）選也。↓楷風神高邁、容儀俊爽、博涉羣書、特精理義、時人謂之玉人↓見裴叔則如近玉山、映照人也。↓性寬厚、與物無忤	臨海侯	光祿大夫（3品）、開府儀同三司	山公啓事の評價と一部分が同じ。
羊祜	征南將軍（3品）	忠篤寬厚	不長理劇	—	御覽230	34に傳	孝思過禮（十二際、父の喪に際して）↓博學能屬文、善談論（及長）↓今日之顏子（郭奕の評價）↓執德清劭、忠亮純茂、經緯文武、謇謇正直（詔での評價）↓貞愨無私疾惡邪佞↓二王當國、羊公無德	鉅鹿侯	征南大將軍（2品）	山公啓事の評價と性がほぼ同一。
		爲人體儀正直	可以肅整朝廷、譏刺時政以爲闕失者、言旨切直於朝廷	—	北堂59					
		秉德尙義、克己復禮	可出入周旋、太子覲儀刑	—	通典30 北堂65					

鴻臚(3品)	主胡事	—	刁攸	御史中丞(4品)	舊能可參	—	—	北堂54	傳45	—	—	御史中丞(4品)	—
尚書(3品)	—	—			—	舊人年衰、近損百僚、未甚爲憚、坐治政事	—	北堂62					
太常(3品)	—	—	彭權	侍中(3品)	儒素有學義	—	可	北堂53	—	—	—	—	—
右衛將軍(4品)	—	—	荀愷	驍騎將軍(4品)	智器明敏	其典宿衛、終不減(王)濟	—	通典14	39に傳	性至孝、總角知名、博學洽聞、理思周密	臨淮公	太尉(1品)	山公啓事の評價とは異なる。
侍衛(左右衛將軍?)(4品)	—	—	荀彧	黄門侍郎(5品)	清和理正、動可觀採	眞侍衛之美者	—	通典21	—	—	—	—	—
兗州刺史(4品)	—	—	諸葛沖	游擊將軍(4品)	精果有文武	—	不可	北堂64	—	—	—	廷尉(3品)	—
御史中丞(4品)	—	—	孔顗	—	有才能、果勁不撓	—	可	北堂52	—	—	—	—	—
太子左(右)衛率(5品)	—	侍衛威重	焦勝	河東太守(5品)	清貞著信義	—	?	通典21	列60	—	—	陽平太守(5品)	—
			孫尹	北中郎中司(?)	忠篤有文武	—	—	北堂65	紀3	—	—	張掖太守(5品)	—

太子中庶子(5品)	皇太子東宮多用雜材爲官屬	宜令純取清德
廣漢太守(5品)	—	—
郡守(5品)	—	—
吏部郎(6品、宮崎市定『九品官人法の研究』によると5)	人才既自難知、中人已下情僞又難、吏部郎以碎事	宜得能整風俗理人倫者

石崇	城陽太守(5品)	 —	— —	? ?	北堂65 通典30 北堂65	33に傳	少敏惠、勇而有謀 ↓穎悟有才氣、而任俠無行檢	安陽郷侯	侍中(3品)	山公啓事の評價とは異なる。
劉粹	太尉長史(6品)	—	—	—	御覽245	傳75	—	—	侍中(3品)	—
周蔚	光祿長史(?)	—	—	—	御覽245	—	—	—	—	—
劉儼	濟陰太守(5品)	—	—	—	北堂66	—	—	—	—	—
荀寓	領兵太守(5品)	—	—	—	北堂66	—	—	—	—	—
許允	議郎(7品)	—	—	—	通典29	三9注	名發於冀州	—	侍中(3品)	—
許奇	溫令(6品)	竝見稱名	雖在職日淺、宜顯報大郡、以勸天下	不可	御覽268	三9注	有治理才學	—	祠部郎	—
杜默	議郎(7品)	德履亦佳	—	—	御覽216	—	—	—	—	—
崔諒	太子庶子(5品)	有意正人、質正少華、可似敦致	—	可	御覽216	—	—	—	—	—

品）	日夜相接、非但當正己而已、乃當能正人	
尚書郎（6品）（再任）	極清望、大臣之副	州取尤者以應
尚書郎・	—	—

陳准	中郎（8品）	—	—	（可）	御覽216	紀4	—	廣陵公	太尉（1品）・錄尚書事	—
史曜	—	—	—	—	淳化3	傳31	素微賤。（周浚）以妹妻之、曜竟有名於世。	—	—	—
陸亮	—	—	—	可	世說賞譽注	—	—	—	—	—
阮咸	—	眞素寡欲、深識清濁、萬物不能移（萬金不移）	若在官人之職、必妙絕於時	不可	世說賞譽注	49に傳	山濤擧（阮）咸典選曰、阮咸貞素寡欲、深認清濁、萬物不能移。若在官人之職、必絕於時。	—	始平太守（5品）	山公啓事と同一。ただし、山濤の評價と明記。
和嶠	黃門侍郎（5品）	最有才	—	不可	通典26	45に傳	有風格→厚自崇重→有盛名于世→嶠森森如千丈松、雖磥砢多節目、施之大廈、有棟梁之用。→家產豐富、擬王者、然性至吝、以是獲譏於世	上蔡伯を嗣ぐ	太子少傅（3品）	山公啓事の評價とは異なる。
傅祗	前尚書郎	—	坐事免官	—	北堂60	47に傳	性至孝、早知名、以才識明練稱。	靈川縣公	司徒（1品）	—
樂廣	太尉掾	—	—	—	北堂68	43に傳	神姿朗徹、當爲名	—	尚書令	—

	（7品）						士。若廣不假岳之筆、岳不取廣之旨、無以成斯美也。		（3品）		御史・太子洗馬・太子舍人（すべて6品）		
滿奮	太尉掾（7品）	—	—	—		傳48	稱明	—	尚書令（3品）	—			
劉琚	司徒掾（7品）	—	—	—		—	—	—	—	—			
何勖	司徒掾（7品）	—	—	—		—	—	—	—	—			
王瓚	司徒掾（7品）	—	—	—		傳61	—	—	征虜將軍（3品）	—			
官粹	司徒掾（7品）	—	—	—		—	—	—	—	—			
王政	司空掾（7品）	—	—	—		—	—	—	—	—			
劉澹	司空掾（7品）	—	—	—		—	—	—	—	—			
諸葛職	征西將軍掾（？）	—	—	—		—	—	—	—	—			
劉遐	太尉掾（7品）	—	—	—		81に傳	性果毅↓冀方比之張飛・關羽	泉陵公	徐州刺史（4品）	—			
衞瑩	少府丞（7品）	—	坐賣倫石事	—	北堂55	—	—	—	—	—	太子門大夫(6品)	—	—
諸葛京	郿令（7品）	治郿有稱	以明事人之理、副	—	三35注	紀3	—	—	—	—	東宮（太子）舍人	—	—

(6品)						梁益之論							
			汜源	—	有德素	久沈滞	—	藝文39	—	—	—	—	—
祕書郎(6品)→祕書丞	—	—	嵇紹	—	平簡温敏、有文思。又曉音、當成濟。雅有文思、又曉音律。	—	可(丞として)	世説政事注	89に傳	事母孝謹→(山濤啓武帝)嵇紹賢侔郤缺→昂昂然如野鶴之在鷄羣	弋陽子	侍中(3品)	山公啓事の評價とは異なる。
北郡郎將司馬(6品)	—	—	趙虞	尚書郎(6品)	誠篤有意略	軍間用長	—	北堂68	傳1	娘の粲は後宮で美人	—	—	—
北中郎長史(6品)	—	—	耿遷	御史(7品)	公誠有意略	—	—	北堂68	—	—	—	—	—
			鄧殷	太尉長史(6品)	通職有文武	—	—	北堂68	傳90	亮直強正	—	太子中庶子(4品)	山公啓事の評價とは異なる。
太尉長史(6品)	—	—	胡伯長	鎮東大將軍大掾(?)	—	—	—	北堂68	—	—	—	—	—
鎮西將軍長史(6品)	—	—	張勃	尚書郎?(6品)	—	—	—	北堂68	傳60	—	—	太子僕(5品)	—
殿中侍御史(6品)	—	—	孫琳	中書屬通事令史	—	習內事久	—	北堂62	—	—	—	—	—

				（8品）									
殿中郎（6品）	｜	宜得才學	夏侯湛	太守舍人（7品）	有盛才、而不長治民	有益臺閣、在東宮已久	｜	御覽215	55に傳	幼有盛才、文章宏富、善構新詞、而美容觀、與潘岳友善、每行止同輿接茵、京都謂之連璧。↓性頗豪侈、侯服玉食、窮滋極珍。↓雖生不砥礪名節、死則儉約令終、是深達存亡之理	｜	散騎常侍（3品）	山公啓事の評價と一部分が同じ。
南陽王友（6品）	｜	｜	劉訥	修武令（7品）	才志外內非稱	｜	可	御覽248	69に傳	有人倫鑒識	｜	司隷校尉（3品）	山公啓事の評價とは異なる。
郎（8品）	｜	｜	鄧選（遐）	｜	有才義。宰士之儁	｜	｜	北堂60	81に傳	勇力絕人、氣蓋當時、時人方之樊噲。	宜城縣伯を嗣ぐ	冠軍將軍（5品）。數郡太守	山公啓事の評價とは異なる。
平甫司馬（?）	｜	｜	李鎭	｜	才長方用	綱紀郡事、練習兵馬	｜	北堂68	｜	｜	｜	｜	｜
｜	｜	｜	周浚	御史中丞（4品）	果毅有才用	｜	｜	北堂62	61に傳	性果烈、以才理見知、有人倫鑒識	成武侯	侍中（3品）	山公啓事の評價と性がほぼ同一。
｜	｜	｜	王啓	治書侍御史（6品）	誠郎明正、後來之俊	｜	｜	北堂32	｜	｜	｜	｜	｜
｜	｜	｜	郄詵	溫令（7品）	｜	喪禮違反で黜廢	｜	北堂62	52に傳	博學多才、瓌偉倜儻、不拘細行	｜	雍州刺史（4品）	｜

あとがき

本書は、『後漢國家の支配と儒教』（雄山閣出版、一九九五年）、『三國政權の構造と「名士」』（汲古書院、二〇〇四年）、『後漢における「儒教國家」の成立』（汲古書院、二〇〇九年）に次ぐ、第四冊目の研究書である。『三國政權の構造と「名士」』を公刊した翌年の二〇〇五年から二〇一〇年までに公表した二十二篇の論文をまとめたもので、公表年があまり離れていないため、論旨の搖れが少ない反面、主張や引用資料の重複もあるが、現時點における西晉「儒教國家」と貴族制に關する考えは、本書に網羅されている。

本書では、前三冊の研究書で追究してきた二つの主題が融合される。一つは、後漢の章帝期に成立した「儒教國家」であり、一つは、三國時代の知識人層である「名士」を母體に形成される貴族である。後漢「儒教國家」が衰退する中、儒教を中心とする文化資本を存立基盤に社會で卓越した「名士」は、君主權力とせめぎあいながら、自らの理想とする國家の樹立に努めた。同時代に成立した三國政權がその構造を異にするのは、君主權力と「名士」との關係がそれぞれ異なるためである。「名士」を抑壓しながら、君主權力の伸張を目指した曹魏では、それに反發する「名士」の支持を糾合した司馬氏が、次第に權力を掌握していく。司馬炎が建國した西晉では、「名士」の價値基準の中核に置かれた儒教の經義を國制の根本に據える「儒教國家」が再編される。それと共に、州大中正の制に基づき、世襲を制度化された「名士」は貴族へと變貌する。こうした流れにより二つの主題を繋ぎ合わせる目論見を立て、西晉の儒教と貴族制の研究を進めた。

ところが、肝心の貴族の世襲性は、州大中正だけでは論理的に説明し得なかった。また、本來、國制史的な問題であるはずの貴族制が、社會的身分として論ぜられていることへの疑問も解消しなかった。その答えは、貴族が身體化していた文化資本である儒教そのものの中にこそある。そう考えた時に、儒教において、井田・學校とともに統治の三大政策の一つとされている封建に着目することができた。

從來、西晉の封建は、八王の亂へと連なる諸王のそればかりが注目されてきたが、貴族もまた五等爵に封建されている。しかも、皇帝が與える五等爵は、名聲として表現される貴族の自律的な秩序とは、異なる原理によって序列化されていた。鄕品や官位はそのままでは世襲できないが、爵位は世襲可能であり、九品中正制度は、五等爵に高い鄕品を與えている。となれば、皇帝は五等爵と九品中正制度によって、高位を世襲する貴族を國家的身分制として編成することができ、儒教はそれを封建という理念によって正統化できる。一方で、社會的身分としての貴族は、皇帝が構築する國家的身分制としての貴族制と重なりながらも、自律的な秩序を有し續ける。こうして西晉「儒教國家」における貴族制の成立を五等爵の封建により論理的に説明し得たことが本書の特徴である。

本書を構成する諸節を發表した論文集・雜誌と論文題目は、次のとおりである。

序　論　第一節　「儒教の「國教化」論と「儒教國家」の成立」（『中國―社會と文化』二四、二〇〇九年）
　　　　第二節　「中國貴族制と「封建」」（『東洋史研究』六九―一、二〇一〇年）
第一章　第一節　「司馬氏の擡頭と西晉の建國」（『大東文化大學漢學會誌』四六、二〇〇七年）
　　　　第二節　「西晉司馬氏婚姻考」（『東洋研究』一六一、二〇〇六年）
　　　　第三節　「西晉における五等爵制と貴族制の成立」（『史學雜誌』一一六―三、二〇〇七年）
　　　　第四節　「九品中正制度と性三品說」（『三國志研究』一、二〇〇六年）

第五節　「陸機の「封建」論と貴族制」（『日本中國學會報』六二、二〇一〇年）

第二章
第一節　「西晉における「儒教國家」の形成」（『大東文化大學漢學會誌』四七、二〇〇八年）
第二節　「「封建」の復權――西晉における諸王の封建に向けて」（『早稻田大學大學院文學研究科紀要』五〇―四、二〇〇五年）
第三節　「井田の系譜――占田・課田制の思想史的背景について」（『中國研究集刊』三七、二〇〇五年）
第四節　「西晉における國子學の設立」（『東洋研究』一五九、二〇〇六年）
第五節　「杜預の左傳癖と西晉の正統性」（『六朝學術學會報』六、二〇〇五年）

第三章
第一節　「西晉「儒教國家」の限界と八王の亂」（『東洋研究』一七四、二〇〇九年）
第二節　「杜預の諒闇制と皇位繼承問題」（『大東文化大學漢學會誌』四四、二〇〇五年）
第三節　「西晉における華夷思想の變容」（『大東文化大學漢學會誌』四八、二〇〇九年）
第四節　「陳壽の『三國志』と蜀學」（『狩野直禎先生傘壽記念　三國志論集』三國志學會、二〇〇八年）
第五節　「陸機の君主觀と「弔魏武帝文」」（『大東文化大學漢學會誌』四九、二〇一〇年）

第四章
第一節　「王肅の祭天思想」（『中國文化―研究と教育』六六、二〇〇八年）
第二節　「嵇康の歷史的位置」（『六朝學術學會報』七、二〇〇六年）
第三節　「杜預の春秋長曆について」（『東洋研究』一五五、二〇〇五年）
第四節　「司馬彪の修史」（『大東文化大學漢學會誌』四五、二〇〇六年）
第五節　「『山公啓事』にみえる貴族の自律性」（『中國文化―研究と教育』六七、二〇〇九年）

今回、一書にまとめるにあたり、考え方の統一を圖るとともに、文獻表や資料の整備を行った。索引・圖版の作成と校正には、汲古書院の柴田聰子さんがあたってくれた。題字は、書家の吳田志穗さんに揮毫していただいた。最後となったが、本書は、平成二十二年度大東文化大學研究成果刊行助成金による刊行物である。記して深謝する次第である。

渡邉　義浩

二〇一〇年七月二二日

人　名　索　引

—さ行—

書 名 索 引

著者紹介

渡邉　義浩（わたなべ　よしひろ）

1962年　東京都に生まれる
1991年　筑波大學大學院博士課程歴史・人類學研究科史學專攻修了，文學博士
1992年　北海道教育大學講師（教育學部函館分校）
現　在　大東文化大學教授（文學部中國學科）
著　書『後漢國家の支配と儒教』（雄山閣出版，1995年）
　　　『三國政權の構造と「名士」』（汲古書院，2004年）
　　　『後漢における「儒教國家」の成立』（汲古書院，2009年）
編　書『兩漢の儒教と政治權力』（汲古書院，2005年）
　　　『兩漢における易と三禮』（汲古書院，2006年）
　　　『兩漢における詩と三傳』（汲古書院，2007年）
　　　『兩漢儒敎の新研究』（汲古書院，2008年）
譯　書『全譯後漢書』（汲古書院，2001年～，全19卷豫定）

西晉「儒教國家」と貴族制

平成二十二年十月二十八日　發行

著　者　渡　邉　義　浩
發行者　石　坂　叡　志
印刷所　中　台　整　版
　　　　モリモト印刷

發行所　汲　古　書　院
〒102-0072　東京都千代田區飯田橋二－五－四
電　話〇三（三二六五）九七六四
ＦＡＸ〇三（三二二二）一八四五

ISBN978－4－7629－2882－6　C3022